工业社会学（修订本）

INDUSTRIAL SOCIOLOGY

李乐山 著

西安交通大学出版社
XI AN JIAOTONG UNIVERSITY PRESS

内容简介

2000 年,作者在国内创立了"工业社会学"这一学科,并将其作为研究型课程开设在西安交通大学的本科和硕士教学中,迄今已有 18 年了。该课程引起了学生的浓厚兴趣,有学生说:"学了这门课程,不枉上了大学。""这是我上大学以来感受最深的一门课,建议在全校乃至全国高等院校开设。""老师与我们谈了灵魂深处的一些问题,我觉得很需要这样的课程。""这门课拓宽了我们的眼界。""明白了现代的概念是什么,自我中心和个体小农的封闭思维方式会有什么消极作用。"有学生流着泪说学习本课后抛弃了自杀念头,还有学生说避免了可能导致离婚的生活观念,使他们能够认识社会上许多现象。

2004 年,作者在高等教育出版社出版了该课程的专著型教材《工业社会学》;作者修订后,于 2010 年在西安交通大学出版社重新出版并更名为《现代社会学》;本次又修改了当中约 30% 的内容,更新了一些过时的资料,添加了人名索引,作为新的一版重新出版,且为了对应作者创立的学科,再次更名为《工业社会学(修订本)》。

本书主要针对我国工业化过程中出现的大量问题,分析了古希腊、古罗马、文艺复兴、启蒙运动、英国工业革命的教训、德国的"教育救国"、竞争、金融危机、核心价值观念、道德、思维行为方式、人格、文化、西方现代性的价值观、西方现代化的经验与教训、科学论、机械论、量化管理、大学生的择偶观念、破坏家庭的因素、食品安全、环境污染、如何写家训、什么叫育人、家庭教育、学校教育等。

本书适合作为高等院校本科生和研究生的公共基础课教材,可以作为企业文化建设的参考资料,也适合关注社会学的人们阅读。希望本书成为现代社会大学生和家庭的必备书之一。

前　言

一、本课程针对的问题

　　工业社会学研究从农耕文化转向工业文化时人们遇到的困惑,并尝试解释和解决这些困惑。迅速的经济发展使得人们的物质生活得到巨大改善,然而对人们的精神观念和生活也造成巨大冲击。笔者每年给新生班进行入学教育时都要问,"觉得自己心理不健康的同学举手?"有两年 100% 的学生都举手了。笔者在十几所大学讲学时曾提问,"什么叫孝敬?""什么叫道德?"没有一个领导、教师、学生能够回答,真叫人感到心寒。作为教师我自责。冷静思考,其实现在为人父母的这两代人很多也不知道什么叫孝敬了。再看看各家的情况就明白了,中国家庭文化几乎已经不存在了。因此,笔者试图为恢复和发展我国的文化做一点努力。一百多年来,那些"文化巨匠"一直批判中国传统文化,该休息了。世界各国历史上从未有过这么多文化人这么长时间批判自己赖以生存的文化,那些批判者只追求自己的自由、权利、快乐和幸福,难道就不能够为改进和建设中国文化做点贡献吗? 谁能够靠批判去生存?

　　经济迅速发展的时代,社会价值也容易发生巨大变化,很容易失去判断标准,以往许多成功经验失去了作用,许多新问题引起我们困惑,这对许多人造成行动障碍和心理压力。工业社会学研究下列人们普遍困惑的问题。什么是西方现代化? 为什么西方现代化不是人类理想社会? 我们未来的目标是什么? 为什么我们不能按照西方标准搞现代化? 什么是文化? 文化的目的是什么? 科学是否有祖国,或者说科学在各种文化圈的含义是否一样? 文化在每个人身上的表现是什么? 我国传统文化与西方文化的主要区别是什么? 批判我国传统文化造成的历史恶果是什么? 为什么不能设法去建设我们的文化? 20 世纪后期在亚洲,尤其是中国出现的工业化现代化过程与西方有什么主要区别? 自我实现引起什么后果? 农业社会的人与工业社会的人或现代社会的人的区别是什么? 以金钱为核心价值观念会导致什么恶果? 法律怎样才能起作用? 什么是社会核心价值观? 当代社会的核心价值观是什么? 什么叫道德? 什么样的人才算具有道德? 如何才能使道德教育发挥作用? 什么叫孝敬? 企业文化的核心是什么? 当代社会的行为方式是什么? 为什么必须靠群体思维和行为方式? 以自我为中心单打独斗的后果又是什么? 当前大学生的价值误区是什么？如何了解他人的价值观念？如何能使家庭和睦？哪些人文因素对家庭和睦起负面影响？西方现代价值体系存在哪些矛盾？西方哪些因素对道德起负面作用？西方工业革命以来的生产方式引起什么严重后果？教育的作用是什么？……

西方启蒙运动和工业革命以来的社会核心价值存在矛盾，引起了西方现代的社会问题、心理问题、生产问题和环境问题。盲目模仿西方，必然也会把这些问题带入中国，这就是崇拜西方的结果。

笔者在国外的十年中，冷静反省了自己从小以来的成长过程，思考了自己（也是那一代人）受教育缺陷造成的后果，思考了自己的各种缺点错误。1999年归国后，笔者感到如今年轻的一代仍然在重复过去，工业社会的许多问题继续给大学生造成困惑，这将会影响他们的一生，使他们走许多弯路。根据现代大学生关注的问题，2000年笔者创建了一门新课程，叫"工业社会学"。

社会学根本不应该抄国外的，因为各个国家的社会学都依赖自己的文化，都应调查、分析和总结本国情况；社会学抄袭外国的东西，根本不能解决本国的问题。这本《工业社会学》不是西方传统意义上的社会学，而是针对我国当前社会情况，试图提出解决一些问题的方法，16年以来的大量调查数据与大学生的需要构成了这门课的主题内容，其中融入了笔者的许多研究成果和观点。

第一，本书在国内指出只有英国把自由竞争当作国策。自由竞争虎狼不如，西方其他国家汲取了教训，德国采取了有组织的资本主义。企业主当"慈善家长"，美国采取了有管理的资本主义。工业社会与现代人文问题是：自我中心、享乐主义、强势横行、懒惰贪婪、眼光短浅、利益驱动。

第二，本书在国内提出核心价值观概念，善良与爱心（大爱）是最重要的核心价值或目的价值。

第三，本书指出我们教育长期存在的"教书不育人"问题，提出育人的目的是培育善良有爱心的人，并提出育人的五层含义：培养身心健康的个人，培养和睦生活的家庭人，培养有责任的社会人，培养能够胜任的职业人，培养有文化的中国人。

第四，笔者建立了育人的PHA（人格、人文、能力）模式。

第五，笔者带领学生写家史、家训，讨论家庭观念，讨论如何建立和睦的家庭生活。

第六，笔者最早在国内批判了泰勒制，它忽略了大爱、善良、责任感、奉献、能力、长远眼光。

第七，本书最早在国内分析了西方现代性的核心价值观与历史根源，并指出西方现代性不是人类社会楷模，我们必须探索自己的未来社会。

第八，本书最早在国内建立"科学论"系统，包括目的论、定义、认识论、方法论。

第九，本书最早在国内指出价值观决定科学观念，"科学有祖国"，提出建立有善心的科学,建立有大爱的科学。

第十,本书最早在国内批判了机械论和还原论。

第十一,笔者最早在国内提出生态设计。

第十二,笔者最早提出我国道家建立了科学。例如,管子(约前723—前645)提出"宙合有橐天地",也就是"宇宙口袋"模型,早于古希腊的"地心说"。刘安(前179—前122)在《淮南子》里描述了"十月怀胎"和雷电、聚光现象。这些都早于古希腊,而且符合现代科学。

第十三,笔者最早在国内带领大学生设计问卷,调查我国大学生核心价值观,分析大学生存在的各种价值观,并提出改进建议。

第十四,笔者最早在国内提出企业的首要目的或核心价值是生存,而不是无限利润。

通过实践表明,本课程安排在大学二年级第一学期的教学效果较好,因为那时大学生的价值观念还可以改变。

二、本课程的基本学习方法

学习社会人文知识的主要方法是:阅读、思考、讨论、调查和实践。要了解人文社会类的任何一个专题内容,都需要阅读大量文章,进行大量的社会实践和调查。为了使学生在较短时间内了解上述大量问题,本书浓缩了许多研究专题。本书的字数比一般教材规定的字数多,然而对于这么多内容而言,已经把字数压缩到最低限度了。如果去阅读各个专题的书本,至少要多读20本书。正因为如此,本书引起许多学生的浓厚阅读兴趣。

大学生都认识字,没有必要让教师再按照书本逐字逐句宣读。本课的基本教学方法是,针对学生问题,从本书提炼出若干专题进行讲述,师生再对具体问题进行社会调查和讨论。学生要改变那种传统被动听课、抄笔记、死记硬背的方式,主动参与调查与讨论。

讨论是一种重要的学习方式,了解别人就是收获,可以开阔自己思想、提高沟通能力、改善同学关系等。讨论不是吵架,不是征服对方,也不是诡辩,而是群体的探索过程,应当互相尊重,互相交流思维方式,互相传递信息,形成一个共同探索的氛围。

学习社会学要注意以下几点:

第一,具体问题具体分析,这是社会学的一个基本思维方式,不存在一个能够解决各种问题的大一统结论,应深入思考社会现象的背后的价值观念。

第二,任何一个社会问题都十分复杂,西方科学研究中经常采用"还原论"(简化论),也就是"盲人摸象"的方法,把一个复杂问题还原成为简单因素,以便比较容易搞清楚。每个盲人都是对的,然而都只看到一个局部因素,没有看到全局,全局因素是不可以还原的(简化的)。一个似乎很简单的社会现象往往有许多因素起影响作用,要搞清这些因素,找到办法解决问题,需要花很大精力。有些似乎很简单的问题,例如纪律松懈、环境卫生差,往往很长时间无法解决。

第三,看待问题时尽量态度中性。人们的看法存在一种普遍现象——每个人都认为自己是正确的,以自己为判断的标准。这是自我中心,最终都是主观的。态度中性就是说,不要从自我中心出发,要学会从社会调查角度看待问题。

第四,学习是思维行为方式的转变过程。学习本课程的目的不是仅仅学一些知识,而是要改变价值观念和行为方式。学习的效果体现在价值、道德和行为上的转变,这种转变对一生将起重要作用。

三、如何考试

从1999年大学扩招以来,学生的学习风气退步了,不少学生平日不看书,临近考试时死背硬记教师的多媒体课件,考试后把一切都忘记了。本课程期末考试主要考察下列三方面:

第一,学生在价值观念、责任感、思维和行为方式上是否有转变。

第二,要求学生进行社会调查,完成调查报告。最基本的作业是每个学生都要访谈家长,写家史、家训,调查大学生的核心价值观。此外,由大学生自己确定社会调查课题、设计调查问卷并组织进行调查,然后各人写调查报告。笔者带领学生完成过许多调查和课题,例如对学生家乡的自然和社会状况提出发展规划,调查城市规划,调查敬老院情况,调查大学生心理状况,调查大学生价值观念,调查某地区的生态状况。

第三,要求每个学生经常按照下述标准对自己逐条进行反思:

(1)善良、有爱心、勤劳、节俭、诚信、准时、有效率、有质量。以金钱为核心价值会破坏道德,懒惰、贪婪和嫉妒是万恶之源。

(2)要敢于说"对不起"和"谢谢"。勇于承认和主动纠正过失。不记仇,宽容别人的过失。

(3)克服封闭思维。单打独斗、眼光短浅、不守时等是个体农耕方式。

(4)要有教养。自我中心、爱争吵、好斗、爱闹事、传闲话、猜忌别人、拨弄是非、制造谣言、拆台、抓辫子、报复、搞帮派或控制别人都是流氓无产阶级的恶习。

(5)不干扰别人的休息、学习和工作。

(6)不要提意见,而应提建议。提意见是挑刺找毛病,这是阶级斗争遗风。提建议是改进,这很困难。

(7)道德最重要的表现是谦卑,能够自省。道德主要体现在自理、自省、自律、自迫。

(8)抄作业、抄袭论文、考试作弊、制造假数据、制造假学问等是缺乏道德的表现。

(9)孝敬父母,尊敬长者。

(10)心理健康。

十分感谢蒋大宗先生对本书提出宝贵建议并写了重要内容,感谢雷淑芬、李见为、李汇汇、李华、李扬、杨春燕、张博、文易翀、钟巧玲、樊小柱、高建朝、杨筱、李湲、吴念衡,以及西安交通大学工业工程本硕连读 51 班、62 班和工业设计 71 班的全体学生。

李乐山

2017 年 6 月 30 日

目　录

绪 论

一、社会学的主要目的与含义

社会学的基本目的是研究各种社会生活、社会行动背后的价值观、社会历史变迁过程。

西方工业革命以后为什么建立社会学？第一，建立反宗教的价值观、社会观、人生观，摆脱宗教观念。例如，法国的孔多塞（Marquis de Condorcet，1743—1794）在《人类精神进步的历史性画面草案》（*Sketch for a Historical Picture of the Progress of the Human Spirit*，1795 年）中提出了西方现代最有影响的进步论思想，这也是启蒙运动的核心观念。你能看出来这种价值观是针对基督教的吗？第二，西方启蒙运动和工业革命是为了摆脱基督教信仰，西方建立社会学的基本目的是建立新的社会结构以摆脱基督教信仰。第三，工业革命以来，西方社会出现大量空前的问题，例如社会不稳定、高自杀率、高离婚率、高犯罪率、环境污染等。社会学研究解释这些现象。第四，建立科学方法研究社会现象。西方社会学的创始人之一是法国的孔德（Auguste Comte，1798—1857），他于 1838 年第一个使用社会学这个概念，旨在用科学方法研究社会。他相信并在 1830—1842 年陆续出版的《实证哲学教程》（*The Course in Positive Philosophy*）中指出，一切社会的发展和进步都要经过宗教阶段、超越自然（形而上学）阶段，最终走到科学阶段，认为解决社会问题需要依据事实和证据的科学知识。他的这些观点是进步论的一个典型表现。从他的这些观点可以看出，他认为宗教信仰与科学知识是矛盾的。到了 20 世纪以后，社会学对"发展"和"进步"的概念进行了反思，用"社会变迁"取代了这两个概念。第五，19 世纪德国社会学家马克斯·韦伯（Max Weber，1864—1920）在《经济与社会》一书中指出："社会学（这个使用上含义十分模糊的词在这里所理解的意义上）应该称之为一门解释性的理解社会行动，并且通过这种办法在社会行动的过程和影响上说明其原因的科学。"他进一步说明什么叫社会行动，"社会行动应当是这样一种行动，根据行动者或行动者们所认为的行动意向，它关联着别人的举止，并在行动过程中以此为取向。"也就是说，社会行动指在社会人际间那些有目的有意向的行动。社会学是对社会现象（关系）进行系统的、有控制的观察和解释，探索它出现的原因（或影响因素）、条件和结果，对社会和社会的互动进行系统研究的一门学科。第六,社会学不是自然科学,而属于人文类的经验科学。至今西方的社会学并不具有普遍的预言能力,只是作为可能性看待,缺乏确定的可靠性。在社会范围中要解决问题是很困难的,很多试图来解决社会问题的办法也往往产生负面作用,或只是把一种问题转化成另一种问题,而没有从根本上解决原来的问题。

各国的社会学都以本国文化为基础,研究本国的情况、经济和社会问题。即使西方各国之间,社会学的内容也有重大的差别。欧美国家没有用外国的社会学作为本国教材的。因此,我们绝不能抄袭外国的社会学结论。

二、本课程的主要目的

1. 本课程的首要目的是促进我国开拓并建立工业社会的核心价值观,建立工业社会的中国文化。文化是我们社会群体的各种行动方式,例如求生方式、劳动方式、生活方式等。我们行动方式的信念和追求主要体现在社会的核心价值观、道德、行为规范中。社会凝聚力来自百姓,具有共同的核心价值观。"五四运动"以来那些文化巨匠们几乎都批判我国传统文化,却无人建立我国工业社会的新文化。他们靠写文章批判可以生存,百姓靠批判则无法生存。这种批判导致文化自虐,缺乏核心价值观。我们模仿西方工业化,也出现了西方广泛存在的社会价值观问题、社会心理问题、经济发展问题和环境问题等,困扰着人们,使生存深陷困境。西方工业社会和现代性不是人类楷模,也不是终极模式。我们不能模仿西方现代的历史步伐,只能探索自己的解决方法,而且应该保留并发扬我们宝贵的家庭文化。

2. 使读者认识我国当前出现的各种社会现象,认识西方现代性的目的和起源,汲取工业革命以来的历史教训。例如,马克思(Karl Marx,1818—1883)在其著作中详细分析了英国工业革命中存在的许多问题。19 世纪后期,当西欧国家完成第一次工业革命时,自杀率明显增加。法国社会学家涂尔干(Émile Durkheim,1858—1917)在《自杀论》中研究了 1866 年到 1878 年欧洲 11 个工业国家的自杀率,把这些自杀分为自利型、利他型、失调型和宿命型。他认为,缺乏行动准则而引起的痛苦、社会剧烈动荡、危机或繁荣、离婚,是造成社会失范的根源。那么,是什么原因导致了这些问题呢?是泛神论信仰造成的,它还导致了军国主义、享乐主义(物欲横流、性欲横流),这恰恰是西方发展经济所付出的巨大代价之一。西方工业社会以来的一个重要教训是"金钱不能作为核心价值"。当前,西方社会学研究的他们国内的倾向性主题主要包括社会价值体系的矛盾、社会病态、心理病态、生产病态和环境病态,例如贫富差距扩大、家庭破裂、青少年犯罪、艾滋病、网络犯罪、社会生态和文化冲突,以及 21 世纪的科学与文化关系等。

3. 提出当代的育人标准,培养我国当代社会所需要的人文素质,改变以农耕意识模仿西方工业化、现代化的现状。我国教育往往重视知识,而忽略育人,甚至不知道如何进行人文素质教育,误把唱歌、跳舞、绘画当作人文素质教育。人文素质教育的主要途径如下：

（1）开设社会学课程。人文素质教育的主要内容应该是传播我国社会核心价值概念、责任感和行为规范，帮助解决学生对社会各种问题的困惑。

（2）参与社会实践。本书提出了 PHA（人格、人文、能力）教育模式。从 2000 年起，笔者要求学生每年参与 4 周社会实践，2003 年起要求全体学生每年寒暑假参与 8 周社会实践。另外，还要求每名学生进行企业调查，了解企业对大学毕业生的要求，以及当前大学生的人文素质、实践经验、能力和知识方面的缺陷。每名学生要访谈家长，了解家史，听取父母对自己的批判和期望。

（3）要求学生思考未来一生自己要如何生活工作，承担哪些责任，计算一生大约需要收入多少。

我国正从农耕社会向工业化迈进，我们面临的一个艰巨任务是使我国人民保持我国优良传统文化的同时，弥补我们所缺乏的工业时代文化，关键要克服叛逆观念、享乐主义、贪婪、懒惰、攀比（好斗、挑刺）、自我中心、唯利益驱动（农耕意识的负面影响）。

4．研究西方工业革命的社会历史过程，为我们企业探索规划可持续的发展文化。西方历史存在两个线条，一条是基督教的影响，另一条是泛神论反基督教的影响。我们对这两个都不熟悉。建议读者阅读德国诗人海因里希·海涅（Christian Johann Heinrich Heine，1797—1856）1834 年出版的《德国宗教与哲学的历史》和英国人理查德·亨利·托尼（Richard Henry Tawney，1880—1962）1926 年出版的《宗教与资本主义的兴起》。海涅分析了德国传统的泛神论信仰、宗教改革、启蒙运动的宗教信仰与哲学的相互影响。托尼的这本书分析了英国工业革命的过程与核心价值观。这本书对西方影响很深刻，被称为是 20 世纪政治经济领域内最伟大的经典之一。托尼认为，宗教思想、道德观念与社会经济活动之间有密切联系和相互作用。他提供的大量历史事实和分析，在德国社会学家马克斯·韦伯的《新教伦理与资本主义精神》中看不到。

5．探索规划我国社会持续发展稳定方式。当前，我国社会学面临的主要任务之一就是设计未来我国的发展新概念、新的社会核心价值体系，以及我们中国人的生存方式和生产方式。近一百年来，有些人一直批判我国传统文化，至今仍斥责"劣根性"。西方历史上没有任何一个国家的知识阶层对本国传统文化进行过长达一个世纪的批判。彻底批判传统文化只能造成社会价值匮乏，观念混乱，不能开创未来。那些批判者或叛逆者就不能换一种思维方式，为开拓发展我国现代文化提出一些可行的方法吗？

在工业社会里，人们生存的基础是工业企业，企业是工业社会里人们生存依靠的主要实体。企业破产，员工失业，这不符合人们最基本的生存观念。20 世纪 80 年代改革开放初期创立的企业还剩多少？每次金融危机都直接威胁许多人的生存,问题出在哪里？问题出在企业误把竞争和盈利作为核心价值观。这是西方工业革命以来一直没有解决的核心价值观问题之一。这两个价值观是恶意和贪婪,也是威胁企业的动力,它使企业家成为弱势群体,更不用说员工了。企业文化的核心价值观应该是善良、大爱、生存,应该在这个基础上探索解决其他任何问题。

6. 社会学在各国都担负着一个重要任务,即了解和研究他国社会、文化、经济和发展状况,为国际关系和交往、国际贸易、旅游等提供信息,重点是了解跨文化的价值观念、职业道德、行动方式,尤其是思维方式、表达交流方式、信任方式、处理冲突方式等。通过社会学建立跨文化的概念,以培养文化适应性,从而提高对自身行为的跨文化意识,提高文化判断力。国外的汉学家中有一些人就是为其政府提供咨询信息的,他们并不是用中性态度研究社会学,而是从本国政府立场出发收集信息,规划未来世界格局。20 世纪 90 年代后期美国有人提出"文明冲突论"。这种观点认为,八种文化圈的冲突将决定人类的未来,这八种文化是:西方文化(西欧、中欧和北美的基督教区等)、斯拉夫东正教文化、儒家文化、日本文化、伊斯兰文化、印度文化、拉丁美洲文化和非洲文化。有人把文化价值观的区别看成"冷战时代"之后冲突的主要来源之一。这一理论为霸权主义大国控制世界制造了理论基础,以至于西方有些人荒谬地提出了"中国威胁论"。20 世纪 90 年代欧洲又出现"文明共存论",这一理论批判了"文明冲突论",认为各种文化之间的交流理解决定人类未来的友好相处。从这个意义上看,文化问题是当前社会学中关注的重点之一。

本书与一般西方社会学课程的教材有较大不同,没有按照西方社会学的框架,因为西方的社会学不能解决中国问题,它只是针对西方的问题。本课程的主要目的是关注我国当前的社会现象,从我国大学生的当前需要出发,尝试解释他们关心的主要社会现象,以培养适应现代社会的、全面发展的大学生。

西方社会学的书中都强调研究"态度中性",避免主观立场态度对调查分析起诱导作用。事实上很难达到这一点,在某些具体问题的研究中也许能够注意这一点。西方有些人用"态度中性"掩饰文化价值观偏见,有些人用本土文化为价值判断的标准评价其他文化,有些问题的研究不可能态度中性。但是,在社会调查中应该尽量采取态度中性,避免主观想象和猜测,避免调查中只寻找符合自己观点的东西,设法减少"主观引导",目的是了解到客观情况。

三、推荐书籍

[1] 管夷吾. 管子[M]. 李山,译注. 北京:中华书局,2009.

[2] 刘安. 淮南子全译[M]. 许匡一,译注. 贵阳:贵州人民出版社,1993.

[3] 托尼. 宗教与资本主义的兴起[M]. 赵月瑟,夏镇平,译. 上海:上海译文出版社,2013.

[4] 马斯洛. 动机与人格[M]. 许金声,程朝翔,译. 北京:华夏出版社,1987.

［5］柯克帕特里克.1969:革命、动乱与现代美国的诞生［M］.北京:光明日报出版社,2013.

［6］阿姆斯特朗.神话简史［M］.胡亚幽,译.重庆:重庆出版社,2005.

［7］BARNETT C. The Audit of War［M］. London:Faber and Faber,2011.

［8］索雷尔.进步的幻象［M］.吕文江,译.上海:上海人民出版社,2003.

［9］卡门,爱特生.钱学森的导师:冯·卡门传［M］.西安:西安交通大学出版社,2011.

［10］海涅.论德国宗教和哲学的历史［M］.海安,译.北京:商务印书馆,2016.

［11］海登.天才、狂人的梅毒之谜［M］.李振昌,译.上海:上海人民出版社,2005.

［12］海克尔.宇宙之谜［M］.苑建华,译.西安:陕西人民出版社,2005.

［13］盖伊.启蒙运动:上:现代异教精神的兴起［M］.刘北成,译.上海:上海人民出版社,2015.

［14］扬克洛维奇.新价值观:人能自我实现吗［M］.罗雅,姜涛,译.北京:东方出版社,1989.

第一章　西方现代化的起源

本章目的

　　西方历史有两个主要线条：一个是传统文化，这是起源于古代以色列基督教文化的信仰、价值观念、道德、行为规范；另一个是西方现代性，它是针对西方传统文化的，其历史线条包括古希腊、古罗马、文艺复兴、思想启蒙运动、工业革命、现代化过程等，最后进入后现代。西方现代性有很多定义，但是大多数都围绕物质利益判断，缺乏价值与道德判断。为什么西方把古希腊、古罗马作为现代的楷模？文艺复兴到底如何？启蒙运动的目的是什么？本章主要介绍这些内容。

第一节　西方现代为什么推崇古希腊

一、古希腊概况

　　古希腊范围包括如今的希腊半岛、爱琴海域、马其顿、小亚细亚、亚平宁半岛等。古希腊史大致可以被分为以下五个时期：

　　第一个时期是爱琴文化时代，也叫克里特-迈锡尼时代，从公元前20世纪到公元前12世纪，包括克里特文化和迈锡尼文化，属于城邦文化。考古学家在爱琴海上的克里特岛发现了古希腊最早的文明，1895年到1900年在那里挖掘出了壮丽的米诺斯宫殿遗迹，发现了石棺、绘画、雕塑、花瓶、浮雕、陶器，这一切都标志着石器时代的文化特征。古希腊文字主要来自古埃及的象形文字（公元前300年，埃及人已经使用24个象形符号）。大约在公元前1800年，克里特人把象形文字简化成大约90个音节符号。公元前16世纪到公元前15世纪是克里特岛古代最辉煌的时期，也就是爱琴文化的高峰，那时出现了青铜和黄金餐具。公元前1580年到公元前1200年被称为迈锡尼时期，迈锡尼人吸收了克里特文化，并与埃及人通商，使得爱琴文化的中心转到了迈锡尼等城市。

　　第二个时期是荷马时代，从公元前11世纪到公元前9世纪，开始使用铁器，属于军事民主制文化。公元前12世纪至公元前8世纪，古希腊世界从氏族公社制向奴隶制社会过渡，这个时期被称为"英雄时代"或"荷马时代"。大约在公元前900年，古希腊人开始使用 24 个希腊字母。这个时期出现了著名的两部文学著作《伊利亚特》和《奥德赛》，而其他遗迹很少。

第三个时期是早期希腊文化时代，也叫古风时代，大约从公元前 8 世纪到公元前 6 世纪。这一时期是希腊城邦形成的时期，数百个古希腊城邦散布在希腊半岛、爱琴海各岛、小亚细亚沿海、黑海以及意大利南部，它们相互进行战争兼并。同时，古希腊广泛在海外扩张，占领殖民地，主要原因是失败集团无法在本城邦立足而外迁；社会贫富分化严重，穷苦人纷纷外逃；工商业奴隶主到外地建立商业据点；殖民的范围扩展到地中海大部分地区和整个黑海沿岸，因此这个时期又被称为"大殖民时代"。他们掠夺奴隶和各种资源，造成巨大灾难，但促进了古希腊工商业发展。公元前 6 世纪，出现了第一批古希腊著名的哲学家，其中很多著名人物游历了埃及，塔莱斯（Thales of Miletus，约前 624—约前 546）、毕达哥拉斯（Pythagoras，约前 571—约前 495）、梭伦（Solon，约前 638—约前 558）、柏拉图（Plato，约前 427—约前 347）、德谟克利特（Democritus，约前 460—约前 370）等对埃及文化留下了深刻印象。这段历史后来也成为亚当·斯密（Adam Smith，1723—1790）诸多理论的依据。

第四个时期是古典时代，从公元前 5 世纪到公元前 4 世纪，这是希腊奴隶制城邦的极盛时期。这时的中心在雅典和斯巴达这两个国家。在巴比伦和古埃及的影响下，古希腊文学在公元前 5 世纪达到巅峰，哲学极为昌盛，科学在公元前 3 世纪达到全盛时期。同样，在这个时代，知识的发展使希腊人脱离道德，他们只追求无羞耻感的快乐享受，甚至人际见面语是"快乐"。社会腐败是灭亡的先兆。

第五个时期是马其顿统治时代，从公元前 4 世纪末到公元前 2 世纪中期，希腊奴隶制城邦衰落，处于马其顿统治之下。公元前 334 年马其顿国王亚历山大大帝开始了远征，马其顿与希腊军队对亚洲和北非广大地区进行侵略。公元前 299 年，罗马势力开始侵入巴尔干半岛，希腊诸王国陆续灭亡。公元前 146 年，罗马人占领希腊，希腊与马其顿成为罗马国的一个省。公元前 30 年，罗马灭亡了最后一个希腊化的国家，古代希腊的历史随之告终。大约从公元 1 世纪起，基督教文化逐渐传到希腊、罗马和欧洲其他国家，并产生了巨大影响。

二、古希腊多神论宗教

神话对古希腊和古罗马起了重要作用。建议读者阅读 2006 年重庆出版社出版的英国作者卡伦·阿姆斯特朗（Karen Armstrong，1944—）著的《神话简史》。本书分析了西方历史上各个时代的神话所起的作用，主要包括狩猎时代（约前 20000—约前 8000）、新石器时代（约前 8000—前 4000）、早期文明时代（前 4000—前 800）、轴心时代（前 8000—前 200）、后轴心时代（前 200—公元 1500）、西方大转折时期（1500—2000）。

　　古希腊宗教和古罗马宗教属于多神论。多神论信仰或敬拜许多神,包括男神和女神。在多神论宗教里,各种神代表了各种各样的自然力量或者"老祖先的规矩",这是青铜时代和铁器时代宗教的典型形式。古希腊人在欧洲编造了最复杂的多神论神话。从一开始,就是以女神占统治地位,有一个女蛇神,一个女海神,一个女山神,一个女猎神,一个女树神,后来这些神都被希腊人赋予名字。古希腊宗教有多少个神? 不知道谁统计清楚了。英文网上介绍古希腊至少有 370 个神。

　　公元前两千年青铜时代中期,尚武的印欧语系人侵入希腊本土,他们发展了希腊语和印欧传统神化元素。这些人在公元前 1600 年演变成迈锡克族,控制了希腊本土。他们不断发展神话,把荷马(Homer,公元前 8 世纪古希腊游吟诗人)和赫西奥德(Hesiod,公元前 8 世纪古希腊诗人)的作品积累成为系统的故事。赫西奥德的《神谱》就记载了这个神话系统。在这个系统的中心是奥林匹斯山的 12 主神,这些主神的居住地被称为万神殿,它是众神之家,它支配着古希腊的宗教。对我国大众有影响的主要有 3 个神:宙斯(Zeus)是万神之王,在一切神之上,他感情不忠,放荡不羁,诱惑各种女神,私生子女无数,如拐骗少女欧罗巴(Europa,意思是"太阳落下的地带");阿佛洛狄忒(Aphrodite),代表爱情、美丽与性欲的女神,情欲极强,有许多放荡不羁的风流韵事,偷情时被丈夫抓住;赫耳墨斯(Hermes)是商业、旅行、小偷、骗子之神,他的外形如同石柱和方形柱,表现了生殖器崇拜,这就是希腊柱或罗马柱的起源,在他还是孩子时,就盗走了阿波罗的母牛群。从这些神就可以看出古希腊的诸神是什么特征了。如果把这种观念作为楷模去教育青少年,会把他们引向什么人生过程?

　　按照古希腊神话,第一代诸神的历史阶段叫黄金时代,有混沌之神、地神、地狱神、黑暗神、黑夜神、爱神、天神、海神、山神,其中有 5 个创始之神,它们还生下许多神。

　　第二代诸神的历史阶段叫白银时代,出现了 12 提坦神,有北方与黑暗之神,南方与星辰之神,天、空间、时间之神,东方、太阳、月亮、黎明之神,西方、言论、灵魂之神,记忆之神,河流之神,光辉、神谕之神,大地之母,大海女神,太阳、月亮、黎明之母,土地、法律、正义之神。之后出现了第二代提坦,有太阳神、黎明女神、星空之神、人类保护神、愚笨之神、月亮女神、愤怒之神、十二提坦兄弟(如裁决之神、替换之神、圣山之神)、十二提坦姐妹(如深思女神、歌唱女神、火山女神)、三个独眼巨人(电之神、雷之神、闪光之神)、三个百臂巨人(强壮之神、忌妒之神、陆地之神)等。

　　第三代诸神的历史阶段叫青铜时代,出现了奥林匹斯诸神,有 12 个主神,除上面介绍过的三个外还有如下九个:

　　赫拉(Hera):宙斯的姐姐和妻子,保护婚姻之神。

　　波塞冬(Poseidon):宙斯的兄弟,海神,脾气暴躁,贪婪。

　　得墨忒耳(Demeter):克洛诺斯和瑞亚之女,宙斯的姐姐,农业女神。

阿瑞斯(Ares)：宙斯与赫拉之子，战争之神，粗暴且嗜血，却不是真正的勇士。

雅典娜(Athena)：宙斯与美狄丝结合的产物，智慧女神和女战神，也是贞洁处女女神。

阿波罗(Apollo)：宙斯和勒托之子，和阿耳忒弥斯是双生兄妹，是光明神。

阿耳忒弥斯(Artemis)：宙斯和勒托之女，与阿波罗是双生兄妹，是女猎神、月神、青年人的保护神。

赫菲斯托斯(Hephaestus)：宙斯与赫拉之子，丑陋，为众神制造武器和铠甲，是火神、铁匠和织布工的保护神，妻子是情欲之神阿佛洛狄忒。

狄俄尼索斯(Dionysus)，宙斯和塞墨勒的儿子，酒神，教农民们酿酒。

此外还有太空神、白昼神、死神、睡神、挑拨战争之神、命数神、鬼神、毁灭神、讽刺神、穷困神、欺骗神、义愤神、奸淫神、堕落神、梦神、衰老神、恐惧神、星夜神、魔法女神、青春神、晨光神、日出神、学习神、运动神、沐浴神、正午神、奠拜神、祈祷神、餐饮神、黄昏神、日落神、晚霞神等 105 个神。

另有海神 12 个、魔鬼怪兽 17 个、人类半神 74 个、阿尔戈船的英雄 10 个、忒拜英雄 7 个、星座神 12 个。

请读者总结一下古希腊神话的信仰是什么。

维基百科这样解释古希腊神话（https://en.wikipedia.org/wiki/Greek_mythology)：

> 公元前 5 世纪古希腊出现哲学、历史、散文和理性主义后，神话受到质疑。神话系谱让位于历史概念，后者尽力避免超自然的概念，例如修昔底德(Thucydides)历史。诗人和剧作家重新改写神话，希腊历史学家和哲学家开始批评神话。有些哲学家，例如公元前 6 世纪克赛诺芬尼(Xenophanes，约前 570—约前 475)开始把过去那些诗人的神话故事称为亵渎上帝，并称荷马史诗和赫西奥德笔下的那些神鬼"都是可耻的，他们偷盗、奸淫、相互欺诈"。这些思想在柏拉图的《共和国》和《法律》中有全面的叙述。柏拉图又创造了自己的寓言神化，攻击传统的神话中那些不道德的神鬼的狡诈、偷盗和奸淫。柏拉图的批判是第一次严肃挑战荷马神化传统，他把这些神话称为"老太婆嚼舌头"。

三、西方现代从古希腊哲学获得反基督教的观念

古希腊的宗教信仰是多神论，许多古希腊哲学家信仰多神论，不信仰基督教。例如，公元前 5 世纪智者普罗塔哥拉(Protagoras，约前 490—约前 420)提出的著名哲学命题"人是万物尺度"(见柏拉图的《泰阿泰德篇》)。古希腊第一个哲学家、科学家塔莱斯提出地球中心论的宇宙模型，他认为世界是一个浮在浩瀚水域上的半球，地是一个平盘浮在水域上。塔莱斯的亲戚、学生，即哲学家阿那克西曼德(Anaximander，约前 610—约前 546)认为地球是一个自由浮动的圆柱体。

这个天体概念是错误的,居然还被各国物理学界当作科学的源头讲述了两千年。

国内有些"学者"无知地断言中国古代没有科学,或说中国古代没有古希腊式的科学。实际上中国古代有超越古希腊的科学,管子(早于古希腊的塔莱斯)提出的"宇宙口袋说"理论就符合当代天体物理对宇宙的观念。详细解释见第三章第九节。

我国列子(前450至前375之间—?)记载了商汤请教宇宙的事情。《列子·汤问》中记载,商汤请教夏革远古之初有物存在吗,夏革说:"如果远古之初没有物存在,现在怎么会有物存在?"商汤又问:"天地八方有尽头吗?"夏革说:"不知道。"这是最早的宇宙无限论。《列子》还讲述了"信人"的故事,这也许是世界上第一个机器人,而且不是西方的机械论。详细介绍见第三章第九节。

苏格拉底(Socrates,前469—前399)明确宣布:"关于神,我们一无所知。"雅典法庭以不信神和腐蚀雅典青年思想之罪名判处苏格拉底死刑。柏拉图是苏格拉底的学生,柏拉图的宇宙观是一种数学宇宙观,他认为最初宇宙有两种直角三角形,一种是正方形的一半,另一种是等边三角形的一半,这些三角形产生出四种正多面体,这就组成四种元素(火、气、水、土)的微粒,而第五种元素叫作以太。柏拉图对科学界和数学界影响很大,例如爱因斯坦(Albert Einstein,1879—1955)。柏拉图的学生亚里士多德(Aristotle,前348—前322)说自己的哲学是研究宇宙实质的科学,他采用物理方法,他建立了逻辑学、生物学以及心理学,预言了机器时代(工业革命),他在《政治学》中说:"如果每个机器都能制造其各自的零件,服从人类的指令和计划……如果梭子会自己来回飞动,如果弦拨会自己弹奏竖琴,完全不需人手操控,工头将不再需要领导工人,奴隶主也不再需要指挥奴隶了。"亚里士多德是对西方现代影响最大的哲学家之一。因此,古希腊哲学和科学研究的三个关键问题包括:万物从哪里而来,万物由什么组成,如何解释自然事物。上述观点也被称为古希腊人文主义,它是以人为中心,而不是以神为中心。

历史证明几乎所有早期希腊哲学家提出的各种宇宙论都是谬误的,但西方现代并没有放弃它们的重要性。虽然西方现代哲学家抛弃了这些答案,但他们不能逃避前人所提出的问题,欧洲启蒙运动哲学家把这些哲学延续下来了。例如,康德(Immanuel Kant,1727—1804)说哲学应该研究四个问题:我能认识什么,我应该想什么,我希望什么,人是什么。西方社会进入后现代,也就是质疑现代价值观念后,有些人放弃了对古希腊的崇拜。

古希腊时期,希腊哲学与宗教的斗争比较尖锐,甚至基督教的保罗写道:"你们要谨慎,免得有人不照着基督,而照着人的传统,和世俗的言论,借着哲学和骗人空谈,把你们掳去。"(《新约·歌罗西书:2:8》)。

四、西方现代从古希腊获得科学价值观念

科学这一词来自希腊语 episteme（知识）和拉丁语 scientia（知道、知识）。为什么西方国家的自然科学观念起源于古希腊？主要因为古希腊信仰多神论，那些哲学家反对基督教的观念。

1. 古希腊建立了反宗教的物理世界观，这种认识论后来被称为机械论。古希腊哲学家都认为世界是由水、火、气、土这四种元素构成的，这意味着把这四种元素看作是神，决定世界万物的命运。这种观念统治了欧洲约两千年。古希腊"哲学史第一人"塔莱斯被称为是理性主义开端，他第一个提出"什么是万物本原"这个问题。他说："万物都是水做的。"他认为世界是一个浮在浩瀚水域上的半球，地是一个平板浮在水域上，每天早上太阳乘船从东边升起，晚上从西边落下。这就是最早的天体物理，被称为地球中心论。这是真理吗？古希腊的科学几乎都是错的。

阿那克西曼德认为地球是一个自由浮动的圆柱体，人类处于圆柱体的一端表面之上，他认为有一种基本物质充斥四方，世界由此而生，最终又回归其中，称其为"无际"。他还认为人从海鱼演变而来。

阿那克西米尼（Anaximenes of Miletus，约前 585—约前 528）是阿那克西曼德的学生，他认为空气是一种基本物质，万物都来源于空气，稀释空气产生火，灵魂由空气构成，空气维持世界的生命，因此空气是遍布的灵气。

赫拉克利特（Heraclitus，约前 535—约前 475）和克赛诺芬尼一起反对传统宗教，他所说的神就是指永恒的活火，指最高的智慧。因此他最早把宗教转变成哲学，从而使哲学摆脱宗教。他说："这个万物共享的世界，不是任何一个神或人所创造的；它的过去是、现在是、未来永远是一团永生的火，按照尺度有时明亮起来，有时暗淡下去。"他被称为辩证法的奠基人之一。

公元前 480 年阿那克萨哥拉（Anaxagoras，约前 510—约前 428）写《论自然》，被当时的雅典知识界称为是那个世纪最伟大的科学著作（杜兰特，1999a）[439]。他认为，宇宙开始时是由各种"太初"所组成的混沌世界，"精神"充满其中，"精神"极少属于物质的，与我们人类的生命和活动来源很相近。"宇宙精神"约束"太初"，将这些太初形成"漩流"，这一漩流将太初分为"四行"（火、气、水、土），并将世界分隔为两个旋转层，外层为"以太"（Ether），内层为空气。由于这个漩流的激烈旋转运动，石块被撕离地球，并被点燃成星星。他正确解释了日食和月食，发现月球并不发光，而是"借光"。他认为闪电是云层摩擦而成的，质量永远不变，但是一切形态有开始也有幻灭，所有有机体起初都是由泥土、水分及热所产生，然后由有机物自相繁衍。他还提出了人类与动物生命的演进观念。

什么是哲学？毕达哥拉斯说哲学是追求智慧。智慧是什么？为什么不是追求真理呢？因为古希腊哲学追求的智慧是在神话里，古希腊神话不是真理，是人编写

的迷信。古希腊发明了用哲学(古希腊的各种神)反对基督教。

古希腊原子论对形成唯物世界观起到了重要作用。原子论的发展经历了 150 年,最后由德谟克利特的观点作为典型代表。古希腊人怎么发现了原子论? 他们是以观察为基础吗? 不是,那时无法观测如此微小程度,他们是猜想,是另一种信仰。该原子论与西方现代科学的原子论不是一脉相承的。

2. 古希腊建立了数学世界观。塔莱斯在数学方面的贡献是开始了命题的证明。据说毕达哥拉斯周游天下三十年,在埃及学习了天文和几何,到过阿拉伯、叙利亚、印度等地。他创立了数学,发展了哲学和天文学。他坚信"万物皆数,并且宇宙是由无穷的自然数构成的。"他认为一旦了解了数的结构,就控制了世界,这就是最早的"数学皇后论"的信仰,把数学当作神,而且是女神。西方后来的数学家是毕达哥拉斯学派的真正继承者。

大约公元前 4 世纪,数学脱离哲学成为独立学科。公元前 3 世纪,柏拉图在雅典建立学园。他很重视数学,通过几何的学习培养逻辑思维能力。这个学派培养出了不少数学家,如欧多克索斯(Eudoxus of Cnidus,约前 390—约前 337)就曾就学于柏拉图的学园,他创立了比例论,是欧几里得(Euclid,约前 325—约前 265)的前驱。柏拉图的学生亚里士多德是形式逻辑的奠基者,他的逻辑思想后来把几何学变成了严密的逻辑体系。逻辑又成为理性思维摆脱宗教的主要思想方法。

从公元前 4 世纪到公元前 146 年古希腊灭亡,希腊数学达到全盛时期,出现了三位著名的数学家:欧几里得、阿基米德(Archimedes,约前 287—约前 212)和阿波罗尼奥斯(Apollonius of Perga,约前 262—约前 190)。欧几里得按照柏拉图的训谕,只用圆规、直尺作图和证明。公元前 300 年左右,他写出《几何原理》一书。他写的《锥线论》已经失传。阿波罗尼奥斯在欧几里得的学校里学习研究多年后,以《锥线论》作为起点,探索一平面与一圆锥体相截所产生的曲线性质,写了 8 本书及 387 条定理,其中抛物线(parabola)、椭圆(ellipse)及双曲线(hyperbola)沿用至今。阿基米德的父亲是一位天文学家,他在欧几里得的门下学习,后来回到家乡,与世隔绝,废寝忘食,潜心研究各种数学。他的著作尚存 10 篇:《方法论》《命题集》《圆的测量》《抛物线求积法》《螺旋线》《球体与圆柱》《圆锥体与椭圆体论》《沙计算器》《平面均衡论》《浮体论》。

把技术用来改变人类生活,成为摆脱宗教的一个重要观念,成为工业革命的支撑力量。阿基米德创造了杠杆、滑轮、螺旋机械,研究了平面和球形镜的反射原理,发明了凹形的反光镜。他计算了圆周率、球体和圆柱体的体积。他曾说:"给我一个支点,我将撑起地球"。这是童话还是科学? 如今谁说此话,也许会被当作疯子。在抵御罗马人的入侵中,75 岁的阿基米德监督两个防线的防御配备,设计了弩炮。阿基米德还把埃及人发明的螺旋式水车进行改进,将水提升到高处。当时希腊人已经建立了静力学与动力学基本原理,发明了压力泵、水风琴、水钟,熟悉磁铁,也

知道琥珀的电特性。(杜兰特,1999a)[819-825]

在这一时期还出现了三位著名的天文学家。阿利斯塔克(Aristarchus,约前315—前230)是古希腊最重要的天文学家之一,著有《论太阳和月亮的大小与距离》。他认为太阳直径是地球直径的10倍,这是一个破天荒的结论,导致了另一超前历史的结论:太阳中心论。埃拉托斯特尼(Eratosthenes,前276—前194)生于北非洲,被称为地理学之父,他测量了地球的大小。喜帕恰斯(Hipparchus,约前190—约前120)在罗德岛建立了天文台,发明了若干天文仪和三角学,绘制了1080个恒星及其相对位置的星表,被称为天文学之父。古希腊数学家建立了三角法与微积分的基础,将几何发展到相当完善的程度,直到笛卡儿(René Descartes,1596—1650)和帕斯卡(Blaise Pascal,1623—1662)才加以改进。

3. 欧洲为什么在文艺复兴和思想启蒙运动中,不断讲述古希腊神话?因为欧洲最初信仰泛神论,这在中世纪政教合一的社会里是非法的。这些信仰泛神论的启蒙运动哲学家用古希腊神话"故事"去动摇基督教,以复活泛神论信仰。杜兰特(Will Durant,1885-1981)认为,"宗教与哲学的冲突此时已经经历了三个阶段:这些攻击宗教,如苏格拉底之前的情况;试图以自然的伦理学代替宗教,如亚里士多德及伊壁鸠鲁(Epicurus,前341—前270)的做法;怀疑论者及斯多葛学派的重返宗教——这项运动在新柏拉图学派及基督教精神中已经达到了最高峰。类似的情况在历史上不止出现过一次,现在也可能发生。塔莱斯相当于16、17世纪的伽利略(Galileo Galilei,1564—1642),德谟克利特相当于17世纪英国的霍布斯(Thomas Hobbes,1588—1679),诡辩学家相当于18世纪法国百科全书的编撰者,普罗塔哥拉相当于18世纪法国的伏尔泰(Voltaire,1694—1778),亚里士多德相当于19世纪英国的斯宾塞(Herbert Spencer,1820—1903),伊壁鸠鲁相当于19、20世纪法国的法朗士(Anatole France,1844—1924),阿凯西劳斯(Arcesilaus,前316—前242)相当于18世纪苏格兰的休谟(David Hume,1711—1776),卡涅阿德斯(Carneades,前214—前129)相当于18世纪德国的康德,芝诺(Zeno of Citium,约前335—约前263)相当于19世纪德国的叔本华(Arthur Schopenhauer,1788—1860),柏罗丁(Plotinus,约前204—前270)相当于19、20世纪法国的贝格松(Henri Bergson,1859—1941)。"(杜兰特,1999a)[855]

表 1-1-1 中国与古希腊等重要人物或重大历史事件对照

中国	古希腊等
春秋时期(前 770—前 476)	
《黄帝内经》(前 770—前 476),世界上最早的医学著作	
管子(约前 723—前 645),提出"宙合有囊天地"(宇宙口袋说),即世界上最早的宇宙模型	
老子(约前 600—约前 470,春秋时期)	古希腊第一位哲学家塔莱斯(约前 624—约前 546)
	阿那克西曼德(约前 610—约前 547),提出"地球中心说"
《诗经》(西周初期至春秋中期)	毕达哥拉斯(约前 570—约前 495)
孔子(前 551—前 479,春秋末期)	释迦牟尼(约前 563—约前 483,或约前 480—约前 400)
曾子(前 505—前 435,春秋末期至战国初期)	
战国时期(前 476、453 或 403—前 221)	
墨子(约前 468—前 376,战国时期)	苏格拉底(约前 469—前 399)
	德谟克利特(约前 460—约前 37)
	希波克拉底(Hippocrates,约前 460—约前 370)等人建立希腊医学
列子(前 450 至前 375 之间—?),《列子》记载了偃人(机器人)	犬儒学派(约前 445—324)
扁鹊(前 407—前 310)	柏拉图(约前 427—约前 347)
商鞅(约前 395—前 338)	
《山海经》(战国初到西汉)	
庄子(约前 369—前 286,战国时期)	亚里士多德(前 384—前 322)
屈原(前 340—前 278)	伊壁鸠鲁(前 341—前 270)
	马其顿国王亚历山大大帝(Alexander the Great,前 356—前 323)于前 334—前 324 率军东征波斯、中亚和印度,行程万里
荀子(约前 313—前 238),战国思想家	欧几里得(约前 325—约前 265)
韩非子(前 281—前 233),战国思想家	阿基米德(约前 287—前 212)
秦始皇(前 259—前 210)	
陈胜(?—前 208)、吴广(?—前 208)起义(前 209)	

中国	古希腊等
西汉淮南王刘安及其门客李尚、苏飞、伍被、左吴、田由等八人写《淮南子》(前？—前 139 或前 121)	
董仲舒(前 179—前 104),西汉思想家	
《周髀算经》(前？—前 1 世纪)	
司马迁(前 145 或前 135—?)	
	罗马共和国凯撒(Gaius Julius Caesar,前 100—前 44)
	古罗马斯巴达克起义(前 73—前 71)
扬雄(前 53—公元 18),西汉思想家	
三国时期(220—280)	新柏拉图主义(175—485)
南北朝时期(420—589)	

五、西方现代从古希腊学习反传统:追求世俗理想生活

公元前 8 世纪出现了农民诗人赫西奥德,他在《田工农时》中描述了人人平等、没有压迫剥削的"黄金时代"——原始公社时代。柏拉图的《理想国》为什么被看作是经典？因为它所描述的国家社会摆脱了宗教统治,是第一部构思人类管理自己社会的著作,书中描绘了"乌托邦",国家由立法统治者、国家护卫军、普通劳动民三个阶级组成,应该由哲学家当政治家,统治者与战士不能享受家庭生活,也不许拥有私人的财产。这对西方摆脱上千年的政教合一的社会制度有很大鼓舞作用。这种理想国的思想对欧洲启蒙运动有很大启发,出现了若干理想国家的构想,例如,1516 年英国人托马斯·莫尔(Thomas More,1478—1535)出版《乌托邦》一书,提出了公社制的社会,财产公有,人人平等,坚持公平和正义,法律成为信仰。19 世纪后期,英国艺术与手工艺运动创始人威廉·莫里斯(William Morris,1834—1896)也提出"艺术公社"的理想社会概念。

欧洲宗教要求艰苦劳动,反对奸淫。宗教改革时,法国加尔文教派形成禁欲主义新教形式,认为受财富诱惑,追求人生享乐,在道德上是邪恶的,必须为上帝而辛劳致富,虚度时光是万恶之首,社交活动、无聊闲谈、享乐、贪睡,都遭受道德谴责,劳动是推崇的禁欲途径,人必须恒常不懈地实行艰苦的体力或脑力劳动。

欧洲启蒙运动哲学家提出快乐生活方式,这也是来自古希腊。古希腊许多哲学家追求快乐。"好的生活是什么呢？亚里士多德很坦率地答道:'是快乐的生活';他在《伦理学》一书中建议我们不要(像柏拉图一样)考虑如何使人向善,而去想如何使人快乐。他认为除了考虑以外,一切事物的追求都另有目的;只有快乐的追求本身就是目的。持久的快乐有几个条件,如家世好、身体健康、容貌俊俏、运气

好、名誉好、朋友好、金钱基础好,还有心地好。"(杜兰特,1999a)[691] 提出这些快乐观念是为了反对宗教。

追求快乐也是康德美学的思想之一,他提出美是无欲望的快乐,它使人感官快乐。他还说把艺术看作游戏,"游戏必须使人快乐,而无须人们把利益的考虑作为它的基础而使人快乐"(康德,《判断力批判》,第 54 节注解)。

快乐有许多含义。不同人生观对快乐有完全不同的理解。在物质生活比较富裕的时候,"追求快乐"很容易成为享乐主义的借口。

六、西方现代从古希腊获得建筑和各种艺术观念

建筑与艺术在古希腊是享受手段。古希腊出现了大量的文学家和艺术家。公元前 9 世纪至公元前 8 世纪出现了著名的盲乐师荷马,他凭惊人的记忆弹唱万行以上的巨作《伊里亚特》和《奥德赛》,这两部史诗被称为"荷马史诗"。大约在公元前 620 年出现了伊索(Aesop,约前 620—前 564),他所著的《伊索寓言》至今广为流传。公元前 5 世纪出现了三大悲剧家埃斯库罗斯(Aeschylus,约前 525—约前 456)、索福克莱斯(Sophocles,约前 497—约前 406)、欧里庇得斯(Euripides,约前 480—约前 406)。公元前 450 年雕刻家卡利马科斯(Callimachus,约前 305—前 240)发展了古希腊建筑雕塑上著名的科林斯柱式。同期出现了喜剧家之父阿里斯托芬(Aristophanes,约前 446—约前 386)。毕达哥拉斯提出了美学思想,把造型和音乐旋律归结为形式和声按比例数的构成原理。赫拉克利特与德谟克利特学派也进行过美学探索。柏拉图在《会饮》和《斐多篇》等文中探索了美的本质,认为合理、和谐、完善是美的基本特征。亚里士多德的《诗学》被称为是 18 世纪以前的美学概念的基本依据,他认为艺术在模仿自然时应当把自然理想化,按照美的概念去进行再创造。

古希腊文明在艺术方面延续时间最久,当时的画家已经知道透视、远近、光线、构图等技巧,其艺术作品的创造性和数量之多,可以与西方历史上任何时代相比。优美的建筑发展超过以往任何历史时代,出现了当时最伟大的建筑——雅典奥林匹亚神殿。古希腊建设了许多神庙、宫殿、住宅、街道、公园,处处都有雕塑。如今欧美许多城市的商业和财政大厦的外形或廊柱式风格都取自希腊的神殿。

七、以"美"和"快乐"的名义追求享乐主义和忽略道德

受欧洲启蒙运动影响,媒体界一面倒的声音赞扬古希腊的哲学、科学、建筑、艺术等方面的成就,然而却很少有声音解释为什么要推崇古希腊,尤其是避而不谈古希腊人的道德。1935 年到 1975 年美国历史学家威尔·杜兰特与其妻子写了一套巨著《世界文明史》(The Story of Civilization),共 11 卷 38 册。杜兰在《世界文明史:希腊的生活》中写道:"(希腊的)毕达哥拉斯和柏拉图将哲学与宗教互相结

合,并支持永生不死的教义,作为一种道德观念刺激剂。然而,普罗塔哥拉却怀疑、苏格拉底轻忽、德谟克利特否定、欧里庇得斯嘲笑那些神,因此,到了最后,希腊哲学家虽非出于本愿,却毁灭了塑造希腊道德生活的宗教。"(杜兰特,1999a)[262]

"公元前五世纪的雅典人不是道德的楷模;知识的进步已使他们之中的许多人脱离了其伦理传统,并且将他们转变为几乎不道德的人。他们因重法纪而享有盛誉,但是除了对自己的子女外,很少有利人的观念;甚至很少在良心上感到不安,从没有想到像爱自己一样地去爱他们的邻居。""他们想尽一切投机取巧的方法。""诚实的人,是轰动社会的大新闻,几乎被人看作怪物。""人们宁愿被人称做精明而不肯让人说自己诚实,怀疑诚实是头脑简单。要找出愿意出卖国家的希腊人,是一桩容易的事情。""希腊任何时候都不缺乏处心积虑想卖国的人。""一般雅典人都是享乐主义者。""他们在享乐方面没有任何罪的感觉,并且在享乐中,他们能立即为使其思绪陷入晦暗低潮的悲观主义找到借口。他爱酒,不因偶尔酗酒而感到惭愧;他好女色,而且几乎完全基于肉欲上的,容易为不正当的性关系原谅自己,不认为道德上的过失是一种罪大恶极、不可饶恕的行为。"柏拉图曾说:"爱好财货使人为之痴迷。""他们满脑子所想的、无时无刻不是他们自己的钱财;每一个公民的灵魂就悬挂在这上面。"

"未婚男人,在性关系上,甚少受道德的约束。盛大的庆典,虽然其起源是宗教性的,但却成为男女相悦私下苟合的好机会。此种场合中,放荡的性关系受到宽恕。""雅典官方承认娼妓制度,并且对操此行业者征税。""卖淫在雅典已变成一门多元化而颇为发达的行业。""两性关系甚为混乱。""有许多人实行堕胎,并有许多艺妓。"(杜兰特,1999a)[380-387]

"在雅典,年轻人偶尔涉足妓院,不是品格上的严重瑕疵;即使已婚男人,逛逛风月场所,除了在家里受几句责骂,熟人前面子稍不好看之外,不致受到任何惩罚。雅典官方承认娼妓制度,并且对操此行业者征税。""卖淫在雅典已变成一门多元化且颇为发达的行业。""高级娼妓为了逃避雅典妇女深居简出的生活而自甘堕落……她们认为雅典人比较喜欢金发,就把头发染成黄色;……哲学家们竞相争宠,像普卢塔赫这样虔诚的历史家,也将她们的艳闻逸事逐一记载。"在科林斯岛上的高级妓女 Lais"以所有哲学家拜倒胯下为乐事。她慷慨捐钱建筑庙宇与公共建筑物……当她去世时,人们为她建造一座非常壮观的墓,像纪念希腊所曾有过的最伟大的征服者那样纪念她。"

"有一花瓶上面画的是一群青年正在不知羞耻地拥抱几个妓女;有一只花瓶上有一幅图,一群参加酒宴回来的男人正在那里呕吐;其他花瓶上的图画尽是一些性的教育。"(杜兰特 1999a)[386-408]

德国的利奇德在《古希腊风化史》一书中批判古希腊的裸体雕塑和绘画,"观看他人裸体乃淫乱之根源。""同性恋是裸体的自然产物。""这个民族性格粗鲁,贪图感官享受,因此他们只能把裸体看作性刺激,除此之外不可能有别的。""对情人裸体纯粹是为色情而欣赏,绝非视为艺术品。""拉丁语 nudus(裸体的,英语词 nude)这个词也可以解释为'粗野的,无教养的'。"

从古希腊的奥运会着装也可以看出当时的性道德观念。公元前 720 年第 15 届奥林匹克运动会上,运动员不慎把兜裆布失落,裸体被称为美,从此奥运会开始了裸体竞技。最初的女子运动会也采取裸体竞技,后来改为穿紧身短衣裙,肩胸袒露。

"古希腊人公开场合裸露全身或半裸露全身的现象远比我们现代人来得普遍",男女青年裸体摔跤竞赛,大型酒宴上跳裸体舞,"在很大程度上丰富了艺术家的想象力"。"那是'他们的一种大耻辱',",柏拉图对这一现象曾说,"就像现代的外邦人一样,希腊人自己在不久前还觉得故意让别人看到自己赤身露体是一件很荒唐的事。"古希腊有一种科斯女袍,"薄如蛛丝","看上去完全赤身露体",妓女喜欢穿这种衣服。(利奇德,2000)[92-94]。

古希腊的袖珍画画家们喜欢在花瓶和赤陶上描绘手淫情景。大英博物馆收藏的古希腊碗上画的女性是妓女,法国罗浮宫和柏林博物馆收藏的许多古希腊花瓶上也画着裸体女子与淫秽情景。古希腊许多文学作品中描写了少女的性行为,详细洞察了古希腊妓女的生活方式,从中可以知道,女子同性恋在莱斯博斯岛特别普遍。古希腊人把女诗人萨福(Sappho,约前 630—约前 570)称为"第十位文艺女神",而她一生的诗歌都表现了女子同性恋。在古希腊存在妓女阶层,被人们称为"维纳斯的女祭司们",她们的生活成为古希腊文学的主要素材,人们发现有关古希腊高级妓女、妓院的作品数量十分巨大。在波里比阿(Polybius,约前 200—约前 118)时代(前 218—前 202),为一些妓女建造了祭坛和神殿。亚历山大城中最漂亮的建筑物都是以吹笛手和高级妓女的名字命名的,这些女子的塑像与将军和政治家的塑像并列。阿佛洛狄忒神庙就是培养高级妓女的学校。另外,在雅典,妓院的建立与雅典著名的梭伦有关,他设定律法提出了国家妓院的构想,许多女孩把卖淫作为第二职业。公元前 464 年,希腊人在奥林匹亚举行盛大竞技会。色诺芬(Xenophon,约前 430—前 354)获得五项全能,他曾经发誓说如果取得胜利,将挑选 100 个美女为神作奉献,这些都是高级妓女。亚历山大大帝攻占了波斯首都后醉酒狂欢,叫了一群名妓参加。高级妓女泰依斯就是亚历山大大帝的情妇,她的形象被搬上戏剧舞台。亚历山大死后,泰依斯又跟随了埃及国王变成了王后。弗里娜(又名拇莉萨瑞特)是一名雅典高级妓女,由于美貌和丑闻而出名,在希腊民众聚会时,她脱光衣服,散开头发,裸体走向大海。这一情景被阿佩莱斯(Apelles,公元前 4 世纪古希腊画师)创作成名画《海上升起阿佛洛狄忒》(阿佛洛狄忒就是维纳斯),被普拉克西特列斯(Praxiteles,公元前 4 世纪古希腊著名雕塑家)创作成《尼多斯的阿佛洛狄忒》。

　　古希腊信仰泛神论，它有数不清的神，而基督教是一神论。基督教的神非常强调道德，中国古代的菩萨神仙也如此，而古希腊的神追求享乐主义和性欲横流，宙斯有私生子，古希腊的"爱神"阿佛洛狄忒（Aphrodite），拉丁语叫维纳斯（Venus），是个淫妇。阿佛洛狄忒神庙供养了 1000 多名高级妓女。读者上网查一下 Aphrodite 就知道了。从 20 世纪 20 年代起，我国受西方影响的知识分子带领群众砸烂庙宇，把中国古代的各种神作为迷信而批倒批臭。将近一百年后却热衷宣扬古希腊的鬼神，书店里充满了宣扬古希腊各种神的书籍。这是西方的科学崇拜，还是西方的迷信崇拜？

　　男子同性恋是古希腊的另一个十分普遍的社会问题。杜兰特说："比这娼妓与哲学家之间异常关系更怪诞的，是对于变态的性关系行之若素。古希腊最高级的娼妓是'伴侣'，'伴侣'的最大劲敌是雅典少年；而娼妓们因为事关她们的荷包，从不放弃指责同性恋的不道德。商人进口俊秀童子，卖给出最高价者，他们被买回去后，先用作'妾'，然后作为奴隶；只有极少数的人认为不应该让女性化的贵族少年激发及抚慰上了岁数的男人的热情。在这种分辨雌雄性别的事情上，斯巴达人与雅典人一样漫不经心。""在底比斯，同性关系被视为军队组织与勇敢行为的珍贵源泉。最为雅典人所爱戴的伟大人物哈尔摩狄奥斯（Harmodius，前 530—前 514）与阿里斯托革顿（Aristogeiton，前 550—前 514）是诛灭暴君的英雄，也是同性恋人。""在希腊，男人与少年，或少年与少年之间的亲密关系，显示出罗曼蒂克爱情的所有各种症状：热情、虔诚、痴迷、嫉妒、歌唱、沉思、呓语、失眠。""柏拉图在其《斐德罗篇》中谈到人类的爱即同性恋。"（杜兰特，1999a）[390]"柏拉图说苏格拉底和亚西比德（Alcibiades，约前 450—前 404）是一对恋人，而且形容这位哲学家'在追求那位美少年'。虽然这位老者似乎大多数情况下保持柏拉图式的精神恋爱，但也不是高尚得不谈论同性恋者或者娼妓如何去吸引爱人。他慷慨地答应一个名叫狄奥多拉的青楼女子，愿意随时为她效劳。"（杜兰特，1999a）[472]

　　利奇德在《古希腊风化史》中说："同性恋是古希腊人性生活的一个组成部分，它绝对没有受到人们的忽视也没有遭到任何禁止；恰恰相反，它占有一个十分重要的，实际上甚至几乎可以说是最突出的地位"，许多戏剧中的主要情节就是描述男子同性恋。（利奇德，2000）[143-147] 大量的文艺作品中对男性的同性恋进行了描述。许多男人都要吸引一个男孩或年轻人，即性成熟的男性。他们从大清早到夜晚都待在一起，并在亲密生活中充当他的辅导老师、监护人及朋友。他们很重视体质锻炼，每天有四分之三的时间待在角力和体育学校里，在那里男子都是赤身裸体。因此"体育学校"在希腊语中派生出"裸体的"。古希腊的大量文章表明，当时到处都可以用金钱或礼物占有少年男子，也就是男妓。

　　甚至连西方宣扬的古希腊的哲学三巨匠也不例外。色诺芬在《回忆苏格拉底》中说，苏格拉底在少年时期就是他老师的至爱之人了，到 17 岁时并不讨厌他的老师的爱,因为那时他相当沉溺在性爱之乐,但后来取而代之的是狂热的脑力工作。柏拉图在《会饮篇》中也对苏格拉底进行了这方面的描述。在阿忒那奥斯(Athenaeus,1至2世纪的古罗马作家)的著作《古希腊史论残篇》里写道:"亚里士多德和高级妓女赫皮利斯生了个儿子尼科马科斯,并且至死还爱着她。""英俊的柏拉图不也爱着来自科洛丰的高级妓女阿基安娜萨吗?"苏格拉底是高级妓女阿斯帕西娅的座上客。(利奇德,2000)

希腊西方的罗马国逐渐兴起,战胜了北非的海上强国迦太基。公元前146年,罗马人占领了希腊,希腊与马其顿成为罗马的一个省。后来罗马人占领了西班牙,成为地中海的霸主,公元前1世纪又占领了不列颠。公元前45年凯撒成为独裁者,公元前30年建立罗马帝国,一直延续到公元476年,其中的全盛时期为公元前27年到公元180年。罗马帝国的每一次扩张,客观上都在传播希腊人的生活方式。罗马帝国的势力范围包括了现在的意大利、西班牙、法国、德国一部分等西欧主要国家。这也是西欧历史上唯一的统一时代。从公元1世纪,在罗马帝国的下层社会中出现基督教,其主要来源是犹太教。公元5世纪,欧洲进入中世纪,基督教成为欧洲的主要政治和文化力量。

八、罗马柱是什么含义

20世纪90年代以后,国内各地建筑可以看到模仿古希腊的罗马柱,这种立柱是什么含义?不同情景下,外形不同,含义也各有区别,以下摘自杜兰特的《希腊的生活》一书,描述了罗马柱的含义。

第一,纪念亡者。古希腊"最先是用简单的柱状物纪念亡者,然后是仅将方柱头雕成人头,再其次是将柱体完全雕成圆形,或雕成墓碑浮雕。""磨光的大理石不加任何人工色彩,更能表现女人肌肤的柔滑之美。"(杜兰特,1999a)[287]

第二,表示男性生殖器。"赫尔墨斯更为有趣。最初他是一块石头……然后他是置于坟墓上的高石,然后他是界石或是界石之神,标示并防护一个面积;由于他的职掌中也有促进生殖,阴茎遂成他的标志之一。然后他是石柱,有雕塑的柱头,未雕塑的柱身,也就是很显著的男性生殖器——装饰在雅典各显要的住宅之前。"(杜兰特,1999a)[238]

第三,罗马柱是宗教性的。"古希腊的建筑则几乎完全是宗教性的。""当大理石成为神殿的正统建筑材料后,其建筑形式仍和使用木材的时期无异,殿宇的长方形本体、圆形柱体、主桁之眉梁……"(杜兰特,1999a)[291]古希腊有三种特定立柱被用于神庙,这三种柱式是:"多丽斯式、伊奥尼亚式,以及公元前4世纪的科林斯式。……伊奥尼亚式在公元前6世纪的突出成就是在弗所的阿尔忒弥丝神殿。"(杜兰特,1999a)[294]

国外各个古老国家的建筑都有宗教背景,罗马柱同样也有明确的宗教含义的,推崇一些价值,批判另外一些价值。我国文化没有这些语境,盲目崇拜模仿这些建筑必然造成很滑稽的效果。这正反映我们一些建筑设计师文化自虐的结果。请问那些热衷模仿罗马柱的人们,你们是不是崇拜古希腊的宗教,或者崇拜古希腊的那种享乐主义生活方式?

九、欧洲启蒙运动重新效法古希腊

德国的温克尔曼(Johan Joachim Winkelmann,1717—1768)对启蒙运动回归古希腊起了决定作用,他是西方现代考古的创始人,1764 年他的书《古代美术史》奠定了西方现代考古学基础,一年后卢梭(Jean-Jacques Rousseau,1712—1778)出版了《社会契约论》。以往欧洲历史主要以基督教史作为主要依据,甚至文艺复兴最早的“人本主义之父”彼特拉克(Francesco Petrarca,1304—1374,此人称中世纪是“黑暗时代”)崇拜中世纪基督教哲学家奥古斯丁(Augustine of Hippo,354—430)超过古希腊哲学家西塞罗(Marcus Tullius Cicero,前 106—前 43)。温克尔曼在启蒙运动早期,以古代艺术史为手段,否定了考古与基督教的历史的联系,把古希腊作为古代艺术的主要资料来源。西方现代派推崇他为西方现代考古学的创始人,他利用古代的遗物研究古代历史,这种观点后来发展成为历史实证主义,而不是专靠古代的文献(指宗教文本)。他第一个采用了风格分类,这成为西方艺术史的基础。他对 18 世纪末和 19 世纪的新古典主义起了决定性影响。新古典主义反对巴洛克和洛可可艺术风格,后二者产生于文艺复兴后期,反对文艺复兴时期的风格主义(mannerist,又称体裁主义,也就是拉斐尔[Rapheal,1483—1520]和米开朗琪罗[Michelangelo,1475—1564]绘画的风格)。新古典主义把古希腊人当作人类楷模,返回到罗马艺术和古希腊艺术。他的著作影响了西方的绘画、雕塑、文学,对德国的莱辛(Gotthold Ephraim Lessing,1729—1781)、赫尔德(Johann Gottfriend von Herder,1744—1803)、歌德(Johann Wolfgang von Goethe,1749—1832)、席勒(Johann Christoph Friedrich von Schiller,1759—1805)、荷尔德林(Johann Christian Friedrich Hölderlin,1770—1843)、海涅等人均产生了巨大的影响,由这些人产生了新古典主义,这些人的思想直接催生了欧洲的现代崇拜古希腊的观念,并把古希腊作为西方整个现代性的巨大模特。温克尔曼为什么要推崇古希腊? 这个问题非常值得重新研究。这要看推广古希腊艺术后的后果是什么? 文艺复兴恢复古希腊艺术,导致艺术非常发达,同时享乐主义盛行,流行妓女和性解放,性变态同性恋盛行。

温克尔曼本人就是同性恋。把这种非正常的思维当作西方现代性的代表,是幼儿的叛逆心理,把这些东西当作智慧或艺术史起源是西方艺术界的弱智心理或不健康心理。

第二节　古罗马的殖民地起源

古代传说—前509:王政时代

前509—前30:共和国时代

前73—前71:斯巴达克斯奴隶起义

30—283:前期罗马帝国

284—476:后期罗马帝国

395—476:西罗马帝国(首都在罗马)

395—1453:东罗马帝国(首都在君士坦丁堡)

962—1806:神圣罗马帝国(德国的"第一帝国")

1871—1914:德国的"第二帝国"

一、概述

古罗马人模仿希腊神话编写了自己的神话。古罗马人信仰多神,这些神被称为精灵。古罗马人最喜爱的神是爱神丘比特(对应于古希腊的厄洛斯)。古罗马人认为天上有很多神,然而最崇尚家神拉尔,视为生命源之母。古罗马人崇尚的神的种类非常繁多,认为人从小就是在各种神或精灵的保护下生长起来的,例如母性之神朱诺、儿童监护神阿贝奥纳、大地女神忒卢斯、战神玛尔斯、女灶神维斯塔、门神雅努斯、果树女神波摩纳、畜牧神福纳斯等。后来随着基督教的传入,古罗马自己的多神论宗教消失了,如同古希腊一样。罗马人逐渐接受了一神论哲学、犹太教和基督教。

古罗马政治统治中心在意大利。罗马人属于拉丁人,是古代意大利人中的一个分支,当时处于部落社会。公元前2000年前后这些拉丁人来到意大利。公元前390年高卢人烧毁了罗马城,大多数历史记录被毁灭,从此许多人用传说描述古罗马。传说一只"母狼"救了他们的祖先罗慕路斯(Romulus,约前771—约前717),他把一对雪白的公牛和母牛套在犁上,绕帕拉丁山丘犁出一道沟,构成了城墙的轮廓,并根据自己名字把这座要建的城市命名为罗马。据说公元前754年4月21日建成罗马城。为了铭记这一传说,后人在罗马的广场上制作了一尊青铜母狼雕像。罗慕路斯选择了100个部落族长协助他建立了罗马。历史考证表明,罗马城是伊达拉里亚人建立的。古罗马是一个等级森严的社会,存在贵族、平民(工匠、商人、自由农民)、奴隶等级。各部落族长组成了100人的元老院,成为最高阶级。奴隶制度引起了公元前73年著名的斯巴达克斯奴隶起义。

古罗马人崇尚战争,通过战争掠夺财富,占领了大量殖民地,获得许多金器和财富,在凯旋时屠杀俘虏。通过战争,古罗马人变得豪华,享乐主义盛行。古罗马人对性道德的基本观念是粗鲁和自由。自由阶级要求未婚女子保持贞操,希望妻子可靠。

　　古罗马人的语言是拉丁语,通过战争和通商使得拉丁语传到欧洲各地,后来衍变出欧洲许多语言,例如现在的意大利语、法语、西班牙语、葡萄牙语和罗马尼亚语。

二、古罗马的三个历史时期

　　古罗马历史大致被分为如下三个阶段。

　　1. 王政时代(前753—前509):这个时代相当于我国春秋时代,经历了7个王。

　　2. 共和国时代(前509—前30):公元前509年古罗马国民与军人召开大会废除了国王体制,不再选举一个终身的国王,而建立了共和国体制,一年一度选出两名执政官,其中一方可以否决另一方,并且接受法律约束。其他大法官、财务官、市政官等都采取类似体制。大会决定在紧急情况下设立临时的独裁官,任期不超过6个月。他们还通过了罗马基本法,自称为王的人可以杀之而不受审判,不经人民同意而企图擅自担任公职者应被处以死刑,被官员判处死刑或鞭笞罪者可以向议会上诉。从此古罗马以贵族政治代替了君主政治一直延续到凯撒为止,然而贫民的政治地位没有改善,反而失去了土地。在平民的斗争下,公元前454年元老院派出三人去希腊考察法律。公元前451年公民大会选出10人制定了著名的新的罗马基本法《十二铜表法》。它是西方历史上最严厉的法典之一,处罚的范围很广,例如小偷被抓住后就变成奴隶。该法律不断被修改,被沿用了九百多年。在共和国时代,成立了百人会议,全国6个阶级都被编为百人队,最高层为18个百人队,第5阶级有30个百人队。百人会议审批元老院的议案、官员的任命、死刑案件以及对外的宣战或和谈。当时平民就有了自己的平民议会,由他们产生族派会议,每一部落有一票,族派会议具有立法权力。元老院是最高机构,兼管立法、行政、司法三大权力。

　　罗马共和国的政治体制是西方历史上最彻底的军国主义,初期曾经实施军民合一的征兵制度,家庭就是军队的最小单位。最基层的社会组织是百人队。所有的百人队集合起来就是国家的主要立法机构。百人队又是军事组织。最高的18个百人队是骑兵,实际上是特种部队。第一阶级百人队是重型步兵,装备最优良,士兵备有两个矛、一个短剑、铜盔、胸甲。第二阶级士兵只少一个胸甲。第三阶级和第四阶级士兵没有披甲。第五阶级百人队有投石器。古罗马人自幼接受战争教育,严酷无情,以军事技能作为生存能力,从小以弓马为游戏,男孩子夜里也在打猎,都要学会骑马射箭投标枪。例如,著名的罗马元老加图(Marcus Porcius Cato,前234—前149)教儿子识字、读书和法律,他也是其子的军事体育教官。他教儿子如何披盔戴甲去战斗,如何驾驭战马,如何投掷标枪,如何格斗。对于古罗马人来说,战争技能高于其他一切学问,一生中有 10 年在战场和军营里度过。即使没有战争,他们日常的训练强度也不比战时差。他们的军事训练包括基本功训练、军械训练和扎营训练。他们用杀人和鲜血表现自己的勇敢,人们喜欢角斗士在竞技场上的相互残杀。罗马的军纪异常严厉,怯懦是不可饶恕的罪行,逃兵要被用鞭子打死。由此他们一代一代继承了战争秉性,似乎把战争当成日常必需的活动,以至我们中国人难以理解他们的"嗜血成性",这也形成了西方国家的战争扩张和占领殖民地的价值观念。

古罗马著名诗人维吉尔(Publius Vergilius Maro,前 70—前 19)在一部作品中写道:"让别的民族献身于艺术和科学,罗马人可要记住:你必须统治世界。"(基弗,2000)[70]古罗马对外进行了一系列殖民战争,制服了迦太基、马其顿、希腊半岛以及叙利亚,初步形成了世界超级霸国的大致轮廓,出现了"前三头同盟"(庞培[Pompey the Great,前 106—前 48]、克拉苏[Marcus Licinius Crassus,约前 115—前 53]、凯撒)和"后三头同盟"(马克·安东尼[Marcus Antonius,前 83—前 30]、李必达[Marcus Aemilius Lepidus,约前 89—前 13]、屋大维[Gaius Octavius Augustus,前 63—公元 14])。

3. 罗马帝国时代:分为前期罗马帝国(前 30—公元 283)和后期罗马帝国(284—476)。在后期罗马帝国时期,原来的共和体制被抛弃,实行君主统治。公元 395 年罗马帝国分裂为西罗马帝国(首都在罗马)和东罗马帝国(首都在君士坦丁堡)。公元 392 年罗马皇帝狄奥多西一世(Theodosius I,前 347—前 395)以罗马帝国的名义正式宣布基督教为国教。从那时起,基督教文化就成为欧洲的主体文化。罗马最初是一个很小的城市诸侯。罗马帝国是西方殖民的起源,它占领了大量殖民地,覆盖了几乎全部欧洲、中东和北非,包括如今的意大利、西班牙、法国、德国部分、英国部分、葡萄牙、比利时、奥地利部分、希腊、保加利亚、罗马尼亚部分、瑞士、埃及部分、塞尔维亚、叙利亚、利比亚部分、突尼斯、土耳其部分等。20 世纪 50 年代以来,欧洲出现联合的趋势,这一意识实际上是来自古罗马历史。

古罗马人经常采取背信弃义、残酷和贪婪手段进行战争,历史学家称他们的手段"是历史上绝无仅有的"。通过战争古罗马人获得大量财富,士兵饱囊金银,使小康家庭一变成为富爵王侯。从此享乐主义在罗马盛行,它改变了古罗马人的民族特性和道德。他们放弃了传统的简朴,一跃而为恣意奢华,物欲横流,肉欲横流。中上层阶级广泛使用镶有象牙或金银的睡椅,还有马具上闪光的珠宝和女人的珠宝。中产阶级受重商主义支配,渴望金钱,欺诈日益猖獗,以至企业难于赢利。他们放弃了禁欲主义的军事生活。结婚不再是为了终生生活,而变成了松散的和约。为了奢侈的生活,有钱阶级不希望生育子女。丧失独生子可以给母亲代来更大的权力。男女之间假冒婚姻不要子女。为了无限制的性自由,采用多种方法堕胎。

古罗马人的道德一直是历史学家批评的对象。古罗马传说"母狼"救了他们的祖先罗慕路斯,据说这个"母狼"的另一个含义就是"淫妇"。"任何语言的书面语, 在描写最赤裸裸的两性肉体关系方面,都没有古拉丁语那样丰富的词汇。"他们不 认为性自由是道德问题,男子找妓女不受指责,不违反基本权利,不违背风俗。放 荡的生活不会使有身份的市民阶级失去社会地位和尊重。蒙森(Christian Matthi- as Theodor Mommsen,1817—1903)在《罗马刑法》中说:"道德水平普遍下降,出现 不知羞耻的公开的淫荡行为,与罗马共和国对卖淫采取的宽容态度有密切关系。" 每个大城市都有妓院,妓女都是女奴,甚至皇室成员也常去妓院。(基弗,2000)[60]

公元 410 年和公元 455 年,日耳曼人两次攻占罗马。公元 476 年日耳曼雇佣 军废除了西罗马帝国皇帝罗慕路斯·奥古斯都(Romulus Augustus,约 460— 476)。在西罗马帝国的土地上出现了一系列封建小诸侯王国。其中法兰克王国很 快崛起,国王查理曼(Charlemagne,742—814)四处征杀,企图恢复昔日罗马帝国, 并于公元 800 年由罗马教皇加冕称帝,称为查理曼帝国。他的三个孙子把帝国分 为三份,其中二孙子路易二世(Louis the German,约 802—876)统治的版图被称为 日耳曼(后来成为德国),自居为罗马国继承者,公元 962 年建立了"神圣罗马帝国" (又被称为第一帝国)。1806 年拿破仑(Napoleon,1769—1821)征服欧洲,宣布该 帝国灭亡。1871 年俾斯麦(Otto von Bismarck,1815—1898)出兵占领法国巴黎, 1871 年统一德国,1871 年到 1914 年的德国被称为第二帝国。法西斯纳粹德国为 第三帝国。

三、殖民地理论

古希腊的哲学、科学、艺术和享乐主义对西方影响很大,同时古希腊和古罗马 的殖民地也是西方现代殖民主义的理论根据。亚当·斯密在《国富论》中以古希腊 和古罗马为正统根据,把建立殖民地作为快速致富的捷径之一。这一观念曾经被 西方各工业化国家接受。亚当·斯密写的《国富论》的第 4 部第 7 章是"殖民地", 这一章的第一部分的标题是"建立殖民地的动机"。文章一开始,他叹息欧洲人当 时对建立殖民地的思想还不及古希腊和古罗马。他说:"欧洲在美洲和西印度群岛 建立的各殖民地的利益,不如古希腊和古罗马指导建立殖民地的利益那样清楚明 显。古希腊各邦都只有很小的领土,当某一邦的人口增加到自己领土不容易维持 时,一部分人就被送到世界很远的地方寻找居住地,(因为)好战的邻邦使它难以扩 张自己领土。""在古罗马人中,富人的土地都由奴隶耕种,他们在一个监工底下劳 动,监工同样也是奴隶;因此贫穷的自由人既无法被招聘为成为农场主,也无法被 雇为劳力。……当护民官想激起人民去反对富人和大人物时,就引导他们回顾古 代的土地分配,并把限制私有财产的法律解释为共和国的基本法。于是人民就大 喊大叫要求得到土地,我们都明白,富人和大人物们肯定不会把土地分给他们。为 了在某种程度上满足他们,他们常常提出要出去建立殖民地。"罗马"一般把意大利被征服的省份指定给他们,在共和国的统治下,他们从不可能形成任何独立的国家"。"建立这样一种殖民地,不仅可以使人民得到某种满足,而且通常也建立了驻军,(因为)在新征服的省份,(本地人)是否服从是值得怀疑的。"

通过解释"殖民地"一词的起源,他介绍了两种殖民地概念,"拉丁词 colonia 仅意味着种植园,希腊词 apoikia 却相反,意味着分开住所、离开家庭、走出家居。虽然罗马殖民地在许多方面与希腊殖民地不同,而促使建立殖民地的利益同样是清楚和明显的。这两种(殖民)制度的起源要么是由于不可抗拒的必要性,要么是由于清楚明显的实惠。"

接着,他通过介绍历史"教训",提出要用捷径寻找殖民地。过去威尼斯人由贪欲激发了巨大精力,他们寻找海上通路,绕过非洲最南部的好望角,花费了 11 个月才到达印度。亚当·斯密认为这样"不划算"。他认为哥伦布(Christopher Columbus,1451—1506)在寻找殖民地的过程中更聪明,"哥伦布非常正确地得出结论,由东方去的道路越远,由西方去的道路就越近。因此他提出向西走。"这样发现了美洲。

亚当·斯密还提出,要想占领殖民地,要说服君主,得到国家权力的支持。他说:"对哥伦布来说重要的是,他所发现的不管是什么国家,作为结果应该对西班牙宫廷描绘成重要的,它对每一个国家都构成了真正的财富,那个土地上的动物和植物产品,在那个时代没有什么其他东西被证明是更重要的了。""对西班牙国王和王国来说,是真正财富的无穷源泉。当哥伦布第一次航行回国时,被用一种凯旋仪仗队仪式引见卡斯梯和亚拉冈的君主们。""哥伦布陈述后,卡斯梯枢密院决定占领这些国家,因为他们毫无自卫能力。""他们希望在那里找到黄金宝藏,才是唯一动机促使他们采取行动。""哥伦布提出,在那里发现的一半金银应该归国王,这个提议被枢密院接受。"

亚当·斯密反复强调,殖民地的金银是很廉价的,只要在殖民地找到金银,就能获得巨大利润。他说:"只要第一批冒险者输入欧洲的全部黄金或绝大部分黄金是通过掠夺方式从没有抵抗能力的当地人那里得来的,即使上缴这么重的税,可能也不困难。""在哥伦布之后,西班牙人在新大陆的事业似乎都被这同样的动机所驱使。""因此,向东印度通商计划才使得有机会首次发现西印度。一项征服计划才使得西班牙有机会在新发现的国家中建立所有的殖民地。激励他们这种远征的动机是金矿和银矿;一系列人类智慧无法预见的事件使得这个事业获得了更大成果,这是那些依据理性期望的承办人所达不到的。""企图在美洲建立殖民地的其他欧洲国家首次冒险,都是由同样的动机所驱使,但是他们并没有获得同样的成功。第一次在巴西建立殖民地后一百多年,才在那里发现了金银或宝石矿。英格兰、法国、荷兰和丹麦殖民地迄今还没有发现,至少没有认为值得开掘的矿。"

该书第 7 章第二部分的标题是"殖民地繁荣的原因",该标题就充分反映了亚当·斯密所代表的当时欧洲人的殖民主义价值观念。亚当·斯密在这一章宣扬殖民地对他们的好处。由于那些国家缺乏军事力量,在殖民地发展经济比在他们国内容易。他说:"那些文明国家在荒芜的国家占领的殖民地,或当地居民稀少、很容易向新殖民者屈服的国家的殖民地,比其他人类社会能更迅速发展富裕和强大。"他还用古希腊作为建立殖民地的根据,他说:"古希腊的许多殖民地向富裕强大似乎发展得很快。在一两个世纪的进程中,若干殖民地就明显赶上或超过它们的母市(殖民者城邦)了。"

他以古希腊为榜样,西方崇拜的古希腊的圣贤也利用殖民地。他说:"最古老的两位希腊哲学家的学校,塔莱斯和毕达哥拉斯的学校不是在古希腊,而是一个在亚洲殖民地,另一个在意大利殖民地,这是很值得注意的。所有这些殖民地本身都是在野蛮和未开化民族居住的国家,他们很容易向殖民者屈服。"

由于占领殖民地可以很快致富,所以欧洲许多国家都寻求海外殖民地。"在17世纪进程中,英格兰人、法国人、荷兰人、丹麦人和瑞典人,具有海洋港口的所有这些伟大的国家,都企图在这个新世界建立殖民地。""瑞典人在新泽西建立了自己的殖民地","圣托马斯和圣克罗斯两个小岛,是被丹麦人在新世界所占领的唯一的国土","荷兰人在西印度的殖民地,以及他们在东印度的殖民地,最初归政府下的专营公司","法国殖民地加拿大,在上世纪大部分时间和本世纪一部分时间,归政府下的专营公司","法国殖民地圣多明哥是海盗建立的"。

英格兰在北美的殖民地获利最大。他说:"没有任何殖民地比英格兰在北美洲的殖民地进步这样快。"

第三节　文艺复兴

一、中世纪

中世纪指公元476年到1453年西欧历史上的一个时期。在这个历史时期,基督教从意大利由南向北传播到了整个欧洲,欧洲传统的泛神论信仰成了非法的,但泛神论的观念并没有死亡。476年西罗马帝国灭亡,欧洲出现一系列国家,经过了多年战争之后,751年日耳曼人建立的法兰克王国占领了西欧大部分土地。查理曼死后,其三个孙子发生兄弟战争而分裂,在843年8月签订《凡尔登条约》,分为西法兰克王国、东法兰克王国和中法兰克王国,分别是现在的法国、德国和意大利的雏形。

962年出现神圣罗马帝国,全称德意志民族神圣罗马帝国(1806年被拿破仑消灭),全盛时领土包括了近代的德意志全境、奥地利、意大利中部和北部、捷克、斯洛伐克、法国东部、荷兰、比利时、卢森堡和瑞士等。

针对伊斯兰教占领耶路撒冷及东正教,从1096年到1291年,罗马教皇发起了

8 次十字军东征。

中世纪后来形成了封建制的庄园经济,建立了许多商业城市,像巴黎、里昂、马赛、科隆、汉堡、威尼斯等,形成了地中海的贸易区。

基督教文化在中世纪占主要地位,哥特式建筑是它的代表。

1453 年奥斯曼土耳其帝国占领君士坦丁堡,东罗马帝国灭亡,中世纪结束。

二、文艺复兴

14 世纪到 17 世纪,欧洲发生了 3 件大事:文艺复兴,地理大发现,宗教改革。文艺复兴指欧洲 14 世纪到 17 世纪以古希腊神话为借口逐步恢复泛神论、淡化基督教观念的历史过程,但是在文艺复兴时期没有人敢于公然反对基督教,而是以"童话""神话""小说"形式复活欧洲历史上的泛神论信仰。

十字军从中东带回阿拉伯发达的数学知识,这对欧洲有较大影响,而这些数学知识是在古印度数学的基础上发展起来的。1439 年佛罗伦萨宗教会议把希腊学者带到意大利。东罗马帝国(拜占庭帝国)灭亡之后,奥斯曼土耳其关闭了它的高等学府,大批希腊语学者被迫流亡意大利乃至更远之处。这些学者在罗马开办教授希腊语的学校,恢复学习拉丁语和希腊语。他们带来的希腊文献中有古希腊的文学、艺术和科学。这些学者从长期失传的古希腊、古罗马文献中发现与中世纪基督教不同的多神价值观念,这些东西保留在拜占庭帝国和伊斯兰国家。他们反对牛津大学和巴黎大学的宗教学院派,吸收古希腊文化,摆脱基督教解释。这些人也带来了古希腊放任不羁的道德观念和豪华奢侈的生活方式。这些人本主义(也被称为人文主义或以人为本)冲击着"以教会为本"的基督教文化,这个时代被称为文艺复兴,在罗马大有重建异教文化之势。最终文艺复兴被宗教改革运动所中断。从基督教转到泛神论是西方现代性的主要标志。

文艺复兴表面上是复活古希腊多神论文化,实际上是复活了日耳曼各个民族传统的泛神论。文艺复兴反对中世纪宗教的禁欲主义等观念,只不过当时无人公开这么说。文艺复兴肯定人性和人的价值,要求享受人世的欢乐,要求人的个性解放和自由平等,推崇人的感性经验和理性思维。这些是西方资产阶级人本主义最初的思想。文艺复兴构成了西方中世纪和现代的分界线。文艺复兴与宗教改革同时代发生。

三、文学艺术是西方现代的叛逆前锋

中世纪是宗教政治时代,人们不能公开反对宗教,文学艺术就成为反宗教政治的"糖衣炮弹"和前锋,文艺复兴如此,启蒙运动也如此。文艺复兴前期的代表人物是"文坛三杰":但丁(Dante Alighien,约 1265—1321)、彼特拉克、薄伽丘(Giovanni Boccaccio,1313—1375)。

从 1308 年到 1320 年，但丁写寓言诗《神曲》（*Divine Comedy*），表面上在叙述基督教历史、圣经人物亚当、地狱、炼狱、天堂的旅行，以及阿奎那（Saint Thomas Aquinas，1225—1274，中世纪最著名的神学家、哲学家之一）神学、哲学，但是他出人意料地加入了异教的古希腊和古罗马的神话，有当时神圣罗马帝国皇帝阿尔布雷希特一世（Albrecht I，1255—1308），有阿奎那和他的老师马格努斯（Albertus Magnus，约 1200—1280），还有希腊神话中地狱里的阿刻戎河（Acheron），特洛伊战争中的希腊英雄阿喀琉斯（Achilles）、希腊风神埃俄罗斯（Aeolus）、亚历山大大帝。全诗描述了大量的古希腊和古罗马神话的诸神。这种叙述明显在赞扬多神论和泛神论，淡化基督教，利用文学艺术实现文化和政治目的。文艺复兴可能是一次大规模的历史创新。虽然这部作品在启蒙运动中没有对哲学引起什么影响，但是后来一直影响文学艺术界，直至今天，成为复活泛神论的有力武器。在欧洲浪漫主义时期，英国诗人布莱克（William Blake，1757—1827）重新发现《神曲》，并把它与《荷马》并列，这两部著作都是多神的典型文本。后来英国诗人埃利奥特（Thomas Stearns Eliot，1888—1965）、美国诗人庞德（Ezra Pound，1885—1972）、法国前卫作家贝克特（Samuel Beckett，1906—1989）、爱尔兰作家刘易斯（Clive Staples Lewis，1898—1963）等人都受此作品影响很大。许多音乐家把《神曲》改写为音乐，例如匈牙利著名钢琴家李斯特（Franz Liszt，1811—1886）。另外，还有不少人把它变为雕塑、电影、计算机游戏。

我国"文革"结束后一个时期的地方戏曲创作也采取类似手法，表现了文化价值系统崩溃。

彼特拉克第一个提出复兴希腊古典文化，该号召是从复兴西塞罗开始的，崇拜古罗马共和体制，以反对中世纪政教合一的政治，提出以人学反对神学。这也是文艺复兴对欧洲启蒙运动的最主要影响之一。他的代表作是抒情十四行诗诗集《歌集》。彼特拉克未婚，却生了 3 个孩子。

彼特拉克的朋友薄伽丘写《十日谈》一书，断言情欲不受道德约束，这符合希腊神话和罗马神话的多神论。《十日谈》是他最重要的反基督教作品。

文艺复兴还出现了艺术三杰，是达·芬奇（Leonardo da Vinci，1452—1519）、米开朗琪罗和拉斐尔。在其他国家，波兰的哥白尼（Nicolaus Copernicus，1473—1543）于 1543 年出版《天体运行论》，提出日心说；德国的马丁·路德（Martin Luther，1483—1546）发起了宗教改革，在艺术领域出现了丢勒（Albrecht Dürer，1471—1528）；英国出现戏剧家、作家莎士比亚（William Shakespeare，1564—1616）等。

四、西塞罗是文艺复兴的最重要发现

彼特拉克等人为了搜寻古希腊著作而跑遍了欧洲的各大图书馆，第一次从整体上把希腊作品作为主要研究对象。他重新发现了古罗马西塞罗的书信。西塞罗的思想是导致文艺复兴的最直接原因。西塞罗书信的发现,大大鼓舞了人们从欧洲各修道院寻找古希腊和拉丁文本。因此,彼特拉克被称为"人本主义之父",他提出"人学",反对神学。

古罗马完全不同于欧洲基督教社会。西塞罗是古罗马著名的政治家,公元前63年当选为执政官。西塞罗支持古罗马元老院的共和体制,反对权威和独裁,这种体制后来在中世纪的基督教欧洲被取代了。西塞罗把元老院称为引导者、辩护者和捍卫者。元老院最初由一百位家族领袖组成,后来增加为三百名议员(senate)。元老院可以选举城市执政官,战争中可以提名独裁者的权力。这种体制逐渐演变成为西方如今的参议院(上院)。在凯撒、庞培、克拉苏结盟的"前三头同盟"时期,西塞罗拒绝凯撒邀请,坚持维护共和国宪政。后来凯撒的执政官任期不能被延长,举兵造反而胜,凯撒被选为罗马共和国"护国独裁官",共和体制消亡。从此,西塞罗退出政坛,转而成为学者,他把希腊哲学著作翻译成拉丁文,使得希腊哲学得以延续,也为拉丁语的发展做出了贡献。西塞罗对西方现代的主要影响如下。

第一,西塞罗在公元前写的《论神性》一书把非基督教的各种神性问题当作哲学的主要问题,这是文艺复兴和启蒙运动哲学家想做而不敢做的。西塞罗列举了哲学家们在多神论和自然神论上的各种观点,尤其是强调了泛神论观念。例如,宇宙本身就是神,宇宙自身就具有理智和感觉,地球应该是这个神的一部分,燃烧的天空为神,在自然法(natural law,自然规律)中找到神(不同于基督教的神),以太就是神,太阳、地球月亮和天空都是神,宇宙的形式和运动是由一个无限心灵的权能和意图决定的,万物都是由某种生命力支配的。他质疑为什么要创造一个有时间的世界,而不像柏拉图的神那样创造一个永恒的世界。他在这本书一开始就说:"有许多哲学问题一直还没有令人满意的答案,而诸神的本性问题就是其中最隐晦、最困难的一个。"这些观念对那些反对基督教的哲学家无疑是很大的鼓舞和刺激。这些观念称为西方现代性的宗教信仰。

第二,西塞罗的自然法和天赋权力的非基督教神学观点深深影响了中世纪和现代政治家和哲学家。西塞罗把斯多葛主义从古希腊传递到古罗马。斯多葛学派的自然法是古罗马新的神,成为他们新的宗教信仰,帮助形成了古罗马的法律的基本结构,国家政府目的是保护私人财产,这种观念后来遍及西方各国。这些观念后来都成为西方现代性的政治特性。

第三,西塞罗用伊壁鸠鲁的享乐主义去反对宗教道德。他在《论神性》中说:"什么是善的事物? 我想就是快乐吧。那么诸神必定只有身体的快乐……我认为,威莱乌斯(Marcus Velleius Paterculus,约前19—约公元31),你不像伊壁鸠鲁学派学者,他们羞于承认伊壁鸠鲁的那些言论,羞于承认他不知道除了感官快乐和性欲快乐以外还有其他的善。他还恬不知耻地把这些快乐都一个个罗列出来。""伊壁鸠鲁通过剥夺诸神的德行和恩惠而把宗教从人的心灵中彻底根除了。"(西塞罗,2012)[53-57]西塞罗把享乐主义合法化了,这也成为西方现代性的生活特性。

第四,西塞罗的共和体制思想直接影响了美国的建国者们。亚当·斯密曾说:"全世界各个时代产生的政治家和哲学家的总和比不上西塞罗的伟大。"美国总统杰斐逊(Thomas Jefferson,1743—1826)说,西塞罗等几个人的"公共权力"的思想形成了他起草的独立宣言,也形成了美国人对权力革命的常识。

第五,西塞罗依据自然法提出自由(liberty)思想,这是西方现代自由思想的基石,使得西方政府保护自由。注意:在那个时代,是保护奴隶主的自由和财产。

第六,西塞罗的思想直接影响了法国大革命。法国大革命时的重要政治家德穆兰(Camille Desmoulins,1760—1794)说:"大多数青年人是在学校里读西塞罗成长的,成为充满激情的自由主义者。"

第七,西塞罗极其善辩,出口万言滔滔不绝,在法庭上经常做无罪辩护,靠嘴多次改变了国家政治命运。他把拉丁语从一个普通的语言变成一种能够清晰表达抽象和复杂思想的通用语言。罗马帝国的凯撒曾赞扬他扩张了罗马的精神前沿,比罗马帝国前沿更重要。西塞罗是西方历史上第一铁嘴钢牙,远超过苏格拉底,这一条是西方现代哲学家非常崇拜的。

第八,西塞罗的崇拜者中有伊拉斯谟(Desiderius Erasmus,1466—1536,荷兰神学家,荷兰第一位现代派,人文主义鼻祖,欧洲文艺复兴的重要人物),德国宗教改革者马丁·路德,英国哲学家洛克(John Locke,1632—1704)、休谟,法国思想家孟德斯鸠(Montesquieu,1689—1755),美国总统杰斐逊、开国元勋汉密尔顿(Alexander Hamilton,1755—1804)等人。

五、异教复活

虽然意大利文艺复兴并没有公开反对基督教,但这一时期的思想家、文学家、艺术家等实际上大都崇拜泛神论,他们要复活各种泛神论、各种非基督教思想体系。这些泛神论及各种非基督教思想体系被基督教称为异教。这些异教形成了一个共同、普遍的哲学体系,其中,最大的综合体系是1486年意大利新柏拉图主义哲学家米兰多拉(Pico della Mirandola,1463—1494)建立的,他于23岁时曾写《人的尊严演说》(*Oration on the Dignity of Man*)。"人的尊严"这个口号在当时非常大胆,明显是针对基督教的。这篇文本被称为是"文艺复兴宣言",它是文艺复兴时期的核心文本,并被称为是"炼金术改革"(hermetic reformation)。在这本书里,米兰多拉大胆地重解《圣经》。例如,在此书第3章《上帝对人说》中他以神的口气说:"亚当……你不受任何限制的约束,可以按照你的自由抉择决定你的自然,我们已把你交给你的自由抉择。我们已将你置于世界的中心,在那里你更容易凝视世间万物。我们使你既不属天,也不属地,既非可朽,亦非不朽;这样一来,你就是自己尊贵而自由的形塑者,可以把自己塑造成任何你偏爱的形式。"再例如,其中一个论题是"凡人的罪是惩罚是有限时间,不是永恒的,只在暂时的"。米兰多拉在新柏拉图主义框架内提出人类探索知识的重要性,并引入发现各种知识的基本论题 900个,其中有 72 个问题是他认为的全部物理学体系。这 72 个问题是把各种异教观念混合在了一起,包含新柏拉图主义、亚里士多德主义、斯多葛学派、阿拉伯哲学、希伯来思想、犹太神秘主义。可以看出,异教或泛神论者把物理学当作反基督教的工具之一。新柏拉图主义是从公元 4 世纪的雅典哲学家发展出来的一系列哲学思想,实际上不存在紧密一致的"柏拉图主义"哲学。柏拉图主义在西方哲学历史上从来就没有消失过,意大利文艺复兴也不是重新发现柏拉图。事实上,文艺复兴从古代和中世纪的柏拉图主义发展了新的哲学,这种新的柏拉图哲学不仅代表了文艺复兴的中心思想潮流,而且也对欧洲后来的非基督教思想产生了长远影响。文艺复兴历史中柏拉图主义对立冲突于亚里士多德主义及经院哲学派。米兰多拉却代表了相反的一种观点,他试图把各种多神论思想体系融合在一起反对基督教。米兰多拉于 1486 年试图拐走别人妻子未遂,而酿成一桩丑闻。

文艺复兴时代,人们从古典希腊文化中发现了一个没有基督教的社会,在那里众神自由自在,性欲横流,诱惑着人们走上异教的道路,对抗基督教。例如,裸体绘画是一种古希腊的多神论观念。文艺复兴在意大利,是在古代文化的故乡和遗址中进行的,因此它威力之猛,大有重建罗马异教文化之势。文艺复兴的代表人物很少与教会直接对抗,他们没有公开反基督教,但是他们走的路与宗教完全相反,他们心照不宣,只干不说。最终,文艺复兴的人文主义孕育了宗教改革运动。"文艺复兴使得那对西方基督教会的忠诚转向对西方区域性世俗国家的忠诚。""在艺术和文学层面,文艺复兴只是短暂的狂热,而在政治方面则延续到我们时代。在政治层面,文艺复兴唤醒了希腊-罗马文明对区域国家的女神崇拜,而且它做得更为狡猾。因为它没有明言,而是做出对往日西方基督教的遵从(希腊人神话雅典和斯巴达则是有意且公开为之的)的样子。……这种近代西方民族主义的希腊-罗马灵感乃是不祥之兆,因为我们早已从希腊、罗马文明的衰亡史中知道,这一偶像崇拜形式是衰落和解体的主要原因。"

文艺复兴在英国的代表人物有托马斯·莫尔等人。莫尔 14 岁进入牛津大学坎特伯雷学院,因学希腊文有异教崇拜的嫌疑而被大学开除。英国的圈地运动(这是引起后来英国城市化和工业化的一个重要因素)引起他的愤慨。1516 年莫尔写了《乌托邦》一书,他描绘了一个没有穷人,没有乞丐,人人劳动,按需分配的理想社会。他说:"我深信,如不彻底废除私有制,产品不可能公平分配,人类不可能获得幸福。"所有官员都通过民主选举而产生,莫尔又深受柏拉图《理想国》的影响,建立了空想社会主义。《理想国》和《乌托邦》都把最高理想建立在现实社会中,这是人本主义观念,也是针对基督教的观念。莫尔的文本影响了培根(Francis Bacon,

1561—1626)的《新亚特兰蒂斯》和伏尔泰的《老实人》。另一方面莫尔又是天主教徒,1532年亨利八世(Henry Ⅷ,1491—1547)决意离婚而娶安妮·博林(Anne Boleyn,1501—1536),莫尔坚决反对,拒不参加国王婚礼。1534年国王强迫国会通过法案宣布国王是英国教皇领袖以摆脱罗马教皇,莫尔拒绝,被判处死刑,1535年被斩首。

　　为什么英国、法国、德国首先发生了宗教改革? 为什么这几个国家首先发生了启蒙运动? 为什么德国哲学家把古希腊作为人类楷模? 为什么工业革命又首先发生在这几个国家? 因为这些国家有共同的文化传统——北欧宗教和北欧神话。许多人似乎忽略了北欧的异教、神话、民间故事和童话对宗教改革、启蒙运动、工业革命和现代化的历史作用。

六、如何看待文艺复兴时期

　　围绕文艺复兴出现两种不同观点。19世纪有个别人认为文艺复兴是"黄金时代",表现在科学、艺术等方面。更主流观点却相反,许多历史学家认为中世纪的许多问题(贫穷、战争、宗教和政治迫害、腐败)在文艺复兴时期更严重了。例如,荷兰历史学家约翰·赫伊津哈(Johan Huizinga,1872—1945)认为文艺复兴时期比中世纪早期衰退。文艺时代的人并不把它看作"黄金时代",这是19世纪个别人幻想出来的,而是存在许多社会病态。美国科学史创始人乔治·萨顿(George Sarton,1884—1956)和林恩·桑代克(Lynn Thorndike,1882—1965)认为文艺复兴时期的科学进步并不如以前想象得那么具有原创性。还有人指出文艺复兴时期是经济不景气时期。(http://en.wikipedia.org/wiki/Renaissance)

　　如何看待文艺复兴时期? 19世纪,罗斯金(John Ruskin,1819—1900)在《现代画家》中曾经有专门论述。在《威尼斯的岩石》中,他把文艺复兴时期建筑置于社会、政治、道德中进行分析。他并不认为艺术是威尼斯衰落的原因,艺术是其衰落的象征。英国维多利亚时代的文艺复兴建筑很普遍。他认为这正反映了英国社会政治的衰落。他指出,当时许多英国人喜欢文艺复兴建筑,而不喜欢歌特建筑而且他认为这种建筑适合现代制造方法、英国现代暴政和原始阶段的现代灾难。他警告英国人如果忘记威尼斯的教训,就会从妄自尊大的卓越变为可怜的毁灭。

　　杜兰特在《世界文明史:文艺复兴》中说:"文艺复兴时期知识上的启蒙运动只限于少数人,解放的是个人,多数人的思想并未受到解放。""文艺复兴时期,随着知识的勃兴,道德却日趋堕落。促成道德堕落的因素有几个。最基本的因素也许可以说是由于意大利财富的增加。""有更多的钱可供挥霍,于是罪恶更加盛行。"(杜兰特,1999b,)[720]

　　"欧洲没有一个国家像意大利一样,喜欢造谣生事;在罗马所有出名的人物都受到不停而无情的诽谤与中伤。个人暴行层出不穷。""家族间的宿仇因风俗习惯与宗教信仰的崩溃以及法律的未能有效执行而复起；人们亲手报仇，家族间世代相互仇杀。""贵族在宫殿里养满了亲信，随时可照他们主子的命令去杀人。""必须随时防范土匪的抢劫。""文艺复兴时期的人们，他们的思想必须要和杀人者的刀锋一样的敏锐。""大家讲求奸诈。""贪污充塞政府每一个部门。""除了威尼斯外，各地的法官贪污纳贿的情况众人皆知。""雇个凶手报仇还比提出诉讼划算得多。""意大利人在消遣活动方面就如同在谈话和猥亵方面，居于领导欧洲国家的地位。""玩牌是各个阶层的人所热衷的一种活动……玩牌往往含有赌博性质。"(杜兰特，1999b)[738-755]

"任何一个城市都发现数量不少的私生子，甚至有些继承王位的也是私生子。私生子与婚生子间的争夺乃是文艺复兴时期意大利扰攘不安的主要根源之一。""卖淫的情况亦非常普遍。""公元 1490 年时在罗马大约 9 万人口中，一共有 6800个公娼，私娼尚不计算在内。"平均 13 人一个妓女。"在城市里，他们是纨绔子弟和热情的艺术家们的宠客。"有一名妓女死时，"罗马城人竟有半数哀悼她，而米开朗琪罗还是许多写十四行诗哀悼她的人中的一个。""意大利画家拉斐尔在他的作品《诗人之山》中所画的古希腊的女诗人萨福也许就是以（妓女）Imperia 为模特而画的。……她的墓是大理石做的，雕有最优美的碑文，并有 50 个诗人写了古典的挽诗来哀悼她。"(杜兰特，1999b)[720-732]

"至于同性恋，几乎成为复兴希腊文化不可少的一部分。""多数丈夫认为有一个情妇乃是正当的事；而做妻子的，即或感到悲叹，也往往装聋作哑，视而不见，容忍丈夫的所为。在中层社会里，有人则认为男女通奸乃是正当的娱乐。"(杜兰特，1999b)[730]

文艺复兴有"三杰"：达·芬奇是同性恋；拉斐尔贪恋女色、崇尚肉欲美，37 岁死于荒淫无度；米开朗琪罗被怀疑是同性恋。

"马丁·路德 1511 年拜访意大利时，下结论说：'如果有地狱的话，那么罗马便是建立在地狱之上'；我也听见罗马人自己这么说。""意大利人也不掩饰他们生活的放纵和道德的堕落，他们有时还著书辩解。""意大利是欧洲国家中最腐化的，其次是法国和西班牙。""德国人和瑞士人还保有许多古罗马人男性美德。""意大利所以道德堕落是由于她较富有，而政府及法律则较脆弱，同时知识的较高度发展也促成了道德解放。"

1550 年英国学者阿谢姆（Roger Ascham，1515—1568）说："我自己到过意大利一次，感谢上帝，我在那里仅住了 9 天，但是我在那么短暂的时间内，在一个城市，所听到的犯罪情况却远比我在伦敦 9 年内所听说的还要多。在那里，人们随意犯罪，既不会受到惩罚，也不会有人加以注意，就像在伦敦人们爱穿鞋子或凉鞋，悉听尊便，不会有人干涉一样。"他还说："一个英国人要是意大利化了，就变成了魔鬼的化身。"(杜兰特，1999b)[768-770]

杜兰特分析了大量事实后说，"意大利文艺复兴的绘画表现当时的色彩及风情方面是成功的,它并将这种艺术带到一种画技上的极致,一直是唯我独尊。但是它也有错误,它的重点在于肉体的美……甚至于宗教画都有色情的色彩,躯壳的形式重于精神上的意义"(杜兰特,1999b)[913]

德国人爱德华·傅克斯(Eduard Fuchs,1870—1940)在《欧洲风化史:文艺复兴时代》中说:"因为'创造性的'和'肉欲的'这两概念是同义的。色欲和肉欲无非是创造力的生理表现。""文艺复兴尽管有许许多多交叉的、相反的倾向,完完全全是一个肉欲的时代。这个事实自然必定反映于一切生活形式,反映于一切精神领域,弊端同等明显地表现于最重要的及次要的现象之中。""肉欲成为唯一与自然契合的现象。它是理性和逻辑唯一容许的认知范畴。肉欲之外,文艺复兴时代的人们无法想象其他任何东西。它是时代唯一的理性。""文艺复兴时代的一切精神都反映也应该包含肉欲。""文艺复兴时代是最终宣布人的理想典型是性感的人,也就是要比其他任何人都更能激起异性的爱,而且纯粹是动物性的爱,从而激发更强烈的性欲。这不仅适用于整体,也适用于局部,即适用评价男女的局部的美。""人体美注重性感……这个手段便是古代希腊罗马的美的理想。""意大利、西班牙和法国以其全部发展来说,都是君主国家……在法国和西班牙,君主专制主义已经渗透全部社会机体,女性美理想的发展必定是把妇女当作最精美的享乐工具。""在教堂里为情妇树塑像,让民众把她们当作圣女来瞻仰的风俗,纯属多神教(指古希腊)的观念。""时代的美的理想总是要反映于服装,通过适当的方式决定时装的主调。时装无非是把时代的人体美想法用于日常生活实践。""时装是个色情问题,因为时装设计的目的是强调人体的色情效应。这个目的在女装中尤为明显。"

第四节　欧洲思想启蒙运动

一、欧洲启蒙时代

欧洲启蒙运动时代指西方从 16 世纪中期到 1789 年法国大革命之间的历史时期。

什么是启蒙? 康德 1784 年对启蒙解释如下:"启蒙运动,是人类从自己给自己的监护状态下解放出来。监护状态,就是没有他人的引导,人就没有能力应用他自己的理智。当其原因不在于缺乏理性,而在于没有人引导就缺乏决心和勇气加以应用时,那么这种监护状态,就是自己加给自己的。要敢于认识! '要有勇气使用你自己的理性'——这就是启蒙运动的口号。"

康德这句话的含义是:启蒙运动打破了人类给自己的基督教监护,让人类有勇气去用自己的理性。这里的"理性"是什么含义? 是密语,指欧洲古典(古代)的泛神论信仰。泛神论是欧洲在基督教化之前的宗教信仰,如日耳曼神话、北欧神话等,后来被基督教同化,以神话、童话、民间故事等形式保留下来。"自己的理性"暗示人们自己已经有"理性"。

　　1966 年,美国哲学家盖伊(Peter Gay,1923—2015)说:"启蒙哲人的反叛成功达到了两个目的:他们的反叛乃是用一种异教反抗基督教的遗产,他们依赖的是古代的异教;他们的反叛也是一种从古典思想和基督教教条下解放出来的现代异教。"(盖伊,2015)[xi]这里的"古代异教""古典的"指什么? 盖伊(2015)[7]说:"'古典的'让人想到古罗马的庙宇、西塞罗的庄重及希腊神话都在法国有了对应物。"然而他还有些事情没说。在公元 1 世纪到公元 11 世纪欧洲基督教化的过程中,欧洲各国传统的宗教并没有消失,这些宗教几乎都是泛神论,它有广泛长久的社会基础,它们改变面貌,有些以神学、哲学面貌出现,在宗教改革后,他们重新解释教义。尤其在欧洲北部,例如德国、法国、英国、北欧被基督教化比较晚的地域,中世纪后期,那里的泛神论以神话、民间故事、传统文化等合法形式复活流传,其中影响比较大的是日耳曼泛神论。这些宗教信仰都激烈抨击基督教具有的、而泛神论不具有的那些信仰。例如,法兰西学院院士佩罗(Charles Perrault,1628—1703)是现代童话这种新文学风格的创始人,他通过童话来复活北欧神话,以躲避受到异教徒惩罚。佩罗于 1697 年出版于《过去道德童话故事集》(*Tales and Stories of the Past with Morals*),副标题为《天鹅母亲童话集》(*Tales of Mother Goose*)。德国的格林兄弟收集了许多德国神话故事,并且重新改写童话。他们通过这种方式复活传统的德国神话,这是最通俗的启蒙运动。哥哥雅克布•格林(Jacob Grimm,1785—1863)曾写《德国神话》,弟弟威廉•格林(Wilhem Grimm,1786—1859)曾写《德国英雄传说》,这些故事都是宣扬泛神论的。这二兄弟于 1812 年出版了《格林童话》,后来这些童话被改写为歌剧或芭蕾舞(睡美人),以及迪士尼动画。这些童话故事中的角色都是典型的神话角色,如魔鬼、女巫(witch)和男巫(wizard)、王子(prince)、公主(princess)、食人魔(ogres)、龙(dragon)、天鹅姑娘(goose-girls)、小仙子(fairy)、小妖精(golbin)、小精灵(elf,小仙女)、侏儒(dwarf)、巨人(giant)、美人鱼(mermaid)、邪恶的继母(wicked stepmothers)、土地神(gnome,宝藏守护神)、魔力的帮手(magical helper)等,它们都具有魔法。《安徒生童话》也如此。英国艺术与手工艺运动领袖、社会主义者莫里斯依据北欧神话写了《沃尔松格的西格德和尼伯龙根衰落的故事》(*The Story of Sigurd the Volsung and the Fall of the Niblungs*)。德国作曲家瓦格纳(Richard Wagner,1813—1883)借用北欧神话故事写了 4 部歌剧《尼伯龙根的戒指》(*The Ring of the Nibelung*),他也采用了德国中世纪和日耳曼的北欧宗教的诸神。20 世纪末以来,欧美日普遍借用北欧神话写了大量连环画和电影,如《星球大战》(*Star Wars*,1977 年)、《狮子王》(*The Lion King*,1994 年)、《阿凡达》(*Avatar*,2009 年)、《哈利•波特》等。

　　著名的泛神论者斯宾诺莎(Baruch Spinoza,1632—1677)在《神学政治论》中抨击基督教的神迹。爱尔兰哲学家托兰(John Toland,1670—1722,据说被称为泛神论鼻祖)在《基督教并不神秘》中也猛烈抨击基督教教义和神迹,他在《泛神论要义》中系统介绍了泛神论。法国的托克维尔于1840年出版了《论美国的民主》一书,他在书中第7章《民主国家倾向于泛神论的原因》中说:"应该承认,泛神论在我们这个时代已经获得了非常巨大的发展。欧洲一些国家的著作,就明显具有泛神论的色彩。它被德国人带入哲学,被法国人带入文学。一些在法国出版的虚构类著作,大部分都有泛神论色彩的观点或论调包含在其中,或让人们觉得它们的作者具有趋于泛神论的倾向。我觉得这种现象是有其深远原因的,绝不是偶然。"

二、启蒙运动的核心价值观念

文艺复兴时期的学者是在宗教环境下从事文学艺术的复现,宗教并不反对,甚至资助这些复兴。启蒙运动学者的核心价值是自由(liberty)、个人权力(individual rights)、理性(reason)、民主,力图摆脱宗教影响,力图实现人的自治、自然权利(民权)、自然法律。

1. 自由观念。启蒙运动哲学家都强调自由。伏尔泰被称为法国启蒙运动的"思想之父",他提倡天赋人权,特别强调自由、所有制、平等是公正社会秩序的基础,抨击天主教会,反对君主专制,主张过渡到英国式的君主立宪制。最有代表性的自由观点是法国启蒙思想家、哲学家卢梭提出来的,他说:"人生而自由,却无往不在枷锁之中。""我们手里的钱是保持自由的一种手段。""人的价值是自己决定的。"伏尔泰、卢梭、孟德斯鸠、狄德罗(Denis Diderot,1713—1784)等都强调自由。卢梭在《社会契约论》中提出主权在民的思想,成为西方式现代民主制度的基础,深刻地影响了欧洲废除君主绝对权力的政治运动,也深刻影响了18世纪末北美殖民地摆脱大英帝国统治、建立民主制度的斗争。美国的《独立宣言》和法国的《人权宣言》及两国的宪法均体现了《社会契约论》的民主思想。

孟德斯鸠在《论法的精神》中倡导法制、政治自由和权力分立,提出了非宗教的"三权分立"的社会管理体系,是对宗教和封建专制的有力抨击,成为此后资产阶级大革命的政治纲领。

几千年来,自由在西方一直是一个说不清、做不妥的概念。启蒙运动几百年来,自由这个概念引起的问题最多。有人认为自由是恶的起源,人是通过自由转向恶的。更多的是,自由引起许多核心价值矛盾,例如如何取舍自由与责任、自由与法律、自由与婚姻、自由与纪律、个体与群体等。只靠自由这个概念根本无法应对复杂的社会和心理问题,也无法解决人生日常的大量问题。

2.理性。如果问,哲学家最初从哪里发现理性,他们用理性针对什么问题,理性的目的是什么,那么在任何哲学词典里都得不到解释,这是西方现代哲学的密语或暗语表达方式。1981年英国学者阿姆斯特朗(2005)[112]在其著作《神话简史》中说:"(古希腊)哲学家却继续使用神话,或把它视为原始理性的先驱,或把它当作宗教话语体系不可或缺的文本。实际上,古希腊理性主义在轴心时代取得了里程碑的巨大成就,……一直持续到公元六世纪——这时,东罗马帝国的皇帝查士丁尼一世(Justinian Ⅰ,483—565)开始残酷镇压异教徒。"原来,理性和理性主义最初就是指古希腊神话。这与人们想象的理性主义含义完全相反。西方现代派哲学家把"摆脱基督教信仰"叫理性或理性主义。康德把从法国启蒙运动哲学家那里舶来的"理性主义"看作头等重要。

康德在哲学上受休谟的经验主义和莱布尼茨(Gottfried Wilhelm Leibniz, 1646—1716)的理性主义(唯理论)影响比较大。卢梭强调道德优先于智力的观点对他也影响很大。康德认为要使人摆脱宗教,应该从知识、道德、情感这三方面重建思想体系,为此他写了三本书。1781 年,康德 57 岁时出版了第一本主要著作《纯理性批判》,主要研究"知"(认识)的问题,或者"真"(真理)的问题。他认为人有一个头脑,可以自己获得知识,主要依赖经验主义和理性主义,而不必依赖信仰。当时要摆脱宗教,不得不面对三个基本问题:第一,上帝是否存在;第二,意志是否自由;第三,灵魂是否不死。形而上学声称去对付这些烫手的问题,然而却从未肯定性地论述过。康德说,这三个问题都是超越经验的,被称为"自在之物",这是人的认知能力根本达不到的,是不可知的,这些问题在道德方面有价值。他说,从理性角度看,人类应该关注以下三个问题:第一,我能知道什么;第二,我应该做什么;第三,我希望什么。这三个问题的根本是"我"。这三个问题提出了"人"能够知道什么,建立了"以人为本"的观念,而摆脱了"以神为本"的基督教观念。

1788 年康德出版了《实践理性批判》。实践理性指"日常生活中的说理",主要研究"意志"问题。在德语中,意志指实践行动目的动机,因此实践理性批判也是分析引起道德行动目的动机的"意志"的本质和原则。康德认为,只有假设灵魂不死,上帝存在,意志自由,才能实现"至善"。是实践理性的最后目标。可见,康德无法摆脱基督教。

后来,康德发现基督教也有理性主义,于是吸取了英国启蒙运动哲学家的立场,在其 1790 年出版的《判断力批判》中转向经验主义,也称感觉主义。宗教依靠"信",要使人摆脱宗教,就要使人依靠自己的"看"和"感觉",这是康德在这本书里的基本思路。《判断力批判》主要分析了人的感知认识方法,被认为是康德后期思想成熟之作。如何能够摆脱宗教?通过感知(中文都把这个词翻译成感性。在中文里感性有两个含义:感知,情绪),人无法感知到神、灵魂、不死等概念,宗教是凭着信仰,而不是凭着看,因此这些宗教概念不属于感知范围内的对象,并无法从理性(认识)中排除。如果要摆脱宗教,就要让人们依据感知,而不是依据信仰。《判断力批判》提出了两个新的感知判断标准。第一个,通过感知(审美)和想象(vor-stellung,中文翻译成"表象"了)去认识自然万物,依据感知判断认识自然的能力,它的标准是内心无欲望的快乐，无欲望的快乐就被称为美。第二个，目的论判断力，断言大自然有目的。这是暗示大自然存在诸神，这是泛神论。

美国实用主义在 19 世纪后期、20 世纪初期的代表人物詹姆斯（William James，1842—1910）、杜威（John Dewey，1859—1952）等人曾对理性主义进行了全面批判，批判所谓的"规律性"、"目的性"的价值。詹姆斯说："想想德国的美学作品，像康德这种不美的人物却被推崇为它的核心，多荒谬！内心的搏斗被转译成了概念的行话并被弄成了辩证逻辑。"（詹姆斯，2007）[27]他还说："'本质'，如康德所说，意味着固执。"（詹姆斯，2007）[197]"一个彻底的理性主义者，总是倾向空论和主观武断。"（詹姆斯，2007）[294]

杜威（2006）[117]说："理性主义所主张的那种理性有一种漫不经心、狂妄自负、不负责任和刚愎自用的倾向，简而言之，它倾向于绝对主义。""'理性'假装具有一种虚假的简单性、同一性和普遍性，它给科学开辟了一条虚构的康庄大道。这个过程导致理智不负责任和粗心大意。""康德曾经企图用一些纯粹的概念离开支撑否则就会混乱不堪的经验，从这种做法的后果中可以最清楚地看出理性主义的武断的刚愎自用。""他在德国思想中造成一种倾向，这就是稀奇古怪地蔑视经验的生动活泼的多样性，又稀奇古怪地过高估计体系、秩序、规律性自身的价值。""通过把某种目的和秩序引入我们私下引以为耻的事情中来原谅自己。"

3. 自然权利，又被称为民权（civil rights），指不可剥夺的权利，这些权利不依附法律、习惯、信仰、社会或政治等。自然权利的理论基础是由许多人建立的，不同哲学家政治家设计了不同的自然权利条款，其中都包括了生的权利和自由（liberty）这两个最高权利。康德声称通过理性推出自然权利，美国独立宣言依据"不言自明"（self-evident）的原则，也就是一切人都被他们的创造者赋予了一定不可剥夺的权利。英国哲学家洛克强调最基本的权利是生命、自由和财产（property），他认为这些权利在社会契约中是不可放弃的，这些思想成为美国殖民地独立依据的理由。美国爱国代表乔治·梅森四世（George Mason Ⅳ，1725—1792）等人认为"生而自由的权利"或"所有的人生而同样自由"等。美国独立宣言中，杰斐逊用"追求幸福"（快乐）代替了"财产"。

英国的洛克提出，人们按契约成立国家，其目的之一就是保护私有财产，国家政权不应该干涉臣民的财产；赞成君主立宪制，主张国家的立法权、行政权和处理外交事务的权利应该分属议会和君主。

法国的孟德斯鸠在《论法的精神》提出追求自由、主张法治、实行分权的理论，明确提出立法权、司法权和行政权三权分立的原则，立法权应由人民集体享有，司法独立，君主则只享有行政权。三者之间以权力的"制约和平衡"为核心，互相独立、互相监督。这一理论对资产阶级革命产生了很大影响，被载入法国的《人权宣言》和美国的《独立宣言》。

西方历史上出现了如下一些比较著名的合法权利文件,它们的核心价值都是"以人为本"来摆脱"以神为本"。

英国的《大宪章》(*Magna Carta*,1215),要求国王放弃一定权力,尊重法律程序,国王意志受法律约束。

法国的《人权宣言》(1789年)是法国大革命的基本文件之一,确立了个人权利和人民的集体权利。

美国的《权利法案》(1789—1791)是美国宪法前10条,是一个有影响的文件。

《世界人权宣言》(1948年),承认这个人类大家庭的各个成员的平等的和与生俱来的尊严与不可剥夺的权利是在世界上的自由(freedom)、公正(justice)与和平。

这些权利在当时是为了摆脱了神权政体、君主贵族统治和国王的神圣权力。它标志着脱离了中世纪观念,逐步摆脱了宗教权威、中世纪行会经济体制、思想禁锢的社会,用理性代替宗教信仰,用自我判断代替宗教审判观念,政治上追求共和、个人追求自由、科学方法等,这些都是现代性的标志。1642年英国爆发内战,君王查理一世(Charles Ⅰ,1600—1649)1649年被判死刑。1789年法国大革命结束了欧洲大陆的专制时代。

4. 其他德国启蒙运动的代表人物。早期莱布尼茨和沃尔夫(Christian Wolff,1679—1754)在哲学上建立了一种理性主义独断论,这确立了德国理性主义的大方向。温克尔曼是德国启蒙运动的古典主义的先导人。1764年温克尔曼出版的《古代美术史》提出了以古希腊人为楷模,直接影响了德国启蒙运动所有思想家。莱辛的中心思想是自由。席勒把美育作为现代国家建设的一种理想。他们提出的价值体系是针对反基督教的,然而德国启蒙运动哲学家的中心思想是复活泛神论,这是德意志民族在基督教化之前的宗教信仰。

5. 启蒙运动建立的契约式权利导致了市场机制和资本主义,也使国家组织通过民主手段逐步实现了自治共和。19世纪的一些运动,如自由主义(liberalism)和新古典主义(neo-classicism)都是启蒙运动的延续。然而启蒙运动并不是指一种学派,那些思想家在摆脱基督教的价值观念上基本一致,但是他们的思想体系各不相同,甚至彼此还是矛盾的。最主要的问题是,启蒙运动复活了泛神论,从而在工业革命和现代化过程中引起了大量社会问题、心理问题、科学技术问题、生产问题、环境问题等。

本章小结

西方历史存在两个主要线条:第一个线条是传统文化,主要是来自以色列的宗教信仰和道德;第二个线条是西方的现代性观念,出自欧洲历史上的泛神论,后来被基督教同化，以神话、童话、民间故事等形式保留下来，贯穿于古希腊、文艺复兴、思想启蒙运动，之后进入工业革命。西方现代性主要包括以下几方面：第一，叛逆和颠覆基督教传统，发展泛神论信仰；第二，军国主义；第三，商业主义；第四，工业主义。这些主义都是为了一个目的——享乐主义（物欲横流、性欲横流）。西方的科学观念来自古希腊和泛神论，尽管古希腊的自然科学知识几乎都是错误的，但是西方现代派仍然继承了这一价值观念，把科学作为叛逆颠覆宗教的工具。另外，"无羞耻的非基督教之感官享受的理论，都能在希腊历史上找到系统的说明"（杜兰特，1999a）[869]，而建筑和艺术则是作为这种享乐主义的一种手段，"在希腊艺术中找不到性格的研究或灵魂的描述，他们迷恋肉体美与健康美，因此不如埃及的雄伟雕塑及中国的深刻绘画那样成熟"（杜兰特，1999a）[871]。西方现代性的军国主义、殖民主义、法律和政治体制主要来自古罗马。杜兰特在《希腊的生活》最后总结中说："我们知道希腊的弱点——其疯狂无情的战争、其呆滞的奴隶制度、其从属的妇女地位、其普遍缺乏的道德节制、其腐败的个人主义、其未能与秩序及和平相配合的自由。"（杜兰特，1999a）[873]而这些恰恰是古希腊人的人生目的。西方把这些作为人性楷模，导致了西方现代出现的社会和心理病态。我们能把古希腊作为学习榜样吗？

古希腊的这些东西被文艺复兴和启蒙运动继承而成为西方现代性的标志了。

西方反基督教往往采取以下几种方法：第一，信仰无神论，西方这种信仰只在法国大革命中短期出现过；第二，推崇古希腊多神论，这是一种"指鹿为马"；第三，复活欧洲历史上的泛神论，如推崇女神。

第二章　西方现代化的一些经验和教训

本章目的

本章大略介绍了西方若干国家的工业革命过程。它们有共同的文化背景：经历了资产阶级思想启蒙的历史阶段，建立了西方现代社会的价值观念、道德观念和行为方式。然而各国工业化过程各不相同，它们都是从自己历史的因果过程逐步走到工业革命。英国采取自由竞争资本主义，美国采取有管理的资本主义，德国采取有组织的资本主义。英国是第一个工业化的国家，比美国、德国和日本早一百多年开始工业革命。为什么英国很快就落后于美国和德国？这个问题是第二章的要点。

第一节　英国工业革命的条件

一、泛神论进入英国

泛神论是基督教化之前的大多数欧洲国家的宗教信仰，它相信世界万物都是神的化身。

西方泛神论的核心价值观是追求享乐主义（物欲横流、性欲横流），崇尚军国主义的军事武力。维京人（Viking）就是北欧海盗，他们的老家在瑞典、丹麦、挪威，北欧泛神论宗教使得他们彪悍好战。公元6—7世纪，维京人沿波罗的海和伏尔加河进入俄国，公元780—1070年又大规模袭击掠夺欧洲大陆，他们先后占领了冰岛、英国，杀到意大利、西班牙、法国等欧洲南部，向东进军君士坦丁堡和巴格达。他们大举掠夺财富，包括马匹、食物、女人，剩下的全部烧毁。后来他们定居在俄国、法国北部、英格兰和爱尔兰地区。他们把北欧泛神论宗教也带到这些地方，这些宗教通过北欧神话表现出来，例如冰岛史诗《埃达》（*Edda*）以及日耳曼史诗《尼伯龙根之歌》（*Nibelungenlied*）。

欧洲古代日耳曼人信仰泛神论。公元5世纪，盎格鲁人（来自丹麦南部的日耳曼人）侵入英格兰；公元550年左右，撒克逊人（出自今天德国北部的海盗）侵入英格兰。这些日耳曼人在公元6世纪前后曾压制英国本土基督教徒。公元597年，教皇格列高利一世(Pope Gregory Ⅰ,540—604)派遣传教士到不列颠去改造异教的盎格鲁-撒克逊人。到公元 6 世纪末,不列颠的大部分日耳曼民族都皈依了基督教,然而泛神论信仰在暗地里仍然存在。基督教一些神职人员用社会所熟悉的柏拉图泛神论思想解释基督教,把二者融在一起,一直传播下来。甚至异教的节日(例如古代凯尔特民族的万圣节纪念亡灵)被加到基督教日历中,旧的习俗和祷辞被赋予基督教含义,盎格鲁-撒克逊人驱逐小妖怪的药方被掺到基督教祷告时的药方中。

18—19 世纪英国在世界各地占领殖民地,其价值观就可能来自这种历史上的泛神论。

二、导致英国工业革命的直接因素

自中世纪初期以来,欧洲部分地区就出现了发展商业经济的意识,经过了漫长的历史时期,甚至是反复和倒退,到 18 世纪在英国逐渐形成了工业革命,追求金钱财富和物质享乐。因此很难划分工业革命的具体年代,有人认为大约从 1709 年开始,有人认为从 1760 年,还有人认为从 1780 年开始。在英国出口和进口商品竞争的刺激下,其他几个国家也开始发展经济。例如,法国和比利时大约在 1830 年开始工业革命;德国在 1871 年统一后开始工业革命,比英国迟了大约 100 年。为什么工业革命首先发生在英国? 因为英国最先形成了发展工业经济的许多因素和时机。下列诸多因素的综合作用促使在英国产生了工业革命。

1.圈地运动使农民失去土地,被迫进入煤铁矿区,自由竞争成为权势者的特权。英国的工业革命并不是预先规划的一个全民富裕美好的社会,也不是为社会上大多数劳动者设计的生存的社会。英国从 13 世纪开始出现"圈地运动",这实际上是普通农民失去土地的土地兼并运动。1235 年颁布的《默顿法》(*The Statute of Merton*)和 1285 年颁布的《威斯敏斯特法》(*The Statute of Westminster*)给予庄园主圈地的权力,逐步导致 15 世纪大规模的"圈地运动"。庄园主通过国王的特许获取土地,或通过购买兼并土地,许多地主通过武力、权势、欺诈、威逼、恫吓获取土地。1593 年英国政府废除了禁止圈地的法律,更加速了大规模圈地运动,使大量农民家庭失去土地,成为乞丐和流浪者,被迫离开家乡农村,进入煤矿、铁矿、企业,这些地方成为后来的工业城市。人口城市化是西方衡量工业化程度的一个主要指标。英国从 18 世纪初开始,大量农民进入城市,1750 年城市人口占 15%,1800 年占 25%,1880 年占 80%。圈地运动是工业化和城市化的重要原因之一。英国政府多次颁布血腥法律,1536 年的法令规定对"强壮的游民"要割去半只耳朵,三次被抓就处以死刑。在这样的社会心理状态下,圈地运动一直持续到 19 世纪。由国家政府法令支持,地主阶级这样大规模、长期、激烈、残酷剥夺贫苦农民生存权利,其他国家历史上从未出现过。当时英国有人说:"这些圈地,乃是富人像牲畜吃草一样吃光穷人的根源。我说,他们是毛虫,屠杀贫民,吃光整个国家,直到它的毁灭。"(蒋孟引,1995)[154]英国政府不顾及大多数人民的利益,只维护权势,是英国自由竞争最重要起源之一。自由竞争是权势者的特权,利用人的动物野蛮性,造成人吃人、人斗人的社会,其结果是人人都是受害者。圈地运动造成了严重的后果,爆发农民起义,农民人数的减少导致国家税收锐减,国家兵源减少,流民铤而走险沦为盗贼,整个国民道德特性败落。自由竞争对英国国民的严重负面影响一直持续到20世纪。后来德国等国家汲取了英国的历史教训,在工业革命时期从来就没有实行过英国意义上的自由竞争。

2. 金钱经济代替基督教成为核心价值观。英国经济、历史学家托尼(2013)[59]在《宗教与资本主义的兴起》一书中说:"那个时代的坏的实践乃是其宗教改革的必然表现,而且,即使改革者没有明确地教给人们不讲良心的个人主义,至少个人主义是从他们的学说自然得出的推论……有些作家抨击宗教改革,说它开创了一个肆无忌惮的商业时代。"托尼(2013)[204]说:"对财富的崇拜是资本主义社会的实际宗教,因此对财富的崇拜与基督教会之间不可能存在妥协。"他引用了凯恩斯(John Maynard Keynes,1852—1949)的话:"现代资本主义绝对是反宗教的,它没有内部联合,没有公共精神,通常(虽说并非总是)仅仅是一群有产者和逐利者的聚合体。"(托尼,2013)[204]托尼(2013)[219]举例说,1647年英国某地的长老会决定:"放高利贷是邪恶的罪行,屡教不改者要开除教会。"托尼(2013)[155-]还列举1925年编写的《基督徒守则》是一本清教徒的神学大全和道德大全,书中说,"采用任何形式的垄断或贸易都是不合法的,因为那是以公众或许多别人的损失才使你致富","不能以低于其所值的价格获得别人的物品或劳动,不能利用辨认的疏忽、错误和必需来剥削他人的劳动","各个地方的富人无一例外,都无耻地骑在穷人头上,强迫他们遵从自己的意志,为自己的利益服务,不管这种利益是正当的还是错误的,……如果一些人能够拿出足够的钱购买一个郡里所有的土地,他们就认为自己可以为所欲为……他们不仅是魔鬼的代理人,甚至就代表了魔鬼的形象","清教中的集体主义、半共产主义因素从来就没有适应过英格兰的国情",后来,"经济利益与伦理利益的分离是所有清教运动的特征"。

16、17世纪,英国出现了商业扩张和重商主义,1776年亚当·斯密著《国富论》,把货币与财富等同起来,把自由竞争(放任主义)作为基本国策,为了财富对外占领殖民地。他认为金银增加就是财富增加,金银越多财富越多。从此金钱成为英国社会的核心价值观念。他们除了生产金银外,就是发展对外贸易,奉行"少买多卖"原则,增加贸易顺差,换回金银。德国也汲取了这一历史教训,提出金钱不能成为价值和目的,而是方式方法。发展经济的首要目的是为了国家独立自主生存。

3. 国家政治统一是国家工业化的先决条件之一。在欧洲各国中,英国最先扫除了国内的关税壁垒,建立了国内的统一市场。当时法国、德国等欧洲大陆国家封建势力割据的情况比英国的严重，彼此的关税壁垒妨碍了通商。早在 16 世纪英国就基本上实现了国家的政治统一。1707 年苏格兰与英国重新合并成立大不列颠王国。

4. 勤劳、禁欲是致富的首要人文因素。勤劳、禁欲在西方基督教文化圈中有很深的理性传统。托尼（2013）[12]在《宗教与资本主义的兴起》中说，本笃会著名僧侣兰弗朗克（Lanfranc，约 1005—1089）曾认为，在经济活动中只是狼群夺腐肉的搏斗，经商的人很难得救，因为他们靠欺骗和不义之财为生。中世纪禁欲主义的倾向占主导，17 世纪英国清教徒相信劳动本身就是一种禁欲主义的修行，是对亚当所犯罪行的惩罚。托尼（2013）[141]还说，清教徒的内心有一种感受，"惹怒了上帝要比得罪整个世界更使人感到可怕"。

马克斯·韦伯曾经在《新教伦理和资本主义精神》中说，新教的核心教理是：上帝应许的唯一生存方式"是要人完成个人在现世里所处地位赋予他的责任和义务"，"劳动是胞爱的表现"，人人必须履行这种世俗义务，"每一种正统职业都具有完全相同的价值"。这样形成了新教徒热爱劳动的精神。同时也改变了基督教的观念，"人人都应当安守自己的生活现状，让不信神的人去追求物质利益"。同时代，法国加尔文（John Calvin，1509—1564）接受并积极参与新教改革运动，1536 年出版《基督教要义》，对法国宗教改革产生重要影响。在传统的几种禁欲主义基础上，加尔文教派形成了禁欲主义新教形式，在 16、17 世纪欧洲最发达的国家法国和英国，正是加尔文教派引起了重大的政治和文化斗争。传统的基督教徒认为，人类只有一部分能够得救，其余将被罚入地狱。清教徒们认为"一切和肉体有关的都是堕落"，人应该参与"为社会的尘世生活而服务的职业劳动"，劳动是推崇的禁欲途径，人必须恒常不懈地实行艰苦的体力或脑力劳动（这也是西方教会不同于东正教和其他宗教修行戒律之处），要求信徒一辈子劳动和行善，才符合上帝的圣诫，最迫切的任务是摧毁自发的冲动性享乐，最重要的方法是使教徒的行为有秩序。这样加尔文教徒创造了"得救"的坚定信念。在清教徒读得最多的《圣经》章节、箴言集和诗篇中，"表现出希伯来人那种既畏惧上帝而又完全冷静的智慧，而在清教徒的全部生活态度中都可以看到这种智慧的影响"。对清教徒来说，受财富诱惑使人无所事事，沉溺于罪恶的人生享乐时，在道德上是邪恶的，只为穷奢极欲、高枕无忧的生活而追逐财富是不正当的。

清教徒认为，必须为上帝而辛劳致富，但不可为肉体、罪孽如此，虚度时光是万恶之首，是最不可饶恕的罪孽。社交活动、无聊闲谈、耽于享乐、过多睡眠，都属于遭受道德谴责之列。人人必须从事正经行业，正规职业是每个人的宝贵财富，否则人的一切业绩只是无足轻重的，不成体统，会把过多的时间花在懒散闲逛而非工作上。强调固定职业的禁欲意义为工业革命的专业化劳动分工提供了道德依据，以神意解释追逐利润为企业家的行为提供了正当理由，对中产阶级类型的节制有度、自我奋斗给予了很高的道德评价。清教徒很注重《旧约》中的行为规范化和法律化，反对无节制地享受人生及它能提供的一切。新教禁欲主义反对奢侈品的消费，加之简朴的生活，成为资本积累的重要途径之一。

> 英国的新教伦理与古希腊人的享乐主义生活观念有什么重要区别？

5. 从古希腊起，发展机械技术就同战争紧密联系在一起，在许多场合，"机械"几乎成为"武器制造"的代名词。阿基米德曾经设计过一些重要的战争机器，装设弩炮能将如雨般的石头射到远距离。他设计了大型起重机，用杠杆和滑轮转动起重机朝罗马船队抛下大块石头，击沉敌船。杜兰特把阿基米德称为"工业革命"的领袖。达·芬奇是文艺复兴时期的著名艺术家，但是他也是工程师，他设计了第一支机枪，设计了用齿轮来扩大射程的迫击炮，设计过新的类似于装甲车或坦克车的战争机械，在战车的侧腰装上可怕的大镰刀，他设计过能从一个回转平台上自动发射一连串箭枝的武器，设计过能在车上举起炮的装置，他研究过飞机，他有海底航行的计划。

西方工业化各国都发展机器制造业，这是军事工业的代名词，是西方现代化的一个关键策略，并把军事工业的发展作为评价工业化和现代化的最重要标准。许多军队的技术后来才被用于民用事业上，例如筑路、修桥、灌溉工程等。迄今为止，西方国家最先进的新工业技术大多数是由军事需要而产生的，例如核爆炸、飞机、雷达、激光、计算机、网络技术等。

英国是一个岛国，要进行殖民首先要发展造船业，以装备海军。1588 年英国舰队打败了西班牙无敌舰队，成为世界海上新霸主，为开拓殖民地和海外贸易奠定了军事基础。英国在第一次工业革命中发展了机械制造工业，以制造枪炮装备军队占领殖民地，其典型代表是 1742 年英国罗宾斯（Benjamin Robins，1707—1751）写的《枪炮术原理》，这可能是西方近代最早的关于机械原理及零件的书了。

6. 打破了农耕经济的价值观念。与传统的农业经济不同，工业革命时代英国企业主发展经济的目的价值并不是为了自给自足和稳定，而是为了获得最大经济利益。为此目的，他们追求生产效率，这样就需要能够提高生产率的大量的新科学技术。要发展变化，就必须不断创新，创新变化成为工业化社会崇尚的核心价值观。

7. 英国具有先进的科学基础。16 世纪到 18 世纪英国就形成了早期的科学兴旺时代，出现了培根、牛顿（Isaac Newton，1643—1727）、玻意耳（Robert Boyle，1627—1691）、胡克（Robert Hooke，1635—1703）等许多著名的科学家。1831 年法拉第（Micheal Faraday，1791—1867）发现了电磁感应定律，在这一知识基础上，1857 年，英国人发明了自激电磁铁发电机，其他人又发明了若干种电动机。1840 年英国物理学家焦耳（James Prescott Joule，1818—1889）与楞次（Heinrich Lenz，

1804—1865)分别发现了电流通过导体发热的现象,提出了焦耳-楞次定律。当19世纪80年代爱迪生(Thomas Edison,1847—1931)发明了用日本竹子作为灯芯的电灯时,英国的斯旺(Joseph Swan,1828—1914)使用真空技术和碳棒也发明了更实用的电灯。虽然英国人在理论和实验方面开始很早,但是由于缺乏技术价值观念,在第二次工业革命中发展电力工业方面却落后于美国和德国。

8. 文艺复兴以后,英国和欧洲许多国家的手工业发展很快,出现了大量的能工巧匠或技术工人,英国工业革命的大多数技术发明家都来自这些能工巧匠。他们的目的很明确,为提高生产率进行发明创造。他们大多数是工人出身,是在实践中成长起来的"土工程师"和"土专家"。他们发明了许多新机器和新技术,为英国发展经济提供了最重要的技术条件,但是由于英国的自由竞争环境,也造就了他们封闭保守。

英国工业革命中许多人研究并发明了蒸汽机。1698年托马斯·萨弗里(Thomas Savery,约1650—1715)发明了蒸汽汲筒。1705年托马斯·纽科门(Thomas Newcomen,1664—1729)发明了蒸汽抽水机广泛用于矿井抽水。1768年又出现了著名的瓦特蒸汽机。1733年织布工人约翰·凯(John Kay,1704—1780)发明了飞梭(1747年被迫离开英国,在穷苦中死于他乡)。1764年纺织工人詹姆斯·哈格里夫斯(James Hargreaves,1720—1778)发明了8线纺纱机(又叫珍妮纺纱机)。1769年理查德·阿克赖特(Richard Arkwright,1732—1792)发明了水力纺纱机。童工出身的纺纱工人塞缪尔·克朗普顿(Samuel Crompton,1753—1827)克服了前两种机器的缺点,又发明了新型的纺纱机。1785年牧师卡特赖特(Edmund Cartwright,1743—1823)在木工和铁工帮助下发明了自动织布机。这样,英国具备了发展工业经济所需要的两大基础——动力和产生利润的机器。蒸汽机为各种机器大生产提供了动力,纺织成为英国工业革命的代表性工业。

在工业革命时期英国建立了煤炭、钢铁和造船工业。英国陆军工程兵的军官托拉斯·萨弗里发明了矿井下使用的蒸汽抽水机,解决了矿井采煤的主要问题之一,但是又带来了新问题,这种机器常有爆炸危险。铁匠托马斯·纽科门在玻璃工约翰·卡利(John Calley,1663—1725)帮助下发明了安全的气压机,用于煤矿下抽水。1735年炼铁家庭出身的达比(Abraham Darby Ⅱ,1711—1763)在父亲帮助下发明了用焦炭代替木炭的炼铁方法。1740年钟表匠本杰明·亨茨曼(Benjamin Huntsman,1704—1776)因找不到制造发条的合适材料,自己开始尝试炼钢,并于1750年发明了坩埚炼钢方法,后来他开设了英国第一个炼钢厂。1788年英国又发明了轧钢机。有了钢材之后,英国人又发明了许多机器和工具。18世纪60年代,瓦特(James Watt,1736—1819)和企业家博尔顿(Matthew Boulton,1728—1809)创办了机器制造工厂。1797年,工匠亨利·莫兹利(Henry Maudslay,1771—1831)发明了螺纹车床,用刀架和导轨代替了手工。1817年罗伯茨(Richard Roberts,1789—1864)制成第一台手动刨床。

到 19 世纪 30 年代,旋床、压延机、钻床、磨床、铣床、大型蒸汽锤相继出现。英国人还创新了其他大量的新技术工艺,例如金属材料的锻造、焊接、铸造、切削,以及成型工艺。他们用类似以前木器时代的方法,把金属板材铆接或焊接在一起,造成轮船。用钢或者铜造成的引擎作为动力,航行穿过海洋。正是这种引擎构成了英国第一次工业革命机械工程最重大的成就。他们还设计了轮船用指南针、经纬仪、电报进行导航和控制。这些一起最终体现了工业时代的价值观:机械仪器制造的精确度。

9. 英国面积并不大,然而有很丰富的煤铁资源,巨大的煤矿附近就有铁矿,这种自然条件在法国、德国等欧洲大陆国家不存在。1842 年一位著名的法国工程师在一封信中写道:"谈到工业,英国处在非常有利的自然环境条件下,这种自然条件在其他任何地方都没有。在这里有每一种金属矿藏,可能只没有发现金和铈。巨大的煤矿旁边就是铁矿……燃料——最终是工业的关键因素,在新卡斯特的许多地方的工厂非常便宜。例如,他们甚至不考虑每炼一炉铁需要多少煤。法国或德国的条件不如英国,只能靠全面掌握生产经验和知识来克服困难。如果把英国的工头放到法国或德国工厂里,他们会被这些困难吓倒。"英国有很丰富的煤炭储量,在工业革命期间,英国煤炭产量一直居世界第一,并且是长期出口的主要产品之一。1850 年英国的生铁产量占全世界的一半,煤的产量占世界的 60%,加工了全世界 46% 的棉花。1890 年英国的钢铁出口量占五个主要生产国(英、德、法、比利时和美国)出口总量的 73.5%。1870 年到 1880 年,英国大量制造蒸汽机轮船,从 1880 年到 1914 年居世界第一。

10. 英国最早形成了工业中产阶级(资产阶级)。他们在全世界最先具有发展经济获取利润的价值观,他们占有国内资本或国外殖民地的资本。他们占有发展工业经济的各种技术,他们追求技术应用提高生产效率。

11. 英国占有世界上广大的经济市场。国际商业市场对英国工业生产的刺激作用是第一次工业革命的重要原因之一。从 18 世纪初英国就占领了美国的全部国际市场,并占领了欧洲大部分国际市场。这一市场优势一直保持到 19 世纪末 20 世纪初。1850 到 1870 年,英国货物出口值几乎翻了三番。1870 年英国的外贸多于法、德、意三国的总和,几乎是美国的 4 倍。可以说,捷足先登的英国独霸了世界市场。

12. 工业革命的历史经验之一是优先发展交通。要发展工业经济,必须首先发展公共交通。英国在欧洲最早发展了运河运输,最早发展了国内铁路网。英国到 1870 年铁路里程达 2 万千米。英国面积比陕西省略大,2013 年底,陕西省铁路里程为 4421 千米。

13. 拿破仑战争席卷了欧洲,但是英国本土没有受到外国的侵略占领,一直保持和平时期和国家独立自主发展状态,这一有利条件欧洲其他任何国家没有。18、19 世纪英国政府对外主要干的事情就是占领殖民地,在亚洲、美洲、非洲、大洋洲侵略占领了大量殖民地,曾经达 4000 万平方千米,被称为"日不落帝国"。英国从殖民地国家掠夺了堆积如山的金银和其他物质财富,还占据了殖民地国家的商业市场。世界金融中心也在伦敦。

所有这些适合工业经济发展的条件在 18 世纪时只有英国具有,直到 19 世纪欧洲其他许多国家仍然处在封建农业社会或半农奴制社会。当英国已经完成了第一次工业革命时,欧洲大部分国家还没有开始工业化过程。可是,为什么后来英国很快就落后了,仅仅在两代人就被美国、德国超过了? 这个历史教训必须认真思考,以避免走英国老路。

三、《国富论》的核心价值观:自由竞争(放任主义)

亚当·斯密出身于富裕的海关家庭,毕业于牛津大学。他从英国富人利益角度对 13 世纪以后英国社会历史的生存斗争进行概括,1776 年出版了《国富论》一书,全面提出了"金钱价值观"、财富的含义和迅速致富的一整套办法,规划了国家政府功能是占领殖民地。此书恰好出现在英国工业革命(1780—1850)前夕,对英国 18、19 世纪工业革命产生了历史性的影响。

《国富论》的教训,也是英国工业革命的教训:

信仰:崇尚享乐主义、战争、金钱、重商义。

人的本性:鼓励自私地追求金钱,抛弃善良与大爱。

精神动力:把自我利益作为原动力。

方式动力:自由竞争。

建立价值:金钱是目的价值和方式价值。

衡量标准:用金钱多少衡量。

获取方式:强胜弱亡,占领殖民地,建立物质消费观念,政府不要投资教育。

生产目的:消费是一切生产的唯一目的。

国家政策:放任主义,市场是"无形的手";对外发动战争占领殖民地。

任何国家、任何文化都存在一些关于人本性的理论假设,描述人的本性是什么,人需要什么,人的精神动力是什么。这种对人的分析和描述被称为人模型。这是确定国家政策的基本出发点,是建立家庭和企业的基本出发点,也是《国富论》的基本出发点。在该书一开始亚当·斯密就认为人是自私的,"自我利益是经济和竞争的原动力",利用人的自私作为经济发展的动力。各国历史表明,把自我利益作为唯一原动力,是一种低级的社会形态。后来西方各国接受了这一历史教训,都在普及教育的社会学课程中把社会责任感作为国民道德教育的基本内容,并用法律严格限制自我利益。

> 你如何看待自由竞争？自由竞争是如何产生的？

在这种自私的社会中，怎么促使人们去发展经济呢？必须首先给他们建立一种价值观，为此亚当·斯密提出了"财富"的概念。在各种文化、各种群体中，对财富都有明确的含义。有些人认为劳动是财富，有些人认为智慧是财富，亚历山大大帝认为希望是财富（他说："我把希望留给自己，它将给我无穷的财富"），有些人认为家庭和睦子女兴旺是财富，有些人认为身体健康是财富，有些人认为土地是财富，还有些人认为牛羊是财富。亚当·斯密认为这些都不是财富。那么什么是财富？他说："财富由钱或者银两组成，它自然产生于钱的两重功能，它既是商业手段，又是价值的衡量。""一个富裕的国家就同一个富翁一样，是堆满了金钱的国家。堆满金银的国家能最迅速地致富。"他设计了一种社会，利用人的低级自私性或把人变成自私的，然后驱使每个人都去掠夺金钱，这样就形成了唯利是图的道德标准。

亚当·斯密设计了"消费"价值观，也就是不断刺激人去买东西，不断引诱人去买东西，使人人都去崇尚它、羡慕它、追求它，这样就建立了消费市场。消费概念不是为用户利益，而是为企业主利益，企业主就能够有源源不断可靠的利润来源。因此他说："消费是一切生产的唯一目的，生产者的利益应当被引到去促进消费。"当前，西方工业化国家都认识到，由于地矿资源有限，以消费为动力的生产方式无法持续，他们开始考虑为未来持续生存而发展新交通、新能源、新建筑等。

> "美国人现在的收入比上个世纪 50 年代增加了一倍以上，同时每个家庭需要抚养的孩子数量减少了一半。然而社会调查提供的资料显示，人们对生活的满意度却比半个世纪前降低了。当时有 35％的人认为自己非常幸福，而到 90 年代中期只有 29％的人认为自己很幸福，许多国家都出现了这种情况。美国还对 42 个富人（年收入超过 1000 万美元）和普通人（随机抽样）的感受进行了对比。……调查显示，富人们对生活的抱怨往往比中等收入的人更多。由此可见，身无分文肯定不幸福，但是想通过发财而找到幸福也是一种幻想。"（《金钱与空气》，《参考消息》2003 年 7 月 7 日第 6 版）

要使社会都投入为金钱而奋斗，还需要建立一个基本国策。这一国策被后人用法文词 lassez faire 概括，含义是"放手干，不要管"，"谁想干啥就干啥"。这个词被翻译成"自由竞争"或"放任主义"。《国富论》重申了英国持续了几百年的圈地运动的"放任政策"。这就是被我们有些人理解的"资本主义自由竞争"起源。这种自由竞争是否会导致社会混乱？亚当·斯密认为不会。他说通过"市场竞争"这个"无形的手"可以"自动调节"价格平衡。这个理论假设，如果某个产品紧缺，价格会上涨，经济利益促使其他企业也发展这个产品，这样又会使价格下跌，最终消费者获益。历史表明这不符合事实。事实上，这是社会达尔文主义机制，自由竞争是强者理论,是人斗人的机制。

自由竞争是亚当·斯密经济理论的核心,他"坚决反对国家任何政府干预经济事务",政府不要管经济发展,他认为贸易限制、最低工资法律、产品规章统统不利于这种自由经济。

以赚钱为核心价值,也决定了亚当·斯密对全民义务普及教育的态度。他说:"教育太花时间","太花钱,很麻烦,而且不一定能够得到应有的回报"。因此他认为应当"更放手、更自由,采用多样化方式"。他说教育的最基本作用是"教会读、写、算",仅仅是扫盲。他提出国家教育机构主要应当对各种年龄的国民实行"宗教教育"。19世纪那一百年中,英国没有建立国家的全民普及教育,而是用宗教来代替全民的识字和普及教育,目的是把"圣经作为一种特殊的警察手册,像一剂鸦片把猛兽变成虚弱的病人"(Royle,1985)。

亚当·斯密的一个核心观点是:占领殖民地是快速致富的捷径,他的理论依据是古希腊和古罗马通过占领殖民地而迅速富裕,他还列举哥伦布发现新大陆的目的也是为了去找金银。《国富论》第7章中详细论述殖民地的"实惠",通过殖民地可以迅速掠夺金矿和物质财富,并用古罗马历史来证明建立殖民地的正统性。占领殖民地有什么好处呢? 他说:"欧洲人从美洲和西印度的殖民地获得了很大实惠,印度的谷物、甘薯、土豆、香蕉对欧洲人来说统统没见过,受到了从未有过的美好评价。"印度的"棉花的确提供了一种很重要的原料,无疑是欧洲人最有价值的收获"。他又介绍了哥伦布占领美洲殖民地的"经验"。他还论述了怎么样"从美洲殖民地获得糖、猪、生铁和谷物",并建议"在殖民地的奴隶最好任其奴隶主任意控制,而不要由国家政府控制"。

亚当·斯密在分析了殖民地后,在第9章中重点指向了中国,意图就十分明显了。他说:"中国有巨大的市场","中国比欧洲任何一个国家都要富裕","中国的大米很便宜","而西方在中国的贸易一直受阻"。从书中不难看出,在这种殖民地政策指导下,侵略中国占领殖民地的长远政策已经确定,剩下只是个时机问题。

亚当·斯密还规定了国家政府的三大任务:建立军队,建立法律保护自由竞争,对外扩张占领殖民地。工业化过程中英国政府就是按照亚当·斯密设计的蓝图进行的,它的"最大成就"之一就是19世纪对外发动了一系列战争,在全世界占领了4000万平方公里的殖民地,英法殖民军占领北京火烧圆明园,英国等发动了两次鸦片战争并占领香港,获得许多殖民权力。

凡推崇亚当·斯密经济学的人,很快都发现它是一部"悲惨的科学"。后来进行工业化的国家如德国、美国和其他各国在工业化时期都放弃了英国"老大哥"的这种榜样,采用德国李斯特(Friedrich List,1789—1846)的经济理论。当代西方社会学家总结历史经验时普遍指出,资本主义管理的诀窍不是自由,而是控制。美国工业化过程被称为"有管理的资本主义",德国被称为"有组织的资本主义"。

亚当·斯密的理论还提供了帝国主义的理论基础。根据这一理论，必须首先发展军事工业，这正是西方各个国家所遵循的首要政策，当西方这些工业国家的经济势力发展到一定程度时，就要向外扩张侵略，占领殖民地，获取经济利益。西方各工业国都经历了这一历史时期。美国等西方国家至今一直把军事工业放在第一位，也正是出自这一理论根据。

英国的社会、历史学家哈特韦尔（Ronald Max Hartwell，1921—2009）曾经编录了工业革命文献，把英国产生工业革命的决定性因素归为如下五组：

1. 资本积累：提高农业生产率，商业中增长的储蓄，工业利润增长后的再投资，低利率。

2. 创新：新机器，新能源，工业上的组织变革。

3. 有利的自然条件：丰富的煤矿和铁矿，只需短途运输，大量的劳动力来源，经营企业和创新人才的储备。

4. 自由竞争：现世主义，理性主义，经济个人主义。

5. 市场扩张：持续扩张市场，人口增加产生新市场，需求增长。

1870 年当俾斯麦普鲁士打败法国占领巴黎后，引起了西方各国的震惊，欧洲一个弱国竟然打败了强大的法国。英国和法国政府一夜之间突然惊醒，发现"自由竞争"后患无穷，都认识到德国教育兴国的历史过程。这两个国家的国会对教育问题进行了激烈争论，但是太晚了。从此德国和美国的发展一直超过英法。然而从那时起直到今天，由"自由竞争"造成的问题已经渗透在英国社会的核心价值观念、法律基础、各种政策、发展战略等各个方面，早已成为顽症，积重难返。近一百年来，英国一代又一代的人对比研究英国与德国的差别，不断给政府提出建议，不断进行改革，但是任何努力只能是修修补补，无法解决根本问题。

四、社会达尔文主义

达尔文（Charles Darwin，1809—1882）的进化论是解释自然界物种起源和进化的理论，它把生命发展过程描述成生存竞争过程，物种之间的竞争主要包括人和动物的竞争、动物同自然的竞争、人同人的竞争。这种"竞争"是什么意思？竞争就是斗，你死我活，强者生存，弱者被淘汰。这与亚当·斯密的政治经济学理论似乎是异曲同工。用达尔文进化论观点解释人类社会历史的概念叫社会达尔文主义，它在 19 世纪和 20 世纪初期对西方国家有广泛的社会影响。社会达尔文主义认为，人与自然的关系也是生存竞争，人为了生存就必须设法征服自然，必须掠夺自然资源；人类各种族为了自己的生存而相互竞争，实力较强的民族和阶级是"优种"，他们战胜弱者，获得成功，他们是生理上最优等的人，其他阶层和民族属于"劣等"，是被指挥、统治、灭绝的"劣等"民族。这样为剥削阶级统治建立了理论根据，也为种族灭绝建立了价值根据。英国工业革命时期是这样，美国人拓殖时代也是这样。在这种理论下,西方各国在工业革命时代都把发展军事工业放在首位,把对外扩张看作正当事务,把弱肉强食看作理所应当。这种理论不仅支持了英国当年的资产阶级残酷压榨工人阶级,也支持美国白人残酷对待美洲印第安人和黑人以及华人苦力的政策,还支持了德国纳粹,而且也是西方霸权主义的理论基础。这一点至今被西方社会达尔文主义者小心地掩盖起来。在冷战时代结束后,西方信仰这种理论的人更发展了这种理论,把各种文化看成是各国各民族为了生存而相互斗争的精神力量,是各国相互征服的动力来源,是造成国际冲突的动机。他们认为这些文化的相互作用(即相互征服)决定人类的未来。这种社会达尔文主义认为发展经济的目的是主宰世界,因此西方国家一直把军备放在第一位。

生态学的出现

"生态"意味着相互依赖关系,强调生命体之间的合作依赖关系、生命体与自然环境之间的合作依赖关系。1870 年德国生物学家黑克尔(Ernst Haeckel,1834—1919)在研究达尔文的进化论时,却发现了物种之间竞争以外的东西,得出了相反的结论。他不仅仅研究动物,而且研究了植物,研究动物与它的无机和有机环境的全部关系。他认为,敌对的竞争并不是存在的全部现象,自然界中的动物并不是只靠竞争来生存的,动物、植物以及环境之间存在多种形式的关系,有友好的、敌对的、直接的和间接的关系。通过这种研究,他建立了生态学。生态学研究一切复杂的相互关系,强调相互依赖的、长远的生存条件。物种除了竞争一面之外,还有相互依赖、相互合作、相互促进的一面,例如母兽哺育幼兽,动物排泄废物是植物生存的营养。物种之间的竞争对生存起负面作用,而相互和谐才对物种生存起促进作用。

作业

思考计算一下你一生需要多少收入? 写出每一项收入应该为多少。再思考你每月工资应该是多少? 然后再思考这些规划是否现实,是否符合你的人生观念?

第二节　英国工业革命的教训

一、重新反省现代化的历史原因

1986 年,英国巴尼特(Correlli Barnett,1927—)所写的《战争总账:英国的大国梦和现实》(*The Audit of War: The Illusion & Reality of Britain as a Great Nation*)回顾了英国工业革命的基本思想,与德国工业革命进行了对比,在英国引起巨大反响(希望有心人把这本书翻译成中文。)他指出,1851 年英国完成了工业革命后举办伦敦工业大展,就是为了显示英国工业革命的辉煌成果。事隔仅仅 16 年,在 1867 年巴黎的国际工业大展上,英国在 90 个奖项中只获得 10 个。由于放弃全面普及教育,英国从一开始就以金钱利润为动力和唯一指标,虽然维持了一定时期的产量领先,但是那是低水平的,此后英国就一直在低水平中进行挣扎,一直没有赶上美国、德国、日本。最关键的问题是英国一直没有建立、形成工业时代的文化,而金钱自由竞争又破坏了英国人的传统文化。英国现代的社会关系、民心、经济、科学技术、教育各方面存在许多深层问题,令历届英国政府伤透了脑筋。他们想尽了办法,却只能治"表"不治"本",其根源都可以追溯到二百年前的工业革命时代由自由竞争所造成的"原始积累"阶段。

巴尼特分析了二百年来英国的煤炭工业、钢铁工业、造船业、军用航空工业、雷达、教育的兴衰,同德国进行了历史对比,其结论使英国人大吃一惊。英国比德国工业化早 70 年到 100 年,为什么德国很快能用两代人赶上并超过英国? 他指出以下几点原因:

1. 工业革命以来,英国政府像清朝末年的朝廷一样昏庸无能、鼠目寸光,完全按照亚当·斯密的理论,在国内实施自由竞争,反对全民普及教育,不管经济政策,不管科学技术规划和教育,不管工业设计,在整个 19 世纪,只顾向外扩张占领殖民地。这种政策曾一度使英国成为世界上最富有的国家,如今那些堆积如山的金银财富到哪里去了?

2. 自由竞争的恶果。资产阶级企业主只顾眼前自己的金钱利益,不顾国家利益和工人死活,其后遗症一直延续到今天,经济脆弱,人心涣散,到处扯皮,没有责任感。20 世纪 60 年代英国同其他工业国家一样经济繁荣,但是到了 70 年代,摩托车工业突然消亡,英国变成了欧洲工业国家中"最落后"的国家。

3. 工业革命时期也是英国历史上空前尖锐、长期、残酷的阶级斗争时期,在其他任何国家都没有像英国政府那样长时期不顾及老百姓的死活。他说,工业革命以来,英国的阶级对立和斗争一直阻碍了国家的稳定发展,至今下层社会的阶级意识仍然很强烈,其原因在于国家。国家、法律、教育把这个阶级"忘掉"了,没有给他们生存的权利、生活的权利和受教育的权利,而是放手任凭企业主残酷压榨。

4. 在对外贸易上,这些对内蛮横的英国"土"资本家们在受过严格高等教育、高度团结一致对外、如同军团一般的德国资本家面前,人自卫战,相互拆台,使英国很快失去了大量国际市场。

5. 巴尼特也指出:金钱不是真正的财富。那么,什么是真正的财富? 德国近二百年的历史回答说:全民义务普及教育才是国家财富。英国积重难返的各种问题都与教育有关。他沉重地叹息,怎么会变成这样? 世界上第一个、长期最伟大的工业强国怎么会忽视了它最重要的基础? 而且只会不断地纸上谈兵、高谈阔论? 英国许多学者在分析英德工业化过程的历史对比中,突然发现德国的发展过程很有远见,德国在整个 19 世纪比较理性有序发展,先实施义务普及教育,再发展职业培训体系,当全民都受过国家教育后出现了工业革命。不像英国总在那种头痛医头、脚痛医脚的短浅眼光行为中昏头乱忙。

英国《卫报》2001 年 11 月 21 日发表文章:柏林和伦敦的垃圾问题。大致内容如下:

柏林和伦敦平均每年每户产生 1 吨垃圾,但是处理居民垃圾问题的情况上却很不相同。伦敦乃至整个英国都处于一场的垃圾危机中。英国原订目标在 2005 年前实现 25% 的垃圾回收利用率并将垃圾变成堆肥,而英国现在只达到了 11%,而柏林已经达到 40% 的垃圾回收利用率。柏林有一个雄心勃勃的目标:20 年后实现 100% 的垃圾回收利用率,到那时既没有垃圾可倾倒,也没有垃圾可焚烧。

这两个城市争论最多的一个问题就是垃圾焚烧,伦敦要焚烧 20%,柏林要焚烧 32%。柏林已经决定,放弃焚烧方式,开发更先进的回收技术,实现没有垃圾要焚烧。而伦敦还继续扩大焚烧装置。

柏林每家都把垃圾分类,玻璃、纸张和塑料可以分开来回收。通过这一措施每年可以利用 80 万吨垃圾。把树叶专门收集起来变成堆肥。旧家具和旧电器专门被回收,经过检查后低价卖给穷人使用。(《参考消息》2001 年 12 月 24 日)

二、自由竞争的教训

英国工业革命不是预先规划了一个人间天堂,也不是历史进步,而是富人们为了金钱进行的一场历史性财富掠夺,通过几百年"圈地运动"剥夺了大量农民依赖生存的土地,把他们逼到生死线上,迫使他们进入城市和工业区去寻找其他生存方式。这种历史悲剧大约从 15 世纪持续到 19 世纪 60 年代完成了工业革命。以金钱为核心价值观念实施自由竞争到底对英国造成了什么危害呢?

1. "自由竞争"是野蛮动物式的理论,抛弃了善良与爱心,最终导致第一次世界大战。虎狼吃饱后就不会进攻伤害了,而人吃饱喝足后开始吃人,自由竞争,虎狼不如。这不需要进行什么教育,让一群人饿两天,然后给他们一点食物,他们就会争起来。让人人都在生理死亡的临界线上,他们就会相互拼命,人人处于自卫紧张状态。这种尖锐残酷的阶级对立和斗争不仅存在于工人与资本家之间,也存在于其他各阶级之间和人与人之间。社会上普遍形成人人斗状态,企业主相互斗,企业主同商人斗、同地主斗,政党同政党斗,军方同政党斗……没有不斗的。19 世纪英国政府只顾向外扩张占领殖民地,国内被没完没了的危机搞得昏头昏脑,重大决策屡屡出现错误,国内搞得一团糟,不管劳动人民死活,不实施全民义务普及教育,不管经济政策,不管科学技术规划和高等教育。

　　2003 年 6 月 4 日美国《基督教箴言报》刊登文章《找不到好人》。加利福尼亚州立大学心理学教授罗伯特·莱文围绕"真诚的友善行为"主题,想发现哪里的人最友善。他对全球 23 个城市进行了 6 年调查,主要方法是进行了一系列街头实验。例如把钢笔丢在路上,看过路人是否会捡起来物归原主,是否有人帮助腿上有伤的人从地上拾起报纸,有多少人帮助盲人穿过马路等。他们发现在南美洲的里约热内卢人们都把钢笔归还原主,都有人帮助盲人,受伤者在 80% 的情况下得到帮助。在新加坡盲人得到帮助的机会是 50%。在索菲亚受伤者得到帮助的机会是 20%。他们发现,美洲的里约热内卢和哥斯达黎加排名最好,葡萄牙语和西班牙语的城市往往是最热心的。此外,马德里、圣萨尔瓦多和墨西哥城也远好于一般城市。"鉴于其中有些地区存在长期的政治动荡、高犯罪率和一系列其他社会问题、经济和环境弊病,这些乐观结果就很值得关注。"巴西人注重友好、善良、随和、温厚。而美国纽约排名第 22 位。9 年前,在对美国 36 个城市的类似调查中,纽约排名第 35。(《何处市民最友善》,《参考消息》2003 年 7 月 7 日第 15 版)

　　整个 19 世纪英国国内一直处在政治动荡中。1815 年拿破仑战争结束,经济问题在英国国内又转变成一场漫长的残酷的"社会战争"。占议会多数的农业主为了保护在战争中获得的经济地位,于 1815 年颁布了新谷物法,保护谷物价格和进口谷物税,引起了工业资产阶级怨恨。1819 年国会通过黄金回收法又加剧了这一矛盾。在议会中没有发言权的资产阶级开始参与社会和政治斗争。农业歉收、食物价格昂贵、工业危机、大量失业等一系列问题导致激烈的政治斗争,引起了 1816 年、1817 年、1819 年激烈的骚乱和彼得卢惨案。各政治势力围绕着经济利益分配相互进行尖锐复杂斗争,使政治改革持续不下去,导致军人执政,这又引起新的政治危机。军人下台又引起权力斗争,再一次引起政治改革,而改革方案又没被通过,国王解散国会,下院才批准该方案,但是在上院又受挫,引起社会骚乱,一年后才在上院被通过。但是提出方案的格雷(Charles Grey,1764—1845)本人的要求又被国王拒绝,他又提出辞职,国王又招回军人首领,而此军人首领却无力组成内阁。1836 年经济再一次不景气,又引起长达 10 年的宪章运动和资产阶级的反谷物法联盟,要求改革国会。

　　1830 年自由党掌权控制了商业利益后,全面推行自由竞争政策。工人们很快就醒悟过来了,1834 年英国工人第一次跨地区建立了全国团结工会。在人类历史任何时代,教育总在以某种方式进行,在农业社会中教育主要是通过家庭方式进行的,英国工人自己传授生存经验,传授斗争经验。当人人家庭不保,生活受着死亡威胁,也就淡化了民族和爱国概念。这种斗争在英国煤炭工业中十分突出,从 18 世纪 90 年代后英国开始了"挖煤狂",矿主廉价雇佣失去土地在生死线上的农民和童工,不考虑工人死活,没有机械设备,没有安全措施,没有生产技术培训,采用了残酷的、掠夺式的手工开采。形成这种企业文化后,英国的煤炭工业一直在这种原始的斗争中循环,并被一代一代传授下去,矿主给后代传授压榨工人的经验,工人不得不给后代传授与资本家的斗争办法,没有人去改进生产技术。工人同矿主在矿井里进行着一代一代的持久游击战。1914 年英国煤炭工业发展到顶峰,产量占欧洲一半,同年大约 400 万人工作日损失在劳工冲突上了。甚至到第二次世界大战英国生死攸关的 1942 年,英国煤炭工业中的阶级斗争也达到历史最高峰。一个煤矿主解雇 27 名工人,导致 8000 人大罢工。英国工业革命时期形成的深刻的阶级仇恨,经过了二百年各阶级的教育传播,已经变成了文化的一个部分,造成至今下层社会的阶级意识仍然很强烈。

工业社会的典型生产方式是合作大生产,这首先需要转变小农个体生产的思维和行为方式,这正是英国最无知的重大问题,企业主和工人都保留着个体小农的思维方式。企业主都是土资本家,只是靠家传获得各种土经验,这种经验中没有国家利益,没有社会道德,没有群体合作意识,只有个体私有的家传的技术秘密,以及同其他企业主、工人的斗争诡计和凶残。同一时期,德国花大量资金技术建立了彻底的机械化的采矿原理,设计制造了各种机器设备,建设了现代化的煤矿,对工人进行了各种培训,从而形成了比英国较好的工作关系和较高的生产效率。

2. 英国政府放弃对经济的控制管理,放任企业主自由竞争,其结果富了企业主,却穷了国家。1815 年英国棉布出口价值超过 1760 年一百多倍,煤炭生产是 1770 年的 2.5 倍。在长达 16 年的拿破仑战争中(1799—1815)英国农业和工业经济发展很快,但是同期(1793—1815)英国国家债务也增加了三倍。

3. 放弃免费的全民义务普及教育。在整个工业革命时期,一代一代源源不断出现的劳动者都是没有技术、没有文化、出卖体力的文盲苦力。英国整个工业革命时期,政府最头疼的一个问题恰恰正是劳工问题。直到 20 世纪 30 年代英国一个调查报告中指出:全国 70% 的高智商的儿童却被这个国家的教育体制变成了苦力。多少代人生活在同一个肮脏寒冷的工棚里。18 世纪末,成千上万从 7 岁到 14 岁的无依无靠的儿童被运到北方成为童工。他们被鞭打,戴上镣铐,受尽挖空心思的残酷虐待,饿得骨瘦如柴,有时甚至被逼得自杀。1864 年英国议会的童工调查委员会的报告中说:"在这个行业(花边作坊)里甚至还使用才两岁或两岁半的儿童。""从事火柴生产的几乎全是儿童。""甚至到 19 世纪下半叶使用童工,仍然是大量屠杀儿童。"时装商店的女工每天被迫工作 15 小时,急迫时 18 小时,有时 19～22 小时。据 1840 年曼彻斯特市统计,"57% 的婴儿活不到 3 个月"。"许许多多婴儿死于鸦片。"(傅克斯,2000)[42-47]

1842 年(也就是英国基本实现了工业化),英国工业区劳动人民的平均寿命比贵族短一半,利兹市劳动人民的平均寿命为 19 岁,贵族为 44 岁;利物浦劳动人民平均寿命为 15 岁,贵族为 35 岁;曼彻斯特劳动人民为 17 岁,贵族为 38 岁。

4. 以金钱为核心价值与自由竞争破坏了劳动价值观和劳动伦理。劳动是人的生存需要,通过劳动净化精神、获得愉快并创造了财富。而以金钱为核心价值和自由竞争改变了劳动的价值意义,企业主设计机器的目的是为了提高效率、控制工人、解雇工人,而不是为了减轻劳动强度,重体力劳动者反而难以生存,社会劳动伦理被严重破坏了,工人痛恨机器。英国著名艺术和手工艺运动代表人物、工业设计创始人之一莫里斯在1879年曾写道:"的确,令人痛心的是,如今假若你请人干一件活,不论是让花匠、木匠、泥瓦匠、染织匠、还是铁匠,如果他干的活能让你满意,那算你有福气。现实相反,你会碰到来自各方的各种借口、扯皮、推卸明摆的责任,根本不管别人的权利;然而,我认为英国劳动人民不应承受全部谴责,的确,主要责任不在他们。他们被鞭驱,他们毫无希望,没有欢乐,他们会好好干活吗,没人不想开小差。"据20世纪50年代英国著名的社会观察分析,这种社会风尚仍然如故,基本上没有一点变化。如今,到过欧洲的人可能大多数的印象仍然是英国人缺乏规矩,与英国人难相处。马克斯•韦伯在《新教伦理与资本主义精神》中说:"对财富的贪欲,根本就不等同于资本主义,更不是资本主义精神。倒不如说,资本主义更多的是对这种非理性欲望的一种抑制或至少是一种理性的缓和。不过,资本主义确实等同于靠持续的、理性的、资本主义方式的企业活动来追求利润并且是不断再生的利润。因为资本主义必须如此:在一个完全资本主义式的社会秩序中,任何一个个别的资本主义企业若不利用各种机会取得利润,那就注定要完蛋。"

5. 许多建设徒劳无效,这是自由竞争的后果之一。18世纪50年代后英国煤炭工业迅速发展,为了解决运输问题,煤炭大王布里奇沃特公爵(Francis Egerton, 3rd Duke of Bridgewater, 1736—1803)准备投资建设运河,仅仅为此一项工程的审批准备就花费了四年时间,国会讨论扯皮后通过了89个议会法案。经过80年的努力,到19世纪30年代英格兰形成了3000多千米的运河网。当煤炭大王还没有从运河获得巨大利益时,出现了蒸汽火车和铁路。1804年特里维西克(Richard Trevithink, 1771—1833)发明了火车头,1825年英国从斯托克顿到达林顿修建了世界第一条铁路,1830年修建了从曼彻斯特到利物浦的铁路,从此开始了铁路热,出现了新的铁路大王称雄时代。铁路建设把整个运河运输系统彻底破坏了,直到20世纪后英国才把这些无法再使用的运河残迹修成了风景区。

6. 抛弃了道德和法律,这是一切社会行为的标准。道德是内在约束力,法律是外界约束力。没有社会道德,法律也难起作用。欧洲道德的主要依据是基督教。道德沦丧的标志是放纵、贪婪、残酷,是英国工业革命中最严重的社会问题之一。"英国的放纵是典型的,甚至被记录在成语中。无论走到哪里,英国人都以放纵而闻名。在其他任何国家中,资产阶级的面貌都不如英国那样鲜明地表现出暴发户的这些特点,因为只有英国才为暴发户不受拘束的发展准备了最有利的条件。"这个条件就是放任主义或自由竞争。童工曾经是英国工业化时期的严重问题之一,19世纪英国曾经颁布了一系列法案限制童工年龄和劳动时间,但是大部分都没有效果,使童工问题在英国延续了一百年。1842年英国童工调查委员会提出的报告中,揭示了"关于资本家和父母的贪婪、自私和残酷的世界从未见识过的、令人胆战心惊的景象,贫困堕落和屠杀儿童和少年的景象。"(傅克斯,2000)[45]后来由于工人长期斗争和社会主义党派斗争,才逐步解决了童工问题。推行夜班制后,非法生育的数字普遍增加了。19世纪头30年,英国工厂里往往有近一半未婚女工怀孕。恩格斯(Friedrich Engels,1820—1895)在《英国工人阶级状况》一书中写道:"解雇的威胁十回中有九回,确切些说是一百回中有九十九回足以摧毁女孩子的任何反抗,何况她们本来就不很珍惜自己的贞操呢。"1884年有人写道:"在拥挤不堪的住所里,儿童还在达到性成熟之前很久就知道了性生活的种种细节。""12岁的女孩就怀孕在当时是常事。而由于这类尝试首先是在兄弟姐妹之间进行的,因此乱伦在那几十年间最为普遍。"(傅克斯,2000)[61-64]在最近的两百年里,英国、美国和其他工业化国家中社会犯罪率一直上升,形成了一个长期严重问题。

7.殖民主义和自由竞争是泛神论的战略。亚当·斯密在《国富论》中规定了国家政府的三大任务:建立军队,建立法律保护自由竞争,对外扩张占领殖民地。19世纪英国对外发动了一系列殖民战争,在全世界占领了4000万平方公里的殖民地。英法殖民军占领北京火烧圆明园,英国等发动了两次鸦片战争并占领香港,获得许多殖民权力。如今,这些殖民地都独立了,英国的殖民白费力气了。

8.依靠个体小农行为方式搞工业革命。在第一次工业革命时期,英国大量发展了造船工业,到1914年有90多家造船厂。但是个体小农行为方式处处皆是,只考虑当前的订单和利润,不考虑再投资和创新。一旦订单少了,利润下降,更缺乏有效资本再投资和创新。到20世纪初造船厂仍然像一百年那样的手工作坊,由技术匠人带来一群文盲班组,依靠手工劳动,单件订货,单件设计,单件备料,单件制造,没有标准化的重复生产。工程师、设计师、专业人员都没有接受过高等数学和工程训练,没有标准化设计,缺乏创新,没有市场营销计划。制造轮船的方法与建中世纪的大教堂十分相似,由大量没有技术或者半技术型的农民工人来实现。除了用来起吊大型零件的大型索具外,英国企业很少在机械工具方面有所发明。工程师、锅炉制造工、造船工、木匠、黄铜工人互相争吵,在1890—1893年之间,平均每个月就有一次较大的罢工。到1914年很少有公司装备实验室和检测仪器。许多工厂制造的仍是"帕森"式老蒸汽机,而不是柴油机。大多数的进展只是停留在修修补补的小打小闹上,而基于严肃的科学技术研究方面几乎没有重大进展。1900年英国的造船业在技术领域已经开始落后于他们的新的竞争对手了。当美国、德国大量发展液压传动、气动和电能时,英国仍然在制造老式蒸汽机和老式机床,这使来参观的法国、美国专家无不对"老大哥"的这种落后状态表示惊讶。

从农业社会进入工业社会,最重要的转变是从个体小农的价值观、道德、行为方式转变成公共社会群体的价值观、道德和行为准则。国民的社会行为准则、工业生产标准化是提高工业发展效率的重要措施之一,也是德国、美国工业化的历史经验之一。全国技术标准化的前提是全国企业认同该标准,企业要牺牲许多眼前利益,投入许多资金,进行许多培训。标准化的最大障碍是个体小农思维方式。英国的企业家恰恰主要靠小农个体传密方式,只会把那些古老的技术传授给儿子、孙子。1848 年英国生铁产量占全世界的一半时,德国还没有发生工业革命。德国钢铁工业于 1883 年开始实施标准化,比利时于 1885 年、法国于 1896 年、美国于 1898 年实施了标准化,而英国钢铁企业到 1900 年仍然没有实行标准化。1891 年德国把化学、物理、机械方面的研究联合起来,建立了许多新研究所,大学同工厂合作系统研究合金钢、热效率、厂内运输、钢厂机械化。1893 年和 1905 年德国的钢和铁产量就分别超过了英国。而英国同期大约只有 10% 的钢厂受益于大学和研究所的科学技术,直到 1917 年大多数钢铁商仍然保持着传统手工业的粗犷式小生产概念和技术,他们甚至不知道一个高炉需要多少煤。回顾历史,美国在南北战争后大量发展了工科高等教育。德国从工业革命一开始就很重视技术教育,1796 年建立了布伦瑞科技学院,1821 年建立了柏林技术学院,等等。1870 年德国高等技术学校已有学生 3500 人。从 1820 年,德国大学就发展了令英国人生畏的化学系、冶金系等工程专业,它们向工业界提供源源不断的高质量的工程师。

德国很重视技术职业培训学校和高等技术学院,对发展技术促进工业经济发展起了巨大作用。从 1820 年起德国就重视建立技术院校,1870 年普鲁士已经有 26 所技术专科学校,源源不断地培养了大批高素质的工程师和技术工人。大企业建立了许多实验室,系统研究发展新技术,广泛使用在采矿、冶金、热效率、厂内运输、钢厂机械化、电气、化工等领域。到 1913 年时,德国电气机械和设备出口占全世界的 48%。英国直到 1917 年大部分钢铁商仍然不懂把科学原理应用到生产中,而这些人恰恰是控制英国钢铁经济的权威,在国际市场上他们却像农村来的小买卖人一样,无法明白德国人干事的思维方式天性,望而生畏,无法对付。

英国工业革命的教训:

1.“自由竞争”是野蛮动物式的理论,抛弃了善良与爱心。

2.英国政府放弃对经济的控制管理,富了企业主,穷了国家。

3.放弃免费的全民义务普及教育。

4.以金钱为核心价值与自由竞争破坏了劳动价值观和劳动伦理。

5.许多建设徒劳无效,这是自由竞争的后果之一。

6.抛弃了道德和法律,这是一切社会行为的标准。

7.殖民主义和自由竞争是泛神论的战略。

8.依靠个体小农行为方式搞工业革命。

三、大英帝国的衰败

英国是最早的资本主义国家,19 世纪 80 年代之前在世界上实力最强,那时支撑英帝国权势的三大支柱是:控制海洋和国际贸易、控制世界银行和金融、控制战略意义的原材料(煤炭、棉花、钢铁等)。英镑是世界上最重要的信贷货币。英镑的地位是建立在英国的黄金储备上,并得到英格兰银行的监管。1815 年滑铁卢战役后,伦敦的黄金储备占据世界最大份额。1817 年英帝国宣布黄金是唯一的价值标准。1820 年英国国会通过一项变革,支持"绝对自由贸易",这一概念是亚当·斯密提出的。"自由贸易"从来都是强者掠夺财富的借口。为此,英国的政策是力图保持它的强权地位,对抗和阻止欧洲大陆最强大的国家,其结果是导致了一个世纪后的第一次世界大战。这就是"自由竞争"的真实含义。

1873 年外国大量挤兑英格兰银行的国际黄金储备,导致英国银行信用崩溃,在金融恐慌之后,英国出现经济大萧条,一直持续到 1896 年。英国的经济危机直接影响到德国和奥地利,使得德国明白英国的亚当·斯密和大卫·李嘉图(David Ricardo,1772—1823)经济模式和自由贸易模式存在严重弊端。德国的弗里德里希·李斯特建立了民族工业自立的经济理论,建立了全国性技术教育体系和理科大学体系,实现了教育救国,使得德国从 1850 年到 1913 年国内生产总值增加了 5 倍。

在世纪之交,汽车成为重要交通工具,轮船也从蒸汽机改为柴油发动机,西方各国认识到新出现的石油能源是未来经济的命脉,那时美国生产石油占世界 63%,俄国巴库占 19%,墨西哥占 5%。而英国和德国还没有独立安全的石油供给体系。这两个国家为石油进行了激烈竞争。英国上层对德国的兴起很担心,同时在 1914 年时英国的金融已经破产,英国当局认为,只有战争是控制欧洲局势的唯一途径,于是冒着世界大战的危险,去阻止德国工业经济的发展。英国是依靠借美国的钱打胜了这次战争。

1919 年凯恩斯作为英国首相劳合·乔治(David Lloyd George,1863—1945)的顾问和财政部首席代表参加巴黎和会,英法为了防止德国东山再起,向德国索取 330 亿美元巨额赔款,这是德国国民收入的 3 倍,并且从外贸、金融、资源等方面限制德国恢复与发展。凯恩斯认为那个赔款数是无法实现的,建议赔款数为 100 亿美元。1920 年他在《和平的经济后果》(The Economic consequences)一文中警告说,以巨额赔款和压制德国恢复与发展会使德国人民仇恨,会引起更大规模的战争,会导致"保守力量和拼命挣扎的革命力量之间的最终战争,在这场战争面前,最近的德国战争的恐怖就显得不值一提了,而且不论最终的胜利者是谁,这场战争都会摧毁我们这一代的文明和进步"。由于预见到第二次世界大战,凯恩斯成为举足轻重的人物。

一战后英国控制世界的三大支柱都受到美国威胁。法国以德国没有很好履行赔款义务为理由,1923 年法军强行占领德国工业区鲁尔地区,导致德国货币体系被彻底破坏,马克对美元比价从 1 美元比 18 000 马克贬值为 1 美元比 42 000 亿马克。

二百年来英国政府不断采取改革措施,不断修整由自由竞争引起的各种弊病,这主要包括:

1. 19 世纪后期废除自由竞争国策,国家政府开始管理经济发展和全民教育。

2. 引进外国先进技术。19 世纪后期,当美、法、德进入第二次工业革命时,英国仍然沉睡在蒸汽机时代,技术停滞,远远落后了一个历史时代,于是从法德引进电气时代的技术产品。例如,允许西门子在英国建立了分公司,它成为英国最大的电气公司。

3. 学习德国高效率的管理方法。

4. 政府推行企业联合政策。

5. 加大资金投入。

6. 不断健全法律。

7. 加强科学技术研究。

8. 提高所得税。

9. 大规模建立公路,制造新型汽车。

10. 实施优惠政策。

11. 兼并小企业。

12. 第二次世界大战后推行全民普及教育。

13. 20 世纪 50 年代把铁路等实施国有化。

14. 20 世纪 60 年代建立大量工科院校。

但是,这些改革并没有什么效果,英国又被日本超过。

英国依靠自由竞争从事工业革命,在此基础上建立了全面的法律、政策、政府作风。又经过一代一代传播,已经成为民风习惯,造成民心涣散,缺乏道德和行为规范,工业经济脆弱,一遇风浪,就出现深层问题。

多年来英国各学术界的研究,包括教育、文化、哲学、科学、技术、经济、外贸等,不断对英德进行比较研究。这些研究都公认,德国工业化过程的整体规划设计具有长远眼光,德国全民普及教育起了决定性作用。他们还公认,德国没有遵循亚当·斯密的理论,而是建立了自己的经济理论,这对 19 世纪德国和西方工业化国家产生了正面影响。

金钱起什么作用?

1. 金钱是手段,不是目的。

一般人需要钱的主要目的是为了下列花费:日常家庭生活,教育,住房,医疗,工伤,扶养老人或没有自立能力的人,退休生活等。我国正处在社会转型时期,国家正在逐步解决社会性的各种问题,例如三大保险(医疗、工伤、养老)、住房、教育等。

2. 金钱起什么负面作用?

如果以金钱为核心标准,就会变成金钱野兽,失去良心,以"穷富"为最高标准,而不是以"社会公正"为标准。

如果家庭里各人以金钱为目的,就会破坏家庭和睦关系,甚至成为仇人。

如果在工作中各人以金钱为唯一标准,就会破坏职业责任感和人际关系,最终搞垮工作。如果以金钱为核心价值,"男人有钱就变坏,女人变坏就有钱",导致终生后悔。

如果以金钱为目的,就会失去职业道德,造成社会不公正和腐败,缺乏诚信,导致假冒伪劣猖獗,最终企业要垮掉,假药和有毒食品会害死人。最终自己受到法律制裁。

如果以金钱为目的,就会导致尔虞我诈的社会性残杀,就会导致掠夺财富的战争。

3. 金钱对什么不起作用?

金钱买不来生命,金钱买不来善良,金钱买不来爱,金钱买不来感情忠诚,金钱买不来子女孝顺,金钱买不来精神平和,金钱买不来愉快,金钱买不来精神净化。

思考题

自由竞争基于人什么特性? 以自由竞争为动力能起哪些正面作用,起哪些负面作用? 你喜欢自由竞争吗?

第三节　德国"教育救国"的起源

"彻底改变现今的教育,是保存德国生存的唯一办法。"——费希特(Johann Gottlicb Fichte,1762—1814,德国哲学家、第一任柏林大学校长)于 1806 年。

1806 年:普鲁士败于法国。

1807 年:普鲁士政府开始改革。

1808 年:普鲁士政府建立教育局,洪堡(Wilhelm von Humboldt,1767—1835)为局长。

1810 年:洪堡建立了柏林大学。

1834 年:36 个小公国签订海关联盟。

1871 年:德国统一,开始经济起飞。

一、日耳曼泛神论宗教

泛神论是一种宗教信仰,认为现实世界的任何实体都等同于神性,树有神灵,云有神灵,河有神灵,每一个东西都有神灵。泛神论不相信基督教的赋予人性的神。

古希腊的许多哲学家是泛神论者,例如希腊最早的哲学家塔莱斯、阿那克西曼德、阿那克西米尼,他们认为宇宙是有灵性的,是充满神性的。前苏格拉底哲学家赫拉克利特说,这个宇宙不是由诸神或人创造的,而过去一直是、并且现在仍然是、将来永远是有生命的火创造的。斯多葛哲学(禁欲主义)创始人芝诺断言,宇宙是有生命的东西,被赋予了灵魂和理性。

意大利修道士布鲁诺(Giordano Bruno,1548—1600)是泛神论者,他影响了后来许多人,包括斯宾诺莎。17世纪西方依据斯宾诺莎文本《伦理学》形成了泛神论哲学和神学理论,直接影响了启蒙运动哲学家,以及以后欧洲的泛神论者,例如爱因斯坦。

日耳曼民族在基督教化前信仰泛神论。德国启蒙运动和工业化过程复活了泛神论。德国许多哲学家、文学家、科学家是泛神论者,例如温克尔曼、歌德、舍林(Friedrich Wilhelm Joseph Schelling,1775—1854)、费希特、费尔巴哈(Ludwig Feuerbach,1804—1872)、席勒、尼采(Friedrich Nietzsche,1844—1900)、爱因斯坦等。19世纪后德国的崛起,实质上主要是泛神论的影响,德国的军国主义和纳粹也是泛神论影响的结果。

二、18 世纪末德国状况

18世纪末的德国是欧洲落后地区之一,分裂成200多个诸侯国,85%的人口生活在农奴制度下,被教会、贵族和地主统治着。1799年拿破仑成为法国第一行政官,开始了征服欧洲的战争。1806年法国在德国南部的耶纳战争中彻底打败了普鲁士,从此欧洲中部的古老大国"神圣罗马德意志帝国"崩溃了,被迫向法国赔款和割地,其处境比我国清朝末年还要悲哀。德国变成了贫穷、虚弱、失望、一盘散沙的殖民地。

三、费希特的《对德意志民族的演讲》

1. 德国著名的哲学家费希特出版了《对德意志民族的演讲》(*Reden an die deutsche Nation*),该书是他从1807年12月13日至1808年3月20日在法军占领的柏林所做的14次讲演。他说,要战胜内外危机,首先要振奋民族精神,"周围一切都不可能来解救我们,我们必须自己救自己。"靠什么办法呢?

费希特在讲演的第1讲绪论中说:"彻底改变现今的教育,是保存德国生存的唯一办法。""给我们留下的唯一办法就是不折不扣地、毫无例外地把新的教养施给一切德意志人,以致这种教养不是成为一个特殊阶层的教养,二是不折不扣地成为这个民族的教养,并且毫无例外地成为它的一切单个成员的教养。"他批判,"民众,则几乎完全为这种教育方法所忽视……我们现在打算通过新的教育,把德意志人培育为一个整体,这个整体的一切单个成员都受到同一件事情的激励,都由同一件事情赋予生气的。"费希特强调爱的教育,他在第 9 讲中说,这种教育思想的核心是"对可怜的、无人关心的民众的爱"。他在第 10 讲中说:"如果不同时激发起学子对于所认识的事物的爱,就必定永远不会激发起学子的认识能力。""还有另外一种爱,这种爱将人与人联结在一起,将所有的个人联合成为一个唯一的、具有同样思想的理性共同体。除了发展第一种爱,发展第二种爱也是这种教育的不可免除的义务。"他说父母对孩子的爱,给了孩子进步的力量。父母的自私会扼杀孩子的爱,甚至产生恨,孩子感到自己被当作一种工具。"教育的任务只是要探究表现道德的最原始、最纯粹的形态。……这种最原始、最纯粹的形态就是追求尊敬的冲动。""让学子们在学习期间同时进行各种手工劳动。"在孩子能够分辨善恶之前,要先把善植入他们心中,而不是把我们的堕落植入他们心中。他在第 2 讲中说:"爱的推动,将学到很多东西。""上述办法是德意志人的一种全新的、以前在任何民族中还从来没有存在过的民族教育","完全消灭自由意志","塑造一种鉴定果断、不屈不挠的性格"。他反复强调要培育"一种鉴定的意志","必须设定和确立另一种直接指向单纯的善本身、以善自身为目的的爱",培育"创造力量","精神创造活动","激发学子们固有的能动性"。他坚决反对"死背硬记","与下流人完全隔离,避免与之有任何接触","不允许利己主义进入生活"。他主张惩罚,"把畏惧当作动力","而且这种刑法必须绝对不讲情面和毫无例外地得到执行","不必为此指望得到任何报酬","也不必指望得到表扬"。他批判"政治上拐骗和道德上贬低臣服者","编造各种谎言","设置阴谋诡计","诱发满足虚荣心与自私心的一切动机"。他在第 3 讲中说:"新教育的真正本质……在于培养学子去过纯粹伦理生活","陶冶它的学子的精神"。

费希特还说:"真正宗教的教育是新教育的最后一项任务。"这句话可能是应付当时的宗教政治言论出版审查,因为费希特的 14 次讲演文稿都受到当局的审查。费希特的"真正的宗教教育"也可能另有所指,这个可能性更大。实际上普鲁士当时实施的是"新人本主义"教育,这是把基督教边缘化,复活了德国历史上的泛神论信仰。要实施这种新的教育,首先要有大量的新型教师。采用什么样的教育呢?费希特在第 9 讲中推荐了西方现代教育先驱裴斯泰洛齐(Johan Heinrich Pesta-lozzi,1746—1827)的教育法。费希特与瑞士的裴斯泰洛齐于 1793 年就建立了个人友谊,他很赞扬裴对穷苦无依的人民的热爱。

2. 费希特的这本书是几种价值观的混合,其中有基督教思想,有泛神论思想,还有其他思想,这里主要分析他的非基督教思想。他这本书为什么对德国民族有这么大的鼓励力量? 因为它还有一些内容只有德国人能看懂,而许多外人看不懂,这就是德国在基督教化之前的传统的泛神论宗教信仰。他以"文化""德意志血统"

"德意志精神""信仰自由""非德意志信仰""信仰人本身"(不是信仰神)隐喻德国古代的泛神论传统宗教。这些东西迄今在我国是陌生的。费希特在第2讲中说:"以前的教育的首要错误……恰恰在于这么承认学子们有自由意志,这么信赖学子们有自由意志。"自由意志是基督教的主要观点之一,这里费希特反对自由意志,是明确反对基督教教育。费希特在第6讲中说:"德意志市民是有文化教养的,其余的日耳曼人则是野蛮的。……所有现今在德意志人当中令人崇敬的东西,是在这个阶层中产生的。"这种"令人崇敬的东西"是什么?他没有说,德国人心照不宣能听懂,外人则听不懂,"有文化教养"的"德意志市民"可能就是流传下来的泛神论故事。费希特在第7讲中说:"德意志血统和德意志精神引以为荣。"他反复强调"信仰自由"和"信仰人本身"。在基督教社会里,强调"信仰自由"只有一种可能性——摆脱基督教信仰。他说:"德意志精神……作为区分的真正根据在于,你是信仰人本身的绝对第一位的和本原的东西,信仰自由,信仰我们类族的无限改善和永恒进步呢,还是对这一切都不信仰。"他隐晦地反对基督教政治,说:"谁信仰停滞不前,信仰倒退,信仰那种轮回,或是把一种僵死的自然力量提升为统治世界的舵手,谁不管生在何方,说何种语言,都是非德意志的,是与我们格格不入的。"他这里的"非德意志的信仰"是指基督教,那么"德意志的信仰"是什么?他没有说,然而德国人能听懂,外人听不懂,这是指德国历史上的泛神论。他明确说:"无须从二元性出发"(二元性指基督教的肉身与精神),"而是必须从一元性出发"(一元性指德国泛神论,它认为万物本身就是神灵,万物与其神灵是一元)。

1808年1月31日当费希特把第8讲送去审查时遇到麻烦了,审查官说:"在第8讲最后第6页上出现一些段落,它们在当前的情况下使我不得不指望我的一位同事先生再对它们加以审核……"费希特在第8讲最后说了一段话如下:

> 人们曾说:"你们不应当反抗恶行,如有人打你的右脸,你就把左脸也递给他,如果有人想拿走你的上衣,你就把大衣也让给他。"这一说法是有道理的,因为只要他看见你还有一件衣服,他就会为了把大衣也从你手里拿走而设法向你挑衅,…… 阻止这么毁灭将来在我们中间爆发的任何高尚冲动,阻止这么贬低我们的整个民族,就是这些讲演向你们提议的。

这段文字明显是反对基督教的。因此,审查官写道:"像最后几页出现的那些对德国现状的暗示,是否在政治上明智,是否会依然毫无实效,而不给作者惹起麻烦,这却是另一个问题。"

3. 什么叫爱国? 费希特在第8讲中说:"这种爱要在国家选择实现它的最近目的(内部和平)的手段是对它加以限制。为了这一目的,个人的天赋自由当然也必须以各种方式加以限制,而且如果人们对个人除了这种考虑和意图以外,根本没有其他考虑和意图,他们大概就会把个人的天赋自由限制到尽可能狭小的范围,使自己的一切活动服从于一种千篇一律的规则,而永远受到监管。""认为需要把单纯概念中的国家一起目的——私有财产、个人自由、生活康乐、甚至国家本身的延续——都拿来孤注一掷。""总会有一个支持那种爱的统治者。你们就让新统治者甚至打算实行奴隶制度吧!""一个真正的德意志人只有为了做德意志人,永远做德意志人和把自己的孩子培养成德意志人,才会愿意活着。"

这些观念出自德意志泛神论文化根源,它形成强烈的民族主义(国家主义),造成了德意志血统论,也造成了德国纳粹。1943 年,也就是第二次世界大战中德国进入衰落时期,又出版这本书,以图挽救兴建灭亡的纳粹德国。

4. 费希特的这本书基本反映了德意志文化的传统价值和思维方式。古代德意志泛神论改造演变成就了德意志血统论。在德国衰落时,这种泛神论价值鼓励德国人凝聚起来,忍耐自我,为民族独立解放而斗争。在成为强者后,失去外界制约和约束,这种泛神论也走向极端,造就了纳粹军国主义。

四、德国的改革

包括费希特在内,当时德国有一批政治家、哲学家、诗人深入思考救国良策。1807 年普鲁士政府冒着拿破仑的压力开始改革,任命施泰因(Heinrich Friedrich Karl vom und zum Stein,1757—1831)为首席大臣,他一就职就大刀阔斧颁发改革政策,废除农奴制,解放犹太人等。第一批法令之中就废除了一半教会的教育控制机构,有史以来第一次把全民普及教育作为国家政府的事务,建立了教育局并任命洪堡为负责人,实施"新人本主义"教育,也就是把非基督教作为合法价值观贯彻到国家教育中,通过全民普及教育来造就新的国民,重建德国,重建民族特性。普鲁士政府在柏林建立"裴式男校",成为教育和爱国主义的中心,聘请了裴斯泰洛齐的学生策勒(Carl August Zeller,1774—1846)到德国传授教育方法,又派了一批教育家到瑞士裴斯泰洛齐的学校进修。普鲁士的改革行动很快惊动了拿破仑,他宣布施泰因为"人民的敌人"。在拿破仑的压力下,普鲁士国王不得不把施泰因免职。虽然就任仅仅一年,然而他的教育救国政策被洪堡继续下去。在整个 19 世纪,德国最大的创新是国家教育事业,一代一代的教育家把德国教育改革不断继续了下去,不仅对德国而且对全世界发展都生产了巨大影响。

德国著名的哲学家、外交官洪堡 1808 年 12 月被任命为普鲁士政府内务部文化教育局局长,该教育局分为两个处(文化处和公共教育处)一共有 4 个人。同月,普鲁士政府发出文件改组各地政府,规定各地政府机构在原有的三个局(警察局、财政局和军务局)基础上增添文化教育局。洪堡任职一共 16 个月,建立了世界上第一所现代自然科学意义的大学(柏林大学),并任命费希特为校长。柏林大学后来成为全世界现代理科大学的榜样。洪堡建立了小学、中学、大学三级免费教育体制,并由苏文(Süvern)和尼克罗文斯(Nicolovins)具体实施建立了全国义务普及教育体系。当时德国是殖民地,每年要给法国赔款,为了解决教育经费问题,普鲁士增设了教育税。一直到今天,德国的小学、中学、职业学校、大学都没有学费,国家教育的责任之一是培养国民,国家是通过国民教育而建立的,教育是国家政府重要事务。仅此一举就对德国国民的爱国精神起了很大作用。1810 年洪堡被任命为驻维也纳公使,促使普鲁士与奥地利结盟反法。洪堡 1814 年任驻伦敦公使,1819年任普鲁士内务部长。

洪堡采取了费希特的主张,用裴斯泰洛齐教育方法培训全体教师,他亲自制定教学大纲和教材。1810 年对小学和中学教师实行国家考试制度,合格的教师被纳入国家公务员,从而把教师阶层变成了具有高度尊严的国家实力。仅这一条就足以把德国教育进步推到世界的前沿。洪堡规定全国 6 岁到 14 岁的儿童必须进入小学,设置课程有德语、算术、地理、历史和自然知识。同一时期,其他各个诸侯国都实施了义务教育法,并在农村建立了大量的学校。例如 1820 年普鲁士在农村的学校有 17623 所,在城市仅有 2462 所,在拜恩(州)有 97% 的学校在农村,在萨克森(州)有 80% 的学校在农村,总体上基本实现了 4 年义务教育。当时德国中西部普及教育的水平比东部高,1848 年莱茵(州)教育普及率达到 80%,萨克森(州)达到 93%。

洪堡的教育思想属于新人本主义或新古典主义。他的主要教育方法是淡化基督教,全面激发人的能力和培养知识,教学大纲提出体育、美育、智育三方面全面发展。19 世纪初德国各地存在许多种类的中等学校,其中主要有拉丁语中学、高级文科中学(gymnasium)和初级中学(realschule)。普鲁士对 400 所拉丁语中学进行了整顿,到 1818 年只保留了 90 所文科高级中学,其中柏林 5 所,设置课程有拉丁语、德语、数学、自然科学、历史、地理、宗教、法语。其他拉丁语学校被改成初级中学、市立中学等。1834 年又对中等学校进行了改革,对将要从事职业、晋升文职、升入大学的各类学生分别实施国家考试制度,从此国家掌握住了各种职业的水准这一关键问题。在这一时期德国首先在世界上创立了 45 个师范学校,首创女子护士学校,1840 年福禄培尔(Friedrich Fröbel,1782—1852)在世界上首先创办了幼儿园。这样德国建立了从幼儿到大学的完整教育体系。创建全面的教育体制是德国 19 世纪最重要的发明创造,至今德国仍然保持这一基本教育体制。

全民义务普及教育中的民族主义教育效果很快就反映出来了。在 1806 年德法战争中,德国人表现得像一盘散沙不堪一击,而在 1813 年到 1815 年民族解放战争中各个阶层都积极参加志愿军和地方武装,许多教育家,例如福禄培尔、哈尼施、福力森等都奋勇上了战场,仅柏林一所中学就有 134 个学生参军。

五、德国教育改革的目的

教育可以达到什么目的? 现代社会学认为教育可以达到几乎一切文化、国家、社会、政治、经济、军事目的。这首先是在 19 世纪德国实现的,他们通过教育实现了下述目的。

1."教育救国",推行裴斯泰洛齐的爱的教育,把民族独立作为社会核心价值观念,实施免费的全民义务普及教育,重新塑造德国国民。1807 年法国占领了德国后,德国许多哲学家、教育家、诗人的共同主题就是爱国主义,希望通过爱国主义教育能够启蒙人民重新独立并统一德国。他们没有批判痛骂自己的传统文化,没有痛骂德国人的愚昧、落后、一盘散沙、自私、腐败,而是通过教育建设新的德国文化,改变了德国人的"劣根性"。

著名哲学家费希特说:"没有祖国的人是可怜人。""保持德意志人的生存和延续,……其他的不同意见都化为乌有。重要的是,德意志民族全体人民要更加热爱祖国。"(《对德意志民族的演讲》)他并提出了通过全民教育来提高国民品质。怎么实施爱国主义教育呢? 德国历史学家、作家阿恩特(Ernst Moritz Arndt,1769—1860)于 1813 年说:"你希望得到能够理解、尊重、热爱自己的人民的真正的人吗? 那么,就应当从青少年时代起用同一个食谱来培育他,即用自己的语言和人民自己的历史。"母语教育是爱国主义教育的重要举措,当时德国教育家们大多反对日益增加的外语(法语)教学,反对古德语,反对方言和行话。他们认为统一的德语教育才能保证统一的民族文化,才能学会热爱共同的祖国。他们把共同语言看成德国人民凝聚的唯一纽带,把学校的德语和德国文学课程看得很重要。例如哲学家赫尔德曾经说过下列名言:"什么妨碍了我们全体德国人在一个博爱的大厦里相互合作、相互尊重、相互帮助? 难道我们没有共同的语言、没有共同的利益、没有一致的理性、没有一个共同的心?"他在 1796 年写道:"我们崇高的德语远没有实现它能够实现的那些作用。我们最好的作家都被埋没了,在学校里无人所知,在宫廷里也被歧视。他们恰恰应当形成我们国家的思维方式,支配我们活生生的语言,使我们的环境甜蜜愉快。""应当在我们学校里,就像在打谷场上筛选那样,每个崇高的最好的作家的作品都被大声朗读和背诵,这应当成为青年人的规矩,并且在心灵里被巩固起来。"同样,他们认为,不要把历史课变成死记朝代的教条,而要看成是"我们自己家族的历史";把地理课首先看成是未来企业家的知识,介绍国家的状态,使它对建立统一国家民族的市场有用。德国各类学校的爱国主义教育主题贯穿了整个19 世纪。

1815 年成立了德国大学生协会,他们的主要目的是致力为德国统一贡献力量,他们用黑红黄作为协会的标志,后来成为德国国旗。

2.当时德国的教育家都把新人本主义教育看作最重要的目标,这是针对基督教的。他们接受了裴斯泰洛齐的观念,普遍认为人有两重性:动物性、人性。动物性包含生理性、群体性和野性(兽性)。自然界的动物都依赖群体生存。鱼群能够几乎同时改变方向,急速奔驰跑的野马群能够自然和谐转弯,大雁能够排成"人"字形飞行数千公里。如果我们人类不经过严格训练,达不到动物这样的一致性。有些人把"生理性"作为人性,说:"我有七情六欲,我是人。"不,那是动物,例如猪、狗、猫,动物都有七情六欲。人性指道德性和社会性。儒家学说在两千年前就明白,只有经过良好道德和行为教育的人才具有社会性和道德性。教育的首要目的和作用是把人从天生的动物性转变成人性。教育其次是充分发挥出每个人的全部能力,使人能够靠自己的能力在社会上生存。这两方面构成了完整的人。

洪堡提出:"每个人,包括最穷的人,都应当获得完整的人的教育。每个人从本质上都是完整的,只是由于在有些方面他们能够有机会进一步发展。不同水平的教育、每种智力的人都应当发现他的理性的位置。""学校应当全面地、没有任何缺陷地激发各种能力,要排除那些不能促进能力的知识和引起片面发展的知识,为人生保留这些专门的学校。""一切小学,不是指某一地,而是指全国,必须只能以全面的人的教育为目的,必须区分人生所需要的知识和职业技能所需要的知识,并通过全面普通的课程来获得人生所需要的知识。假如二者混合了,人的塑造就变得不纯了,它培养的既不是完整的人,也不是某一阶层的完整的国民。"

齐勒尔(Tuiskon Ziller,1817—1882)说教育的目的是建立人间天堂,如果不能培养出个性和品德,教育就是徒劳白干了。他认为儿童对道德和社会问题还缺乏辨别力,必须把道德教育放到第一位,与道德无明显关系的课程放到第二位,"按照教育的道德目的,必须提供出培养品德的教材,以它为核心来安排其他东西的相互关系向各方面扩展,从而使儿童思想的每部分都能不断形成一致的整体。"他给八年制学校规定的道德教材如下。第一年学习 12 个格林童话,第二年学习鲁滨逊漂流记,以后六年道德教育的主题是:服从权威,对权威的理解,自愿从属于权威,热爱权威,道德和宗教自修,为社会服务。

德国全民普及教育的重点是民族主义、道德和行为准则,19 世纪 70 年代后军国主义的教育盛行。德国资产阶级不信仰"自由竞争",而是期待政府管理,这形成了工业化过程的"德国之路"。19 世纪德国工业化的一个特点是所有行业都建立了有实效的受法律约束的专业组织,企业主商人组织了工商业议会,地主组织了农业议会,他们接受政府确定的任务和权利,形成了"有组织的资本主义",使得企业主像政府官员一样受国家的控制。

德国建立了各行各业的协会和联合会,例如 1856 年建立了德国工程师协会,它有三个目的:①克服工程师的相互闭塞隔离,有组织地交流经验,继续专业深造;②有组织地解决问题,促进技术发展;③促进工业发展。1857 年到 1859 年当西方出现第一次世界经济危机时,德国建立了钢铁协会,它呼吁"团结一切力量,使整个祖国的钢铁工业都坚定、亲密地合作"。"通过完善冶金技术和谨慎、明智的企业经济学,尽可能地克服经济中的弊端。"1873 年经济危机中,钢铁协会最强烈反对英法钢铁占领德国市场,敦促政府实施了海关保护。19 世纪 70 年代德国俾斯麦政府废除了外贸的自由竞争政策,实施海关保护,支持建立了各种煤炭、钢铁、电气大型联合企业,通过这些垄断组织,使资本家像政府官员那样被控制起来,采用了几乎是军事化的统一生产和销售方法。这是德国钢铁和电气工业迅速发展的主要原因之一。这些受过爱国主义(以及军国主义)和统一行为准则教育的企业家们高度团结一致对外,在国际市场上轻而易举就打败了各自为战、自由竞争、相互拆台、没有受过学校教育的英国"土"企业家和商人。1880—1890 年德国工业生产年均增长率为 6.4%,1890—1900 年为 6.1%。1900 年出现白领阶层,德国通过职业教育的会计、秘书和抄写员显示出一致的和受过教育的标准行为方式,他们像国家公务员一样忠于职守,群体性很强,很少反对政府管理,而美国和英国没有这样的特点。这种标准化的、群体化的行为方式就是所谓的"德国式的效率"。

1870 年以后,欧美资本主义国家都效法德国开展全民义务普及教育。

韦伯在《新教伦理和资本主义精神》中认为:金钱不是目的,而是手段。

3. 费希特看出人都被金钱交易所迷惑,提出我们感觉到的现今世界应当被看成是一种限制,理性和自觉行动才是各种交易的准则和目的,如果只是为表面的需要,只受主观欲望迷惑,那就像动物被驱赶,是被冲昏了头脑的瞎忙,真正的交易只存在于全部理性起作用的地方,征服各种非理性,自觉按照理性原则,才是人的最终目的。理性思想是德国文化。19 世纪后期,德国社会学家韦伯在《新教伦理和资本主义精神》比较集中反映德国理性资本主义的价值,他批判美国本杰明·富兰克林(Benjamin Franklin,1706—1790)的"时间就是金钱"和"信誉就是金钱"观点。他认为"这种规则不是现代资本主义精神","富兰克林的道德态度是有色的功利主义","眼光太浅薄","许多德国人都感到美国式的价值优越是纯粹虚伪的"。他指出金钱只是方法途径,不能作为目的价值。他强调,"经济获利只能下属于满足物质需要的手段","把金钱作为目的的人是绝对非理性的","它来自于古代和中世纪最低级的吝啬,完全缺乏人的自尊,这种社会群体根本不适应现代资本主义条件","资本主义的社会伦理的最主要特征和基础是责任感"。韦伯认为:"按照西方标准来衡量,绝对无顾虑地通过赚钱来追求自私利益,是落后的资本主义国家。""在现代经济秩序中,有义务使每个人对他的职业活动感到满意。""在理性的组织劳动中,为人提供物质财富无疑总是代表了资本主义精神,这是我们人生最重要的目的之一。""同样,个人资本主义经济的基本特征之一是:在严格计算的基础上,有远见地、小心谨慎地朝经济成功进行合理化。""赚钱只是这种优越性的一种表现结果",而不是目的价值。"这也是与手工式的盲目资本主义的区别,它是利用政治机会和不合理的投机。"(指英国和美国)"从本质上说,人并不想赚很多的钱,而只想简单地过他所习惯的生活,只想赚必要的钱去达到这种目的。""只要现代资本主义去通过增加劳动强度来提高人劳动的生产率,它就会遇到巨大的阻力。"他激烈批判"对金钱毫无控制能力的冲动"、"为金钱敢下地狱"。他说:"资本主义不会雇佣没有纪律的任意自由的劳工。"最后,韦柏总结道:"理性主义是包含了整个世界各种事物的概念。""不能像意大利和法国那样,把世界看成仅仅是个人私利的世界。""因此,资本主义精神的发展,最好被看成是从整体上发展理性主义的一部分,可以从理性主义在人生问题的基本位置上推论出来。"他这种思想至今在德国仍然占主流。

> 19世纪德国著名国民经济学家弗里德里希·李斯特极力反对亚当·斯密的自由竞争经济学,抨击了自由放任和"世界主义"政策,主张实行保护关税制度。向国外购买廉价商品,似乎可以增加财富,看起来比较划算,但从长远来看,将会使德国长期处于从属国地位。法国梯也尔(Adolphe Thiers,1797—1877)政府曾邀请他担任铁路和贸易方面的职务,由于法国对德国的敌对关系,李斯特拒绝了。俄国财政部长曾聘请推行他的"国民体系",李斯特因为俄国实行专制的沙皇制度而拒绝了。1841年,李斯特曾经被委任为《莱茵报》主编,由于健康原因未能成行,不久后马克思担任了这一职务。
>
> 李斯特的经济理论曾被美国、日本等许多国家采用。

4. 在近代历史上德国把自力更生发展经济看作国家独立自主的途径。19世纪上半期,德国出现了著名国民经济学家弗里德里希·李斯特,他反对当时鼓吹自由竞争的英国亚当·斯密的经济学。他提醒德国,不平等的双方在经济交往中一定会使一方受益,而使另一方受害。他提出,任何国家要变成文明社会并使本民族文化得到发展,就必须拥有本民族的城市、工厂、工业和资本。发展经济的首要目的是国家独立、文化发展和社会文明,而不是英国认为的那种个人金钱物质利益。他认为,发展生产力意味着建立国内紧密相连的经济循环体系,为了达到这个目的,新生的经济必须加以保护,使其免受世界经济的伤害。他认为一个坚强的民族国家有必要实行暂时的隔离,要追求更大的自给自足和独立地位,国家主权和自治权作为最重要的政治价值,可能因为依赖外国技术而遭到破坏。他积极推动建立不依附于外国的、德国自己独立的民族工业和资本主义经济体系。在这种基础上德国实现了教育、科学技术和经济的全面发展。另一方面,德国、日本军国主义意识也在"民族主义"和"爱国"词语下发展起来,到希特勒(Adolf Hitler,1889—1945)时代造成灾难。

5. 泛神论观念导致极端民族主义和军国主义。恩格斯在《暴力在历史中的作用》中曾说:"有两种好制度使普鲁士优越于其他各个大邦:普遍义务兵役制和普遍义务教育制。"这二者正是德国19世纪坚持了一百年的东西。普鲁士的政治复兴主要依赖两个力量:训练有素的军官集团,高效率的政府官员。前者是通过学校教育培养出来的,后者来自德国历史的泛神论传统。即使在拿破仑灭了德国时期,德国各地仍然保持了高度组织化和机构化,地方政府仍然保持忠于职守和高效率。

19世纪20年代由于市民阶层反对,军队行动一直受到限制。后来随着泛神论军国主义观念的传播,军方逐渐采取政治攻势,把军队作为"国家学校",坚持要把民众训练成"顺从的臣民"。他们把军队称为"大众学校"或"民族教育学校"。把儿童和青少年的学校转变成为军事化机构。1827年师范学校毕业生只需服兵役6周,军方认为这是一个重大缺陷。1848年后军方把军官称为"人民的老师、教育者和医生",把下级军官称为"国民学校的教师"。19世纪60年代普鲁士众议院有人说:"军队不仅是一个为战争而设立的教育学校,而且也是整个国家民族的学校,以了解我们国家和人民。"德国在1860年把军队的特殊地位固定下来了,建立后备军官学院。在19世纪后30年中,这个学院对改变德国市民阶层起了重要作用,把资产阶级商人们变成了后备军官。此外,通过一年志愿兵役制,灌输军国主义思想,从而使市民阶层转向军方,成为军国主义支持者。19世纪70年代后,军方开始把注意力伸向国立学校,规定七年级高中优秀毕业生可以免试成为候补军官。全部适龄青年都必须服兵役,对国民学校进行军事训练,强调纪律,放弃自我,忠于职守,灌输军国主义思想。1890年12月举行的国家教育会议中,12名军方代表参加,提出教育的最高目的是准备士兵,为皇帝和帝国而死,为祖国而死,要求学生从精神上和体力上军事化,从脑力劳动中解放出来,加强体育课程,改善学生卫生和健康。军方还提出必须注重英语,改变当时的法语和俄语教学,理由是军事专业书和不断发展的武器技术来自美国和英国,德国在未来的欧洲战争中与非德语国家将是敌对国。1890年起教师必须服一年兵役,并纳入军官制度,这样使"来自师范学校"的教师变成了"来自军队"的教师,军官是教师的继续,使教师的教学行为转向军事化、命令化,国民学校是军营的后备学校,军营是再教育学校。在学校教育中强调意志训练、机械学习、体力训练、服从纪律,在历史课中选择战争英雄,地理课强调殖民地政治,德国军官服役期满后转业到政府部门,把军国主义思想和服从命令带到政府,对于把德国引向军国主义起了重要作用。到19世纪末,军队已经成为"全国的学校",军方变成了政治上的重要因素,最终导致军国主义。

六、世界现代理科大学的起源:柏林大学

19世纪后期德国的现代科学通过大学得到迅速发展。主要原因之一可能是泛神论的结果。德国泛神论哲学家舍林在《神话哲学的历史批判导论》中建立了泛神论的科学哲学,断言神谱是最基本的科学体系依据,神话以这种惊人的方式隐藏在科学知识背后。研究泛神论的神话就是研究具体的科学问题线索,这就是确立科学研究"方向"的依据,就是提出科学"假设"和"猜测"的过程,就是科学认识的过程,也是修正认识错误的过程。他说,从希腊神话还可以进一步发现宇宙起源的自然理论,太阳神(Phoebus)不再指光神,而是指科学术语"光"本身。这样就打破了寓言的比喻解释。

　　德国泛神论哲学家和动物学家黑克尔写的《宇宙之谜》值得大学生和从事科学技术研究的人去读一读。黑克尔把泛神论的灵魂观点在德国科学研究方面的作用谈得十分细致。从这本书，读者可以明确看到泛神论对德国科学的影响。也可以看出，德国科学的辉煌时代，正是泛神论哲学对德国科学起决定作用的时代。德国科学后来的衰退，也正是因为泛神论的思想源泉被耗尽了。科学技术的创新发展中，价值观起首要作用，科学家个人的才智起第二位作用。离开世界观和信仰，离开时代的需要，再有才智的人也难有重大发现。

　　1800 年前后德国一共有 28 所大学，有些大学处于半死不活的状态，例如爱尔福特大学 1813 年只有 13 个学生。这些大学传统上包含四个系：神学系、法律系、医学系、哲学系。当时教学方法僵死，脱离社会和时代，知识陈旧，排斥新的科学发现，大学基本上不产生新知识，也反对教学创新。德法战争失败后，普鲁士失去了4 所大学。1810 年建立了柏林大学，在世界上首先提出：学术自由，学习自由，科研与教学合一。柏林大学第一任校长、哲学家费希特认为，通过大学改革不仅满足社会当前需要，而且通过大学来改革社会。他的最高社会理想是未来由学者管理国家，学校培育未来的国家，由学校产生新一代官员来管理普鲁士。费希特认为，新的教育必须从一开始就是国民的培养，使他们热爱德国，能够避免腐败的社会影响。不应当强调强迫被动的服从，而是培育人们的理性行为准则。他还提出，新的教育中没有惩罚，也没有奖励，而是鼓励每个人全心全意为一切事情的完美而尽力工作。应当绝对注意性格（即道德），使人们自然地去做正确的事情，为此必须找到热爱正确的动机，而不是压抑个人的兴趣。他认为，学习过程应该是一个创造过程，一个自发产生智力内容的过程，不是机械模仿过程，知识只能在这种有机的相互作用中存在，因此知识教育是第二位的。教育的首要目的是唤醒从事正确事情的智力，要鼓励独立思考。科学不是仅仅由单一技能组成，不能通过单一目的和单一观点获得。现实的自然组织是一个完整的结构，各种科学只是从一个角度观察世界，相互形成一个有机的整体，只有依赖一个统一的原则，才能获得有效的科学知识。旧的教育依赖死背硬记和被动吸收知识，新的教育必须鼓励学生的主观能动性。他强调学习应当同劳动相结合，劳动教育是全面普及教育的一个重要部分，没有特权和地位区别，使人人都成为能够全面发挥出力量，成为有能力的劳动者，通过劳动在社会上生存。这是当时的激进资产阶级思想，也是"教育救国"思想的起源。费希特只任了一年校长，对柏林大学的初期建设起了主要作用，后来由施莱尔玛赫（Friedrich Schleiermacher，1768—1834）接任。柏林大学坚持抵制了当时社会流行的重商主义态度，开始实施全面科学教育。费希特十分强调能力教学，针对当时教育界苛刻地按照书本训练人，他批判说这使人只会照书本去解决问题，而面临新问题时就束手无策了。他认为大学的作用不是固守现有的知识，而是促进对未知世界的好奇，不断改善自我，不断冲破个人能力的局限，使学生形成独立思考的习惯，和独立主动探索的习惯，学生可以跟随教师，也可以批评教师。他批评那种只收集书本资料作为知识的教学方法，认为这只是表面的、机械的拼凑，没有形成有机整体。他提出"哲学是科学皇后"的观点，把哲学作为领先和协调科学。他对教师提出三个标准：第一，对教师的最低要求是必须胜任专业，有能力讲课；第二，至少要出版有名望的专著；第三，教授的学术作用是科学，必须进行科学研究。这一概念促使产生了许多新科学，例如自然哲学、费希特哲学、黑格尔哲学、植物理论等。洪堡曾提出"科学无目的"观点以掩饰反对基督教的意图。费希特进一步发展了这一观点，强调大学的科学研究目的只是培养人，全面发展个性能力，全面发展清晰的、创造性的思维。针对当时学生中有些人游手好闲、打架斗殴、流氓浪子，费希特主张对学生实施严格管理，甚至主张像军队和修道院那样。通过这种教育改革，德国大学变成了德国文化的中心，产生了强烈的民族主义和国家统一思想，形成了忠于德国民族和教学自由的精神，坚决抵制拿破仑统治。另一方面，费希特忽视了自然科学与人文科学应当不同方法，把实用知识看作"求饭碗"知识，把理论同技术对立起来。

19 世纪，美国人到德国求学的人数超过 9000 人，人数最多的是在哥廷根大学和柏林大学。1884 年霍普金斯大学的 53 名教授几乎都留学德国，其中 13 人获得博士学位，当时人们曾把霍普金斯大学称为巴尔的摩的哥廷根大学。美国剑桥大学的麦克利兰（Charles E. Mdlelland）于 1980 年在《德国的国家、社会和大学：1700 年到 1914 年》一书中写道："德国大学在德国历史上具有非同一般的重要地位。德国大学对社会的影响比美国和英国大学要深刻得多。从大学生直接进入政府办公室或成为职业军官，大学毕业生指挥德国的现代化，造就了它的文化和科学生活的人们也与大学有更紧密的关系。正是在德国 19 世纪初，科学走出了封闭的科学院进入大学，它的这一过程至今还可以感受到。它是文化和管理精英的源发地。""在西方教育中，德国大学在现代具有最大的意义和重要性。它首先把教学同研究融为一体，从而形成了现代大学的典范。它是现代科学和学者的源泉，本世纪初德国大学体制是世界上最受崇敬的。它的教授们有世界名望，是时代的伟大发现者、科学家和理论家，它对学生进行彻底严格的训练。"他十分崇敬"它的讨论班和研究所里的面向研究的教学方法，它的学术自由，它的尊严精神，它那丰富多彩的民俗，甚至令人难忘的建筑，像图书馆和实验室"。

> 德国"教育救国"的过程：
>
> 1."教育救国"，吸取了爱的教育，把民族独立爱国主义作为社会核心价值观念，实施全民义务普及教育，重新塑造德国国民。
>
> 2.把新人本主义教育看作最重要的目标，这是针对基督教的。
>
> 3.以康德理性哲学为基础。

> 4.在近代历史上德国把自力更生发展经济看作国家独立自主的途径。
>
> 5.泛神论观念最终导致极端民族主义和军国主义。
>
> 6.以泛神论信仰发展科学。建立西方第一个现代理科的柏林大学。
>
> 7.普及职业技术教育,这些学校后来成为德国各地的工业大学和高等专科学校。德国的教育救国观念影响了西方各国。

七、工科大学与职业技术教育

英国工业革命时期,基本没有建立工人和技术人员的系统培训学校,只在工业区曾经建立过一些"工程学院",实际上它只相当于业余学校,每周只上课一天或者两个晚上。而技术培训在德国有悠久的历史,1765 年在弗赖堡建立了采矿学校,1785 年在德累斯顿建立了工业学校,1796 年在彻姆尼茨建立了工厂绘图学校,这也是艺术与工业结合形成工程制图的起源。到 1798 年,德国已经有上千所工人学校,培训纺织工和缝纫工。19 世纪初在全民普及教育基础上,又建立了许多手工业学校、采矿学校、机械学校、商业学校、卫生学校,普鲁士已经建立了综合的职业技术教育体系。1871 年德国统一后制定了自己发展技术的政策,到 1870 年德国已经建立了 7 所技术高等学校,工程技术培训已经达到高标准。1884 年普鲁士工商部开始负责技术学校时,已经有 664 所中等技术学校,56 所商业和工业管理学校,学生分别为 58 400 人和 8000 人。

技术大学在各工业化国家都不是在传统的理科大学中产生的,而是从手工艺传统和职业培训学校发展起来的。当时自然科学界普遍不承认技术的价值,指责技术院校不科学。这种历史性的偏见、歧视和压抑最先在德国引起了全国性的技术大学与理科大学(尤其是数学教授)之间的大辩论。1876 年在费城和 1893 年在芝加哥国际工业大展,德国技术院校的教授及工程师受到美国机械工程面向实践和实用的启发,主张改变抽象理论教育,强调面向实践创新和面向质量。这场大辩论持续到 1914 年左右,并产生了五个后果。

1. 在科学史上首次肯定了技术的价值,叫技术科学。肯定了技术科学面向实践的实验研究思想和科学方法。科学是系统的知识,如果一门技术能够形成系统的知识,当然就是科学。技术科学的价值在于解决经济中存在的普遍问题和难点问题,为社会创造物质财富,创造第二自然界。德国工程师学会提出反对工程技术专业数学化,强调实验和技术方法。他们认为技术专业的科学化需要数学、力学等自然科学知识,但是反对以数学作为技术专业的目的,反对以数学作为判断技术水平的唯一标准,反对以数学逻辑作为唯一科学方法,反对用数学代替技术和实验,反对技术专业脱离工业实际。当时德国的 9 所技术大学在这一影响下,先后都建立了机械制造等实验室。从此形成了德国技术大学重技术实践的传统。

2. 技术科学价值得到了国家承认。技术科学的目的是解决国家发展经济、技术、管理中存在的普遍性问题和难点性问题。德国政府批准技术大学可以授予博士工程师。从此，德国加速发展技术大学和职业教育，在理科大学以外建立了独立的技术研究体系，大企业普遍发展技术实验室，面向应用技术，解决企业技术发展问题，强有力地促进了德国经济发展。美国学习这一经验很快在企业中也建立了技术实验室。据估计，19世纪末德国工业界的科学家中有四分之三在电气和化学工业。由此看出，为什么由电气和化工为代表的第二次工业革命出现在德国和美国。

3. 当时德国19所理科大学的教授尤其是数学教授开始与工业技术相结合，研究数学在技术中的应用，从而形成了应用数学和应用力学。当时的哥廷根大学校长、世界著名数学家克莱因（Felix Klein，1849—1925）坚持将数学理论与实践结合，他说："世界上最伟大的数学家（例如牛顿等）擅长用数学解决实践问题。""一个数学家应当理解实际技术。"他在哥廷根大学新设立了应用数学、应用力学和应用光学教授位置，后来变成了德国和国际的精密仪器中心。哥廷根大学还把数学应用到航空领域，产生了空气动力学之父普朗特（Ludwig Prandtl，1875—1953）和冯·卡门（Theodore von Kármán，1881—1963，钱学森[1911—2009]的博士生导师）。这次大争论的结果对德国技术和经济发展起了重要促进作用。例如，法国数学家拉普拉斯（Pierre-Simon Laplace，1749—1827）在19世纪80年代建立了纯数学思想的积分方程，而哥廷根大学数学家希尔伯特（David Hilbert，1862—1943）把它变成了一种科学工具。19世纪90年代以前科学界，尤其在技术学校里，主要通行自然观察和定性研究。希尔伯特把数学变成工具后，解决了多年头疼的问题，提出了定量研究的新方法。英国物理学家法拉第发现电磁感应理论，而德国人西门子（Werner von Siemens，1816—1892）研究了它的应用，制成大功率直流电机，又发明了电动机和有轨电车，建立了当时名列世界前茅的西门子公司。德国改变了纯化学，创造化学工业和制药工业，因此电气工业和化工恰恰在德国和美国引起了第二次工业革命。冯·卡门回顾这一段历史时认为，德国理科大学从事自然科学和数学的应用研究，对全世界的高等教育起了重大影响。按照这一方式，美国建立了哈佛大学的劳伦斯科学学校、耶鲁大学的舍菲尔德科学学校、霍普金斯大学等。按照哥廷根大学的榜样，美国建立南加州理工学院航空中心、美国麻省理工学院和剑桥大学的电子中心，以及斯坦福的宇航中心。1968年冯·卡门曾说："科学教育与技术教育的冲突，对德国和欧洲技术进步是一个重要因素，很久以后，美国才出现对这一问题的争论。"回顾历史，美国到20世纪50—60年代才出现了这一争论。此后对美国的技术发展也起了重要推动作用。

4. 19世纪末—20世纪初，德国技术培训和技术大学得到迅速发展。到1908年，德国共有2100所中等技术学校和204所专科学校（建筑、机械、艺术、纺织、陶瓷等单一的专科学校),学生分别为 36 万人和 44 300 人。仅慕尼黑一所技术大学的化学专业毕业生就超过英国全国化学专业的毕业生。同期,德国大型企业开始建立中心实验室,例如 BASF 化工企业在 1887 年已经有 18 个实验室。

5. 许多著名化学教授,例如诺贝尔奖获得者奥斯特瓦尔德(Wilhelm Ostwald,1853—1932)、费歇尔(Hermann Emil Fischer,1852—1919)、哈贝尔(Fritz Haber,1868—1934)和能斯特(Walther Nernst,1864—1941)都积极参与化学工业,作为顾问或兼职为大型化学企业工作,或集中一段时间到企业中。19 世纪 70 年代以前,德国的工作母机制造还落后于英美,1870 年以后,德国建立了自己的工作母机企业,到 1900 年德国机械制造就成为世界第一流水平了。20 世纪初德国在精密机械工业部分实现了流水线生产,并在军工、缝纫机、自行车、办公室打字机等机械行业实现了标准化生产。欧洲的航空工业首先在法国出现,第一次世界大战前,法国的飞机制造业是欧洲最强国家。1910 年德国还没有航空工业,但是由于数学家参与应用研究,格廷根大学出现了普朗特这样领先的流体力学理论家,他培养出来的学生中有许多是 20 世纪著名的航空动力学家,例如冯·卡门(后来成为美国空气动力学之父)、钱学森、施利希廷(Hermann Schlichting,1907—1982)等人。还出现了亚琛大学的热技术教授容克斯(Hugo Junkers,1859—1935),他建立了机械制造实验室,1911 年设计了第一架金属飞机。到 1914 年德国有所高等学校设立了飞机技术课程,很快就发展起来自己的航空制造工业。到 1914 年德国有 12 个飞机制造厂,空军就有 450 架飞机了,4 年后飞机制造厂达到 60 个,空军有 5000 架飞机,每月生产飞机 2500 架,到一战结束时德国已经生产了 5 万架飞机。高水平技术大学的一个特征是专业转型快、起点高,由此也形成了现代化国家的企业工业技术的相同特点。从 1850 年到 1900 年,世界各国重大科技发明中,英国 106 项,法国 75 项,美国 53 项,而德国有 202 项,几乎等于英、美、法的总和。(齐世荣,1999)[139]

八、德国教育的效果

从 19 世纪初开始,德国循序渐进地普及教育,19 世纪上半叶基本实现了 4 年义务教育。小学教师是从国民小学毕业后再经过 5 年制的教师培训,19 岁开始当教师。1870 年基本实现了 7～14 年的义务教育。19 世纪后期开拓职业教育,发展高等理科和工科教育。1870 年后出现高级女子中学,1908 年大学开始招收女生。三分之一的中学合格毕业生可以进入大学。在整个 19 世纪,德国始终把教育作为建国的基本国策实施了一百年。1835 年,也就是当全民义务普及教育出来的第一代人成为社会的主力成员时,德国建成了第一条铁路,1841 年造出了第一台蒸汽机,1847 年出现了西门子公司,1853 年成立了第一家工商大银行。19 世纪 50 年代,也就是当全民义务普及教育出来的第二代人成为社会主力成员时,形成了德国经济的基础。这十年，中煤炭、钢铁、机器、纺织工业产品全面增加了2倍，资本和消费各翻一番。1867年俾斯麦说："让我们把德国扶上马吧，它一定会飞速奔腾。"1870年普鲁士出兵占领巴黎，1871年德国统一，不久开始对外扩张占领殖民地。1860年到1870年德国工业生产年均增长6.4%，1890年到1900年为6.1%。

这就是德国"教育建国"与"科技兴国"的梗概。教育对德国的国家统一、形成新的国民特性、迅速发展工业经济都起了基础和决定性的作用。至今德国仍然保持了这一历史经验，每当出现倾向性的社会和经济问题时，德国就从教育入手，通过教育改革设法克服当前的社会和经济问题。

九、德国教育对其他国家的影响

英国工业革命从1760年开始，到1840年（或1870年）为止，用了一百多年时间实现了机械化。德国工业化从1870年开始到1914年一共用了40多年就实现了机械化和电气化。而19世纪的英国经历了社会不稳定的一百年，采取了法治、民主、警察、改革、军人执政等各种办法，始终没有能够解决社会稳定问题。1854年在狄更斯的强烈支持下，由在英国居住的德国妇女开始在英国推广幼儿园运动，1879年从德文翻译了关于福禄培尔的教育理论《儿童和儿童的天性》。1870年普鲁士军队占领巴黎后，英国警醒了。同年英国国会经过激烈争辩后通过了第一个初等教育法案，由于实施无力，四年后首相迪斯雷里（Benjamin Disraeli，1804—1881）不得不在众议院上大声疾呼："全民教育决定国家命运！"六年后英国才实施初等义务教育，大部分学校取消学费，这已经比德国落后了70年。然而由于英国忽视教育的传统根深蒂固，普及教育一直实施很慢，到20世纪40年代工厂主们仍然普遍反对通过学校培训有技术的工人。1943年邱吉尔（Winston Churchill，1874—1965）不得不在电台上讲出了名言："世界的未来属于那些高度教育的民族。"

直到1956年英国才认识到德国一百年前的经验，建立了多级技术培训，其中包括10个工程学院，后来成为工科大学。从此电子工程、机械工程等才大规模进入英国高等学校的殿堂。20年后这些工业大学又发现他们属于"二等国民"，工科既没有"纯科学"和人文科学的地位，也不属于全民自由教育整体中的一部分。英国教育体系，不仅牛津等著名学校，而是从整体上一直延续了他们的价值传统，工程技术在价值上一直低于"纯科学"和人文科学。从1964年到1974年英国政治家高呼英国需要新的技术革命，然而20世纪60年代扩大技术教育的努力却失败了，这不是因为缺乏政策，而是因为缺乏与人文学科同样质量和数量的学生。20世纪60年代英国宣称通过重建教育体系能够使英国获得新生，由于传统的作用，德国教育史的成功经验没有能够在英国实现。20年后失望和灰心的一代英国人责怪老师没有兑现这种诺言。（Royle，1985）

1870 年法国在德法战争中失败,第二共和国崩溃,第三共和国成立,引起了对教育的激烈争论。法国从德国的历史经验中认识到全民教育对于振兴民族精神和发展经济是真正的财富,1875 年通过了高等教育自由法律,1878 年到 1882 年,法国新建 19 000 多所小学,改建 14000 多所学校。从 1881 年到 1882 年推行了两个教育法令,实施非宗教的国家义务免费教育,规定初等教育免费、义务和世俗化的原则,一年内出版了 65 种新教材和读物,新编道德教育和公民教育的教材代替过去的宗教教材。1886 年通过法令,规定了整个初等教育的结构,包括母语教育、幼儿园、初等学校、高级初等学校、补习班和学徒学校。1889 年规定,教师的工资由国家分发,1877 年到 1902 年《两个儿童在法国颠沛流离》一书出版 600 万册,宣传爱祖国就是爱一切,就是爱人类。把 15 所大学重建成国立大学从事技术培训,恢复大学的自主权,剥夺教会的学位授予权。国家大力给大学资金投入,从 1875 年到 1905 年对教育的拨款增加了 6 倍。在第三共和国初期,法国建立了现代教育体制。到 1900 年法国仅有少数文盲了。

1831 年法国哲学家库辛(Victor Cousin,1792—1867)参观柏林时惊呼德国已经变成了"学校和兵营的古典国家",并写下《关于普鲁士的国家教育报告》一书。此书于 1835 年传入英国,后来在美国广泛流传,把德国"教育建国"的历史经验带到了法国、欧洲、美国、日本和亚洲,人们都明白了实施全民普及教育是发展经济的唯一捷径。美国从普鲁士学去了义务教育方法,在整个 19 世纪都采用福禄培尔和赫尔巴特(Johann Friedrich Herbart,1776—1841)的教育思想。20 世纪初,杜威进一步发展了这些教育思想,形成了"做中学"(learning by doing)的美国教育思想。日本 1900 年实施四年普及教育,1907 年又改为六年制,1910 年小学入学率达到 98% 以上。第二次世界大战后,1947 年日本颁布基本教育法和学校法,实施九年义务教育,从一开始小学入学率就达 99%,1960 年中学入学率达 70%。20 世纪60 年代日本进入经济高速发展时期,年均增长率为 12%,1971 年工业生产比 1962年增长了三倍,那一代人经济建设主力恰恰是战后接受了普及教育的人们。

思考题

1. 德国与英国工业化过程有什么重要区别?
2. 教育的作用是什么?

第四节　19 世纪西方主要现代教育思想

一、裴斯泰洛齐

裴斯泰洛齐是瑞士人,西方现代教育创始人。他忍耐了 30 年的孤独生活,建立了爱的教育思想体系。他毕业于著名的日内瓦大学,之后借了一快荒芜土地,开办了新农场,在那里他收容了一些被遗弃的孤儿开办了一个学校,他教这些孩子们种庄稼。1780 年他的这个农场破产了,他把这些孩子们带回自己家,与他们生活在一起,以母亲式的爱心把这些孩子当作自己孩子,以父亲般的刚毅之心忍受了各种艰难困苦,又以无比的献身精神教他们劳动自立,昼夜与那 50 到 80 个孤儿在一起,给他们做饭,教他们纺线织布,教他们善良。他坚持自己的方法,他深入思考人的本性以及教育的作用,后来在 1805 年建立了伊韦尔东(Yverdon)的寄宿学校,该校成为世界著名学校。学生来自欧洲各国,数百位著名人物来这里参观访问,其中有德国著名哲学家费希特、德国著名教育家赫尔巴特和福禄培尔。这几位把这种教育思想推广到德国,又传变西方。裴斯泰洛齐的基本教育思想如下:

1. 裴斯泰洛齐认为,人具有两重性——动物性和人性;人性包含社会性(群体性)和道德性;教育的作用是使人从动物性转变为人性。

2. 爱的教育是他思想的核心。裴斯泰洛齐生活在拿破仑战争时代,但他坚信人的自然天性是好的,通过真正、全面、易被接受的人的教育,能够重建社会。教师对儿童应该具有慈母般的爱和热忱,尤其是关爱学生的创伤。他提出全民教育思想,每个人首先应当被教育成为纯粹的全面发展的人,道德教育是中心,全民普遍的道德教育才能使法律起作用。

3. 教育的总目的是全面提高人的自然天性内在力量,教育应该增强孩子的能力和纯粹的人的智慧,这也包括卑贱的人、穷苦孤儿和粗野短工。

4. 在那腐败的社会里,从哪里找到那么多道德教师呢?裴斯泰洛齐强调家庭是最好的学校。父母在社会职业中也许腐败,但是对待儿女却是有善良无私的爱,不希望自己儿女也腐败。家庭教育能够冲破腐败社会,从而能够逐步改造社会。他提出应当通过各种措施促使家庭纯洁、安宁、幸福,国家应该使家庭成为"崇高的园地",从而成为学校教育的基础。爱和信任,是道德和知识教育的基础。他强调用爱代替惩罚。教师应当有母爱之心,要爱所教育的学生,是工作的唯一的和永恒的基础。没有爱,就既不能使体力也不能使智力得到自然发展。他废除了鞭打。同样,要限制儿童的不合理冲动,教给他们道德行为准则。这种做法至今仍然起重要作用。

5. 裴斯泰洛齐首创提出手(手工技能)、心(道德)和脑(智力)三者全面平衡发展,其中道德是中心,应当促使形成良好的行动习惯、性格和谐发展,"使性格的内向性尽量较少,如果不可能完全实现外向型的话"。在体力方面,应当鼓励动手实干。在智力方面,应当引导正确观察具体事物能力、独立思考能力和判断能力,追求完美。他首创的课程有绘画、写作、唱歌、体育、制作模型、绘制地图、旅足等。智力教育仅是其中一小部分。他曾经想过把教育和劳动相结合,可以使孩子们自己负担学习费用。

6. 裴斯泰洛齐提出"做中学",这也是西方现代教育最重要的方法。让孩子们通过活动进行学习，按照自己兴趣学习。他提出三点。第一，以"自然"教育代替强制教育，反对说教。"自然"意味着平静和循序渐进。平静能够引起儿童的自觉主动性、求知欲望、展开思维、和谐发展。教师尽量少干预学生思考。自尊心导致自觉性，极端的惩罚会引起品质和行为问题。第二，以直观教学代替单纯的用嘴皮子讲。第三，承认个人差别，教育绝不是大群人的事情，而是一对一的。

7. 裴斯泰洛齐提出，每个孩子都有自己的潜能，教育者要小心不要用事与愿违的影响去干扰符合本质天性的发展过程。

8. 裴斯泰洛齐看到教育是改善社会条件的核心，后来引起甘地和其他抗击殖民主义人士的兴趣。

9. 裴斯泰洛齐的教育思想成为西方现代教育的主线，他的继承和发展者主要包括：德国哲学家和教育改革者洪堡、德国教育家赫尔巴特、意大利教育家先驱蒙台梭利（Maria Montessori，1870—1952，提出了强调发展儿童潜能的教育方法）、美国20世纪最著名的教育家和哲学家杜威及当代的法国/瑞士教育家皮亚杰（Jean Piaget，1896—1980，建立了儿童认知发展心理学理论）。

二、洪堡

1809年洪堡被任命为普鲁士内务部文化与教育局局长。他于1810年辞职。虽然他只从事了16个月教育改革，但他的行动对教育的影响一直持续到今天，使德国从一个三流国家变成世界一流国家，德国的教育思想成为"教育救国"和"科学救国"的起源。

洪堡生活在狂飙时期，参加了魏玛诗人圈，与席勒和歌德保持友谊。他的教育思想属于新人本主义，主要包含以下几点：

1. 全面塑造人，脱离宗教。这是"新人本主义"的含义。

2. 全民义务普及教育是国民教育，爱国主义作为重要道德内容。

3. 全民义务普及教育是免费教育。请注意，这是在德国作为殖民地的情况下提出的，那时德国割地赔款十分贫穷。他说："每个人，包括最穷的人，都应当获得完整的人的教育。""学校应当全面地、没有任何缺陷地激发各种能力，要排除那些不能促进能力的知识和引起片面发展的知识。"

4. 洪堡提出了三级教育体制：小学、中学和大学。这是世界各国现代教育的基本体制。

5. 洪堡建立了柏林大学，提出教学与研究合一，学术自由，自主学习，以及教师自治。这所理科大学后来成为各国理科大学的典范。（Wolfgang，1989）

三、赫尔巴特

赫尔巴特在德国的耶拿大学学习法律与哲学。毕业后给三名儿童当了三年家庭教师,从中他仔细研究后建立了教育理论,然后去拜访了裴斯泰洛齐,并研究了他的教育目的和方法。他写了一本关于裴斯泰洛齐教育方法的书。1809 年他到康尼西伯哥(Königsberg)大学,接替了康德的教授位置。

1. 赫尔巴特强调道德教育,他说:"教育的一个任务和全部任务可以被概括在道德的观念中。"他认为教育的目的是培养好人。如果儿童没有成为好人,这是教师的失职。青少年只掌握知识技能是不够的,他说:"一个人的价值是以他的毅力而不是智力来衡量的。"教师通过讲课,应该使学生形成思想,否则教育效果就是零。

2. 赫尔巴特系统地提出了兴趣对教育和学习的作用。兴趣不是玩耍时的表面激动,兴趣意味着主观能动性和自觉,在兴趣中感知的东西对大脑有特别的吸引力,它能提高注意力,它是自觉独立掌握知识的标志,兴趣是学习的一个条件。学生有了学习兴趣,就会伴随有各种严肃的努力,而不会混淆学习和玩耍。学生应该对广泛的课程有多面兴趣,学生必须均衡多面兴趣。没有学生兴趣,教育就不起作用,教育应该能够培养多面兴趣,应该把新知识与以往的经验联系起来。

3. 他说教育就像生活本身一样多样化。切不可把孩子约束在读书写作业中。

4. 赫尔巴特认为,智力活动不是死记硬背,教师的作用也不是简单地"跟随天性"。他强调智力活动是以情绪为基础的,还强调文学、历史对抵制自私的重要性。

5. 他特别关注人的智力是如何完整地发展的,使得能够没有偏见地掌握知识,得出实事求是的结论和评价。他特别关注人的动机是如何形成的。他提出设置培育课程,不是单纯传授知识和智力培养,而是促使学生形成思想观点、形成实施动机和方法。

赫尔巴特被称为"科学教育学之父",他的教学法在 19 世纪影响了德国、法国、英国、美国等整个西方世界。(Boyd,1947)

四、福禄培尔

德国人福禄培尔是幼儿园的创始人,他 9 个月时母亲去世,童年时期一直被忽视了,一生经历坎坷,充满了曲折艰难。从 16 岁开始,他当了两年护林员学徒,因为太穷没有完成学业,接着他又去当保管员、统计员和建筑师,尝试过许多职业都不成功,后来在瑞士裴斯泰洛齐学校里给 3 名学生当了两年教师后。1811 年他到哥廷根大学学习。1813 年从军一年(为了推翻拿破仑对德国的统治)。1816 年到他在图林根州的学校里当一名农村教师。1826 年他出版了最重要论文《人的教育》。此后他想建立国家教育研究所,但失败了,他又转到学龄前儿童教育方面。1831 年他接受瑞士政府邀请,去培训小学教师。他被任命为一个孤儿院的院长,他深深感受到早期教育的重要性。1837 年他在普鲁士的布兰肯伯格开办了一个婴儿学校,被称为"孩子养育和活动学校"。后来他把这所学校命名为"儿童的花园"(Kindergarten),或者叫"幼儿园"。到这时为止,他已经为这一事业辛勤工作了 15 年。他的教育思想如下:

1. 福禄培尔认为儿童就像一颗种子,成长是由内部因素决定的,人生下来不是完美的,但是存在潜力,在成长过程中逐渐表现出个性。外部必须提供适当的环境去引导它的成长,教师就像园丁,应该给儿童增添阳光和营养。

2. 他最重要的贡献是,儿童的玩耍是儿童教育的基本因素。教师的作用不是训练或灌输儿童,而是鼓励儿童通过玩耍去自己活动,最大限度地让儿童自己主观能动和自己决定。因此教师和课程的第一要求是:宽容儿童,顺从儿童(只是保护),而不是指令干扰,也不是娇纵,不要生硬强迫规定儿童的发展方向。假如要干预孩子的自发活动,这种干预必须不是自己的随心所欲的行为,必须以教师和孩子双方都能认可的方式去行动和说话,其中包括的纪律是不要以外界的限制去压制内在的合理发展,对未成熟的孩子的引导应该按照孩子自己生命发展的方向进行。只有当儿童天性受到伤害时,才能把教育变成有针对性的和起决定作用的。

3. 婴儿首先学习从感觉上接受外界,他们的感官很敏锐,这时教师的作用主要是"培育",而不是"教"。儿童阶段(2~6 岁)作为"我"而出现,其教育的主要内容是让孩子能够表达内心,让孩子展开性格,与外界、人和物进行活动。外向表达具有决定作用,这种活动要特别多,这对人生有重要意义。儿童与外界的交往以"玩耍"表现出来,是全身心地投入的、全身紧张的一种严肃行动,从玩中认识外界,以玩的形式表达内心。孩子抓东西,玩东西,打碎东西,这都是严肃地认识外界的科学实验,是最纯洁、最智慧的活动。"过家家"是人生的预习和模仿,由此产生朋友,形成了责任、友好、善良等优秀品质,我们的一切智力财富都来源于它。一个儿童的才能,通过安静、有耐心地玩耍之后,肯定会变得更有才能、更安静、更有耐心,成为献身于别人和自己幸福的人。他提醒家长,过早的人为的智力训练,可能破坏孩子的智力和身心健康,应该让孩子自然、全面地玩,这样你会发现孩子的许多才能。孩子玩得越全面、越投入,他们的才能就可能越多。孩子的玩是学习和成长,玩得越健康,玩得越投入,玩得越全面,孩子就越聪明健壮。

4. 福禄培尔特别指出,从出生到 6 岁的儿童是被感情和冲动所控制,而不是被思想控制,讲道理没用,然而对孩子的关爱、教师的态度等情绪性的力量对孩子教育起作用。

5. 他还认为,儿童必须直接用自己的眼睛去观察东西,用自己的双脚站立,全面学会自己生活,应该感觉到自己是一个大整体中的一个成员,并经得起它的考验。培养这种独立能力和群体精神的场所就是幼儿园。注意,幼儿园不是小学。在幼儿园里,孩子们主要是自己活动,而不是强制上课。他设计了各种简单几何形状的玩具,他认为圆球体特别有意义。随着年龄增大,也要提高孩子们的玩耍复杂程度,例如唱歌、游戏、过家家、种花、养小动物等。

6. 福禄培尔说,在青少年阶段,他们在较大程度上会用自己的经验与外界对抗。对儿童来说,外界是热闹的,同他自己一样,而少年与外界保持距离,他不再是毫无问题的与外界打交道,而是想认识、探索一些事情或问题,他全力以赴要完成一件事。这正与上一阶段的简单表现自我有关。他们有意地了解事情的关系,不再纯粹出自乐趣干事和自我表达,而是首先想搞懂周围的事情而变成自己的思想,关心与一件事情有关的效果。玩也按照这个规律发生转变。小孩是玩"游戏",少年是制造"游戏"。这正是全面讲授的阶段,首先是智力和动机意志及各种专长的教育,使少年认识与自然、人、社会的深刻关系,在这一阶段的教育并不是狭义的管教。

7. 福禄培尔坚持认为改善幼儿教育是其他教育和社会改革的重要基础。由于他侄子的社会主义观点,1851 年普鲁士政府禁止开办幼儿园。1852 年他去世。1860 年普鲁士政府对幼儿园解禁。他的一个最热心的跟随者男爵夫人马伦霍尔茨-比洛(Bertha von Marenholtz-Bülow,1801—1893)把他的教育思想传到英国、法国、荷兰,后来在美国获得巨大发展和成功。幼儿园成为 4 岁到 6 岁儿童的标准教育机构。杜威在芝加哥大学内他的实验学校里采纳了福禄培尔的教育思想。(Reble,1967)

如今柏林的裴斯泰洛齐-福禄培尔学校(Pestalozzi-Fröbel-Haus)仍然在继续培养护士学校的教师。

第五节　美国经济与西方经济危机

1776:美国独立

1789:美国通过了关税法令

1790:美国制定了专利法

1791:美国建立了第一家国家银行

1760—1840:美国第一次工业革命

1852:美国马萨诸塞州实施第一个半日制义务教育法

1861—1865:美国内战(南北战争)

1840—1950:美国第二次工业革命

1914—1918:第一次世界大战

1929—1933:经济大萧条

1939—1945:第二次世界大战

2007:次贷危机

一、美国发展策略

1776 年 7 月 4 日,北美 13 个殖民地的代表签署了《独立宣言》,从此美国独立了。在美国第一届联邦政府内出现了杰斐逊与汉密尔顿之间的长期争论,其核心问题是应该建立一个工业化国家、还是一个农业国家。杰斐逊是美国开国元老之一,是独立宣言的起草人。汉密尔顿在独立战争中是华盛顿(George Washington,1732—1799)的副官,负责军队的后勤给养。第一任国务卿托马斯·杰斐逊出身于种植园家庭,怀念朴实的乡村民风和安宁的田园风光。他们代表了大多数农场主和自由小农,希望建立一个理想的农业社会,试图避免英国工业革命中那些严重的社会弊病,例如金钱至上、贫富分化与道德腐败。杰斐逊希望国家政策的权力越小越好,主张自由贸易。1780 年他在《弗吉尼亚纪事》中说:"如果上帝挑选自己的子民的话,他会挑选那些在土地上劳作的人⋯⋯只要我们有可供劳作的土地,我们就不应该期望离开土地去工厂做工⋯⋯城市中的乌合之众对纯洁的政府所做的贡献,与人脸上的痤疮对人的强健的身体所起的作用没有两样。"(麦格劳,1999)[341]。他的思想对美国发展农业起了重要作用。美国建国后,农业得到迅速发展,至今仍然是世界第一。

财政部长亚历山大·汉密尔顿等人坚持工商立国,坚持商业而非农业是富国之路,"商业繁荣是国家财富最有效和丰富的来源"。他坚持要建立一个强大的中央政府,因为强大的政府能够建设公路、运河、银行体系,提供关税保护政策。第一任国务卿杰斐逊从汉密尔顿的计划中看到的是"麻烦",认为鼓吹"金钱利益"会使那些诚实的商人和农业主变成投机商,鼓吹工业生产商业活动只会使美国这片净土变成欧洲那样道德败坏,他认为政府在发展经济中必须起积极作用。托马斯·杰斐逊与亚历山大·汉密尔顿二人的争论在美国历届政府一直延续到今天。他们之间的争论是形成美国两党制的重要根源之一。

1815 年美国最著名的众议员亨利·克莱(Henry Clay,1777—1852)提出了一套完整的经济现代化策略,称之为"美国制度",为美国国内经济的改革、关税保护以及促进工业生产的发展提供了一幅完整的蓝图。他提出通过发展经济来使美国人团结起来;他规划了运河和公路网,以加强美国各地的统一,并打开中西部和南部的门户;用关税来保护美国企业,摆脱英国的影响,并能提供资金来源;南方各州要保住海外市场。亨利·克莱是美国总统林肯(Abraham Lincoln,1809—1865)青年时的偶像。1824 年作为众议院议长,亨利·克莱是一位狂热的民族主义者,曾讲了一段著名的话:"我们必须赶快让美国政策付诸实施;在将眼光盯住海外市场的同时,我们必须开拓国内市场,进一步扩大国货在国内市场的占有量;我们必须与外国的(贸易保护主义)政策对抗,将我们过去的对外国工业的支持转到促进我国国内工业的发展上。"明白了这个道理后,各州政府拿出了大量土地发展铁路,许多城市和州政府援助各自的银行、运河和铁路建设项目,实现了多样繁荣的经济。这种行动一直持续到 1870 年。(麦格劳,1999)[346]

一般说,政府对资本主义经济的干预可以归纳为四种类型:

1. 对企业发展放任自由(杰斐逊);

2. 对市场进行经常性、随意性的干预;

3. 强大的政府权力对私有经济发展进行系统引导(汉密尔顿);

4. 对全国经济实施国家管理和决策,中央计划经济。

美国主要属于第二类,经济政策始终处于杰斐逊和汉密尔顿之间,真正体现了亨利·克莱的"美国制度"。美国从未完全经历过第一类(英国式的自由竞争,放任自由),虽然最初也实施了英国的"自由竞争"政策,但是在 1898 年世纪结束了它的统治,曾被英国视为神圣的规章都被证明是错误的。美国也没经历过第四类(完全国营),但是在重大战争时期(1861—1865,1917—1918,1941—1945),采取过第 3 类中央计划经济。

二、美国式工业化特点

1. 美国土地广大,自然资源丰富,人口稀少。移民来自欧洲,他们汲取融会了欧洲各国的文化长处,在新大陆自由进行各种社会尝试,设法减少或避免欧洲国家,尤其是英国工业革命中的弊病。美国人可以在国内任意迁居,转换工作,社会阶级分野和斗争不像英国那样森严。欧洲国家相互技术保密,而他们从欧洲到美国后改变了这种特性,相互合作。在人多地少资源匮乏的欧洲,自由竞争造成了英国长期尖锐的阶级斗争。而美国地大物博,自由发展,劳力极缺,几乎没有失业。

2. 美国的经济发展首先从农业的商业化生产开始,发展农业机械化,农场的规模越来越大。从 19 世纪 40 年代起,美国成立了大型公司,从事农业收割机的生产,很快农业产量超过本国需要,大量出口小麦、面粉、烟叶和棉花。

3. 标准化大生产。最初的工业革命都依赖高超的个人技术,这样只能生产单件产品,无法大批量生产。因此,虽然法国的能工巧匠能够制造非常精美的奢侈品,但是工业革命中却落后了。标准化技术是工业革命中最重要的历史经验之一,它首先产生于西方军火工业。1798 年法国与美国关系十分紧张,美国政府与轧花机的发明者惠特尼(Eli Whitney,1765—1825)签订 1 万枝滑膛枪的合同。这是美国首次自己大量生产武器。惠特尼采用了法国人和新英格兰人的"划一制",把枪分成 10 个部件,采用流水式标准化生产,花了 10 年时间完成了政府合同。这项发明被称为"人类历史上省工最大的发明"(布尔斯廷,1993)[35],并导致美国的机械工业大生产。

4. 美国在工业化过程中发明设计了大量机器设备,1809 年造纸机,1814 年动力织布机,1818 年柄式车床,1834 年马拉收割机,1837 年脱粒机,1842 年汽锤,

1846 年缝纫机和制鞋机,1847 年轮式印刷机等。1855 年美国共有 1 万台收割机。1865—1900 年美国有 1200 项农业发明获得专利,包括割草机、钢犁、脱粒机、马拉收割机、小麦播种机、玉米栽种机、谷物捆扎机、轧棉机等,从备耕到收获农作物每一道工序几乎都实现了机械化,形成了"美国式道路"。

　　1994 年《幸福》统计表明,美国 500 强最大公司中有 247 个建立于 1880 年到 1930 年,占到总数的一半。其中 19 世纪 80 年代建立的有 53 家,19 世纪 90 年代有 39 家,20 世纪最初 10 年有 52 家,20 世纪 10 年代有 45 家,20 世纪 20 年代有 58 家。19 世纪保留至今的公司中大部分是商业公司,而德国 19 世纪的大型制造企业,例如西门子、AEG、克虏伯等一直保持至今。

三、重视教育

　　美国从独立起,以杰斐逊为代表的政治家就坚持实施全民普及教育。1784 年纽约建立了美国第一个州立教育委员会。19 世纪内美国主要汲取了普鲁士德国的教育思想和教育体制。1852 年马萨诸塞州实施了美国第一个半日制义务教育法,1904 年美国实施了 4 年制义务教育,1906 年改为 6 年制义务教育,1918 年各州都建立了义务教育机构。那时,中等教育的规模和范围都很有限,把中学看成为上层阶级的机构,工人家庭的青少年要挣钱养家,不可能上中学。从 19 世纪 90 年代,美国公立中学的规模和职能得到迅速发展,每天都有新的中学建立起来,14 岁到 17 岁的少年在中学求学的人数迅速增加,入学率提高了 5 倍,从 1890 年的 6.7% 增加到 1920 年的 32.3%,此后一直保持上升趋势,想上中学读书的人都能够入学,不论社会地位、知识背景和经济状况。从 20 世纪 20 年代后,美国在全面普及教育中的领先地位与美国在经济上的领先是一致的。

表 2 - 5 - 1　　每千名居民中进入各类中学的人数(布莱克,1996)[412]

年份	美国	德国	瑞典	英国
1890	32	74	42	—
1900	68	89	42	—
1910	99	99	57	—
1920	247	117	61	83
1930	388	119	65	115
1946	581	205(1950 年)	267	283
1960	571	231	278	673

　　在殖民地时期,美国建立了 9 所学院,1800 年发展到 25 所。这些多是英国式的理科大学。1862 年,即美国内战时期,林肯总统签署了"莫瑞尔法案"(《赠地法

案》),要求各州大力支持发展农业和机械技术学院,很快美国各地就建立了低学费的高等学校 169 所,其中许多学校后来成为世界著名大学。第二次世界大战后,美国通过法令允许 1200 万复员军人进入高中和大学,使美国教育大发展,大学生人数达 200 万。1960 年大学生数目达 360 万,1970 年超过 700 万,1975 年后约为 900 万。与此同时,美国大力发展了 2 年制的社区学院,为就业通过职业和技术培训。1950 年社区学院约 20 万人,1970 年达 200 万人,1975 年达 240 万人。

四、美国人的观念

美国从 20 世纪 40 年代到 1973 年所取得的高速经济发展,是历史上的异常现象。从 20 世纪 70 年代后终于出现了不祥之兆:富人愈富,中产阶级止步不前,穷人则更穷。1976 年占美国人口 1％的富人拥有的财产占国家总财富的 20％,但是到 20 世纪 90 年代中期,他们占有国家总财富的 40％。这意味着美国将被分为穷人和富人两大阵营,这是美国建国 200 年来一直想避免,而难以解决的问题。与欧洲国家建立的完善的社会福利体制相比,美国还有很大的差距。

与其他国有化国家的人民不同,美国人似乎对经济动乱所造成的后果已经麻木了。按美国人的说法,资本主义就是这种混乱,经济结构不断发展变化,不断摧毁旧的经济结构,又不断生成新的经济结构。用“创造性的破坏”更适合美国经济的特点,不断淘汰旧产品、老企业、老技术、老职业。这种变化往往是很残酷的,很多人深受其害。每一条企业战略都必须在长年不断的创造性破坏的狂风中接受检验,这就是美国式的冒险精神。为此他们具有竞争性的个人主义,能够产生经济能量,但是付出的社会代价也很巨大,例如暴力行为、家庭解体、精神压力等。

美国在法律和文化上对一些最基本的价值观念缺乏一致性。与欧洲相反,美国经济中的竞争一直很激烈,竞争中的“不正当行为”与“正当行为”之间的界限很不明显。“垄断”的概念也很模糊,主要看法庭将垄断确定为当地的、地区性的、国家性的,还是国际性的。而最棘手的要算对“竞争”一词理解的重大分歧了。如果为了保护小企业的利益,就应当让顾客承担较高价格,以减少过分激烈的竞争。但是,竞争的目的不就是为了降低价格吗?那么,就应当允许大公司吃掉小公司,而这又违背反托拉斯法。西班牙《国家报》2000 年 8 月 31 日刊登一篇文章,题为《美国:可以出售的民主》,内容如下:

> 美国经济奇迹的秘密并不在于高科技,而是在于对所有劳动领域的劳动者的绝对控制。美联储主席艾仑·格林斯潘(Alan Greenspan,1926—)六月份曾明确地说明了这一点。当时他宣称,美国对欧洲和日本的优势是因为美国企业在雇用和解雇工人方面有更大的自由。美国企业不仅仅可以轻易地解雇工人,而且这种解雇的代价也很低,它们只需要付出很少的赔偿费或者根本不赔。格林斯潘认为:“没有死板的劳动规定是美国奇迹的秘密。”而欧洲的这

种"死板"却意味着劳动者拥有 4 周至 6 周的假期,而不是美国的 1 到 2 周,同时意味着较高的纳税,这可以为养老金体系、医疗和所有劳动者减少一周的工作提供资金。换句话说,美国经济奇迹的秘密在于,美国的资本家有权随心所欲地解雇工人,可以强迫美国劳动者比欧洲劳动者多工作 30%,可以只给劳动者提供最低限度的或根本不提供医疗服务。因此,新技术并没有直接提高生产率。相反,正是对美国劳动者的剥削的加重,才导致了为资本利益服务的新技术的引入。欧洲劳动者现在比 20 年前拥有了更多的自由时间,而在美国则恰恰相反:他们的劳动量增加了 20%,但养老金和医疗服务却越来越少。美国经济奇迹只不过是加重剥削的一种委婉的说法。尽管欧洲企业家对他们的美国同行感到嫉妒,但欧洲劳动者却是以怀疑的眼光看待美国奇迹的。

如果说美国经济没有什么值得赞颂的,该国的大选过程也是如此。美国的大选是所有发达资本主义国家中最虚伪、最唯利是图的大选。最主要的候选人都与大企业的利益密不可分:布什(George Herbert Walker Bush,1924—)与得克萨斯石油公司、戈尔(Albert Arnold Gore Jr,1948—)与华尔街、切尼(Richard Bruce Cheney,1941—)与他领导的军工联合企业,以及利伯曼(Joseph Isadcre Lieberman,1942—)与那些大保险公司等。候选人都是由大企业资助的,而这些大企业的利益与民众的利益完全对立。美国的民主被卖给了出价最高的人。

五、罗斯柴尔德与欧洲国家

世界首富比尔·盖茨(Bill Gates,1955—)的财富大约为 760 亿美元。宋鸿兵(1968—)在《货币战争》中说,罗斯柴尔德家族(Rothschild Family)的财富超过 50 万亿美元。迈尔·阿姆谢尔·罗斯柴尔德(Mayer Amschel Rothschild,1744—1812)生于法兰克福的犹太人社区,他姓的含义是"红色盾牌"。18 世纪他建立了世界上第一个国际银行,通过 5 个儿子把自己银行扩展到整个欧洲:阿姆谢尔(Amschel Mayer Rothschild,1773—1855)在德国法兰克福,萨洛蒙(Salomon Mayer Rothschild,1774—1855)在奥地利维也纳,内森(Nathan Mayer Rothschild,1777—1836)在英国伦敦,卡尔(Carl Mayer von Rothschild,1788—1855)在意大利那不勒斯,詹姆斯(James Mayer de Rothschild,1792—1868)在法国巴黎。

最初,重商主义(也就是最初的资本主义)认为,财富的标志是金银的积累,人们把贵金属放在金匠处,后者开出收据凭证,后来在交易中使用这些凭证,再后来在英国变成了纸的货币。人们都以为黄金储备是纸币的后盾,银行发行纸币等于金银储量,其实历史并不是这么简单。1625 年以后内战使得英国国库空虚。银行家提出一个新概念:建立私人银行(英格兰银行),为国王开支融资。它向政府提供 120 万英镑现金作为永久债务,年息 8%,每年政府只要花 10 万英镑就可以立刻筹集 120 万英镑现金,其条件是允许英格兰银行发行银行卷(纸币),它是国家货币,英国政府无权发行货币,只能发行公债来筹集税收,而必须向私人银行借钱,本息都以金币结算。从此英国政府再也没有还清债务,欠债从 1694 年的 120 万英镑到 2005 年的 5259 亿英镑,占英国 GDP 的 42%。谁控制了英格兰银行,就控制了英国。1815 年的欧洲拿破仑战争的战况将决定各国经济命运。罗斯柴尔德家族用 2000 法郎买通一个水手提供消息,他们提前一天知道拿破仑战败后,他们制造假象,似乎英国战败。他们先抛售英国公债,引发社会都抛售英镑,几小时狂抛后,英镑公债面值仅剩 5%,然后他们全部买进。一天后当人们知道英国战胜时,他们狂赚了 20 倍的英国的金钱,超过拿破仑几十年战争财富的总和。这样出现一个奇怪的历史现象:英国战胜了,可是欠下巨额债款,英格兰银行被罗斯柴尔德家族控制,他控制了伦敦金融城,同年还获得了黄金定价权。

到 1848 年,萨洛蒙控制了奥地利金融,阿姆谢尔的法兰克福银行已经成为德国金融中心。到 19 世纪中叶,英、法、德、奥、意等欧洲主要工业国的货币发行权都被罗斯柴尔德家族控制,绝对垄断了黄金市场定价权。罗斯柴尔德等其他犹太人银行家族在各国设立的银行网络事实上形成了国际金融系统和世界清算中心,只有加入他们网络,其他银行的支票才能跨国流通。这些家族银行的规矩成为世界金融界的"国际惯例"。他们的目的是将政府从货币发行领域彻底剔除,驱逐金银为后盾的货币,垄断金融世界。(宋鸿兵,2007)

这个家族早已没有当年那么大的能力了。

六、美国经济简史

北美早期移民中有许多清教徒,他们在欧洲受宗教迫害而移民美洲。他们坚信懒惰是邪恶的温床,他们勤劳,创造了大量产品和服务,但是缺乏货币,到 18 世纪还用贝壳、烟草等作为货币。北美洲没有银行,因此没有自己的钞票。而英国银行发行纸币,它可以兑换该银行里的黄金。1690 年为了支付士兵军饷,殖民地发行了取款凭据(也就是白条),这是美洲和西方的第一批纸币。印刷钞票只需要印刷机和纸张,很快就造成通货膨胀。1716 年马萨诸塞州停用纸币,引用西班牙银圆,但是很快又印刷取款凭据和各式各样的纸币。它与欧洲货币区别是,它没有黄金白银作为抵押,因此完全是一种以政府信用作为基础的货币。

富兰克林 1763 年访问英国时,银行家问新大陆兴旺发达的原因是什么,他说,"很简单,我们发行自己货币,按照商业和工业需要发行,我们政府不需要向任何人支付利息。"这大大刺激了经济发展,但是却激怒银行家,没有政府债务做抵押,政府就不必向银行家借昂贵的黄金,他们就失去了威力。1764 年英国议会在银行家操纵下禁止北美印发纸币。短短一年,北美的经济繁荣就结束了,造成大量失业。为了摆脱英国和银行家的控制,美国爆发了独立战争,这也是该战争的最主要原因之一。1776 年 7 月 4 日美国宣布独立,同时也引发了美国与英国的战争。英国国力雄厚,美国一穷二白,中央政府只有 6% 的收入来自税收,其他全靠借债,60% 的火药和大部分军装与枪支是借荷兰和法国的。美国政府除了借钱,唯一的收入来源就是印刷业——印刷钞票。1775 年开始的大陆会议发行了纸币,货币膨胀,1776 年物价涨了一倍。1779 年又发行了 2.25 亿美元,这在当时是天文数字了。各州也发行纸币,1781 年物价飞涨近 10 倍。1783 年英国承认美国独立。

1789 年华盛顿任第一任总统,美国宪法起草人之一亚历山大·汉密尔顿任美国第一任财政部长。汉密尔顿提出不应该让政府自己发行纸币,只要政治家自己掌握造币权力,就会滥用其权力,对美国经济造成巨大损失。他提议建立一个银行,政府持有 20% 股权,在董事会占 20% 席位,其他股份由私人掌握。1790 年他提交给国会的《关于国家银行的报告》中说:"这在全局中是一个关键部分,银行应该由私人而不是政府来直接经营,应以个人利益而非公共政策为出发点"。从这里可以看出他实际上代表富人利益。这种经济体制从一开始就具有投机性,而不是国家政府的责任感。

汉密尔顿认为政府靠不住,那么私人银行能靠得住?银行家也有一般人的特性,一旦银行家有了制造钱币的权力,他们就变得更贪婪投机,想造出更多的钱币。纸币过多,就会发生通货膨胀和货币贬值。

这种纸币其实是"白条",如何维护它的价值呢?全靠人民对政府和银行的信念维持其价值的。因此,一旦人们对纸币失去信任后,就会出现恐慌,一个人的恐慌,尤其是一个懂金融的人恐慌时,很容易传染其他人,传播速度极快,他们会一窝蜂涌到银行,这个银行的命运可能就是破产,这就是美国经济危机的基本特点。

美国第三任总统托马斯·杰斐逊(独立宣言主要起草人)代表平民阶层利益,他主张美国应该成为自给自足的农耕国家,而不是英国那样的自由竞争的工业革命。他曾说:"如果美国人民最终让私有银行控制了国家的货币发行,那么这些银行将先制造通货膨胀,然后是货币紧缩,来剥夺人民财产,直到有一天早晨当他们和孩子们一觉醒来时,已经失去了自己的家园和父辈曾经开拓过的土地。"他还说:"在合众国银行成立一事上我公开地对那些机构表示强烈地反对,那帮银行贩子正伺机要从大众手中窃取本来就少得可怜的利益,他们还嘲笑我是个大疯子。"(戈登,2007)[55] 同样,美国《宪法》中曾写:"国会有货币制造和价值设定的权力。"

宋鸿兵在《货币战争》中说,汉密尔顿与罗斯柴尔德家族有密切关系,曾受过后者资助。当时美国政府急需借钱,汉密尔顿提出成立中央银行让外国资本入股,被国会通过。1791 年美国成立美国第一银行,有效期 20 年,外国股本占 70%,主要是内森·罗斯柴尔德和英格兰银行。此后美国政府在 5 年中借钱债务就增加了 820 万美元。美国第一银行这次股票发行,银行利润很高,因此 21 名私人股票经纪人和两家公司签署了《梧桐树协议》,相互起誓:"从今天起任何一种公共股票的交易都要按照同种货币价值计算佣金,佣金不能低于 0.25%,另外大家可以在互惠的条件下进行谈判。"他们建立了华尔街股票市场,那就是一个合法的金融投机业。他们这些私人又控制了证券的交易和定价权,也不是由国家政府控制,这就是如今的纽约证券交易所。这是联手赚政府钱的协议,而不是自由竞争。这种经济体制必然导致这些问题。

戈登(John Steele Gordon,1944—)是支持美国银行私人化的,然而他在《财富的帝国》中也承认:"虽然美国经济会以惊人的速度发展下去,但它终将成为西方世界最不稳定的一个,经济繁荣和萧条的循环波动幅度远远超过商业活动的正常起落。美国货币管理部门不会,也无法果断干预平息恐慌,美国经济就这样失去控制般地起伏波动了 195 年。……经济灾难大概每 20 年就会光顾美国一次。"(戈登,2007)[58]

1801 年到 1809 年托马斯·杰斐逊当总统时,试图废除美国第一银行,众议院以 65 对 64 票否决银行延期提案。1811 年美国第一银行期限届满而关门,直接影响到内森·罗斯柴尔德等人利益。几个月后,爆发英美战争,从 1812 年起持续 3 年,美国政府债台高筑,以失败告终。美国政府退让,1816 年成立美国第二银行,营业授权 20 年,80% 私人占有。

宋鸿兵在《货币战争》中写道,1828 年美国总统安德鲁·杰克逊(Andrew Jackson,1767—1845)认为只有金银才是真正的货币,而纸币、商业票据的汇票、期票、支票等都是骗人的手段。杰克逊曾对一群银行家说:"你们是一群毒蛇。我打算把你们连根拔掉。如果人民知道我们货币和银行系统是何等不公正,在天亮之前就会爆发革命。"1835 年 1 月 8 日他还清了全部国债,并产生 3500 万盈余,是美国政府历史上唯一的一次没有债务。1836 年他关闭美国第二银行。而许多国会议员都和银行家有密切关系,很多人是优惠贷款的受益人,而这在当时却不属于腐败。还有内阁许多成员也被卷入投机活动中,他们都反对总体的提议。1 月 30 日有人暗杀总统,可是两个子弹都是瞎火,很奇怪,法庭经过 5 分钟审理就断言此人有精神病。此后第二银行召回全部贷款,罗斯柴尔德的欧洲银行猛抽美国流通的金属货币,引发了 1837 年的经济危机,持续了 6 年,成为历史上最长的一次经济危机。之后他们又引发了 1857 年、1907 年的危机。罗斯柴尔德曾说:"只要我能控制一个国家货币发行,我就不在乎谁制定法律。"据认为,这就是 19 世纪和 20 世纪初美国金融危机和萧条的主要原因。

19 世纪 40 年代美国开始第二次工业革命,其成功的关键在于大生产与大量销售的结合,用机械化生产取代了手工劳动。流水线、标准化,是美国工业化最显著的特点。由此,手工工艺技术的重要性在美国大大降低了。生产与销售结合,使批发商失去了作用,大型公司直接与零销商接洽。这样,又导致企业越办越大,并引起企业兼并,出现世界上最大的企业。在 1897—1904 年的 7 年中,4227 家公司被合并成 257 家。

宋鸿兵在《货币战争》中说,1848 年美国发现金矿,此后连续 9 年美国黄金空前增长,打破了欧洲金融家对黄金供应的绝对垄断权。英国或欧洲金融界想如何控制美国呢? 制造内战,他们引发了 1861—1865 年美国内战。

日本社会活动家、作家安部芳裕(2009)[58]在《世界金融都是罗斯柴尔德设计的》一书中说:

> 德国宰相俾斯麦在 1876 年曾说过:"欧洲金融权力之争诱发南北战争。"
> 早在南北战争之前,银行家就恐吓美国,要利用欧洲的大金融权力将美国分割为两个联邦。罗斯柴尔德家族警惕地说道,如果美国国民团结一致同仇敌忾,当然可能实现美国经济、金融的独立,但这样将颠覆银行家对世界的支配。受此影响,银行家欲将美国从贯彻自给自足体制的活力的共和国,分裂为两个负债累累的弱小国家,从中大赚一笔。……林肯觉察到罗斯柴尔德希望自己成为罗斯柴尔德家族计划的实施者,美国即将被他们分裂为北部和南部,……林肯看穿了银行家的企图,意识到真正的敌人并非南部,而是欧洲金融家。……于是他确立了公债制度,规定国家可以不通过中介组织直接向人民借债,决意驱逐国际银行家。……银行家开始意识到美国不可支配,他们认为除掉林肯就能解决问题。于是他们着手寻找杀害林肯的狂热分子。……手腕狠毒、心灵扭曲的犹太人银行家们为了完全控制合众国的富饶财富,有计划地摧毁它的现代文明,所用手段让我毛骨悚然。

为此,英、法、德银行家经过长期周密计划,把奴隶问题催化成南北水火不容的尖锐矛盾。林肯政府严重缺乏资金,需要借钱,欧洲金融家提出 24%～36% 的利息,那是美国人民永远无法偿还的天文数字。华尔街在内战期间的繁荣程度超过人们的预计。而无钱就无法把战争进行下去,南方各州各城市都脱离了金本位而发行纸币,战争头两年通货膨胀率达到 700%。整个国家都脱离了金本位。林肯决定发行新货币"一元",共 4.5 亿美元,被称为"绿币",它没有黄金做抵押,使得北方军事工业、农业和商业得到很大发展。林肯打算长期合法发行"绿币"。英国银行家的《伦敦时报》说:"如果美国这种令人厌恶的新财政政策(林肯绿币)得以永久化,那么政府就可以没有成本地发行自己的货币。……它将变成世界上前所未有的繁荣国家,世界上最优秀人才和所有的财富将涌向北美。这个国家必须被摧毁,否则它将摧毁世界上每一个君主制国家。"1861 年英国停止向美国支付金属货币。

1861 年美国爆发了内战,到 1865 年结束,被称为南北战争。当时美国有 400 万奴隶,这场战争结束了农奴制,为此北方联邦政府损失 36 万人,南方邦联损失近 26 万人,几乎等于美国后来在所有战争中死亡的人数总和。内战爆发前,美国只有 2.6 万的军队,而这场战争把美国变成了世界上最大的军事国家,约有 200 万人在联邦政府军中服役。北方联邦政府军生产了 170 万只步枪,有 671 艘战船,使用了有来复线的现代大炮,采用了电报通讯,在海战中首次使用铁甲舰、旋转炮塔、鱼雷和水雷,以及蒸汽快艇,被称为是一次真正的工业化的总体战。

林肯曾说:"我有两个敌人,我面前的南方军队,还有后方的金融机构。在这两者之间,后者才是最大威胁。金钱的力量将继续统治并伤害人民,直到财富最终落入到少数人手里,我们的共和国将被摧毁,甚至比在战争中更为焦虑。"1863 年林肯妥协,签署《国家银行法》,授权国家银行发行统一银行卷(货币),以政府债券发行货币,把这二者死锁在一起。1864 年林肯曾写信说:"货币的力量打破了一个国家的和平,阴谋制造灾难。比君主制还暴力,比独裁更加残暴,比官僚更加自私。在不久的将来我看到了危机的降临,这足以让我为国家的安全考虑。公司发展起来了,腐败的时代随之而来,直到财富聚集到少数人手中,共和制度消失,国家的货币力量会通过施加于人民的偏见之上来延长其统治地位。"1934 年《温哥华太阳报》写道:"亚伯拉罕·林肯是被一群国际银行家的代表设计的阴谋暗杀的,这些人害怕这位总统的信用扩张……当时世界上只有一伙人有理由让林肯去死,他们就是反对林肯的国家通货项目并且在南北战争之间一直都反对他的美元政策的人。"从此英格兰银行模式复制到美国,美国政府再也没有还清过债务。2015 年美国政府欠债 18 万亿美元,每个美国人分摊 5.6 万国债。林肯打算 1865 年连任后废除该法案,然而大选获胜后第 41 天被刺杀。

南北战争时期,美国经济发展突飞猛进,南北战争后美国工业发展得更快。1860 年铁路长 4.9 万千米,到 1880 年为 15 万千米,1900 年为 31 万千米。19 世纪 70 年代至 19 世纪 90 年代被称为美国经济发展的黄金时代,巨大的发展又被称为第二次工业革命。

南北战争后美国各州政府开始介入工业发展的促进工作,大力发展高等工科学校,有助于实现亨利·克莱所期望的统一的民族经济。

1865 年内战后,美国经济和政治的腐败之风盛行,又无监管,纽约的腐败风气最为猖獗,其中又数华尔街情况最糟。正如美国第 31 任总统赫伯特·胡佛(Herbert Clark Hoover,1874—1964,他和约翰·肯尼迪[John Fitzgerald Kennedy,1917—1963]任总统时不拿工资)说:"资本主义制度的困扰是资本家,他们太过贪婪。"各州立法机构腐败成风,通过法律把贿赂合法化。司法机构呢? 有人称"律师则是一群老鼠"。法律根本无法实施。内战一爆发,美国政府和银行全脱离了金本位,政府发行了大量不可赎回的绿钞,造成金融市场严重问题。1869 年华尔街的杰伊·古尔德(Jay Gould,1836—1892)力图控制黄金市场,绝对是前无古人的贪婪大胆行动,"只要有 1000 美元,一个人就可以买价值 500 万美元的黄金合同。"9 月 24 日华尔街黄金交易一片混乱。之后 6 年中,美国一直处在大萧条的阴霾中。

1873 年通过贿赂手段在国会通过《硬币法案》,把银币从流通中取缔,金币成为唯一主宰,加重货币短缺,这样直接引起 1873—1879 年美国经济大衰退。

金本位的货币体制有一个明显优点:通货膨胀发生的概率几乎为零。当然货币的总量与黄金储备量有关,一次不可能发行大量货币去高速发展经济。如果纸币发行的增长速度超过市场可承受范围,人们就会把纸币换成黄金,外国的银行不再赊卖这种纸币,而是把它们换成黄金,因此引起该纸币国的黄金外流。但是负债方总欢迎通货膨胀,这样他们可以用比较便宜的钱去还债。1879 年美国国会恢复金本位制,所以从 1873 年就停止了银圆的制造。当时西方各国都实行金本位。宋鸿兵在《货币战争》中写道,1881 年上台的美国总统加菲尔德(James Abram Garfield,1831—1881)说:"谁控制货币供应,谁就是所有工业和商业的绝对主人。当你明白整个货币系统非常容易由极少数人控制时,你就不用别人告诉你通货膨胀和紧缩的根源了。"几周后,加菲尔德被击中两枪而死。

而美国制造业中的富豪具有另一种特性,由于长子继承观念没有被普遍认同,因此美国没有世袭的贵族阶层,富翁向慈善和公益机构捐助大笔的钱款,例如博物馆、图书馆、大学、音乐厅等。19 世纪末钢铁富翁安德鲁·卡内基(Andrew Carnegie,1835—1919)的钢铁产量就超过英国全国,他曾说:"一个人死得富裕,就是死得可耻。"他捐出自己财产建立 5000 多个城镇图书馆。

20 世纪初黄金生产停滞下来,而世界经济还在持续快速发展,需要更多的货币支持,也需要更多黄金支持货币。到 1907 年货币市场越来越供应不足,其他国家也受到牵连。英、法为了保住自己,阻止国内货币外流,其结果导致黄金流出美国。美国人开始大量从银行取钱。而美国没有中央银行,政府对货币几乎没有控制能力。其实,如果人们把钱留在银行是没有任何问题的,但是当人们处于恐慌状态时,任何人是难以扭转的。美国银行老大 J. P. 摩根(John Pierpont Morgan,1837—1913)召集其他银行一起运作后,于 1895 年经济开始复苏。1901 年摩根建立美国钢铁公司,资产高达 14 亿美元,同年美国联邦政府收入仅为 5.86 亿美元。

1850 年到 1910 年,美国修铁路 37 万千米,平均每年修 6000 千米,1887 年一年中修了 20 619 千米,创铁路史上最高纪录,1914 年达 40 万千米。美国现有铁路26 万千米,我国铁路在 2005 年底为 75 438 千米,2007 年底为 78 000 千米,2016 年底为 12.4 万千米。

1894 年美国工业产值跃居世界第一。1900 年美国卡内基钢铁公司一家的产量就超过英国全国产量。1900 年美国汽车生产 4000 辆,1910 年达 18.7 万辆,1929 年汽车生产 450 万辆,汽车注册 2310 万辆。

1907 年美国出现金融危机。为了防止他们利益受到损害,银行家们开始新的构想。1912 年这些银行家们控制了总统选举,把威尔逊(Thomas Woodrow Wilson,1856—1924)选为总统。1913 年成立美国联邦储备委员会(美联储,FRB),这是个私有银行,其股东有花旗银行、第一国民商业银行。这些银行的股东有罗斯柴尔德的伦敦银行和巴黎银行、摩根和洛克菲勒(John Davision Rockefeller,1839—1937)的大通曼哈顿银行,他们控制着美国资本,美国政府根本没有权利发行美元。"1美元相当于对联邦储备委员会的1美元负债。联邦储备委员会从空制造货币,从合众国财政部那里购入政府债券。联邦储备委员会向合众国财政部提供附加利息的流动资金,以支票借予合众国财政部的形式做账。财政部以10亿美元有息债务做账。作为债权的代价,联邦储备委员会为财政部提供10亿美元信用。由此,联邦储备委员会从空制造出了10亿美元债务,而对此美国国民有义务支付利息。"美元实质上是纽约联邦储备委员会以美国国债为担保,借给政府的债权。美联储仅将数字记入账户,便从"空"造出了钱,而要求美国国民支付利息。现在,美国国民平均收入的大约35%要作为美联储所得税上缴,1981年为760亿美元支付美联储的利息。(安部芳裕,2009)[79]

这个体制摆脱了金本位。在金本位体系里,银行家们反对通货膨胀,因为货币贬值伤害他们的利息实际收入,他们的主要敛财方法是放高利贷,然后吃利息。这种方法的财富增加比较慢,因为黄金和白银增加缓慢。后来他们明白,从无限发行法定货币的供应中,他们的获利远比通货膨胀的贷款利息损失大得多,彻底摆脱金银对货币总量的控制,他们的获利更大。于是他们采取集聚发行货币方法,这是导致通货膨胀的根本原因。凯恩斯曾说:"用这个办法,美联储可以秘密地和难以觉察地没收人民的财富,一百万人中也很难有一个人能够发现这种盗窃行为。"

威尔逊于1913年通过《美联储法案》,使得银行家可以控制整个美国的银行储备金,彻底控制了美国国家货币发行权,完全实现了英格兰银行模式。策动战争和支持战争符合银行家根本利益,从法国大革命到第二次世界大战,战争背后都有这个家族的影子,罗斯柴尔德的夫人曾说:"如果我的儿子们不希望发生战争,那就不会有人热爱战争了。"打仗要花钱,越大的战争花钱越多。问题是:谁花谁的钱?谁赚钱?1914年爆发第一次世界大战,1914年美联储(摩根)给英国、法国贷款。美国国债暴涨25倍,从1914年的11.91亿美元成为1919年的250亿。如果德国取胜,这些钱将都一文不值,美联储极力将美国推向战争。战争中美国工人得到高工资,粮食卖高价钱,美国人也富裕了。(宋鸿兵,2007)

到1914年,美国铁路占全世界四分之一,钢产量占世界的40%,它还是最大的农业产品出口国,有大学和学院1000所,汽车已经成为主要交通工具。

战后汽车工业对美国经济发展起了重大作用,给美国带来10年工业繁荣,20世纪年美国城市人口第一次超过农村。然而美国经济在20世纪20年代没有得到应有的良好引导,银行家投机,扩大信贷,制造通货膨胀,把泡沫吹起来,等人民把大量资金投入到股票基金等投机狂潮中后,他们猛抽资金,制造经济衰退与资产暴跌。当优质资产价格暴跌到正常价格十分之一甚至百分之一时,他们再出手以超低廉价收购,这被称为"剪羊毛"。最近一次剪羊毛是1997年"亚洲金融风暴"。

20 世纪 20 年代欧美银行家联合起来试图使欧洲恢复金本位,英格兰银行,纽约联储银行,摩根财团,法兰西、德意志、奥地利、荷兰、意大利、比利时的中央银行联系在一起,以恢复第一次世界大战前"国际金融的正常状态"。美联储的斯特朗(Benjamin Strong Jr.,1872—1928)把它看作是一个机会打破英国的长期垄断和迈向国际金融中心地位,他优先考虑的是国际货币形势,而不是美国的出口需求。廖子光(1938—)的《金融战争》认为当时金本位的环境已经不存在了,而这些国家中央银行不惜任何代价捍卫货币与黄金兑换的决定,走到另一个极端,完全限制了应对全球金融危机所采取的灵活政策,错过了时间,引发了一系列金融危机。

1929 年后英国放弃了金本位,英镑与黄金脱钩,地位不断下降。

宋鸿兵说,1927 年德意志银行的亚尔马·沙赫特(Hjalmar Schacht,1877—1970)与美联储的斯特朗和英格兰银行的诺曼(Montagu Norman,1871—1950)等的错误导致了 1929 年美国股市大跌。他们通过秘密会议,使得美联储与于 1928 年发放 600 亿美元货币,相当于全世界黄金流通量的 6 倍,1929 年又发放 580 亿货币,引起股市暴涨。当年美国总统胡佛也严厉批判斯特朗的"国际主义政策"与沙赫特、诺曼,以及法兰西银行的里斯特(Charles Rist,1874—1955)。8 月 9 日美联储把证券交易所利率从 5% 提高到 20%,纽约货币市场上投资股票的贷款供应量突然集聚减少造成危机,1600 亿美元消失,这实际上是算计好的对大众"剪羊毛",相当于美国二战生产的全部物质总和。

1928 年美联储领袖斯特朗肺部手术去世后,美联储陷入群龙无首,市场泡沫越来越多,事后人们才能认识到这些泡沫。到 1929 年 10 月 29 日股市一泻千里,道琼斯指数下降 23%。11 月胡佛总统召开商人会议,鼓励投资新工程。

戈登在《财富的帝国》中也认为美联储没有打算增加全国银行系统的资金流动性,这是一个严重的错误。(戈登,2007)[228]

到 1930 年底股市回升 45%。人们以为危机已经过去了。许多产业都在国会游行,要求提高关税,实施贸易保护,总统批准了美国历史上最高的关税征收法,这对美国政府是一个严重的错误,它激起各国报复,纷纷提高关税,最终导致世界经济开始崩盘。1929 年全球贸易达 360 亿美元,而 1932 年降为 120 亿,这 3 年美国出口减少 78%。1930 年美国银行破产,全国一片恐慌。人们以为已经到最低谷,复苏已经不远了。1931 年欧洲最有影响的银行之一奥地利信贷银行破产,德国最大银行停业,欧洲银行系统处于崩盘边缘,年底美国失业率达 15.9%。

赫德森(Micheal Hudson,1939—)说,1933 年 3 月罗斯福(Franklin Delano Roosevelt,1882—1945)执政,实施了百日新政,4 月 20 日宣布美元与黄金脱钩,并宣布拥有黄金非法,废除了传统的金本位体系,促使国内价格上升,企业和工人容易支付债务缓解萧条,但是美元在国际市场上贬值,这是向欧洲开始了经济战,引起欧洲金融体系混乱。(赫德森,2008)

1933 年美国承认苏联并建交。1936 年美国国民收入增加 50%。

1934 年 6 月 12 日伦敦会议上,欧洲多国提出如果美元不稳定下来,各国都要放弃与美元的挂钩。罗斯福拒绝稳定美国以黄金表示的价格水平,更坚持盟国要偿还债务,这一决定造成西方世界经济的崩溃。这意味着美国拒绝扮演世界领导摆脱危机,采取的是单边行动,破坏了美国与其他国家的关系,英国、德国、日本等分别形成不同货币集团。欧洲国家发现自己别无其他选择,都采取了独裁专制手段,纷纷贬值货币实施贸易保护主义提高关税。这一决定最终导致第二次世界大战。到 1937 年美国的黄金储备达到 113 亿美元,占全世界一半多。1971 年美国又一次把美元与黄金脱钩,重演历史的这一幕。

1929—1931 年美、英银行向希特勒的德国提供 1380 亿马克贷款,1933 年希特勒上台。

1930 年在瑞士巴塞尔成立国际清算银行,是各国中央银行家的银行,为这些银行家提供一个秘密调动资金难以被发现的渠道,只接受各国中央银行存款,独立于各国政府。国际清算银行由美联储、英格兰银行、日本银行、瑞士银行、德国中央银行构成,有 400 亿美元现金。策划人是德国的亚尔马·沙赫特,1930 年他开始追随纳粹。大批美国物资打着中立国旗号,先运到西班牙,再运往德国。

1939 年到 1945 年爆发第二次世界大战。1940 年罗斯福宣布把美国建成"民主制度的强大兵工厂"。1940 年美国向英国运送 50 艘驱逐舰。美国当时只有 30 万军队,比南斯拉夫还少。美国一下变成中央计划国家,它的工业体系的应急动员和转型能力极强,依靠强大的生产力,二战期间美国一共生产了 6500 艘军舰,29.6 万架飞机,8.6 万辆坦克,6.45 万艘登陆舰,3500 万辆汽车,5300 万吨的货船。仅福特公司生产的武器就比意大利还多。1944 年,福特公司在密歇根州的柳木厂每 63 秒钟生产一架轰炸机。轮船大王亨利·凯泽(Henry John Kaiser,1882—1967)制造一艘万吨级的货船的时间从 244 天减少为 52 天,最快时只用 4 天。战争期间美国一共制造了 2710 艘这种货船(见图 http://en. wikipedia. org/wiki/Liberty_ships)。战后美国又恢复小轿车生产,1946 年汽车产量达到 214 万辆。美国的科学技术力量在 20 世纪 60 年代后又得到惊人发展。

美国提议建立联合国和布雷顿森林体系,1944 年 7 月 44 个国家的代表在美国新罕布什尔州"布雷顿森林"召开联合国和盟国货币金融会议。主持这次会议的是美国财务次长亨利·摩根索(Henry Morgenthau Jr. ,1891—1967),他父亲是罗斯柴尔德家族的银行家歌德斯密家族出身,他母亲是罗斯柴尔德家族的矿山大王古根汉姆财阀出身。这次会议通过了《联合国货币金融协议最后决议书》《国际货币基金组织协定》和《国际复兴开发银行协定》,总称《布雷顿森林协定》。1947 年,又通过了一个多边性的《关税及贸易总协定》(简称《关贸总协议》),作为对《布雷顿森林协定》的补充。布雷顿森林体系确立了规则以应对各国对货币的兑换、国际收支的调节、国际储备资产的构成,建立了相应的组织机构形式。这些协议的目的是避免重新出现第二次世界大战前的欧美经济战,强烈要求严格控制自由放任或自由竞争的国际经济制度,消除国家之间的对抗,通过国际磋商与合作解决国际问题,并要求恢复到 1934 年放弃的金汇兑本位制上,规定 1 盎司黄金兑换 35 美元,其他货币与美元挂钩采取固定汇率,各成员国必须解除货币与黄金之间的联系。会议决定建立国际货币基金组织(International Monetary Fund,IMF)和世界银行,以此取代德国的战争赔款。这次会议使得国际金融中心落地美国。1948 年生效的《关贸总协议》又确立了交易自由、市场开发的国际贸易准则。所谓的"自由贸易"实际上是有利于强者的规则。国际货币基金组织和世界银行及世界贸易组织(World Trade Organization,WTO)是推动全球化的势力,也是发达国家支配发展中国家的组织,《关贸总协议》则是经济全球化的标志。

1946 年美国前财政部长摩根索说:"在罗斯福总统领导下,我进行了 12 年的努力……将世界金融中心从伦敦和华尔街转移到美国财政部,形成国家之间国际金融的新观念。"(赫德森,2008)[162]

这些会议把美元作为国际货币,最终形成美元霸权,使得美国获益巨大。1948 年美国黄金储备占全世界 75%,约值 200 亿美元。

宋鸿兵在《货币战争》中说,到 20 世纪 60 年代美国财政部白银储备锐减,而白银价猛增。1963 年 6 月总统肯尼迪批准 11110 号总统令,财政部以白银为支撑,发行白银卷货币,要从私有银行手里夺回货币发行权。1963 年 11 月 22 日,美国总统肯尼迪被刺杀身亡。安部芳裕在《世界金融都是罗斯柴尔德设计的》中也说,肯尼迪企图清除将美联储为私有的银行家而被杀害。此后两年中 18 名关键证人相继死亡,其他 115 名相关证人死亡。1968 年肯尼迪的弟弟罗伯特·肯尼迪(Robert Francis Kennedy,1925—1938)当选民主党总统候选人后又被刺杀。安部芳裕在《世界金融都是罗斯柴尔德设计的》一书中也称肯尼迪试图清除不法的银行家而被杀害之后,美国政府发行的 42 亿美元的政府券迅速被收回。副总统约翰逊(Lyndn Baines Johnson,1908—1973)上任后很清楚,下令停止白银卷与白银的兑换,稀释银币纯度,从而每年让美元购买力下降 4%。

战后欧洲经济发展,持有的美元流动资产已经增加到 200 亿美元。如果全数兑换,美国黄金储备就全部流失。

美元本位制意味着什么?第一,各国要用美元结算国际贸易,而无法评价美元的价值。第二,美元与黄金脱钩,因此美国贸易赤字可以任何扩大,也可以不受任何约束来扩大美国联邦预算,可以高度膨胀国内消费而不用顾忌债务负担,只有美国可以无节制地印刷美元作为国际资金,用这种"白条"换到其他各国制造的各种产品。第三,当美元贬值时,其他国家所赚到的美元也贬值了,而且贬值速度很快,这样,美国就白白从外国拿走了绝大多数产品。这意味着,中国持有的美元越多,中国经济的损失就越大。1965 年法国戴高乐(Charles de Gaulle,1890—1970)呼吁恢复金本位,以取代美元本位。美国欠外国的短期美元负债不断增加,导致黄金价格不断升高,美元不断贬值,法国等欧洲国家把手中美元兑换成黄金,使得美国黄金储备迅速减少。

1971 年尼克松(Richard Milhous Nixon,1913—1994)禁止财政部用黄金兑换外国持有的美元。这是废除了金本位的货币制度,也是颠覆了布雷斯森林体系。从此美元成为一种法币,美联储(尤其是银行)可以随心所欲地进行货币扩张,其结果是美元债务过度。美元与黄金固定汇率被打破后,黄金价格从 1971 年 8 月的每盎司 35 美元上冲到 1973 年 3 月的 90 美元。1975 年美国为了展现黄金只不过是一种普通金属,于是宣布解除黄金禁令,可以自由买卖,金价却比 1971 年上升 10 多倍,高达 430 美元一盎司。1979 年甚至跳上 850 美元一盎司。1976 年国际达成了“牙买加体系”,把浮动汇率合法化、黄金非货币化。各国货币被迫实行浮动汇率制。

里根(Ronald Wilson Reagan,1911—2004)总统确信只有恢复金本位,才能挽救美国经济。1981 年 1 月他一上台就要求国会研究金本位可用性。3 月 30 日他被打一枪,从此再没人敢动金本位念头了。

瑞士银行曾是世界上金融中心之一,具有银行业务保密法,保留大量黄金。1971 年后除了瑞士法郎外,其他国家货币都与黄金没有联系了。瑞士黄金储备是流通瑞士法郎纸币的 40%,而 1965 年美元只有 25% 的黄金储备支撑。1992 年美国向瑞士发起黄金战争,在压力下,瑞士进入布雷顿森林体系,放弃金本位。从此,美国成为世界上唯一的掌控货币战争权力的国家,成为世界上唯一的金融中心。

亚伯拉(1968—)在《货币战争中的犹太人》一书提出了另一种观点,他说:“《货币战争》中关于美国总统的遇刺和金融集团的因果关系,过于耸人听闻,恐怕只是一种猜想。因为那是一个非常复杂的问题,国内外有种种的观点和传说,包括林肯的遇刺和肯尼迪的预测,一味地让金融集团背黑锅是不公平的。”(亚伯拉,2008)

七、石油危机

石油是现代国家的战略物资,西方国家都极力要控制国际石油。为了抵御这种控制,1960 年 9 月 1 日在伊拉克首都巴格达成立石油输出国组织(Organization of Petroleum Exporting Countries,OPEC,中文称“欧佩克”),目的是保护产油国利益,规划价格及产量等。共有 11 国参加,包括沙特阿拉伯、委内瑞拉、科威特、伊朗、伊拉克、卡塔尔、利比亚、印尼、阿联酋、阿尔及利亚、加蓬。

2003 年底全球各地区已探明的石油储量分布如下:中东地区探明石油储量占全球总量 57.4%,主要集中在沙特阿拉伯、伊朗、科威特、伊拉克、阿曼、卡塔尔和叙利亚等国,该地区石油产量占世界总产量的 30.4%;北美探明石油储量占世界总量 17.2%,其中加拿大的储量仅次于沙特阿拉伯,居世界第二位;独联体国家探明石油储量占世界总量 6.11%,2003 年底俄罗斯石油产量已位居世界第二,仅次于沙特阿拉伯;亚太地区探明石油储量占世界总量 1.5%;非洲占世界总量 6.6%;南美探明石油储量占世界总量 7.7%。(参见 http://info.news.hc360.com,2004 年 6 月 2 日。)

北美、西欧、亚太三个地区的石油探明储量不超过世界总量的 22%,而其石油消费却占世界石油总消耗量的近 80%。美国三分之二的石油消费依赖进口,其中 60% 来自中东;欧盟 70% 的石油消费依赖进口。经历过石油危机后,欧、美、日都制定了能源储备法案,美、日、德、法的石油储备量分别相当于本国 158 天、169 天、117 天和 96 天的石油消费。中国正加快战略石油储备的立法工作,力争在几年之后中国的石油储备能够达到 180 天的安全消费量。

第一次石油危机(1973—1974)。1971 年尼克松宣布美元与黄金脱钩,这导致美元大幅贬值,工业品价格飞涨,成为二战后最严重的全球经济危机。1973 年一个秘密的欧洲高层组织彼尔德伯格俱乐部(总部在荷兰)制订了一个惊人计划:放手让石油价格暴涨 400%,并规划如何从中牟利。大石油公司和大财团的 84 个成员参加了该会议。他们的策略是引发石油禁运,迫使石油价格激增,这以意味着对美元需求的激增,从而稳定美元。这就是石油美元回流美国计划。1973 年 10 月 6 日,第四次中东战争爆发,阿拉伯国家反对西方国家支持以色列,开战当天,叙利亚切断一条输油管,黎巴嫩关闭石油港口,10 月 7 日伊拉克宣布把美国两家公司拥有的伊拉克石油公司的股份收回。当时阿拉伯人没有搞明白美元贬值的后果,而采用美元作为结算货币,他们被欺骗了多年。10 月 16 日,科威特、伊拉克、沙特阿拉伯、卡塔尔、阿联酋和伊朗决定把石油每桶价格提高 17%。第二天,参加的阿拉伯石油输出国组织的阿尔及利亚等 10 国宣布每月递减石油产量 5%。1974 年石油上涨到每桶 11.65 美元,涨幅 400%,其目的是弥补美国消费者物价指数的上涨带给他们的损失。假如美国能够稳定美元,也就不会出现这些问题。

第二次石油危机(1979—1980)。伊朗曾是世界第二大石油出口国,1978 年爆发伊斯兰革命推翻了亲美的温和派国王巴列维(Mohammad Reza Pahlavi,1919—1980)。1978 年底到 1979 年 3 月,伊朗宣布停止石油输出 60 天,引起国际石油市场抢购石油风潮。1980 年 9 月 20 日伊拉克空军轰炸伊朗,由此两伊战争爆发,两国石油完全停产,全球石油产量从每天 580 万桶骤降到 100 万桶以下。石油输出国组织内部分裂,各国轮番提高石油价格,使得油价从 1979 年的每桶 13 美元涨到 1980 年底的每桶 41 美元。此次危机成为 20 世纪 70 年代末西方经济全面衰退的一个主要原因。20 世纪 70 年代以后英国、挪威、墨西哥、美国、苏联发现大油田,石油产量曾超过欧佩克。

第三次石油危机(1990 年)。1990 年 8 月初伊拉克攻占科威特,时任美国总统的老布什表示,如果世界上最大石油储备落入伊拉克总统萨达姆(Saddam Hussein,1964—2003)的控制中,那么美国人的就业机会、生活方式都将蒙受灾难。海湾石油是美国的"国家利益"。伊拉克遭受国际经济制裁,其原油供应中断,国际油价在 3 个月内价格从每桶 14 美元急升至 42 美元。美国、英国经济加速陷入衰退,全球 GDP 增长率在 1991 年跌破 2%。国际能源机构启动了紧急计划,每天将 250 万桶的储备原油投放市场,以沙特阿拉伯为首的欧佩克也迅速增加产量,很快稳定了世界石油价格。

表 2 - 5 - 2　石油价格

1949—1970 年	1970—1973 年	1973 年 10 月	1974 年	1979 年底	1990 年
1.9 美元/桶	3 美元/桶	5 美元/桶	11.65 美元/桶	34 美元/桶	42 美元/桶
			第一次石油危机	第二次石油危机	第三次石油危机

八、西方银行家们如何对待其他国家

第一步,私有化,就是"贿赂化"。1990 年到 1993 年东欧都遇到经济危机,他们给所有国家都开同一类药方。国家领导人只要同意低价出让国家资产,他们将得到 10% 佣金。那是几十亿美元。1995 年历史上最大贿赂发生在俄罗斯私有化过程中,造成俄罗斯经济产出几乎下降一半,全国陷入严重衰退。哈佛教授萨克斯(Jeffrey Sachs,1954—)、美联储前主席保罗·沃尔克(Paul Volcker,1927—)、花旗银行副总裁安诺·鲁丁(Anno Ruding)炮制了"休克疗法"。他们在波兰实施中给予实质性支持,投入大量资金,使波兰经济得到好转。但是在对俄罗斯进行"休克疗法"时,却停止输血,使得俄罗斯经济一败涂地。

第二步,资本市场自由化,意味着资本自由流入和流出。可是亚洲和巴西金融风暴危机的实际情况是,资本自由流入去爆炒房地产、股市和汇市。危机来临之际,资本只是自由抽出再抽出,大的投机资本总是最先逃跑,然后国际货币基金组织出面援助,利率高达 30%～80%。金融风暴毁掉房地产、工业和社会财富。

第三步,市场定价。国际货币基金组织又提出对食品、饮水和天然气等日用必需品大幅度提价,导致老百姓示威或暴动。1998 年印尼暴动是由于国际货币基金组织削减了食物和燃料补贴,玻利维亚由于水价上涨而导致市民暴动,厄瓜多尔天然气飞涨而社会骚动。这种社会动荡使得各种投资都被吓跑了,只剩下价格极低资产等待国际银行家收购。

第四步,缩减贫困策略——自由贸易。美国以私人公司派出"首席经济学家",游说发展中国家向世界银行大量举债,并支付数亿美元贿赂。当无法还清债务时,世界银行和国际货币基金组织就索要国家重要资产:供水系统、天然气、电力、交通、通信等。如果此举无效,就去刺杀国家领导人,再无效,就发动军事干预。2004年《经济刺客的自白》作者约翰·珀金斯(John Perkins,1945—)公开了自己的这些经历,他曾使印尼严重负债,又到沙特操纵了1973年"石油美元回流美国"计划,后来又到过伊朗、巴拿马、厄瓜多尔、委内瑞拉等国。(宋鸿兵,2007)

九、金融危机

经济危机指需求不足而引起的生产能力过剩的危机。

金融危机又被称为金融风暴,指金融指标的急剧、短暂和超周期的恶化,例如,短期利率、货币资产、证券、房地产、土地价格、商业破产数和金融机构倒闭数,常常随之而来信用紧缩,是货币需求快速增长大于货币供给的状况。在几十年前金融危机基本上等同于挤提,现在则多以货币危机形式出现。股市暴跌有时也是一种金融危机。

1. 日本兴衰。20世纪60年代日本经济出现奇迹,1961年到1970年,工业生产年均增长10.5%,1973年日本人均收入达到1960年时的3倍。1985年美英日德法财长会议要求日元升值,由1美元兑换250日元升为149日元。1987年10月19日,纽约华尔街的股票市场价格指数暴跌22.62%,超过1929年10月29日下跌12.82%的记录。这一天全球5000家公司所有股票的票值损失为5000亿美元,等于法国一年的国民生产总值。不到两周,美国损失近万亿美元。1987年又强迫日本下调利率,造成大量廉价资金涌向股市和房地产。日本几乎人人炒股,东京3年股票涨300%,仅东京地区房地产就超过美国全国房地产总值,形成巨大金融泡沫。1989年12月29日日本股市达到历史顶峰,日经指数冲到38915点。当时日本曾经有40个经济学家对经济前景表示乐观,没有一个人认为会出现经济危机。股票指数在4年中涨了3倍,日本每年GDP(国内生产总值)增长不到4%,但股票增长49%。(于明山 等,2009)[9]

1990年1月12日美国操纵日本股市崩盘,暴跌70%,房地产连续14年下跌。日本这次金融危机与二战失败后果相当。世界上没有任何一个国家像日本那样忠实支持里根政策,慷慨购买美国国债房地产和其他资产,最终换来的是世界历史上最具破坏性的金融灾难。日本"银行不倒"的神话破灭,1997年日本的银行和其他金融机构一个接一个倒闭。

2. 乔治·索罗斯(George Soros,1930—)生于匈牙利的一个犹太人家庭,1949年进入伦敦经济学院学习,后来去了美国金融界。1973年他建立了自己的索罗斯基金管理公司,1979年把公司更名为量子公司。到1986年底基金已经增加到15亿美元。1987年10月美国华尔街大崩溃,索罗斯损失6.5亿~8亿美元。1992年他抓住机会出击英镑。他也从事慈善事业,在匈牙利、波兰、罗马尼亚、苏联建立了一系列基金。他参与炮制了对20世纪90年代初俄罗斯经济的"休克疗法",使得这个军事强国一败涂地,摧毁了俄罗斯的军事与工业能力,20 年不能恢复元气。这是因为美国人看到俄罗斯人盲目崇拜美国,于是乘机利用了这种心理。1993 年他在英国房地产界赚了 520 万英镑。1993 年德国马克下跌,他的量子公司获利 4 亿美元。1994 年他错误估计德国马克和日元会贬值,使他损失 6 亿美元,但他仍然有 115 亿资产。1997 年他促使了亚洲金融危机。

在他看来,金融市场没有道德,只有交易规则。

3. 亚洲金融危机。金融家们的方法是首先扩大信贷,制造通货膨胀,把泡沫吹起来,等人民把大量资金投入到股票、基金等投机狂潮中后,他们猛抽资金,制造经济衰退与资产暴跌。当优质资产价格暴跌到正常价格十分之一甚至百分之一时,他们再出手以超低廉价收购,这被称为"剪羊毛"。最近一次剪羊毛是 1997 年的"亚洲金融风暴"。

1997 年 6 月到 1998 年底爆发了亚洲金融危机。当时东南亚各国中央银行不断提高银行利率来降低通货膨胀率,这种方法也提供了很多投机的机会,连银行业本身也在大肆借美元、日元、马克等,炒作外币。其严重后果就是各国银行的短期外债剧增,一旦外国游资迅速流走各国金融市场,将会导致大幅震荡。其中泰国的问题最严重,泰铢紧盯美元,资本进出自由。1997 年上半年,泰国银行业的海外借款 95% 属于不到一年的短期借款。索罗斯正是看准了泰铢这一最薄弱的环节而开始进攻。1997 年初乔治·索罗斯纠集了欧洲和美国汇率市场、证券市场、期货市场炒家,携有几百亿的量子基金、老虎基金进驻亚洲。1997 年 6 月下旬,索罗斯筹集了更多资金,再次攻击泰铢,各大交易所一片混乱,泰国政府动用了 450 亿美元的资金,犹如杯水车薪。7 月 2 日,泰国政府再也无力与索罗斯抗衡。泰国政府被国际投机家一下子卷走了 40 亿美元,许多泰国人的腰包也被掏个精光。泰铢、印尼盾以其惊人的速度贬值。

索罗斯再转战韩国、菲律宾、马来西亚、新加坡纷纷得手,连拥有强大外汇储备的台湾亦没逃出厄运。然后他又向俄罗斯发起冲击,使俄罗斯经济一泻千丈,当时的叶利钦(Boris Yeltsin,1931—2007)总统也遭到国内指责被国家杜马投了不信任票。索罗斯一举刮去了百亿美元的财富。时任马来西亚总理马哈蒂尔(Mahathir Mohamad,1925—)说,我们花了 40 年建立起的经济体系,就被这个有很多钱的白痴一下子给搞垮了。

1997 年 6 月 30 日香港回归祖国前夜,索罗斯悄悄地伸向香港。1997 年 7 月中旬,港币遭到大量投机性的抛售,港币汇率跌至 1 美元兑 7.75 港币,香港金融市场一片混乱。香港金融管理当局立即入市,强行干预市场,大量买入港币以使港币兑美元汇率维持在 7.75 港元的心理关口之上。1997 年 7 月 21 日,索罗斯开始发动新一轮的进攻。香港政府通过发行大笔政府债券,抬高港币利率,进而推动港币兑美元汇率大幅上扬。同时,香港对两家涉嫌投机港币的银行提出了口头警告,使一些港币投机商退出港币投机队伍,削弱索罗斯的投机力量。一连串的反击,据说使索罗斯损失惨重。曾荫权(1944—)承认自己1997年作为特区财政司长,在抗击亚洲金融危机时哭了。他说,当时是外国人欺负我们,很清楚,我们没有对外国贷款,我们是平衡预算案,我们的贸易是平衡的,我们的基金是充裕的,银行里的储备也是丰富的,但是因为我们有钱,他们欺负我们。

4. 世界金融海啸。美国房地产投资信托公司把抵押贷款发放给了无力偿还贷款的人们,抵押违约率高,形成次级房屋贷款危机,引起2007年8月6日美国一房地产投资信托公司申请破产保护,由此引发了2008年之后全球金融危机。有人称,这次危机超过1929年美国的大萧条。各界分析其原因如下:第一,美国贪婪成性的金融机构过度投机、腐败和共谋行为;第二,美国庞大金融机构高度官僚化,政府对金融机构监管不力;第三,美国货币当局实施了错误货币政策;第四,美国人长期形成的低储蓄和超前高消费习惯走到极限;第五,美国发动的反恐战争耗费颇多又久拖不决;第六,货币金融市场天生的不稳定性和周期性危机;第七,美国式资本主义痼疾使然。2008年20国集团财政部长年会上呼吁国际社会协调一致共同对付国际金融危机。美国总统奥巴马(Barack Obama,1961—)宣布制定经济复兴计划。

同时也发生了与大萧条时期类似的销毁产品的事件。2009年6月以来,欧盟国家牛奶价格持续暴跌,而各种生产资料和人工成本却居高不下。比利时奶农联合起来,驾驶300多辆拖拉机,将300万升牛奶倾倒在牧场,价值160万美元。奶农表示,如果情况继续恶化,他们将全部破产。法国鲜奶价格比去年同期下跌了近20%。2009年9月18日,法国持续了近一周的抗议活动当日达到高潮,各地奶农同时展开"白色日"行动,把近400万升鲜奶泼到了田里。9月19号法国和德国奶农聚集在连接德国凯尔与法国斯特拉斯堡的"两岸桥"上,向莱茵河中倾倒了大量牛奶,还开着100辆拖拉机从斯特拉斯堡到凯尔,将25万到30万升的鲜牛奶倒入田地里。

美元或银行存款,都不像商品具有内在价值,美元只是一张纸,银行存款也只是账簿中的若干数字,硬币虽然拥有一定内在价值,但是通常低于面值。那么究竟是什么使得纸币、支票等工具在偿还债务中能够被人们按照其面值接受呢?主要是靠人民的信心,其中部分原因是政府用法律规定了这些法币必须被接受。

1971年美元脱离黄金后就放肆地发行美元,大力推行金融无监管,使各国对资金的跨境流动缺少监管,很容易收到恶意攻击。到2007年,1美元只值5.6美分,下降94%,英镑下降95%,日元下降83%。

2006年中国开放金融领域。货币战正向我们靠近。他们的目标也是控制中国人民币发行权,制造中国经济解体。人民币的升值也有可能让中国在未来被日美联合陷害,造成人民币贬值的可怕后果。

对付国际银行家的唯一有效办法是：储存黄金。

美联储主席格林斯潘在《黄金和经济自由》一文中曾说："黄金和经济自由是不可分的。在金本位缺失的情况下，如果遭遇通货膨胀，没有可以保护存款的方法。黄金是保护财产权利的手段。如果一个人抓住了这一点，那么他就容易理解国家主义者（反对自由市场经济的人）反对金本位的原因了。"

十、凯恩斯主义

1929 年美国出现大萧条。1936 年凯恩斯写《就业、利息和货币通论》，提出生产和就业的水平决定于总需求的水平，总需求是整个经济系统里对商品和服务的需求的总量。过去经济学认为要不断发展生产增加经济产出，他认为对商品需求的减少是经济衰退的主要原因，因此要从宏观上平衡供给和需求，如果供大于求，就会引发经济萧条，如果供小于求，就会引发通货膨胀。他的理论被称为是宏观经济学，以区分以往的微观经济学。在微观经济理论中，价格、工资和利息率的自动调整会自动地使总需求趋向于充分就业的水平。凯恩斯指出当时生产和就业情况迅速恶化的现实，自动调节机制没有起作用。他提出以财政政策和货币政策为核心的思想构成后来的宏观经济学的基本观点；在需求不旺时，应该保持一定财政赤字或减税，扩大货币供应量，以防止出现萧条；反之，保持一定的收入盈余，提高利率，政府就能对付经济过热。他说，货币是用于债务支付和商品交换的一种符号，这种符号是由"计算货币"的关系而派生的。"计算货币"是指货币的基本概念，计算货币不具有实质价值的符号或票券，是国家凭借权力创造的，并有权随时变更。他还分析了大萧条的根源，反对自由竞争放任自流的经济政策，主张政府直接干预经济。他还说，人们的货币需求有三个动机：交易动机、预防需求（预防不测的需要而保留货币）和金融投机动机。假如要求人们放弃这些周转灵活性的需求，就要给予一定报酬，这就是利息。他建立的这些理论被称为凯恩斯主义。20 世纪五六十年代凯恩斯主义成为西方经济学界的"新正统"。20 世纪 80 年代凯恩斯主义经济学受到货币主义、新古典宏观经济学等的挑战，为对应挑战，出现了新凯恩斯主义经济学。

罗斯福的改革被称为是没有凯恩斯的凯恩斯主义。

十一、经济全球化

经济全球化是西方强国试图把全球金钱置于自己控制下的一种诱惑策略，是西方帝国主义和殖民主义的一种替身策略。它有以下几个特征。第一，强调自由主义贸易。以国际自由贸易为基本口号，这是强者提出的规则，它始于第一次工业革命中，金融霸权英国主导国际贸易，使得商品跨国界的迅速流动，然而英国赚取了巨额外汇。那时采用金本位。保护关税运动反对这种自由贸易，例如第一次世界大战、1929 年大萧条、第二次世界大战。第二,在 1899 年美国占领菲律宾后美国国务卿海约翰(John Hay,1838—1905)对中国提出"门户开放",就是美国全球化战略的一部分,其目的是防止欧洲和日本瓜分中国,不给美国分享利益。第三,在第二次世界大战后,1948 年生效的《关贸总协议》是经济全球化的基本依据,它确立了"交易自由""市场开发"的国际贸易准则。1971 年后美元脱离了金本位,而国际贸易采用美元本位,美元和财政不受任意规则约束,美国的赤字只不过是一堆可以任意印刷的纸币,由此形成了美元霸权地位。全球化就是美国控制的国际资本主义,用美元换取全球财富,外国得到的只是不可兑换的纸币白条。第四,金本位极大促进了自由贸易,然而对那些不生产黄金的国家是不公正的。第五,如今出现许多经济理论,"自由市场"就是"资本主义"。其目的都是要证明全球资本主义是"必然的"与"合理的",其实它导致富国更富,穷国更穷;导致了全球性的金融危机或经济危机;过度依赖美元债务的出口都是自我毁灭。第六,"自由贸易"是有利于强者的规则,解释权也在强者,实际上美国严格禁止向中国出口军事物资和战略物资。第七,廖子光(2008)[14]说:"20 世纪最后的 20 年,美国没有任何突出的生产力繁荣,但是有一种进口繁荣:这种繁荣不是由美国经济的惊人增长所推动,而是由生产这些财富的低收入国家借给美国的债务所推动。"是这些穷国把财富运往美国所致,他们长期处于低生活水平,耗尽了自己的矿产,污染了自己的环境,得到的只是不可兑换的迅速贬值的美元白条。这意味着,谁向美国出口越多,获取的美元越多,经济损失也越多。

2000 年美国对中国开放永久性最惠国待遇。2001 年 11 月 10 日,世界贸易组织(WTO)第四次部长级会议在多哈做出决定,接纳中国加入 WTO,中国并于 2001 年 12 月 11 日正式成为世界贸易组织的成员。

十二、如何看待美元

货币有什么作用? 第一,货币可以作为买卖的交换手段;第二,货币可以放在银行作为储备来维护经济安全。这两个作用是我们都熟悉的。然而货币还有第三个作用:商品。货币是商品,是一种投机商品,股票市场就为此而产生。金融危机问题恰恰来源于此。

1. 美国政府为了制造"业绩",促使经济发展的方法就是印刷纸币,政府会把货币印刷过多,导致通货膨胀。瑞士人费迪南德·利普斯(Ferdinand Lips, 1931—)在《货币战争:黄金篇》一书中认为,纸币成为新的货币制度后,"没有哪一个政府可以抵挡住滥用这一权利的诱惑",在开始阶段,该制度似乎对发展经济发挥了一定作用,因为在这一制度下,纸币发挥的效用比黄金大。不过,时间证明新的机制不过是通货膨胀的"发动机",它"生产"出来的纸币面值远超过其实际购买力。滥用这一权利的直接结果是使通货膨胀的发展失控,而往往把原因归咎于黄金供应不足,当这些纸币大量流入房地产市场和股票市场,就最终导致了 1929 年的华尔街股市崩盘。(利普斯,2009)[23]

利普斯认为,罗斯福有一个清理美联储债务的极好机会,然而由于受到凯恩斯影响,选择了一条相反的道路,并禁止用黄金作为价值尺度,甚至持有黄金都属于违法。他激烈批评罗斯福,"这是很丢脸的,这么伟大的一个政府,在黄金上占有强势地位,竟然违背承诺,不再向寡妇和孤儿支付黄金,政府当时在卖给这些人债券时已经答应按照目前的价值标准支付金币,现在又要打破以金币赎回纸币的承诺。这是耻辱,先生。"(利普斯,2009)[30]

他引用了别人如下观点:"法币制度终将瓦解,因为权力的贪欲是没有极限的,掌握凭空制造货币的权力又能从中获利的那些人一直在欺骗,一般来说这会导致中央政府的权力更加集中,从而'挽救'了制度瓦解,'控制或调整'了经济。制造法币的那些人一般具有极度膨胀的权力。"(利普斯,2009)[216]

"经验已经证明,只有政府和政治家不操控货币,低通货膨胀率才能实现,20世纪的历史再次证实了这种观点。"(利普斯,2009)[225]

2. 利普斯揭露了西方金融家把货币作为商品进行投机。他说:"经济危机一再证明,黄金才是真正的货币。""我询问当今世界的中央银行家:你们真的关注工作的主要目标吗,也就是你们真的想保护自己本国货币的购买力和完整性吗? 当你们减少自己国家的黄金储备,只是为了将它换成不断贬值的纸币时,你们真的很真诚,并尽自己权力宣称黄金可能不会被兑换吗? 要知道,真正的农民从不会卖掉自己的种子。如果不是这样,那么你们显然是无用之人,应该滚出生意场。我不会期望政治家做任何事情。因为他们不会改变。他们利用政治所做的一切就是破坏货币的购买力。……自由的人民永远相信黄金,当经济和货币情况令人十分绝望时,他们想要摆脱印刷机和政治家! 以前发生过这种情况,将来也可能再次发生。货币的本位制很重要,道德标准也同样重要。""多年的从业经验和 30 年的历史研究,尤其是货币历史的研究,让我认识到目前的货币体系一塌糊涂,它是对法律秩序和文明礼仪的一种侮辱。不过最重要的是,它威胁到了我们的自由。我们希望这种局面不会持续很久。"他说:"银行家们的唯一动机就是赚钱,他们通过黄金套息方式赚取巨额利润,中央银行家们以 1% 的贷款利息从中央银行贷出黄金,然后将之销售(黄金市场上因为人为的供应造成黄金的泛滥),再将出售的黄金的收益投资在国库券上,赚取 5% 的利息。那么谁对他们的这些行为负责呢? 答案是美联储主席格林斯潘,他在 1998 年 7 月 24 日来到众议院银行委员会时说:'一旦黄金价格上涨,中央银行就应增加贷出黄金的数量。'"(利普斯,2009)[140]

3. 金本位才能稳定价格。黄金是西方国家货币稳定的基础。在金本位情况下,英镑从 1664 年到 1914 年维持 250 年物价稳中有降。美元从 1800 年到 1913年物价指数从 102 下降到 80.7。从 1814 年到 1914 年,法国法郎保持 100 年货币稳定,德国马克 39 年稳定,荷兰盾 98 年稳定,瑞士法郎 86 年稳定。利普斯说,在 1900 年之前,大约 50 个国家实行金本位,包括所有的工业化国家。金本位制下,生产黄金可以带来收益,所以黄金的供应量才会增加。这就限制了政府控制下的通货膨胀的发生。在金本位制下,西方各国最重要的货币长期处于稳定状态。在股票和证券非常容易发行的时期,这一稳定非常有利于工业化。货币稳定尤其有利于债券的发行,并且利息很低。然而,当需要筹措资金时,金本位也限制了没有额外的钱。这时西方各国都采取放弃金本位,尤其是为战争筹措资金时。1914 年第一次世界大战,金本位被抛弃了,以便发行纸币筹措战争资金。如果不放弃金本位,战争只能维持几个月。利普斯说:"我深信放弃 19 世纪金本位制是人类历史上最大的悲哀,这一事实导致货币领域在近 100 年内处于无主的状态,最终致使人类完全失去了自由"。"货币本位制与道德标准紧密相关,它也决定着人类的命运。"(利普斯,2009)[22]

4. 美元本位使得美国可以放肆印刷这种纸钞。美国用美元购买了外国的一切产品,然而美元贬值时,使得其他国家手中的美元也贬值了,这样美国就白白拿走了外国各种产品。美国人迈克尔·赫德森(2008)在《金融帝国》中说:"美国已经想出了一种新的方法,通过使欧洲和亚洲的中央银行接受不限量的美元储备而向它们征税。美元霸权使美国能够进口远远超过其出口的商品。这为美国提供了独一无二形式的富裕,这种富裕是通过搭欧洲、亚洲和其他地区的便车而得到的。"也就是说,美国利用全球化经济,让外国采用美元结算,这实际上是实现了美元本位制,把全球经济美元化,使全球为美国的财政赤字融资。作者认为这是一种货币帝国主义,美国"向世界输出大量美元,并吸收外国的物资输出,从而提高了国内消费水平和对外国资产的所有权,这些外国资产都是外国经济的制高点,它们以私有化的国有企业、石油与矿产、公共设施和主要制造业公司为代表。""美国国际收支赤字越大,欧洲、亚洲的中央银行手中结余的美元就越多,因而不得不再循环回美国购买其财政部债券的钱也越来越多。"但是过去 10 年来美国的储蓄者从来不购买政府债券,而是将它们的钱投入股票市场、公司债券和不动产。外国政府被迫持有利率稳定下降的美国财政部债券,而且美国财政部债券总额已大大超过了其支付能力,它也已经公开表示不会清偿这些债券。注意,美元贬值很快,外国人手中的巨额债券很快也不值钱了,而持有美国债券的国家还要尽量维持美元稳定,以免自己手中债券贬值。

为此,赫德森认为美国采用粮食战略如下。第一步,鼓励发展中国家城市化,而忽略农业发展,美国向他们提供廉价粮食。第二步,美国操纵国际粮价大幅上涨,引起粮食短缺、战乱甚至种族灭绝,2008 年前后非洲的饥荒也是美国这一政策的后果。这对我国是一个特别要警惕的问题。美国农业一半多收入来自政府补贴,并且在外贸谈判中一直拒绝取消对农业的补贴。

5. 廖子光(2008)警告,过度依赖服务美元债务的出口都是自我毁灭;必须建立新的全球金融体系,摆脱美元霸权;废止支持国际货币主义的中央银行业,恢复国家银行业,支持国内发展;重建世界贸易结构。国家银行服务于该国经济的融资需求,中央银行试图维持货币的价值稳定,提供货币弹性以防止银行危机,采取利率政策确保银行的收益率,要警惕这种银行代表大企业客户利益,而牺牲大众利益。

6. 1971 年后,黄金不再是美国货币基准了,那么为什么美国还要储备大量黄金呢? 美联储主席格林斯潘曾说:"美国应该抓住它的黄金储备,黄金仍然代表世界上最终的支付形式。德国 1944 年在战争时期只能用黄金购买原材料,在紧急情况下,没有人接受法币,而黄金一直被接受。"(利普斯,2009)[207]

从这一观点看出,西方战略考虑的最终立脚点是紧急情况——战争。美国的黄金储备是我国的 10 倍。

表 2-5-3　若干国家或地区黄金储备(2017 年 4 月)

国家或地区	美国	德国	意大利	法国	中国	俄罗斯	瑞士
黄金储备/吨	8133.5	3375.6	2451.8	2435.9	1842.6	1706.8	1040.0

注:引自 http://en.wikipedia.org/wiki/Gold_reserve。

7. 美元霸权下的世界贸易是一种这样的游戏:美国印刷白条,其他国家给它产品领取白条。借助美元霸权,美国很轻松步入金融资本主义,而其贸易伙伴辛苦落入耗尽资源的工业资本主义。

小结:

1. 这里借用利普斯的观点,他说:"第三次世界大战可能开始于 19 世纪金本位的终止。"(利普斯,2008)[228] 这可能是 1944 年的布雷顿森林体系的建立,也可能是 1971 年美国解除美元与黄金的联系。美元与黄金脱钩后,美元迅速贬值,导致 20 世纪 70 年代的石油危机,以及一系列国际金融危机。

2. 避免危机的方法是什么? 不能过分依赖出口获取美元;摆脱美元霸权,建立新的国际金融体系;重建国际贸易结构等。

3. 从根本上看,经济危机或金融危机的原因是什么? 是把经济、黄金、钱放到第一位,为了追求富裕而把货币的价值提高到虚假的地步,诱发了各种贪婪。当私人银行家掌握货币时,他们就要投机,美其名曰"按照规则行事";当西方政府掌握货币时,在经济繁荣的名义下为了利益就会过分印刷纸币,造成通货膨胀的危机。要彻底避免金融危机,摆脱世界性的战争,只有摆脱重商主义,也就是摆脱资本主义。为此要重新思考生存模式,要大力研究可持续发展策略和生态生存策略。

本章小结

工业革命历史教训：

1. 利用人性恶。把人的野蛮动物性作为动力，提倡社会达尔文主义，维护强者，欺负弱者。

2. 放弃全民义务普及教育。

3. 心理病态。追求享乐主义，贪婪懒惰，物欲横流，把性欲作为美，破坏家庭。

4. 社会病态。把金钱作为核心价值，扩大贫富差距，犯罪率（尤其是青少年犯罪）增加，社会冲突，战争。

5. 生产病态。追求无限效率和利润，泰勒制用人性恶去管理人。

6. 环境病态。工业废物，垃圾，污染，破坏自然环境和循环，人为放热剧烈增加。

7. 机械论世界观，把人看作机器。

8. 经济全球化实际上是进入美元本位的经济体系，成为依赖美国的经济，而美国的金融体制必然导致经济危机。

9. 科学变成强势者和战争工具。

10. 工业革命后出现的技术几乎都有负面作用。

11. 从生态眼光看，工业革命的生产方式是不可持续的。

工业革命历史经验：

1. 人有两重性：动物性（野兽性、群体性）和人性（道德性、社会群体性）。看看非洲的野生动物群，假如人不经过教育，甚至达不到动物的群体性。

2. 全民免费的义务普及教育是立国之本，教育的基本目的是育人，把人从动物性变为人性，培养国人、社会人、职业人、家庭人和个人。

3. 文化是群体共同生存的环境，发展和谐文化。

4. 企业文化是工业社会共同生存的环境，采取慈善家长式管理，金钱是手段，效率利润适中，建立工伤保险、医疗保险、退休保险和住房保险。

5. 发展工业设计，用爱心规划工业社会，代表弱势阶层，制衡强势阶层、科学技术、经济、艺术对道德的冲击。从以机器为本转向以人为本，再转向以自然为本。

6. 效率适中，限制增长率，大约等于人口增长率。

7. 建立标准化，而不是手工单件生产。优先发展装备工业（工作母机），而不是消费品工业。谨慎发展通用机器，放弃高效率的专用机器，采取群体合作劳动（流水线）。采用工业大生产，降低成本，为下层人民服务。

8. 20 世纪 70 年代后西方进入"后现代"时代，提出可持续发展策略，逐步放弃依赖地矿资源的生产模式和经济发展模式。工业革命的这些成功经验几乎都变成教训了。

第三章　文化

本章目的

　　本章的主要目的是重建我国文化。文化是社会群体的行动方式,主要包含社会核心价值观念、道德观念和行为方式。本章分析当代大学生的价值观念,尤其从他们的择偶和择友观念中分析了他们的价值观念。本章还分析了农耕文化与工业文化的主要区别,分析了当前许多人在文化方面感到困惑的主要问题,例如爱国是什么含义,科学是否有祖国,工业社会里应该如何生存,工业社会需要什么样的人。

　　这一章的主要内容是人文素质教育。人文素质教育的社会目的是文化建设,主要包括人格、人文(价值观念、道德观念、思维行为方式)和能力。人文素质针对的主要问题是:缺乏爱心和善良,享乐主义,自我中心,眼界短浅和利益驱动。这些是小农意识的负面作用(小农意识不是指农村人的意识)。懒惰、贪婪和嫉妒是万恶之源。

第一节　什么是文化

一、文化的含义

　　简单说,可以从以下三方面去解释文化的含义。

　　1. 文化是社会群体的行动方式,通过人们的行动可以看出他们信仰什么,追求什么,他们认为什么最重要,什么是正确的/错误的,他们喜欢/反感什么。通过他们的日常行动方式可以看出是追求自由,还是强调家庭的重要;在艰难岁月时如何生存;危难中的求生方式;遇到地震或森林火灾时,只顾个人求生,还是依靠群体互救;太平富裕时期,追求享乐腐化,还是准备艰难来临。以此论推,文化还包括了生活方式(或活法)、家庭方式、工作方式、对待别人的态度、流动方式、求职方式、交往(交流)方式、解决冲突的方法、表达友好/不友好的方法、休息方式、旅游方式等,也包括竞争方式、利用方式、冲突方式、斗争方式、整人方式、刺激反应方式、防范戒备方式、战争方式等。以生活方式为例,它还可以被分为饮食方式、居住方式、交通方式、医疗方式、穿着方式等。当出现人际冲突时,采取什么态度? 吵架,不理,整人,还是制造舆论等。

2. 文化的基本含义主要体现在社会群体价值观念、道德观念、行为规范、感情表达方式。一种文化的全体(或绝对多数)成员都认可的价值观念被称为社会核心价值观念(core values),它主要包含了对人生和世界的基本观点、目的、信仰、信念、态度、追求等。价值观念直接影响道德观念,道德观念直接影响行为规范,而行为规范直接影响感情表达方式。

3. 从一个人来说,文化体现了感知方式、认知方式、行为举止方式。感知方式主要指通过五官看什么,如何发现含义。认知方式包括思维方式、推理方式、语言方式、验证方式、解决问题方式、决断方式等。通过这些认知如何发现含义、理解含义、表达含义。行为举止方式可以包括礼仪方式、感情表达方式、人际交流方式等。例如,通过行为举止如何表达各种含义,强调个人主义单打独斗,还是强调群体行动,表达了什么人生态度等。

二、为什么研究文化

1. 西方为什么研究文化? 西方在工业革命以后开始研究文化,这主要是试图弥补思想启蒙运动哲学思想的严重缺陷。工业革命以后,西方国家开始追求大规模的经济利益,误以为物质富裕就可以使人幸福,而没有想到在追求物质富裕过程中会出现那么多社会问题和精神问题,自由竞争导致残酷的阶级斗争,贫富差距扩大,家庭破裂,青少年犯罪,毒品泛滥,经济危机,战争,道德沦丧等,这些问题导致严重的社会动荡。在这些惨痛的历史教训下,人们开始明白思想启蒙运动的核心价值观有问题,过于简单看待人类和社会了,误以为只依靠自由和竞争就能造就理想的人类社会。人不仅需要物质,而且还需要精神。精神对人的作用到底是什么? 精神决定了人生目的,包括信仰、信念、追求等,这些内容被看作是文化。由此引起对文化的研究。

2. 我们中国有悠久的文明历史,有丰富的文化传统,为什么现在还要思考研究文化? 我国的传统文化是道家和儒家文化,它使得我国农耕社会稳定发展了两千年。然而我国缺乏工业时代的文化。从 20 世纪 80 年代起,我国进入历史上前所未有的大规模的工业经济发展时期,出现了我国历史上前所未有的许多新情况和新问题。这些新问题集中表现在追求物质富裕的同时,出现了普遍的价值观的转变、道德和行为方式的转变。传统思维方式和行为方式已经不完全适应新时代的需要,人们普遍存在一些共同的困惑,例如人生到底什么是最重要的,人生的意义是什么,应该如何看待经济发展,应该如何看待金钱,如何看待家庭等。如果我们要自觉地从传统的农业时代转变到工业时代,我们就必须开拓工业时代的文化。

3. 考古学也建立了文化概念。由于各学科的目的、对象和方法不同,因此文化概念在社会学与考古学、人类学中并不一致。这给读者带来许多困难。最初,考古学中把文化理解成古代一个社会遗留下来的东西,称为"文化遗产",并把它分为物质文化和精神文化。请看下面关于考古方面的一段文字:

> 华族文化根系于山东,与山东史前文化有着密切的关系。山东史前部族在物质技术、制度规范和观念意识诸方面的创造,为华族文明的诞生做出了巨大贡献。
>
> 物质文化的发明创造:山东史前部族在物质技术方面曾经达到新石器文化的高峰,有许多创造性的工艺技术都是他们率先发明或较早使用的。其中影响最大的有制陶工艺、筑城技术、冶铜技术、造车技术、马匹的饲养和驾驭技术、弓矢的制作技术等。(庄春波著《华夏东西说》,摘自《新华文摘》1997年第1期73页)

该文中明确提到"物质文化"一词,指陶器、城墙、铜、车、马匹和弓矢。在考古中物质文化概念用来表示那些人造物品,例如青铜器、庙宇等。精神文化表示精神方面的东西,例如道德、信仰、礼仪等。假如把文化这一概念用来描述文明社会的"高雅文化",它的含义就变得更广泛了,表示那些无法与该文化的思想、态度分离的艺术品,意思是指该作品的风格、精神、本质等。

把文化分为物质文化与精神文化是考古学中的概念,并不是社会学中的概念。在社会学里,文化的本质并不是指各种人造物品或其他有形实体,而是指人类社会概念性或象征性方面,指社会群体的价值、象征、看法,这些方面使得能够区分各个社会群体。混淆考古学与社会学的文化概念,在社会学中就会对认识和研究带来许多问题。文化是一个社会群体的标志,它不依赖于该社会的个体成员的生命,它是持续存在的。在这个意义上,我国的道家和儒家等都被称为文化。道家融会到人的精神生活追求上,使人追求平和宁静,还表现在我国古代的绘画艺术中那种超脱世俗的意境。儒家思想渗透到我国古代的道德中,形成了"百善孝为先"的道德标准。儒家和道家还影响我们对各种信仰、知识的态度。

4. 在社会学里,西方第一个文化定义是英国人类学家泰勒(Edward Burnett Tylor,1832—1917)给出的。1871年他在《原始文化》(*Primitive Culture*)中说:"文化或文明……是一个复杂的整体,它包含了知识、信仰、艺术、道德、法律和习惯,以及人作为社会成员所获得的任何其他能力。"在那个时期,他还没有区分文化与文明。

美国著名人类学家克罗伯(Alfred Louis Kroeber,1876—1960)于1917年提出:文化是"超组织的"。19世纪三大著名社会家之一的法国人涂尔干认为文化是"集体的意识""集体的态度"。

20世纪20年代美国经济大发展,也出现剧烈的社会动荡,文化成为民俗学中的一个中心概念,因此"文化"一词在他们的文学著作中变得很普遍。美国民俗学中认为,文化是一个社会或群体内一代一代传递下来的被作为习惯、道德、准则、信仰看待的整体,在该社会中每个成年人学会并内心化了。也就是说,不言而喻形成自我了。当时,"文化"概念几乎等同于艺术、科学或高雅文化(high culture),这种表达至今还在口语中使用。

1973 年德国社会学家塞格(Imaoen Seger)在《现代社会学》一书中把文化定义为:"文化是一个人类群体中精神的、道德的、艺术的、语言的整体遗产;是积累的经验,它是一代一代(带着变化)传播下来的规定了什么是经验和应当怎样。文化区别各种人类社会的那些相互差异。一个人类群体的文化规定了准则,该群体的每个成员按照这个规则形成相互关系。在这种关系中,他们学会了一种特定文化,从而由儿童变为成人。"(Seger,1973)

5. 在 20 世纪上半叶中,社会学对文化这个概念使用最多,争论最多,误解最多,定义也最多,从而社会学领域逐渐抓住了复杂社会的重要因素。1952 年,美国人类学家克罗伯和克拉克洪(Clyde Kluckhohn,1905—1960)出版了《文化:对其概念和定义的评论》(*Culture:A Critical Review of Concepts and Definitions*)一书,书中引用的文化定义已经有 164 个。概括起来,文化被理解为"学来的行为""头脑中的想法""一种逻辑结构""一种统计的虚构""一种心理的自卫机理"等。这些概念存在明显缺陷,例如动物世界也存在"学来的行为"和"头脑中的想法"。大约从 20 世纪 80 年代后期,西方各国倾向于把文化理解成群体的行动。

6. 许多社会群体受宗教影响较大,因此还有人从宗教角度定义了文化,认为文化是一种对群体精神起控制作用的象征(或符号)。

三、文化有目的

1. 文化有目的,是为了群体的生存。各种文化中的生存方式很多,然而其目的都是为了群体的和睦生存。各种社会建立了不同的生存目的和生存方式。各个时代中,群体建立文化都有特定的目的,各种社会都存在着危难状态下的求生方式。农业社会是比较稳定的家庭田园式生存方式,其文化的主要目的是依赖自然和家庭稳定。西方思想启蒙运动以后建立了西方现代文化目的,主要是摆脱宗教传统文化,因此注重创新、变化和发展。上述就是文化的三个目的:维持社会群体在危难中求生存、安定、变化(发展)。其中最基本的出发点是求生存。社会群体经常遇到的问题是安定。

2. 文化有目的,是对人类群体社会的一种精神控制力量,这种精神控制力量体现在每个成员的内心是反映哲学思想背后的目的,体现在制定法律是维护和谐生存还是维护自由竞争,体现在艺术作品的创作动机是表达什么信念和追求。追求的价值、道德和行为规范也体现在建筑、工业产品、媒体、服装、生活方式背后的目的动机方面。

有人认为,在原始社会里,人是很愚昧的、残酷的、自私的,相互为敌,为食而亡。这是有些人对欧洲考古研究的一个重要结论。古希腊的重要起源之一是克里特岛。威尔·杜兰特在《世界文明史:希腊的生活》一书中写道:"我们假想克里特在最初是由山脉隔成许多相互嫉妒的部落,各自在首长领导下住于独立的村落,并且为了众多领土而相互征战。然后一个有力的领导者将数个部落联合成一个王国,……最后这些城市相互争夺全岛的控制权,最后Cnossus获胜。它便组成了一支海军,控制了爱琴海,……一个文明之始,常依赖掠夺,它的维持也常需要奴隶。"

原始社会是不是都十分野蛮?不能一概而论。因为只靠强权和野蛮行为,人类是无法持续生存的。要维持群体的存在,必须具备和睦相处的公共道德和行为方式,还必须具备抵御外来入侵的方式。我国张世富(1921—)在1980年以后曾经调查过云南省的克木人和基诺族。这两个民族在1949年前都处在原始社会末期,后来发生了很大变化,但是在文化习俗上仍然保留了一些原始社会的特征,例如他们热爱劳动,学习刻苦,诚实不欺,私有观念淡薄,父母不打孩子,青少年在一起不打架骂人,尊重长者老人,每年收割完庄稼后,粮食就堆放在地头的棚子里,随用随取,无人看守,相互借贷不要利息,村民有难,往往这个寨子的人都去帮助,村寨之间一直都是和睦相处,那里没有盗窃犯、抢劫犯和杀人犯,也没有偷盗现象,家门不锁。

3. 西方工业化或现代化是另一种生存方式,是另一种文化形式。西方国家的文化受两方面力量的作用。第一种是受西方传统的宗教文化的影响,当前英美仍然有大约80%的人有宗教信仰。宗教主要影响他们的人生观、世界观和道德。第二种是受思想启蒙运动的价值影响,追求物质享乐和自由等。少数人极端坚守他们的价值观念,大多数人处于中间状态,也就是说,容易处于矛盾的价值状态,由此容易形成双重人格。在物质生活提高的同时,导致了无限享乐主义,道德下降,地矿资源迅速减少,自然生态恶化。如果把西方现代化仅仅理解为"追求美好物质生活",这是把享乐主义合法化,必然要付出历史性的巨大代价。西方现代价值观念还把发展军事作为工业化或现代化最重要的标志之一。许多"高科技"的发展,首先主要也是来自军方的目的和需要。

四、文化起什么作用

1. 文化是社会能够不断进行发展的自我支撑动力。文化是个"群体概念",是一个群体的温床和铸模,人在一种文化中经历了幼年到中年,很难意识到继承文化这一过程。每个人从小在一个文化环境中,学习了社会习俗、惯例,学会了各种口语、表情、语气的含义等,从中无意识地学会了信仰、信念、态度、价值、社会角色等,从而成为该社会一个成员,因此文化是社会大多数人具有的核心价值、道德和行为规范。所以,文化是社会凝聚力,是人际相互理解的基础,是和睦共存的基础。群体的核心价值观趋于一致,是保持群体和睦存在的基础。要维持国家统一,首先要取得一致的爱国价值观,对祖国共同的认可观念。在比较一致的核心价值观念下,才能形成比较一致的群体道德和群体行为准则。这些观念体现在该文化的哲学概念、艺术中,更体现在社会传统、社会习俗、社会习惯中。没有共同文化,就没有共同语言,就难以彼此理解,难以共同生存。

2. 文化在日常体现在人与人之间的表达交流方式、动作方式,这些行动方式主要通过礼节、习惯、风俗和传统表现出来。一个人可以在自己熟悉的文化环境里很自然地、不假思索地与别人打交道,从别人的面部表情、语气、手势、沉默能够马上明白其含义,你能够预测行动后果。你按照社会核心价值去行动,就一定会符合社会道德和行为规范,也会得到回报,例如被认可、被赞扬、被录取、被提升、被奖励等。你违背社会核心价值、道德和行为规范,就会受到惩罚,被人冷眼相待、被批判、被抛弃等。没有文化概念,意味着群体内部缺乏共同的核心价值、道德和行为约定,意味着不知道怎么观察了解对方,不知道怎样与人交流,就无法与他人和睦相处。文化的核心价值是该社会所期望的,是被人们所追求的,促使解释、和睦和沟通社会的有效活动,为社会成员提供了方向和指导,指出了社会生活中所要求的普遍目标。

3. 在熟悉的文化环境中,你能够预测各种观念和态度的后果,你能够制订行动计划,你能够预测各种别人如何评价你的各种行动,从而你也知道如何修正自己的行动。因此,文化使得你"心中有数"。

4. 在不熟悉的文化环境中,你无法预测社会环境、领导、同事对你的期待,你也不知道语气、手势、沉默表达什么含义,因此你感到缺乏人际交往的预测感,由此往往引起各种猜测,使得心理紧张,睡不好,吃不好,充满陌生感。你不知道什么时候应当表达自己的看法,什么时候应当沉默,自己与上司见解不同时应该说出自己的观点还是服从。在陌生的文化环境中,这一切都变成很困难的问题,甚至在火车站买票也感到困难。

5. 文化提供了人生观。不同文化里,人生目的是不同的,有些追求稳定,有些追求个人成功,有些追求创新。这些是你确立人生观的社会基础和价值基础。

6. 价值决定标准,不同文化的价值的标准是不同的,彼此难以进行比较。用西方现代价值观来看待我国农耕社会价值观,认为它"保守",这本身就是价值观错位,因为用我国农耕价值为依据,会认为西方现代社会不安定。"变化"或"发展"是西方出现的社会核心价值观。核心价值观念不同,比较的标准也就不同,就难以进行比较。

7. 如何看待不同文化? 在各种文化里,应该分析核心价值观念产生的因果关系。我国孔子的儒家文化产生于春秋战国的战乱时代。孔子考虑的主要问题是怎么样使社会群体稳定。如今,我国处在发展经济时代,主要考虑的事物是怎么样发展经济,而最基本的思考出发点是:如果不发展经济,就难以在世界上生存,通过发展来求生存。

8. 文化的核心价值是维持社会、民族一致的稳定和凝聚力量。如果社会核心价值不一致,社会安定性就会出现问题。如果想了解一个社会的核心价值是什么,就可以问:"你认为什么是理所当然的? 什么是不容置疑的? 什么是最重要的?"假如社会成员的回答很不一致,那就反映出缺乏一致的核心价值,或核心价值混乱,社会缺乏标准的凝聚力了。这对社会的整体性和安定是很危险的。我们当前社会群体的核心价值观是:中国统一和和谐社会。

9. 由于各国文化不同,东方国家的现代化不等于西方化。20 世纪 70 年代,美国社会学家斯图尔特(Edward C. Stewart)就认为:

　　"20 世纪发生的事件使人们对理解亲情社会和团体社会的关系有了新的角度。通常认为只能发生在团体社会的西方经济和技术优势(尤指美国)受到了日本挑战。日本是一个以亲情社会体制为基础的工业化的现代国家,其社会、政治及经济机构相互混杂,难以割裂。在基本上为一党专政的政治制度中,政治问题在党内通过人际现实的亲情性社会动力的方法得到解决。无论是在亲情性的社会体制还是社会交往的层面,日本揭示了这样一个事实:日本技术工业之下的文化底蕴与支持美国和欧洲经济发展的那种文化有所不同。与西方在现代化过程中的教训相比,日本意想不到的成功令人信服地证明亲情社会和团体社会之间的关系相当复杂,远非所谓一场简单的历史革命即可把农业社会改变成为现代社会。

　　日本的成就建立在亲情社会的基础上,这表明现代化并不一定像西方那样,必须获得团体社会的动力。

　　和美国人一样生活在高度工业化国家的日本人却认为,自我价值主要体现在与他人的关系之中。这些关于自我的不同定义具有双重含义:第一,某一西方文化的某些特征有时可能与其他非西方文化有所不同,但却接近西方文化的相应特征;第二,工业化并不一定非像美国那样强调个人的因素。(斯图尔特 等,2000)[13-14]

10. 德国社会学家滕尼斯(Ferdinand Tönnies,1855—1936)认为,"当一个国家跨入现代社会时,亲情型(gemeinschaft)的社会聚集力,即以感情与情绪为基础的社会关系变得松散,进而形成非个人的社会关系网,支撑该网的是具有社会团体型(gesellschaft)特征的一种正式的,甚至协约式的关系。美国的社会就是这样的一个例子。社会关系基于理性的协议及个人的兴趣之上,并受到法律制约。"(斯图尔特 等,2000)[9]西方现在这种社会和生活方式是不是他们两百年来所追求的?是。现在他们是否满意? 不。现在的社会也许达到了他们的设计目的,但是发现与过去想象的并不很一致,并不是他们理想中的追求。他们获得了丰富的物质,但是过去没想到同时会引出这么多社会和心理精神方面的问题。他们也正在探索解决自己的问题,他们许多人对家庭破裂十分痛心,对人际冷淡十分不满,对自我中心或个人主义取谨慎和批评态度,对巨大的贫富差异不满,对世界强权提出激烈批评。他们也在思考今后的方向,寻找解决这些问题的办法。难道我们还要重蹈覆辙,难道不能从中汲取什么教训?

有些人由"文化"概念往往联想到文明。什么叫文明?

文明概念来自西方历史学考古研究。这个词来自拉丁语 civilis,含义是市民(citizen)。这意味着,在他们的历史概念中,出现城市才意味着文明的开始。人类最初靠游牧或游猎寻找食物,后来出现农耕。出现剩余食物,才会出现这些城市人,他们不再为寻找或生产食物而忙碌。他们聚集在一起建立各种规则,形成了各种政治、社会、经济和宗教组织。

由于历史学家对文明的逐渐深入理解,他们对文明的定义也不断改变。例如,最初的一个定义认为,第一代文明起源于城市,它的政治、经济和社会结构比新石器时代的农村复杂得多。这个定义把石器时代以后的社会作为文明起源,强调社会组织是文明的主要标志。第二种定义认为,文明是一种人类文化形式,在这种文化中人们居住在城市,已经掌握了冶炼金属和印刷方法。这个定义把人类技术作为文明的标志。1936 年考古学家蔡尔德(Vere Gordon Childe 1892—1957)出版《人制造了自己》(*Man Makes Himself*)一书,提出文明包含如下若干因素:犁耕、两轮车、牵引重物的动物、船、冶炼铜和青铜、太阳日历、文字记载、度量衡标准、灌溉渠、专业工匠、城市中心、剩余食物供城市的非农业人口食用。他也是把西方考古研究中所发现的人类早期的技术成就作为文明的主要标志,然而对人类的组织结构关注不够。1955 年克拉克洪提出文明的三个标准:城市人口多于 5000 人,有文字记录,有纪念性仪式中心。后来亚当斯(Robert Merrihew Adams,1937—)提出,文明是一种社会,它具有各种社会制度,这些制度根据产品所有权和对政治和宗教层次的控制而形成阶级阶层,这些阶层相互构成具有一定边界的国家,具有复杂的劳动分工,例如技术工匠、军人和政府官员以及大量的产生者。这个定义把社会组织作为文明的主要标准。西方历史学家注意到,文明这个概念比较容易描述,却很难定义。从上述几个定义的含义上,文明意味着人类智力产物(社会的和技术的)所形成的成果体现。从这些含义上,各种文明具有落后或先进的区别。

米勒(Harald Mueller)认为文明包含以下几方面:经济方式、技术水平、政治体制、社会阶层的划分、法律制度以及价值体系。(米勒,2002)

五、战争

人类历史上大致存在四种战争类型。第一种,政府腐败,苛捐杂税太多,经济生产落后,导致人民无法生活而造反。第二种,宫廷内乱导致战争。第三种,不同宗教信仰导致战争。第四种,为了掠夺财富而侵略其他国家。我国历史上对前两种战争形式比较熟悉。有人认为我国古代战争更残酷,战死的人更多,而我国对后两种战争不熟悉。我国儒家文化追求经济自给自足,而不是侵略其他国家掠夺财富,因此我国不太重视军事工业和军队的进攻性战略的发展。而西方有史以来就存在通过战争掠夺财富的价值观念,例如古罗马帝国。哥伦布发现美洲也是为了建立殖民地。1545年到1560年西班牙无敌舰队从海外运回5500公斤黄金、24.6万公斤白银。1574年,西班牙殖民者试图利用菲律宾为基地侵略中国,甚至说:"只要不到60名优良的西班牙士兵,就能够征服和镇压他们(中国人)。"1576年西班牙驻菲律宾总督桑德(Francisco de Sande,1540—1602)给国王的信中说:征服中国"这项事业容易实行,费用也少"。1576年他又给腓力二世(Philip Ⅱ of Spain,1527—1598)写信说:"这项远征需要4000到6000人,配备矛、抢、船、炮和所需要的弹药。""有2000到3000人,便足以占领所要占领的省份,用那里的港口和舰队,组成海上最大的强国,这是十分容易的,征服一省之后,便足以征服全国。"1840年第一次鸦片战争,大英帝国凭借16条军舰、4000名陆军就能迫使清朝政府签订丧权辱国的《南京条约》。1860年第二次鸦片战争,1.8万人的英军、7200人的法军就长驱直入中国首都杀人放火,将圆明园付之一炬。

近一百多年来,我们发现了西方现代价值观念与我们不同,道德观念与我们不很相同,思维方式和行为方式与我们也不相同。我们中国人依靠家庭稳定的农业来生存,西方现代依靠经济军事强力的扩张来生存,如今又靠军事和经济实力来控制世界。总之,他们是靠军事、经济和扩张来生存。面对他们的价值观念,我们就显得"文弱"了。为了国家民族生存,我们不得不采取工业社会的基本方式,了解他们的价值观念,采取相应的对策。否则,我们在国际社会中很难独立自主地生存。然而,我们应该注意两点:第一,要保持爱心和善良;第二,要保持自己传统的家庭文化。

思考题

你认为文化是什么含义? 文化的目的是什么? 研究文化对我国当前的意义是什么?

第二节　什么是价值观

一、价值观的含义

文化最重要的意义体现在它的社会核心价值观(values)中。价值包含以下六层含义。

1. 一种文化所包含的价值观是该社会或群体普遍保持的共同信仰或信念,认为某些目的、关系、活动、情感是重要的。价值观念体现在信仰、追求、精神动力和动机方面,价值中最重要的因素就是信仰信念。罗克奇(Milton Rokeach,1918—1988)认为,价值是人需要和社会要求的认识表现,它是关于期望的行动目的和行动方式规定的信仰,或面向未来的信仰(Rokeach,1979)。这方面常见的价值观念如下:

信仰是最高精神需要。精神需要重于物质。物质需要重于一切。物质需要不能代替精神需要。

知识可以代替(或不能代替)信仰信念。能力可以代替(或不能代替)信仰信念。

耐心(忍耐)和期望是人生精神动力。

善有善报,人生是苦,刻苦终有结果。

偶像崇拜是人生信念的来源。偶像崇拜是缺乏精神支柱的表现。

自我中心是没脱离婴儿期。自我中心是自信的来源。

人性中最主要的是爱心和善良。爱心和善良化解敌意。

金钱、名利、地位、实力是人生最重要的信念。金钱、名利、地位、实力是人生虚幻。

独立最重要。独立通往孤立。

知识改变命运。知识不能改变命运。

人生追求快乐是虚幻。痛苦是由于追求快乐的结果。

人生而善。人生而有罪。自私是人的天性。人生而无本性,一切人性都是后天学来的。

有的人本性恶。有的人本性恶,但是追求善。

人有时本性恶,有时本性善。人的本性会改变。

人有三重性,动物性、人性、超越性,通过教育能够使人从动物性转变为人性或超越性。

2. 价值被认为是过去人生经验的有机综合和高度抽象,概括出了许多因素,这些因素构成对人性的看法和人生的思想体系,被作为规范和评价依据,决定了每个人如何选择人生目的、所作所为、人生道路、生活方式。它在策划个人的行动、评价和决定、构成人们的信念和态度时,说明了什么是"重要的""应该的"和"必需的"。这方面经常遇到如下价值观念:

百善孝为先,孝顺最重要。

百善爱为先,谦卑最重要。

家庭最重要。国家最重要。

快乐最重要。享受最重要。快乐是贪心的借口。

金钱最重要。金钱够用就行。男人有钱易变坏,女人变坏就有钱。

荣誉/地位/学历最重要。

自由最重要。自由意味着责任。

实践经验比理论更重要。

应该帮助穷人和弱者。穷人和弱者也应该善良,而不应该贪婪。

年轻人应该吃苦。年轻人应该享受。年轻吃苦是福。

应该尊敬长者。人人应该平等。应该尊重人。

应该勤劳。应该懒惰。

应该诚实。应该说谎。

应该忠厚。应该狡诈。

应该谦虚。应该张扬。

应该廉洁。应该腐败。

应该竞争。竞争造就不善良。

家庭重要，家和万事兴。

应该适应环境。应该改变不良环境。

地位越高，应该越要能吃亏。

爱心／勤劳／挫折／谦虚／是人生最宝贵的财富。

必须群体合作。必须单打独斗。权力必须接受监督。

人际交往必须妥协。人际交往必须成为强者。

逃避是我时常对付困难和挫折的方法。

刺激消费是诱惑。奢侈是罪，不是罪。

3. 价值给人们提供了标准和判据，它影响人们如何评价行动。价值被作为标准来评价确定了真善美和假丑恶，它规定了什么是"真"和"假"，什么是"善"和"恶"，什么是"美"和"丑"。当前，有些人表达价值判断或道德标准判断时往往会说，"那很正常""那不正常""那是神经病"，或用很鄙视的口气说，"那是村里来的"，"很土气"。价值规定了"希望"什么和"不希望"什么。

谦虚自省是最重要的美德。张扬是美德。

爱是奉献。爱是利用。爱是征服。爱是填补空虚。爱是强势征服。

年轻人吃苦是正常的，吃苦是福。遇到挫折是正常的，要百折不挠。

道德决定了是否爱闹／爱哭／爱斗／爱懒／。

自由意味着责任感。自由是放纵自我。

接受不义之财是犯罪。不义之财可以接受。

贪婪是犯罪之源。懒惰是腐败之源。嫉妒是害人之源。

己所不欲，勿施于人。

自由是放纵之源。离婚自由。离婚会伤害三代人。

美是善良心灵的体现。美是纯洁、高尚、和谐。美是虚荣的化妆。

对美的理解有四种。

第一，美是纯洁、高尚、和谐，美是无欲望的愉悦，是道德的体现、善的体现，与性无关。美反感铜臭名利的自我洁净。用美和艺术抚慰修补心理病态。

第二，美是形式判断，与"内容"无关。这种观点的目的是摆脱艺术的道德意识。

第三，提倡美女，诱发嫉妒和虚荣，打击所有女性人格自信，诱惑所有男人对感情不忠诚。

第四，美与道德矛盾，美是反道德的代言，美是性解放的毒火，物质生活富裕以后出现问题。美是叛逆的借口。美是享乐的化身。美是华丽口号下的罪恶。美是虚荣的化妆。美是肉欲。

---

4. 价值提供了人的感情寄托的基础。每个人都对各种事物、事件、对象赋予

价值,因此有些具有吸引力,有些使人反感;有些使人高兴,有些使人沮丧。

劳动快乐。劳动太苦。

奖学金是我学习的动力。

我凭兴趣学习。兴趣是儿童的学习动力。我凭责任感学习。

我选择的职业一定要是我喜欢的。我选择的职业首先是社会期待的。

改变家乡的贫困对我很有吸引力。

我最高兴的事情是有钱。我最高兴的是有新衣服。美食使我最高兴。

分数好,高兴。学会真本事,高兴。

满足自己,高兴。不满足自己,生气。超越自我,高兴。

工作有成果,高兴。家庭和睦,高兴。

帮助别人,高兴。别人进步,高兴。占了小便宜,高兴。哄了别人,高兴。欺负了别人,高兴。

养儿育女,高兴。抚养孩子,负担。

5. 文化的价值观念为社会行为提供了最高意义的正统合法性,因此给每个成员提供了精神动力。

期望和忍耐是人生动力。

欲望是饿狼/精神动力。

竞争是破坏力量/发展动力。

享受是腐败之源/发展动力。

消费是挥霍/经济发展的动力。

懒惰是寄生虫/幸福生活方式。

诚信是做人的基本品质。

竞争是发展动力。竞争是破坏力。

说谎可耻。可以说谎。

勤俭是美德。勤俭被人笑话。

占小便宜可耻。占小便宜应该。

男大当婚,女大当嫁。

应该按照道德区分好人坏人。应该按照财富衡量人。

大学是育人的地方。大学是培养寄生虫的地方。

必须赡养老人。必须孝敬长辈。

追求叛逆导致孤独。

6. 价值观念也扩展到各种信仰体系,包括在科学、习俗和宗教各方面的信仰。这方面不细分析了。

二、价值观念起什么作用

1. 价值观念包含了人生观和世界观,因此价值观念决定了一个人的人生观和世界观,尤其是一个人的信念、信仰、人生态度、生活目的、工作态度等。

2. 价值观念决定了人与人之间是否有共同语言。具有共同价值观念,才有共同语言。如果社会或群体的核心价值观念很分散,就表现为对同一重要问题存在大量的不同观点,缺乏共同语言。

3. 价值观念是团结的基础。任何国家、企业、家庭都把团结和睦作为最重要的问题。社会和群体团结安定的最重要的基础是保持核心价值观念的基本一致。对于我们这样多民族、人口众多、地域辽阔的国家,保持各地域、各阶层、各民族核心价值观念的一致性始终是我们应当关注的最重要问题,否则可能导致社会的不安定甚至国家分裂。

4. 价值观念是家庭生活的基础。任何家庭里都会出现矛盾,只有把家庭作为核心价值时,才会有家庭责任感,才能够全力维护家庭,尽力设法解决矛盾。因此在谈恋爱论婚姻时,首先要识别是否把家庭当作核心价值观念,而不是强调结婚自由和离婚自由。

5. 价值观念是共同工作的基础。友好工作的共同基础是大家都具有如下共同工作价值观念:第一,自己的可靠生活在经济上是依赖工作的;第二,工业社会里人人都依赖社会合作共同生存,而农耕社会里主要依靠家庭;第三,工作中勤劳、与人和睦合作是人人共同生存的基础。许多单位里往往出现帮派问题,主要是因为缺乏这些共同生存价值观念。

6. 获得社会核心价值、道德和行为规范的过程被称为是社会化。这是一个人成为一个家庭人、社会人、国民必须经历的受教育的过程。这一过程主要发生在20岁以前。换句话,假如一个人15岁单独出国,那么他接受的社会化过程是在外国,他很可能不具备中国人的家庭观念和国家观念了。

一般说,人的核心价值观念是在15岁到20岁左右伴随着世界观而形成的,因此在这个阶段的教育对人文素质特别重要。

人的价值观念受下列若干方面的影响:

家庭教育,主要影响少年阶段;

学校教育,人从15岁到23岁大致建立形成自己的价值观念;

自己特殊的社会经验和教训;

外来文化的影响;

外国商品的冲击;

自己的能力、学历、个性与经验等;

> 地域差异；
>
> 社会生活环境或社会潮流的影响；
>
> 社会关系（亲友、同事、上司等）的影响和期待。
>
> 一般说，价值观念确立后不很容易改变。价值观念直接影响道德、思维方式和行为方式。

作业

1. 设计一个价值观调查提纲，把它作为你思考日常生活和工作的提纲。

2. 访谈你父母，写出家史，并请他们指出你的缺点。

第三节　什么是核心价值观

一、什么叫社会核心价值观

1. 一个人会有价值体系，这种价值体系涉及他的信仰、信念、人生观、世界观、评价标准等。个人核心价值指能够支配他人生选择的最重要的价值观念。

2. 对于一个群体而言，核心价值观念是该群体绝对多数人群的一致的价值。在稳定的群体任何一种文化都有自己的核心价值体系，其中最重要的价值是信仰、信念、生存方式（人生观念）、评价标准等。

3. 一个社会包含许多群体，各个群体都有自己的价值体系。假如，各社会群体对和睦价值（如大爱、统一、共同生存）认同的一致程度很高，或者说，99％以上的人认同和遵守这些价值，那么这些价值就是这个社会各个群体共同的价值观，这个社会群体也是稳定的，这种价值被称为是社会的核心价值。换句话，假如通过调查发现社会存在核心价值体系，那么这个社会就是稳定的。假如不存在社会核心价值体系，这个社会的稳定性就有问题，甚至可能出现动荡。

二、如何判断核心价值观

1. 通过对和睦生存价值观的问卷调查，可以看出被调查人群是否存在核心价值观。被调查问题都采用程度不同的量表形式回答。例如，"你认同'家和万事兴'吗？1～5分，完全认同选择5分，完全反对选择1分。"调查结束后，对各个答卷的各题的分数进行统计，就可以得出直方图。假如在直方图上有99％以上的人选择最高分数（5分），则他们都表示"完全同意家和万事兴"，见图3-3-1，这种价值被称为是社会核心价值观。在我国农耕社会里，可能99％以上的人都完全认同这个观点。假如社会群体对各种重大问题的观点都如此统一，那么这个社会群体的核心价值是很稳定的。一个社会或文化中下属的各个阶层群体还有各自的价值体系。例如,企业家与工人的价值观就存在一些差异。各个社会群体的价值观被称为是该文化价值体系中的下属价值体系(子价值体系),各个下属价值体系不应该违背该文化的总体价值体系。

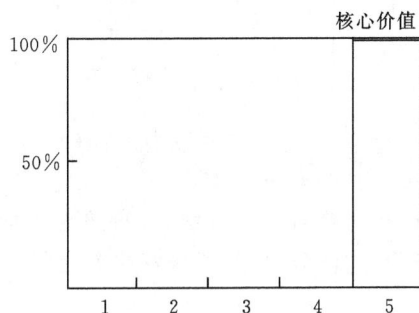

图 3-3-1 核心价值的直方图

2.如何调查价值观。人与社会是非常复杂的,往往包含相互矛盾对立的两种或多种价值体系,不可能只通过一两个问题的调查就搞清楚其价值观,更不能由此简单判断这个人或这个社会的稳定性。上一节(什么是价值观),已经分析过价值观所包含的 6 个因素,每个因素可以列举出许多具体问题。如果想搞清楚一个人或一个群体的价值体系,要列举 200～300 个问题,通过访谈和 2～3 次试调查,分析其调查的效度和信度,找出彼此密切相关的问题,再把调查问题逐步缩减为 100 个问题、70 个问题,最后通过这些问题调查分析,可以大致确定其价值体系。然而,这还没有结束,还需要进一步作下面的调查分析。

3. 对调查数据进行随时间流动的分析。每次调查仅仅是得到一个时刻的结果,当前调查的数据正是一个人或一个社会变化过程中的一个时刻。当一个社会群体不稳定时,会处于变化时期,首先表现在它的社会核心价值正在随时间而蜕化,见图 3-3-2。左图表明存在社会核心价值,社会群体几乎人人都认同"家和万事兴",这种社会群体是很稳定的。

中间那个图表明社会群体的核心价值开始蜕化,完全认同"家和万事兴"的人数(选择 5 分)大约为 80%,这说明从过去的 90%～100% 已经下降了,甚至有人选择中性态度(3 分),表示不置可否。这种下降趋势还会继续。

在这种情况下,选择完全同意(5 分)的人也是不稳定的,他们的人数还会逐渐减少。如果对各种重大问题的社会态度都如此,表示这个社会群体稳定性减退,该社会群体缺乏社会核心价值,他们在这些重大问题上的认同程度逐渐减少。

右图表示大约三分之一人选择 1 分和 2 分,他们反对"家和万事兴",这样,整

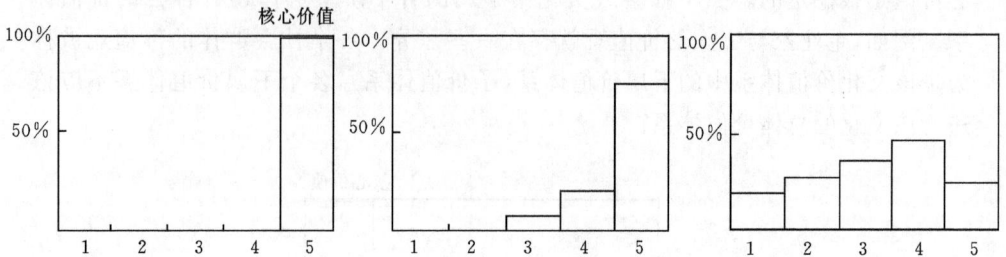

图 3-5-2 核心价值的蜕化过程

个社会群体对这个观点存在完全对立的看法,各种争论势均力敌。假如对各种重大问题的社会群体的态度都这样分散,就意味着这个社会群体已经很不稳定,甚至出现动荡了。

第四节 我国社会核心价值观

一、社会控制方式

任何社会都要生存稳定,为此就要建立一套社会控制方式,主要有以下几种。

1. 靠宗教信仰和敬畏控制。例如犹太教、佛教、基督教、伊斯兰教都是靠精神信仰和敬畏使得社会群体稳定。

2. 古希腊和古罗马是靠多神论信仰控制。

3. 靠礼仪控制。例如儒家建立了一套非常详细复杂的礼仪标准,靠礼仪控制人的外在行为,不是靠信仰和敬畏控制内在精神。

4. 靠算命迷信控制。历史上欧洲许多国家是靠泛神论控制。例如,西方的星座算命、各种占卜,我国古代的占卜、相面等。佛教、基督教等都反对各种形式的算命,因为这些算命都为了人的欲望。算命意味着泛神论控制,例如 12 个星座控制世界万物。

5. 靠权力控制。君主制度、军队、西方现代企业等,都是靠权力控制。

6. 靠监督控制。各种监督形式的控制。

7. 靠文化控制。工业革命以来西方社会一直处于动荡之中,为此开始研究文化,把文化看作是社会控制力。文化是社会群体的行动方式,文化主要包含核心价值观、道德、行为方式。

二、我国古代主要文化价值

1. 春秋时期的《黄帝四经》《管子》《道德经》,建立了我国文化的世界观、认识论、人生观、价值观。道家价值观的核心是善，"上善若水"。道家主要著作还有《庄子》《列子》《吕氏春秋》《韩非子》《淮南子》等。

2. 儒家和法家的主要价值观和思想出自道家的《管子》和《道德经》等。儒家创始人是孔子，似乎他只节选了《管子》的一少部分思想成为儒家思想。例如，《管子·任法》说："所谓仁义礼乐者，皆出于法。此先圣所以一民者也。"管子说，所谓仁义礼乐都出自法。《管子·心术上》说："法出乎权，权出乎道。"管子又说，法和权都出自道。管子在《管子·小问》中说："非其所欲，勿施于人，仁也"。从这里可以看出孔子的"己所不欲，勿施于人"的来源。孔子最初学习道家思想，然而一直搞不清楚"道"是什么，晚年他转向易经算命。

3. 唐朝中期的儒学大师韩愈(768—824)强调"以德礼为先而辅以政刑"。他提出"仁、义、礼、智、信"五德。人性分为上、中、下三等。上品人性，以一德为主，也通于其他四德；中品的人性，是一德有所不足，其他四德杂而不纯；下品人性，是一德违背，其余四德也不合。情的内容是"喜、怒、哀、惧、爱、恶、欲"。情也有三品。上品的情，表现出感情不偏激，能做到中和；中品的情，表现出感情上的不及或过分，但能向中和努力；下品的情，表现出感情上的不及或过分，但又不改正。唐朝时把《春秋》分为三传，即《左传》《公羊传》《穀梁传》；三礼为《周礼》《仪礼》《礼记》。这六部书再加上原设《周易》《尚书》《诗经》，被统称为九经。

唐文宗时期，在国子学刻石，在九经的基础上又加了《论语》《尔雅》《孝经》，统称为十二经。

南宋朱熹(1130—1202)把《大学》《论语》《孟子》《中庸》称为四书。他系统提出了"天人合一"的观点。朱熹用了四十年的时间来注解这四本书，著有《四书集注》。元、明、清三代读书人从年轻时候起，主要读这四本书。

南宋学者王应麟(1223—1296)写《三字经》，此书被称为"蒙学之冠"。

南宋把《孟子》当成经，与十二经一起构成十三经。

清朝朱柏庐(1627—1698)写《朱柏庐治家格言》，世称《朱子家训》。该书流传很广，被尊为"治家之经"，清朝至民国年间成为童蒙必读课本之一。

清朝康熙年间的秀才李毓秀(1662—1722)写《弟子规》，原名《训蒙文》。《孝经》《弟子规》《三字经》《百家姓》《千字文》，俗称"孝弟三百千"，是影响很大的启蒙读物。

4. 我国农耕社会文化建立了比较完整的家庭价值体系，它以家庭稳定为中心，家庭是生活的中心，是教育的中心，是生产的中心，其核心价值是"家和万事兴"。这些核心价值主要来自道家和儒家。

5. 我国古代社会行为和家庭控制主要靠礼。控制政府的主要方式是靠皇权。

6. 孔子的学生用4本书——《尚书》《周易》《诗经》《仪礼》概括儒家各种思想。孔子学说的继承人是孟子(前372—前289)，著有《孟子》。然而，除《论语》外，儒家迄今影响最大的是《易经》。如今到大书店去看看，用易经算命的书比比皆是。佛教、伊斯兰教、基督教都反对算命。

三、礼仪与信仰的区别

1.汉朝时把《易》《诗》《书》《礼》《春秋》称为五经。《易经》是信仰。它信仰什么呢？信仰泛神论，《易经》认为决定世界万物命运的是那 64 个卦，也就是说，那是 64 个神。然而这 64 个神各自决定一个方面，彼此甚至矛盾，人们不知道日常到底应该最敬畏什么，也就是说，日常大量思维行为没有标准，只有在有求算命时才有敬畏。然而算命是为了自我目的，为了人的欲望或灾难。例如，求问什么时候发财，然后让这 64 个卦（神）为我服务。这不是信仰，这是自我中心，64 个卦变成自我的卫士或服务员。但是，一个人不可能时时事事靠算命。那么日常思维行为靠什么呢？靠礼仪。算卦是信仰泛神论。

2.礼仪是可以被观察控制的形式，也是我国历史上实际信仰的管理控制方式之一。我国古代"礼"最多，最复杂，成为日常各种行为最主要的控制方式。不管你日常敬畏什么，想什么，"礼"只管你如何做，这就是外在控制、控制形式，是典型的形式主义控制方式。这种形式主义信仰的结果是什么？例如，一位口碑很好的人，他总爱帮助别人，这符合"助人为乐"。我问他为什么要帮助别人？他回答说："我希望别人说我好。"这是"礼仪"形式主义的结果。而宗教首先告诉你要敬畏什么，想什么，而不是只用礼仪进行控制。这是儒家（儒教）与佛教、基督教、伊斯兰教的最大区别。儒家强调礼仪，如今已经难以起作用了，人们逐渐看明白了，在礼仪背后还隐藏着动机，这个动机却不受礼仪控制。君王要求属下"忠"，但是却不问君王的动机和目的。不同动机，却可能有相同的表现行为。例如，礼仪要求服从上级，然而可能有不同目的，有的是为了工作，有的是为了得到消息，有的是为了提升，有的是为了夺权，还有其他各种目的。只要求礼仪，是无法搞清楚各种动机的。动机靠什么控制？靠信仰。

四、我国传统文化

1.中国传统文化的核心价值。我国传统文化中至今仍然有借鉴的可能主要是仁（爱）和孝。很遗憾，我国古代经典中没有详细解释什么是仁爱。什么是孝？简单说，孝有如下几层含义。第一，尊敬亲老，"家有一老，胜似一宝。""孝之至，莫大于尊亲。"（《孟子·万章上》）。第二，对父母要和颜悦色，谏言而不叛逆。第三，不要做丢人的事情让父母蒙受耻辱。第四，扶养长辈，照顾长辈病弱。第五，生养子女，也就是说，"不孝有三，无后为大。"更具体地说，《弟子规》《孝经》等文章系统介绍了孝的含义。"百善孝为先"也存在不足。例如，一个罪犯可能孝顺父母，但是在外却行凶掠夺钱财。他爱父母，却仇恨社会，因为缺乏普遍的大爱。老人也要有大爱。应该提倡"百善爱为先"，"谦卑是道德之首"。有爱心、谦卑的青年人会善待社会,善待家庭,也会孝顺。有爱心、谦卑的老人会善待子女,待人温和,尽量自理,也会体谅晚辈。

2.一个文化的核心价值要解决社会群体生存的三个重大问题。首先,如何应对危难? 我国传统文化强调忍耐,耐心是通过日常大量活动培养得来的,例如农耕、刺绣、练毛笔字、背诵文章等。其次,如何维持稳定? 我们传统价值特别强调家庭稳定和知足,其判断标准是满足家庭自给自足的需要。最后,如何应对新的人生问题? 我们传统文化特别强调依靠自然的生产活动。英国科学院院士李约瑟(Joseph Needham,1900—1995)曾写 7 卷 34 分册的《中国科学技术史》,他在序言中说,中国从 3 世纪到 13 世纪保持了西方所望尘莫及的科学技术知识水平,中国的这些发明和发现远超过同时代的欧洲。

3.西方启蒙运动许多思想家都推崇中国道家和儒家文化,莱布尼茨、歌德、笛卡儿、伏尔泰、狄德罗、爱默生(Ralph Waldo Emerson,1803—1882)都曾高度赞扬中国文化。其最重要的原因在于,他们这些现代哲学家的目标是反宗教,而缺乏日常生活方式的完整的行为规范。西方全部思想家的总和无法解答一个老百姓的日常人生问题。

4.我国传统农耕价值与西方现代价值的主要差异在于对待军事的态度。我国农耕时代不重视军事,而西方把军事看作是现代价值的核心。

五、我国工业社会应该具有的价值观

当前我们工业社会的核心价值观应该包括两方面。第一,目的价值:自己要善良,对别人要有爱心,这是文化的最终目的。第二,方式价值:这是实现目的价值观的途径和方法,例如和睦(统一中国)、友好、勤俭、开拓等。建立核心价值观主要通过以下三种途径。第一,家庭建设,以善良与爱心为核心,写家史和家训,建立家和万事兴观念。第二,企业文化建设,以善良与大爱为企业核心价值观,建立稳定持续发展的企业。第三,以善良与大爱建立中国核心价值观和文化。

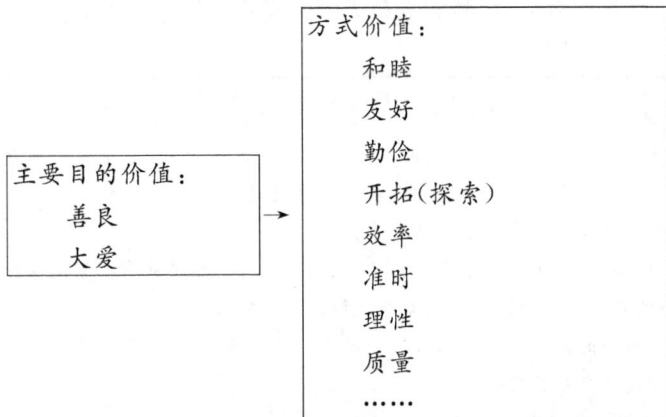

```
┌─────────────────┐        ┌──────────────────┐
│                 │        │ 方式价值:        │
│                 │        │    和睦           │
│                 │        │    友好           │
│                 │        │    勤俭           │
│ 主要目的价值:   │        │    开拓(探索)    │
│    善良         │ ──────→│    效率           │
│    大爱         │        │    准时           │
│                 │        │    理性           │
│                 │        │    质量           │
│                 │        │    ……            │
└─────────────────┘        └──────────────────┘
```

如果缺乏这些方式价值,则难以实现目的价值,个人可能身心不健康,企业可能会破产,学校可能办不好,家庭可能破裂,社会可能不稳定。

1.善良。什么是善良?善良是一个人自己的品质,主要表现如下。

第一,纯洁:心灵单纯,没有恶意,没有坏主意,不算计别人,出淤泥而不染。

第二,温和:心情喜乐。

第三,平和:遇到任何不顺心的事情,心情能够保持平和,不轻易生气发怒。

第四,具有同情心:怜悯别人,"己所不欲,无施与人"。

第四,自省:反省自己,谦虚,知错改错,会说"对不起"。

第五,宽容:原谅别人过失,忍耐委屈,不嫉妒,不报复,不伤害别人。

第六,始终如一:善良爱心不变,对人对己一致,不是双重人格。

第七,和睦友好。

第八,识别不善,抵御不善。

2.大爱。什么是大爱?大爱指对他人的品质,具有爱心,主要包含以下几方面。

第一,大爱是爱人如同爱己,温和亲切。

第二,大爱是为别人操心,我为别人付出而不求回报。

第三,大爱是善解人意,是信任,是责任。

第四,大爱是友好,以善报怨。

第五,大爱是永恒的盼望。

第六,大爱是宽广的胸怀,天南海北皆是兄弟姐妹。

第七,大爱是永恒的忍耐,是宽容忍让。

第八,大爱是同情怜悯,不嫉妒。

第九,大爱是不断原谅别人的过失,不怨恨,不冷漠。

第十,大爱是奉献自己的生命。

3.勤劳。第一,热爱劳动,勤劳是人的基本生存需要。不勤劳,人就不能生存下去。勤劳创造和谐家庭、社会、精神愉快和物质财富。发展经济,不是为了"搞钱",而是属于创造美好家庭与和谐社会中的一个因素。如果把"搞钱"作为发展经济的目的,其根源是懒惰、贪婪和欲望无穷。懒惰是万恶之源,它促进犯罪心理,引起无限享乐主义和腐败。

笔者 2000 年对 30 名大学生进行调查:"你在家是否从事家务劳动?"只有 9 人回答"是"。甚至有些出身工人、农民家庭的学生在家里根本不劳动,这是滋生腐败的根源之一。笔者 2002 年 11 月在西部某大学对 200 名大学生进行调查:"谁愿意毕业后,为改变自己家乡的落后面貌而奋斗?"只有 5 名同学举手。

懒惰、贪婪、欲望无穷和享乐主义是万恶之源,不可能维持正常的家庭生活、个人生活和工作,只能导致腐败,只会败坏国业、家业。谁需要这种人?

解决这个问题的主要方法是深入社会底层参加社会实践。通过社会实践,学生收获很大。人文素质起了重要变化。

第二,工业社会中的劳动是社会性大分工、集体性的大生产,要求严格的分工合作,不同于个体农民,因此企业的劳动管理像准军事化方式。

第三,工业社会里各种职业都具有服务性,人人都在为别人的需要而劳动。农业社会里劳动的主要目的是满足家庭和个人需要,干活马上能够看到自己的利益或成果。工业社会的劳动复杂得多,劳动还要满足他人、社会或市场需要。农民只为自己种地,就无法生存。如果没有人骑自行车,自行车厂就无法生存。如果没人吃苹果,果农就只好放弃果园。因此,自己正常生存的前提是别人需要你的服务,人人都在为别人需要而劳动,从而成为社会的一个环节,个人的利益表现在职业责任感里,并不能马上通过劳动看到自己利益。另一方面,每个人的生存都依赖别人的生存。市民要吃粮,必须依赖农民。农民需要工具、机器、电力和化肥,必须依赖工人,任何人都依赖社会而生存,个人利益通过很多社会环节才能表现出来。"个人利益"已经不是原来的意义,群体利益、长远利益、职业责任感中包含了每个人的利益。急功近利是个体小农价值观念的表现。

第四,工业社会里的劳动能力主要是通过学校教育而获得。上学读书是个人生存的基本条件,通过上学接受社会核心价值观念、道德、行为方式和技能教育。不上学,就难以生存。有些家庭在教育上歧视女孩子,使她们成为"弱势群体",是剥夺了她们的生存权利。

　　笔者对大学某班一年级学生进行调查,9人在家里干家务,其他21人不干家务。有些家长对孩子说:"只要读书好,什么都不必干。"这是错的。家庭教育的基本目的应该是培养家庭生活方式。

　　什么叫勤劳? 笔者在德国曾经工作过,周末到德国朋友家。星期天早上,从阳台上就会看到邻居菜园里有位德国老太太劳动,她年纪很大,动作缓慢,从八点劳动到十二点。后来每个周末都看见同样的情景。"她有多大岁数了?"德国朋友回答:"83岁。""她为什么自己干活? 它没有子女? 她不会请一个人?""这是她的习惯,喜欢劳动。从年轻时她就这样。"

　　美国人每周工作多少小时? 李洁,28岁,英特尔公司的计算机工程师。她说:"每周正常工作约50小时。我丈夫自己开公司,每周正常工作65小时。"

---

4. 俭朴是不追求物质附加值的享受主义,节约资源,延长使用寿命,不贪图新颖,即使富裕了,仍然保持着俭朴的生活方式,不会去挥霍。提倡消费不是发展经济的动力,而是制造虚假泡沫经济的方式之一。提倡消费是为了企业主利益而宣扬的商品价值,它是有计划地制造废品,提倡消费必然抛弃俭朴。挥霍式地请客吃饭,追求高消费,每年浪费大量资金和物质财富,导致许多人犯罪。挥霍浪费是腐败的主要特征之一。

　　　　喜欢占小便宜是贪欲的一种常见的表现。有些人喜欢拿公家信纸、信封,在办公室打私人电话,占用公家汽车,这些都反映了爱占小便宜。这是一种自私自利实用主义心理,它很容易破坏人际关系,使人马上产生不可信任感和不安全感。

　　5. 开拓是探索解决未知问题。实际上,人人都要思考、开拓、探索自己人生的未来。在工作上,你会经常遇到没有学过的,没有干过的,没有见过的。你是否敢干? 是否能够想出办法去干好? 这决定一个人是否能够在社会上生存。当前,我们培养的人很少具有这样的价值观念和能力。第一,西方工业社会至今两百多年,工业生产方式不可持续,地矿资源很快被耗尽,工业废物和污染毁坏了自然环境,其价值体系导致许多矛盾冲突。因此,西方正处在全面规划未来生存生产方式的时期,试图通过开拓和探索以发展新的发展道路。开拓性的特征是敢于尝试,"如果不尝试,一点可能性也没有。尝试,至少有50%的可能性。"第二,过去的以地矿资源为基础的科学技术知识可能很快被淘汰。你靠什么生存? 企业靠什么生存? 探索开拓未来,发现问题,解决问题,而不是寻找书本依据或寻找"先例""权威""依据",遇到问题时能够触发自己去思考、去想办法、自己去动手干解决问题。第三,开拓对人的最基本要求是性格外向,有交流愿望,敢于和别人交流,能够坦诚表达自己的思考,能够听取别人的建议。封闭式思维的基本特征是:自我中心,独自猜想,与外界隔离,不敢与别人交流。

　　6. 准时是为了适应工业大生产。第一,不守时是农耕习惯,只有季节和时辰概念,没有分钟观念。工业大生产以"秒"时间为单位安排生产。一个人一个环节不遵守时间,将会造成整个生产线停工,企业不能按时交货,就可能会破产。第二,工业社会人际交往的时间概念关系着效率、信誉、生存等根本问题。工业生产、管理、交易严格按照约定时间进行,不遵守时间就意味着违约,可能被解雇,可能失去市场,可能造成严重损失。

　　7. 理性意味着以下几点。第一,遵守社会道德和规则行动,最重要的是自省、自理、自律、自迫,分辨善恶。第二,保持情绪冷静,任何行动要考虑好目的和长远后果,不能被眼前利益诱惑,不要凭一时冲动。第三,不要用亲情朋友关系代替工作角色关系。第四,年满18岁就是法律人,必须对自己的一切言行负责,自己承担后果。第五,减少人际摩擦的最简单的方法是尊重别人,善心待人,"己所不欲,勿施于人",同时还要能够分别什么是不善。第六,金钱不能作为核心价值。第七,工业社会的行动必须具有可行的计划,要考虑解决问题的可行性。考虑个人行为的计划性是工业社会行为的重要特点,通过计划性主要考虑可行性和长远后果。

　　8. 效率意味着企业像战场,时间就是生命,时间就是生存机会。第一,高效率来自比较一致的工业社会的核心价值观念、职业道德、共同的语言和行为方式。亲情关系不能维持在事业上的价值观念一致性。要想持续发展,首先必须寻找具有工业社会核心价值观念和职业道德的人。第二,缺乏社会角色行为规范,只熟悉亲情思维方式,通过"磨合"寻找信任感和亲切感。请客吃饭可以拉近有些人的感情,但是并不能改变价值观念、职业道德和职业行为方式。第三,不计较过去,面向今后,讨论如何解决问题,如何干,如何配合,如何达到预期目的。第四,社会角色期待的基本思维是:寻找发现对方的期待,按照对象的期待行为。人们到商店买东西时,对销售员的态度和行为有不言而喻的角色期待。同样,对出租车司机、教师、工程师、经理、公务员都有确定的角色行为期待。如果人人都能够按照别人对自己的角色期待行为,办事效率就会提高。第五,个人英雄主义式的单打独斗严重阻碍人际合作。过去往往过多宣扬牛顿或爱因斯坦的个人成就。如今已经不是单打独斗个人英雄主义的时代了,任何成功都来自许多人高效率的合作。

9. 质量指人文品质和职业品质在产品和服务上的体现。质量是企业的生命,每个人的生命基础。如果一个产品有 100 个零件,只要有一个零件不合格,整个产品就是废品,因此 99 分是不及格。订货和市场供销等方面只有第一名能够生存,第二名往往就意味着失败、破产、下岗。在学校里考试成绩被分为 100分。回答 100 道问题,错 40 道题,仍然可以得到 60 分及格。"60 分万岁"的观念造就了许多"废品"。这是学校教育严重脱离实际的一个表现。现代化社会把军事和战争时代的观念用于一般日常社会生活。战争只承认冠军,没有亚军。现代化社会只承认第一,不承认第二。这就是质量的含义。"Do first time right"。现代化社会对一个人的基本质量要求表现为:快速反应部队,"招之即来,来则能干,干则成功。"没有经过严格训练的人,干任何事情都不能干好,工作中经常出现错误,这样的人在现代化社会难以生存。

六、为什么我国迄今没有完全实现法制

1. 我国历史上有法律,却缺少法制。我国在尧舜禹时代,就已经有法律了。历史上各个朝代都有法律,县官出庭审判案子,那就是按照法律行事。然而我国历史上实现法制了吗? 没有,迄今仍然要为实现法制而努力。

2. 为什么我国历史上变法很难? 我国历史上许多朝代灭于腐败,而变法却很少。商鞅变法、王安石变法、戊戌变法等,这些变法也仅仅是短暂的,是在君王权力控制下实施的。一旦失去君王支持,这种变法就失去意义了。这种变法还不是如今意义中的法制。第一,因为我国历史上的变法不针对君王,君王高于法律,这种变法是"君主控制下的法制"。第二,这些变法的目的是为了成为强势,维持权力,变法成为一种政治斗争,权势竞争是这些变法依据的主要法理,这更激化了政治斗争。这就是为什么法制这么难,为什么失去君王支持,变法就会失败。第三,法制在我国古代不是信仰,不是社会统治阶层的共同信仰,也不是社会百姓的共同信仰,而是出自法家的个人智慧(最起码历史学家误以为这样)。因此,只凭个别法家

掌权,变法无法成功,更无法持续。

3.到底是"法大还是权大"？这个问题在 20 世纪 80 年代初就有人提出来了。如果没有权力的支持,法制能建立并持续下去吗？难。我国历史表明,在权力支持下,才可能尝试法制。但是我国历史还表明,在权力支持下,也能废除法制。要真正实施法制,在权力之上必须有权威,或者说,要从权力过度到权威,能够一直持续制约权力的权威,社会各阶层都敬畏的权威,唯一能够赋予权力的权威。在我国,这种权威是什么？

4.如何才能实现法制？法与权的关系如何？管子已经讲清楚了。《管子·任法》的第一句说:"圣君任法而不任智。"《管子·任法》继续说:"所谓仁义礼乐者,皆出于法。"《管子·任法》还说:"《周书》曰:'国法,法不一,则有国者不祥;民不道法,则不祥;国更立法以典民,则祥。君臣不用礼义教训,则不祥;国更立法以典民,则祥。百官服事者离法而治,则不祥。'……故曰法古之法也"。请读者深思这句话的含义。

七、法制成功要解决的问题

官员凭什么会自己放弃权力而遵从法制？商人凭什么会放弃商业利益而遵从法制？教师、医生凭什么会自己放弃金钱而遵从法制？他们凭什么在法律面前不用谎言掩饰过失和自己的利益？他们凭什么不搞权钱交易？百姓凭什么会相信法律能够战胜罪恶？退一步说,社会弱势者凭什么会放弃无奈取闹而遵从法制？今天,百姓遇到这种问题时,只能盼望清官,盼望清官按照公正原则使用权力,盼望找到有力的关系帮自己。这不是法制,这是善人之治,或关系之治。在什么情况下,官员、商人、教师、医生、百姓会遵从法制？他们在什么情况下会说实话？在什么情况下弱势群体才不会无奈取闹？那就是他们都有共同的敬畏和信仰,他们都相信社会各阶层都遵从法制,司法界也能够遵从法制,也就是说,他们不敢不遵从法制,不敢不说实话。如何使全社会都认同这些？凭权力做不到这些。如果社会各阶层没有敬畏和信仰,就不会有普遍诚实的守法、认法、从法。如果权力者没有敬畏和信仰,就不会有普遍的按照法制去执法,会出现权权交易,权钱交易,就不会有公正的审判,就不会有公正的监督,也不会有公正的执行,这样就无法实现真正意义的法制。

八、什么是法制

建立法制的前提是建立社会信仰和敬畏。能够稳定持续的法制的真正含义有以下几点。

1.信仰法律高于权力,法律在每一个公民身上都能行得通,这与权力矛盾。只有信仰法制,才能放弃权力。为什么会信仰法制？这要看法律是从哪里来的。为某些群体利益制定的法律不会被全社会认同。

2.法制的内在基础是人人都敬畏法制,在敬畏面前遵从法制,在敬畏面前会讲实话,公检法不骗人,被告也不说谎。只有公检法和被告都有敬畏法制时,才能都说实话。谁能成为这种权威?

3.法制依据的法理不是权力竞争和较量,法制不是权力和金钱的延续。谁能够跳出权势竞争?

4.法律公正是指出自善良和大爱,法制是依据善良和大爱,扬善惩恶,公正审判,公正监督,公正执行,有错必纠。遵从法律不是为了某些人的利益行使权力。这些只有敬畏并信仰善良和大爱才能做到。谁能够一直保持这样的大爱?

5.法制来自哪里,如何才能成功? 这些问题其实道家早就解释清楚了,请读者看看《黄帝四经·道法》。

作业

考虑规划一下你一生应该赚多少钱。

第五节 语言与群体统一

一、德国如何促进统一

18 世纪末德国曾是欧洲三流国家之一,绝大多数德国人处在半农奴状态。1807 年拿破仑打败普鲁士,后者成为殖民地。德国如何促进统一?

首先,德国知识分子具有强烈的爱国和民族意识。

其次,当时德国教育家们大多反对过分依赖外语教学,反对古德语,反对方言和行话。由于古罗马帝国占领了欧洲,欧洲历史上流行拉丁语。17 世纪后期德国哲学家托马修斯(Christian Thomasius,1655—1728)和沃尔夫在哈勒大学打破用拉丁语授课规矩,用德语讲课表明自己是德国人。17 世纪中期,法国成为欧洲最强大的君主专政国家,从此整个欧洲流行法语。当时德国国王和上层社会都崇尚法国,并以讲法语为时尚。然而德国知识分子呼吁重视德语,德国著名教育家赫尔德反对当时上层和教育的崇洋媚外。通过德语唤醒德国民族文化意识,进行了几百年的努力。他们认为统一的德语教育才能保证统一的民族文化,才能学会热爱共同的祖国。德国教育家阿恩特强调母语教育是实施爱国主义教育的重要举措。他们把共同语言看成德国人民凝聚的纽带,把学校的德语和德国文学课程看得十分重要。德国人、法国人、俄国人等,都把自己的语言看作是世界上最美的语言。

同样,他们认为,不要把历史课看成死记朝代的教条,而要看成是"我们自己家族的历史";把地理课首先看成是未来企业家的知识,介绍国家的状态,使它对建立统一国家民族的市场有用。

他们努力建立社会核心道德。格林两兄弟写下《德国儿童和家庭故事》(我国译为《格林童话》),成为 19 世纪德国小学道德课的教材。19 世纪初,德国通过提倡德语、德国文学、历史课、地理课等实施爱国教育,对促进德国统一和爱国主义起到重大作用。

德国知识分子开创性地发展了德国哲学、艺术、诗歌、文学和音乐等,通过这些思想和艺术形式,传播了共同的核心价值观念和行为规范,对德国的统一和发展起了巨大作用。尤其是 18 世纪中期德国著名思想启蒙运动代表人物莱辛创作了许多优秀的民族戏剧作品,成为德国民族文学和思想启蒙的先驱。

二、语言和国家统一

语言不一致很容易造成群体交流的困难,很容易形成文化隔阂,长久下去就可能导致分裂。对于一个多民族的大国,通过法律形式保证语言一致是维护国家统一的重要措施之一。

印度的情况就表明了这一点。印度曾经是英国的殖民地,1947 年印度独立。1948 年印度教育委员会有预见地指出:"使用英语……把人民分裂成两个民族,少数统治者和多数被统治者,一个民族不能讲另一民族的语言,而且相互不理解。"40年后,坚持把英语作为精英语言的做法证实了这一预测,在"一个建立在成年人选举权基础上的、运作着的民主制中,制造了一个反常现象……讲英语的印度和有政治意识的印度越来越分道扬镳",这刺激了"懂英语的少数上层人士和那些不懂英语却享有选举权的数百万民众之间的紧张状态"。随着印度社会中的人民更广泛地参与行政管理,对西方语言的使用下降了,本土语言变得更为流行。(亨廷顿,2002)

三、美国的语言统一问题

美国是由移民形成的一个国家,大约存在 230 多种语言。美国历史上出现过多次"唯英语运动"(English-only movement),主要特征是要通过立法确定英语为唯一官方语言,公共教育必须以英语为基础,不以任何其他单一语言为基础。这是一个政治运动。

1890 年美国不会说英语的人口大约占 3.6%,1990 年占 0.8%。毫无疑问英语是美国的语言。然而 20 世纪最后 20 年,美国出现了新的声势浩大的唯英语运动,这令人惊奇。美国不断批评我国对少数民族的语言教育,但自己却建立法律把英语作为唯一的官方语言。1967 年美国国会曾经修订了中小学教育法,联邦政府拨款支持开办双语教育。20 世纪 90 年代"冷战"时代结束后,美国一些社会学家提出,今后文化冲突将会取代意识形态冲突,因此语言作为文化的媒体首先被作为斗争的焦点了,双语教育引起广泛质疑。19 世纪只有一个州通过法律把英语作为官方语言,1900 年到 1980 年通过此法律的有 4 个州,1980 年以后通过此法律的有

22 个州,到 2002 年初已经有 27 个州通过了英语为官方语言的法律,由此可以看出该运动的结果。

美国唯英语运动有五个基本观点。第一,认为英语是美国的"社会黏合剂",是"共同纽带",英语帮助来自不同背景的美国人相互理解消除隔阂。第二,认为当今的移民与昨日不同,他们拒绝学习英语,政府支持双语教育,纵容和助长了他们这种态度。第三,认为学习英语最好的办法是强迫学习,在残酷的迫切需要面前无路可循,非学好不可。第四,认为少数民族领袖倡导双语主义,怀有不可告人的自私目的,倡导双语可以为他们的选民提供工作,阻止他们学好英语可以保持他们对领袖的依赖性。第五,认为语言多样化必然导致语言冲突和民族仇恨,最后导致像加拿大法语区魁北克省那样的政治分裂。

他们的行动目标和纲领是:促使美国政府批准修改宪法,增补英语为官方语言的条款,废除投票选用双语的要求,废除双语教育,实行有英语和民事服务要求的入籍法,扩大英语学习的机会。这场运动的动力是文化合一观念。19 世纪 60 年代美国爆发了黑人民权运动,70 年代演变成强调民族认同感的多元文化思潮,黑人提倡自己的黑人文化,少数民族出现了"寻根"热潮。这两个运动对"美国大熔炉"提出挑战。20 世纪末出现的唯英语运动对此进行全面反击。由此可以看出,某些外国政府对我国施加压力,无端指责我国的少数民族语言教育政策,实质上是有意破坏我国的统一。

从历史上看,唯英语化运动在美国已经持续了几百年。美洲被发现前,美洲印第安语大约有几千种,但是目前约幸存 150 多种,可能在不久的将来全部灭亡。欧洲移民到美洲后,在进行军事征服的同时也进行语言征服。20 世纪 80 年代担任印第安事务委员会行政长官的托马斯·J. 摩根(Thomas J. Morgan,1847—1912)等人把英语说成是:"天底下最优秀的语言",把印第安语言说成是野蛮原始的方言。美国开国元勋之一约翰·杰伊(John Jay,1745—1829)在《联邦党人文集》把美国描绘成"源自同一祖先,说同一种语言的民族",根本没有把印第安人看作是美国人。(蔡永良,2002,75)

四、"台独"的语言政策

1949 年国民党政权逃到台湾后,曾经把"国语"列为"官方语言",规定在学校、公共场所、广播、电视等大众传播媒体上必须采用"国语",甚至采取措施强行推广,违反者被给予罚款和处分。这反映出"中国"的国家价值观念。20 世纪后 10 年,"台独"势力在台湾逐渐合法化。他们从文化上谋求"台独"的两个举措就是修改历史课等教材和把方言列为"国语"。2002 年初,以"台独"分子为后台的"台湾团结联盟"提案,要求将"河洛话"作为台湾"第二官方语言",使之与"北平话"处于同等地位,要求台湾"教育部"将"河洛话"纳入"国民"教育正式课程。

其长远目的是使大陆和台湾的口语言交流成为"不同口语"之间的交流方式,以造成台湾"独立"的局面。此提案引起岛内各界强烈反对,连民进党许多"立委"也认为此议案会"引起族群分化,给执政党带来困扰"。后来只好修正提案,声称只要求将"台湾话列为国家语言"。早期到台湾的大陆移民主要来自闽南,俗称"河洛人",也就是从中原河南一带到福建的客家人,其口语被称为"闽南话"。目前岛内多数人可以用闽南话交流。可是,闽南话有音无字,例如"穷穷"(集中)、"漏甲光"(一夜闹到大天亮),文字与发音完全不同。如果把"河洛话"作为官方语言得逞,将来有可能会进一步提出"为这些发音造字",从语言上逐步与祖国大陆的语言文字分离。

五、社会核心价值是群体统一的关键因素

对于一个社会群体来说,语言是彼此交流理解的基本工具。几千年历史上,同一种语言积淀了深厚的文化遗产。语言不统一,往往是导致国家分裂的重要因素之一。然而语言一致,不等于核心价值观一致。现在国际社会远比那时复杂得多,损害国家统一的因素远比那时多,如今仅仅依靠语言统一不足以维持国家统一。例如,苏联的各个加盟共和国基本实现了语言统一,然而20世纪90年代却都独立了。英国、美国都用英语,但是却不能统一成为一个国家。同是说德语的人群,但是核心价值观不同,就成为德国、奥地利以及瑞士的一部分。

一个企业内部,如果骨干人群的企业价值观不一致,在企业发展策略、决策方式、经济利益、市场策略、用人策略等方面往往就不一致,在这些问题上往往会争论不休,甚至会导致破产倒闭。

同样,一个家庭中各成员都说同一种语言,如果他们的家庭价值观不一致,那么也难于维持家庭。例如一个强调家庭责任感,另一个强调个人自由反对家庭责任感,就可能导致家庭不稳定或破裂。要想建立和维持一个和睦稳定的家庭,首先要看是否具备比较全面的家庭价值观念,是否具有家庭生活方式,而不是看外貌、钱财、地位、激情等因素。

六、如何维持国家统一

1. 美国的少数民族数量很多,民族整合是美国的基本策略。每个民族都有自己的传统文化,其价值观念有很大差异甚至对立。美国历史上曾经由于黑人奴隶制导致内战,那场战争中死亡人数超过以后在各种战争中死亡的美国人数总和。1970年,美国黑人又爆发了大规模冲突。如果美国的各个少数民族都极力要保持自己的文化传统(价值观念),那么不同宗教、肤色、民族之间就可能对立和冲突。例如,一栋楼上住有华人、伊斯兰教信徒、基督教信徒。周末,华人喜欢美食聚餐,油烟味道会传到其他住户家里,这样可能引起冲突。长久如此,美国就可能会分裂

成为上百个国家。因此,要保持美国统一,就要使各少数民族只能维持一致的核心价值观念。美国以盎格鲁-撒克森人的中产阶级的价值观念作为正统,对其他宗教采取保守态度,官方不支持这些宗教,也不支持各少数民族为了传播自己的文化传统所开办的自己的教育,国家以英语为基础普及教育。仅这些政策并不能有效维护美国人的核心价值观念一致。要使美国保持统一,必须冲淡各个各少数民族的传统文化,改变他们的核心价值观念。其关键问题是打破少数民族的群体生活,使他们以个人身份混杂出现在社会上,摆脱他们的传统文化,并接受美国的核心价值观念。为此提出了国家普及教育的主要任务之一是"社会化",通过教育来普及社会的正统价值观念,尤其是提倡个人主义,而不是各个民族的传统群体,鼓励追求个人成功,宣扬"我是最棒的"。使人们都不断流动,以"车轮上的美国"和"汽车文化"推崇个人自由、独立和流动,从而冲破了各个少数民族的群体稳定居住。提倡"个人成功",而不是自己少数民族的成功,也不是家庭的成功。使人们的传统紧密关系变得松散了。当人人都为自己的成功而奔忙时,就没有时间保持原来的生活方式,也没有时间与其他人聚会,继承传播本民族的传统文化,这样就冲淡了少数民族的文化传统和价值观念。这样,同时达到两个目的:减少民族问题,人人为发展经济而忙碌。通过提倡科学创新、提倡文化创新作为动力,保持美国的统一,从而提高美国人的国家自豪感和国家稳定统一。美国电影大片正是为此目的服务,不断用未来科学问题、人类生存问题、太空战争、魔鬼问题、病毒传染问题、机器人问题等去冲击人们的传统价值观念。

国家统一问题

20 世纪后 50 年,反殖民主义的民族独立中,也出现了国家分裂问题。

美国是最早制定反分裂法律的国家。1831 年美国制定法律规定,当联邦法律和州法律冲突时,应遵守联邦法,否则联邦政府有权动用武力在各州执行联邦法,分裂分子将以叛国罪论处。1861 年南北战争爆发前,又颁布了《反脱离联邦决议》等。为了维护国家统一,美国南北战争中死亡 60 万人,比以后参与的所有战争死亡人数总和还多。后来美国又将维护国家统一、反分裂写入美国宪法。

俄罗斯法律也坚决维护国家统一,反对制造分裂的活动。

针对法国科西嘉岛闹分裂,2001 年 12 月,法国宪法委员会在相关法案中删除了有关该岛自治的条文,确定科西嘉岛是法国不可分割的一部分。

加拿大的魁北克省是法语区,1995 年第二次"公投"获得 49.44% 的支持。让·克雷蒂安(Jean Chrétien,1934—)总理坚定地说:"百分之五十加一票就可以分裂一个国家? 这不是民主!"1998 年 8 月加拿大最高法院裁决认定,无论是根据国际法还是国内法,魁北克省都无权单方面脱离加拿大。此后,加拿大议会又用立法规定,今后魁北克省再就独立问题举行公民投票,必须得到联邦政府的承认才能生效。

英国、西班牙等国也存在分裂可能性的问题。

2. 苏联解体的原因之一,也是由于社会核心价值观念问题。虽然苏联很明智地采取文字统一,然而却疏忽了社会核心价值观念的统一,由国家政府出钱建立各个自治共和国,国家出钱培养了一代又一代的能够独立自治的少数民族官员,帮助他们建立了成熟的政府机构、军队、法律、监狱、外交、教育、工业等,并且从核心价值观念上承认了自治。在各方面条件成熟时,各个加盟共和国终于独立了。

3. 我国历史上如何维持统一? 这个问题必须进行深入研究。分析一下元朝、清朝等,为什么中国保持统一? 我国文化中采取的方法根本不同于美国和苏联。当清朝要占领中国时,依靠强大军队去打仗。然而当清朝要统治中国这个国家时,不可能把人口众多的汉人改造成满族人,只能由满族人学习中原文化,依靠中原文化来统治中国人。一旦他们学会了道家和儒家文化,他们就具有这种价值观念了,于是他们也就不会打仗了,他们也就融入中国了。

第六节　当前大学生的价值观

一、大学生价值观调查

笔者从 2002 年开始研究大学生价值观问题,并从 2008 年开始每年都组织大二学生对大学生的价值观进行调查。下面引用两次调查结果,其中一次是 2009 年5 月在 12 所大学调查了 2200 多人,另一次是在一所大学调查 4000 多份问卷,采用概率抽样方法进行抽样。调查结果表明,在任何一个重大观点上,大学生都缺少核心价值观。下面对几个重大观点进行分析。

1. 关于人生信仰、信念。这个问题是价值观的首要因素。大学生是否有人生信念或信仰? 笔者对该问题进行过两次调查,每次大约 100 名大学生,没有一人认为自己有明确的人生信念、信仰。人活着的意义是什么? 我的人生目的是什么? 1%～2% 的大学生认为自己对这个问题比较明确。这是一个比较严重的问题,至今没有被认真解决。

2. 关于家庭。家庭是中国传统文化的核心。从调查数据来看,如今大学生的家庭观念已经发生根本动摇,这可能对社会稳定造成较大的负面影响,这方面的问题将在《家庭生活》一书中具体分析。

3. 关于够买车房。房子与汽车是体现价值问题的两个主要问题。大约 48%的大学生将来极力要买房,各种不同程度想买房的人数总共占 75%。这个比例表现了什么价值观念呢? 表现了人生观念不现实或过分贪心,或者说,许多人不了解工业社会的生活方式。看看西方国家私有房屋率就大概清楚了。西方国家私有房屋率也没有这么高。美国 2005 年私有房屋率为 68.9%。美国人私有房屋率从1960 年的 62.1% 增长到 68.9%,一共经历了 45 年。其他后工业化国家的私有房屋率大约如表 3-6-1 所示。

表 3-6-1　西方后工业化国家的私有房屋率(2002 年)

国家	奥地利	比利时	丹麦	法国	德国	爱尔兰	挪威	西班牙	葡萄牙	英国	美国	以色列	加拿大
私有房屋率	56%	71%	51%	55%	42%	77%	77%	85%	64%	69%	68%	71%	67%

注:引自 http://en. wikipedia. org/wiki/Homeownership_in_the_United_States。

2000 年后,汽车在我国迅速普及,然而迄今我们缺乏汽车文化,也就是缺乏对汽车进行价值判断,汽车也没有融入日常的和睦生活中。对待汽车的价值陌生,是一个普遍存在的问题。许多大学生把汽车作为理想之一,大约 36% 的大学生将来极力要买车,各种不同程度想买车的人数占到 76%。另外还有 15% 的人不置可否,他们也许想买车,那么极端情况下,可能有 91% 的人想买车。笔者曾经每年都调查这个数据,如果不考虑经济能力,大约 99% 的大学生想买车。这反映对待汽车的价值观念上存在不成熟的问题,对工业社会价值观念的不成熟,许多人不是把汽车当作交通工具或运输工具,而是当作人生理想、攀比对象、身份象征、物质欲望或代步工具,由此造成一些难以想象的事情。笔者曾经遇到一位同事,他步行上班只需要 5 分钟,而他却开汽车,下班时总遇到交通堵塞,甚至花了一个半小时把车从办公室开回家。

美国 2003 年人口为 2.91 亿,开车人数为 1.96 亿,比例为 67%。美国汽车司机占总人口比例从 1960 年的 48% 到 67%,一共经历了 43 年。

与此密切相关的一个问题是:是否把贪婪作为人生发展动力? 本调查认为自己把贪婪作为人生动力的人只有 17%,不知道自己是否把贪婪作为人生动力占 29%,认为自己不贪婪的占到 53%。假如中国人汽车占有率达到美国人的水准,大约需要把当前全世界石油产量增加 8 倍,这是不现实的。为此,可能引起能源冲突,甚至战争,这是非常危险的。

虚荣是导致贪婪攀比的原因之一,大学生中明确认为自己不虚荣的只有 10% 左右。

4. 到什么地方去工作? 只有 11% 的大学生可能不去那些经济发达的地区去工作,自己表示非常愿意去经济艰苦地区工作的人只有 3.7%,实际上去艰苦地区工作的人数比这更少。希望到经济发达地区去工作的人数占到 63%,还有 26% 的人不置可否,这两类人占 89%。这反映了在工业时代我们文化中缺乏劳动价值、劳动伦理。在农耕时代,家庭就是劳动单位,土地是自己的,一切劳动都是为家庭,因此劳动目的很明确。如今不同了,自然资源不是自己的,企业不是自己的,劳动是为了从企业主那里获取工资,而普遍又认为工资偏低。20 世纪 80 年代初,去深圳的人是艰苦创业者,如果没有他们,就没有如今的深圳。而如今去那里的人群却主要是淘金者,他们的劳动价值已经发生了根本变化。西方从工业革命至今二百多年,通过了多少代人,经济能够不断发展,并不是依靠贪婪欲望,而是靠基督教文化中的劳动伦理。而亚洲的劳动伦理依靠什么?不论是我国台湾还是香港,似乎都存在与内地共同的现象,那就是,第一代人辛苦创业后,第二代人就贪图享受,不愿意继续辛苦劳动创业了,普遍比较缺乏劳动伦理。我们的工业化和现代化发展是否能够采取西方的价值方式?能够持续多少代人?

5. 两次调查中,大学生中有过自杀念头的人数大约分别为 15％ 和 20％,城市学生中大约有 23％,农村学生中大约有 18％。男生大约有 19％,女生大约有 21％。从学生家庭地域分析,占前几位的是:广东、上海、新疆、内蒙古、青海、安徽、广西等地。在缺乏人生目的和信仰时,经济发达和经济落后地区比较容易出现这种问题。

大学生自杀的原因大致如下。第一,活着没有人生目的,觉得生活很空虚,这类人大约占有轻生念头人数的 45％。其中有些人个性过强,对人生期望很高,然而强烈追求得不到答案而失望。另外有三分之一的人是迷恋网络或游戏,他们由于缺失人生价值观念,通过网络或游戏寻求精神刺激或消磨人生时间。这是人文教育应该研究的最重要的问题。第二,遇到挫折后导致人生重大变化,感到生活没有意义,过分悲观绝望,这类学生占 23％。第三,精神压力过大,或者说,自卑心理比较重,竞争意识比较强,然而总觉得自己比不上别人,这类学生大约占 6％。第四,家庭破裂,感到人生失去希望,这类学生大约占 6％。第五,失恋后觉得人生没有意义,或者觉得被社会抛弃,这类学生占 3％。

有自杀倾向往往有如下的初期症状。第一,觉得自己一事无成,没有希望或感到绝望。第二,感到极度挫败、羞耻或内疚。第三,写出或说出想自杀。第四,经常谈及"死亡""离开"及在不寻常情况下说"再见"。第五,将至爱的物品送走。第六,避开朋友或亲人,不想和人沟通或希望独处。第七,性格或仪容剧变。第八,做出一些失去理性或怪异的行为。第九,情绪反复不定,由沮丧或低落变得异常平静开心。

这些学生往往表现为强烈的个性,单纯的人生信念,遇到挫折,情绪低落,内心封闭,孤独感很强烈,更重要的是缺乏友好善良的人文环境,使人感到孤独无望。

6. 迷恋网络和游戏,男生中有 10％ 的有此问题,女生中大约有 1％。网络游戏的设计是一个严重的问题,设计界应该认真反思这个问题。

7. 关于叛逆。对叛逆持完全否定态度的人数只有 2.3％。被调查的大学生中承认自己叛逆的人数占到 48％,另外还有 30％ 的人选择中性,这类学生其实也属于叛逆之列。实际上叛逆的比例更高,在另外两次调查中发现,叛逆的人数占到 95％ 以上。导致大学生叛逆的主要因素如下。第一,家庭教育(尤其是母亲)采取强势态度,不讲道理,迫使孩子不能自主思考,大事小事都必须按照父母的指挥去行事,甚至导致不少四五岁的男孩子叛逆。第二,某些艺术类课程教学中宣扬叛逆,把叛逆当作正面品质,造成价值判断颠倒。这种大学生到工作环境后,也喜欢通过叛逆自我张扬,完全没有工作责任感。第三,中小学教育中的某些问题引起学生叛逆,例如处理问题不公正等。第四,文学艺术界某些媒体和公众人物宣扬叛逆。

8. 关于崇尚自由。坚决否认自由的只占12％,各种不同程度否认自由的约占34％,极力推崇自由的大约有13％的学生。把不同程度追求自由的人数加在一起,大约占大学生中的40％。另外有26％的大学生对崇尚自由不置可否。另外一次调查发现追求自由的人数占53％。自由是西方思想启蒙运动提出的观念,这个观念与叛逆观念一起都是为了摆脱宗教的,如今,更多的人是用自由和叛逆观念针对日常生活中的行为规范。自由是一个妨碍承担责任和谐生活的观念。在大学生中导致这个问题的主要原因如下。第一,家庭教育和中小学教育女性化,主要表现在教师情绪性、强制性、竞争性、征服性、刺激反应式教育,严重缺乏人格、价值、责任感和社会实践与行为规范的教育。第二,追求西方价值观念。

9. 对待金钱的态度比10年前有所改变。20世纪90年代末流行一句话:"金钱不是万能的,但是万万不能没有金钱。"这句话实质仍然是金钱万能。这次调查"金钱是否能够解决我的问题"时,30％的人明确认为金钱无法解决全部问题,总共63％的人认为金钱在不同程度上无法解决全部问题,只有2％的人认为金钱能够解决全部问题,认为金钱能够解决问题的总共占17％,其他还有20％的人不置可否。认为金钱是自己人生最重要的动力的人占到3.7％,一共有20％的人认为金钱是不同程度的人生动力,28％的人不置可否,认为金钱不是自己人生动力的人占到51％。认为金钱很重要的人占9％,对金钱重要性持正面态度的人数占到38％,不置可否的人数占到31％,其他31％的人认为金钱在不同程度上不重要,其中4％的人认为金钱根本不重要。金钱是否重要?是重要,因为一切物质生活都要靠金钱才能获得。但是金钱不能取代精神,无法解决价值观念和道德问题,包括善良、爱心、忠诚、责任、信任、健康、温馨的家庭、内心的充实等。

10. 如何看待求新求变?这个问题是当前比较困惑的问题之一。大约33％的人崇尚求新求变,27.3％的人不置可否,大约40％的人对求新求变持负面态度,非常反对的人数大约为12％。其实,求新求变反映了缺乏核心价值观念,试图通过变化获取精神刺激。具有核心价值观念时,最终方向和目标是明确的,从外表看,他们似乎在求新求变,实质上,他们是不断发现问题并解决问题,不断改善,不断走向既定目标,不断追求完美。他们的目标根本没有变,他们的目的不是求新求变。这个问题与"我是否喜欢各种刺激"密切相关。极力追求各种刺激的人占9.7％,对刺激持正面态度的人总共占到34.8％,非常反对的占7.9％,对各种刺激持负面态度的人大约占到32％,不置可否的人占33％。寻求刺激反映了缺乏核心价值观念。

11. 和睦重要还是自由竞争重要？在 20 世纪 80 年代改革初期，这个问题曾经困惑许多单位。那时许多单位针对懒惰问题，提倡自由竞争。经过这三十年的改革开放的体验后，大多数学生明白了合作的重要，认为自由竞争非常重要的人只占 3.1％，对自由竞争持正面态度的人占 12％，有 29％的人不置可否，其他 59％的人对自由竞争持负面态度。

12. 对待环保和经济发展的态度。大学生趋近于西方青年人的态度，认为经济发展比环保重要的人只有 5.2％，不置可否的占 28％，其余 67％的人都认为环保比经济发展更重要。这种态度可能会影响我国今后的经济发展。

13. 是否认为今后日子会一天比一天过得好？只有 3.3％的人对此持负面态度，14％的人不置可否，其他 83％的人对此持正面态度。这是社会历史进步论的表现，这可能与西方差别比较大。回顾眼前的历史，20 世纪出现两次世界大战，经常遇到经济危机、金融危机、能源危机、自然灾害、经济危机等。对这个问题的困惑，实际上反映了对西方现代化缺乏了解，而对未来产生不实际的期待，这是受社会达尔文主义影响的结果，误认为历史必然永远朝着进步的方向发展。

14. 大学生是否能够自觉反省自己，承认并改正错误？这是衡量道德的最重要的问题。人人都会犯错误，但是一个人是否具有道德，主要看他是否能够自己反省自己，是否能够改正错误。大学生认为自己能够自觉承认并改正错误的人数占到 73％，只有 6％的人认为自己不能做到，21％的人不置可否。实际情况远不如此，这个问题在下面还要对比企业调查结果。

15. 大学生是否节俭？大学生自认为不节俭的只有 6.5％，不置可否的占 23％，其他的 70％都认为自己节俭。这与实际情况差异比较大，说明大学生的攀比贪心已经普遍化和正统化。

16. 大学生的诚信状况如何？大学生自认为不讲信用的只有 3％，不置可否的占 7％，其他的 90％都认为自己讲信用。实际情况几乎相反，对说谎的调查也许能够反映这个问题。

17. 大学生是否能吃苦？大学生认为自己不能吃苦的只有 8％，不置可否的占 18％，其他 74％的都认为自己能吃苦。类似，大学生认为自己懒惰的只有 8％，不置可否的占 18％，其他的 74％都认为自己勤劳。实际上，大多数都比较懒，只要看看他们的作业、上自习的比例、晚上成群结队逛街的情况就知道了。

18. 遇到挫折后是否能够百折不挠？大学生对自己估计太高，只有 7％的人认为自己不能百折不挠，不置可否的占 20％，其他 73％的人都认为自己能够做到。

19. 关于合作能力。大学生认为自己不能合作的大约只占 2％，不置可否的有 12％，其他 86％的大学生都认为自己合作能力强。大学生在这方面对自我估计过高。

20. 大学生是否接受诱惑？大学生中有 12％的人认为不义之财可以接受，不置可否的占 23％,这两类人占 34％,其他 64％的人自认为不义之财不可接受。

21. 是否尊敬师长? 大学生中大约 6％的人自认为不尊敬师长,不置可否的占 10％,其他 84％的人认为自己尊敬师长。大学生在这方面对自己估计过高。

22. 大学生中有偶像崇拜的人占到 58％,这是缺乏核心价值观念的重要体现之一。偶像崇拜的普及化主要是通过娱乐界传播的。

下面的调查数据明确说明,大学生在人文素质方面过高估计自己,远远不符合企业要求。

二、企业、家长及大学生的评价比较

2008 年上半年笔者组织 3 个班级大学生,调查了大学生、家长和企业人力资源部门对大学生人文素质和能力共 53 个因素的评价(表 3 - 6 - 2)。一共调查了 180 个企业,它们分属 6 个行业,包括金融、服务、制造、建筑、房地产、IT。调查采用量表方法,最高分值为 10 分,表示最好;最低 1 分,表示最差。调查结果包含 4 个数值:企业期望值(也就是及格值),企业对大学生的评价,学生对自己的评价,大学生家长对自己孩子的评价。把各个因素的调查结果分别对应起来,就得该表。

表 3 - 6 - 2　企业、家长和大学生对大学生人文素质和能力共 53 个因素的评价(满分 10 分)

序 号	因 素	企业期望	企业评价	学生评价	家长评价
1	谦卑	8.24	1.79	8.93	4.64
2	适应能力	9.76	1.79	9.76	5.83
3	不自我中心	9.29	1.90	8.57	4.89
4	诚实	8.21	1.90	8.81	8.81
5	不受诱惑	8.46	2.03	7.50	6.90
6	吃苦	9.53	2.14	9.29	4.64
7	活动经验	9.40	2.14	8.57	8.57
8	爱竞争	8.46	2.26	7.74	6.19
9	不嫉妒	10.00	2.39	9.76	5.60
10	朴素	9.04	2.39	8.57	5.96
11	合作能力	9.64	2.39	9.29	6.90
12	实践能力	8.46	2.50	8.57	5.71
13	不叛逆	8.21	2.61	9.04	6.79
14	不浮躁	9.29	2.61	9.40	5.71
15	解决问题能力	9.04	2.61	8.57	5.35
16	生活经验	8.57	2.61	7.61	4.64
17	理论知识够用	9.76	2.61	9.76	4.53
18	自迫	8.81	2.72	8.81	7.14
19	主动	9.53	2.72	9.76	7.39

序 号	因 素	企业期望	企业评价	学生评价	家长评价
20	懂事	8.57	2.86	7.61	6.07
21	不脆弱	9.40	2.86	9.40	5.47
22	自主性强	8.57	2.86	7.85	7.39
23	不自私自利	8.57	2.86	7.74	6.31
24	对待长者	8.57	2.86	8.93	6.07
25	承受压力能力	8.57	2.86	8.46	4.53
26	无进攻性	9.76	2.97	9.64	8.93
27	忠厚	9.40	2.97	9.17	6.90
28	安于现状	8.46	2.97	7.39	8.57
29	动手能力	7.86	2.97	8.58	5.47
30	不爱报复	8.46	3.10	7.61	6.90
31	节俭	8.57	3.10	7.50	4.89
32	合作	9.64	3.33	9.64	7.26
33	自律	8.69	3.45	9.29	5.82
34	不猜疑	9.04	3.75	9.04	6.31
35	金钱第一	8.47	3.75	8.57	7.26
36	善良	9.04	3.93	8.69	8.33
37	能干	7.61	3.93	8.57	7.03
38	喜欢攀比	8.57	4.04	8.21	7.14
39	责任感	8.93	4.04	8.93	6.79
40	理解能力	9.17	4.04	8.57	7.61
41	自省	9.17	4.17	9.05	5.47
42	独立思考能力	9.17	4.17	9.89	6.90
43	交流能力	9.89	4.29	9.64	8.46
44	发现问题能力	7.86	4.40	8.46	7.14
45	友好相处	8.93	4.53	8.69	6.90
46	喜欢学习	8.33	4.53	7.97	5.71
47	是否爱交流	9.64	4.64	9.53	8.46
48	孝敬	8.48	5.10	8.57	6.79
49	商品诚信	9.64	5.20	9.64	6.07
50	创新能力	8.81	5.25	8.69	6.98
51	执行能力	9.04	5.71	9.04	7.39
52	表达能力	9.17	6.19	8.10	8.46
53	理性	8.46	6.43	8.57	5.96
	平均分值	8.91	3.43	8.75	6.56

1. 被调查的 6 个行业对大学生合格率评价如下。被调查的建筑公司认为大学生合格率大约为 20％。被调查的制造业、金融、服务业认为大学生合格率大约为 10％。信息行业认为大学生合格率最低,尤其是高科技企业、IT 行业与外资信息企业,所调查的单位认为合格率为 0.3％～0.5％,也就是说,每年毕业的 700 多万大学生中合乎企业要求的只有 2～3 万人。

2. 企业对各项因素评价的平均分值为 3.43 分,企业的期望值(及格值)为 8.91 分,学生对自己的评价平均值为 8.75 分,家长对大学生的评价平均值为 6.56 分,家长的评价也不及格。被调查的这些企业认为大学生在这 53 项因素中没有一项合格。在 53 项因素中有 51 项完全是负面评价(按照惯例低于 6 分),高于 6 分仅有 2 项,最高 6.43 分,而企业认为 8.91 分才合格,而学生认为要达到企业要求的 8.91 分极困难,这表明学校教育的要求程度远不如企业要求高。虽然学生对自己估计过高,但仍然有 82％的内容没有达到企业期待。

3. 企业对 29 项评价“极差”,不到 3 分,包括:不虚心、自我中心、容易受诱惑、缺乏诚信、不能吃苦、爱竞争、嫉妒心强、不能合作、追求叛逆、浮躁、缺乏生活经验、缺乏解决问题能力、缺乏合作能力、被动等。

4. 在价值观念因素下,被调查的企业认为大学生的拜金主义很严重,如是否金钱第一,缺乏节俭、善良的品质,做事情不够理性,意志薄弱,自律能力较差,缺乏吃苦精神。

5. 被调查企业认为大学生心理素质很差,喜欢以自我为中心,喜好攀比,缺乏奋斗精神,懒惰,贪婪,对于挫折的承受能力较差,自主性不够,人际相处能力差,比较喜欢竞争,有进攻性,对别人意见的倾听不足。

6. 在道德标准因素下,被调查企业认为,学生普遍不孝敬父母,责任感不强,缺乏诚信(经常说谎),部分学生也表示以后会改进。如果只用一项衡量是否有道德,那就应该是“谦卑”,谦虚的人能够承认和改正自己的错误,而这一条评分最低,为 1.79 分。

7. 在行为方面,主要体现为行为表现差,不虚心,追求标新立异,喜欢叛逆。

8. 在行为能力方面,普遍反映大学生大部分能力都很差,难于和别人沟通,缺乏独立思考解决问题的能力。在认知能力下,推理能力和快速反应力不够,观察力较差,不能很快地确定问题的关键点。在探索能力下,大学生的创新意识不强,学习能力较差,不善于独立思考解决问题。

9. 大学生自认为有优势的“理论知识”,企业评价只有 2.61 分,属于最差之列,认为大学所学的东西基本无用。因此,许多企业只按照大类招聘,认为大学生基本不具有专业知识和技能,进入企业后要重新进行专业培训。而我们大学往往认为“我们培养的人有后劲”,20 世纪 60 年代清华、北大这么说,80 年代交大这么说,如今一般学校也这么说。然而谁能够说清楚:“通过什么方法培养的人有后劲？用什么方法使学生没有前劲？为什么不让学生有前劲？”

三、大学生目前存在的几个典型问题

2009 年初笔者组织学生对 15 所大学进行调查,大致问题如下。

1. 懒惰、贪玩与贪婪。被调查的 15 所学校的大学生中自认为懒惰的占 40%
左右,实际人数远高于这个数字。1999 年大学扩招以来,学习风气明显下滑,迟
到、旷课、考试不及格人数、不能正常毕业的人数都明显增加。由于懒惰,必然导致
贪婪,不想刻苦学习,还想拿到文凭,那么就要抄作业,考试作弊。被调查的大学生
中,上大学后曾抄过作业的人数比例如表 3-6-3 所示。不仅本科生普遍抄作业,
而且硕士生和博士生同样普遍抄作业,见表 3-6-4。

表 3-6-3　被调查大学生中抄作业的人数比例

	总百分比	男　生	女　生
抄作业人数比例	76.64%	75.57%	85.70%

表 3-6-4　被调查的各个年级大学生中抄作业的比例

年　级	比　例
一年级	75.63%
二年级	72.21%
三年级	80.75%
四年级	71.34%
研究生一年级	81.69%
研究生二年级	81.90%
研究生三年级	75.78%
博士生	74.76%

为什么抄作业人数这么多? 首先,许多学生懒惰贪玩而不上晚自习。这次调
查上晚自习的人数见表 3-6-5。作为大学生,并不要求每周上 7 天晚自习,虽然
这类人数有 4% 左右。正常情况下,大学生每周应该能够上 6 天晚自习,当前只有
8.7% 的大学生能够做到。假如不上晚自习,每天就少学习三分之一的时间,大学
4 年下来就少学 1 年多。2010 年,笔者曾在全国各地 20 所大学的艺术设计系、工
业设计系调查,没有一名本科生和研究生上晚自习。

表 3-6-5　大学生上晚自习人数统计(2009 年 6 月)

每周上晚自习天数	0	1	2	3	4	5	6	7
人数比例/%	0.1	15	13.7	18	22.8	17.6	8.7	4.1

　　其次,大学教师的主要精力用于赚钱、写文章。有多少教师备课? 教学不认真,大多数课程没有作业,没有实验,也没有实习,这样怎么能够培养出符合企业和社会需要的大学生?

　　如今美国大学的作业和测验仍然很多。笔者的外甥女在大学 4 年级到美国学习一年,每周都有测验。

　　大学生为什么贪玩而反感学习? 首先,从幼儿园起就被迫学习,该玩的时期不能玩。小学生家庭作业竟然要写到晚上十一二点! 中学时期,家长(尤其是母亲)和教师强迫孩子超负荷学习,有多少中学老师和家长没有给学生讲过,"现在辛苦点,到了大学就能玩了"? 进入大学后大学生自由了,真正该学习时,童心复燃,他们要弥补幼儿园、小学、中学被夺去的玩耍自由。其次,1999 年大学开始扩招后,学生素质明显下降,学习风气下滑。2001 年大学宿舍开通网络以后,大学生普遍不上晚自习。2004 年以后,网络游戏越来越盛,假如一个楼道里有一个宿舍迷恋网络游戏,往往就会引起整个楼层的问题。另外,受享乐主义影响,每天晚上 7 点以后,你到大学附近的公共汽车站会看到成群结队的大学生等车去玩,晚上在街上几乎大多数是大学生,有些大学生甚至认为可以玩到半夜 3 点,然而绝不能为学习而上晚自习或加夜班。

　　考试作弊情况如何? 我国大学的考试作弊风气是 1964 年以后出现的,一下成为全国普遍现象,那时的大学生都明白这个问题是怎么出现的。那个时期的大学生到 20 世纪 80 年代已经是中学的骨干教师了。笔者从 20 世纪 80 年代当中学教师就一直调查这个问题并设法杜绝它。当时重点中学的考试作弊已经十分严重,有的班级只有个别学生没有作弊。那时的中学生如今已经是大学和中学骨干教师这个年龄段了。每年学生作弊情况都不一样。1999 年和 2000 年,大学生主要在政治课考试作弊,至少占 90%。2002 年,入校第一学期就普遍在专业基础课大面积作弊的约占 70%。2010 年后,被调查的大学生中每次考试作弊人数约占 60%,全部大学生和研究生曾经作过弊的约占 90%。北京、上海等各地一流大学都如此,没有例外。不,只有一个"例外"。某个被称为国内最好的工科大学,教师与学生间早已形成两个"考试潜规则"。首先,教师多年考试题不变,而学生把这些考试题都放到网上共享了;其次,在考试的头一天晚上教师去教室"答疑",全部讲述考试题的解答。不明内幕时,乍一看这些考题和试卷,误以为教学质量很高。为什么会这样? 其中一个原因是简单粗暴的量化管理制度,许多学校用考试及格率(中学用高考录取率)评价教师的本科教学成果,严格要求的教师的学生往往不及格率比较高,因此几乎绝大多数教师都不抓考试作弊了。量化管理使人失去人格,缺乏责任感,看眼色行事,面子工程和形式主义猖獗。实施量化管理的这些年也是腐败最严重的时期。

　　全国高考作弊率是多少? 笔者曾在大学生中调查过多次,一般大学学生的高考作弊大约为 3%,所谓比较好的大学约为 6%。一年 700 万大学生中高考作弊的竟然有 21 万到 42 万人,每年高考能发现多少作弊的? 反而那些落榜学生中高考作弊可能少一些。2013 年笔者调查过某大学新留校的教师,他们是经过反复考核选择出来的优秀人才,他们在大学的作弊人数占到 75%。如何解决这个问题? 要改进教育观念,把人格、人文放在首位,必须改变教风和学风,改变教学和作业方式。笔者在课堂采取讨论式教学,基本取消期末那种考笔记的考试方法,而采用大作业或口试。

如今有多少博士的人文素质和工作能力能够达到 20 世纪 80 年代的本科生和大专生?

2. 自我中心。自我中心已经成为学生非常突出的问题。不同角度对它的理解完全不同。

第一,有人把天性当作个性。一种观念认为"天性有缺陷",因此教育的作用正是要去改变这些缺陷。教育的作用之一,要培养完善的人,就是要使得各人能够超越自我天性弱点,因此教育应该培养的首要的品质是自省和谦卑。另一种观念认为"天性不可变",教育的作用就是跟随天性。然而在"坚持天性"的名义下,实际上追求自我中心,追求个人自由放纵。被调查的大学生中认为自我中心比较严重的占到 54%,追求个人自由的占 53%。这样导致缺乏妥协和沟通理解,缺乏自我约束或自律,使得自我高于一切,就容易造成极端固执,不愿意去理解别人,心胸狭小,不宽容,难以相处。假如各人都不愿意放弃个性,就会疏远亲情关系,容易形成家长与子女之间的代沟,夫妻之间的"征服战",导致家庭破裂,最终导致孤独。因此培养个性的同时,要注意不要走极端,还要培养宽容、妥协与理解,学会站在别人角度看待自己。个性对各人成长起一定主动作用,然而过分强调个性也会造成严重的负面作用,例如可能缺乏宽容态度,极端自我中心等。

第二,个性指个人天生的兴趣方向和能力特长。现代教育认为应该发挥各人的学习目的、兴趣和潜在能力,为此应该提供自主学习的条件,例如,允许学生换专业(可以控制人数但不应该限制学生条件)、增加选修课、自主性大作业、社会实践、"一对一"的讨论、学生讨论。当前教育忽视学生的人生动机、兴趣和能力,只按照教师的知识去铸造学生,满堂灌和考笔记导致教出来的学生都是一个模式。

第三,个性指各人学习动机。有的人以兴趣为学习动力,强调兴趣与学习的密切关系,这是幼儿教育和小学教育思想。有些大学教师仍然把兴趣作为唯一的学习动力,这是教育中的一个误区。我们成年人每天所做的事情中,有多少是我们感兴趣的? 很少,甚至几乎没有,我们是靠人生观和责任感做事情,而不是靠兴趣。兴趣教育主要适合儿童和初中阶段的教育。另外,还存在其他重要因素影响学习,例如价值观念、人生观、责任感、时代追求等。责任感是主要的人生动机,也是重要的学习动机。认同家庭观念,是学习家庭和睦生存的基础。抗日战争时期的许多爱国青年把"教育救国""航空救国""科学救国"等作为学习目的和动力,放弃个人兴趣爱好,这是其他时代青少年很少具有的。那么,在当今时代,如何培养学生把责任感作为学习动机呢?

第四,个性指与众不同的性格,独立孤行,叛逆,从不认错。

3. 叛逆。笔者在一次在大学生调查中发现,叛逆的人数占到80%～97%。什么引起学生叛逆? 通过调查得知主要有以下三个原因。

第一,家庭教育不当引起的孩子叛逆。通过调查,学生反映父母(尤其是母亲)教育在以下方面存在问题。父母传授矛盾的观念,例如一方面要善良,另一方面又要做事圆滑。家长几乎都没有意识到,孩子主要通过观察父母的行为去学习如何做人,父母的行为是对孩子的示范教育。假如父母言行不一,很容易失去家长的威信引起孩子叛逆,例如自己看电视或打麻将,却要孩子不看电视不打麻将。父母自己缺乏教养,有不良习惯,例如抽烟,不爱卫生。父母过分死板细致的管教,不是为了培养孩子,而是要强迫孩子适应父母的脾气,发泄自己的情绪。父母的表现欲望过强,或者要让孩子实现自己未竟的愿望,每件小事都要管,过分啰嗦,把学生当小孩子看。对分数苛刻要求,强制孩子学习或参加各种补习班,超越孩子兴趣和能力,占用大量业余时间,不断重复"必须""应该",孩子不能自己思考,要像一个机器人那样只会执行。父亲过分严厉或不懂装懂,会引起男孩子叛逆。更多学生说母亲或奶奶和姥姥引起的问题,太唠叨、太啰嗦,把孩子的任何事情都要安排仔细,连穿什么衣服、盖什么被子、用什么枕头都要管,很容易引起孩子叛逆,甚至使得五六岁的孩子都叛逆。例如,让他吃饭,他偏要出去玩,因此为了让他吃饭,就只好说"你出去玩吧"。觉得妈妈小心眼,想太多。独生子女,生活条件太好,没有忧虑,父母宠坏,自我中心,姥姥和姥爷代劳一切。父母关系不和,孩子长期受到刺激,引起叛逆。

第二,家庭、幼儿园、小学、中学教育普遍缺乏爱心和善良,而是提倡竞争,给老师送礼,引起学生叛逆或心理不健康。小学生和中学生很在意老师对他们的态度,很注意老师是否喜欢他们。如果教师对他们没有爱心,缺乏善意,这些学生很容易出现叛逆。例如,有些教师有偏见认为有些同学只有缺点,没有优点,学不好,这些学生很容易叛逆。老师自己情绪不好的时候,与学生严重对立,为一点小事训斥学生或强迫学生写检讨书,迫使学生违心贬低自己人格。有些老师按照自己兴趣,偏爱一两个学生,认为这几个学生各方面都好,甚至他们的缺点都被当作优点,认为别的学生都不如他们,甚至其他学生的优点都被贬低为缺点。有些老师布置作业太多,许多是简单的重复,不是为了学生学习,而是表现老师的威力。还有的老师表扬、奖励、分配任务不公正,不符合实际情况,体罚学生,逼着学生做这做那,对学生控制看管太严。学生甚至说:"从小受班主任(都是女老师)的压迫引起我叛逆。"

第三,受西方激烈派现代主义影响,把叛逆作为核心价值观念。西方叛逆观念最早对我国影响之一可能就是尼采,他彻底叛逆文化传统,彻底反社会道德。"五四"时期就有人说尼采之言是"骇世之危言"。尼采对国内影响已经近乎一个世纪,有些人通过他崇拜的人或老师那里学得叛逆,已经不知道来自尼采了。文学艺术界有些人标榜叛逆,某些媒体和公众人物提倡叛逆,有些连续剧和香港黑社会电影中宣传叛逆,这些人在教学中推崇叛逆,使得有些学生认为叛逆是正常的。在这种价值观影响下,厌恶一成不变,求新求变,追求视觉刺激,听觉刺激、手感刺激,最终要达到性刺激和毒品刺激。如果不警惕,这一天不久将到来。叛逆是一种斗争方式,是一种自我人格分裂方式,是一种造反方式,也是一种破坏方式,绝不是一种建设方式,也不是一种生存方式。任何人靠叛逆无法生存。

4. 由于缺乏人格而说谎。说谎是一个严重问题,也是教育普遍忽视的问题之一。人们对人格也存在不同理解。第一,在心理学中,人格定义五花八门,包括了道德、气质、性格、能力、兴趣、爱好、需要、理想、信念等。这些泛泛而谈的概念没有什么用处。

第二,提出人格概念针对能力。当前普遍认识到学校不应该把知识传授当作第一重要。有人提出把传授知识转变到能力教育。这仍然是不恰当的。假如一个人缺乏人格,他的能力越强,破坏力就越大。教育的第一目的是培养好人、有道德的人、有健全人格的人。这里"健全人格"实际上指"健康完整的人性",人性主要包含心理健全、社会性、道德性、感情健康、超越性。

第三,人格概念针对特定人群的职业道德的缺乏,尤其指说谎,包括学术腐败,言行不一,当面一套背后一套,看颜色行事,作伪证陷害人,故意在外国人面前贬低中国,出卖国家利益。针对这些问题,要提出尊严,自尊、他尊、国家尊严。

2009 年 9 月 22 日笔者对大学生说谎情况进行了调查。这个问题是非常复杂的,相比之下,这次调查比较粗浅。大学生说谎大约包含以下八种情况。

(1)逃避父母惩罚,做错事不敢承担责任,害怕,虚荣,张扬,美化自己,吹牛,不懂装懂,掩饰缺点,轻浮,干坏事,贪图便宜,为了个人目的和利益,不想正当努力,诱惑别人,怕失去想要的东西。这类问题的人数占 77%,这反映家庭教育存在严重问题。其中:做错事逃避父母惩罚,占 62%;虚荣,张扬,美化自己,吹牛,不懂装懂,掩饰缺点,轻浮,占 32%;干坏事,贪图便宜,个人利益,不想正当努力,诱惑别人,占 30%。

(2)懒惰,例如抄作业占 76%,这反映学校教育存在的严重问题。

(3)在家庭说谎是一种回避冲突的方法。违背父母意志怕受批评,担心父母不同意,不想让父母或他人担心或生气,免除不必要的麻烦和解释,避免争论,情况紧急暂时无法解释,善意的谎言,安慰别人,不想伤害别人,给别人留有余地,说好听的,礼貌推辞等,占 73%。

(4)上网时,我国多数人在上网时都不写名字或写假名字,这反映我国社会心理在网络交流中存在的一个普遍的不诚实问题,在国际上严重影响我们的声誉。除此之外,下述五种情况的说谎人数占68%,其中男生73%,女生62%。只有第一种情况属于自我保护性的被动说谎,其他四种都属于心理缺陷而造成的问题。从这个调查数据可知,读者应该对网上的人事评论信息有初步的判断了。其实,人人都会有缺点错误,有道德的人主要体现在能够自省承认和改正。以下五方面问题都反映学校教育中长期以来一直缺乏社会和道德方面的内容:不愿意陌生人了解自己;虚拟世界,不用付出代价,可以为所欲为;虚荣心,欺骗对方,让自己获得好印象,得到赞扬;说谎为自己开脱有些罪责;不喜好对方,说谎陷害对方。

(5)与陌生人打交道,不愿意透露个人隐私,当面无法拒绝,不想让别人了解太多,自我保护,关系不密切,缺乏自信,占41%。这反映社会问题。

(6)竞争时说谎者占58%。这是提倡竞争而引起的严重道德问题。是否调查过,多数人在各种项目申报材料和报奖材料中写有虚假信息?

(7)与朋友开玩笑,捉弄人,占12%。

(8)其他情况,如假装认同权威,怕疏远关系,习惯,无意识说谎,用谎言掩饰谎言。

四、导致我国近代缺乏社会核心价值的主要因素

1. 自从西方列强侵略我国以后,我国近代一些文化精英崇拜西方文化,第一代留学生几乎都叛逆我国传统文化价值。从鸦片战争西方列强侵略我国后,在我国开始出现文化自卑,第一代留学生几乎都产生文化价值叛逆,几乎都激烈批评过汉字。1907年,吴稚晖(吴敬恒,字稚晖,1865—1953)与在巴黎的中国留学生开办《新世纪》杂志,鼓吹无政府主义,全盘否定中华文化,要求废除汉字,实行拼音文字为根本的强国之道。许多留学生主张"改用万国新语"(即世界语),即或不能立即推广,也可以考虑先用英语、法语或德语来代替汉语,或者把中文拉丁化或日文化。钱玄同(1887—1939)说:"废孔学,不可不先废汉字;欲驱除一般人之幼稚的、野蛮的思想,尤不可不先废汉字。""汉字的罪恶,如难识、难写、妨碍教育的普及、知识的传播。""欲使中国不亡,欲使中国民族为二十世纪文明之民族,必须以废孔学,灭道教为根本之解决,而废记载孔门学说及道教妖言之汉字,尤为根本解决之根本解决。"蔡元培(1868—1940)说:"汉字既然不能不改革,尽可直接的改用拉丁字母了。"有人提出,"汉字不灭,中国必亡。""汉字的艰深,使全中国大多数的人民,永远和前进的文化隔离,中国的人民,决不会聪明起来。""汉字是中国文化乃至中国社会的一个毒瘤,必先割去,才能救中国。""汉字真正是世界上最龌龊最恶劣最混蛋的中世纪的茅坑!"其他国家没有出现过这么多知识分子、这么长历史时期中、这么激烈地叛逆颠覆抚育自己的传统文化。

2. 由于文化叛逆,第一代留学生几乎都激烈批判过中医,其实他们并不懂中

医。1929 年南京国民政府卫生部主持的一次"全国中央卫生会议"上,全部是西医人员参加,他们称自己是"新医",称中医是"旧医","依神道而敛财之辈",激烈要求废除中医,不许宣传中医,不许开设中医学校。最后遭到各方面的反对。在那个时代,胡适(1891—1962)曾经批判中医,1920 年他罹患糖尿病与肾炎,在北京协和医院采用西医疗法久治不愈,后来用中医治好了他的病。鲁迅(1881—1936)早年称中医是骗子,后来改变了态度,他收集中国古代的医药典籍。郭沫若(1982—1978)早年也曾对中医有偏见,而晚年对中医产生很大兴趣,并为《简明中医辞典》题写书名。日本也曾经历了类似的过程,明治维新以后,日本汉医界曾提出废除汉医,尊崇西医。到 20 世纪 50 年代末,日本西医界提出"复兴汉医"。

然而文化叛逆似乎已经成为一种风气,在一些单位里一代一代传播下去。例如,2006 年又有人对中医提出批评。2006 年第 4 期《医学与哲学》杂志发表《告别中医中药》一文,并在网上贴出《征集促使中医中药退出国家医疗体制签名公告》。国家卫生部新闻发言人坚决反对取消中医的言论和做法,并认为这是对历史的无知,也是对现实生活中中医药所发挥的重要作用的无知和抹杀。其实,中医和西医各有特点,各有不足。中医有主诊手段(望闻问切),而西医缺乏主诊手段,虽然西医有许多昂贵的诊断仪器。中医擅长治疗慢性病,中医说的"肾虚",西医却诊断不出来。西医擅长动手术和治疗急性病,而中药效果比较慢,不太适合治疗急性病。中医与西方的许多概念是不同的,中医的五行是一种概念的符号体系,表达了它的世界观,正如西方哲学的"精神"或"心理"也是一种概念的符号。

中医产生于民间,大夫与社区百姓有密切友好的关系,从中也形成对道德约束作用,这就是传统文化的力量。西医是外来体制,被当作是一种职业,是一种赚钱手段,医疗技术没有融入道德之中,缺乏道德约束和行为规范,仅靠行政管理无法解决价值观念和道德问题,因此西医迄今难以融入我国社会基层,我国医疗公正性却存在严重问题。2000 年国际卫生组织报告中分析了 191 个成员的医疗资源分配的公正性,主要依据五个指标:所有人口的健康水平,人口中的医疗卫生保健平等与否,群众对卫生体制的反馈(群众满意度),人口中群体反映的分布(不同经济状况人口对卫生体制的反映),人口不同群体的医疗卫生费用由谁负担。法国是提供全面卫生保健服务最好的国家,其次是意大利、西班牙、阿曼、奥地利和日本,美国排名第 37 位。英国的医疗卫生保健费用占其本国 GDP 的 6‰,它的医疗卫生保健服务水平排名第 18 位。而我国的卫生资源分配公正性排名第 188 位。2003年,城镇医疗保障覆盖率降为 43‰,农村仅为 3.1‰。有些医院在手术前的家属签约中规定,输血中可能会传染艾滋病等各种疾病,要求家属签字认可,难道这也是西医的高明之处? 20 世纪 70 年代我们曾经被认为是 WHO 的标兵,是发展中国家的榜样。为什么变成这样?因为把金钱当作核心价值,为钱舍命,失去了职业良心。

3. 学校里的语文课程的文章可以被分为文化与文艺两类。文化方面的文章是传播核心价值观念、道德和行为规范的。我国辛亥革命后抛弃了文化价值的传播。1920年北洋政府教育部颁布国民学校令,通令全国各国民学校将小学一二年级的"国文"改为语体文(即白话文)。不久,又通令全国,从1920年起,凡国民小学各科教材一律改为语体文,小学教科书淘汰文言文。这样虽有利于普及中国文字,然而阉割了最重要的文化价值观念、道德和行为规范,因为中国文化的核心内容都写在文言文中。例如《弟子规》传播家庭行为规范,如果不会这些,就根本不懂家里的各种行为举止。这意味着1920年以后上小学的都缺乏中国文化的核心价值观念、道德和行为规范,假如1920年6岁上小学,那么就意味着1914年以后出生的人都缺失中国文化了。笔者的父亲1931年小学毕业时,他父亲说:"读了6年书,什么都不懂,什么都不会。"于是把他送到私塾又读了两年文言文,学习了中国传统文化的价值、道德和行为规范,从而学会如何做人做事了。人文素质教育的核心是学习文化的核心价值观念、道德和行为规范。由于缺乏文化传统,如今许多家庭生活已经出现严重危机。教育的目的首先是育人,培养身心健康的个人,和睦生活的家庭人,有责任感的社会人,能胜任的职业人,有文化的中国人,这才是教育大计。近一百年来,我们的教育推崇西方价值,忽视改善中国文化核心价值观念,在我们的学校里几乎学不到中国文化的核心价值观念、道德和行为规范。这是我国各个阶层人文素质普遍不高的根本原因。如今甚至搞不清楚如何提高人文素质了,误以为学学唱歌、跳舞和绘画就是人文素质教育了。

4. 一个国家依靠知识分子和文艺分子进行文化建设。中国现代文化精英、大量的知识分子和文艺分子叛逆中国文化价值,批判中国文化,力图全盘西化,竟然持续了一个世纪。这种情况在其他哪个国家出现过? 批判很容易,只需要自我中心、挑刺、好斗,这非常容易做到。进行文化建设,应该提出可行的方法,这非常难,难在你无法改变别人,甚至连自己都难以改变。社会文化的破坏起源于20世纪20年代,这些洋学堂的学生到农村砸祠堂庙宇。1966年"文化大革命"进一步"破四旧"(旧思想、旧文化、旧风俗、旧习惯)。

5. 社会历史转型时期缺乏普遍一致的社会核心价值观念。工业化过程中西方各国都经历过转型时期普遍存在的价值观念真空、动荡、转型阶段。我们当前也处在价值转型时期,从农耕社会逐步转向工业社会。然而,当前的主要偏见是认为农耕社会的东西都不好,误以为西方工业社会的东西都好或都适合我国。当前亚洲、拉丁美洲正在进行工业化建设的国家也都面临这个问题,价值紊乱导致许多国家社会政治动荡。

五、导致当前缺乏核心价值的因素

1. 我国传统文化缺乏对善良和大爱价值的详细解释,学校和家庭教育也缺乏对善良和大爱的教育,甚至不知道什么是善良和爱心。一代代人从小就不知道什么是善良,什么是爱。把知识作为教育目的,很容易培养出以自我为中心和单打独斗,容易导致夫妻不合,家庭不稳定,人际仇恨和斗争,社会各组织、企业、农村不稳定。

2. 一个国家包含多民族时,必须在全民普及教育中传授善良和大爱的价值观。

3. 当社会处在迅速变化时期或动荡时期,群体内的价值观也会很快变化。

4. 当经济发展过快时,各种社会心理问题对社会核心价值冲击很大,更需要加强善良和大爱的社会核心价值观的建设。

5. 外来文化突然大量涌入,尤其是通过网络、游戏和各种媒体,会剧烈冲击本国的核心价值观念。

6. 把金钱和强势作为核心价值观念,把享乐主义(物欲横流、性欲横流)作为最高目的,很容易破坏社会和家庭和睦稳定。金钱是途径、方法和手段,不是目的。如果仅仅以金钱为目的,必然导致道德腐败。如果以金钱作为最高标准,就会使善良、爱心、公正、廉洁、平等、社会道德、职业责任感、家庭与感情忠诚等变成空话。自私和拜金虽然是历史和当代的广泛社会现象,但是如果把它推为社会奋斗的核心价值,则是危险的,可能会引起社会不稳定。

7. 误把"求新求变"当作西方现代正面价值观,严重冲击权威。缺乏敬畏,缺乏稳定的判断标准,导致难以建立核心价值观。我们的文化敬畏什么? 什么是人心里的权威?

2000 年 7 月西安一个高新公司对聘用的新员工进行企业文化培训。一个新员工问:"能不能在一段时间内把金钱作为核心价值。"笔者反问:"那么你以什么作为选择女朋友的标准?"他沉默没有回答。

六、爱国价值观念

爱国早已不再是一百年前的含义了,爱国的含义早已被扩展了。爱国,是从民族的存亡延伸出来的群体生存概念。爱国是什么含义?

1. 应当明确国家概念。我国传统文化比较重视"家"的概念,而缺乏"国"的概念。"国"是扩大的家的概念,我国历史上比较强调"朝代""皇帝""社稷""忠君"。西方的国家概念一般往往引用 1933 年签订的蒙特维多公约(Montevideo Convention),它的第一条声明,在国际法上的国家实体必须具备四个条件:固定的人口,既定的国界,政府,与其他国家发展关系的能力。由此国家概念包括四点:人民,国土,政府,主权。其中,政府只能通过合法方法去改变。

2. 爱国意味有国家尊严,国家主权不可被侵犯,国家尊严不可被侮辱和歧视,弱国、小国仍然有尊严。"实力政策"是西方殖民主义和霸权主义的基础,没有国家实力,就会遭到西方殖民主义侵略。然而,国家具有实力的同时,还要具有公正、平等、尊重等观念,不能"只爱有实力的国家"。

3. 爱国意味着认同文化的核心价值、道德、行为规范。彻底批判否定我们的文化,容易造成价值真空、人心混乱、社会不安定。正确的方法是保持文化的连续性,逐步开拓发展文化,逐步建立新的价值观念。

4. 爱国意味着把中国当作自己的家,具有社会责任感,它主要体现在维护社会和睦、稳定、安全和卫生。假如工程师和工人对产品质量不负责任,教师把学生看作金钱来源,公务员腐败,外贸人员只替外国人利益工作,医生把病人看作自己的摇钱树,如果你每天吃的粮食和蔬菜都含有过量的农药,你生病使用的是高价假药,你在商店里买的东西是假货,你工作环境的同事都不可信任,你会喜欢这个社会环境吗?

5. 爱国意味着维持祖国归宿感和亲切感,从感情上对中国人友好,对同学友好,对同事友好,在公共环境中对别人友好,互相帮助,从感情上容纳,而不是搞人、斗人,不是从经济或习俗方面歧视别人或别的地域。假如你对所有的人都不尊重、不友好,如果所有的人对你不友好,地域排外,故意不说普通话使你听不懂,你会喜欢他们吗? 为此,应当坚守做人的准则:尊重,友好,帮助。

6. 爱国意味着为了各民族共同生存目的而发展文化、政治、社会、经济、环境等,而不是只为了个人利益。如果把金钱摆第一位,还会把中国放第一位吗?

7. 爱国意味着爱护我们赖以生存的自然环境,把种树、节水、保护环境、避免污染作为生存大事情。假如周围的空气、水都污染严重,你会爱这个环境吗? 欧洲的生活水平比大洋洲高,但是每年都有些人移民到大洋洲。1997 年澳大利亚把移民重点放在欧洲,其中一个原因是大洋洲的人文环境和自然环境。

8. 爱国意味着在受到外来侵略时为国献身。

国家主权理论受到挑战

　　为了结束战争,从 1644 年欧洲各国使节开始谈判。1648 年法国及其盟国与德国、匈牙利、波西米亚、克罗地亚、斯拉沃尼亚等国签订了条约,规定各国之间不再发起战争,互不干涉内政,不能侵犯他人领土。这个历史性文件被称为《威斯特伐利业合约》。根据这一条约,各国是完全的主权国家,不从属于任何所谓的上级权威。它结束了欧洲长达 80 年的战争。这是西方历史上第一次以国际条约形式把国家主权理论作为基础解决战争问题,这也曾经是《联合国宪章》的原则。

　　20 世纪 90 年代西方国家对人权的新的解释中增加了"不允许暴君对其人民肆意妄为",美国等西方国家提出了"人道主义干预"理论,例如 1991 年的海湾战争、1999 年的科索沃战争,以及对索马里、海地和东帝汶的军事干预。这个理论也一直在削弱"主权"体系。1999 年 6 月 10 日联合国所做的关于科索沃的决议中,对民族国家的主权性质进行了重新定义。此后进入了"后威斯特伐利亚时代"。2002 年 10 月美国为了推翻萨达姆对伊拉克的统治寻求联合国批准。美国明确表示,如果联合国不批准对伊拉克出兵,美国将独自采取行动。2002 年成立了非洲联盟,30 多个国家签署了一个协议,赋予非洲联盟越境干预的权力,以阻止成员国的战争犯罪、大屠杀和大规模侵犯人权。此外,经济全球化的形势、环境、移民、毒品、艾滋病等问题,仅靠一个国家无法解决。

目前国际社会对这种观点还未达成一致意见。尽管对有些干预并不反对,然而俄罗斯、我国等对这种理论持保留意见。

美国芝加哥大学政治哲学教授列奥·施特劳斯(Leo Strauss,1899—1973)曾说:"民众对善恶的判断力很弱,真理掌握在少数擅长造假的精英手中。民主主义被脆弱的无知的一般民众的爱国心和信仰保护。只有在军事国家才能抑制人们内心的攻击性。在多数国民陷入自我陶醉,崇尚享乐主义的现在,要改变国民,最好的办法是培养'为了国家,宁可牺牲自己'的思想。爱国心需要经受外来威胁,若没有这样的威胁,可以制造。要使国民易于控制,需要利用宗教工具。"(安部芳裕,2009)[119]

七、开拓我国未来的文化

文化主要包含社会核心价值体系、道德和行为规范。文化是支撑群体生存的精神动力,任何社会都靠继承文化和开拓文化来维持自己的持续生存。文化不会被自动接受和传播,必须靠社会的组织机构通过教育来传播。教育,尤其是家庭教育和全民普及教育是传播社会文化的正式机构。两千年前儒家就认识到教育的首要目的就是传播该社会的价值观、道德体系和行为准则,使社会的每个社员都通过教育接受这些东西,这一过程叫社会化。

1. 怎样能够使社会的大多数成员接受这种教育? 当时不存在全国的学校体系,只能通过家庭进行教育,因此教育的内容也必须是家家户户都认同的、都理解的、都有用的,对家家户户是最重要的,这样才能一代一代持续下去。这一内容就是维护以血缘为基础的家庭亲情,维护家庭稳定,就是传播维持家庭稳定的价值观、道德和行为准则。所以儒家把"孝"作为最高价值,规定了"百善孝为先"的最高道德。家庭稳定了,国家也容易稳定。但"百善孝为先"有不足,需要改进。

2. 当时社会上并没有师范学校,从哪找那么多的教师? 谁当教师? 家长。儒家从千千万万的家庭中发现了有责任感的、价值观念高度一致的教师,这就是父母。因此,教育方法也必须是家家户户的家长能够实施的,不必用书,而靠身传口教就能持续下去,这就构成了儒家的基本内容和教育方式。

在过去两千年中,不论在广东还是在东北,不论在陕西还是在江苏,以家庭为核心的价值观、道德、行为准则一直被传授下来,这在各国历史上是罕见的。正是儒家教育的内容和教育方式的持续,才维持了我们国家和农业社会的长期稳定。封建朝代更换了一个又一个,但是家庭一直是稳定的,由家庭持续传播了几千年的价值观、道德和家庭行为准则。

工业社会是一种新的生存方式,经过了短短几百年,西方就否定它而提出了可持续的发展战略。我们要用清醒的头脑和长远眼光去放眼未来,采取跨越式发展战略,不要重复西方历史的失败教训。这个问题将在最后一章详细分析。

工业社会是与农业社会不同的一种生存方式,改革的根本意义是规划我国未来的生存方式,开拓未来文化,不断发现社会问题,弥补社会核心价值观念上的缺失,目前尤其要关注家庭和睦生活的价值,认清金钱不能作为社会核心价值。为了不失去我国家庭文化的价值和行为规范,提倡大学生、中学生和小学生要人人学习《弟子规》《朱子家训》《颜氏家训》等。

最有效的方法是通过教育来传播现代价值观念,在全民普及教育中增加社会学。

讨论

1. 你认为应当保留传统文化中的哪些东西?我们缺少什么价值观念?
2. 你认为爱国包括什么含义?你学习英语的目的是什么?
3. 金钱对什么不起作用?

第七节 科学论

一、什么叫"科学"

"科学"这一词来自希腊语 episteme(知识)和拉丁语 scientia(知道,知识)。第一,科学有若干不同起源。回顾人类历史,科学起源于古代中国的道家和墨家、古希腊、古埃及、古印度、阿拉伯、欧洲等。以西方科学定义、认识论、方法论去判断其他文化里的科学是欧美中心论的表现。第二,欧美科学主要的宗教背景是基督教和泛神论。以人为本的信仰认为,科学是系统的知识,是人类通过感官认识知道的东西。请注意这个解释,这种科学本身就包含了人类感官和认识能力的局限性。第三,西方最初的"科学"概念仅仅指自然科学,它起源于古希腊,其价值是为了摆脱基督教。西方所谓的"科学"是指按照他们规定的认识论和科学方法论得到的系统知识,例如强调客观性、西方的逻辑性、验证性。这种观念造就了西方科学的巨大成就,也形成了如下两个特征。首先,西方现代科学价值有时是针对宗教的,这种"针对性"意味着"凡是宗教赞成的,我都反对;凡是宗教反对的,我都要赞成"。他们也用这种心态对待其他文化,这样就从反宗教发展成为排斥其他文化,排斥西医以外的医学,例如中医、藏医等,这是心胸狭隘。西方有极少数人开始发觉这种局限性了。其次,西方现代科学除了一套"学术"观念之外,还有斗争性、征服性的特征。为什么要提出"知识就是力量",最初是为了用科学积累反宗教的力量,同样,力量观念也被用在军事上,也冲击道德。这也是西方科学迄今最成功的领域之一。是否存在更高境界的科学认识论?人类认识的极限是什么?是否能把科学与善良大爱融合建立有道德的科学?是否能够用科学去制止战争?西方有几个人思考这几个问题?第四,各种宗教都认为,宗教信仰是科学知识的起源。

当代著名天体物理学家史蒂芬·霍金(Stephen Hawking,1942—)是剑桥大学的卢卡逊数学教授,这个职务曾为牛顿和狄拉克(Paul Dirac,1902—1984)担任过。他曾著《时间简史》一书。在该书导言中卡尔·萨根(Carl Sagon,1934—1996)写道:"这又是一本关于上帝……或许是关于上帝不存在的书。处处充满了上帝这个字眼。霍金着手回答爱因斯坦著名的关于上帝在创生宇宙时有无选择性的问题。正如霍金明白声称的,他企图要去理解上帝的精神。"

几千年来科学的概念发生很大变化。

第一种观点认为科学是追求的真理,通过科学揭示自然规律,人们掌握这些规律后可以预测未来,这样就可以取代宗教或战胜迷信。理性主义采取这样的态度。几千年来,科学获得了巨大成就,然而与未知的问题相比,人类知道的太少太少。科学是否能够追求到真理?这是自古以来一直让人困惑的一个问题。

第二种观点退了一步,认为科学是系统的知识体,是认识知道的事情。"知识"与"真理"还有一段距离,制造毒品也需要知识。"科学是知识"这一概念改变了科学的价值。有人认为,几千年的科学史表明人们可能知道一部分事实,然而难以知道全部真理。还有人说,科学史是聪明人的错误史。

第三种观点认为科学是工具,使人满意的工具。这种观点又退了一步,这是"以我为本"的判断科学的观念,使得科学不再具有真理观念,不再考虑科学是否符合道德,也不再考虑科学是否正确,只考虑目的。能够使人满意的就是科学,这就是"人为科学立法"。不管好人满足或坏人满意,只要能够解决问题,能够带来利益的似乎都被人冠以科学的名义。20世纪初美国实用主义采取这种类似的态度。由此,例如美国泰勒制管理法被滑稽地称为是"科学管理法",还有心理学中的行为主义和人工智能的专家系统等。

第四种观点又退了一步,认为科学是人大脑的认知结果,这种观点实际上承认科学知识是主观的东西,是人大脑处理后的结果。外界信息一旦进入人的感知系统,它就不再是真实,而被转换成符号,这种符号可能是图形、象征、信号等,成为人造的符号、概念、抽象文字描述等。

第五种观点认为科学是能够证伪的东西。例如几千年来,后出现的物理学家总不断发现前人的观点是错的或者有偏差,那些科学给人类提供的所谓知识往往是错误的,两千年来物理学就是在否定错误的过程中修改的。这说明,迄今人类无法验证获取的知识的真伪。那么,如何能够验证今后的科学知识就是正确的,人类是否能验证自己获取的科学知识的真伪？这成为科学研究中首先要解决的问题之一。

第六种观点认为科学是人为自然立法，人说自然是什么模样，它就是什么模样，科学家已经不关心这些东西是不是真理了，而更关心话语权，更关心他们的利益。这种观点更退后了一步，认为科学是各种人的主观价值观念或世界观的产物。例如西方自古就有一种价值观念和世界观叫"机械论"，牛顿力学就是机械论的产物，是用机械论去解释世界。这个世界是机器吗？我们人是机器吗？

第七种观点认为科学是符号形式的变换，是文本解释文本，是用符号解释符号，是把一个符号替换成另一个符号，但绝不是全部客观事实。用概念取代真实，其效果是在人的感知与真实之间树立了一堵墙。

第八种观点认为科学实际上是偶像崇拜。因为你的脑袋不行，因为你无法解决实际问题，怎么办？最好的方法是引用牛顿或康德、海德格尔(Martin Heidegger，1889—1976)的观点，即使无能或错了，也没有关系，也不是你的责任。这是科学崇拜，科学迷信，过分夸大"科学家"的作用。其实古希腊的自然科学和医学理论全是错误的。另外还有某些人过分强调科学作用为自己抬高身价。

第九种观点认为科学是一种权势。对于这种人，科学是一种话语权，科学是一种欺骗方式，科学是一种腐败方式，科学是一种赚钱方式，科学是改变自我命运的一种方式。主要采取以下办法。

(1)制造有震撼力的文本、概念和童话，即使被作为问题揭发，大不了说一声"理论脱离实际"，把论文、职称材料、科学论证、报奖材料变成一种商业欺骗。街头卖狗皮膏药的骗子，不就是采用这种办法吗？

(2)对于有些人来说，科学不科学本身并不重要，有无知识也不重要，真或假也不重要，重要的是如何把钱搞到手。他们采用的方法是拉帮结派，通过宣传或贿赂提高声誉和地位，占据"专家""评委"地位，获得决策权，以科学的名义弄虚作假，把大量的钱财收进自己账号。这是科学腐败。为此，要相互吹捧，联手作假，制造"著名"或"权威"人物，制造"誉满全国"或"誉满全球"的人物，把自己打扮成为科学新秀。在他们看来，科学是懵人的工具。

二、本体论

科学论指与科学研究有关的几个问题，例如本体论(ontology)、认识论和方法论。

从事科学研究，第一个要思考的问题是本体论。本体论是什么？本体论主要考虑如下问题。

1.研究领域是否存在？研究的问题是否存在？

2.研究的是真问题还是假问题？属于研究对象吗？

3. 是否需要建立这个概念和理论？概念符合真实还是空符号？建立的理论符合真实吗？

4. 科学研究是否符合道德？是不是对环境、人类的生存有负面作用？其基本判断依据是人心的善良和大爱，看是否对环境、对人造成危害。这个问题被科学界忽略了，毒品、环境污染、过量放热、食品安全等危害，都是依据科学制造出来的。这个目的性问题出自哪里？这是因为西方现代性追求的科学是为了成为强者，为了征服。今后的科学应该把道德作为首要目的。

5. 科学本体论的根本问题是：西方现代科学只研究物质特性。那么灵魂是否存在呢，是不是科学研究的范畴呢？这个问题在西方经历了两千年的斗争。

心理学的英文是古希腊词汇 psychology。psych 的意思是灵魂，心理学就是灵魂学，西方心理学的起源是由于灵魂概念引起的。古希腊的柏拉图和亚里士多德等都断言人有灵魂，其功能是本能、感觉、欲望、思维、理解、认识。这种观念一直保持到启蒙运动，英国哲学开始关注人的感知。英国经验主义休谟断言人的一切知识都来自感官，这样就排除了宗教信仰是知识的来源。美国与德国在心理学价值观上是完全对立的，焦点之一是是否承认意识存在。一种观点认为人有灵魂，灵魂的作用是思维、感知、感情等。人有灵魂，灵魂（spirit，精神）出自宗教，为了摆脱宗教，黑格尔（Georg Wilhelm Friedrich Hegel，1770—1831）提出用"意识"一词取代"精神"，意识的作用是思维、意志。那时的"意志"就是如今的"动机"，一般心理学著作中没有论述思维的，只有推理、语言内容，暗示着思维可能是灵魂的功能。德国现代心理学创始人冯特（Wilhelm Wundt，1832—1920）认为人存在灵魂，他把肉体的存在归结于精神存在，灵魂是非物质的，无法被直接观察，因此他强调"心灵的学说必须首先被视作是一门经验的科学"，而不是自然科学。

另外一种观点，美国心理学创始人詹姆斯认为不需要灵魂，意识仍然带有宗教的影子，否认灵魂，就要否认意识，也就否定了动机。这就是美国行为主义心理学的基本观念。詹姆斯把心理学当作一门自然科学（强调物质，客观性，可验证性，唯物论），他在 1912 年的一篇文章《意识存在吗》（*Does Consciousness Exist*）中说："过去二十年中，我对'意识'是一种实体表示怀疑；过去七八年中我对学生说它是不存在的，并在试图在经验的实在性中为他们提供它的实用主义的等价物。我认为，公开并普遍地抛弃意识的时期已经成熟了。"这是詹姆斯与冯特的根本不同，美国心理学中没有"意识"和"思维"这一部分，认为大脑的作用是记忆存储（如同计算机硬盘）。那么人如何行为呢？美国行为主义心理学认为人靠"刺激-反应"（stimulus-response）来行为，其依据是巴甫洛夫（Ivan Pavlov，1849—1936）的狗的实验。20 世纪 60 年代美国马斯洛（Abraham Maslow，1908—1970）人本心理学确立了人有需要（动机），这等于间接承认了意识或灵魂的存在，理论上否定了行为主义心理学。然而谈何容易，已经培养了两代教授和心理学家，并积累了心理学各个领域的论文和书籍,影响了美国许多领域,美国仍然延续着行为主义心理学的传统,难以从头开始建立全新的概念和方法,仍然难以建立行动理论,美国出版的心理学书的前言仍然强调美国与德国心理学的差异。

英国哲学家和数学家罗素(Bertrand Russell,1872—1970)于 1935 年在《宗教与科学》一书的《第五章灵魂和肉体》中说:"'心理学'的意思是'灵魂的理论',尽管灵魂对神学是非常熟悉的概念,但是却很难给它一个科学的定义。没有一个心理学家会说,他所研究的客观对象是灵魂,但是如果你进一步问,那个客观对象到底是什么,他们也很难给出一个确定的答案。一些人可能会说,心理学所关心的是精神现象,但是如果让他们进一步说明,在什么地方精神现象不同于那些能够提供物理数据的现象时,他们就会感到困惑。对心理学的基本对象问题的探讨,马上就会将我们带到哲学上难以确定的领域,而且较其他科学领域,由于缺少严格的实验证据,心理学的基本问题更加难以回避。"英国人把"灵魂"(spirit)一词,用没有宗教含义的"头脑,心灵"(mind)取代了。所以罗素说:"为了避免明显的宗教含义,用'头脑,心灵'一词取代了'灵魂'。""'头脑'失去了它的纯粹的灵性,肉体和灵魂之间的传统区别也不见了。""'意识'这一概念更重要的部分,是我们可以通过内省而有所发现。"罗素说,那些不喜欢唯物论的人,自以为在神秘论或者所谓"生命力"中找到了避难所,有些人认为科学永远不能了解人体,而其他一些人则宣称,科学只有引用物理和化学之外的新原理,才能了解人体,这却仅仅是机械论。罗素断言:"对灵魂永生的问题,科学也没有一个确切的说法。的确存在一种论证的方式,倾向于人死后不会消失,这种论证是完全科学的,至少它的出发点是科学的。我在这里说的是,这种论证是从心理学研究的现象出发的。"意识是什么含义?罗素在《心的分析》(The Analysis of Mind)中说,日常所说的意识代表心灵,意识具有多种方式,例如知觉(感知)、记忆、信念。意识还包括欲望、愉悦、痛苦等。

6. 20 世纪 60 年代马斯洛建立的人的需求层次理论打破了美国心理学界 50 年的行为主义传统。20 世纪 70 年代美国开始发展认知学和认知心理学。然而美国行为主义和认知心理学的基本认识论并没有改变,它们都依据功能主义,仍然是把心理学当作自然科学,要设法从心理的功能上(不是心理的结构上)去验证心理学结论。如何从功能上验证人脑的功能?用计算机。认知学的基本思想是用计算机模拟心理学一些结论,凡是被模拟成功的心理学结论,就认为是被客观验证了,就成为认知心理学的内容。认知学的基本目的还是针对灵魂问题。它带着一个主观命题:人没有灵魂,人的一切认知活动都是大脑物质产生的,也就是说,感知、记忆推理、语言、学习都是大脑里进行的,这些机理都应该能够被验证。2002 年美国心理学家平克(Steven Pinker,1854—)出版一本书《空白的石板》(The Blank Slate)。"空白石板"一词出自 11 世纪波斯哲学家阿维森纳(Avicenna,980—1037),他断言人出生时大脑智力如同一个空白的石板,这种观点是为了否定宗教的灵魂存在。平克在这本书中提出认知革命的 5 个观点,其中第一个观点是:"人脑世界可以依据物质世界的信息、计算和反馈的概念建立起来。"然后用计算机去验证。功能主义是美国、英国科学界擅长的认识论,欧洲大陆法国、德国科学界擅长结构主义。当然,这种研究过程中遇到过许多意想不到的哲学问题和其他问题。绝大多数心理学中最重要的一个问题是——都不直接面对思维,而代之以记忆、推理、语言等。这个问题其实是西方两千年前古希腊和基督教关于灵魂的古老观点。美国为什么把"认知学"称为"认知革命"? 其实就是针对宗教的一场革命。美国认知心理学仍然是为了挑战西方宗教,仍然支持行为主义,人工智能仍然支持功能主义。在1990 年美国史密斯(John Christian Smith)就出版《认知科学的历史基础》(*Historical Foundations of Cognitive Science*)一书,把功能主义和认知主义的来源归根于苏格拉底和柏拉图,并且从西方历史中那些反对基督教的哲学家文本中找到各种依据,其中包括奥卡姆的威廉(William of Ockham,约 1289—1347)、笛卡儿、斯宾诺莎、莱布尼茨、休谟、里德(Thomas Reid,1710—1796)、康德、胡塞尔(Edmund Husserl,1859—1938)等人。

　　7. 计算机"智能"(intelligence)的含义是什么? 这个问题对人来说太复杂了,远超过人的感知和认知水平。计算机领域从来就没有对此进行过严格定义。追根求底,许多心理学对智能的含义各自有不同定义,各执其词。1995 年美国心理学学会的科学事务委员会在公布的报告《智能:已知的和未知的》(*Intelligence: Knowns and Unknowns*)中说:"人们在理解复杂思想时的能力各不相同,有的为了有效适应环境,有的为了从经验中学习,有的从事各种推理,有的想克服障碍,虽然这些都是重要的,但是它们从来没有完全一致过。一个被测人员的智能在不同情况下、在不同领域、按照各种不同评价标准,总在变化。'智能'的各种概念应该被澄清,并按照这种复杂现象的集合组织起来。虽然在某些领域已经进行了澄清,但是根本还没有这种概念化的东西去回答所有这些重要问题,也没有得到普遍赞同。的确,让两打著名理论家去定义智能,他们会给出两打定义,各不相同。"(http://en.wikipedia.org/wiki/Intelligence)

　　如果说连一个智能定义都搞不清楚,人能够搞清楚人的认知心理吗?

　　是不是又搞了一个伪科学?

　　然而我们能搞清楚智障的含义。什么叫智障? 第一,智障指智力存在重大限制,显著低于一般人的智力,并影响两个以上适应技能领域,例如居家生活、自我照顾、健康与安全等(参见美国智障协会出版的《智能障碍定义分类及支撑辅助系统》)。计算机智能符合这一特征。第二,智商测试值小于 70,就被称为智障。假如把计算机的某些 IQ 测试值制造得很高,这个值与计算机的相应的用途却没有任何关系,这种高 IQ 是没有意义的。第三,有一部分智障人具有超越一般人的特长,这方面的 IQ 值很高,可能高于 120,例如优秀的鼓手、超长记忆等。当前的计算机智能,恰恰具备这三个特点,因此"人工智能"可以被称为"人工智障"。实际上,人工智能是机器智能,它模拟了人的某个智能的功能。

8.如何发现和寻找科学研究问题? 在实际工科问题中,最常遇到的一个问题是选题。例如,工科应该研究什么问题,工科研究的课题从哪里来? 这是如今大多数工科教师困惑的一个重大问题。工科的价值是发现和解决经济与技术中的普遍性问题和难点性问题,探索可持续发展途径,探索人与自然之间的关系符合和谐生存的生态途径,这也是工科专业进行科学研究的目的。

如今我国工科许多专业教师缺乏专业核心价值,把写文章作为目的,坐在屋子里编造研究课题,把数学作为衡量论文的最重要标准,制造垃圾,闭门造车,弄虚作假。这样长期下去,会毁了国家,毁了大学,也毁了自己。

科学研究已经不是过去的意义了。目前几乎各个领域的科学研究都存在严重的本体论问题,设立科学研究题目时,往往把名利地位、赚钱放在第一位,缺乏科学价值和道德,根本不考虑国家、企业和社会的责任,这是学术腐败的主要表现特征之一。

当前最重要的两个科研目的如下。第一个是探索如何抗灾害,保护环境,改善气候,保障食物安全,保障人类健康,解决社会心理不健康,防治传染疾病,抗粮食危机,抗金融危机,抗经济危机,抗能源危机,防御战争,抗污染,防疾病等。这些重大问题经常威胁人类,而各种学科从来不把它们当作科学研究问题,这是理论脱离实际的一个重要表现。第二个是探索下一个时代人类的生存方式,主要指探索能够实现可持续发展的生存方式和生态生存方式。工业革命以来以地矿为基础的工业生产方式无法持续,经济发展时代在人类历史中仅仅是一个很短暂的时期,这个时代很快就要结束了,因为它导致了人类空前的无法解决的各种危机。例如,工业生产和科学研究严重污染、威胁人类生存环境,人类依赖的地矿能源总有一天要枯竭,之后我们靠什么能源、用交通工具? 后续能源枯竭了怎么办? 如今的工业生产和城市生活方式能够被维持下去吗? 如果不能,以后我们的生活方式只能主要依赖自然环境,要重新依赖农业生存,到那时又要把如今的城市全部拆毁,重新改造成为可耕种的土地。

三、如何定义

搞清含义是定义的基本目的,定义是科学研究和写论文遇到的第一个问题。笔者1999年回国以来,审阅的外来论文中,没见一篇论文对概念进行定义了,往往是随意猜想和武断,把科学论文写成文学散文,严重缺乏最基本的治学态度。

定义有如下一些方法。

第一,用实物解释概念,看图识字就采用这种方法,例如在"太阳"旁边放一个太阳的图画。

　　第二,用概念解释概念,或者说,用文本解释文本。这种定义往往成为"空对空"。例如,什么叫力,力是物体对物体的作用。这里引入"作用"。什么叫作用呢?

　　第三,通过调查,用统计数据进行定义。例如什么是美,什么颜色好看,什么叫用户需求,这些概念都不是依靠专家定义,而是通过调查统计数据进行定义。这个定义方法是笔者在 2001 年提出来的。

　　第四,从组成或结构上描述对象。例如,什么叫计算机? 计算机就是包含了CPU、内存、控制器和外设的机器。

　　第五,从功能上描述对象。例如,什么叫计算机? 计算机就是能够运算的机器。

　　第六,对集合名字用列举组成的方法去定义。例如,什么叫水果? 水果指苹果、梨、香蕉等。

　　第七,操作主义定义法要求所有的术语定义都必须提供操作方法,不能只用概念来定义概念。美国物理学家布里奇曼(Percy Williams Bridgman,1882—1961)在 1927 年的《现代物理学的逻辑》中提出操作主义定义方法,"当测量长度的操作被规定了的时候,长度的概念也就定下来了。因此也就是说,长度的概念相当于一组操作,而且仅止于一组操作;概念就是相应的一组操作的同义语。"(舒尔茨,1981)[246]。这种定义提供了可观测的测试的方法。它的依据是科学研究对象必须是客观的可观察的事物。操作主义实际一切要求理论术语必须用可测试的可观察的具体物质术语去定义。有些抽象概念或微观概念无法这样进行定义,例如人、生命、动机、意图、意识、梦、能量、物质、化合价、同位素、基因等。

　　第八,框架定义法或结构定义法。笔者 2004 年提出这种定义方法。有些概念是复合的、多因素的,或包含了若干下属概念。例如,价值观念可能包含六个因素:信念信仰、人生观、世界观、判断标准、对科学和宗教的观念、感情基础等。必须分别把这些因素定义清楚,才能把价值概念定义清楚。定义包括建立一个完整的框架结构。

　　第九,文化价值观框架下的定义。笔者发现有些哲学概念、社会学概念和心理学概念受制于价值观,不同文化价值观下概念的定义不同。例如,什么叫先进、发展、国家、美、设计、现代化? 这些概念的含义都受价值观影响。再例如什么叫可用性? 可用性存在 3 种定义,分别受制于 3 种价值观:以机器为本、以专家为本、以用户为本。什么叫"人的效率"? 这明显受西方机械论影响。2009 年笔者在国内外提出了"以用户为本"的可用性定义。有些概念一直沿用专家定义。例如,"美"受西方现代哲学家影响很深,而现实生活中,对美的判断往往是个体主观的。不同文化中的概念不一致。例如,什么叫设计? 设计在德文和英文中含义不同。在德文中,"工程设计"(engineering design)称为构造(structure),而把新概念和造型称为设计(design)。

第十,有些概念存在许多定义,例如心理学中的动机就有一百多个定义。社会学中的"文化"定义在 20 世纪 50 年代有一百多个,然而到 20 世纪 90 年代统一了,文化指社会群体的行动方式,也就是说,不要再引言 50 年代的定义了。当前国内学位论文几乎都没有定义,这是缺乏严谨态度。

有些概念迄今没有普遍认同的定义,例如生命、时间、空间、能量、信息、含义、理解、人、满意、智能、人格、动机、幸福等概念。从来没有一门学科像情绪(emotion)心理学那样令人困惑。迄今已经建立了三种情绪心理学体系,各自建立了完全不同的概念、完全不同的知识体系,彼此几乎没有一个概念是统一的,彼此之间无法对应,无法交流。这些都超过了人的认知能力。

概念不一致影响发展,例如,信息成为关注的概念之一,人们从物理学、哲学和心理学对信息研究了五十多年,有些人认为信息是熵,其他人认为信息不是熵。迄今对信息概念缺乏比较一致的认可,如何再深入研究下去? 还有些人提出一个办法,只要在具体使用场合明确具体含义,就可以直接使用这些概念,而不必给出定义。

四、认识论

1. 认识论研究人类如何才能认识或知道,什么可认知,什么不可认知,是否能够超越自己的五官去认识,如何去认识那些看不见的事物,如何探索高度抽象的概念和推理现象,如何建立知识结构框架,如何验证认识结果,如何验证间接观察的结果,如何验证认知的真实性、全面性、可靠性。

在认识论方面经常会遇到以下问题。什么问题可以通过定性去认识,什么问题可以通过定量去认识;什么问题可以直接感知,什么问题可以推理思维,什么问题依靠观察而认识;逻辑推理起什么作用;探索发现式思维起什么作用;如何判断所获取信息的真伪;什么可以依靠经验去想明白,什么可以依靠数学物理方法或问卷调查,什么是通过交流搞明白的;对什么可以坚信不疑;证伪法起什么作用;感知的局限是什么,思维的局限是什么。

认识论的核心是寻求正确全面的认识结构,搞清因果关系或因素-效果关系。因果关系指:原因导致结果;有因就有果;无因就无果;有此果必有此因。如果一个原因导致这个孩子学习不好,那么也同样导致其他孩子学习不好,这才叫因果关系。如果它不能引起其他孩子学习不好,就不能把它称为原因,而只能称为影响因素。影响因素可能是原因,也可能不是原因。有许多表面上似乎很简单的事情,实际上找不到准确的原因。因此退一步,只能把它称为影响因素,而不能称为原因。难以搞清楚因果关系,正说明了我们人类认识能力实际上很低,由此往往得出错误结论。

2. 经验主义(empiricism)。经验主义认为感官经验和对经验的内省意识是我们获取知识和概念的最终来源。它与理性主义相反,理性主义把推理与经验割裂,并认为推理是知识的来源。而理性主义认为,有些知识是无法从经验中获取的,例如"因果关系",这些概念是通过推理获取的。经验主义包含以下四层含义。

第一,用经验验证含义。只有当词语或概念与所经历过的事物联系起来时,才认为理解这些词语的含义,否则,认为这个词语没有含义。

第二,依据实验和感官的观察得到的经验是知识的最终来源。例如,不能只听人说"张三是好人",而是要自己通过一些事情验证后自己思考判断。

第三,经验主义强调人类知识的局部性、时段性以及随机(偶然)性。

第四,经验主义反对权威、直觉、想象的猜想、抽象提炼、理论推理、系统推理作为可靠信仰的来源依据。

实际上几乎没有任何哲学家是严格的彻底的经验主义者,即使经验主义鼻祖洛克也认为有些知识不是从经验中推导出来的。

欧洲(德国)心理学的基本观点认为心理学属于经验科学,其实医学、技术科学、大部分物理知识都属于经验科学,而美国认为心理学属于自然科学。他们之间的认识方法就不同了,这说明"科学有祖国"。

3. 实证主义(positivism)。实证主义进一步发展了经验主义。19世纪30年代法国的孔德系统地提出了实证主义,认为科学家应该依据可观察的事件,避免对无法观察的事件进行描述。后来它发展成为马赫主义和科学实证主义。早期实证主义者马赫(Ernst Mach,1838—1916,奥地利物理学家和哲学家)提出的极端的例子是"眼见为实",典型问题是"你看见它了吗?"

实证主义反对思辨哲学,例如古典德国唯心主义。它认为科学只涉及事实,现象是一切认识的根源,科学知识应该是"实证的",抛弃价值的成分,并拒绝哲学研究的认知价值。这样,能够更彻底地摆脱宗教。实证主义认为一切可靠知识只能来源于经验,理论和假设的可靠性必须由经验来验证,从经验出发解释事物,反对理性主义,认为只有对现象的归纳可以得到科学定律。这是经验主义对认识范围的一次确立,但并不意味着无法观察的事件就不存在,而只意味着人类经验主义研究能力的局限性。

实证主义强调精确化和量化,发展成为定量分析。

实证主义有科学至上和科学万能倾向,认为唯有确实根据的知识者是科学的。实证主义走到反面极端,拒绝把理论思辨作为获取知识的一种方法。实证主义宣称传统哲学关于存在、物质(substance)和原因等的一切问题、概念和命题都是无意义的,因为这些问题都不能被经验所解决或验证,因为其本质太抽象了。

实证主义的典型代表是维也纳学派、柏林科学哲学学会、逻辑原子论、逻辑实证主义、詹姆斯的实用主义和符号学,以及布里奇曼的操作主义。

实证主义有如下几个片面性。第一,人的感知能力是有限的,只能感知到极少的事实。人不知道自己不知道什么。第二,人是根据主观的感知能力去判断是否能够感知到一种事物的存在。如果能够感知到一个事物,那么就认为它是存在的;如果人无法感知到一个事物,就不认为它存在。人把这种判断称为"客观性",其实是主观性。"眼见为实"吗? 不一定。不信? 实际图 3-6-1 中线段 AB 与 A′B′一样长。由于存在"视错",人可能看走眼。

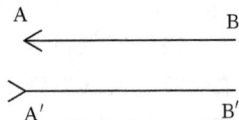

图 3-6-1　两段同样长的线段可能被看作不一样长

4. 理性主义(rationalism)。理性主义在古希腊就已经出现了,欧洲思想启蒙运动后逐渐成为一种新思想体系,它强调逻辑推理。其主要观点如下。

理性主义(康德)认为因果关系不能用感官认识,这种思想是先天的、与生俱来的,只能通过推理获得,通过理性可以表达现实固有的逻辑结构,并认为存在的有一类真理存在确定的理性原理,最重要的是可以用逻辑和数学表达这些知识。理性主义过分强调数学和推理验证,贬低了其他认知方法。理性主义的主要代表是古希腊"万物皆数"、数学皇后论、逻辑推理的科学方法,典型代表人物是柏拉图、斯宾诺萨、笛卡儿、莱布尼茨、康德等人,认为人的大脑可以认识宇宙,可以认识万物的规律,可以认识统一的整体。这些观念后来成为西方自然科学的基本观念。认为符合数学或逻辑的东西也是正确的。甚至以为数学推理就是科学研究。这一观念从古到今影响了许多科学研究者。其实,在研究的领域超过人的感知能力时,通过推理可以获取一些知识。

理性主义存在如下缺陷。

第一,依据逻辑认可一个命题是正确性,这本身就是一种信仰,是对逻辑与数学的信仰,而不是依据客观事实,例如球心说、日心说。英国数学家布尔(George Boole,1815—1864)认为大脑思维就是逻辑运算,由此推理:大脑思维是一种运算,计算机能够实现这种运算,因此计算机可以进行大脑思维。这是明显错误的。然而西方一些计算机研究者却认为计算机将来能够等同人脑。

第二,推理是人脑思维确认事实的一些规则,这些推理规则本身就是人为建立起来的,例如演绎法和归纳法等。而自然界很多事物的形成和发展与变化并不符合人脑的这些理性规则。

第三,还原论是西方科学的一个"潜规则",也就是采用分类和划分孤立因素的方法,建立一个个独立的学科和概念,例如生理学、心理学等。其实自然界并不存在符合心理学的"心理学人",也不存在符合生理学的"生理学人"。

第四,人的思维受理性控制,还是受感性控制? 有时受理性控制,有时受感情控制,有时失去控制。甚至科学家的思维也往往受想象支配,而不受逻辑推理控制。

第五,理性主义的缺陷之一是认为人脑能够直接领悟真理,以为逻辑推理的结论不需要进行检验,西方很多科学论断是这样建立的。生理学把生命体划分成若干系统,这本身并没有被推理证明。布尔在 19 世纪建立了布尔代数,并武断说那就是人脑思维的表达方法。那时人类所掌握的科学方法根本无法研究大脑结构。为什么西方科学界敢于认同布尔代数是人脑思维的表达方法?很重要一点就在于那是用数学表达的东西,这符合理性主义基本观念,因此不需要进行验证。

第六,理性主义观念下,出现了结构主义、功能主义等观念。例如用数学表达大脑就是功能主义方法,这本身都没有进行理性推理证明,没有进行验证,并用这些认识论为各种学科开了方便之门。西方现代科学积累的知识得益于这些,他们的缺陷也来自这里。例如,近二十年人们才明白用布尔代数只能描述很小一部分思维。

什么是规律?规律是普遍存在的规则,只要符合其条件,就会出现其结论。这个概念可能是西方现代科学家抛弃基督教的一个概念,试图用规律取代神,或把规律看作神。科学家用归纳法归纳出一些自然规律,然而归纳法本身就有先天不足,人可以归纳过去的事情,现在的事情,但不能归纳未来的事情。这是不完全归纳,得出的结论不包括未来,因此不能被称为普遍适用的规律。另外,人类对规律的认识很浅薄,有些真实的信念来自偶然的幸运的理性猜测,或者偶然是试验成功,并不能作为理性的普世规则,这种情况在各种学科中比比皆是。例如,成功预测了某次地震并不代表能够预测其他地震,治疗痊愈一例高血压并不等于掌握了其规律。曾经被认为天气预报是比较成功的科学预言领域,现在发现预报正确律大约为 70%。

5. 实用主义(pragmatism)。实用主义是经验主义的延伸,它出现在 19 世纪末的美国。实用主义可以被归纳为一点:人能够主宰自己命运,不相信理性主义建立的五花八门的理论。因此这种思想在 19 世纪末对西方产生很大吸引力。他们反对达尔文主义进化论,尤其反对当时两个著名的达尔文主义学者赫伯特·斯宾塞和托马斯·赫胥黎(Thomas Henry Huxley,1825—1895),反对自由竞争理论,反对马尔萨斯(Thomas Robert Malthus,1766—1834)的《人口论》,反对机械决定论和物质决定论。1898 年美国政府放弃自由竞争,开始干预经济。杜威在 1925年《美国实用主义的发展》一文中说,这是因为"我们已经对理性失去信任,因为我们已经认识到人主要是一种受习惯和情绪支配的动物。人们认为,可以在任何社会范围内使习惯和冲动服从于理智这样一种看法,只不过是一种幻想"(皮尔斯2006)[45]。美国实用主义的代表人物主要有皮尔斯(Charles Sanders Peirce,1839—1914)、詹姆斯、杜威等人。

皮尔斯又被称为激烈派经验主义(radical empiricism)。皮尔斯说,"几乎每一个本体论形而上学命题都或者是毫无意义的废话(一个词被另一些词界定,这些词又被另外一些词界定,而绝没有达到任何真实的概念),或者是彻头彻尾的胡言乱语。""一个概念是由它的实际效果加以验证的。"(皮尔斯,2006)[12] "一个论断所具有的唯一意义在于它以某种方式进行某种实验,除了实验本身以外,没有其他任何东西能构成论断的意义。"(皮尔斯,2006)[13] 这正确地指出了理性主义的缺陷。然而他却认为,"真理"不过是认识中令人满意的东西,它是真的因为它有用。

詹姆斯说,这个世界上只存在一个东西,这个东西就是"纯粹的经验",其他一切东西都是被它造出来的。他说,一个彻底的理性主义者,总是偏向空论和主观武断,"一定是"这个词从不离口,理性主义狂妄自负、不负责任和刚愎自用,倾向绝对主义。"理性"假装普遍性,它给科学开辟一条虚构的康庄大道。詹姆斯也是美国心理学的创始人。他对美国心理学最大的影响是,他把心理学作为自然科学,把客观可观察的行为作为心理学研究对象,而不研究那些无法客观观察的意识、动机等认知特性,这也许是美国心理学的传统特点之一。德国的经验主义传统把心理学作为经验科学。德国与美国就形成了两种不同的科学,两种不同的认识论和方法论。这也正说明"科学有祖国"。

杜威反复强调:"自由竞争是一种无为思想,科学信条比较缺乏。""适者生存仅仅是强者生存⋯⋯也就是弱者毁灭。如果自然通过毁灭弱者而进步,那么人类就是通过保护弱者而进步。"(梅南德,2006)[252]

如何测试计算机具有人工智力呢? 如何测试是否达到这个目标? 如今美国依据"图灵测试"。1950年图灵(Alan Turing,1912—1954)写了一篇文章《计算机器与智能》(Computing Machinery and Intelligence),他说,假如这个机器在一个知识渊博的观察人面前能够成功地假扮成人,那么你就应该认为它是具有智能的。这是典型的实用主义观点。把一段录音放到计算机肚子里,你就无法区分录音与真人对麦克风讲话,那么你能够认为录音的机器具有智能吗? 假如一个演员能够成功假扮坏人,能够认为他是坏人吗? 这正反映了西方科学认识论存在的缺陷而导致的科学判断错误。实证主义正确地指出了理性主义的问题,然而它也不是普世真理,用它去解决问题时也存在错误和局限性。

实用主义如同西方其他思想一样,批判别人时往往是正确的,然而自己建立的思想体系却存在致命弊端。实用主义有较大缺陷,把人作为万物评价标准,更把利益或满意作为当然的事儿,而并没有提出科学的判断方法。

6. 机械论的认识论。西方机械论产生于古希腊。对机械的爱好是西方文明的一大特点,这是我们中国人难以想象的。机械论是西方科学传统。虽然它没有被写在西方正统的科学认识论中,但是,在西方许多科学领域都能看到它的观念影响。牛顿力学就属于机械论的产物,从自然的运动中只看到了机械运动。机械论对计算机的设计有很深刻的影响。虽然提出了"以人为本"的设计观念,但是仍然很难改变计算机的设计,然而积重难返。

7. 结构主义(structuralism)。德国人冯特是西方现代心理学创始人之一,被美国人称为实验心理学创始人,1879 年他在德国莱比锡建立了世界上第一个心理实验室。冯特认为心理学是意识的经验科学,主要采用经验方法。结构主义指描述组成思维的各种结构。结构主义心理学认为,各种心理经验,包括最复杂的经验,都可以理解为它是由比较简单的事件组成的。心理被分解成为最终不可再分解的内容成分称为心理因素。心理因素是构成一切复合观念和复杂心理的独立因素。这种分析被称为因素(因子)分析。这种分析过程是很复杂的,要通过各种客观方法和主观方法的综合研究才能获得有效结果。这种方法的目的是发现这些因素构成复杂事件的构成原理或结构原理。成分心理学主要研究心理的构成成分或构成因素。我们可以暂时把这种方法称为德国结构主义。作为结构主义认识方法,冯特把感情当作是一种心理因素,并提出感情三维度因素:愉快/不愉快、兴奋/沉静、紧张/松弛。

结构主义是欧洲的科学传统,对当代欧洲仍然有重要影响,例如体现在皮亚杰的儿童认知发展心理学中和法国的智力测试方法。在符号学中,结构主义认为,含义存在于其结构之中,由对比而形成含义,例如大/小、高/矮等。在化学中,元素周期表就可以被看作结构主义思想的体现。

8. 功能主义(functionalism)。功能主义是一种认识论。如果一个复杂对象难以认识,那么可以从功能角度去认识,也就是以因果关系去认识。功能主义 19 世纪出现在欧洲社会学中。功能主义通常指"统计"理论,它不强调社会冲突问题,而强调和谐社会关系的理想状态。功能主义的基本出发点是,各种社会都具有基本需要——功能要求,如果一个社会要存在,必须满足这些功能要求。功能主义关注社会各部分对这些需要的贡献(它们的功能)。各种功能主义都关注基本需要和对社会秩序和稳定的期待。涂尔干用生命体作为比喻,解释各种有机组织一起对维持健康整体所的作用,正如社会各种组织机构对形成社会秩序所起的作用。功能主义相信有序社会的基础是存在确定的价值体系,它包含了全体成员的共同价值,主要看各种社会部分对于维持共同价值体系所起的作用。这些价值主要包括机会均等、基督教道德价值、物质主义、民主、生产率等。

美国的功能主义是从美国哲学发展起来的,其代表人物是美国实用主义哲学创始人之一、美国心理学创始人詹姆斯。其基本观点是,要想发现一个思想的含义,就要去看看它的功能或结果是什么。由此,真理应该是有用的、有好处的、实际的、有实效的。因此,詹姆斯学派强调行为与环境的因果关系、预测性、控制性和可观察性,而结构主义强调谨慎的内省。

在哲学和心理学领域,美国的功能主义直接挑战宗教的灵魂或精神概念。它认为可以从功能角度去认识大脑,人的一切行为都受大脑控制,而不是精神(灵魂)控制,因此从功能角度看,人脑就如同机器,人也如同机器,人脑和人的行为也可以用机器模拟。例如,人脑思考如同计算机 CPU 的信息处理,人的感知相当于机器的信息输入,人的行为相当于机器的结果输出。人脑的状态,例如信仰、欲望等,是通过它们的功能构成的,也就是说,它们与大脑的状态(计算机的 CPU 信息处理)、感知(机器的输入)和行为(机器的输出)之间有因果关系。美国心理学领域的行为主义和认知心理学都采用这种功能主义认识论。

按照功能主义,大脑状态的本质正如机器人状态(automaton state)的本质,也就是说,大脑由它对其他状态的关系和输入、输出关系所构成。因为大脑状态像机器人状态(状态机),所以确定状态机的方法可以被用来确定大脑状态。大脑各种状态都可以用逻辑数学语言以及输入信号和行为输出来表示。这样功能主义满足了行为主义的迫切需要,把大脑完全用非大脑语言表示出来了。可以用非大脑状态(机械特性、电子特性)定量实现大脑功能。一种功能状态可以用多种方法实现。这是欧美计算机界某些人把计算机与人脑等同起来的主要依据。功能主义思想对如今美国的生理学和心理学研究仍然有重要影响。

其实,魔术也是功能主义。"图灵测试"就是魔术,它利用了人因感知盲区而无法判断真伪这一现象。

问题是:认知学是否证明过计算机能够用来研究验证人脑活动?认知学和认知心理学是否能够证明人脑活动与计算机一致?

事实是,认知学和认知心理学的一切结论都要靠人去判断,凭人的感知和认知去判断。这又回到一个古老的问题上了——人的感知和认知是有局限性的。认知学和认知心理学证明过"人是否能够判断计算机行为与人脑活动的一致性和区别"。

问题又来了:即使计算机实现了一个心理学结论,人能够区分计算机的模拟的这些行为中哪些属于人的心理状态,哪些属于计算机作用吗?

功能主义如同魔术。人难以区别魔术与真实。

结构主义和功能主义都是从一个角度去认识事物,都表现出人类无法从更高、更全面的角度去认识事物,这是人类认识能力的局限性。

9. 简化论(reductionism,以往被翻译成还原论)。这种简化论认识观念把整体分解成为子系统,复杂东西可以简化为局部的、简单的、低级的东西;如果能够把每个被简化的成分研究清楚,那么就认为把其组成的复杂对象也搞清楚了。系统论就是依据简化论。生理学把人简化成为神经系统、呼吸系统、消化系统等。数学中的加减法、因式分解就是简化论,2 可以被分解为 1 和 1,而 1 加 1 等于 2。

简化论的缺陷如下:

第一,数学变换是等量变换,它只注意数量,而忽略了各个因素之间的关系,不是等价变换。

第二,整体因素不可简化,而简化论忽略了这一点。"盲人摸象"的错误在于每个人都忽略了整体因素,整体效果并不等于各个因素作用效果的简单相加。简化论无法解释为什么神经系统过分紧张会引起消化系统出问题。

第三,简化论注重主要因素,忽略次要因素。

第四,简化论忽略了"非正常情景",而在"正常条件"下进行实验。而现实中,往往是在非正常情况下出现问题的。

第五,简化论忽略时间影响。任何实验室的研究都是短时间的,现实出现问题往往是在长时间运行下,因为长时间出现了新的因素的影响。

第六,简化论过分低估科学研究对象的复杂性,西方科学界过低估计人、宇宙、生命的复杂性。

简化论是西方科学主要思想方法之一,然而却没有写在任何书里。他们用这种方法简化问题,尤其当研究问题超越人的知识和认识时。这种方法在数学、物理学、化学、生物等各种学科中都广泛应用,已经成为科学认识论的传统了。凡遇到研究问题超越人的知识和认知时,就简化它!物理学简化复杂因素,布尔把人的思维简化成为逻辑运算。

设计实验的一个目的是隔离多重因素,研究单一因素的因果关系,并认为"各个因素的综合作用"等于"每个因素单一作用的线性和"。这实际往往是错的,一个人能喝一斤酒,他也能熟练开汽车,但把这两个因素叠加在一起,就会出交通事故。

某些数学专业的人仍然喜欢采用还原论或简化论进行研究,这是人类认识能力低下的一种体现。无法同时认识复杂事物,只能把复杂事物分解成简单因素,这是人不适应研究对象的体现,不是科学研究水准高的体现。如果人的认识能力高,应该从总体上搞清楚所研究的对象。

10. 西医与中医的区别。第一,西医依据生理知识,不断研究发现新知识,不断否定过去的错误和局限性。中医依据最基本的人体生理知识,几千年前中医就知道心肝脾肺肾这些知识,这是一个奇迹。中医更依据一个严密复杂的符号比喻体系,例如金木水火土,它们彼此之间有密切关系,几千年来这个符号体系从来不变,也就是说,几千年来中医一直依据这些符号诊断和治疗疾病,而不需要知道西医那些不断变化的生理和病理知识。

第二,西医的认识论是还原论(简化论)。西医生理学把人还原为神经系统、消化系统、呼吸系统、循环系统、骨骼系统等。头疼医头,脚痛医脚。中医的认识论是整体论,五行彼此密切联系构成一个整体,例如"肺主皮毛",皮肤过敏的话,可能是肺有毛病。"肾主骨",牙齿或骨头有毛病可能是肾虚。这些基本知识几千年来从没有变化。中医治病并不需要知道西医那些知识,可以被看作是"不知病而治病"。

第三,西医缺乏主诊手段,这是由于还原论导致的,由此采用大量仪器,如果你不说哪里病了,西方就无从下手;中医有主诊手段,望闻问切,这是中医的整体论的体现。

第四,西方治病的基本观念是征服,例如用抗生素征服病菌。中医的基本治理观念是扶正固本和调理。什么是扶正?扶正是一种比喻,扶助正气,促进生理机能的恢复,使得正复邪退。扶正是一种"和平共处"的思想,不一定要杀细菌,而是恢复生理机能,人与细菌和平共处。什么是调理?是调整内脏的平衡。《黄帝内经》里说:"圣人不治已病治未病,不治已乱治未乱。""上工治未病……见肝之病,知肝传未脾,当先实脾……中工不晓相传,见肝之病,不解实脾,唯治肝也。"

第五,药物的毒性问题。有些西药有毒,要经过大量实验和实用,甚至几十年后才发现问题。有些西药有抗药性,"药高一尺,病高一丈"。中药很少有抗药性。中药是否有毒,几千年前就已经清楚了。我国最早的中药书典《神农本草》说中药分为3类,上药有120种,无毒,养命,例如丹砂、云母、石钟乳、消石、白石英、甘草、薏苡仁、石斛、黑芝、黄连、黄耆、丹参、景天、茯苓、阿胶、大枣;中药有120种,养性,有毒无毒斟酌其宜,例如雌黄、葛根、当归、黄麻、干姜、贝母、海藻、大豆、赤小豆等;下药有120种,养病,有毒,例如大黄、桔梗、桃核仁、杏核仁。谁能够有这么大能力搞清楚这么浩瀚的大数据问题?这远超过一个人的人力所为了。如今要搞清楚一种西药的毒性问题,要花费多大工夫?

第六,药的来源。西医大约起源于16世纪,其药物主要靠化学方法获得,几百年来治疗一种病的药物在不断变化,要花费很长时间才能搞清楚哪种药能够治什么病,是否有副作用,是否有抗药性。即使一位很高明的药师,他能知道多少药物的这些知识?中药几千年来基本没有变化,《神农本草》的药物如今仍然用来治疗同一种病。西方创造的哪一种自然科学知识能够具有这种特性?中药是从哪里来?我国最早的中药书典是《神农本草》。为了学习中药,神农"一日七十毒"。有人说中药是实践经验的积累,此言无知。例如,此书上说:"玉泉,味甘平,主五藏百病。"仅此一种药,神农要试验多少病人、多少次、多长时间?谁敢让他去试?如今医院条件比那时优越千倍,又有哪位药物研究人员做过这种规模的大数据实验?它接着又解释玉泉:"人临死服五斤,死三年色不变。"哪家的死人会让他做这个实验,这个结论他怎么能够知道?还有很多药是治疗妇女病的,例如破堕胎(蟹爪)、绝孕十年无子、女子风寒在子宫(紫石英),妇人阴中肿痛(黄连),折跌、续筋骨、妇人乳难(续断)、痔疮、下乳汁、轻身、延年(漏芦),神农怎么试验?哪里有那么多妇女让他试验?有些药物是治疗老年病的,例如明目(丹砂),轻身不老、坚筋骨齿(涅石)、通血脉延年不老(空青),他如何实验?有些药改变生理机能后不可逆转,例如薑,食多损智。这是人能够试验出来的吗?还有些药是无法用人去做实验的,有剧毒,入五脏,烂。这种药能实验吗?为什么如今没有人能够再积累出新的经验了?中医和中药可以被看作是绝对真理,西方哪一种现代自然科学能够达到这种程度?

按照《神农本草》记载,这些中药知识是神农从"太一"那里学来的,神农学习非常恭敬,"神农稽首再拜,问于太一小子"。"太一"是谁? 据说有人已经考证出来了。

五、自然科学方法论

1. 西方的科学研究也建立了一套认识论和方法论,它们都是针对宗教建立的,包含着"凡是宗教赞成的,我就要反对;凡是宗教反对的,我就要赞成"。西方自然科学方法论主要包含以下五条:

第一,客观性。自然科学研究的对象必须是客观存在的,你能观察到它,我在同样条件下也能观察到它,否则我就不承认你的观察。这一条来自经验主义。

第二,逻辑性。人为建立概念定义,建立假设,通过概念进行推理,验证假设,得出结论。理性科学知识实际上都是假设,建立假设来解释现象。这些假设要符合逻辑性,是通过推理获取的,否则就可以用逻辑去推翻它。这一条是来自理性主义。

第三,复现性。科学研究的结论必须是能够重复的,也就是能够被验证的。这一条来自经验主义。

第四,预言性。用假设来预言其他现象的存在,或者预言新观察结果。

第五,科学信仰。西方最初建立科学的目的是反宗教。为什么科学能够摆脱宗教,这本身并没有被逻辑证明,只是一种信仰。当遇到多次失败后,大多数人会放弃试验,只有个别人能够坚持下去。凭什么? 信仰,坚信能够成功。

(前 4 条参看 http://teacher. nsrl. rochester. edu/phy_labs/AppendixE/AppendixE. html)

2. 自然科学方法论的局限性。上述五条实际上存在许多问题,下面进行一些分析。

第一,客观性。客观性意味着被研究的事物必须能够被人感知,科学研究要依据客观事实,要有充分的事实证据,你能观察到,我也能观察到。客观性是经验主义的基本观点。这是针对宗教提出的,宗教强调信仰,而不是"眼见为实"。然而,如果人感知不到,无法感知,能够说不存在吗? 不能,人的感知能力有很大局限,耳朵只能听见 $20 \sim 20000$ MHz 频率的声音,眼睛只能看见 $380 \sim 860$ nm 的电磁波。感知到的东西都变成符号了,这些符号没有获取全部信息,只抽象了部分能理解的信息。这些符号不再是事实,这时人的观察和思维判断都是依靠符号,不再依靠事实,已经远离真实。人不知道自己不知道什么,如今把科学技术应用于实际所出现的各种问题正是当初人没有认识到的问题。科学认知的第一步是建立概念和定义,任何概念和定义都是人为的符号。这些符号都带有局限性,都有一些限制条件,以符合人的感知和认知能力。这些符号是人感知的结果,也是人感知局限性的结果,不再是客观真实。因此,"客观性"本质上是"主观性",是"以人为本"判断标准,这是"人为自然立法"或"人给自然立规律"。这种方法适用于可以观察到的那些事物,然而人无法感知经络系统,能够断定它不存在吗?这不正是崇拜西方科学的某些人士的鸡肠小肚。由此,所谓"科学发展"其实就是不断否定过去人的认知局限性和错误的过程,是不断证明过去科学错误的过程。

第二,逻辑性。逻辑性就是理性。按照各种理性方法(例如形式逻辑)进行推理,从某个角度建立模型描述,这就是理论。逻辑性也规定了如何建立假设,然而假设其实就是猜想。逻辑性的基本观点认为,只要符合逻辑推理规则,结论必定符合其前提条件;只要没有把该结论推翻,都认为它是正确的。这是理性主义的基本观点。最常见的推理规则是演绎法和归纳法。要想得出普遍规律,必须用完全归纳法,然而人无法归纳未来的现象,因此使用完全归纳法都不成功,它明显超出了人的能力限度,也许只有牛顿二项式是少有的成功使用归纳法的例子。

演绎法是科学推理中最常用的规则。演绎法中经常遇到三段论,它有三个组成部分:大前提,小前提,结论。大前提是"公理",是普世真理。什么是"公理"?如同民主投票,这是"多数人原则",多数人不等同真理。用"多数人"代替"真理",或者用"权威"代替"真理",是经常出现的错误。

演绎法主要被用来验证对错。然而人们发现这种逻辑出现问题。例如,布尔就提出"大脑思维是计算"。由此出现一个三段论语句:"大脑思维是计算,计算机可以计算,因此计算机是人脑。"这明显错了。哪里出错了?

要想得出普遍共同的特性,必须用完全归纳法。归纳法是把各种具体举例归纳在一起,找出它们的共同之处,得出一个结论。然而,人可以归纳过去的事情、现在的事情,却无法归纳未来的事情。这是不完全归纳法,由此得出的结论不适用于未来。然而人们经常忘记了这种方法的时间局限性和条件局限性,把过去某种条件下的实验和归纳得出的结论用于未来。这正是科学最常见的错误。

精确的数学定量分析是逻辑性表达方式之一,然而有些数理规则是错误的。例如,数理逻辑中有一条:全体＝A＋非A。这条规则在心理学范围中经常不成立。例如,你喜欢计算机吗?答案可能有:我喜欢,我不喜欢,我有时喜欢有时不喜欢,我不知道是否喜欢。

推理符合各观事物的规则吗?不。感知的东西都变成符号,不再是事实。推理是用符号(不是用事实)进行逻辑运算,是人为建立的运算规则。推理比较符合人脑的认知过程,并不表现人的高超能力,反而是人缺乏自信心的表现。推理过程其实就是理解和学习过程,科学研究就是学习或认知过程,因为人缺乏能力、缺乏自信、缺乏其他判断方法。各种推理方法都是为了弥补那些缺乏的自信心所建立的,后来更缺乏自信心的人把它当作权威而接受了,"反正不是我出的错,而是那些权威的错",目的是希望弥补人主观性的弱势。然而,客观事物的变化几乎都不符合理性推理方法。换句话,逻辑性实际上是人认知的主观局限性、缺乏自信心的体现,并不是客观性的体现。

3. 复现性。其他人在其他地方,按照同样条件和方法,能够得到同样结论,这被称为复现性,也被称为验证性。现实中,很多现象难以重复或无法重复。例如,心理学现象往往不能够严格地重复出现。你能验证我昨天头痛吗?你能够在实验中复现你的紧张吗?你能够在实验中复现头疼吗?不能,因此在不同时间重复去做心理学实验,可能得出不同结果,甚至完全相反的结果。哪个正确?也许都错误,也许一个正确另一个错误,也许都正确。验证性是科学方法论中比较复杂的一个问题,迄今已经出现如下验证方法。第一,重复验证。在科学实验中,验证性是要求能够重复观察这个现象。第二,一致性验证。提出一个新的测试方法,把它的测试结果与原来已经被承认的测试方法的结果进行比较。第三,效度验证。这种方法是去验证结果的全面性和真实性(准确度)。第四,信度验证。信度指可靠性或重复性(精度)。第五,证伪法(falsificationism)检验。别人经过多次试验得出一个结论,假如能举出一个实例不符合所得出的结论,就能够推翻这个结论。证伪法有什么用处?我们验证一个假设和理论往往很困难,即使你列举 100 个举例,也不能完全验证它是正确的。然而设法推翻它,只需要一个例子。

4. 预言性,实际上像代替宗教里所说的神去预言未来。各种科学的预言能力不高。强调预言性与算命有什么区别?

六、科学的限度

法国哲学家卢梭在《论科学与艺术》中说道,"科学和艺术没有给人类带来好处,只造成社会道德的堕落和种种罪恶。""科学艺术和文学所制造的欲望给人类带来束缚。科学的目的是虚幻的,其效果是危险而有害的。它会使人游手好闲,懒惰奢侈,从而引起风尚解体和兴趣腐化,它削弱人的战斗品质,破坏德行。"他引用古埃及的传说,"是一个十恶不赦的魔鬼发明了科学。因知识和技艺进步,导致道德品性败坏,几乎成为历史定律。例如,文艺复兴时代,艺术和科学再次腐蚀统治者和被统治者的力量,使意大利虚弱到不堪一击地步,法兰西国王查理八世(Charles Ⅷ,1470—1498)不费一兵一卒就占领其土地。"

然而人类过高估计了自己的智力和科学成就。纵看人类历史,积累的科学知识很少很少,搞了两千年科学研究,出现了许许多多伟大的科学家。可是我们仍搞不清楚什么是时间、空间、生命、人、信息、含义、理解,甚至连很多似乎很简单的东西也搞不清楚,不少知识是"假设"(虚构性),有些所谓真实是想象的。

七、"数学是科学皇后"论

"数学是科学皇后"这一观点产生于古希腊,它以数学作为世界观。中世纪西方高等学校所设的专业只有神学系、医学系、法律系和哲学系。哲学系在大学是个小系,并不像其他系那么受重视,数学(和物理)当时属于哲学范畴。16世纪初,人们尝试把各种数学分支统一起来,并把数学总结为数量的科学。1597年范·罗门(Adriann van Roomen,1561—1615)在《捍卫阿基米德》一文中第一次提出"数学广泛性"概念,后来有人提出"数学是第一科学",把数学的价值推到了顶点,这样形成了"数学是科学皇后"的价值观。当时只存在数学和哲学(包含自然哲学),提出"数学是科学皇后"主要含义是"数学是哲学的基础"。17世纪最重要的哲学家和科学家莱布尼茨起初也同意"数学是科学的基础",他曾写了7卷数学文稿。后来他认为"逻辑是数学的基础",从此就推翻了"数学是科学皇后"这一观点。康德进一步论证了"数学不是哲学的基础",因为数学是从定义出发,而哲学是从概念出发。

现代自然科学是从哲学(自然哲学)中发展和演化出来的,而不是从数学中发展出来的,这一事实就表明了历史上哲学对自然科学起的作用。19世纪初德国洪堡明确提出"哲学是科学皇后",哲学是自然科学的基础。从那时起这一观点在物理学中一直深深扎根,物理学的发展首先依赖哲学的发展,数学在其他自然科学中是工具之一。这一观点至今在物理界仍然占主导地位。20世纪初期,数学界也曾经热烈讨论过它的哲学基础问题。

当"数学皇后论"被淘汰后,直接关系到数学家的地位,他们又提出了"数学基础"论。钱德勒·戴维斯(Chandler Davis,1926—)在《20世纪数学家错在哪里》一书中指出:"20世纪的前半叶,数学家有两个显著趋势。占主导的数学院校明显对应用没有兴趣;同时那些干活的数学家从幼稚的单相思变成了占主流的抽象的玄学家。""第一,大多数数学家坚持靠数学而活,但是并不真正相信它;第二,同时他们狂热地武断数学是基础,而这种观点却无法用逻辑方法来论证;第三,它脱离了同时代科学理论建设和检验理论的主流。"

如今在我国工科大学,仍然有人盲目推崇数学皇后论,这主要表现在:第一,数学专业的有些人喜欢说"我只靠一支笔、一张纸",忘记了其实这正反映他的水平不很高,却在非数学专业过分宣扬数学的作用,这是缺乏底气的表现;第二,把微积分作为各种工科学科的基础,其实它只是工具之一,有些专业根本不用它;第三,工科专业把数学作为本科毕业论文、硕士生论文和博士生论文的主要衡量水准,以为数学计算能够代替科学实验,在专业技术方面缺乏系统实验,缺乏技术探索,这样导致以数学的名义弄虚作假;第四,以数学作为主要衡量标准,是导致工科专业理论脱离实际的一个重要因素。这样培养的工科毕业生不会从事科学实验,不会探索技术,不会设计和制造,为此,企业需花费大量的"学费"培养技术人员。

思考题

1. 西方现代科学存在哪些问题?

2. 西方科学能够代替文化吗？

3. 西方科学能够解决人类未来的永续生存和发展吗？

第八节　西方机械论

一、什么是机械论

1. 机械论是西方现代性的一个特征，目的是反对宗教信仰。西方现代的机械论世界观认为世界万物的运动变化是靠力主宰的，把宇宙看作机器，机械运动是宇宙的全部规律。1620 年培根在《新工具》中认为："钟表制造……肯定是一种微妙而又实实在在的工作；钟表的齿轮有点像天体轨道，它们有规律的交替运动有点像动物的脉搏跳动。"美国地理学家盖奥特（Arnold Henry Guyot，1807—1884）说："地球真是一部奇特的机器，它的所有部件共同协调地工作着。"（林宏德，1999）[67-68]

英国小说家奥尔德斯·赫胥黎（Aldous Leonard Huxley，1894—1963）在《美丽新世界》中说，在未来的工业世界中，连人类都是由婴儿工厂制造出来的。

牛顿、爱因斯坦以及如今的物理学家建立了如今的四大力学（理论力学、热力学、电动力学和量子力学），用机械运动和力学、热、电磁、核物理概念解释世界万物。例如，认为宇宙里只有物质、力、作用与反作用，没有神，并把机械论的这种解释称为是"自然规律"。科学史表明，后人总发现前人的解释是错误的、片面的、短浅的。

2. 依据机械运动规则建立物质微观结构。例如古希腊的德谟克利特提出的原子论思想，他认为万物原本是原子和虚空，原子的数目是无穷的，它们的本质没有性质的区别，只有形状、体积和序列的不同；它们相互结合起来，就产生了各种不同的复合物，世界万物从本质上没有区别，原子分离就导致物体消灭。他甚至认为人的灵魂也是由原子构成的，当构成灵魂的原子分散时，生命就灭亡，灵魂就消失了。德谟克利特的原子论与现代的原子论不是一个起源。

3. 用机械论解释人。达·芬奇和伽利略认为人的骨骼像杠杆。（林宏德，1999）[115]意大利生理学家博雷利（Giovanni Alfonso Borelli，1608—1679）把人的肺比作鼓风机，把胃比作研磨机。西方自然科学奠基人之一的笛卡儿认为：动物是一个自动控制装置，缺少知觉和自我意识（科尔曼，2000）[130]，是"没有灵魂的自动装置"。"我们认为这架机器所具有的各种功能，诸如消化所吃的肉、心血管有规律的跳动、吸收营养和生长、呼吸、醒和睡的功能；外部感觉器官对光、声、味、热的感觉以及其他类似的功能；大脑皮层感觉中枢的知觉和印象……以及身体个部分的动作……我希望你们把所有这些功能看成跟钟表或其他装置的运动没有丝毫差别。"（林宏德，1999）[68]"动物体内的大量骨骼、肌肉、神经、动脉、静脉和一切别的部分，可以比做机器的零件,只因为它们出自上帝之手,所以无比地井井有条,自身具有更奇妙的活动,远胜过人所能发明的任何机器。"(林宏德,1999)[77-78]

17世纪欧洲最著名的哲学家和科学家莱布尼茨说:"自然的机器,也就是活的身体,即使分成最小的零件,也还是机器。"卡普拉(Fritjof Capra,1939—)说:"有趣的是,在生物学发展的每一个阶段,人体总基本上都被看作是一台机器。在笛卡儿时代,人体先被看作是一种机械装置,随后又成了一种化学机器,更后成了一种电磁机器、物理机器、化学机器。现在人们被看成计算机,把大脑看成了电脑,这正是笛卡儿把人体比喻成一台机器的直接延伸。"西方许多哲学家、科学家也把宇宙看作钟表。(林宏德,1999)[68]

1749年法国哲学家和医师拉·梅特里(Julien Offray de La Mettrie,1709—1751)在《人是机器》一书中建立了系统的机械论的人概念,对西方有巨大影响。他说:"动物界的一切都取决于物质组织的不同;这就足够可以解释各种事物的谜和人类的谜了。我们看到,宇宙间只存在着一种物质组织,而人则是其中最完善的。人和猩猩相比,和动物里最聪明的动物相比,就更像惠更斯(Christiaan Huygens,1629—1695)的行星运行仪和尤利安·勒罗阿的一只表。""我认为,思想和有机物质不是不可调和的,而且看来和电、运动的能力、不可入性、广袤等一样,是有机物质的一种特性。""人并不是用什么更贵重的料子捏出来的;自然只是用了一种同样的面粉团子,它只是以不同的方式变化了这面粉团子的酵料而已。""人体是一架会自己发动自己的机器:一架永动机的活生生的模型。体温推动它,食料支持它。""心灵的一切作用既然是这样地依赖着脑子和整个身体的组织,那么很显然,这些作用不是别的,就是这个组织本身:这是一架多么聪明的机器!因为即使唯有人才分享自然的法则,难道人因此便不是一架机器么?比最完善的动物再多几个齿轮,再多几条弹簧,脑子和心脏的距离成比例地更接近一些,因此所接受的血液更充足一些,于是那个理性就产生了;难道还有什么别的不成?"(林宏德,1999)[2-5]

拉瓦锡(Antoine Lavoisier,1743—1794)在1777年证明生物体在呼吸中形成空气的过程与燃烧过程完全相同。1780年他写道:"呼吸作用是一种燃烧。这一过程非常缓慢,但它却与碳的燃烧极其相似。"19世纪40年代柏林的一群生理学家提出把生命体当作机器看待的全新观念,当时恰逢能量守恒学说的建立,并受到促进。能量守恒学说的创始人之一的迈尔(Julius von Mayer,1814—1878)认为生命过程是化学变化,"最基本的过程就是氧化,这是生物能量的最终来源"。"氧化过程是生物能够进行机械活动的物质条件,同时也能用数字表示能量消耗与生理活动之间的关系"。(科尔曼,2000)[136]

如今的生理学是建立在这种机械论基础上的,甚至诺贝尔医学奖与生理学奖获得者雅克·莫诺(Jacques Monod,1910—1976)也认为细胞是机器。

西方这种现代机械论对人体生命的解释,是针对宗教而建立起来的理论。除了宗教外,西方和东方早就存在完全相反的观念,例如西方的生命论(vitality)。

4. 机械论进一步发展形成系统论,并与还原论一起建立了如今西方科学认识论的基本观念。还原论的基本观点认为,一个复杂的整体可以从结构上被分解成为各个因素,各个因素具有独自的功能,例如消化系统、神经系统、循环系统等,这些结构与功能组成了系统的整体结构和功能。还原论(简化论)的缺陷如下。第一,整体因素是不可分解的。第二,各个因素的和少于整体的全部结构和功能。第三,它忽略了因素之间的相互联系和作用,无法解释为什么各个系统之间会相互影响。

5. 机械论可以解释一部分现象,但并不能解释生理和生命的根本因果规律,于是又拿出了康德的"目的论"。例如,为什么血液流动,因为要传输养分(目的);为什么心脏跳动,因为要传送血液(目的)。然而心脏有这种意识吗,它是有意识传送血液吗,如何能够验证心脏有这种意识?

6. 用机械论解释人类社会现象。西方哲学、社会学已经习惯把国家看成机器,称为"国家机器"。20 世纪 40 年代美国著名的控制论的创始人维纳(Norbert Wiener,1894—1964)曾经说:"现在世界矛盾的双方本质上都在使用着某种国家管理机器,虽然它从任一方面来说都不是一部独立的制订策略的机器,但它们却是一种机械技术,这种机械技术适应于那群醉心于制订策略的,像机器般的人们的紧急需要的。"(林宏德,1999)[75]

二、机械论的意义

机械论的价值是反宗教,从信仰"神"转变为信仰"机器",机器成为主宰宇宙万物的神,从认识论上取消了"万物本质是什么,规律是什么",而代之以"万物的功能是什么,结构是什么"。

美国物理学家卡普拉说:"笛卡儿和牛顿——还有哥白尼、伽利略以及其他同时代的人——都是天才。他们具有创造性和革命性的思想,正如我所提到的,他们敢于宣称:'我不需要教会,不需要亚里士多德,我自己可以找到世界运动的原理,我把世界看成一台机器。'提出这种观点是极其大胆的。""像人造机器一样,宇宙机器也被认为是由零件组装而成的。因此,各种复杂的现象总被认为可以通过把它们还原为最基本的构件,以及寻找构件之间的机制的方法加以理解。这种被称为还原主义的方法已根深于我们的文化之中,以至于常被等同于科学方法。"(林宏德,1999)[77]

美国科学家里夫金(Jeremy Rifkin,1945—)和霍华德(Ted Howard,1950—)在《熵:一种新的世界观》中描述了西方的机器世界观和价值观:"我们生活在机器的时代,精密、速度与准确是这个时代的首要价值。""机器成了我们的生活方式与世界观的混合体。我们把宇宙看成是伟大技师上帝在开天辟地时启动的一台巨大机器。它的设计完美无缺,以致它能够'运转自如',绝不会错过哪怕一个节拍。它是如此可靠,以致可以对它的运行预测到任何精度。''我们生活在机器的专制之下。虽然我们很乐意承认机器对我们的物质生活的重要性,然而我们对于机器深深地侵入我们生存的内核却不很乐观了。''机器的影响在我们的内心已经根深蒂固,以致我们以很难把机器与我们自身区分开来。甚至我们说的已经不再是我们自己的语言,而是机器的'声音'。我们'衡量'与他人的关系时,看的是我们是否与他们'同步'。连我们的感情也被看成是有利或有害的'振动'。我们不再是活动的主动者,倒成了'启动器'。我们避免'摩擦',成了'调谐器',不再主动注意。人们的生活或者叫'正常',或者叫'故障'。如果出了'故障',当然希望能很快排除,或者'重新调节'。"(里夫金 等,1987)

美国科学家安德鲁·金伯利(Andrew Kinbery)在《克隆——人的设计与销售》一书中说:"工业社会使机械论原理得到进一步加强,科学家不再把自然界看作是伽利略或牛顿认为的那种钟表世界,而是把它看成是产生无限热和能的宇宙大马达。人体不再被看作是笛卡儿或拉·梅特里认为的那种相对说来简单的机器,而是被看作类似于蒸汽机或发电厂一样的现代马达。正如历史学家安森·拉宾巴赫(Anson Rabinbach,1945—)所说:'在 19 世纪,随着把能源转变成各种形式的现代发动机的演进,人们大大改变了笛卡儿把动物看作机器的理论……人体和工业机器都被看成是能把能源转换成机械工作的马达。''尽管机械论在生物技术时代才盛行开来,但它不是过去热心的基因学家、科学医生、计算机专家或社论作者最近才想出来的专业词汇,这是自'机器时代'以来,已经在西方逐渐发展了几个世纪的一种信念。如果我们不了解,我们怎么会把人体看作机器以及人体怎么会从神圣的形象变为生物技术的历史,我们就别想遏止 20 世纪的人体商场。''把人体看作机器的观念已成为现代信条,第十六届基因学大会主席罗伯特·海恩斯(Robert Haynes,1931—1998)向听众明确宣布,机械论的原理是生物技术时代的核心组织原则:'至少三千年来,大多数人都认为人类是特别的、神秘的,是犹太教和基督教关系人类的看法。对基因的研究向人们表明,从深处意义上来说,我们都是生物机器。传统看法是建立在生命是神圣的这一基础之上……这一基础已经不复存在了,再也没人相信了。'海恩斯所说的这番话并非自说自话。几月前,《纽约时报》在一篇题为《工业化的生命》社论中直言不讳地说:'人类……是生物机器……这种机器现在可以改变、复制和申请专利……'美国著名计算机专家马尔温·明斯基(Marvin Minsky,1927—2016)已把大脑称作'肉体机器',他要创造一种能代替我们大脑的计算机。"(林宏德,1999)[116-118]

思考题

你认为人是不是一部机器?人脑是不是计算机?

第九节　我国道家建立了科学

一、科学有祖国

　　回顾世界历史会发现,古代中国有自己的科学,印度有自己的科学,阿拉伯民族有自己的科学,16 世纪后欧洲发展了西方现代科学。这些科学的目的不一样,信仰不一样,效果也不一样。欧美现代科学起源于古希腊,它的目的是以科学反宗教。认同"科学无祖国"的一个来源是"世界主义"思潮。在历史上欧洲知识分子中曾经存在一种"世界主义"思潮。例如被称为"美国独立之父"的潘恩(Thomas Paine,1737—1809)曾经说:"没有赢得自由的土地,到处都是我的家乡。"在富兰克林的劝说下,他于 1774 年从英国移民美国,1776 年他发表了《常识》一书,深刻揭露了英国殖民统治和君主政体的本质。他提出,在君主专制下,国王就是法律;在共和制下,法律就应该成为国王。此书对富兰克林、杰斐逊、华盛顿等美国开国元勋们有深刻影响,半年后由杰斐逊起草了《独立宣言》。潘恩参加了美国的独立战争。后来他又到英国,英国政府要谋杀他,他跑到法国,参加了法国大革命。雅各宾派执政时期,1793 年他被监禁入狱,罪名是"图谋颠覆共和国"。在狱中他写了《理性时代》,尖锐批评神学。他 1794 年出狱,1802 年又到美国,却遭到冷遇。美国指责他的无神论和反私有制思想,连杰斐逊政府里也找不到他的容身之地,并剥夺了他的选举权,指责他不是美国公民,还有人企图谋杀他。他在贫病、屈辱、悲愤中度过了最后 7 年,于 1809 年去世。

　　匈牙利的科学家冯·卡门(犹太人)也曾经赞同"世界主义",曾经帮助过许多国家的航空工业建设,但是第二次世界大战后他转变了这种价值观念,定居美国,为美国航空军事工业工作,严格遵守美国法律和军事保密制度。第二次世界大战后期,他曾以美国军队顾问身份到德国调查德国的航空科技发展,并发现了德国在研究喷气式发动机,后来把此技术带回美国,美国设计了新型喷气式战斗机用于朝鲜战争。他曾经叹息地说:"我们三人(钱学森、冯·卡门、普朗特)是世界上最有成就的空气动力学家,我们的私人关系很好。但是,我们都知道不会有共同的目的在一起共同工作,一个为纳粹服务,一个为美国服务,一个为红色中国服务。"

　　洪堡在 19 世纪初曾经提出"科学无目的"的学术自由观念,这实际上是为了避免宗教的压制。第二次世界大战中,德国、美国、苏联在原子弹研究方面的竞争十分激烈。意大利著名的核物理学家费米(Enrico Fermi,1901—1954)于 1934 年 10 月完成了用中子轰击元素的实验,标志着原子时代的开始。当法西斯势力统治了意大利后,由于担心妻子的犹太血统的命运,他利用在斯德哥尔摩参加诺贝尔授奖仪式的机会带全家去了美国,并以顾问身份积极参加了美国第一枚原子弹研制的绝密工程。20 世纪 50 年代后,东西方进入冷战时期,苏美英法都制定了相应的与军事相关的科学发展计划,科学家也必须有国家社会责任感。美国也从法律是明确规定科学不再是"无国界",并且在 20 世纪 50 年代初迫使许多华人科学家 24 小时离境,否则必须加入美国国籍,并且阻止钱学森等一大批科学家归国。

  2002 年 1 月 15 日美国华裔核科学家李文和(Wen Ho Lee,1939—)的书《我的国家控告我》(*My Country Versus Me*)在美国出版。该书描述了他被美国政府诬告的经过。李文和生于台湾,1964 年到美国留学,毕业后在美国新墨西哥州洛斯阿拉莫斯国家实验室工作了二十多年。1999 年 3 月美国能源部长下令解雇他,称他触犯了安全条例,同月《纽约时报》报道此案。12 月美国 FBI 指控他犯了 59 项罪名,怀疑他为中国窃取美国核机密,在没有任何证据的情况下,对他滥用"特别行动措施",给他戴上手铐和脚镣,单独囚禁 9 个月。2000 年 9 月 13 日获释,主审联邦法官詹姆斯·帕克向他道歉说:"我受了政府的误导,李先生,执法部门关押你是不公正的,我真诚地向你道歉。"而美国政府内政部长雷诺却死不认错,她在电视上说李文和是"重罪犯"。在接受美国全国广播公司采访时李文和说:"如果我不是华人,我绝不会被控间谍罪,我更不会被恐吓要处决。"

另一方面,各国在自然科学方面有许多共同的研究问题。医学研究的问题涉及各国的生命问题,国际之间的交流合作使各国都能获利。例如 2003 年在 20 多个国家出现了非典型肺炎,国家之间很快进行合作研究和治疗。

二、各国的科学差异

1. 各国科学的产生与文化紧密相关。西方自然科学的产生,是为了反对宗教或迷信,科学首先是一种信念。至今,西方许多科学家研究天体物理、生物的起源的目的仍然是为了质疑或验证宗教。1904 年马克斯·韦伯在《社会科学方法论》一书中指出:"对科学真理价值的信仰并不是从自然界得出的,而是一些确定文化的产物。"西方一些科学家甚至对科学知识的解释也离不开他们的宗教信仰。例如,有些科学家为了摆脱宗教而提出与宗教相反的观点,有些科学家信仰宗教而用科学去验证宗教。西方现代概念强调实证主义,因此有些人不大相信他们文化以外的科学,不相信中医是科学。我国在孔子时代就基本进入了"以人为本"的世界观,古希腊文化背景在我国古代中不存在。

2. 西方建立了机械论的世界观,认为宇宙是一部机器,人也是一部机。这种世界观对西方许多科学研究都起了很深的影响。这种观点并没有写在他们的科学方法论中,但是实际上确实是影响了一千多年一直到今天。我国历史上几乎没有这种概念。

3. 西方现代国家发展科学的一个重要目的是发展军事武器,历史如此,今天仍然如此。许多最先进的科学首先是从军事研究中产生的。如果不存在军事扩张目的,就不会大力发展军事科学。

4. 欧美的科学观念也有差异。例如，德国心理学界认为心理学属于经验科学，强调意志是主要研究对象。美国心理学界认为心理学属于自然科学，是行为主义心理学，认为人没有意志，人的行为是刺激的反应。再例如，欧洲的认识论主要是结构主义，而美国偏好功能主义。美国曾主张行为主义心理学，德国认为行为主义不是科学。美国泰勒管理法被称为科学，欧洲许多国家不承认那是科学。德国认为计算机不同于人脑，美国认为用计算机可以模拟人脑。德国认为科学被分为自然科学、技术科学和精神科学。美国认为科学就是指自然科学，技术就是技术，不算科学。中国的学科分类更不同于他们。

三、我国古代的科学

《管子》《道德经》《庄子》《淮南子》等用大量文字论述了宇宙起源、宇宙模型、时间定义等。下面简要列举几个例子。管子最早用"宙合"介绍了"宇宙口袋"概念，他在《管子·宙合》中说：

> "天地，万物之橐也，宙合有橐天地。"天地苴万物，故曰万物之橐。宙合之意，上通于天之上，下泉于地之下，外出于四海之外，合络天地，以为一裹。散之至于无闲，不可名而山。是大之无外，小之无内，故曰有橐天地，其义不传。

"'天地，万物之橐也，宙合有橐天地。'橐（tuó）是口袋。天地苴（jū，一种草包，包裹）万物，因此称天地为万物的口袋。宙合的意思是，上通于天之上，下通地泉之下，向外通到四海之外，合拢天地，成为一个大包裹。把它散开，可以成为无限，无法说出其名字。大到无外（天外有天），小到无内（小内有小）。因此说它是万物的口袋，其含义无法口传清楚。"

这一宇宙概念远超过了同时代古希腊第一位哲学家和科学家塔莱斯的"地球中心论"。

《列子·天瑞》说："运转亡已，天地密移，畴觉之哉？"万物运转没有（亡）停止，天地精密地移动，以往（畴）感觉到了吗？"夫天地，空中之一细物……"天地（地球），只不过是空中一个很小的物体……这短短两句是描述从空间角度看宇宙的各个星球，远超越古希腊"地心说"。

我国春秋战国时期出现"宇宙"的概念。《庄子·杂篇·庚桑楚》中是这样描述宇宙的：

> 出无本，入无窍。有实而无乎处，有长而无乎本剽，有所出而无窍者有实。有实而无乎处者，宇也。有长而无本剽者，宙也。

这段文字的含义如下："（时间）流出来却没有源本，要想进去却没有入口。有实际物体（指'星球'），却没有停留之处，有增加（指'时间'），却没有消耗（剽）源本。这种有流出而没有入口的，却有实物。这种有实物而没有停留之地的，就叫宇（空间)。这种可以流出来而不消耗本源的,就叫宙(时间)。"

什么叫宇宙?《文子·自然》和《淮南子·齐俗训》中说:"往古来今谓之宙,四方上下谓之宇。"宙指往古来今(时间),宇指四方上下(空间)。这可能是世界上第一个宇宙定义,明确指出宇宙就是空间和时间。这太不可思议了! 西方直到中世纪还停留在"日心说"。

接着《列子》讲述了"信人"的故事,这也许是世界上第一个机器人,而且不是西方机械论的产物。《列子·汤问》说,周穆王(约前 992—约前 922)从昆仑巡狩返回途中,遇到偃师献上一个"信人",它会快跑、慢走、低头、仰首,还会唱歌跳舞。周穆王以为它是真人,其实是用皮革、木块、胶水、油漆、白垩、黑炭、丹砂、点清制作的,体外有筋骨、关节、皮毛、牙齿和头发,体内有肝、胆、心、肺、脾、胃、肾、肠。这个机器人是按照《黄帝内经》原理设计的,也就是说,不是依据西方的机械论设计的。《黄帝内经》说:"肝,开窍于目。"这个"信人"也如此,拿掉它的肝,它的眼睛就看不见了。"肾主骨",拿掉它的肾,它的脚就不会走路了,这符合五行。这个机器人用眼神去勾引周穆王身边的侍妾,周穆王大怒,要诛杀偃师。这说明周穆王无法区别机器人与真人的区别,这不正是如今计算机领域著名的"图灵测试原理"吗?《列子》还介绍了下述高技术:詹何善做钓鱼线;扁鹊(前 407—前 310,姬姓,秦氏,名缓,字越人,号卢医)用麻药给两人昏迷 3 天,给他们动手术换心脏;鲁班(约前507—前 444,姬姓,公输氏,名班)制造了云梯;墨子用木头制造了飞鸢(老鹰);鲍巴和伯牙(前 413—前 354)善于鼓琴;甘蝇、飞卫、纪昌善于射箭;最后讲周穆王在西戎得到一把剑,锟铻剑,削石如泥。

关于天气和雷电。按照科学方法首次研究大气电现象开始于 18 世纪,1746年到 1752 年美国本杰明·富兰克林和他的朋友们首先研究了暴雨的雷电现象。他们通过尖端收集了大气的电荷,发现有时电荷是正的,有时是负的。1752 年法国的勒莫尼耶(Pierre Charles Le Monnier,1715—1799)发现即使在很好的天气时,大气中也存在带电状态。此后不久,瑞士的索叙尔(Ferdinand de Saussure,1857—1913)和意大利的贝卡里亚(Giovanni Battista Beccaria,1716—1781)发现在好天气时按同一方法收集到的电荷总是正的。直到 19 世纪末科学界研究了离子通过气体导电现象后,人们才理解了这些现象。通过尖端可以加强电场强度,从而加速离子在空气中的运动。

西汉淮南王刘安组织集体编写的《淮南子·天文》中描述了风、雨、雷电、雾等自然现象:

> 天之偏气,怒者为风;地之含气,和者为雨。阴阳相薄,感而为雷,激而为霆,乱而为雾。

它的含义是:"天上的气如果偏了(气压不同),就形成了风。地下所含的水汽,

凝和就形成雨。阴阳相互迫近,就形成了雷电,云散乱后就形成了雾。"《淮南子·地形》中有五处描述了雷电,例如:

> 白泉之埃上为白云,阴阳相薄为雷,激扬为电,上者就下,流水就通而合于白海。

> 阴阳相薄为雷,激扬为电,上者就下,流水就通而合与玄海。

"白泉的水汽上升为白云,阴阳相互迫近成为雷,激扬成为电,云气化为雨从天而降,流水畅通流入白海。这些文字概括了上述的实验:水汽上升为云,云本身就带电,是否带电与天气好坏没有关系,天云的电有阴阳两种,雷电就是阴阳两种电的作用结果。"观察大气带电是很危险的,怎么知道雷电分为阳电和阴电?两千年前的中国人用什么仪器手段?通过什么方法观察?按照西方科学方法论无法理解。

关于火与磁。历史记载了古代人类取火的方法有三种:钻燧取火,击石取火,阳燧取火。击石取火可能是用石头撞击产生火花,但是火花的热容量太小,要使它变成烈火,需要有汽油那样的易燃材料,如今的打火机仍然采用这种原理。钻燧取火是钻木发热,用一个硬木椎在一块软木板上的钻眼中快速转动,周围用干草围起来,摩擦使木头的温度升高,到一定程度时会使干草燃烧。取火最实用的方法是利用凹面镜的聚焦原理,把太阳光聚焦到一点,我国古代把这种取火器具叫阳燧。阳燧取火需要充分的物理知识,要知道足够面积上的太阳光具有足够的能量可以使干草等材料达到燃烧温度。要知道用一定办法把光线聚焦到一点来聚积能量,还要有技术会实际制造这种凹面镜。对现代人来说,没有学过物理光学,也很难想到这种取火方法。《周礼·秋官》曾记载了阳燧取火。《淮南子》中多处描述了阳燧取火:

> 故阳燧见日则燃而为火,方诸见月则津而为水。(《淮南子·天文》)

> 夫燧之取火于日,慈石之吸铁,蟹之败漆,葵之乡日,虽有明智,弗能然也。(《淮南子·览冥》)

"用阳燧可以从太阳取火,方诸能从月亮取得露水。""阳燧能靠太阳来取火,磁头能吸引铁,蟹能败坏漆,葵花向着太阳,即使有高明的智慧,也不能明白。"

按照西方物理学的发展,先产生了几何,并对几何光学有一定研究,才可以出现较复杂的光学仪器。如果没有考古的发现,人们很难相信西周时代已经有那么高的科学水平制造阳燧了。1995年4月14日在中国陕西省扶风县黄堆乡黄堆村的西周60号墓中发现了青铜制造的阳燧,圆形凹面镜,其直径8.8厘米,厚0.19厘米。它的形状像如今的茶杯盖子,它的背面中央还有一个桥形小纽。扶风县周原博物馆馆长罗西章用仿制的青铜阳燧能够点燃棉花、纸和烟卷。(《人民日报》海外版,1996年3月14日)

用西方的光学理论来衡量,这意味着当时在我国已经掌握了反射镜的几何光学原理,已经出现了类似阿基米德的科学家。

关于胚胎学,《淮南子·精神》中说:

> 夫精神者,所受于天也;而形体者,所禀于的也。故曰:"一生二,二生三,三生万物。万物背阴抱阳,冲气以为和。"故曰一月而膏,二月而血,三月而胎,四月而肌,五月而筋,六月而骨,七月而成,八月而动,九月而躁,十月而生。

"怀孕后第一个月才能形成胚胎,两个月时生成血(肝),三个月形成胎儿,四个月生长肌肉,五个月生长韧带,六个月生长骨骼,七个月胎儿已经基本能成活,八个月能蠕动,九个月开始躁动,十个月而出生。"

胎儿在古梵文(公元前 1400 年左右)、《圣经》和古埃及已经有记载。《古兰经》(公元 600 年)中曾说:人的胚胎需要 40 天到 42 天才能形成。的确,人的胚胎是在这一阶段形成的。亚里士多德在西方第一个描述了鸡和其他胚胎,许多人把他看作是胚胎学的鼻祖。由于缺乏仪器观察手段,在人类历史上人们只能对三个月以上的胎儿的外表特征进行有限观察,例如公元 100 年左右盖伦(Galen,129—约210)曾经描述过较大胎儿的形体。在 15 世纪,达·芬奇曾经画了一个被打开的子宫内的成熟了胎儿。那时,研究者多用鸡蛋研究胚胎的生长过程。科伊特(Volcher Coiter,1534—1576)搞明白了在卵巢中,胎儿是从卵子生长而成的。他对鸡胎儿进行了详细研究,被看成是胚胎学创始人。1651 年英国大夫哈维(Willian Harvey,1578—1657)用简单的透镜系统研究了鸡的胚胎,发现了脊椎动物体内的血液大循环系统,他又重新开始了亚里士多德的胚胎学的研究,并扩大到昆虫和哺乳动物。但是,直到 19 世纪人类对胚胎的研究才有了较大发展。1860 年以后出现了许多重要研究。1880 年伊斯(Wilhelm His Sr.,1831—1904)出版了《人类胚胎解剖学》(*The anatomy of human embryos*)后,引起了对人类胚胎的研究兴趣。根据现代发展生物学,人类胚胎和胎儿的生长过程大致如下。

两个月时胚胎约 2.5 厘米长,已经形成了可分辨的人形。这一时期重要长肝,肝很大,约占整个重量的十分之一,在这个时期肝是最重要的造血源。《淮南子》说:"二月而血。"到第 12 周末,肝的造血活动下降,脾脏造血活动上升。

西方胚胎学把三个月以前的叫"胚胎",从三个月时起被称为"胎儿"。令人惊讶的是,这与我国古代的分类命名一致,《淮南子》说:"三月而胎。"这时形成了约 5厘米长的胎儿。

四个月时胎儿的身体生长很快,面部已经形成,眼很大而闭合,腿生长很快,会单一机械方式的动作,这些都表明肌肉的生长。《淮南子》说:"四月而肌。"

五个月时开始长头发和眼睫毛,会不同方式的动作,这主要是由于筋的生长。《淮南子》说:"五月而筋。"

六个月时胎儿约32厘米长,当母亲作放松运动和呼吸运动时,会感到胎儿明显地蹦跳,这说明了骨骼的生长,这时胎儿还生长了指甲。《淮南子》说:"六月而骨。"

七个月时胎儿头部位置已经朝下,出生的成活率达到60%~70%,在医院里的成活率更高。主要问题是胎儿的肺的表层组织还处于萌芽状态,在呼气时会叠合在一起,皮下脂肪较少,保温能力差。《淮南子》说:"七月而成。"

八个月时胎儿的肺表面组织已经形成,皮下生长了脂肪,双脚很有力量,开始练习呼吸。《淮南子》说:"八月而动。"

九个月时母亲会感到阴道颤动,像轻微的触电感觉。《淮南子》说:"九月而躁。"

《淮南子》对胚胎和胎儿生长过程的描述与西方胚胎学基本一致。这令人十分惊讶!两千年前,刘安等人是怎么知道这种发育生长过程的?按照西方科学方法论,必须进行观察、推理、复现验证。两千年前的中国人怎么观察?用什么仪器?怎么分析推理?怎么会得到那么多的知识?用西方科学方法论根本无法理解。

四、西方国家为什么需要外国留学生

1900年八国联军占领北京后强迫清朝政府签订了辛丑条约,条约规定中国向各列强帝国赔款总数4.5亿两白银,40年付清。历史上称之为庚子赔款。后来一些中国学生到日本留学,引起美国的注意。1908年美国公使柔克义(William Woodville Rockhill,1854—1914)通知清政府,美国国会将庚子赔款中一部分(大约一千万美元)"退还"中国,以"帮助"中国发展教育,派遣留学生到美国。此方案是美国商人、传教士明恩溥(Arthur Henderson Smith,1845—1932)于1906年提出的。他在1907年出版的《今日中国与美国》一书中引录了美国伊利诺伊大学校长埃德蒙·詹姆斯(Edmund Janes James,1855—1925)给美国总统西奥多·罗斯福(Theodore Roosevelt,1858—1919,他特别蔑视中国人,把中国人称为"中国佬")的一份备忘录,其中写道:"哪一个国家能够做到教育这一代青年中国人,哪一个国家就将由于这方面所付出的努力,而在精神和商业的影响上,取回最大可能的收获。如果美国在三十年前已经做到把中国学生的潮流引向这个国家来,并能使这个潮流继续扩大,那么,我们现在一定能够使用最圆满和最巧妙的方式,控制中国的发展——这就是说,使用那种知识与精神上支配中国的领袖的方式。"他指出在欧洲和日本有许多中国留学生,"这就意味着,当这些中国人从欧洲回去后,将要使中国效法欧洲,效法英国、法国、德国,而不效法美国。这就意味着,他们将推荐英国、法国和德国的教师到中国去担任负责的职位,而不是美国人去。这就意味着英国、法国和德国的商品要被买去,而不买美国商品。各种工业上的特权,将给予欧洲,而不是给予美国。""为了扩张精神上的影响,而花一些钱,即使从物质意义上说,也能够比用别的方法收获更多。商业追随精神上的支配,比追随军旗更为可靠。"

　　美国的社会学中也专门研究了欠发达国家到西方留学后的变化,他们认为第一代留学生的价值观念转向西方,导致他们与本国文化的冲突,而不适应自己的祖国。

第十节　道德

一、什么是道德

　　什么是道德?笔者在十几所学校讲学时曾经提出这个问题,没有一人能够回答。不仅大学生无法回答,教师、领导也不会回答,因为他们上学时老师也没有教过。我们的道德教育达到如此地步,需要惊醒了!我们缺乏道德教育多长时间了?大约从1920年之后,这是那一代知识分子文化叛逆导致的严重后果之一。重建道德,是我们今后家庭教育和学校教育的历史使命之一。

　　1. 什么是道德?道德是内在的自我约束力,这种约束力出自善良和爱心。道德指出了什么是责任或义务,指出了什么目的意图和行动是正确和错误的,什么是美德和恶习。什么是责任?责任是由法律义务约束应该去做或不允许做的事情。什么是义务?义务是强制的行动,是通过承诺、契约、誓言或者法律的约束力量。

　　有些人认为,只要法律,不需要道德。如果没有道德,法律也将不起作用,那么法官和律师就会变成强盗。反之,没有法律,道德将无法实施,那么强盗就会变成王。

　　还有人认为,法律就是道德。法律只规定了最低标准,法律距离道德规范还存在很大距离。

　　2. 道德的目的。道德的目的是塑造人的善良和爱心,以抵御邪恶,从而使得群体和谐共存。道德目标不是为了物质利益。为了实现社会群体的和谐稳定的共同生存,还必须对其成员进行控制,包括外界控制和内在控制。外界控制体现为法律、规章制度、公共约定、合同、诺言等。为了使各种外界控制起作用,必须有个人自我的内在控制,这种内在控制就是道德。最终目的是能够使人"随心所欲而不逾矩",自己的任何行动和思想都符合道德标准。

　　3. 道德是如何确定的?道德是依据善良和大爱建立的,价值决定道德。人人都会犯错误,那么什么样的人是有道德的人?能够自省的人是有道德的人,而不是只会唱高调的人。能够自省的人虚心谨慎,能够发现和改正自己的错误。通常存在两种极端情况:第一,当一个人的过失没有被暴露时,他总以道德圣人自居,高谈阔论;第二,当一个人的过失被暴露后,周围的人都认为此人无道德,其实周围的这些人也存在各种过失。这两种情况都缺乏道德,因为都缺乏自省。

　　4. 遵守道德有什么效果?社会核心价值为道德提供了正统根据和合法性,如果遵守道德,就能够得到回报,例如认同、肯定、尊重、赞扬、鼓励、荣誉等,从而自己的精神上得到预期的满足,更重要的是维持了社会群体的和谐共存。违反道德,就会受到客观的反感、批评、惩罚,精神不得安宁、受到谴责、受到法律制裁等,因为会破坏社会群体的稳定和谐生存。

5. 道德的心理基础是善良和敬畏。什么是善良?每年上工业社会学这门课程,笔者都要求全体学生讨论这个问题。也请读者思考这个问题,也可以参考笔者的博客,在谷歌或百度里可以搜索到。

6. 道德的基本内容是什么?工业社会里道德的基本内容是自我责任感、家庭责任感、职业责任感和社会责任感。我国传统农耕文化强调家庭责任感,缺乏社会责任感,因此如今需要弥补这方面的缺陷。

7. 我国农业社会的核心价值观念是家庭稳定,因此围绕家庭建立了"孝顺"与"好人"的家庭道德观念,主要道德标准是忠孝礼义廉耻。我国传统文化强调"百善孝为先",应该改为"百善爱为先"。

孝顺的人的具体表现:对父母有爱心,态度和蔼,体察父母的含辛茹苦,在父母生病的时候悉心照顾,与父母交流生活亲密无间,谏言而不叛逆,不因自己的过失而让父母蒙受羞辱,经常回家看看,在外地读书工作时经常给父母打电话或者写书信,父母老了也不嫌弃,赡养终老。不孝顺的人的具体表现如下:以忙为借口不去关心和联系父母,认为父母的辛勤养育是理所当然的,在父母面前很叛逆,以代沟为借口不和父母沟通,常常和父母争吵闹矛盾,无节制地向家里要钱,不愿意赡养父母终老,结婚后不愿意照顾父母。

> 什么是孝敬?《礼记》《孟子》《孝经》《弟子规》等书里提出了孝顺的各方面含义。最简单地说,孝敬有以下五层含义:第一,尊敬亲老,"家有一老,胜似一宝","孝之至,莫大于尊亲"(《孟子·万章上》);第二,对父母要和颜悦色,谏言而不叛逆;第三,不要做丢人的事情让父母蒙受耻辱;第四,抚养长辈,照顾长辈病弱;第五,生养子女,也就是说"不孝有三,无后为大"。
>
> 据说秦代以后不孝被定为十恶大罪之一,不肯抚养甚至辱骂殴打长辈的,都要受到官府严厉惩罚甚至处以腰斩或绞刑。汉朝就提倡"以孝治天下",孝也是选拔官员的标准之一。我国古代《十三经注疏》中,唯有唐玄宗(685—762)亲自给《孝经》作注解。古代还有《二十四孝》选编了一些孝行事迹。

8. 如何使道德起作用?有人认为通过理性(说理)可以提高道德水准,还有人认为通过感化可以提高道德。这些都低估孩子的感情和识别能力了。使孩子信从道德的最主要的是家长和老师要善良、有爱心、真诚、温和,父母的行为不是为了给孩子作秀。大多数父母和老师以为讲道理是道德教育的主要方法,其实过一段时间后孩子就明白很多事情不存在道理,讲道理实际上是强占话语权和控制。

9. 两千年来西方基督教一直在传播宗教道德,它对西方社会道德起了重要作用,弥补了西方现代化过程中许多道德问题,这些作用在西方现代性理论和科学技术中是看不到了。它提出了七宗罪:好色,贪食,贪婪,懒惰,愤怒,妒忌,骄傲。西方传统文化还提出七美德:谦卑,温纯,善施,贞洁,适度,热心及慷慨。两千年来,它独立于社会制度和政府之外,给一代又一代传播着这些统一的道德观念。

10. 我国传统文化中支撑道德的主要内容是家庭文化,几乎大部分道德规范是围绕家庭建立的,然而我国传统文化中缺乏社会道德和职业道德规范,这表现在历史上各个朝代几乎都是由于朝廷和政府官员腐败而灭亡。道德腐败也是清朝灭亡的主要因素之一。道德腐败也是国民党反动派失败主要因素之一。我国历史上没有把基督教作为主流文化,我们的道德来自哪里?如何使道德能够成为可以传承的东西?如何使道德成为社会能够敬畏的东西?如果这个问题不从文化建设上认真解决,道德规范很难被广大社会接受,历史悲剧就可能在未来重现。

二、道德的基本特性

道德的基本特性是善良和大爱,主要体现在以下四个方面。

1. 自理。一思、一念、一举、一动,自己都要承担后果。自理的目的是培养生存观念、劳动习惯和责任感。从儿童起培养自理,学会应该做什么,不应该做什么。一个人为了维持自己生存,必须从事各种最基本的劳动或事务,这些劳动是人的本能需要,是生存的自然道德,例如穿衣、洗脸、刷牙、扫地、打水、自我服务性劳动等。这样要求是为了克服懒惰,懒惰是万恶之源。缺乏自理性,说明从小受到的家庭教育不良好。

2. 自律。约束自己不越轨。社会和心理存在各种无形的禁区,自律性的目的是识别诱惑,区分"善"与"恶"。从 12 岁起就要进行自律性教育。例如,不占小便宜,不贪图别人的钱财,不干扰别人休息、学习和工作等。自律性可以被简称为"不伸手",不该伸手时就不伸手,反对贪婪,贪婪是万恶之源。这是家庭教育和学校教育应该共同承担的。

3. 自迫。强迫自己去履行义务和责任。社会和心理还存在各种无形的命令,其目的是"利他"。要想自迫,必须跳出自我中心和封闭思维,例如家庭责任,群体责任,社会责任,不做第三者等。从 15 岁起就要进行自迫性训练。极端自我中心和无限贪欲破坏责任义务的自迫性,把自迫看作是"束缚""枷锁""压抑",实质上是破坏了责任和义务。

4. 自省。经常反省自己的缺点错误,不是靠谎言掩饰过失,也不是靠别人指出来。以上四条中哪一条最重要?自省最重要。能够自省的人表现出谦卑。如果用一个简单方法看是否具有道德,那么就看是否能够自省,是否谦卑。有道德的人不是道貌岸然不犯错误。人人都会有缺点错误,只有那些能够反省自己缺点错误的人,才是有道德的人,这样他能够逐步认识和克服自己的各种缺点错误。

三、经常出现的不道德的问题

心狠手辣是缺乏善良和爱心的结果,是一切罪恶的来源之一。

懒惰是万恶之源。懒惰是导致腐败和犯罪的心理之一。

贪婪是万恶之源。贪图占小便宜,容易被诱惑,它导致享乐主义、腐败和犯罪。

妒忌(攀比)是万恶之源。这种心理可能使任何事情都成为妒忌攀比的对象,造就了贪欲和虚荣,诱发坑害别人的意图,追求享乐主义,是导致腐败犯罪的原因之一。

好斗是一种斗争或敌对心理。这是不善良的表现,缺乏友好愿望,造成对别人不宽容,不顾及别人,窝里斗搞垮了许多单位。这是导致不稳定的原因之一。

偷盗与奸淫是万恶之源。我国古代就认为,当失去道德后,"贫穷出盗贼","饱暖生淫欲"。

奢侈浪费是享乐主义的表现。1890年明恩溥在《中国人的性格》一书中把"节俭持家"作为中国人的优秀品质之一。他写道:"节俭这个词表示持家的原则,特别是指家庭的收支关系。按照我们的理解,节俭这一词包括三个不同方面的含义:节制花销,制止浪费,用少花钱多办事的方式调节收支。无论从这三方面的哪一方面来讲,中国人都算得上是杰出的节俭能手。""中国人在做饭菜时很少浪费,一切都尽可能做到物尽其用。在普通的中国人家庭,即使是每顿饭后剩余饭菜,除了很少一些不值钱的之外,都留待下次再用。"

暴躁胡闹是缺乏道德的表现。这是不善良的强势的行为方式,破坏了我国传统的文雅和睦。

四、自我中心

每次调查得出的数据都表明,大学生有自我中心毛病的人多于50%。

自我中心是从婴儿起就缺乏家庭教养而形成的。婴儿从不考虑别人,随心所欲,他可能白天睡整整一天,夜里闹整整一夜。父母说:"亲爱的宝贝儿,爸爸妈妈辛苦一天了,你安静点好吗?"他根本不理。这就是自我中心,自我中心是没有脱离婴儿期。自我中心具有以下一些表现:

随心所欲,自己想干什么就干什么。只强调自由独立,缺乏责任感。不知道自己的社会角色。

缺乏自我思想的一致性。

对他人缺乏善意,没有良心。

从不会考虑别人,也不会换位思考。

觉得别人都亏欠自己的,要求别人对他奉献,缺乏回报、体谅和宽容态度。

好斗,以自己为价值中心判断社会和他人,凡不符合自我的,都反对。而不是以从社会角色、社会责任感和社会期待作为判断标准。

认为别人都同他想的一样，缺乏理解别人的愿望，不容忍别人不同想法。

只会自己干事情，不会协作交流，不会与别人配合，不会作配角。

不知道自己的社会角色。

强调自由独立，缺乏家庭责任感和社会责任感。

"我就是我，爱我就全部接受我。"那是动物，人们养动物时，只能接受它的一切，因为不可礼遇。

五、个体小农意识的负面作用

小农意识不是指农村出身的人的意识，而是指我国当前普遍存在的一个问题，主要是家长和教师自己存在的问题，并传授着这些毛病。

什么叫个体小农意识？个体利益驱动只考虑眼前的个人利益，没有利益的事情就不干。个人利益驱动，这是小农意识在社会上的负面体现。人人都存在个人利益，然而同时也存在大家的集体利益，还存在社会共同利益和国家利益。

个体小农重视家庭亲情关系，有家庭责任感，勤劳节俭。这些优良品质应该保持，但个体小农意识有如下一些负面作用：

眼界短浅，不了解工业社会是一种新的生存方式，它类似战场，主要依靠群体的勤劳、理性、效率、质量和准时来生存。极端的物质主义和享乐主义是对工业社会的腐蚀力量。

熟悉家庭亲情行为方式，对社会感到陌生，对工业社会和现代社会感到陌生，不知道自己的社会角色和社会责任。

在社会上封闭思维，猜测，与陌生人交往时感到胆怯。

缺乏计划性，缺乏长远眼光，主要依靠眼前利益驱动。

在社会上自私自利。有些人出身劳动家庭，然而却看不起劳动。上学是为了摆脱艰苦劳动，只为自我或家庭利益，到社会去"捞一把"，并不打算通过自己辛勤劳动改变家乡或国家面貌。

以自我利益为唯一标准。在农业社会，你劳动后就能直接看到自己的利益和收获。在工业社会，你不能直接看到利益，要经过许多环节才能看到自己的利益和收获。社会上以责任和义务（而不是直接利益）保障这些利益。责任义务驱动，代替利益驱动。

缺乏社会责任感和职业责任感。

单打独斗，以自我生存为主，缺乏考虑社会群体的共同持续生存。

六、西方现代性对道德的冲击

西方启蒙运动建立的价值体系形成了西方现代性。然而也引起了大量的新问题。

1. 西方现代价值体系过分极端,存在明显片面性,从古希腊以来把叛逆、怀疑一切作为核心价值,缺乏平和心态,并宣扬双重人格。例如,古希腊哲学"三杰",亚里士多德、柏拉图、苏格拉底都与妓女有染。(利奇德,2000)对待西方现代的某些社会导向要慎重,例如,过分宣扬的文艺复兴的"三杰",达·芬奇是同性恋;拉斐尔纵欲过度,37岁死亡;米开朗琪罗被怀疑是同性恋。法国启蒙运动的思想家卢梭最著名的观点包括:自由,人性善。他的著作《爱弥尔》曾引是西方现代教育的楷模,他告诫人们要按照天性教育孩子。然而他如何教育自己的孩子呢? 他把自己的孩子一生下来就统统都送到弃儿收容所,这些孩子大多数都很快死了。当伏尔泰攻击他时,他的解释是:抚养孩子会大大妨碍他的作曲和写作(杜兰特,1999b)[41]。我们今天会崇拜这样的人为思想楷模吗?

这种情况一直伴随着西方现代化过程。

2. 启蒙运动依赖建立的价值含义不确定和不一致,推崇叛逆和自我中心,推崇金钱至上,推崇性解放,严重冲击善良与大爱,导致严重社会心理问题。这是西方某些现代思想家低能弱智的表现。西方思想家在批判别人错误时往往是正确的,然而用他们的思想去解决问题时,却往往顾此失彼、片面极端、错误较多,例如20世纪60年代以前美国的行为主义心理学等。在建立自我实现理论时,马斯洛在批评行为主义心理学观点时,指出了美国科学方法论中存在的问题,然而他建立的需要理论却引起美国20世纪70年代的社会大动荡,导致自我中心大膨胀和性解放。萨特(Jean-Paul Sartre,1905—1980)的性伴侣"选择自由"促进了20世纪70年代欧洲的性解放。弗洛伊德(Sigmund Freud,1856—1939)的《性学三论》成为性骚扰心理学。再例如,什么是自由? 会得到上百个不同答案,彼此甚至相反。仅在一个网站(http://dictionary. reference. com/browse/freedom)就能得到17个定义。例如,自由是决定行动不受限制的力量,政治或国家的独立性,从义务中释放,诚实的举止或说话。

日常人们对自由的理解更是多种多样,自由是想做什么就做什么。有人说自由是放纵,自由是通向恶的途径。自由是有权利去自己承担言行后果。自由是孤独。自由是在理性和道德范围去主宰自己命运的机会。自由是按照自己意志行动而不受别人权势控制的权利。自由是按照自我价值去行动的能力。自由是按照普世价值(例如真和善)去行动的能力。自由是从心所欲而不逾矩。我们不应该再用西方这些观念冲击我们的社会安定。我们需要探索有道德的和谐的人性观念和生存动力。

3. 从反宗教到反自然。最初建立以人为本的价值,是为了取代宗教对人的影响,然而人却纵然过高估计自己。阿基米德曾说:"给我一个支点,我将撑起地球。"这是科学,还是科幻、童话、幻想、妄想? 培根说"知识就是力量",试图用知识去反对宗教。然而西方却把力量用于征服其他民族，征服自然，目的是获取物质享乐，掠夺式利用自然，破坏了人类自己的生存环境。

4. 从"以人为本"到"放纵人欲"，广泛滋生了贪婪懒惰的享乐主义。当人失去外界约束后，却不能建立自我的内在约束，学习古希腊的物欲和性欲横流，学习古罗马的军国主义、战争和殖民主义。把享乐主义作为目的，给它赋予文雅的名称——"现代性"或"现代化"，并提出一系列标准，这些标准都是把物质享受作为最终目标，其代价是消耗自然资源，破坏自然环境。

5. 自由与责任的矛盾。启蒙运动建立的是矛盾的价值体系，形成矛盾的双重人格。当初提出自由是为了摆脱宗教。几百年来，英美人信仰神的仍然占80%，而自由被用来针对人际关系、家庭和社会责任。有些人享受家庭的幸福，却又把家庭责任当作束缚，要摆脱家庭和社会责任，这样形成双重价值和人格，例如自由与责任的矛盾、自由与自律的矛盾、自由与家庭的矛盾、自由与孤独的矛盾、"选择自由"（萨特）与感情忠诚的矛盾。例如，卢梭是法国思想启蒙运动中著名的思想家，他有很感人的著作。法国社会学家涂尔干1897年在《自杀论》中研究了欧洲11个国家，发现新教地区的自杀率高于天主教地区。他认为，因为新教比较强调个人独立、自由精神和怀疑主义，比较容易陷入个人孤独。罗斯金认为16世纪以后的宗教改革，也导致艺术缺乏人类希望，使得人们失去了平和的精神，或者导致绝望而死去。总结几百年来的自由，可以得出自由是一个诱人的虚幻的概念。实际上，自由是一个放纵自我的概念，自由是破坏道德的概念。自由与责任的矛盾不解决，容易导致矛盾心理，甚至双重人格。

6. 言与行的矛盾。西方思想启蒙运动思想家提出了许多美好的观念和思想，使得无数人成为其崇拜者和追随者。然而其中有些人言行并不一致，说一套，干另一套；对人一套，对己另一套；今天这一套，明天那一套；他们的著作十分感人，而他们的行动却判若两人。简单说，他们缺乏一致性。从个人思想品德和行为上看，这些人绝不是人类楷模。有些人说："他们毕竟有好的一面，我只学这好的一面。"实际上，他们是双重人格的人，他们在说感人肺腑的话语时，他们也同时做另一种事情。例如，伏尔泰是具有很高威望的法国思想家，然而在个人人品上不一定是楷模，他嫉妒心很重，狄德罗说他"对每一座塑像都会嫉妒"；由于嫉妒心，他对卢梭嘲弄辱骂，说他是钟表匠的孩子，是看到人就咬的疯狗，是古希腊哲学家的狗偶然所生的疯子，背叛了法国的文明；并说《新爱洛绮丝》一书的前半部是在妓院写的，后半部是在疯人院写的；他自己说按照生辰八字他具有恶毒倾向，他毫无节制地讽刺、谩骂，甚至歪曲事实。（杜兰特，1999b）[234]

7. 强者与善者的矛盾，竞争与共存的矛盾。启蒙运动提倡强者和力量，而不是善者，这是为了摆脱宗教力量。强者观念造就了西方殖民主义和帝国主义。提倡竞争观念，是依据达尔文的进化论。共存是另一种生存观念。生态学发现自然界各种生命体是相互依存的,例如人类要吃粮食,却并没有把小麦、水稻消灭,反而种得更多更好,人类排泄物又成为这些植物的营养。人的生存依赖社会群体,个人是无法生存的,因此要宽容,要与人合作。学校教育人们要善良,要群体合作,要与别人共同生存,而在考试中却鼓励竞争。工作中要求群体合作,但是在分配利益时却采取竞争。这使人很难搞清楚什么情况下应该竞争,什么情况下应该共存。一个人不可能既凶狠又善良,既好斗又温和。在这二者的矛盾冲突中,善良观念逐渐衰退,强势观念逐渐增强,最终形成了社会达尔文主义。该观念把"强者生存""弱者淘汰"观念用于人类社会,为种族灭绝和战争提供了理论依据,这成为法西斯战争的依据之一。这种矛盾的价值观念每天都在冲击着每个人的思想和感情,很容易导致矛盾人生观或双重人格。

8. 个体与群体的矛盾,自我中心与群体的矛盾。由于西方宗教强调集体主义,因此思想启蒙运动提出个人主义,个人主义是针对宗教的,不要盲从,它同时也意味着对自己行动负责。在西方三百年以来的历史中,人们却往往用个人主义针对社会人际关系,与强势观念融合在一起,发展成为自我中心、个性很强、脾气很大、能力很差、彼此难处的畸形人。个人与群体的矛盾始终是一个难以解决的问题,强调个人自主,群体难以合作;强调群体一致,个人感到失落;强调个人主义,还使得那些能力弱的人感到无依无靠和生存的艰难,这些人经常被社会所淘汰,成为失败者或孤独者,甚至成为流浪汉和自杀者。西方许多性情温和和能力不很强的人们并不喜欢个人主义,要超越自己能力,放弃正常的家庭生活,要超过自己的天性造就顽强的意志力,甚至要变得冷酷,上班是工作狂,下班后精疲力竭,却无法进入睡眠。更有甚者,20世纪萨特的"自我设计"和"选择自由"观念,以及马斯洛的"自我实现"理论,把个人主义推到另一个层面,强调我的需要:我的情绪需要,我的物质需要,智力挑战需要,更换职业的需要,对刺激的需要……如果得不到这些需要,情绪马上就会变得极坏,甚至歇斯底里。如今个人主义早已不是过去的含义了,它还融入了固执、冷漠、不调和、不善良、唯我利益、不宽容等许多观念,从而变为十分强烈的自我中心。这些都与群体观念形成尖锐的矛盾,人与人之间难以折中妥协,最终走向孤独。人性的一个基本特征是社会性,人脱离社会群体是无法生存的。每当一个人冷静下来时,也能够明白这种孤独个性的缺陷,也不满意这种状态,也希望自己有和睦的群体环境。但是,一旦身处群体环境之中,可能马上又变得无法与别人共处,感受到另一种孤独。他们想有一个家,却不能随和对方的习惯和性格。他们想摆脱孤独,却不能随和别人。这样导致矛盾心理,焦虑,孤独,严重者导致双重人格。

9. 求新求变与感情忠诚的矛盾。如果一个人有明确的信念信仰,那么他的一切努力是为了实现这个目的,为此他需要不断完善,各种变化只是手段,都是朝着固定不变的目的。对于一个缺乏人生信念信仰的外人看起来,可能以为他在不断变化,追求新颖,求新求变,为了变化而变化,把变化当作刺激,不断追求新的刺激。这种人没有固有的信念,缺乏人生目的,求新求变成为感情变异的借口。也许这种人希望别人对自己感情忠诚,不愿意被抛弃,然而他们自己却做不到。

10. 美与堕落的矛盾。美是什么? 有人认为美是善的表现,美是和谐,美是自然的和谐状态,美是虚荣的化妆,美是享乐主义,美是性欲的面罩,美是自由生活方式,美是个性张扬。康德认为美是无欲望的快乐,各种欲望导致的快乐不是美。康德美学试图用美学使人摆脱宗教的同时,以净化心理,行为文雅。有人认为艺术中没有真正的美,它只给人提供了虚幻的有害的愉快。几百年过去了,在反对宗教的目的下,在追求自由与快乐的口号下,对美的解释逐渐发生了变化。希特勒曾是一个艺术家,德国纳粹可以高谈艺术,举止文雅,而杀人如麻。康德在《判断力批判》中说,虚荣的艺术的美,通常表现出自以为是和腐朽的情欲。在人类历史上,往往在物质生活比较富裕时提倡美、艺术与快乐,然而也往往也伴随出现家庭破裂、裸体、性解放,例如古希腊、文艺复兴、西方在 20 世纪 60 年代末 70 年代初。快乐在古希腊中是追求享乐主义的核心价值。为什么有痛苦,因为追求快乐。假如不追求快乐,也就减少了许多痛苦。美是无欲望的快乐,美是通往善的标志,是通往道德的途径。我们必须探索新的审美观念,例如建立生态美学,促使对道德的感化作用。

11. 偶像崇拜与失去信念的矛盾。西方思想启蒙运动摆脱了对宗教的崇拜。然而几百年来,却产生了许多新的崇拜,叛逆崇拜、性崇拜、生殖崇拜、机器崇拜、核武器崇拜、生化武器崇拜、反文明崇拜、怪异崇拜、另类崇拜、魔鬼崇拜、梦幻崇拜、未来崇拜、战争崇拜、偶像崇拜、古希腊崇拜、大师崇拜、影星崇拜、模特星崇拜、歌星崇拜、舞星崇拜、小姐星崇拜、自我崇拜等,以此不断制造感官刺激、精神刺激和性刺激。这些崇拜是缺乏信念的表现,是内心空虚的表现,是心理不健康的表现。

西方现代观念导致的矛盾心理太多了。例如,交通越来越方便,沟通越来越困难;外貌越来越漂亮,内心越来越丑陋;物质拥有越来越多,精神越来越贫乏;熟人越来越多,心里越来越孤独;离婚越来越多,自由却越来越少;时尚新颖越来越多,感情忠诚越来越少;自由越来越多,责任感越来越少;越来越追求快乐,痛苦却越来越多;希望配偶忠诚,自己却没有忠诚;见识越来越广,心胸越来越狭隘。

12. 西方现代科学对道德的冲击。西方最初建立科学是为了摆脱宗教,追求真理。如今科学已经不是原来的意义了,虽然仍然有许多科学家坚守这个信念,然而科学受以下观念冲击。第一,科学对道德的第一个冲击是:人是否需要信仰? 道德其实上是建立在信念或信仰基础上的,这种信念信仰就是认为"人性是愿意向善的"。假如没有这种信念或信仰,相信人人都追求恶,人还会追求道德吗? 而西方现代观念认为,可以用理性代替信仰,科学就是理性的结果,科学是否能够代替信仰? 如果能,那么所有科学家应该都心理健康。科学能够代替道德吗? 如果能,那么科学家应该都是道德楷模了。第二,科学观念本身存在许多缺陷,导致对价值和道德的冲突。例如,把"眼见为实"作为判断真实的唯一标准,并误以为"客观性符合最高评价标准",这实际上是"人可认识"性,是"人的主观性",是误把主观性当作客观性。这个观念可能产生的效果如下,假如一个人周围见到的都是腐败,那么他就也许误认为"这就是真实",他也许就不相信还有好人。这是缺乏信念信仰、只有科学客观性观念(例如实证主义观念)的结果。第三,从事科学研究更多是为了自己兴趣或人生,也就是说更受个人动机或利益支配,受自己人生成功经验支配,而不是受道德观念支配。有些人坚信"知识改变命运",把科学知识作为个人利益的手段,这本身就是对道德的冲击。第四,培根说:"知识就是力量",掌握科学知识能够成为强者,这已经成为帝国主义的信条。第五,把科学知识作为话语权、特权或赚钱手段,甚至把科学知识作为高级犯罪的手段。第六,笔者曾经参与评选优秀博士生,其中不少人认为能力和知识第一重要,不需要道德。这难道不是科学理性的负面影响?第七,过分相信西方科学预言而取代了道德努力。美国爱德华·贝拉米(Edward Bellamy,1850—1898)在 1888 年曾经出版一书《回顾:公元 2000—1887 年》,他描绘的 2000 年的世界没有阶级,没有汽车,没有飞机,是充满了友爱的幸福社会,人们每天所需要的物品通过邮政大网来提供。假如相信这种预言,还会从事社会上最艰难的道德努力吗?不符合真实的预言本身就不道德。另外,预言是科学,还是迷信?所谓的"未来学家"在 1960 年对新千年的预测同样是错误的,他们的错误率为 80%。其中预言 2000 年医学可以解决癌症问题。20 世纪 60年代美国国防部资助的赫德森研究所和兰德公司曾经预言,20 世纪 80 年代中期载人飞船飞向火星、在月球上建立载人中转站,2000 年民航飞机将以 10 倍音速可以在 2 小时环绕地球飞半圈。美国宇航专家丹德里奇·M. 科尔(Dandridge MacFarlan Cole,1921—1965)预言核动力推动的 5 万吨宇宙飞船将会把 1 万人送到太空。另外,许多医学、地质、经济方面的预言,也都被事实证明是错误的。1997 年美国一位著名企业顾问在一本书中得出结论,经济学家说的 48 个预言中,有 46 个是错误的。

　　20 世纪的两次世界大战都是在建立了高度科学化基础上的,难道我们不要从中反思西方科学的教训?我们必须重建科学,使得新的科学具有人类未来可持续发展的信念信仰,使得新的科学具有道德概念,使得科学不能被邪恶利用,不能成为个人犯罪的工具,不能成为浮躁心态的手段。从事科学,没有奖励,没有超越世人的优越性,而是同各行各业劳动者一样,好有好报,恶有恶报。

　　13. 西方现代工业技术冲击道德。一方面,西方工业生产模式创造了人赖以生存的"第一自然界";另一方面,西方现代生产冲击道德,只顾物质利益的生产,掠夺式地开采地矿,无限提高生产效率,生产能力严重过剩,破坏环境,大量排放工业废物和污染,剧烈放热,严重缺水,空气污染,水污染,自然物种灭绝,气候反常,土地沙漠化,洪水,干旱,地矿资源很快耗尽,大量失业。工业革命以来的生产模式很快将结束。仅仅二百多年,人类就把几十亿年沉积的地矿几乎消耗殆尽,这几百年的人类是最自私的,我们的后代将无法继续生存。人类建立的许多技术都产生负面作用。仅死于汽车轮下的总人数高达 3200 多万。过去曾把化学工业当作人类的奇迹,如今却发现它严重危害人的健康和生命安全。在两次高科技的世界大战中死亡了 6000 万人。我们必须创新未来的技术概念,这种技术只能建立和谐的人与自然的关系,不能破坏自然环境,不能破坏人与自然的和谐关系,不能制造无法降解的垃圾,不能成为极少数人贪婪的工具,不能成为制造贫富差距的工具。

14. 西方现代管理泰勒制(量化管理)严重破坏工作伦理。18 世纪普鲁士军队曾经进行过动作研究,1850—1860 年西门子公司曾经短期使用过功能工头管理方法,后来美国人泰勒(Frederick Winslow Taylor,1856 —1915)学了这种方法,并把它称为是"科学管理方法",这不符合美国的"科学"观念,美国的科学是指自然科学。苏联引进了这种管理方法。1951 年我国进行农村合作化,1958 年农村又进行人民公社化运动,又从苏联引进这种管理方法,叫作"工分制"。这种方法采用平均制,形式主义地按照工作量记工分,严重挫伤农民劳动主人翁感。1978 年安徽凤阳县小岗村农民自己立约"大包干",全国各地农民逐步解散了人民公社,根本原因之一是这个量化管理方法。它的主要问题是没有人格,忽视主动性,没有责任感,否定高水平,忽视开拓创新,否定技术经验,鼓励自私自利,培养无能,摧残健康。例如我国纺织厂大量工人高血压,造成企业不稳定。我国也曾创造了先进的管理经验"两参一改三结合":工人参加管理,干部参加劳动;改革不合理的规章制度;工人、干部和技术人员三结合。这一管理方法曾经被外国借鉴。

人类需要建立新的哲学观念,不应该以人为本,而应该以自然为本,把人置于自然之下。首先应该提倡追求善良和爱心的智慧,而不是只为了追求征服和力量。应该超越人认识能力的自我局限性,促进人与自然的和谐发展,提供和睦的生活方式。应该消除不健康的叛逆观念。应该消除启蒙运动中提出的各种促进心理不健康的文本概念(例如自由、强者、自我、快乐等),避免价值矛盾冲突。应该给人提供纠错的态度和方法,不应该给错者提供错上加错的思维方式。最重要的是,能够解决人们日常生活中遇到的问题。

2002 年 10 月初假期期间,天安门广场地面上遗留了 60 万块口香糖污物。如果每块价格 0.5 元,60 万块总计 30 万元。一直到 10 月 22 日,这些污物才被清理完毕,耗资 100 万元。这 130 万元的花费是典型的"消费式"耗资。这种生活方式和行为方式对个人和社会有什么益处?

七、道德决定感情

价值观念决定了道德,道德决定情感。有什么样的价值观念,就会形成相应的自我克制和约束(或者追求和愿望),这就形成了相应的情感。体现道德的最基本感情是:爱或恨,好感或反感。这意味着,情感的变化,可能意味着价值观念的变化。价值观念的变化往往很难在短时间内改变。

主张国家统一或主张"台独"(价值观念),对此问题会形成完全不同的情感。对金钱的不同观念,也会形成对金钱不同的情感。对家庭的观念不同,也会形成对家庭完全不同的情感。个体小农的核心价值观念使家庭稳定生存,它形成了以家庭为中心的道德,例如强烈的家庭责任感、父母对子女强烈的责任感。父母对子女的责任感中表现出对子女强烈的爱,对孩子的严格管教。父母必须给子女讲清楚这一点。对子女负责正是我们中国传统文化中优秀的东西。在工业化和现代化过程中,家庭教育更加重要,更需要改进教育内容和教育方式。家庭不和对子女有很大心理刺激和负面影响。与中国家庭教育传统相比,许多西方家庭对子女的教育管理相当松懈。

作业

1. 讨论并总结什么叫自我中心。
2. 讨论并总结什么叫小农意识。

案例

学生作业 1. 自我中心的体现如下:

猜疑别人,强迫别人,缺乏宽容,缺乏善意;

反对狂,以自我为价值判断一切;

喜欢每个人做事都需先考虑自己的感受;

自己干一件对的事情就觉得自己什么都好,了不起;

别人犯一个小错误,就断定他(她)什么都不对;

不愿与别人分享一些好处或成果;

单打独斗,不愿做配角,不能尽心与人合作;

不能正确地认识自己;

缺乏责任感,不关心家庭状况和国家事务;

缺乏对别人的理解和包容,总抱怨别人的不好等;

只关注自己的想法,认为别人也都这么想才是对的;

不关心外界,沉迷自我;

对自己认识不清,容易陷入自卑和自大,却不自省;

只想要别人帮助自己,花时间为自己服务,自己却不愿意为别人做一点牺牲;

对别人认识不清,武断地片面地看待别人;

缺乏对别人的理解和宽容,却认为他们都该宽容理解自己。

如何走出自我中心的圈子?"己所不欲,勿施于人",换位思考,倾听别人,为别人做事情,合作,反省自己。

学生作业 2. 什么是小农意识?

只注重家庭的小利益;

对社会漠不关心,比如对待金融危机事不关己的态度;

缺乏对社会及社会关系的认识,缺乏责任感;

不愿与陌生人交流,缺乏社会集体意识;

缺乏社会责任感和职业责任感等;

不考虑国家和社会,上学就是为了改变自己的命运的,就是为了自己将来赚更多的钱,过上更舒适的生活,绝不是为了回报社会,回报家乡,将来也绝不会为家乡建设做贡献;

封闭思维,缺乏跟别人交流的欲望;当别人跟自己交流时,会害羞而不敢说话,怕别人嘲笑自己;

自卑,性格内向,总是猜疑别人,却不肯说出来,闷在心里;

目光短浅,只顾眼前利益,缺乏长远眼光,缺乏计划性,干不了大事情;

缺乏主动性,不考虑别人的期待,一切都是被动的;

金钱驱动,放弃准则,甚至出卖自己,出卖自己的国家;

单打独斗,以自我生存为主;

学习只是为了考试拿文凭和自我利益及家庭利益;

做事都从个人利益出发。

如何克服小农意识? 提建议,不提意见;常与人讨论,学会与人合作;参与社会活动和集体活动;承担社会责任和集体责任;多和不同人接触,开阔眼界。

第十一节　四代人的自述

2002 年到 2003 年笔者邀请了不同时代的人自述了自己的人生观念。笔者没有寻找那些典型英雄人物,而是邀请一些默默无闻的人。他们的自述反映了一些时代特征,也许对读者有一些启发。

一、为国献身的一代

我生于 1922 年。在我小学念书的时候,印象比较深的就是五月份我们要举行纪念会,例如"五三惨案""五九惨案"和"五卅惨案"。在我小学的时代发生了"九·

一八事变"。我们从小就感受到我们这个国家受到西方列强——日、英、美、法、德这些国家对我们的侵略，一个一个的卖国条约对我们民族造成的伤害。这些事情在我们小学生头脑里印象非常深，使得我们从小就知道，我们国家、我们的民族是受到别人欺负的，那么我们必须要自强，使我们国家在世界上成为一个强大的国家，能够不受别人欺负。我们的小学生都组织起演讲团，停课上街，搬一个小板凳，站在商店的门口去讲。好多学生拿着小旗，抵制日货，讲日本人怎么样残害我们的同胞。我们参与抵制日货，甚至冲到商店里去，把日本货拿到街上堆起来烧掉。

那个时候的小学里的课外活动很多。我对自然老师印象非常深刻。他曾经带领我们做氯气，就是当时战场上面的所谓毒气了。我们吸了一口，真难受，赶快躲到实验室的外面去，蹲在地上待了好久。老师带我们制作矿石收音机，那个时候还是很新的东西。还带领我们电镀，就是把一个铜板上面镀上银。那么像这样一些自然课的操作，对我一生喜好自然科学的影响很大。那个时候学校有所谓童子军的组织，是一种准军事的一种编制。学生穿了制服，扛上一根木棍，进行军事操练。这个教育实际上是一种野外生存的训练，如何自己生火，怎么样用绳子打各种实用的结，如何按照地图去寻找一个地方，如何自救，如何救护人。像这样一些基本训练，对我们在今后适应各种不同的社会环境和自然环境，有很好的帮助。

初中我进了江苏比较出名的扬州中学。大家都是住在学校里，睡着双层的木床。我们的被单是学校统一制作的，上面有一个大公鸡和四个大字"闻鸡起舞"。这是一个典故，大概是晋朝的一个故事，我现在说不清楚了。有一个姓祖的，每天早上听到鸡叫就起来舞剑，后来成为一个将领救了他的祖国。我们每天早上要集体跑步，做早操，生活非常有规律。除掉教学以外，那个时候的我们教学的老师，比如说数学、物理都有很多名师，这些教师都比较年轻，从大学刚刚毕业出来，都很有朝气。礼拜天会带着我们去周游山水，讲一些历史故事。初二时，美术课上教我们画那个透视的画。我们中学还有手工课，实际上就是工艺，做各种实用的东西，比如说一件由铜铸出来的物品，我们把它刮光、锉光，然后把它焊起来变成了一个冬天取暖用的"烫壶"。冬天睡觉被窝会被脚蹬开，我们用两片竹子做成一个夹子，把被子能够夹着。拿一块竹子上面写两个字，然后用刻刀进行雕刻。掌握工具的教育，是工业社会人的一个重要的培养。恐怕现在的应试教育可能在中学里已经不会再有这些课的位置了。

那个时代经常出现大灾大难。民国十八年(1929年)陕西大旱，报纸上揭露了很多官场上的腐败。民国二十年(1931年)江苏、安徽发生大洪灾。这两件事情轰动了中国社会。我们青年学生自发组织募捐，帮助那些逃难到城里面来的灾民。

在初中时期，我们遇到"一·二八事变""七七事变"和"八·一三事变"。九十月日本军队长驱直入，很快就攻陷南京。我们全家人逃避到了苏北地区，然后发生了南京大屠杀。我和我母亲两个人坐着小船到上海，投奔到一个在上海公司工作的舅舅家,想继续学习。当时有十余位原来扬州中学的高中老师,在上海恢复了扬州中学。我继续在上海这个孤岛里求学,想的是现在发奋学习,以后靠科学技术救国。我们数理化的教科书都是英文原版的。现在一些数学词汇和基础的理化词汇都是那时打下的基础。共产党领导的学生会,组织我们学生唱《游击队之歌》等抗日歌曲,传阅《西行漫记》。

那时候像我们这样年纪的人,天天心里都想往哪一天要去抗日。当时许多城市的学生卧轨,要乘火车去南京请愿,要求政府抗日。不少同学放弃学业,上前线参加抗日。我们同班同学可能有四五个,通过一些组织的介绍,去参加了共产党的抗日部队。我想如何学好技术,使我们的国家强盛起来,把日本人赶出去。那时候我想学什么呢?我的第一个志愿是航空系,这也是当时许多爱国热血青年的首选专业,就同现代的计算机科学一样。我要造飞机,去打日本人,使中国强盛起来。当时我有两个选择,一个是考上交大以后留在交大,还有一个就是绕道西北或越南去昆明上西南联大。我没有留恋上海,而选择了后者。我是一个独生子,七岁时父亲去世,母亲把我抚养长大。母亲虽然是一个家庭妇女,但是深明大义,最后还是同意我离开上海了。她用我父亲死时留下的一点钱财,给我买了衣服和必要的生活用具,还买了一套画图仪器和一把计算尺,这两样东西只有外国货。我们几个中学毕业生冒着战乱危险,从上海出发,一路上经历了千辛万苦,经过厦门,在香港停两三天坐船去越南。当时法国人已经撤离越南,日本军舰在越南港正准备登陆,我们坐独木舟一样的小船,闯出越南海防,转乘火车到中越边境,像逃难似的一种心绪,背着行李翻山越岭筋疲力尽,从滇越铁路到昆明去,身上所带的一点钱在路途中几乎都被敲竹杠了。

当时日本飞机经常来轰炸昆明。为了安全起见,联大决定我们1940年入学的这批学生迁到四川叙永。卡车每次可搭载三到四名学生,要走七八天到十天的时间才能从昆明到达叙永。当时汽油很缺乏,卡车燃料是煤气。卡车的侧面装上一个炭炉子,在里边放进木炭,用木炭燃烧时淋上水产生水煤气来发动汽车。我们学生手摇着风扇去给煤气炉供风。山路很陡,下山时汽车翻车,一名学生下颌骨摔断。到达叙永以后,我们工科学生住在几个大庙里。上课的地方是在文庙,宿舍是双层架子床,自习时把一张小桌子放在边上,晚上点豆油灯。那个时候学费全免,每月发几块钱生活费,靠这个钱可以交饭费。学校不组织我们吃饭,而是学生自己组织一个伙食团,由学生管理,自负盈亏,那时伙食极差。有很多同学就会去兼职做工作来完成学业。

那时候各系学生交流很多,学经济的、学文科的,还有我们学工科的。大家在一块休息的时候天南地北地谈起来,使我们的知识面和思想非常开阔活跃,学到很多东西。有很多的社团,出墙报,议论很多国家大事。当年的"皖南事变"就引发了很多议论。

大学一年级文理科都要学微积分。有四位教授教微积分，学生可以自由选择教授的课。唐教庆（1915—2008）先生那个时候是我们化学教师的助教。我记得他后来是自然科学基金委主任委员、吉林大学的校长。

在第一学期结束的时候，理学院的教授把班上学得比较好一些的学生请到家里去做客。当时教授的生活也是很清苦的，教授夫人给大家端出来的是切好的白萝卜。当然我们也是很拘谨地吃那么一两块。

那个时候一年级学生在学校里系科的划分没那么严格，你交一张书面的申请就可以转到另外一个系科去。1940年回到昆明，我申请改换专业，到电机系学习。暑假里到修车厂当学徒工。两个多月里对汽车的结构和维修工种都熟悉了一遍。第二年的功课有工程力学（理论力学）、材料力学和热机学。刘仙洲（1890—1975）先生给我们上机械原理，就是机构学。马大猷（1915—2012）教授给我们上电工原理。这些课程大家都听得如醉如痴。当时教学比较严，很多学生就在那个时候被淘汰了，电机系的淘汰率特别高。

那时仍然有日本飞机轰炸，有时课上到一半，警报来了，我们收拾书包就跑到郊外去。

礼拜六可以到大西门文理科的地方听讲座。听过吴晗（1909—1969）讲明史，吴宓（1894—1978）讲红楼梦，还有费孝通（1910—2005）先生、潘光旦（1899—1967）先生等的报告。那个时候功课以外的社会活动和专业活动非常多。我在昆明的大学中就会接触到很多不同的学科，对我后来起了很大作用。只要你愿意学，你会有很多很多机会。

工学院的校舍是几所会馆，寺庙式的建筑，改成图书馆、教室和实习工厂。在当时物质极端困难的条件下我们还开出了各门课的实验课。有趣的是电机实验室正设在雷公殿，让雷公和电母看着电火花的迸发。实验课要求照样严格的是没有批准的预习报告不许开始实验，实验的原始数据草稿要由教师签字附在最后报告的后面以示没有造假。

第二年暑假，我要去实习。那个时候桂林有个无线电厂，实际上就是我们民族工业的发源地。在无线电厂遇到很多人，后来他们成为我们国家电讯行业的技术骨干。当时我们作最后一个课题是制作一个电子管调幅发射机，而指导我们实验的就是王安（1920—1990）。20世纪80年代王安电脑曾经是美国的著名品牌之一。三年级升四年级的时候，就有个名正言顺的实习，那时候我被学校分配到昆明无线电三厂，那个厂给西门子公司做电话机。

我们在那还参加过一个轰轰烈烈的打倒孔祥熙（1880—1967）的政治运动，以示对当时国民党腐败统治的抗争。

到第四年下学期，为了抗日需要，把这一届的毕业生提前半年毕业去参加军队。我在近两年印缅丛林中的军旅生活学习了不少先进的技术，也磨炼了意志，为抗日战争的最后胜利尽了一分力量。

回顾一生，我觉得我们这一代人最大的一个特点就是，为国忧患，艰苦奋斗。从我出生起，就感觉在国家社会忧患之中，没有一天觉得能够扬眉吐气过。我们的国家，我们的老百姓总是在水深火热之中，受到外国人侵略欺负，各式各样的天灾人祸，政府腐败无能。我们这一代人在为国忧患意识的驱使之下，总是有一种不服输的感觉，总是觉得要发奋努力，艰苦奋斗，国家能够好起来，老百姓能够过更好的日子。我们总是在忧患之中，我们从不服输，总是希望今后的老百姓、我们的后代能够过上比较舒心的好日子。

我们这一代学生有满腔热血。从中学起就具有社会责任感，首先考虑国家的命运，用自己的行动为国家、社会分担忧患。我们始终在寻找国家、民族的出路。在艰苦环境中发奋学习，掌握先进的知识，学会足够本事，是为了强国、富国、强民，为了使我们中国能够在国际上扬眉吐气。

我们这一代知识分子是开拓者和创业者。国家需要我们干什么，我们就义不容辞全力拼搏。我们三十几岁就独当一面，承担各方面的事业重任。我们不为自己得到什么回报，不图得到什么享受，把时间、精力都用于工作。最初我从事无线电专业，后来搞计算机专业，60岁以后又搞生命科学。至今80岁，我仍然在工作。

我们这一代由于经受过多种磨难，所以比较坚定，精神世界丰富，胸怀开阔乐观。虽然经受了千辛万苦，但是我们并没有放弃自己的社会角色责任。即使在"文革"受迫害的年代，我们也负责、严谨，无怨无悔，认真培养学生。

我们这一代人勤劳节俭，知道物质财富是靠人创造的，应当珍惜。我修过汽车，制作过小功率发射机，自己制作过收音机和电视机，甚至作过医院的技术员，这些实际操作的技能在自己成长的过程中都起到过重大的作用。

二、务实的一代

我生于1945年。1951年我六岁，看到其他儿童去上学，我也跟去，正好遇到一年级招生，我自己就排队报名。前面一个小孩儿因为六岁而没有被录取，我也六岁，怎么办？我说自己七岁，心里跳得很厉害。回家后给大人说："我考上小学了。"家长也没有什么惊奇，只说："你就上吧。"我一直为自己说谎感到内疚。第二年开学时我向老师承认自己说谎了。那时我们的老师是20世纪30年代毕业的，他们都经历过国家危难时代，都有强烈的社会责任感。他们所学的教育思想主要包括：爱的教育，组织各种活动在干中学，强调从兴趣出发。这些思想对我们有很大影响。那时上学很有意思，半小时就能完成作业。每堂语文课总要留一些时间让小朋友讲故事，那个很会讲故事的小朋友后来成为一名作家。我们全班很团结，有一名女生比我们大五岁，像姐姐一样关心大家，后来她成为一个工厂的工会主席。四年级我们全班集体做饭，那名负责的小朋友后来成为军队干部。我们自己编演节目获得市上两个一等奖,那名负责的小朋友后来成为著名的小学教师。我们自己制作起重机模型,那名执着的小朋友后来成为工业设计教授。我们从四年级起还从事社会公益活动,夏天看护果林,到电影院从事服务,领头的小朋友后来成为一名局长。我们班上三十几个儿童中一多半后来成为社会职业骨干,一名同学在小学毕业后就成为生产队会计。19 世纪著名教育家福禄培尔提出玩的理论,健康的玩、全面的玩对儿童来说是最重要的学习,玩得越投入、越广泛,人格和能力提高得越全面。他警告不要过早进行智力培训。

1957 年我上中学,那是一个重点中学,却没有什么排名次。在我们的心目中,上学是为了成为有道德的、有文化的劳动者,要在艰苦中锻炼自己。如今把那时称为"精英教育"时代。从初一起,我们就住校,二十多人住一间宿舍,大通铺,每人的被子叠得像砖头块一样整齐。在美术课上我们学了达·芬奇等绘画历史,学了透视和图案设计,后来发现 90 年代的大学设计专业的"基础设计"内容与那些差不多。音乐课上我们欣赏过许多著名音乐。数学老师讲华罗庚(1910—1985)的故事。自然地理课教我们如何进行天气预报。初三暑假下工厂,我学会了车工。高一开始学外语,我们就用俄语与莫斯科的中学生通信来往。当时高中同学当初中的辅导员,我在高一时当初一辅导员,感到自己像成人一样,自己组织安排他们的活动。垒球是我们学校的传统,18 年没有败过,每个班都有垒球队,我到大学后成为棒球队长。每个班都有乐队,每天晚饭后,教室里就会有一些学生一起演奏乐器或唱歌。在中学时我写过小说,学习过电影导演理论。高三那一年,我仍然在学校垒球队,还学会了手风琴。每年 6 月我们都要下农村收割麦子,秋季下农村参加秋收,还参加过公园和水利修建。1960 年遇到困难时期,我们下乡一个月参加开荒耕地。步行 40 里路给学校食堂背蔬菜。这些群体活动使我们明白劳动创造一切,学会从别人角度看自己,学会与别人合作。这恰好是工业社会最基本的人文素质。

当时两个口号对我们这一代起了重要影响。第一,"自力更生,艰苦奋斗,发愤图强",要靠自己努力创造未来的远大理想,学习不是为了自己,而是为了国家富强。第二,向雷锋学习,做一个为人民服务的螺丝钉。1963 年我考大学,家长不知道我报什么学校,也不知道我考上什么学校。当时听周恩来的报告说,当年录取人数为 14 万,为同龄人的 1%,希望我们要担负建设国家的重任。我的家庭状况很好,但是暑假我自己去建筑工地劳动,石灰浆把双脚烧了泡,并不感到苦。一个暑假挣了 15 元,全给了家庭困难的同学。我们学习都很自觉,记得把苏联的一套习题集都解完了,自己看外语的物理书、数学书和专业书。大学五年中,我在农村待了一年,带领一个生产队;在一个大型工厂劳动半年,学会了机械加工的主要工艺,那些东西是无法在大学里得到的。在大学期间,彼此在一起谈得最多的是学习和人生未来。那时的学生学习都很刻苦,没有人迟到、旷课,没有作弊的念头。

那个时代是阶级斗争时代,人人必须以阶级观念对待家庭、同学和社会上各种人际关系,这种阶级斗争观念破坏了人的善良和爱心,破坏了中国的传统文化,破坏了家庭的孝敬观念,破坏了人与人之间的和睦生存关系。在"文革"中,这种斗争观念被推到极端,人人都擦亮眼睛,谨防周围出现阶级敌人,说错一句话就可能成为阶级敌人。许多人学会了"四大",也就是"大鸣、大放、大字报、大辩论",并且提出"真理越辩越明",其实从来都没有辩明过,每次辩论都要成为敌对的两派,都要整一些人。在这种辩论中,许多人学会了挑刺,找毛病,把别人一句话上纲(阶级斗争的纲)上线(提升到路线斗争高度去斗争)。那时整人就靠这种办法。"文革"后,取消了"四大",然而这种挑刺好斗的做法仍然被许多人继承传播下来,翻脸不认人,表现在家庭生活、社会交往、职业工作中。这种好斗的作风使得人文环境很坏,失去了中国传统文化中的爱心和善良,失去了"温良恭俭让"。

大学毕业,"四个面向"——面向农村,面向厂矿,面向基层,面向边疆。我在部队农场劳动一年。冬天赤脚在盐碱地里修水渠。整整一个月,每天夜里拔五寸高的豌豆,最初蹲着拔,然后跪着,最后都是趴着拔。三伏天修黄河大堤,炎日高温下没有草帽,没有冷饮,只有铁锨和单挑,每人的双肩都磨肿,出血,结痂,再磨肿……我们跳到洪水里保护大堤,三天三夜没睡觉抢救难民。三九寒天在黄河滩割芦苇,一天磨烂一副手套。我们开了一个月拖拉机,种了一万亩小麦。

我们这一代大学生不依赖家庭,不向家里要钱,而是靠自己闯。自己没有收音机、电视机,我们自己装。屋里没有家具,我们自己设计,自己制作。我们同学都是这样实现了"24条腿"。出国后我清楚了,德国许多家庭自己盖房子。西方现代化首先依靠勤劳吃苦的价值观念。一代一代能够持续发展,首先靠勤劳吃苦。如果这一代人懒惰贪婪,肯定30年后经济会萧条。

我们这一代人没有专业,也不以大学生自居,见任何人都称"师傅"。需要干什么,我们就去干什么,人生路是自己闯出来的。我们修建房子,种水稻、小麦,做农村工作,当过班组长,架电线,开水渠,做家具,开拖拉机汽车……没有学过的,没有干过的,没有见过的,我们并不怕,我们都敢去学去干,并且要干好。出国后,我发现其实人家都是靠自己闯人生道路。由此我明白了开拓是人生最重要的。工业时代的核心价值恰恰是开拓。

我们这一代人能吃苦。只要工作需要,我们敢挑重担,什么都去干。我当过五年工人,学会了各种机加工,学会了收音机调试。我曾经负责一条半导体流水线,每天三班制,我每班都要花一定时间,把成品率提高到80%。白天干8小时,晚上自学到12点。而每月只有半斤鸡蛋和半斤肉。我们同班同学到山沟里,修公路,盖房子,建厂房,如今成为国内著名大企业家。我国的工业化就是靠这些人干出来的。如果看国外就更明白了,美国人、德国人、日本人特别能吃苦,他们的技术和经济发达,因为他们首先靠艰苦奋斗、自力更生。懒惰贪婪的人不会有前途。给这种人脖子上挂着饼,他也能被饿死。

　　我们这一代人在大学里只学了两年半,危机感是我一生的主要动力。我们经常考虑两个最基本的问题:第一,如何搞好眼前的学习和工作;第二,如何确立未来长远的方向。为了生存,我们对新东西比较敏感。过去人家告诉我,大学理论基础很重要,出学校后很难补起来。事实对我不是如此。我自学了概率论、统计学、半导体物理、电子技术基础,还自学了英语、日语和德语。25岁时我从事半导体工艺,半年里自学了四大力学(理论力学、热力学、量子力学和电动力学),自学了固体物理、半导体物理和器件工艺。35岁时我改行从事仪器设计,自学了无线电和仪器系的主要课程,设计了几个仪器。42岁时我改行从事CAD,自学了计算机的主要课程。我在46岁时改行搞工业设计,又学了美学、心理学和社会学。以往所学过的、所干过的,如今都汇集到这个专业上了。探索未来人类的生存方式,是工业设计专业的首要目的。

　　我们这一代人关心国家和社会。我们知道个人的生存依赖国家和社会,国家社会的事情就是我的事情。凡听人说"那不关我的事",我们感到幼稚。单位搞好了,个人才能更好生存。国家强盛了,我们每个人才有前途,所以我们对社会和工作责任感强。我们同学中创业者比较多。改革开放时,我们已经38岁到40岁,上有老,下有小,正是人生最艰难的时期。我们4名同学放弃铁饭碗,自己从头干,办高科技企业,靠的是自力更生。我们这一代人不太注重钱和享受,知道钱起什么作用,什么比钱更珍贵。

　　我们这一代人改行"吃蜘蛛的人"比较多。我们在大学时曾经学的是机械类专业,在1963年时我国还没有半导体,更没有计算机。我见过的第一个半导体器件是高年级同学从越南战场美国飞机上带回来的晶体管。我干过半导体工艺,设计过电子测试仪器,参与引进第一台小型机CAD设备。我们许多同学参与了我国第一代半导体、收音机、电视机、计算机、飞机、物流线的开发和生产。

　　我们这一代从小经历了风风雨雨,喜欢思考,比较务实。我们经历了理想主义时代、"文革"时代、改革时代、发展经济时代。我们知道为什么从那个时代进入如今这个时代。我们能够冷静看待当前社会。我们知道在人生中什么是虚的,什么是实的;什么是暂时的,什么是长久的。我们知道人生的路固然漫长,但要紧处往往只有几步,在最艰难的时候要咬紧牙挺下去。我们知道人生没有捷径,一念之差虚度一步会导致什么结果。

　　我们这一代人干得不好,主要体现在以下几方面。第一,我们缺乏家庭教育,缺乏爱与善良的教育,缺乏人生观的教育。第二,我们缺乏文化教育,也就是缺乏价值观念、道德和行为规范。第三,盲目崇拜西方现代化,最初盲目崇拜苏联,后来又盲目崇拜西方现代化。为什么会这样呢?首先,这是小农意识,眼界狭隘短浅,不了解现代化到底是什么,不知道它到底好不好。其次,我们被近一百年的文化叛逆引导至此。鸦片战争中西方用炮舰打开中国大门,中国第一代留学生几乎都叛递中国传统文化,在他们影响下,我们的父辈就缺乏中国传统文化教育,因此走上一条比较极端的道路。花费了一百年,我们才明白这条路又带来了西方的恶魔——物欲横流和性欲横流。金钱和强势把许多人变成心理病态,把许多家庭搞得乱七八糟。

到底是谁设计了那么多名利、地位、金钱、享乐?为此奔忙一生,到人生最终才发现那都是虚假的,把人生宝贵的时间花费在这些方面真不值。人太渺小了,花费一生才能明白一个小道理。这些道理不是听明白的、看明白的、说明白的,而是干明白的、悟明白的、碰明白的。回顾一生,我有许多人生教训。直到60岁才想清楚了人生的一些重大问题,错误缺点必须反省纠正。

首先,我明白了在青少年时期的学习时代,最重要的学习任务是搞清楚人生目的,建立正确的人生信仰、信念,建立和谐的家庭生活观念,知识的学习是第二位的。想明白的人生道理其实就是一句话,如果在青少年时期不虚心搞清楚,就会为这一句话而付出一生代价。

其次,回顾往事,最大的教训是盲目轻信了西方现代价值观念,盲目崇拜西方科学,误以为能够自主独立,能够用科学知识掌握自己命运。到60岁以后才明白,西方的观念和科学是小聪明。

最后,要不断反省自己,要不断深入思考世界、社会和人生,不要跟着时髦和潮流跑。西方的现代不是人类楷模,也不是人类的理想,而是加速人类毁灭的一种价值。如今西方许多人已经明白这一因果关系了,因此不再追求现代,而进入后现代。我们不要再重蹈西方的绝路,而要重新思考和规划未来。为此,首先要思考和规划自己的未来人生。

三、当年他们16岁

我出生在1954年。用当时的话来说,我们这一代人是"生在新中国,长在红旗下"。1971年3月,西安市约2万名70级初中毕业生为了三线建设的需要走上湘渝铁路建设工地。那是我终生难忘的日子——1971年3月18日,我们离开了西安,告别了父母。当送行的人群渐渐离开、我们乘坐的卡车缓缓启动时,我心想从今以后我就是一个大人了,尽管当时我才16岁,但我有坚强的信念那就是:"我们也有两只手,不在城里吃闲饭。"为了建设我们的祖国,我不怕吃苦受累,我愿意为此付出我的一切,历史证明我们做到了这一切。

汽车从西安市出发,走上了当年西安到四川万县的唯一的一条公路——西万公路。一天后到达宁陕县城时,我们已经筋疲力尽了。第二天晚上我们到达陕南的恒口镇。由于没有公路可达,我们必须徒步行走60里的山路。对于我们这些城市里的孩子而言太难了。那里没有路,如果错一步,下一步就找不到踩脚点,就可能滚到山沟里。我们的指导员是一个四川人,走山路如履平地。我就紧跟指导员后面,他每一步踩在哪里我也亦步亦趋。到达宿营地时,我们全累瘫了,许多人脚上都打泡了,最大的希望是能够喝口热水坐下来休息一下,但是没有热水,没有凳子。

俗话说"人是钢,饭是铁,一顿不吃饿得慌"。晚上吃什么?部队上派了两个人为我们做了晚饭,煮了一锅半生不熟的面疙瘩。大家端着碗,不知道谁哭起来了,接着全班哭起来了,全排哭起来了,全连都哭起来了。哭有什么用呢?

我们住在哪里呢?几间泥土墙垒起来的茅草屋,屋内什么也没有。怎么睡?部队为我们送来了许多木材棍,为我们搭床。那是什么床啊!这边翘起来,那边塌下去,中间的棍子支支棱棱戳出来。刚刚哭完的眼泪又止不住地流了下来。许多同学彻夜无眠。

终于熬到天亮,起床干什么呢?刷牙、洗脸、吃早饭。多少年来已成为了我们的习惯。可是,水在哪里?天哪!我们才明白,我们在家庭里所熟悉的一切最基本的生活条件都不存在了。我们必须自己解决一切最基本的生存问题。水在哪里?老乡告诉我们,水在山下的小河里。河水离我们的驻地约有半小时的路程。路在何处?没有路。于是我们又明白了一个道理:所谓的路只不过是人们闯出来的。于是我们就成了开路先锋,踏出了一条通往小河的路。

洗完脸、刷完牙,回到驻地尝试做饭,我们才知道做饭是如此艰难。

我们连共有4个排,每个排有3个班。我们3排由7、8、9三个班组成。我们排11人负责全连的生活,7班担粮食,8班担水,9班担煤。我当时是9班班长。陕南缺煤,即使有一些小煤矿,其煤的含量大部分也是石头(后来我们才知道那叫煤矸石),可是为了做饭石头也得往回担。小煤矿的位置离我们的驻地约有二十里。那里从来没有人迹,山路非常陡峭,下雨时特别滑,一步踏空就会跌入深渊。曾经有一名同学在送货途中不小心摔下沟底,导致终生残疾。我们一天要担两次煤。最初每个人拼命只能担四五十斤,双肩都磨出血泡,然而所担的煤还不够一天做饭用的。我们必须更拼命担,每人增加到八九十斤,后来担120至150斤。每天跑三趟或四趟。崎岖山路、刮风下雨从未停过。每人肩膀上的血泡被磨烂、结痂、又磨烂、又结痂……那每一块煤上都有我们的汗和血。劳动的艰辛使我们懂得了一个朴素的道理:不劳动者不得食。第二个月我们担水。担煤难,担水更难。我第一次担水,回到营地时一桶水只剩了半桶。我心疼啊,心疼那半路泼洒的水,为了一滴水我们都要付出艰苦劳动。一直到今天,每打开自来水龙头,我就回想起当年担水的艰难,我珍惜一点一滴水。我们盼望下雨,我们就可以接雨水,雨水远比河水要干净得多。我又明白了一个道理:水不仅在河里,而且水也可以在天上。而过去我只知道水在水龙头里。后来我们修建了自己的蓄水池,解决了吃水、用水的问题。

此后我们修起了公路便道,汽车为我们运来了粮食和煤。

　　生活问题解决之后，我们开始投入紧张的施工劳动。那一条铁路没有平地，几乎全部是隧道和桥梁。我们连配合铁道兵五连一起完成崂池垭隧道的施工任务。隧道施工是一项大型工程项目，必须有完整严密的计划和实施方案，每个人都要严格遵守操作计划。例如隧道挖掘是隧道施工的关键环节。在隧道开挖过程中，先进行爆破，然后出渣，最后支撑排架保证继续开挖时的安全。而在爆破过程中，先用风枪打眼，再装填炸药，然后点火进行爆破。在施工过程中，一环紧扣一环，如果一人马虎，将要付出生命代价。

　　隧道经常会塌方。隧道施工意味着生死考验。我们害怕，然而我们咬着牙干下去。唯一的办法是在实践中学习危险情况下生存的本领。危险把我们每个人的生命彼此都联系在一起的，大家都有一个共同的信念：同生死，共甘苦。用今天的话来说，这就是团队精神。一人遇到困难或灾难，许多人就会来帮助他。有一次准备爆破，两个风枪手去点燃 20 根导火索，不料一根导火线的火药是空的，它燃烧得很快，那两名同学还没有来得及撤离时这一炮就爆炸了，当时就将这两个同学炸昏了。由于爆炸时硝烟的熏呛，有一位同学被呛醒了。他爬起来就往外跑，突然他想起了里面还有一位同学，他不顾生命危险返回去，要把那位昏迷的同学救出来。我们在洞口外的同学立即冲进洞里，一起把他抬出来。刚跑出洞口几步，其他的炮就响起来了。我们都激动地流下泪。后来当电台采访这位舍己救人的同学时，他只说了一句话："这有什么，谁都会这样做的。"在两年半的隧道施工过程中这样的事情经常发生。我们深深体会到，集体的力量才能保障每个人的生存。一个风枪小组由三个人组成，一个人扶钻杆，一个人打风枪，一个人观察危险情况。看起来观察危险的人比较轻松，但是他的责任最大，因为三个人的生命都在他手里。由于风枪噪音太大，无法用语言表示危险，我们就采用各种方式报警。例如通过绳子、棍子等各种方式告诉对方危险的来临，彼此配合非常默契。我们就是这样，天天冒着生命危险度过了两年多的时间。当时我们最美好的愿望就是每一个同学都能平平安安地回到西安。不幸的是我们连还是有一位同学在塌方中牺牲了。

　　艰苦的劳动、生命的危险并不能成为我们的障碍，那是我们每个人应尽的职责和义务。但是在那个年代，知识的贫乏使我们痛苦万分。我们就请每一位回西安探亲的同学带书。有一位同学带回几本小人书，我们高兴万分，人人传阅那几本书，人人都想保留那本书，最后每位同学手里都留了一两页。有一天到流水店集镇上赶集时，我惊奇地发现商店里居然有卖半导体收音机的，那时半导体收音机是新科技，才进入大城市，没想到在这穷乡僻壤的山沟里能见到。我有希望了！这台半导体收音机的价格是 80 元，太贵了。我每月只发 13 元生活费。如何才能将这台收音机买回去呢？我想了一个办法，号召大家凑了钱，我跑到商店里将这台收音机买了回来。捧着这台收音机，大家那个高兴劲就甭提了，每天晚上都要听到半夜，我们终于走出了知识的沙漠区。今天当我看到年轻人手里拿着手机，随时都可以上网聊天,我就回想起这一经历,感慨万千。

两年多的时间很快过去了,湘渝铁路的建设工程在我们的努力下也基本完成了。我们从不懂事的孩子成长为有社会经验、珍惜人生和朋友、吃苦耐劳、早熟的社会主义事业的建设者。回顾我们的过去有以下几点体会。

人生是靠汗和血创造的。我们深深体会到,只有艰苦劳动才能创造人的生存环境和财富。每一米铁路,每一个螺丝钉,每一块砖,都是靠艰苦劳动创造的。肩膀磨出血泡太平常了,筋疲力尽太平常了,口干舌燥没有水喝太平常了。劳动是艰苦的,甚至是危险的,但是没有劳动我们就无法生存,因此我们热爱劳动。我们愿意为国家的建设付出我们的艰辛劳动成果。后来有一位同学说,当他乘坐火车经过湘渝铁路时很激动,打开车窗想看一看自己修过的隧道,蒸汽火车的煤烟灌进了车厢引起了大家的抗议,他只好关上车窗。我听到此事时想,如果车上是我们参加过湘渝铁路建设的同学,我们一定会打开所有的车窗兴奋地跳起来,因为那是我们用血汗创造的劳动成果,我们为我们的付出感到骄傲。

我们都十分勤俭,没有任何人浪费一滴水、一个馒头、一口饭、一块纸头,那都是与我们的生命联系在一起的。勤俭是我们的求生方式,勤俭是我们的习惯。至今,我们仍然很勤俭,我们知道一切都来之不易。

我们都珍惜生活和家庭。当时我们每人每月只发13元津贴,大部分同学非常节省,只花3元,将剩下的10元寄给父母或者兄弟姐妹。

我们知道一个人无法干活,更无法生存,尤其在危难时只有相互依靠才能渡过难关。我们经常救别人,我们也经常被别人所救。我们每时每刻都相互帮助,齐心协力共同奋斗。否则就很难生存或无法生存。相互帮助非常正常,也非常自然。

在工作中我们有着非常好的团队合作。大型工程项目绝不是仅靠几个人的努力,必须有组织、有纪律,分工明确,相互配合,齐心协力。记得我们当年在陡峭的山坡上抬铁轨,10个人抬一根短铁轨。由于地势崎岖,在某一瞬间压在某个人肩上的重量也许会达到几百斤,此时此刻这个人必须咬牙挺住,坚持几秒钟就过去了。如果有一个人挺不住,那么他所肩负的重量就会转到别人的肩上,这是非常危险的,它会产生多米诺骨牌效应从而造成大家的伤亡。

我们深深体会到知识的重要性。由于我们仅为小学毕业知识水平,我们深感知识的不足。我们在单独进行隧道开挖的过程中,由部队的技术员帮我们测量隧道的方向和高度。由于技术员的水平有限导致我们的隧道向上偏移了3至4米,这给我们带来了巨大的损失。不仅仅是费工费时的损失,而且由于隧道回填改变了山体的地质结构造成了隧道潜在的事故隐患。事后这位技术员也受到了军事法庭的处分。

现在我们的孩子都到了工作的年龄,我们这一代人大多数只有小学文化程度,把自己的缺憾全部寄托在他们身上了。我们希望他们有一个好的身体,有丰富的知识,热爱劳动,尊重社会,与人和睦相处。我们希望他们能够理解父母的希望。

当年我们只有 16 岁。

四、80 后大学生的自述

80 年代出生的人有什么特点? 下面是 6 名 19 岁大学生于 2002 年的自述。

那十年,我住在尖顶的小房子里,温暖而舒适,就像好像是童话一样。现在房子被拆了,换成了方形的楼房,我心中有种莫名的失落,我觉得人们很傻,难道他们不想住在童话中么? 难道他们愿意住在没有天空的盒子里么? 可最后我才发现我也是这群傻瓜中的一个。

80 年代人的父母大部分都经过了 60~70 年代,没有受过高等教育,因此吃过很多亏,于是就希望自己的子女能受到良好的教育,完成自己未完成的心愿,就尽已所能让孩子上最好的学校,并寄予极大的期望,对孩子们也产生了很大的压力。这些孩子生活上一般都不需要自己去挣钱,省下的钱就会花在自己想要的地方(如书籍、漫画等),于是就出现了许多游艺设施,各种电子娱乐设备逐渐占据了一席之地。这一代人的户外活动逐渐减少,上网、看电视、听广播等取而代之。

我们这代人的特点:反叛,越是不让做的就越想去做,比较外向,骄傲,对钱比较在意,习惯半中半西,而且没有类似前人对神的信仰,吃的比较挑食,爱吃西餐,爱穿着或使用名牌,爱攀比。待人接物比较冷淡,事不关己高高挂起。我们喜欢结交新的朋友,其中不少是酒肉朋友。打开通讯录,满满当当的。可是等到需要对人倾诉的时候,才发现自己是这样的孤独。

80 年代出生的我们大都是独生子女,从小就享受了父母太多太多的爱,甚至是溺爱,父母的全部心血都花费在我们的身上,一个人独享着这一切。可是我们也是孤独的,没有兄弟姐妹,什么事都只能一个人单独去作,遇到困难也只能自己解决。我们的心灵是孤单而空虚的,这就造就了我们以自我为中心,封闭,叛逆。但也正是因为这样也才造就了我们的独立与坚强。遇事都有自己的主张和见解。

80 年代出生的人,从小不愁吃穿,不知道饥饿与贫困是什么滋味,不知道珍惜现有的东西,不知道每一件东西都是来之不易的。只知道奢侈浪费不懂得珍惜,只知道花钱而不珍惜每一分钱。

80 年代出生的人叛逆,从小我们就是比较出众的一代,不太喜欢遵从老师的吩咐,都按着自己的性子来,不顾后果。这种叛逆也就是以自我为中心,个人英雄主义,自以为自己最了不起。从而导致了同学之间的不团结,各自为政。

80 年代出生的人比较脆弱,从小在父母的呵护下长大,没有经历挫折和困难,一直都生活在阳光之下。面临着残酷的竞争和考验，就业难，愈演愈烈的人才竞争等问题我们更显脆弱。我们脆弱，但我们从不绝望，我们有坚强的信念，从不气馁，不轻言放弃。

80 年代出生的人是受应试教育影响最深的一代，考试对于我们就意味着一切。一天到晚除了上课就是自习，什么丰富的课外活动、社会实践等，就基本上没有过。

80 年代出生的人孤独空虚，没有兄弟姐妹，自我封闭，缺乏坦诚的人与人之间心与心的交流。因此没有真正的朋友，没有一个人能完全了解自己。没有目标，没有感觉到自己肩上应承担的责任。没有感觉到社会的压力，认为现在社会上那些就业难等问题都离自己还远。

80 年代出生的人大都缺乏社会责任感，对于国家的政策方针、社会的动态都是不闻不问。虽然我们也说环保，但真正能从我做起，从自己身边坐起来关心环保的又有几人呢？

80 年代出生的人大都比较有创新精神，不受俗套的限制，容易接受外来的文化，接受新的东西，比较容易创新。80 年代的人对社会的要求是求新与求鲜，往往都认为新东西就是好的。

我们虽然口口声声喊着"我要独立"，等爸妈真正一放手，站在人生的路口，我们却感到了自己的渺小，显得那样手足无措。成长太痛苦了，我们不愿意长大。"蜡笔小新"是我们面对环境永远的生存方式；幼稚也太艰难了，网络和电视是不可放弃的信息交流的源泉。时尚杂志与电视频道为我们营造起了一个一个的既能实现超凡脱俗的人格镜像，又能保持时尚品位与格调的梦境。

我们追求朴素而自然的生活，追求后现代主义，可是一旦离开了那些电器，我们的生活将会变得多么不自在！光少一个随身听就足够让我们觉得生活的枯燥了。

我们大胆而直率，没有任何顾忌，我们只是说我们想说的话，我行我素是我们的风格。但是很可能上午说的话，到下午这句话就不是我们说的了。现代社会节奏太快了，我们只能这样抱怨。

我们做什么事都凭自己的兴趣和爱好。我们自诩兴趣广泛，可是天知道我们到底对哪样东西感兴趣。也许兴趣广泛就是爱好吧，我们这样安慰自己。其实左右我们去做事的原来还是我们的情绪。

我们厌恶一切形式上的东西。开会总使我们头大，汇报总让我们觉得虚假。作业我们总是需要催很多很多遍之后才能交上去，交完以后还要长叹一口气来庆幸自己又甩掉了一个大包袱。

我们讨厌规章制度，认为那是束缚我们手脚的绳索。我们追求自由自在毫无约束的生活，看到有人在自己前面插队时却感到愤怒。

　　我们不喜欢研究历史，我们也不喜欢讨论将来。历史早就过去了，将来还不知道会变成什么样子，我们只想着要好好把握现在。但事实上，我们看着时间在自己的身上爬过却一点都不关心，我们把浪费时间称之为享受生活。

　　我们不知道什么叫吃不饱，什么叫挫折。似乎阳光总是照在我们身上。但我们也有孤独，也有迷茫。我们不知道怎样才能找到我们真正需要的东西。可乐、街机、QQ、CS、虚拟现实……这些难道就是我们的理想？

　　在人们"垮掉的一代"的声音中我们感到很茫然，我们就是我们，我们到底做错了什么？

　　我们这一代人，复杂，矛盾。有人说我们这一代自私，有人说我们空虚，有人说我们叛逆，有人说我们没有上进心，有人说我们悲观，有人说我们不可理解，有人说我们自闭，有人说我们开放，有人说我们好强，有人说我们压力大，有人说我们创新，有人说我们盲目追求，有人说我们低龄腐化，有人说我们早熟，有人说我们娇生惯养，有人说我们不懂珍惜……我们自己也弄不清我们自己是怎样的一代，我们正是在彷徨中不断前行。开放的社会熔炼着我们，种种变质的、肮脏的、干净的、纯洁的都一起爆溅着、翻腾着。记得最早会唱的是《娃哈哈》《我们的祖国是花园》。曾经问过父母，我们到底应不应该见义勇为？很多的回答都是：见义勇为一定是好的，但是太危险了。使我们对这个社会更加的迷惑，是逆，是顺，还是中庸？这个开放的社会使我们这一代最先过早地面临了压力，"竞争"这个词在90年代后变得是如此的重要，却让我们忽视了人类的优良传统：合作。造就出来的就是我们这一代的自私自利，妒忌心强，盲目追求。当我们开始抱怨作业多，学业重的时候，得到的只是更繁重的功课，于是我们缺乏实践，缺乏交流，失去了双手存在的意义。于是当我们无事可做时，懒惰开始滋长，空虚开始蔓延。小时候我们都会说想当科学家、文学家，都想做个家，但当我们发现这一切都无法实现时，我们失去了目标，失去了方向。无尽的空虚袭来，造就了我们无所事事，说大话的劣性。似乎从高中起，老师就开始说我们"贱"，都大学了，还不知道该怎样学习，应该自己管自己了。但是我要说，我们20年来正是在被管的过程中长大了，似乎老师和家长已经把我们的方方面面都设计好了，方方面面都有制度，都有人管。我们学会了打报告，我们学会了种种套词，终于当我们习惯了被人管的时候，老师倒反问起我们了。我不知道该如何说。是，我们缺乏想法，缺乏经验和实践，我们没有学习自主性，但到底全是我们的错？

　　从我们这一代人开始，我们的审美开始变得那么的不稳定、混乱和无助。传统的、现代的观念同时灌输了我们20年，我们既儒亦道，既小农又小资，我们有极端保守的一面，又有极其激进的一面。这可能是我们的缺点，但是我们又能看到，我们这一代人看得多，懂得多。也许这种文化现象可能是把双刃剑吧，我们在这不稳定中迷失了,彷徨了,我们分不清对错。我们是最有叛逆性的一代,我们创造了代沟,我们有看不惯的,有崇拜的。我们过早的成熟,一个个都是少年老成的样子;骨子里一种小农思想的存在使得我们都自我孤立起来,对别人猜忌,不信任,这使得我们这一代人显得那么的不团结。所以,我们的人生价值观是不统一的,也无法统一起来,我们所处的文化背景是既中又洋,既传统又现代——一个没有过硬民族文化的时代。旧的从我们这儿开始结束,新的也在我们这儿开始,一个争议的年代。

如今的我们基本上都跨入了大学的殿堂。我们该怎么办,我们的下一代又该怎么办。社会留给了我们这个环境,我们没有办法,我们又如何给以后的人一个怎样的环境呢?

有一点叛逆,考虑自己多于其他一切,老觉得自己是对的。我们这一代人经历太少,没有吃过太多的苦,从小就有爷爷奶奶惯着,所以我们的心态是脆弱的。

80年代出生的孩子大都是一些目中无人,不求上进的孩子。贪玩,身在福中不知福。总喜欢向父母要钱花,不知道钱有多难赚,花钱很爽快,大手大脚的,并且很少有人有能力自己赚钱,在经济方面严重依赖父母。难怪有人说现在是个花钱的人不赚钱,赚钱的人不花钱的时代。

性格因人而异,具有多样性,有外表好心坏的,也有心好外表坏的。但大多个性外向,比较张狂,确实比较不上进,自私,有时疯疯癫癫的,喜欢装酷。善良、大方的人已不多见了。

吃和用要求比较高,吃一定要吃好的,很喜欢麦当劳、肯德基等各式外国饮食,同学聚会一般很少去饭店吃中国菜。用的比较潮流化,流行什么用什么,而且品牌观念很强,受外国文化影响较大。特别是在衣着方面,比较看中品牌,其次是价格,很少顾及穿着的感受和使用价值。总之,主要还是要看经济环境,一般经济基础较好的人都会在吃用方面大下功夫,特别是对异性。

这可是一个好人不多坏人不少的时代啊!

作业

笔者2001年开始带领学生写家史,2006年开始带领学生写家训。家训是中国家庭文化的表现,家训是中国核心价值的具体化,家训是中国道德的主要形式,家训是行为规范的楷模,家训是共同亲情的基础,家训是家庭教养的方式,家训是凝聚力的来源。近一百年来家庭文化被有意无意严重破坏,许多人成为牺牲品。现在,应该重新建设家庭了。请你尝试为你的家庭写家训。主要涉及以下方面:对待长辈,对待夫妻,对待子女,对待亲友,对待社会,对待职业。家包括以下主要内容:家庭核心价值,道德,行为规范,感情,美德,戒律。应该思考并列举当前对家庭和睦起负面作用的各种实例。可以阅读《小儿经》《弟子规》《朱子家训》《颜氏家训》,这些文章都能够在网上找到。我国传统家训主要包括如何处理家庭成员的和睦相处,然而缺乏社会规范和职业规范,希望尝试在这两方面进行改进。同时参照《40条戒律》(表3-13-3)。

第十二节 社会角色期待

一、角色概念

每个人在社会群体中都处于一定角色,各人在各个群体承担各种不同角色。例如,在家里的角色是父亲,在工作中的角色是工人,在医院里是病人,在商店里是顾客,在夜校里可能是学生,在火车上是乘客,在街道上是行人。

社会对每个角色都提出了确定的社会期待和行为规范,这是从社会核心价值观念引申出来的,往往表现成"应该""必须"等形式。有些角色期待往往表现为规章制度、礼仪和习俗,更多地表现为和睦相处的思维方式和行为方式。

社会各种职业和各种环境对人都有确定的期待。人人都必须按照社会对角色的期待去行为,否则就可能发生人际冲突,整个社会环境就会出现混乱,甚至造成十分严重的后果。不论你情绪多么不适应,一旦走上社会环境,不得不按照角色期待去思维、去对答、去行为、去表情。角色之间的配合必须有机和谐,不能强占别人的角色,不能角色错位,更不能角色不到位,甚至连一个动作、一个表情都不能出错。如果按照社会期待去行为,就会得到预期的回报,例如得到承认、友好、亲近感、信任、尊重或奖励。如果不按照社会对角色的期待去行为,就会受到社会惩罚。这种惩罚可能表现为:出现意想不到的障碍,心情不好,彼此态度变冷淡、人际关系紧张,或触犯规则和法律。

每个人在社会上都承担一定角色,每个角色都承担社会责任。角色责任是保证人人共同生存的条件,其中也维护你的利益。违反角色责任,就是对社会、对别人不友好,最终自己也要受害,受到惩罚。

> 造成衰败的主要因素:
> 懒惰、嫉妒、贪欲、自我中心、自私、帮派、好斗、整人、推卸责任、猜测、冷淡、懒惰、利用别人、传闲话、拨弄是非、权力欲望无穷、土匪无赖习气。

家庭教育应该培养这些行为规范。缺乏家庭教养,就表现为素质不高。许多家庭传播相反的东西,例如对人冷漠、利用别人、拉帮结派、圆滑处世等。

然而,我们正经历一个迅速变化的时代,许多人存在着价值观念的匮乏、迷茫、变化或混乱,导致家庭、学校、群体、个人缺乏比较一致的角色教育。哪个家庭重视改变这些问题,哪个家庭培养出来的人就是高素质的,适应能力必然更强。

我们社会上主要存在以下行动方式,它决定了各种社会角色。

二、社会服务

农业社会里缺乏社会服务的观念。工业社会里每个人生存主要依赖社会其他角色的服务,每个角色都是为别人的需要而服务,"每个人为大家,大家为每个人"。一个农民只为自己而种地是无法生存的,他必须生产更多的东西为社会服务,你吃的粮食是农民生产的,你用的各种家具电器房屋是工人制造的。你生存中的每个环节都离不开别人对你的服务。因此应该有为别人服务的概念,对别人友好,尊重别人,友好与人共处。只有当人人都具有这种服务观念时,社会上才会感受到友好,各行各业的效率会明显提高,人人都会感到自己是受益者。有人说:"我不给别人找麻烦,我也不关心别人的事。"这是小农个体思维方式,实际上,时时刻刻都在麻烦别人。

三、松散交往

在马路上、公共汽车站、厕所里、火车上,陌生人彼此的交往是疏散关系。社会公共环境中的基本交往期待是"己所不欲,勿施于人"。例如,不要大声喧哗,不要随地丢垃圾和吐痰,辅助老弱,礼让别人,保持厕所卫生,保持教室或办公室整洁,希望安全和卫生,彼此礼让,不妨碍别人,为对方考虑等。这种交往的要诀是:尊重别人(必须保持一定距离),给别人方便,尊重公共秩序。

四、请教

这时你的行为角色是"请教"对方,你不会去随意询问任何一个人,不会去寻找不懂或没有经验的人,不会去询问那些肯定不帮助你的人。你只会去寻找那些你认为可能具备能力帮助你的人,你知道对方在该问题上的能力或知识高于你,你估计对方的态度是"可能会帮助我",你还估计对方有时间和条件帮助你。被请教的人也清楚这些方面。

请教不是讨论,不是交流,也不是合作。被请教方是付出者,解答问题是付出劳动;请教方是获益者,应该得到尊重和回报,在应用这些知识时,应该得到对方允许。缺乏尊重和回报是不道德行为,也不会被认同。

当前我们许多人感到低水平的相互技术保密严重妨碍了我们自己的发展,许多人把一些相当简单的软件使用也作为机密,甚至同事之间也很难得到帮助。为什么会形成这样局面?这种保密对我们国家现代化有什么益处?

五、讨论(交流)

讨论交流是共同的认知活动,双方关注和思考共同的问题,或面临共同的问题,各自都占有一部分知识资源,各方的资源可以互补。

讨论是开拓型思维的主要方法之一。面对未来的事情,面对陌生,过去的知识经验往往不起作用。这时,产生新思想是解决问题的关键,通过讨论可以激发自己的思想。仅靠一个人的智力往往难以解决问题,任何新技术、新思想的产生都依赖许多人的共同探索。讨论是跳出自我中心的主要方式之一。如何进行讨论?

第一,搞清楚讨论的主要目的,它可能是:探索问题,尝试解决问题,了解对方的想法,激发自己的思想,从对方获取知识资源等。因此,讨论中了解对方就是收获,不必统一思想。这一点最重要。

第二,围绕共同目的形成共同的思想流。首先,自己陈述时要符合别人期待,要符合对方提出的问题,按照别人的思维方式去表达。其次,听别人陈述时要从别人的目的和思维方式进行跟随式思考。提出问题的目的是为了了解对方,或者促使对方进一步思考。例如"我没有搞明白是什么含义?""我不知道你是否考虑过这种方法是否可行?"讨论中要跳出自我中心,不要挑刺,不要试图说服对方,不要尝试去改变别人。

第三,了解别人的想法就是收获,可以跳出自己的局限性。

第四,从弥补和完善角度提出建议,供对方思考。挑刺和争论总会不欢而散。如果对方要争论,你就沉默或者幽默以缓解气氛。

第五,自我中心对讨论起负面作用。它表现为以自己作为评价标准,以自己的问题作为中心,迫使别人围绕自己的问题和思维,遇到不同观点和思维时马上就进行反驳。

第六,封闭思维对讨论起负面作用。它主要体现是以自己的想法猜疑别人,而不是去沟通。

用提建议代替提意见(挑刺):

在日常工作配合中怎样看待"提意见"?这已经有很长的传统了。提意见是很容易的事情,只要站在自己立场上总能找到不符合自己口味的东西。这往往使人感到不尊重别人,也不能帮助对方改进,往往成为对头。

如果你有能力,应该提出可行性建议,积极探索解决问题。这是善意待人的表现,这样工作效率会大大提高,也能促进群体的融洽关系。这样做,你会明白很多问题不是人们看不到,而是很难解决。假如你无法改变自己,就更不要去改变别人。

六、合作

由于各方资源不足,需要共同完成一项任务,这种工作方式叫合作。合作需要注意以下各个方面。

第一,合作各方沟通的目的。假如各自的目的不能兼容,那么就难以合作。要区分各种不同目的,例如为了完成共同设计项目,为了向别人学习等。

第二,合作计划与责任。为了合作能够顺利进行,必须约定合作计划、分工、合作方式、责任、时间进度、任务目标、交流方式、协调方式、质量、人际交流规则。

第三,确定不可抗拒因素的处理方法,各自承担的责任。

第四,约定遇到冲突时怎么办,如何追求责任,是否能够彼此妥协。

第五,成果分享。必须在开始合作时就坦诚交谈这个问题,并写在合同上,以免最后破裂。

第六,用友好态度处理问题。自我中心、封闭思维、猜疑不交流是破坏力量。

艰苦劳动是生存的基础,现代化是靠艰苦劳动创造的。企业和农村是现代化社会创造财富的主要来源之一。劳动高贵,懒惰贪婪可耻。物欲横流和性欲横流是对现代化的曲解。

有些家庭传播"万般皆下品,唯有读书高"或"上大学,将来才不吃苦"。这些人本身是劳动人民,却轻视劳动和劳动者,因此许多农村出来的大学生不愿意回去改变家乡穷困,不愿意去工厂,不愿到艰苦地方去创业,而只想去赚钱多的地方和单位。这样,穷地方将继续穷下去,富裕的企业和地区也会被这种贪婪懒惰的价值观念蚕食以尽,这将严重破坏我国的现代化建设。

今后几十年中我国是否能够继续保持发展,主要取决于下一代人是否能够勤劳节俭、艰苦创业。

七、探索(创新)

探索(创新)是首先提出新观点、新观念、新思想、新方法等。它往往具有若干特点。

第一,事先人人都没想到,事后人人都认为很自然,大家都感到"这么简单","就应该如此"。用简单方法解决复杂问题,才是高水准的首创。

第二,探索(创新)者具有独自的价值或理念,应当具有职业责任感和社会责任感,应当履行自己的责任。

第三,当前有些人误把叛逆当作创新。

八、主辅

主辅关系指社会角色之间的主导与辅助关系,例如上司与秘书、大夫与护士、上级与下级。一般说,首先出现主导角色,然后根据期待建立辅助角色,辅助角色依赖主导角色而有效生存。同各种社会角色一样,主辅关系应该彼此友好,主辅关系不是人身依附关系,不是亲情关系。主辅关系的配合是按照职业角色进行的。辅助角色必须按照主导角色的期待去积极随动。19 世纪后期,欧洲在劳动学中就成功建立了大夫与护士、上司与秘书的角色关系,并且基本延续至今。手术过程中,护士必须时时明白大夫正在做什么,自己怎么配合;下一步大夫要做什么,自己怎么准备；大夫伸手，护士必须知道他需要什么工具，及时准确把工具按照正确方位放到大夫手中。军队的列队训练在很大程度上是建立人与人之间的角色期待。

九、理解

理解指能够基本领悟别人的感觉、思维、动作的含义，能够感受对方的心情，以及能够体会到因果关系（短期效果和长期后果），就好像这些事情发生在自己身上一样。在各种人际关系中，理解是最难的。2000 年到 2003 年笔者曾经对工科大学生调查"谁能够与父母彼此理解"。能够做到的人数为 10％～20％。如果不是血缘关系，到达到彼此理解可能更难。这也就是为什么西方工业化社会中强调人际关系中的理性，而不是理解。为什么理解很难？因为影响因素很多，各种因素相互作用很复杂。这些主要因素是：具有理解别人的动机或愿望，具有交流愿望，能够跳出自我中心，从别人角度看自己，具有开朗的思维方式，能够从别人角度进行思考，不以自我利益或欲望作为判断标准，彼此具有类似之处，例如价值观念、道德观念、共同经历、共同习惯等。在各种具体事情面前，理解别人还需要具体情景条件。

1. 理解形式。一般说，人与人之间的理解存在如下几种方式：

彼此理解：这是很难达到的，彼此理解往往只存在于某些方面。如果彼此价值观念相似，那么彼此能够理解对方的价值观念。彼此习惯相似，能够理解彼此的习惯。彼此职业相同交往较多，能够理解对方的工作方式。彼此有共同的经历，一些情绪感受上能够彼此理解。

单向理解：一方理解另一方，反之不理解。境界不同，动机不同，经验不同，往往导致不对等理解。开拓型的总经理不被员工理解，奉献型的老师不被学生理解等。由此这些不被理解的人往往感到孤独。子女不被父母理解，往往不是由于父母缺乏理解能力，而是由于父母认为自己理解，或者想把自己的人生体会灌输给子女，由此缺乏理解愿望。这时子女处于被迫性孤独。

回报性理解："养孩儿方知父母恩"，子女往往不理解父母，当自己有了孩子后，才能够理解父母。

尊重性理解："他是领导，肯定考虑过这些事情了。"出自对人的尊重，认为别人应该自主具有自己的想法和做法。

自我性理解：主要关注别人是否理解自己。弱势者、孤独者、受挫者、失落者、失望者往往存在这种理解需要。要满足这种需要，必须是一个奉献者，他这时往往不考虑要被对方理解。

误解性理解：并没有理解对方，却自以为理解了，然而采取的行动符合对方期待。

2. 理解途径。具有共同的价值观念和道德，是理解他人的基础。例如，具有理解别人的愿望，具有同情心，善解人意，避免伤害别人。

概念推理:学生缺乏体验时,往往尝试通过概念的逻辑推理进行理解。如果符合逻辑,就认为理解了;如果不符合逻辑,就认为不理解。如果符合自己经验,就认为理解。

因果推理:理解一个行动的含义,是搞清楚它的短期后果和长远后果,对自己的后果和对别人的后果。

举例理解:如果没有亲身经历,对有些事情是不理解的。可以通过比喻、举例或讲故事使对方理解一些含义。

体验理解:亲身经历一件事情是理解的好方式。许多经典认识论都认为,参与实践是获得知识的唯一途径。实际上,理解过程性知识的基本方式之一是亲身体验。

3. 导致不理解的若干因素。目的不同导致不理解。合作中,一方想单打独斗,另一方想合作,他们不会理解对方。什么因素影响目的动机? 需要、兴趣、期待等。例如,工业社会意识与农耕意识的价值观念具有明显差别。在对待家庭、工作、社会的核心问题上,价值观念不同所造成的彼此不理解是在短期时间中很难协调的。这种情况导致价值孤独。

价值判断影响理解。例如,崇拜或鄙视、好感与反感、感兴趣与无兴趣、有吸引力或无吸引力、多数认同或少数认同、潮流或另类,都影响理解。偏见比无知离事实更远。

"存在合理论"有时导致误解。腐败是一种存在,它合理吗? 筷子是否可以改进? 一种观点认为"筷子是国粹,不能改进"。另一种观点认为,应该进行调查,如果存在需要,就可以改进。

各人的期待不符合现实,导致别人不理解。

自我中心导致误解。自我中心只会从自己角度思考,从不考虑别人如何思考。

思维方式不同导致不理解。

情绪对理解的影响。情绪过低,容易从悲观角度理解;情绪过高,容易从乐观角度理解。

道德差异引起误解。工业社会道德除了家庭责任感外,还包括自我责任感、职业责任感和社会责任感,农耕意识往往用自我利益或家庭利益作为判断标准。

人心冷漠导致不理解。与一切人打交道时,都处处防范别人。这种态度导致许多误解,甚至把别人的好意也可能理解为"别有用心"或"存心不良"。日常与周围的人交往时,应该善意待人,对人友好,具有同情心,同时还要能够识别不善。

文化差异导致的不理解或偏见。文化差异主要体现在价值观念和行动方式的不同,甚至在生活习惯风俗上都存在明显不同。西方文化强调个人自主,我国文化强调群体合作,强调家庭。中国人问欧美人:"喝茶为什么放糖?"他们问中国人:"喝茶为什么不放糖?"

十、社会行为

目前我国正从农业社会转向工业社会,社会行为应该注意以下几方面:

1. 除了依赖家庭外,我国都要依赖社会而生存,"吃喝拉撒睡,一切靠社会",因此必须具备社会责任感和社会行为规范。

2. 工业社会是战场,强调爱心、善良、守时、责任、效率、质量观念。

3. 每个人的工作都是为别人服务,应该对他人友好。

4. 更强调自我负责,尊重他人,这是与其他人打交道的基本规则。

5. 强调计划性。目的明确,不要跑题、延误时间。要搞清楚这些规则和办事程序。必须估计到可能出现不可预测因素,因此需要计划多种实施方案,要强调如何解决问题。

6. 应变能力。你经常会遇到从未遇到的陌生问题,你必须及时抓住问题,想各种方法去解决问题,不断积累经验。

7. 性格外向。有主动交流愿望,否则很容易造成沉重的精神压力,也容易脱离实际情况。

企业的基本目的是生存,企业家应该把善良与大爱看作核心价值,如果企业家有善良和大爱,能够善待员工、客户、社会,这种企业才能够持续生存。如果员工有善良和大爱,能够诚实劳动,和睦相处,承担责任,这种员工才能在企业里持续生存。如果没有善良和大爱,企业家会狡诈无信,员工会成为痞子和泼妇,懒惰,偷盗,作假,产品质量和价格也会无信。这种企业可能通过欺骗市场短期赚到一些钱,但是不可能持续生存下去。

当前大学生在企业存在哪些主要不适应问题?人文素质51项很差(表3-6-2)。有一位企业负责人说,三年中他招收了三批大学毕业生,也炒了三批,只留下一名,因为其他人基本上不会干活。

面对这种状况,有些企业不得不花大量财力和人力对大学生进行培训。某企业每年培训员工要投入400万~500万元,而有些大学生刚刚被培训完就跳槽去其他企业了。

毕业求职应当选择什么样的企业?

一位企业总经理说:选择企业时主要看三个方面。第一,看这个企业是否有远景,对企业未来是怎么考虑的。第二,看这个企业对员工是否有务实的培训计划,有的企业对新员工培训3个月,有的培训6个月,有的培训1年。第三,看这个企业对员工是否有长远规划,如果没有这种规划,就可能只考虑使用,一年下来就会感到耗尽了。

第十三节　大学生的择偶调查

2009年上半年,笔者带领大学生对大学生的择偶与择友进行了3次调查,有效问卷分别为1047份(男生545份、女生502份)、1251份(男生722份、女生529

份)、1058 份(男生 547 份、女生 511 份)。下面仅分析其中一次调查结果,其他两次调查结果类似。

评分标准分为 10 档,它表示了强烈的程度,其中 10 分表示"强烈要求"某种品质,分数降低表示要求也降低,9 分和 8 分表示"比较强烈要求",6 分表示"略有要求"某种品质。5 分以下表示"基本不要求"或"不要求",1 分表示"根本不要求"。

一、被调查的男生择偶的要求

彼此交往选择朋友时,首先要搞清楚目的。为择偶而谈朋友,其目的应该是为了与对方结婚。83%的男生在谈女朋友时,目的是为了与对方最终结婚,其中非常强烈的占到 18.5%,比较强烈的占 31.6%。城市男生在这一项的平均分数为 7.60分。农村男生在这一项的平均分数为 7.30 分。大约 17%的男生在谈朋友时不考虑这一问题。在择友时,无论男生还是女生有些人都没有考虑结婚问题,因此交往中要特别谨慎彼此的交往目的。

1. 善良。被调查男生对妻子的善良要求是最高的,占 99.4%,其中大约 65%强烈要求妻子善良,约 29%的男生比较强烈要求妻子善良,只有 0.6%的男生对此无要求。

2. 孝敬父母和公婆。99.4%的男生都要求妻子孝敬,其中有大约 63%的男生强烈要求妻子孝敬父母公婆,比较强烈要求的约占 30%,只有 0.6%的对此无要求。

3. 感情专一。强烈要求妻子感情专一的男生占 59.8%,比较强烈要求的占 31.8%,有 1.3%的男生根本不要求妻子感情专一。

4. 品德好。97.9%的男生要求妻子品德好,强烈要求的占 48.1%,比较强烈要求的占 43.2%,男生对品德无要求的仅占 2.1%。

5. 真诚。97.7%的男生都要求妻子真诚,其中 39.8%的要求非常强烈,比较强烈的约占 49%,只有 2.3%的男生对妻子真诚无要求。同样,男生对妻子的诚实也要求高,占 97.2%,其中强烈要求的占 36.1%,比较强烈的占 48.8%,仅有 2.8%的男生对此无要求。

6. 爱孩子。大约 45%的男生强烈要求妻子爱孩子,还有大约 50%的男生不同程度的要求妻子爱孩子,大约 5%的男生不要求妻子爱孩子。孩子是家庭的结晶,也是夫妻之间的感情纽带,孩子丰富了家庭生活,孩子对家庭稳定起非常重要的作用。

7. 善解人意。对妻子这方面有要求的占到男生的 96.7%,其中强烈要求的占 31.2%,不要求的仅占 3.4%。

8. 身心健康。只有 3.6%的男生对妻子这方面无要求,其余都有要求,其中 34.3%男生要求非常强烈,要求比较强烈的占 47%。

9. 明事理,不胡搅蛮缠。男生对这方面非常关注。95.7%的男生要求妻子明事理,不胡搅蛮缠,其中强烈要求的约占 36%,比较强烈的占 44.2%,只有 4.3%

的男生对此无要求。

10. 温柔体贴。96.8％的男生都要求妻子温柔体贴，其中大约33％的要求强烈，比较强烈的占44.4％，只有3.2％的男生对此无要求。

11. 乐观。95.7％的男生要求妻子乐观，其中非常强烈要求的大约占到26％，比较强烈的约占50％，男生对此无要求的仅占4.3％。

12. 有共同话题。93.8％的男生对这方面有要求，其中29％的男生要求非常强烈或者比较强烈，还有大约43％的要求比较强烈，只有6.2％的男生对此无要求。

13. 持家有道。93.4％的男生要求妻子能够持家有道，其中27.7％的要求强烈，比较强烈的占43％，只有7.6％的男生对此无要求。

14. 随和。对随和有要求的男生占93.6％，普遍要求比较高，虽然强烈要求的只占24％，但是比较强烈要求的占到46.3％，对随和无要求的占6.4％。

15. 保持贞洁。男生对此很关注。大约90％的男生对此有要求，其中32.8％的男生要求非常强烈，比较强烈要求的有47.9％，略有要求的占7.7％，只有10.9％的男生对此无要求。

16. 有气质。大约93％的男生对妻子有这方面的要求，强烈要求的占23.3％，比较强烈要求的占46.2％，只有6.9％的男生对此没有要求。实际上这是要求妻子有教养，比较高雅，不要低俗粗鲁。

17. 活泼开朗。大约89％的男生要求妻子活泼开朗，其中强烈要求和比较强烈要求的占到44.6％，对此无要求的男生仅有10.9％

18. 顾家不乱跑。86.5％的男生对此都有要求，其中17.6％的要求非常强烈，比较强烈的占41.7％，只有13.5％的男生对此无要求。

19. 相貌。选择妻子时，只有大约9％的男生对妻子相貌有要求，强烈要求相貌的只占0.2％，其余大约91％的男生对自己妻子相貌基本没有什么要求，其中根本不要求相貌的占12.7％。

20. 身材。10.7％的男生对妻子的身材有要求，其中强烈要求的只有0.4％，根本不要求的占10％左右。

21. 家庭条件。有53.6％的男生对妻子的家庭条件无要求，其他46.4％的有要求，强烈要求的约占7％，略有要求的占22.9％。

22. 勤做家务。有9.4％的男生强烈要求将来的妻子能够勤做家务，这些人可能自己不干家务。其他大约66％的男生希望妻子干家务，但是不那么强烈，大约14％的男生不要求妻子做家务。

23. 文静。大约80％的男生要求妻子文静，其中强烈要求的约占14％，19.7％的男生对妻子是否文静无要求。

值得提出的是，被调查的学生中，不论来自城市还是来自农村，在选择配偶时前 7 项要求是一致的。

　　被调查的大学男生择偶标准的前十个依次为：善良、孝敬父母（公婆）、感情专一、品德好、真诚、爱孩子、诚实、善解人意、身心健康、明事理不胡搅蛮缠。其中,善良、孝敬父母（公婆）、感情专一、品德好、真诚、爱孩子、诚实、善解人意正是在价值观调查报告中提到的应该具备的核心价值观,因此证明被调查大学男生群体普遍还是意识到择偶时核心价值观是最重要的。

表 3 - 13 - 1　城市与农村男生择偶要求排序

城市男生择偶要求均值排序			农村男生择偶要求均值排序		
排序	择偶标准	均值	排序	择偶标准	均值
1	善良	9.38	1	善良	9.36
2	孝敬父母（公婆）	9.33	2	孝敬父母（公婆）	9.34
3	感情专一	9.25	3	感情专一	9.31
4	品德好	9.14	4	品德好	9.02
5	真诚	8.91	5	真诚	8.89
6	爱孩子	8.82	6	爱孩子	8.82
7	诚实	8.75	7	诚实	8.71
8	身心健康	8.75	8	善解人意	8.63
9	善解人意	8.62	9	明事理、不胡搅蛮缠	8.57
10	明事理、不胡搅蛮缠	8.57	10	温柔体贴	8.50
11	温柔体贴	8.55	11	身心健康	8.47
12	乐观	8.31	12	乐观	8.45
13	有共同话题	8.30	13	有共同话题	8.18
14	随和	8.18	14	持家有道	8.17
15	持家有道	8.17	15	保持贞洁	8.15
16	有气质	8.11	16	随和	8.15
17	保持贞洁	8.11	17	有气质	8.14
18	活泼开朗	7.71	18	谈朋友考虑与对方结婚	7.73
19	顾家,不随便往外跑	7.65	19	活泼开朗	7.65
20	相貌	7.50	20	顾家,不随便往外跑	7.64
21	谈朋友考虑与对方结婚	7.46	21	勤做家务	7.60
22	勤做家务	7.45	22	相貌	7.50
23	身材	7.35	23	身材	7.31
24	文静	7.04	24	文静	7.30
25	多才多艺	6.11	25	多才多艺	6.10
26	家庭条件	6.04	26	和男生出去吃饭 AA 制	6.03
27	和男生出去吃饭 AA 制	5.56	27	家庭条件	5.31

二、被调查的女生择偶的要求

女生在谈朋友时,是否考虑与对方结婚?被调查的 502 名女生中,对此没有考虑的约占 22%,其他大约 78% 的女生在谈朋友时考虑结婚,其中非常强烈的占 19.7%,选择比较强烈的占 34.6%。农村女生在这一项的平均分数为 7.42 分。城市女生在这一项的平均分数为 7.22 分。其中选择非常强烈的人可能是对自己负责、对他人负责、对婚姻负责、对家庭负责的。女生选择配偶时的其他要求如下。

1. 感情专一。这是女生对配偶的第一位要求,要求感情专一的占 98.6%,强烈要求的占 67.1%,比较强烈要求的占 26.3%,只有 1.4% 的女生对此无要求。

2. 孝敬父母。这是女生对配偶的第二位要求,98.4% 的女生要求配偶孝敬父母,其中强烈要求的占 68.1%,比较强烈要求的占 24.9%,只有 1.6% 的女生对此无要求。

3. 同甘共苦。对此有要求的女生占 96.2%,其中强烈要求的占 61.6%,比较强烈要求的占 26.9%,只有 3.8% 的女生对此无要求。

4. 有上进心。这是女生对配偶的重要要求之一,有 96.4% 的女生要求配偶有上进心,其中强烈要求的占 60.6%,比较强烈要求的占 26.7%,不要求配偶有上进心的仅有 3.6%。

5. 待人真诚。对此有要求的女生占 96.8%,其中强烈要求的占 49.4%,比较强烈要求的占 37.6%,对此无要求的占 3.2%。

6. 有主见。女生要求配偶有主见的占 96.2%,其中强烈要求的占 45.4%,比较强烈要求的占 41.2%,不要求配偶有主见的仅占 3.8%。

7. 乐观。大约 96% 的女生要求配偶具备乐观这一条,其中强烈要求的占 43.2%,比较强烈要求的约占 45%,不要求这一条的女生仅有大约 4%。

8. 宽容大度。大约有 95% 的女生要求配偶宽容大度,其中强烈要求的占 45.4%,比较强烈要求的占 40.4%,大约有 5% 的女生对此无要求。

9. 体贴。93.2% 的女生要求配偶能够体贴自己,其中强烈要求的占 47.8%,比较强烈要求的占 36.6%,女生对此无要求的占 4.8%。

10. 爱孩子。女生要求男方爱孩子的占到 94.2%,其中强烈要求的占 52.6%,比较强烈要求的占 29.4%,女生不要求男方爱孩子的仅占 5.8%。

11. 善于沟通。有 96.2% 的女生要求配偶善于沟通,其中强烈要求的约占 43%,比较强烈要求的占 39.6%,女生不要求这一条的仅占 3.8%。

12. 自信。93.4% 的女生要求配偶自信,其中强烈要求的约占 44%,比较强烈要求的占 41.4%,女生不要求配偶自信的只有 4.6%。

13. 身体健康。95% 的女生要求配偶身体健康,其中强烈要求的约占 43%,比较强烈要求的占 38.2%,女生不要求这一条的仅约 5%。

14. 吃苦耐劳。大约 94％的女生要求男方能够吃苦耐劳,其中强烈要求的占 42.6％,比较强烈要求的占 39.2％,女生不要求男方吃苦耐劳的只有约 6％。

15. 有爱心。有 95.9％的女生看重这一条,其中强烈要求的占 38.6％,比较强烈要求的占 43.6％,不考虑这一条的女生占 4.1％。

16. 脑子灵活。95.6％女生要求配偶脑子灵活,其中强烈要求的占 35.9％,比较强烈要求的占 44.6％,不要求这一条的占 4.4％。

17. 不把婚姻当作一种征服。有 94.4％的女生有此要求,其中强烈要求的约占 46％,比较强烈要求的约占 27.1％,有 11.4％的女生无此要求。

18. 善解人意。大约 94％的女生要求配偶善解人意,其中强烈要求的占 30.1％,比较强烈要求的约占 48％,不关注这一条的女生约占 6％。

19. 慷慨大方。对此有要求的女生占 94.2％,其中强烈要求的占 30.5％,比较强烈要求的约占 44％,不要求这一条的女生占 5.8％。

20. 人际关系好。大约 93％的女生看重配偶的人际关系,其中强烈要求的占 22.1％,比较强烈要求的占 42.2％,不在乎这一条的女生约有 7％。

21. 成熟稳重。大约 90％的女生看重男生成熟稳重,其中强烈要求的占 31.1％,比较强烈要求的占 44.2％,不看重这一条的女生约占 10％。

22. 不吸烟。大约 94％的女生要求配偶不吸烟,其中强烈要求的占 42.6％,比较强烈要求的占 25.9％,对此无要求的约占 16％。

23. 幽默。大约 89％的女生要求配偶有幽默感,其中强烈要求的占 21.5％,比较强烈要求的占 44.8％,不要求幽默感的仅约 11％。

24. 学历。有 11.2％的女生对配偶的学历有要求,其中强烈要求的、比较强烈要求的各约 1％,对配偶学历无要求的占 88.9％。

25. 喜欢新鲜事物。对此有要求的占 19.2％,其中强烈要求的仅占约 1％,对此不关注的女生约占 80％。

26. 工作体面。17.6％的女生要求配偶工作体面,其中强烈要求的占 1.8％,比较强烈要求的占 0.8％,无要求的占 82.4％。

27. 懂浪漫。大约 83％的女生要求配偶懂浪漫,其中强烈要求的占 14.5％,比较强烈要求的占 36.5％,女生不要求配偶懂浪漫的约有 17％。

28. 会做家务。女生要求男方会做家务的约占 78％,强烈要求配偶会做家务的占 21.9％(这次调查没有进一步了解她们的理由是什么),比较强烈要求的占 22.5％,不要求的占 21.9％。

29. 身材。女生对配偶身材有要求的占 24.5％,其中强烈要求的约占 1％,比较强烈要求的占 2.2％。

30. 相貌。女生对配偶相貌有要求的占 26.7％,其中强烈要求的占 0.8％,比较强烈要求的占 2.8％。

31. 家庭背景。有 31.1% 的女生对男方家庭背景有要求,其中强烈要求的占 1.4%,比较强烈要求的占 5.2%。

32. 有房子。要求配偶有房子的女生占 31.1%,其中强烈要求的占 4.4%,比较强烈要求的约占 6%。

33. 不喝酒。大约 64% 的女生要求配偶不喝酒,其中强烈要求的占 17.1%,比较强烈要求的占 19.8%,对此无要求的女生占 36.3%。

34. 有车。有 41.1% 的女生要求配偶有汽车,其中强烈要求的占 6.4%,比较强烈要求的约占 7%。

被调查大学女生择偶标准的前十个依次为感情专一、孝敬父母、同甘共苦、有上进心、待人真诚、有主见、乐观、爱孩子、体贴、宽容大度。其中感情专一、孝敬父母、待人真诚、爱孩子、宽容大度是在价值观调查报告中提到的应该具备的核心价值观。

从上述数据看出,相貌、身材、家庭背景、学历、工作体面、有房、有车等,不是女生重点考虑的择偶标准。追求真挚的爱情的,往往靠激情,婚后并不一定能够和睦生活。婚后和睦生活,主要靠家庭生活观念、人品、生活能力、忍耐能力等。

有爱心、善解人意、宽容大度、慷慨大方、待人真诚,是日常生活中就要必备的品质,在家庭生活中这些就显得更为重要。有爱心,才能善待家人,善待身边的一切;善解人意,及时进行有效沟通,才能避免家庭中的很多矛盾;宽容大度,能够包容家人的缺点和过失,能减少很多家庭争吵,避免了家庭的不和谐;慷慨大方是一个男生所应该必备的品质,一个小气、吝啬的男生是不受欢迎的;待人真诚、坦诚以待是相互交往的基础。

表 3-13-2　城市与农村女生择偶要求排序

城市女生择偶要求均值排序			农村女生择偶要求均值排序		
排序	择偶标准	均值	排序	择偶标准	均值
1	感情专一	9.43	1	感情专一	9.37
2	孝敬父母	9.39	2	孝敬父母	9.28
3	同甘共苦	9.23	3	同甘共苦	9.09
4	有上进心	9.19	4	有上进心	9.04
5	待人真诚	9.03	5	待人真诚	8.95
6	有主见	8.96	6	有主见	8.88
7	乐观	8.92	7	爱孩子	8.85
8	宽容大度	8.86	8	乐观	8.84
9	体贴	8.86	9	体贴	8.82
10	爱孩子	8.85	10	宽容大度	8.79

城市女生择偶要求均值排序			农村女生择偶要求均值排序		
11	善于沟通	8.84	11	自信	8.72
12	自信	8.83	12	有爱心	8.66
13	身体健康	8.82	13	善于沟通	8.56
14	吃苦耐劳	8.73	14	吃苦耐劳	8.52
15	有爱心	8.72	15	善解人意	8.49
16	脑子灵活	8.69	16	身体健康	8.49
17	不把婚姻当作一种征服	8.40	17	脑子灵活	8.44
18	善解人意	8.38	18	慷慨大方	8.41
19	慷慨大方	8.31	19	成熟稳重	8.29
20	人际关系好	8.30	20	不把婚姻当作一种征服	8.23
21	成熟稳重	8.25	21	人际关系好	8.05
22	不吸烟	8.21	22	不吸烟	7.99
23	幽默	8.05	23	幽默	7.79
24	学历	7.73	24	学历	7.57
25	喜欢新鲜事物	7.35	25	谈朋友考虑与对方结婚	7.42
26	工作体面	7.34	26	懂浪漫	7.28
27	懂浪漫	7.33	27	会做家务	7.18
28	谈朋友考虑与对方结婚	7.22	28	喜欢新鲜事物	7.12
29	会做家务	7.20	29	工作体面	7.11
30	身材	6.81	30	身材	6.75
31	相貌	6.67	31	相貌	6.67
32	家庭背景	6.54	32	不喝酒	6.59
33	有房	6.49	33	有房	6.51
34	不喝酒	6.43	34	家庭背景	6.22
35	有车	6.09	35	有车	5.90

三、如何对待谈恋爱

1. 恋爱阶段,不能成为激情的奴隶。

第一,中国传统文化是家庭文化。"文化大革命"前,人们对待人生很谨慎,谈恋爱就是为了将来结婚共同生活,在选择对象时要全面考虑,最重要的问题是"将来能共同生活一辈子吗",这是社会核心价值观念。彼此会花费很多时间交谈有关的各个问题,仔细了解对方的家庭情况、人生态度、思想道德、职业作为、对待家庭的态度、生活能力、性格等,还要了解对共同生活的各种考虑,例如将来住哪里,如何养家,彼此承担什么责任,如何与父母相处,如何解决孩子抚养问题等。对不适合家庭生活的行为方式很敏感,例如,喜好自由,追求社交,追求性刺激等。三角恋爱,脾气不好,一意孤行,都能成为不适合的因素。只有当家庭生活有关的各个方面双方都认为比较符合愿望时,然后到对方家里取得家人的认可后,才开始谈感情。假如不考虑这些问题,而很快提出感情要求,会引起普遍拒绝,认为此人动机不纯。

第二,如今在谈朋友时,真正考虑要结婚的男生只占 18.5%,女生占 19.7%。只有这些人把婚姻当作自己人生的核心价值观念。哪些因素使得其他人不认真考虑这个问题呢?

(1)把激情放到第一位,成为激情的奴隶,寻找感情刺激。这是享乐主义的生活态度,无法维系家庭。

(2)缺乏家庭生活观念,缺乏教养,自我中心,个性太强,追求自由独立,懒惰虚荣,脾气不好,征服对方,金钱第一,不干家务,忍耐性差,不受委屈等。这种问题很多。

(3)自己无法做主,一切要听从家长,尤其是母亲。

(4)怕生活艰难,缺乏家庭责任感。

(5)弥补眼前心里孤独空虚,玩感情,追求感情自由,不愿意结婚。受萨特和波娃(Simone de Beauvoir,1908—1986)的性解放观念影响。

(6)现在大学生对自己估计过高,在遇到具体问题时又缺乏信心。

(7)缺乏家庭观念和生活能力,什么事情都不会干,什么问题都无法处理,出现问题后不是设法克服困难,而采取最简单的方法——离婚。

(8)人生观错误,把追求快乐放在人生重要位置,其实人生本身就是很艰苦的,没有吃苦准备,家庭肯定会出问题。

第三,为了帮助考虑这些问题,笔者总结了 40 条戒律。谈朋友时,希望按照这40 条对照,其中任何一条问题严重都可能导致家庭破裂。

表 3-13-3　40 条戒律

自我中心	追求自由	懒惰成性	虚荣心强	个性太强
脾气不好	忍耐性差	不干家务	贪图享乐	不受委屈
能力太差	不能吃苦	求新求变	互不沟通	自私自利
从不认错	不计后果	缺乏责任	不要子女	爱占便宜
猜疑揭短	娇生惯养	征服对方	嫉妒攀比	不能宽容
胡闹爱吵	争强好斗	流动分离	不能谦让	抢占角色
挑刺好斗	钱为最爱	贪吃禁果	轻言分手	感情不忠
不孝他老	缺乏爱心	人心不善	外交内斗	不爱孩子

2. 婚后,双方适应阶段。

第一,结婚后,不要再与以往的异性朋友有感情来往。不要把夫妻之间的不合问题给朋友说,让朋友给自己提出征服、斗争或欺骗的办法。尤其是当自己家庭不和睦时,不要去寻找异性朋友发牢骚或发泄不满。出现矛盾时,应该与对方坦诚进行交流,要从对方换位去思考,对配偶的缺点要有宽容态度,对自己的缺点要有自省态度。

第二,学习共同的家庭生活,学习做各种家务事情,学习安排每天的生活。要学会从对方期待看待自己的家庭角色。做丈夫的,你知道妻子的心愿是什么吗?做妻子的,你知道丈夫的心愿是什么吗?结婚后仍然会发现有很多不了解,要主动向对方谈自己对对方各种行动的感受,也要主动问对方对自己的期待,这叫作交流。要主动按照对方期待去做事情,并且要了解自己所做是否符合对方心愿,这叫作适应。再按照《40 条戒律》对照自己,克服不利因素。"我就是我,接受我,就要接受我的一切",这是严重的自我中心,这个观念不改变,家庭会破裂。为了共同的生活,彼此都要克服缺点,都要适应共同生活的需要。

第三,激情的奴隶是要付出代价的。在激情驱动下结婚,激情掩盖了各种问题。当激情过去,就会提出各种问题。缺乏以家庭为核心的价值观念时,争吵,离婚。靠什么能够保持和睦家庭呢?共同具有以家庭为核心的价值观念。

第四,要搞清楚丈夫和妻子各自的家庭责任感是什么。还要搞清楚必须具备 100% 的家庭责任感。只有 99% 家庭责任感,这个家庭就可能出问题,因为家里任何一件事情不干,日子就无法过下去。

第五,有些人婚前故意掩饰自己的性格、某些缺点生活观念,目的是占有对方,婚后完全成为另一种人,这种做法很可能导致离婚。对待生活,要采取老实态度,不要去贪恋占有不属于自己的东西。

第六,调查发现,认为"夫妻不合就应该离婚",男生占 53.4%,女生占 64.2%。这是轻率态度,也是生活能力太差。婚前要搞清楚个问题:彼此不合的因素有哪些?自己或对方是否有离婚动机?遇到不合时怎么办?哪些人生观念和问题是自己在家里不能忍受的?自己认为哪些事情是不能尝试的?自己要想清楚哪些问题会导致自己离婚?把这些因素一一写下来,搞清楚这些问题后,再决定是否谈下去。一定不能忽略"肯定没问题"的那些问题。假如你要结婚,就不要打算"以后合不来再离婚",而应该考虑如何克服那些困难和问题。离婚至少会伤害到三代人,双方老人可能高血压、心脏病出危险,你们的孩子也会出问题,引起许多青少年心理问题。大多数青少年犯罪是由于家庭问题。

3. 导致家庭破裂的因素。

笔者总结了 40 条导致家庭破裂的因素,调查发现大学生导致家庭破裂的因素太多。例如,54% 的大学生占有自我中心,懒惰成性占 40%。有些大学生占有 18 条甚至 20 条因素,最少也占有 4 条。其中不少人是专业学习很好,能力很强的大学生,然而严重缺乏社会道德和生活规范。被调查大学生中不要孩子的大约占 20% 左右,在女博士生中却大约占到 50% 左右,这是片面教育造成的缺陷。这些数据都是大学生自我评价的结果,实际情况比这严重得多。从这些数据看出近一百年来我国教育中严重缺乏社会核心价值、道德、行为规范教育,导致严重后果。

表 3-13-4 大学生家庭观念方面存在的问题

自我中心 54%	追求自由 53%	懒惰成性 40%	虚荣心强 40%	个性太强 39%
脾气不好 39%	忍耐性差 38%	不干家务 37%	贪图享乐 36%	不受委屈 36%
能力太差 28%	不能吃苦 28%	求新求变 28%	互不沟通 25%	自私自利 25%
从不认错 24%	不计后果 23%	缺乏责任 21%	不要子女 20%	爱占便宜 19%
猜疑揭短 19%	娇生惯养 19%	征服对方 18%	嫉妒攀比 17%	不能宽容 16%
胡闹爱吵 15%	争强好斗 14%	流动分离 14%	不能谦让 12%	抢占角色 11%
挑刺好斗 10%	钱为最爱 9%	贪吃禁果 9%	轻言分手 6%	缺乏爱心 6%
不孝他老 6%	人心不善 5%	感情不忠 4%	外交内斗 3%	不爱孩子 2%

作业

对照表 3-13-3 的 40 条戒律,看看自己违反了哪几条? 这 40 条戒律受到学生热烈欢迎,并在他们家长中广为流传。

你是否能够与同学友好相处?
哪些原因导致同学之间的矛盾或冲突? 如何解决这些问题?
你是否在宿舍里能够与同学友好生活?

下列问题容易引起宿舍不和:
不经允许,吃拿用别人东西,借东西不还。
不打水,不打扫卫生,不保持宿舍清洁,自己东西脏乱。
不尊重别人,背后说闲话,议论是非,为小事争吵。
不安静,大声喧哗,音乐吵闹,不按时熄灯,影响别人休息。
在性格习惯上不相互去适应,不宽容别人,不从别人角度着想。
上述问题都是自我中心的表现或个体意识的负面表现。

如何与人相处?
跳出自我中心,待人善意友好,主动沟通交流。
当面善意指出别人的不足。

第十四节 大学生的现状调查

2009年上半年笔者带领大学生对大学生的家庭观念进行了三次调查,其中一部分结果如下。

1. 如今大学生中认为家庭是人生中最重要的人数比例为34%～38%。来自城市的大学生认为家庭最重要的约占37%,来自农村的大学生约占39%。认为家庭重要性起负面作用的约占到14%。认为自己有强烈家庭责任感的男生和女生人数比例都为46%左右,男生并不比女生的家庭责任感强。从这些调查数据可以看出,家庭观念已经根本被动摇了。几乎一个世纪我们的学校教育中没有家庭观念的教育,没有家庭生活方式的教育,如今已经造成严重的社会后果了。假如我们的家庭文化被破坏,那么我们国家将无法稳定,追求未来美好生活将成为一句空话。这个问题急需从学校教育中改进。

2. 我国传统文化中,丈夫必须保护妻子。当妻子或女友在街上受到非礼时,丈夫是否能够挺身出来保护? 被调查的男生约68%的人认为自己能够挺身保护,而被调查女生只有约59%的认为丈夫能够做到这一点,也就是几乎一半女生认为丈夫做不到。大学男生的家庭责任感和能力退化已经被男生和女生都认同了。2006年笔者在“工业社会学”课堂上曾经调查过这个问题,43名男生中只有6人举手表示能够挺身出来保护。为什么如此? 课后有男生说,现在女孩子都比男生厉害,她们都打不过,我们男生能行吗? 有男生说,在街上遇到非礼,要看看谁闹非礼,女性闹得比较多,我们能挺身而出吗? 还有的男生说,现在女生几乎人人都会胡闹,女生平日与男朋友在一起时喜欢动手打闹,闹分手也多数是女生提出的,男生缺乏安全感的远多于女生。

2008年笔者组织学生调查城市敬老院时,有女生发现敬老院中50岁左右的女性远多于男性,为什么呢? 经过多次反复耐心诚恳询问,她们许多人流着泪说,婆媳关系不和,被媳妇赶出来了。也许这也是如今大学女生30年后的归宿。这些问题都反映了女权主义对家庭的负面影响。

男生文弱化的另一个原因是母亲家庭教育不当的结果。许多母亲在家庭摆出强势,父亲往往谦让母亲。母亲对男孩子指教过分具体,使得男孩子失去自主人格和思维能力,凡遇到任何事情都习惯于看母亲脸色和指教。女生在家庭看到的往往是父亲谦让母亲,久而久之就以为母亲比父亲厉害,于是照母亲的强势态度去对待男朋友,迫使男生处于被动服从地位。

3. 关于孝顺。自认为能够很孝敬父母的大学生仅为45%左右。实际上,这个数据是很不可靠的。在“成家后,是否愿意与妈(婆)同住”这个问题上,城市学生只有约11%的人愿意,农村学生只有约14%的人愿意。然而在配偶反对的情况下,有几人能够坚持呢？看看现实就明白了。反对与父母同住的人数中，男生约占 54%，女生约占 68%。

在另外一次调查中，采用 7 分量表，大学生给自己孝敬打 6 分，家长给学生打 4.75 分，企业打 3.5 分，企业认为及格值为 5.92 分，也就是说，企业认为大学生的孝敬品质是不及格的。

4. 不少大学生将来不想要孩子。一次调查中发现大约 15% 的大学生未来不想要孩子，其中男生占 11.4%，女生占 16.9%，女生比男生多 5.5%，实际女生人数竟然是男生的 1.5 倍。城市学生不要孩子的为 16.9%，农村学生为 11.75%。在一所重点大学的另一次调查结果表明，大约 20% 的大学生不想要孩子。试想一下，假如这 15%～20% 的人与另外想要孩子的人结婚，会有什么结果？最坏的结果是可能导致 30%～40% 的人离婚。不想要孩子的原因是什么？追求个人自由，追求个人享受，懒惰，不要负担等。他们不知道家庭生活幸福之一就在于有孩子。

5. 关于离婚问题的考虑。令人吃惊的是许多大学生在未谈恋爱时已经有了离婚的打算，认为"夫妻和不来就应该离婚"的人数超过一半，被调查男生占 52.7%，女生占 64.4%，几乎比男生多 12%。城市学生与农村学生都占到 58% 左右。假如这些有离婚动机的人与那些不愿意离婚的人结婚，那么每个家庭可能都会破裂了，这个问题的后果十分严重。青年人在谈恋爱时，首先要尽量搞清楚对方是否有离婚动机。

选择离婚的主要理由如下。第一，自我中心已经成为最重要的价值观念，追求自由和自我独立高于对家庭的追求，认为不和睦就离婚是理所应当的。第二，把追求个人享乐作为最重要的价值，不和睦而离婚是为了双方都快乐，而根本不考虑离婚对老人和孩子的伤害。第三，把个人自由当作最主要的价值，离婚是为了自己的自由和幸福。

选择不离婚的理由如下。第一，具有共同生活的价值，夫妻之间应该相互宽容和忍让。第二，具有家庭责任感，为了家庭，为了孩子，应该负责任。第三，为解决家庭问题要尽最大努力，不到万不得已不离婚。

6. 关于未婚同居问题。坚决不接受未婚同居的人数大约占 27%，男生约占 17%，女生大约占 38%。如果把各种程度人数累计在一起，不同程度反对未婚同居的大约占 45%，其中男生约有 34%，女生约有 53%。这从另一个角度反映，男生缺乏家庭责任感后出现的一个连带问题。大约 29% 的人数认同未婚同居，不置可否的约占 26%。这种现状主要是由什么因素导致的？大学生认为，这主要是家庭教育存在的问题，当代家庭几乎对子女没有任何生活观念的教育，未婚同居的这些学生家长绝大多数根本不了解，他们低估了当前大学生的这方面状况，甚至不好意思问自己的孩子。如何解决这个问题呢？学校教育必须配合家庭，大学的辅导员应该写信把这些情况告诉学生家长，同时严格规定大学生必须在学校内就宿。

实际上这些都属于消极方法。把这个问题联系当前本科教育整体水准,大多数教师把主要精力用于"科研",几乎对本科教育没有什么精力投入,大学生该干的不去干,该会的不会,不该会的都会了,甚至有学生向笔者说:"大学是培养寄生虫的地方。"这个问题应该引起教育界全体人员的重视,必须重整教育良心,必须从整体教育思想上重新思考教育的目的,克服教育无能化。笔者通过 9 年实践认为,真正有效的方法有两个。第一,开设"工业社会学"课程,全面进行人格、价值、道德方面的教育。第二,寒暑假全部大学生都去进行企业实习,主要目的不是专业知识和技能训练,而是社会人生观念的学习体验。

7. 是否接受婚外情。被调查对象中,城市学生大约有 27% 的接受,农村学生有 26.7% 的接受。假如这些人与那些不接受婚外情的人结婚,仅此一项就可能导致 50% 以上的人婚姻破裂,因此谈恋爱时要尽量搞清楚对方对婚外情的态度。接受婚外情可能存在以下几种情况。第一,贪吃禁果,这种态度是对家庭不负责任的表现。这种人往往是双重人格,既要享受家庭的温暖,又要个人的性解放。第二,个性太强,任性急躁,不能忍让,一切都要求别人迁就自己,个人自由最重要,缺乏家庭生活方式的训练。第三,家庭不和睦,引起的原因可能是脾气不好,征服对方,不干家务,孩子教育不好,婆媳关系紧张等。第四,失业或收入严重不等的后果就是家庭不和睦甚至破裂,会严重影响到整个家庭和孩子。从上面的数据看来,思想中接受婚外情的大学生缺失责任感,追求放纵和自由,这些人将来组建家庭往往要出事。

8. 如何看待求新求变? 这个问题是当前比较困惑的问题之一。大约 33% 的人崇尚求新求变,27.3% 的人不置可否,大约 40% 的人对求新求变持负面态度,非常反对的人数大约为 12%。其实,求新求变是因为缺乏稳定的核心价值观念,试图通过变化获取精神刺激。如果具有明确的人生方向和目标,从外表看,他们似乎在求新求变,实质上,他们是不断发现问题解决问题,不断改善,不断走向既定目的,不断追求完美。他们的目标根本没有变,他们的目的不是求新求变。这个问题与"我是否喜欢各种刺激"密切相关。极力追求各种刺激的人数占 9.7%,对刺激持正面态度的人总共占到 34.8%,非常反对的占 7.9%,对各种刺激持负面态度的人大约占到 32%,不置可否的人约占 33%。寻求刺激反映了缺乏核心价值观念。

9. 大学生的家庭责任感是否强? 大部分学生对自己估计过高。认为自己责任感不强的只有 1.5%,不置可否的占 5.4%,其他大约 93% 的人都认为自己责任感强,其中认为自己责任感很强的大约占 48%。实际情况如何? 在另一次调查统计中,大学生对自己的责任感打分为 6.25 分,学生家长打 4.75 分,企业对学生责任感打 2.83 分,而企业认为责任感的及格分数为 6.25 分。缺乏责任感,是大学生就业率不高的主要原因之一。

10. 大学生是否能够自觉反省自己,承认并改正错误? 这是衡量道德的最重要的问题。人人都会犯错误,但是一个人是否具有道德,主要看他是否能够自己反省自己,是否能够改正错误。大学生认为自己能够自觉承认并改正错误的人数大约占到73%,只有大约6%的人认为自己不能做到,大约21%的人不置可否。实际如何? 在另一次调查中,学生对自己的自省打6.33分,家长对学生打3.83分,企业对学生打分2.92分,而企业的期望值为6.43分。另一项相关问题中企业打分更低。对大学生是否谦虚这个问题上,大学生自我打6.25分,家长打3.25分,企业打1.25分,这是企业对大学生评价最低的一项,而企业期望值为5.83分。

怎么办? 主要采取如下三个方法。第一,要求大学生阅读《弟子规》。第二,现实生活中存在许多干扰家庭和睦的因素。笔者经过多年调查分析,总结了40条戒律,受到许多学生家长欢迎,已经在学生家长中广泛流传,还收到一些家长的赞誉。第三,带领学生讨论家庭出现的各种问、原因、解决办法,结果学生们总结出499条戒律。笔者这才发现自己过低估计了当前社会家庭问题的严重性,因此从2001年起要求每个学生要写家史,2006年起要求写家训。下一节就是3名学生写的家训。

讨论

1. 当父母出现错误时,你应该如何对待?
2. 假如父母不和睦,你应该如何进行调节?
3. 假如家里比较娇惯你,你应该如何纠正?

第十五节　三份家训

家训一:某女生家训

一、美好家庭的标准

家庭完整。保持婚姻关系,白头偕老。家庭生活稳定。家庭凝聚力强。每一个家庭成员都很重视家庭,会为家庭中的其他成员付出自己。每个成员都乐意并且很好地承担家庭责任。家人尤其是孩子身心健康。父母能安享天伦之乐。子女孝顺。邻里、同事关系和睦。培养孩子健全完善的价值观、人生观、世界观。家人至少有一个共同的积极爱好,一起享受、交流,深入了解彼此。家人有不少时间能够全部聚在一起,真正享受家庭的温馨。喜欢体育运动,有规律地锻炼身体。在社会上受到尊敬和承认。经济收入稳定,能提供生活安全感。

二、自我中心是破坏家庭的主要因素之一

自我中心表现如下。猜疑别人。强迫别人。缺乏宽容。缺乏善意。反对狂。以自我为价值标准判断一切。喜欢别人做事都需先考虑自己的感受。自己干一件对的事情就觉得自己什么都好，了不起。别人犯一个小错误，就断定他（她）什么都不对。只想要别人花时间为自己服务，自己却不愿意为别人做一点牺牲。不愿与别人分享一些好处或成果。单打独斗，不愿做配角，不能尽心与人合作，缺乏协作精神。不能正确认识自己。缺乏责任感，不关心家庭状况和国家事务。只关注自己的想法，认为别人也都这么想才是对的。不关心外界，沉迷自我。对自己认识不清，容易陷入自卑和自大，却不自省。对别人认识不清，武断地片面地看待别人。缺乏对别人的理解和宽容，总抱怨别人的不好，认为他们都该宽容理解自己。

三、小农意识

小农意识不是指农村来的人的意识，而是指下述表现。只注重家庭的小利益。缺乏社会责任感。做事都注重个人利益。上学只是要改变自己的命运，只为了自己将来赚更多的钱和过上更舒适的生活，不是为了回报社会和回报家乡，将来也绝不会为家乡建设做贡献。封闭思维，缺乏跟别人交流的欲望，怕别人嘲笑自己，自卑。总是猜疑别人，却不肯说出来，闷在心里。目光短浅，只顾眼前利益，缺乏长远眼光，缺乏计划性。缺乏主动性，不考虑别人的期待，被动。金钱驱动，放弃准则，甚至出卖自己，出卖自己的国家。单打独斗，以自我生存为主。

四、妻子的责任

白头到老。积极承担家庭责任。爱自己的丈夫和家人。保持心理健康，和家人愉快相处。忠诚，忠贞，不搞暧昧，不出轨。努力维护自己的家庭完整，为增强家庭凝聚力而不断努力。尽量减少流动分离的时间，保证有足够的时间照顾家人。不能因为工作而忽略了家庭，创造温馨的家庭氛围。只有当家庭成功后，才去追求事业的更高境界。甘愿为了家庭的其他成员付出自己。勤俭持家，合理理财。积极认真做家务，保持家庭的干净整洁。生活要有条理，作息时间有规律。要学得一手好厨艺，常常给家人做饭。要铭记家庭中重要的节日包括家人的生日并及时送上祝福。除过年外，至少一年组织一次庆祝以创造温馨的家庭氛围。爱自己的孩子，教育孩子要善良有爱心，与孩子建立适合他性格的亲密关系。孝顺双方的父母，平等对待双方的父母。花时间陪双方的父母。定期给双方父母做体检，关心他们的身体健康。处理好邻里、同事关系。尊重、宽容、理解、体贴丈夫。丈夫失意不顺时，要安慰丈夫，陪伴丈夫。丈夫受挫或遇到重大变故时，对他不离不弃。不炫耀，不攀比，不嫉妒，不挥霍浪费。尊重丈夫的亲朋好友。准时、不迟到，答应别人的事一定要尽力做到。常常反省自己。

五、丈夫的责任

积极承担家庭责任。爱自己的妻子和家人。努力维护自己的家庭完整。保持婚姻关系，白头偕老。忠贞，不出轨。看重家庭。不流动分离。作息时间合理，能分配足够的时间和家人在一起。妻子组织家庭聚会或其他庆祝的时候，丈夫一定要腾出足够的时间参与。甘愿为家庭中的其他人付出自己。孝顺双方的父母，平等对待双方父母,找时间探望双方父母。积极和妻子分享家务。有上进心,对工作事业有所追求。努力提高自己的能力,积极向上支撑自己的家庭,给予妻子和孩子安全感。爱自己的孩子,教会孩子如何做人,培养孩子正确的人生观、价值观和世界观。对孩子要求严格但不能苛刻。不强加孩子,对他正确引导。尊重孩子自己的观点。乐意和妻子交流,并且善于倾听。体贴妻子,要适当宠爱自己的妻子。偶尔给妻子买点小礼物,让她开心,促进和妻子的感情。尽量满足妻子的合理要求,不因为工作上的事情而冷落妻子。如果因工作而不能满足妻子的合理要求时一定要找机会好好弥补。宽容、理解、支持妻子。对妻子不离不弃。与邻里相处和睦,乐意帮助亲朋好友。尊重妻子的亲朋好友。大方大度。不挥霍。准时,不迟到,答应别人的事一定要尽力做到。善于反省自己。

六、孩子的责任

尊敬并孝顺自己的父母,关心父母的身体健康。对父母要有礼貌。认真做好自己的事情,不让父母为自己操心。不夜不归宿。在学校遵守纪律,在家里要尊敬长辈,遵守规矩。乐意和父母交流,不能不耐烦。乐意听取父母的建议,改进自己。记住父母的生日,为父母送上生日的祝福。礼貌地对待父母的朋友。尊重父母的选择,支持父母。父母之间有矛盾要进行协调,帮助化解矛盾。促进父母的感情交流,必要时给父亲出一些宠爱母亲的点子。母亲组织家庭聚会或其他庆祝时要意识到这也是自己的职责,要积极参与,并且提供一些有创意的想法。积极做家务。要学会做饭,并且常常给父母做饭。有理想,有上进心,有自信心。尊重父母的劳动成果,不铺张浪费。不攀比,不炫耀。结婚后要多花时间看望陪伴父母。多和父母联系。为父母庆祝他们的结婚纪念日。

七、怎样保全自己的家庭

以结婚为前提恋爱。感情专一。善良有爱心。与自己有相同的价值观、人生观、世界观。孝顺且爱自己的父母。宠爱体贴我。善于倾听。宽容大度。成熟稳重。喜欢帮助别人。看重家庭。有自信,有上进心。愿意花时间陪我。愿意做家务。会做饭或者愿意学一手厨艺。有责任心,敢于认错。

培养家庭统一的价值观。增强家庭责任感。履行好自己的职责。常常反省自己,敢于认错。努力提高自己能力,支撑家庭。注重家庭凝聚力的积累。设立家庭纪念日,庆祝自己的家庭。与家人一起活动,如旅行、体育锻炼等。多交流,多沟通。减少流动分离,增强家庭的温馨感。减少家庭冲突,及时解决家庭矛盾。

当出现出轨现象时,不冲动,保持理智,以保全家庭为重。不制造家庭紧张感。仍然做到对丈夫的最基本尊重。和丈夫交流沟通,给予丈夫改正的机会。寻找丈夫出轨的原因,看是否自己存在过错。改正自己的过错,排除家庭环境中存在的不良因素。保护孩子心理健康,不受此现象的影响。

丈夫下岗、残疾时,尊重、支持、理解、帮助、开导、宽容丈夫的一些心理或行为。

对丈夫不弃不离。努力维护家庭，支撑家庭。创造一个温馨的氛围。保存并帮助塑造丈夫在孩子心中的高大形象。

八、和睦家庭生活对男女双方能力的要求

1.对妻子能力的要求。贤惠，性格温和，不发脾气，这是创造温馨家庭氛围的核心。家庭生活有计划，善于和解家庭问题，善于理财，勤俭持家。有一手好厨艺，勤做家务。善于安排时间，生活有规律。有一定的健康安全知识，有一定的卫生保健常识并懂得一些处理方法。了解丈夫的心理，能够体贴和分担丈夫承受的压力。懂得如何关爱自己的丈夫。至少有一个和丈夫相同的爱好。懂得并能抽出时间陪孩子玩。懂得如何教育孩子善良有爱心。懂得对孩子的启蒙教育，主要是在语言、绘画、音乐方面的教育。能胜任自己的工作，做到经济上的独立。有以善意处理好婆媳关系的能力。有处理好邻里、同事关系的能力。能反省自身不足。

2.对丈夫能力的要求。丈夫是家庭的顶梁柱，有承担家庭的责任感，不发脾气。能胜任工作，为家庭提供经济来源。给自己家庭安全感。善于安排时间，生活有规律。能承担家务，会做饭。掌握一定的水电等维修知识。有一定的健康安全知识，有一定的病症常识并懂得一些处理方法。懂得理解和关爱自己的妻子。至少有一个和妻子相同的爱好。善于倾听交流。懂得孩子心理并能抽出时间陪孩子玩。教育孩子身心健康。能够和睦生活，能够解决各种家庭问题。懂得对孩子的教育，主要是在自然知识和体育运动上。有协调母亲和妻子矛盾的能力。有处理好与岳父、岳母的关系的能力。有与同事邻居友好相处的能力。能反省自己，虚心改正。

家训二：某男生家训

一、什么是家庭

家庭，是夫妻合二为一，是我们每个人生存的最重要的环境，是我们的感情归宿，是我们的人生寄托，是人类生命的延续。谈恋爱目的是为了建立家庭共同生活一辈子。

二、家庭生活中的爱

父母之爱。父母对我们的爱主要表现在他们的奉献、责任感、担忧和教养。父母对子女的担忧表现在父亲的严厉要求，母亲的担心和关心照料，对我们的谆谆教诲，对我们为人处世的提醒，对我们人生道路选择的告诫，因我们犯错而认为是他们未尽到责任和义务而遗憾痛苦，为我们不负期望而欣慰。这种爱影响了我们的人生价值和在社会上与人相处的方式。

夫妻之爱。夫妻之爱是为了共同生活一辈子，应该是相互奉献和忍耐，是相互忠诚。这种爱意味愿意为对方付出一切，包容对方的一切，相互依赖，同甘共苦，相互理解，相互开导，意味着此生非君莫属，至死不渝。这种爱，不是激情，不是嫉妒，不是占便宜，不是占有，不是利用，不是征服，不应该猜疑，不应该欺骗，而是奉献自己的人生和感情。这种爱不能带有功利意味，利用对方的感情实现自己的目的，必定受到惩罚。婚姻双方的出发点必须是同甘共苦，相互尊重，相互宽容，相互帮助，白头偕老，不离不弃。家庭生活的基本要求是平安，而不是通过婚姻获得对方财富、权势或其他利益。

子女之爱。父母对子女的爱体现在：放弃自我，教育子女，对子女的关心，对子女犯错的惩戒，对子女人生问题的劝导，因子女犯错而反思自己是否尽到责任和义务，为子女的成功幸福而感到欣慰，为子女未按自己意愿行事而反思自身是否正确，为子女不负自己所望而畅怀。子女是家庭夫妻的纽带，其他感情没法取代。

三、家庭的亲情

甘苦之情。年轻时谈恋爱充满了理想和希望，共同艰苦奋斗，一起创业，共创建家庭，长期生活中都会经历十分艰难困苦的时期，齐心一致共渡难关，彼此深刻理解，感受到各种忍耐、坚强、乐观等宝贵品质和性格，积淀了深深的感情。

依恋之情。每天共同生活中经常商量日常事情，共同分担，共同解决问题，共同分享乐趣，是说话的伴儿，是做事的帮手，是言行的提醒者，是壮胆的依靠，你中有我，我中有你，我离不开你，你离不开我，合二为一，在平静的日常生活中互不分离，分离就会产生孤独感和失落感。

责任感。父母、夫妻、子女对家庭都承担各自的责任。责任感是家庭感情的体现，缺乏一种责任感，家庭感情就会感到不完整。

感恩之情。大多数父母为孩子付出的远多于孩子的回报。"养孩儿方知父母恩。"孝敬是一种感情，孝敬是回报父母之爱，也是子女的责任和义务。夫妻之间也有感恩之情。孝敬主要表现在以下几点：尊敬并关心长辈，谏言父母而不叛逆，不让父母为子女蒙受羞辱，照顾长辈，生养子女。

四、大爱

对长辈、夫妻、子女的爱有共同之处，那就是善良、奉献、忍耐。这种爱还应该包含对社会上的人，如对老师、同事、同学、路人、弱者。只有造就一个善良大爱的社会，我们人人才会热爱我们的祖国。

五、恋爱的目的

传统观念中，恋爱的动机就是结婚，共同生活，以白头偕老为目标。2009年我们调查大学生价值观时发现，大学生男生以结婚为目的谈恋爱的只占到18.5%，女生只占19.7%。现实存在以下各种目的，这些都造成生活和婚姻不幸：①恋爱是为了玩一玩，寻求一时的享乐。②寻求刺激，或极端追求激情。有激情，就恋爱。激情消失，再换一个伴侣。③恋爱是为了获取利益。有利益，就有爱。没有利益，就分手。④恋爱是为了弥补一时孤独空虚。⑤恋爱是为了弥补逆境时的软弱。当自己地位变好了，这种恋爱也就结束了。⑥有的人可能会同时与几个人发生关系。

⑦有些人居而不婚,追求个人自由,不愿意承担家庭责任。

六、恋爱必须搞清楚的问题

家庭生活是过日子,需要全面责任感,需要全面生活能力,只干99%的家务,家庭生活就会被剩余1‰的事物阻挡。家庭责任感和生活能力是维持家庭生活的必要条件。家庭责任感就是以家庭为核心价值,个人从属于家庭,关心家人胜过自己。家庭生活能力就是做家务事的能力和处理家庭问题的能力。无恶习。对家庭没有责任感的人,无法维持家庭的感情纽带。缺乏生活能力的人,难以维持家庭生活。谈恋爱必须要搞清楚以下问题:①对方的恋爱目的、价值观念、生活观念。②是否准备白头偕老。2009年调查发现大约58%的大学生有离婚动机。③对待家庭责任感的态度,双方有各自的责任感。④对待家庭问题的处理方式,尤其要谨慎对待婆媳关系。⑤对待家务活的态度和能力,双方要分担家务。⑥对待老人和孩子的态度。⑦对待婚外恋的态度。⑧对待房子等物质条件的态度。⑨家庭情况,是否贪财,是否有债务,是否有恶习,是否家庭和睦,是否有严重遗传病。大多数家庭是独生子女,这些问题可能引起严重后果。⑩期待。通过多次大量调查发现,女性对丈夫有共同期待,首要期待是承担家庭责任有担当,要爱妻子、孩子和父母。男性对妻子也有共同期待,首要期待是贤惠温柔,要尊重丈夫。双方有共同的期待是:都要履行角色,要有耐心(忍耐)。

七、家庭的社会责任

责任感是道德的一个方面。道德是价值作用下的自为约束力。例如,中国传统有忠孝礼义廉耻,西方传统文化中有"七美德"(谦卑、慷慨、贞洁、温纯、适度、热心、善施)。七美德针对的是西方传统文化中的"七宗罪":骄傲、贪婪、好色、愤怒、贪食、妒忌、懒惰。

道德的目的是塑造人性善良和爱心,维护和睦的家庭与社会。在我国传统文化中,道德主要体现在对待家庭方面,道德传播主要靠家庭。

家庭,不仅是夫妻共同生活的环境,也是陪伴老人的环境,也是教育子女的第一所学校。家庭应该充满温馨气氛,应该把善良和爱心作为大家做人的标准,应该彼此忠厚、诚实、了解、帮助、负责。不应该争吵,不应该强势霸道,不应该耍脾气,不应该欺负弱者,不应该欺骗,不应该骂人打人。

家庭教育极为重要。和睦生活,培养身心健康,是家庭生活的第一位目的。道德为立人之本,知识为立世之器。家庭教育的主要目的不是强迫学习知识,而是培养身心健康的人,培养能够和睦生活的家庭人,培养有责任感的社会人。对儿童的家庭教育方法主要是"玩中学"。孩子在玩的时候目的明确,积极主动,这是以后人生最重要的生活态度。孩子玩"过家家",有角色分工,有责任感,商量解决问题,这些是对以后人生的模拟。孩子玩得越广泛,兴趣越广,能力越强。孩子玩得越安静时间越长,智力发展越强,性格越好,摆脱了浮躁。孩子的朋友越多,越能够宽容,越能团结,也摆脱自我中心。因此,玩是全面培养孩子人格、人文、能力的最重要的方法。父母对子女的教育,是从孩子出生起,直到父母离世止,通过耳濡目染,使子女从内心深处建立其行为准则和道德标准,以及如何与他人和睦相处,而学校教育偏重于知识的掌握。

如上所述,家庭最重要的社会责任,就是对老人负责,夫妻彼此负责,教导子女后代。

八、当今社会病态和心理病态对家庭的负面作用

拜金主义是危害婚姻的催化剂。把金钱放到第一位,就是拜金主义,缺乏核心价值观,以金钱取代道德,以物质衡量感情。家庭中一方或双方对于物质财富抱有攀比心理,表现为择偶时嫌贫爱富,成家后斗富炫富、争夺财产、婚外恋、出卖肉体换取金钱。

享乐主义是危害婚姻的祸首。享乐主义把物欲、性欲放到第一位。享乐主义是贪婪的根源,贪图享受,追求感官刺激和心理宣泄,表现为吸毒,赌博,贪污腐败,买春,好逸恶劳,工作后经济来源仍严重依赖父母,消费超前,从不考虑量入为出,有钱就挥霍一空,性解放,收取不义之财,用性欲换金钱或用金钱换性欲,财富征婚。

痞子流氓文化是指逃避道德约束,无羞耻之心,与人相处蛮不讲理,欺善怕恶,表现为暴力解决矛盾或纠纷,不择手段,拉帮结派,施展阴谋坑害他人,欺压弱者,媚诌强者,散播谣言,搬弄是非。

自由竞争,强势霸道,缺乏善良和爱心,夺取全部利益,争强好斗,征服对方,仇视别人,不顾及他人。自由竞争立足于人性恶,唯利是图,把他人的善意当恶意,习惯对他人进行人身攻击。自由竞争有史以来就存在,其最高形式是斗争、破坏、战争。它是人性的负面表现,对人类历史起破坏作用。

九、美好家庭的标准

人人善良有爱心,性情温和,家庭完整。丈夫需要妻子的尊重,妻子需要丈夫的爱。保持婚姻关系,白头偕老。妻子期待丈夫有责任感,有担当,丈夫期待妻子贤惠温柔。这是家庭生活稳定的基本条件。平静就是幸福,平安就是幸福,和睦就是幸福。家家都会遇到各种艰难,渡过难关的重要的品质是忍耐和共同担当,不指责埋怨。家家都会出现不同意见,不争吵,不人身攻击,从善意出发,用温和态度解决问题。这就是家庭凝聚力。每一个家庭成员都很重视家庭,会为家庭中的其他成员付出自己。每个成员都乐意而且很好地承担家庭责任。家人尤其是孩子身心健康。父母能安享天伦之乐。子女孝顺。邻里、同事关系和睦。培养孩子健全完善的价值观、人生观、世界观。家人至少有一个共同的积极爱好,一起享受、交流,深入了解彼此。家人有不少时间能够全部聚在一起,真正享受家庭的温馨。喜欢体育运动,有规律地锻炼身体。在社会上受到尊敬和承认。经济收入稳定,能提供

生活安全感。

十、丈夫的家庭职责

丈夫是家庭的顶梁柱,有责任感,能担当,爱自己妻子和孩子。有稳定工作,支撑家里的物质开销。忠诚,忠贞,不搞暧昧,不出轨。保护家庭及家庭成员的安全。关心家庭,不可因任何理由置家庭于不顾。孝顺长辈,平等对待双方父母,找时间探望双方父母。父母患病,亲身照顾,尽力解决父母的忧虑。父母教训,不可争辩,必须思考是否自己真的错了。对父母负有谏言的责任,不可眼看父母犯错。对孩子有教育的重任,要作为孩子的榜样,教育孩子育人第一,严格而不苛刻,引导而不强加。尊重孩子自己的观点。多给孩子关爱,而不是等到孩子出了事后大加打骂。当家庭面对重大问题和困难时,要勇于承担。对待家人的爱要认真,并不断付出自己的爱。知道妻子的辛苦,信任自己的妻子。妻子组织家庭聚会或其他庆祝的时候,一定要腾出足够的时间参与。积极和妻子分担家务。不可见异思迁。乐意和妻子交流,并且善于倾听。不谩骂妻子,不可放纵妻子,不对妻子行使暴力。尽量满足妻子的合理要求,不因为工作上的事情而冷落妻子。尊重妻子的亲朋好友。抵制诱惑,不怕威胁和恐吓。妻子出轨,找出原因,并与妻子一起找出解决方法,保存家庭的完整。外出工作受气委屈,在家里可以诉说,但不可拿家庭发出气。家庭发生变故,对家人不离不弃,维持家庭,复兴家庭。不挥霍浪费摆阔气。准时,守信。

十一、妻子的家庭职责

妻子的首要职责是贤惠、温柔、尊重丈夫。强势、挑刺、霸道只能逼迫丈夫走出家庭。照顾好家庭内各项事务,不让家里人烦恼。为每个家庭成员排忧解难。不可以找任何理由置家庭于不顾。不能因为工作而忽略了家庭。创造温馨的家庭氛围。视男方父母为自己的父母,敬爱长辈,孝顺父母。父母患病,亲身照顾,尽力解决父母的忧虑。定期给双方父母做体检,关心他们的身体健康。父母教训,不可反驳,思考是否自己真的错了。对父母负有谏言的责任,不可眼看父母犯错。要学得一手好厨艺,常常给家人做饭。爱孩子,不可对孩子不理不顾。对孩子感情的发展有着决定性,正确引导孩子感情发展,教育孩子要善良,有爱心。关心孩子,但不可溺爱孩子。当家庭面对重大问题和困难时,要挺身而出。爱戴家人,不断付出自己的爱。尊重自己的丈夫,支持鼓励自己的丈夫,帮助他成功。信任丈夫,不可无故怀疑丈夫。遵纪守法,不可以放纵丈夫。不强势,不谩骂丈夫,不对丈夫使用暴力。丈夫失意不顺时,要安慰丈夫,陪伴丈夫。丈夫受挫或遇到重大变故时,对他不离不弃。不受金钱和各种诱惑,热爱自己的家庭,不可见异思迁,不可出轨。不可以嫌弃自己的家庭,不能嫌弃丈夫,不可势利,不可以说丈夫无能。丈夫出轨,应找出根本问题,为了家庭、父母和孩子,应该考虑保存家庭完整。不炫耀,不攀比,不嫉妒,不挥霍浪费。尊重丈夫的亲朋好友,铭记家庭中重要的节日包括家人的生日并及时送上祝福。除过年外，至少每年组织一次庆祝活动以创造温馨的家庭氛围。

十二、孩子的家庭职责

孩子的主要职责是学习。家庭教育的基本目的是把孩子培养成为身心健康的人，热爱家庭的人，孝敬长辈的人，有生活能力的人。家庭教育不应该以知识为主。孝敬长辈，敬爱父母。不让长辈们担心。体会父母的艰辛，不抱怨父母。主动多与父母交谈，不可埋怨父母从不关心自己。不叛逆，不可对父母出言不逊。父母教训，自己需反省，而不是把责任都推给别人。谨记长辈的教诲，分清善恶对错。从小感恩，回报家庭和父母。尊敬孝顺自己的父母，关心父母的身体健康。不可嫌弃家庭，不可嫌弃自己的父母。记住父母的生日，为父母送上生日的祝福。对父母负有谏言的责任，不可眼看父母犯错。关心家庭，主动维系整个家庭的完整和联系。父母吵架，不可偏袒任意一方，应劝父母找出问题，对父母之间的矛盾要进行协调，帮助化解矛盾，不能赞同父母离婚。努力完成父母所要求的事情。戒除自我中心，接受父母的教育和引导。积极做家务。不夜不归宿。结婚后要多花时间看望或陪伴父母，多跟父母联系。为父母庆祝他们的结婚纪念日。

十三、怎样保全自己的家庭

1.择偶的注意事项。以结婚为前提恋爱。感情专一。善良有爱心。与自己有相同的价值观、人生观、世界观。孝顺且爱自己的父母。关爱体贴对方。看重家庭。善于倾听。宽容大度。成熟稳重。喜欢帮助别人。自信上进。愿意抽时间陪对方。愿意做家务。会做饭或者愿意学一手厨艺。有责任心。敢于认错。

2.孩子正面品质。培养家庭统一的价值观。增强各个家庭成员的家庭责任感。履行好自己的职责。常常反省自己，敢于认错。努力提高自己的生活能力，支撑家庭。注重跟家庭成员的联系沟通。设立家庭纪念日，庆祝自己的家庭建立。家人一起活动，如旅行、逛公园等，进行家庭凝聚力的积累。多读有关家庭和睦的书籍、文章，每个成员自觉维护家庭和睦。减少流动分离，增强家庭的温馨感。减少家庭冲突，抵制家庭暴力，善于解决家庭矛盾。

十四、应对意外

1.配偶出轨时，不冲动，保持理智，以保全家庭为重。不制造家庭紧张感。坚持做到对配偶的最基本尊重。以宽容的心态和配偶交流沟通，给予配偶改正的机会。寻找配偶出轨的原因，首先看是否自己存在过失。改正自己的过错，排除家庭环境中存在的不良因素。保护孩子心理健康，不受此现象的影响。

2.配偶下岗时，尊重配偶，鼓励配偶再就业。支持配偶，照顾配偶日常起居。理解配偶，坚定抵御外界流言，坚定捍卫配偶在外的尊严。帮助配偶，留意招聘信息，对配偶再就业提出建议。开导配偶，扶助配偶走出人生低谷。宽容配偶的一些心理或行为。对配偶不弃不离。努力维护家庭，支撑家庭。保存配偶在家庭的威信。

3.配偶残疾时,对配偶不弃不离。尊重配偶,尽量不逆其意。帮助配偶,照顾配偶日常起居。开导配偶,引导配偶走出心理阴影。理解配偶,坚定抵御外界流言蜚语。宽容配偶的一些行为或心理。为配偶创造一个温馨的氛围。保存并帮助塑造配偶在孩子心中的正面形象。

家训三:某男生家训

家庭,永远是人类温暖的归属,家庭永远不可能消失,因为爱永远不会消失。我是单亲家庭的孩子。母亲和父亲都是很好的人,但是我的家庭是失败的。如果不合就离婚,这种观点是错误的。应该从自身找问题,很多情况下是自己没有处理好,或抛弃责任,另找新欢。家庭总会出现问题,应该解决问题,不能拆散家庭。家庭是一个人的安全感和归属感的所在,如果家庭都无法抵御一些问题的来袭,那人们还有什么期盼?

文氏子孙,西伯之后。秉承先辈,自强不息。谨记教诲,奋发图强。

个人篇

之于个人。黎明即起,洒扫庭除,内外整洁。穿戴衣物,朴实简约。
一年之计,起始于春。一天之计,起始于晨。万事之行,始于基本。
一粥一饭,来之不易,不可浪费。岁月如梭,自当勤勉,惜时如金。
晨起锻炼,强健体魄,磨炼意志。读书学习,认真专注,不急不躁。
长者为大,爱戴师长,恭敬谦逊。怜爱幼小,帮助弱者,乐于助人。
男子加冠,方可饮酒。饮酒勿多,戒除酗酒。肩负责任,教育后辈。
女子成年,心灵为美。择偶成家,品行先行。勿重钱财,不受迷惑。
他人恩泽,铭记于心,当需回报。他人恨仇,先需自省,勿记勿怨。
自我中心,万恶之根。随心所欲,毁人之本。玩弄个性,空虚其身。
人生在世,目及万物,万物皆灵。不看万物,只顾本身,禁锢其心。
人人不同,勿以自身,判定他人。与人交流,善于了解,实乃收获。
为人处世,将心比心。换位思考,顾及他人。勿作强势,甘当配角。
施以诡计,祸及他人,自身不保。虚伪存世,孤立无助,无人以敬。
装腔作势,狐假虎威,为人不屑。哗众取宠,阿谀奉承,是笑柄也。
勿与人争,勿欲征服。摆正位置,跳出自身。寻找中心,实现价值。
人非圣贤,孰能无过。常自慎独,严格要求。有过必改,无过加勉。
世间万物,出于劳动。生活所获,出于己手。勤劳勇敢,戒除懒惰。
意外之财,身外之物,嗟来之食,不可受之。无公无禄,戒除贪得。
赌乃祸根,赌博失品。家庭破裂,人心堕落,多出于赌。戒除赌博。

烟花之地，君子不近。淫乱之祸，危及社会。修身养性，戒除淫乱。
鬼神之说，灵异之事，星座命理，实乃迷信。不信命运，破除迷信。
人生之路，逆水行舟，不进则退。一身正气，奸邪之路，亦不可取。

家庭篇

之于家庭。生命生活，父母所赐，当知感恩。父母操劳，忧其身心。
为家之主，家之脊梁。不孝父母，不成人子。父母患病，亲身服侍。
为家中心，养家糊口，保护家庭。视妻父母，如同亲人，恭敬对待。
爱妻之切，信任有加。知其辛劳，知其付出。感其之真，不可出轨。
顶住压力，抵制诱惑。不畏威胁，不惧困难。坚忍不拔，支撑家庭。
忍耐痛苦，忍受伤害。诸多困难，可以诉说。不可暴躁，出气于家。
心中地位，父母第一，妻儿随后，自己最后。为了家庭，付出所有。
为人之妻，亦尽孝道。勤俭持家，沉稳对事。简朴庄重，妆不可艳。
家庭重心，照顾家庭，处理家务。勿使家乱，安定人心，勿扰家人。
视夫父母，如同亲人，恭敬对待。不可势利，操控家庭，家难以成。
不嫌己家，不嫌丈夫，不可埋怨。支持丈夫，鼓励丈夫，助其成功。
尊重丈夫，信任有加。多加怀疑，动摇家庭。知其艰辛，不可出轨。
一方出轨，寻其原因，当知己错。顾虑家庭，鼓励家人，维持家庭。
心中地位，父母第一，子夫随后，自己最后。热爱家庭，付出真心。
敬爱老人，心怀父母。知其难也，排忧解难。勿使其烦，勿扰其心。
父母教训，不可反驳，反思己过。有责进言，不可知错，而不言也。
父母有错，勿以恶语，不可强加，当知劝告。谏言和悦，勿以抱怨。
家中之事，放于心上。家事无小，共商决策。独断专权，事事不顺。
家若遇灾，或者变故，门庭破落，众人一心，不离不弃，共度患难。
对待爱情，责任之重。夫妻一心，举案齐眉，相敬如宾，伉俪情深。
为人之父，为人之母，抚养用心，关爱子女。溺爱毁人，教子有方。
人生之初，究其需要，认知为首。耐心教导，循循善诱，助其发展。
道德教育，父母之责。感情引导，必不可少。亲身授教，感之以行。
父亲为主，母亲为辅。父重德育，母重感情，为其榜样，助其发展。
不顾孩子，任其发展，终出问题。强加打骂，其祸更甚，难以改变。
子孙无德，责归教育。长久以此，世代无德，毁损宗本，家不存焉。
家庭教育，地位之重。教子成人，感以忠孝，警以廉耻，明辨是非。
人之所在，家之所在。为家尽心，不求回报。家庭和睦，可谓幸福。
子女于家，联系家庭，勿使家忧。尊重长辈，爱戴父母，关心家庭。
体会父母，生活不易。不得抱怨，主动交谈。不可叛逆，勿推责任。

父母争吵，不可偏向，当知劝说。让其离异，家不存焉，实属忤逆。
父母期望，尽力完成。心中地位，破除自我。接受教育，尊重自然。
兄弟姐妹，重财轻情，家人疏离。骨肉至亲，相互争斗，家必破裂。
重义轻利，贫而不谄，富而不骄。手足之情，唇齿相依，重以孝悌。
祖先虽远，祭祀供奉，不可不诚。长辈辞世，身心悲恸，丧之以诚。
家庭安定，在于人也。人之根本，出于家也。家为归宿，爱之长存。
兄弟和睦，夫妻恩爱，老有所养，少有所教，未有纷乱，家能长久。

社会篇

之于社会。行走其间，谨言慎行，刚正不阿，平等待人，谦逊温和。
恶行虽小，侥幸为之，良心不安，实为罪也。不加反思，其罪更甚。
善行虽小，无所回报，而勿忘为，出于诚心。事后不念，君子之德。
无国无家，国家为重。关心社会，注重集体，对于自身，放于其后。
爱心对人，为人善良。人心冷漠，关系断绝。于人于事，付诸感情。
不知角色，不分上下，不分轻重，公私不分，破坏制度，不可取也。
学有所成，学有所用，乃真学也。学而无德，危害社会，不如无学。
人生舞台，看清角色。抢占他人，破坏和谐。角色到位，发挥能力。
缺乏自律，有害发展。吃苦耐劳，居安思危，甘于奉献，承担义务。
飘然自得，不可一世，实乃肤浅。唯利是图，斤斤计较，实属浅薄。
急功近利，得不偿失。做事称职，重视制度。立足自身，目及社会。
主动进取，不可盲目，不可狂热。患得患失，思维狭隘，难以成事。
社会安定，家乃得安。社会发展，家亦有得。社会进步，福利家庭。
交友三思，重德重志。诤友良师，损友无益。闻誉需警，闻过可欣。
佞人必远，勿显敌意。君子可亲，不可谄媚。好高骛远，实乃无知。
眼见钱财，无以起意。敬人之才，无可生嫉。躬身求教，取长补短。

职业篇

之于职业。社会设置。从事职业，体现价值。当知己责，回报社会。
选择专业，如选职业。不可任意，不可跟潮。当知己需，社会所需。
职业功能，在其自身。职能所致，当有局限。挑剔职业，无所成也。
追求职业，不以名利。本分辛勤，埋头苦干。尽心焉而，贡献自己。
从事学术，或为人师。引导大众，教书育人。尊重事实，为人师表。
其职之德，不可忘记。其职之能，不可舍弃。勤俭自强，敬业奉献。
劳动者也，社会组成。服务社会，不分先后，不看地位。热爱劳动。
学习知识，当知其用。用其夺势，追求权利，其害无穷，伤及社会。
团结协作。武断行事，背离集体，其事难成。尽力焉儿，持之以恒。

工作劳动，兢兢业业，勤勤恳恳。对事待人，宽厚为本，谦虚诚信。
君子爱财，取之有道，不可投机。用之有度，不可挥霍，当惠相邻。

国家篇

之于国家。国之历史，源远流长。中华文化，博大精深，不可遗忘。
学国文化，学国历史。学国精神，前事不忘，后事之师。传承先祖。
国家一统，乃国之重。反对分裂，民族团结，国乃凝聚。勿忘同胞。
天下兴亡，国运盛衰，匹夫有责。读书励志，国有危难，挺身而出。
为其公民，遵纪守法，安分守己。四海之远，胸怀天下，忧心国是。
庙堂之上，守身如玉，不可枉法，不可贪赃，爱民如子，执法如山。
上司有过，当知提醒。上司腐败，不可同流。遵守其本，不得动摇。
当己力微，须知保全。韬光养晦，直至得力。黑暗现实，尽力改之。
铭记历史，勿忘国耻。为国尽忠，振兴中华。绵薄之力，亦不吝惜。
民族经济，国家支柱，助其腾飞。若因私利，损国经济，国之叛徒。
国之环境，人所依靠。经济之基，不可无视。持续发展，循环利用。
国之土地，不可荒废。国之生态，不得破坏。若毁其本，延祸子孙。

结尾

于家于己，于国于市，为人尽心，为事尽力。子孙之辈，记之于心。

本章小结

文化是社会群体的行动方式。农业社会是自然田园，工业社会是国际战场，由此形成了对人的不同的素质要求。工业社会对人的素质有三方面的要求：

一、人格

1. 善良与爱心：万事善为本，识别善恶，不伤害别人的善良和纯洁。针对问题：凶狠，阴险，歹毒，丑恶，残暴。

2. 尊严：尊重自己也尊重别人，是非分明，好坏分明，区分公正原则与实力原则。针对问题：弱肉强食，无赖与泼妇。

3. 意志坚定，艰苦奋斗。针对问题：软弱无能，脆弱。

4. 心理健康：善良，诚信，是非分明，平和，性格外向。针对问题：控制欲，猜疑，麻木不仁，报复，忌妒，冷酷，好斗，整人，自私，贪婪，懒惰。

二、人文

1. 价值观念：爱心，勤劳，俭朴，开拓，理性，效率，质量。针对问题：懒惰，贪婪，占小便宜，僵化，情绪化，鼠目寸光，急功近利。

2. 社会基本道德：自我责任感，家庭责任感，群体责任感，社会责任感，职业责任感,法律责任感。针对问题:个体小农,自我中心,缺乏社会、职业与法律责任感。

3. 思维和行为方式:社会群体思维方式和行为方式。针对问题:自我中心,单打独斗,拉关系,搞帮派,封闭思维行为方式。

三、能力

1. 行动能力:有明确的目的动机,能够制定计划,能够实施,能够评价。这四方面表明是否能够独立干事情。针对问题:只说空话,不干事。

2. 认知能力:观察,思维(探索发现式),理解,表达,交流,发现解决问题,选择与决断能力。针对问题:缺乏独立思考能力,性格内向。

3. 应对能力:能够灵活对付问题而不失人格信誉。针对问题:死板僵化,天真幼稚,无法对付社会复杂性。

4. 全局能力:能够超越自己,从整体角度、人生角度、社会角度、历史角度、未来角度思考问题,也叫战略能力。针对问题:只顾眼前,偏见。

作业

1. 企业调查:了解企业策略、设计策略、生产策略、人才策略、市场策略。

2. 设计一份问卷,调查企业对大学生有什么期待,希望招聘怎样的人,当前大学生的主要缺陷是什么。

第四章　文化的相互作用

本章目的

在现代社会生存,必须具有国际眼光。主要方法之一是了解其他文化。首先了解价值观念、道德观念、思维和行为方式。其次,从社会学角度大致了解他国历史。本章内容就是基于这个目的。学习这些基础常识,可以找到对我们自己的文化定位,比较容易形成国际眼光。

第一节　中国与法国、德国启蒙运动

一、中西交往

中国与古罗马帝国就曾有交往。叙利亚景教教会在唐朝时期(公元 618—907年)派出了第一批传教士沿着丝绸之路来到中国。13 世纪蒙古人西进欧洲,使欧洲震惊。教皇在法国召集欧洲各国主教商讨对策,1245 年派意大利的修道士柏郎嘉宾(Giovanni da Pian del Carpine,1180—1252)持教皇的信函拜见蒙古大汗。后来德国修道士卢布鲁克(William of Rubruck,约 1220—约 1293)远足到蒙古成吉思汗朝廷。他们回去后写了详细的"关于童话世界中国的社会风气和道德以及精致的艺术",由此欧洲人第一次具体知道了中国。1275 年威尼斯商人马可·波罗(Marco Polo,1254—1324)来到元朝宫廷,在中国一直待到 1292 年。他 1295 年回国后写《东方见闻录》(《马可·波罗游记》),他对中国的介绍至今对欧洲还很有价值,这是欧洲人第一次发现中国的高文明水准、中国人的生活方式、文化风俗、庙宇。当知道中国已经有几千年文明史时,欧洲人震惊了,对世界的起源开始产生疑问。后来通过阿拉伯和波斯商人,欧洲人才知道中国人发明了纸、印刷术、指南针和火药。

1514 年(明正德九年),葡萄牙第一个商人若热·阿尔瓦雷斯(Jorge Álvares,？—1521)来到中国。按照当时法律,他只能在华短期停留,贸易结束后即行离去。同年,葡萄牙海盗商船直接侵占"屯门海澳",并在此修筑工事,设刑场,制火器,刻石立碑以示占领。1515 年葡萄牙国王向中国派遣一名正式的使臣,1517 年到达广东,进京洽谈后退至"屯门岛",安营扎寨,做更多的军事准备。1553 年(明嘉靖三十二年),葡萄牙人攻占了澳门。

西班牙人门多萨(Juan Gonázalez de Mendoza,1545—1618)于 1580 年持国王腓力二世致中国皇帝的信来我国,但是未能横渡太平洋,于 1582 年又返回国。1583 年门多萨去罗马拜见了教皇格列高利十三世(Pope Gregory ⅩⅢ,1502—1585)当时基督教极欲在东方拓展势力,急需有一本关于中国社会的资料汇编。1585 年门多萨在罗马出版了《大中华帝国史》,后来被翻译成法语、意大利语、拉丁语,到 16 世纪末已经有 30 种版本。

1610 年(明万历三十八年)利玛窦(Matteo Ricci,1552—1610)逝世,6 个多月后金尼阁(Nicolas Trigault,1577—1629)抵澳门,在中国传教。1614 年他返回欧洲出版《利玛窦中国札记》。此书很快就被翻译成法语、德语、西班牙语和意大利语。金尼阁两次进行环欧旅行介绍中国文化。1618 年 4 月,他率领 20 余名新招募的传教士来华,次年 7 月抵达澳门,同船来华有邓玉函(Johann Terrenz,1576—1630)、罗雅谷(Giacomo Rho,1593—1638)、汤若望(Johann Adam Schall von Bell,1592—1666)、傅泛际(Francois Furtado,1587—1653)等,日后在中国大力传播西学。

德国奥格斯堡人斯比塞尔(Theophil Gottlieb Spizel,1639—1691)于 1660 年在《中国人的文学情况》(*Dere literaria Sinensium Commentarius*)一书中把中国、埃及、希腊、印度的思想体系联系在一起,并把它们看成"孔子和柏拉图的哲学体系的和谐"。(Merkel,1952)

1711 年布拉格出版了卫方济(Francois Noel,1651—1729)编译的《中国典籍六种》,书中包括《大学》《中庸》《论语》《孟子》《孝经》《小学》。其中《孝经》是我国当时科举必考科目,《小学》是朱熹编录的早期儒家言论集。

此外,意大利耶稣会士卫匡国(Martino Martini,1614—1661)还写了《鞑靼战纪》《中国新地图》《中国上古史》等许多关于中国的著作。在这些文化传播的影响下,欧洲出现了"中国热"。

二、中国文化对欧洲的影响

17、18 世纪欧洲出现了"中国热",首先在宫廷和社会上层出现了崇拜中国文化的风气。英国伊丽莎白公主(Princess ELizabeth,1741—1759)有一套名贵的中国漆器。1700 年路易十四(Louis ⅩⅣ,1638—1715)乘中国轿子参加盛大舞会。德国科隆大主教乘轿子巡行。中国服饰变成宫廷内的时尚。意大利的利玛窦、闵明我(Philippus Maria Grimaldi,1639—1712)等对当时中西文化交流起了重要作用,但是在意大利的影响并不很大。中国瓷器、漆器、工艺品、皮影戏在欧洲对法国影响最大。

　　17世纪初荷兰、英国的东印度公司就开始把我国漆器销往欧洲。荷兰和德国于17世纪开始模仿我国瓷器生产。1660年以后荷兰的戴尔伏特工场生产的瓷器一直在欧洲处于领先地位。1709年德累斯顿附近的梅森开始产生硬质瓷器，很快成为欧洲瓷器生产中心，这也是德国在整个18世纪出现的唯一新技术，至今仍然是欧洲最著名的品牌之一。1667年后中国茶叶成为一些国家的重要进口货物。

　　1757年苏格兰建筑师威廉·钱伯斯(Sir William Chambers,1723—1796)多次来中国旅行，研究中国建筑和中国园林艺术，后来被任命为威尔斯亲王的建筑顾问，为威尔士王妃奥古丝塔(Princess Augusta of Saxe-Gotha,1719—1772)在伦敦西南的丘园建造中国式塔、桥等建筑物。1757年钱伯斯出版的《中国房屋设计》是欧洲第一部关于中国园林的书，他认为中国建筑强调以大自然为标准，用木材建筑了亭子、小桥、塔等，与自然和谐，模仿大自然的不规则美，使建筑符合自然画面。他设计的建筑迄今保留的还有伦敦丘园中的中国式塔，伦敦黑石南宝塔园的中国式塔，为巴克卢公爵(The Duke of Buccleuch,1746—1812)、公爵夫人建造的三层中国式楼阁。1773年他又出版了《论东方园林》，认为仅有很少数的艺术可以产生园林的效果，中国的园林专家不仅懂植物学、还是画家和哲学家。1762年他在伦敦郊区建成一座与洛可可风格相融的中国园林"丘园"，其中有九层塔、假山、瀑布、小桥。为了弥补工业城市的丑陋，又进一步发展成为英国的"城市花园"派。20世纪初城市花园设计思想传遍了欧洲，至今仍然是欧洲城市规划设计的主导思想之一。

　　德国的腓特烈大帝(Frederick the Great,1712—1786)命令在波兹坦的皇家花园"无忧宫"内建中国宫殿，1755年开工，1764年竣工，被命名为"中国茶宫"(Chinesisches Haus)，环绕四周有许多镀金雕塑，表现中国人吃水果、饮茶、演奏乐器的神态，被称为"中国风格与洛可可风格的结合"。这一建筑至今金碧辉煌，仍然被看作是无忧宫中最美的建筑。

图4-1-1　中国茶宫

在欧洲各国出现过许多改编的中国剧本,在其中一个剧本中,英国作家哈切特
(William Hatchett,1701—1760)把孤儿名字叫康熙,一个杜撰人物叫吴三桂。
1752 年该剧曾在奥地利皇家剧院上演,皇后观看了演出。伏尔泰把它改编成五幕
剧:成吉思汗折服于汉族官员的高尚道德,幡然悔悟。该剧 1755 年在巴黎上演时,
票价上涨了三倍。德国大文豪歌德也改编过此剧,但是中途辍稿。1827 年歌德曾
说:"当中国人写了许多书籍时,我们的祖先还生活在树林里。"(Schlaffer,1986)[206]

三、法国与中国

1987 年 11 月 10 日,法国总统希拉克(Jacques René Chirac,1932—)在欢迎中
国国家主席李先念(1909—1992)访问时说,法国的启蒙思想家"在中国看到了一个
理性、和谐的世界,这个世界听命于自然法则且又体现了宇宙之大秩序。他们从这
种对世界的看法中汲取了很多思想,通过启蒙运动的宣传,这些思想导致了法国大
革命"。

法国对中国文化最为开放。法国王宫凡尔赛宫,据说就是用中国砖建造的,皇
家专用,民间不许用中国砖。法国三代国王,从路易十四到路易十六(Louis ⅩⅥ,
1754—1793)都酷爱中国艺术、文物与风俗。他们在宫廷举办过中国式舞会和假面
舞会。

1656 年法国传教士柏应理(Philippe Couplet,1623—1693)等 8 人登船来中
国,途中 5 人去世,历尽 3 年,1659 年到达澳门。柏应理学习利玛窦,穿中国服装,
学习中文,与文人交友,研究中国历史文学。他于 1687 年在巴黎出版《儒家的中国
哲学》(*Confucius Sinarum Philodophus*,又被翻译为《中国贤哲孔子》)。书中介
绍了易经的 64 卦、孔子传,《大学》《中庸》《论语》的译文。此书对欧洲影响较大。

1684 年法王路易十四亲自接见了一位中国青年人(沈福宗,1657—1692)后,
下决心选派六位耶稣会会士出使中国。出发前给白晋(Joachim Bouvet,1656—
1730)授予"皇家数学家"称号,为法国科学院院士。同行者有李明(Louis le
Comte,1655—1728)、张诚(Jean-François Gerbillon,1654—1707)、刘应(Claude de
Visdelou,1656—1737)、洪若翰(Jean de Fontaney,1643—1710)、塔夏尔(Guy
Tachard,1651 —1712)。他们带着科学仪器来中国。塔夏尔被暹罗国王留用。白
晋为康熙皇帝(1654—1722)讲授欧几里得几何。

17、18 世纪中国园林和建筑风靡了欧洲。仿照荷兰人尼霍夫(Johan Nieuhof,
1618—1672)游记中描述的南京报恩寺素描,法国国王路易十四于 1670 年到 1671
年修建了特里亚农宫,此后在法国出现了效法中国建筑的热潮。中国建筑风格在
欧洲一直延续了一百多年,到 18 世纪下半叶成为高潮。1703 年法国商船从我国
运回一船漆器,此后法国变成欧洲生产漆器的主要国家,并把漆器技术传到其他国
家。1749 年法国传教士画家王致诚(Jean-Denis Attiret,1702—1768)的书信描述

了圆明园,并以专业眼光高度评价了这些建筑。该文公开发表后立即被翻译成英文和德文。

当时法国的戏剧文学中的热门也是中国题材。18 世纪法国出现了我国的元杂剧《赵氏孤儿》译本,该剧体现了忠君思想和舍己为人的品德,很快被翻译成英文和意大利文,并被改编后搬上舞台。

1732 年,伏尔泰在影响很大的《百科全书·历史》中说:"使中国人超过了大地上所有民族的因素,无论是他们的法律、风俗习惯,还是文人在他们之中所讲的语言,在四千年从来未有过变化。""这个民族几乎发明了所有的艺术。"

1738 年伏尔泰出版了他的代表作《哲学辞典》,这部书以反宗教为中心内容。他特别推崇中国文化,因为当时中国没有基督教文化。他在《哲学辞典》的"中国教理问答"中写了两位中国人之间的 6 次对话,即孔子弟子縠㑴与鲁公子虢的问答录,将近 1 万字,借以表达他对宗教的态度。"第一次问答"中有一段如下:

虢:人们对我说要尊敬上天(上帝),这是什么意思?

縠㑴:我们要尊敬的并不是我们所看见的天,那种天只不过是空气而已,这种空气由地球上的各种气体组成,尊敬空气是非常荒唐的一件事。

虢:我明白您的意思,只能敬创造天地的神。

縠㑴:不错,必需敬神。但是当我们说天地神造的时候,我们是在信心虔诚地说了一句极端空洞的话。因为如若我们以为天就是奇妙的空间,神明在里边点燃了许多太阳,转动了许多地球,那么我们说天和地就比我们说大山和一颗沙粒更可笑得多了。我们的地球比起我们在其中便顿失形迹的亿万宇宙来,就比一颗沙粒更无限地小了。我们顶多只能把我们微弱的呼声合入太空中光辉神明的万物的声音里。

虢:有人告诉我们说佛化身为白象从第四层天降临人间,原来完全是骗我们的吗?

縠㑴:这是和尚们给小孩和老太太们说的故事,我们只应敬崇创造万物的永恒的造物主。

虢:但是一个"实在"又怎么能创造其他许多"实在"呢?

縠㑴:请看这颗星星,它距离我们微小的地球有一万五千万万里远,它所发出的光线在您眼里做成顶端相等的两个对角,它在一切动物眼里都做成同样的角。这不是一个显明的意图吗?这不是一条惊人的规律吗?那么,若不是一位工人,又是谁做的工作呢?若不是一位立法家,又是谁定的规律呢?所以说有一位工人,一位永恒的立法家。

虢:但是这位工人又是谁造的呢?怎么样造的呢?

縠㑴:公子,昨天我在您父王所修建的广大宫殿近旁散步。我听见两只蟋蟀在谈话。一只对另外一只说:"这是一座可怕的大房子。"另外一只便说:"是呀,虽然我很自负,可是我却承认是一个比蟋蟀更有力的东西造成这个奇迹。但是我对于这个一点观念都没有,我看见他存在,可是我却不知道他是什么。"

在"第二次问答"中有两段如下:

> 彀傲:那么您同意有一个全能的人,凭他自己而存在,是整个自然的最高创造主吗?
> 虢:是呀。但他若是凭他自己而存在,那么就什么也不能限制他了,那么他就到处都在,那么他就存在于一切物质里,存在于我自身的各个部分吗?
> 彀傲:为什么不呢?
> 虢:那么我自己就会是神明的一部分了。

> 彀傲:上帝赐予你理性,不是要你用来胡思乱想的。否则你今世不仅会遭遇不幸,而且谁又能保证你来世就会幸福呢?
> 虢:谁跟您说过人还有来世?
> 彀傲:这只是猜想着吧。您作人行事自应有来世才好。
> 虢:但是如果我知道确实是不存在来世呢?
> 彀傲:您这话不可靠。

在第四次对话最后,虢说:"我愿意为我自己行善,我也愿意取悦于神而行善;我想只要我的灵魂在现世正直,我便可以希望它在来世幸福。我看这个意见对于人民和王子都好,但是信奉上帝却使我很为难。"

在第五次对话中有下面这一段:

> 彀傲:您的想法真是王者的想法,但是有王的一方面,也有人的一方面,有国事也有私事。不久您就要成婚了,您打算要多少女人呢?
> 虢:我想有十二个就足够了,再多就要影响我的办公时间了。我实在不喜欢那些拥有三百嫔妃七百宫娥和几千宦官使用的国王。我觉得特别是这种使用宦官的怪癖简直把人给糟蹋透了。我顶多只能原谅人骟鸡,鸡骟了更好吃,但是还没有人把宦官也叉到烤肉叉上烤。把他们阉割了又有什么用呢?达赖喇嘛有五十个宦官在他宫里唱歌。我倒很想知道上帝是否真高兴听这五十匹难为骟马的清亮嗓音?我还觉得有些和尚根本不结婚简直太可笑了,他们却夸耀自己比旁的中国人更贤明。好吧!希望他们生些个贤明的孩子吧。崇拜上帝却不让上帝有崇拜的人,这简直是开玩笑的崇拜方式!做出消灭人类的榜样,这也是为人类服务的一种奇怪的方法!

从上述引文可以看出,当时法国人对中国的了解十分幼稚,很多东西并不是中国文化。

伏尔泰还说:"德国哈勒大学著名的数学教授沃尔夫有一天发表了一篇极出色

的演讲,盛赞中国的哲学,这也因为中国哲学没有宗教,而是人建立的世俗生活观念。他称赞说:古代中国人的胡子、眼睛、鼻子、耳朵甚至他们的思维方式都与我们不同。我要说,沃尔夫称赞中国人只崇拜一个至高无上的神和崇尚美德。他公正地评价了中国的皇帝、阁老、法官、文人,但对僧人的评价却很不一样。"伏尔泰还在《历史哲学》中写了 6 页来赞扬中国历史。

四、莱布尼茨与中国

莱布尼茨 1646 年生于德国莱比锡,父亲是莱比锡大学教授。莱布尼茨 15 岁进入大学,20 岁完成法律博士学业,因年纪小,学校不给他博士学位。1667 年他转到另一所大学才获得博士学位。1672 年到 1676 年在巴黎,他结识了牛顿、玻意耳、惠更斯、斯宾诺莎等著名学者。1675 年他独自创立了微积分。1700 年他促成建立柏林科学院,并任第一任院长。他后来到沃尔芬比特尔的汉诺威大公图书馆任馆员。他被称为 17 世纪西方"无所不知的人"。他与牛顿分别独立地创立了微积分和二进制代数,仅在数学领域内他的著作就有厚厚的 7 卷。他写了大量开创性的著作,是当时西方最高水平的数学家和哲学家。他提出地球最初处于熔岩状态的假设,被称为地质学的创始人。他发明并改进了二进制数。他制成了手摇计算机。他的著作涉及几何、地理、生物、神学、形而上学、统计学。当时的普鲁士腓特烈大帝称他"一个人就是一个科学院"。此外,在莱布尼茨汉诺威的办公室里,还发现了他与当时重要国家和著名人物的 4 万多封来往书信,其中对当代最有价值的是他对"遥远东方"中国文化、哲学和生活了几千年的中国人的关注和兴趣。

他终生关注中国,用拉丁语与那些多年在中国宫廷生活过的法国意大利传教士常年通信,其中包括法国的白晋和意大利的闵明我。

虽然在他之前欧洲已经出版了许多关于中国的书,但是大多数是介绍和评论中国文化,并没有为西方国家的精神生活需要对中国的语言、哲学、宗教进行研究,莱布尼茨是第一次从事了这方面的系统研究。

1689 年莱布尼茨在罗马认识了闵明我,激起了他对中国的的兴趣。例如 1689 年 6 月 19 日他给对方写了一封信,提出了 30 个问题,1693 年 12 月 6 日得到回信。他对中国的每一件事都感兴趣,像哲学、历史、地理、语言、技术、植物、动物等。1701 年莱布尼茨发明了二进制,白晋在通信中介绍了中国的《易经》,并把阳爻"—"比作二进制的"1",把阴爻"--"比作"0"。他曾经下功夫学习中文,一直打算到中国来,并且说服了普鲁士科学院出资,与俄国联系,计划打通德国—俄国—中国通路,使中国文化同欧洲交流。他致力从中国语言和符号去发展一种广泛通用的哲学语言,用这些符号还原中国的思维元素,用这种符号能够"运算",并命名为一种普遍的世界市民。(Wolff,1972)

莱布尼茨发现中国哲学,尤其是"新儒家"的程朱理学的许多思想与柏拉图的哲学相近。

　　1618 年到 1648 年是欧洲历史上宗教战争的时代,天主教徒为一方,新教徒为另一方,后来变成争夺欧洲统治的战争。这场战争被称为"三十年战争时代"。这场战争使德国人口从 1600 年的 1500 万减少到 1650 年的 1000 万。这场战争引起莱布尼茨对人类重大问题的思考,他注意到中国文化对外来文化的包容性,在唐宋时代犹太人就到了中国并与中国文化相融,此外中国文化还容纳了佛教、伊斯兰教以及基督教。他通过围棋看出中国人的道德观,他赞扬围棋之妙在于用兵不血刃,围而迫降,这是最优秀民族高度文明的标志。而同属基督教的欧洲人却为了天主教和新教进行战争。1697 年他把中国新儒家哲学同基督教哲学进行比较,写了一本综合著作《中国近事》(拉丁语 *Novissima sinica*,德语 *Neuigkeiten aus China*),认为中国的儒家实践哲学比欧洲的先进得多。他的结论是,道德沦丧的欧洲人能够从中国伦理学到许多东西。

　　莱布尼茨在《中国近事》一书中写道:"昔日有谁会相信,地球上还有这样一个民族的存在,它比我们这个自以为是在各方面都有教养的民族过着更具有道德的公民生活呢?""如果说我们在手工技能上与他们不分上下,在理论科学方面超过他们的话,那么,在实践哲学方面,即在人类生活及日常风俗的伦理道德和政治学方面,我们不得不汗颜地承认他们远胜于我们。的确,我们很难用语言来形容,中国人是如何完美地致力于谋求社会的和平与建立人与人相处的秩序,以便人们能够尽可能减少给对方造成的不适。""他们在其众多的黎民百姓中所取得的成绩几乎超过了我们一些宗教修会的创立人在很小范围内取得的成绩。他们如此服从上级,尊敬长者,以至于孩子对父母的关系就像具有某种宗教性一样。对孩子来说,任何图谋反对父母的行为,即使是言语都鲜有听闻。任何触犯者都会为他的行为付出代价,就像我们的杀亲之罪一样受到惩罚。此外,在同辈人之间甚或路人之间也都彼此尊重,彼此恪守一定的礼制。在我们这些不习惯受规矩约束的欧洲人看来,这些似乎有些低三下四的样子,然而对中国人来说却是通过经常实践而形成的天性,他们很乐于遵守。""当他们必须向朋友们告别或者久别重逢时,都表现得如此彬彬有礼,以至于他们的行为甚至完全可以和欧洲贵族的社交举止相媲美。至于达官文士、显贵阁老之间又如何呢?他们彼此交谈时,几乎没有人出言不逊,故意伤人,也很少有人把仇恨、愤怒或激动之情表露于外。可是在我们欧洲,人们之间客气而诚恳的交谈很少会长久。随着人们的相互熟识,遵规守礼的言行和谨慎的客气就会被搁置一旁而变得随意起来,随之很快就会引起蔑视、诽谤、愤慨以致敌视。在中国恰恰相反,在邻居甚至家庭成员之间,人们都恪守一定的外在规范习俗,所以他们能一直保持着一种长久的谦恭礼貌。""康熙皇帝一个人比他的所有臣下都恒有远见,因为他试图把欧洲文化与中国文化结合起来。""他的聪明确实匪夷所思,他能理解欧几里得几何学、三角计算,并且可以用数字来表达天文现象。""这位君主甚至亲自为他的皇子们编写了几何学课本"。

五、沃尔夫与中国

莱布尼茨对中国的关注对德国生产了历史性的影响，17、18 世纪中国是德国榜样。对于莱布尼茨来说，儒家是一个扣人心弦的方向，用于改变欧洲的道德沦丧。他考虑"是否中国传教士能够教我们一种自然神学的应用和实践"。"自然神学"是对基督教的叛逆。他的学生、著名的教授沃尔夫继承了莱布尼茨学派关于中国的观点，高度颂扬中国人的道德观，并进行了实质性的研究。他从两名德国传教士写的关于中国的著作中了解中国，翻译了六本"经典的"中国书籍，包括《大学》《中庸》《论语》《孟子》《孝经》《小学》作为儒家的核心内容。沃尔夫还把《论语》与所罗门（圣经旧约中的人物）的箴言进行了比较。1721 年他写下著名的《关于中国实践哲学的演说》一书。他称中国最早的三位君主建立的政体是世界上最佳政制，皇帝是哲学家，以道德治国。数千年来这种体制在幅员广大的国家一直成功地持续下来，而其他一些君主体制已经衰落。沃尔夫对中国的观点还影响了腓特烈大帝。腓特烈大帝主张皇帝应当以身示范，被看作欧洲少有的开明君主，后来被伏尔泰称为"哲学家国王"。1721 年沃尔夫在哈勒市大学的副校长任职满期后，开始把"中国实践哲学"作为固定题目举办讲座。他说：孔子对于中国，就像摩西（带领犹太人出埃及）对于犹太人、穆罕默德对于土耳其、耶稣基督对于基督徒，被看作为老师或先知。中国通过教育使人具备道德理性，完美的理性是道德判断能力的前提。沃尔夫翻译的著作和讲座把儒家引入德国，并对德国哲学产生了重大影响。1985 年德国重新再版了《关于中国实践哲学的演说》。

六、伏尔泰

美国汉学家孟德卫（David E. Mungello，1943—）在《1500—1800：中西方的伟大相遇》一书中说："中国文明和欧洲文明之所以伟大，是因为它们被证实拥有影响世界大部分地区的能力。""1500—1800 年的 3 个世纪，是中国对欧洲和整个世界产生较强影响的时期，而后两个世纪（1800—2000）恰好相反，是欧洲和北美的西方文明在向中国施加影响。"

在启蒙运动之前，孔子在欧洲已经很出名了，莱布尼茨、伏尔泰、狄德罗、孟德斯鸠等人用孔子的思想去推动他们的观念。由于他们的努力，中国文化开始对欧洲社会产生重大影响。

法国启蒙运动最重要的思想家伏尔泰非常推崇中国文化，他在《风俗论》中说："欧洲的王族同商人在东方所有的发现，只晓得求财富，而哲学家则在那里发现了一个新的道德的与物质的世界。""让我们首先注意这样一个民族，他们在我们还没有使用文字时，便已有了一部用固定的语言撰写的连贯的历史。""如果说有些历史具有确实可靠性,那就是中国人的历史。正如我们在另一个地方曾经说过的:中国人把天上的历史同地上的历史结合起来了。在所有民族中,只有他们始终以日食月食、行星会合来标志年代;我们的天文学家核对了他们的计算,惊奇地发现这些计算差不多都准确无误。其他民族虚构寓意神话,而中国人则手中拿着毛笔和测天仪撰写他们的历史,其朴实无华,在亚洲其他地方尚无先例。"中国古代的古籍"所以值得重视,被公认为优于所有记述其他民族起源的书,就是因为这些书中没有任何神话、寓言,甚至丝毫没有别的国家缔造者所采取的政治诈术。""中国人最深刻了解、最精心培育、最致力完善的东西是道德和法律。儿女孝敬父亲是国家的基础……一省一县的文官被称为父母官,而帝王则是一国的君父。这种思想在人们心中根深蒂固,把这个幅员广大的国家组成一个大家庭。""在这个地球上曾有过的最幸福的并且人们最值得尊敬的时代,那就是人们遵从孔子法规的时代。""在道德上欧洲人应当成为中国人的徒弟。"伏尔泰在《哲学辞典》里说:"我全神贯注地读孔子的这些著作,我从中吸取了精华,除了最纯洁的道德之外我从未在其中发现任何东西,并且没有些许的假充内行式的蒙骗的味道。"伏尔泰曾作诗称颂孔子。他还赞扬万里长城,"唯有和平思想才能想象出这一防御工事",是"为人类的思想带来最大荣耀的工程"。(安田朴,2000)伏尔泰还曾将《赵氏孤儿》改写为悲剧《中国孤儿》。

百科全书派最重要的思想家狄德罗曾这样评价中国:"中国民族,其历史的悠久、文化、艺术、智慧、政治、哲学的趣味,无不在所有民族之上。"

法国的弗朗索瓦·魁奈(François Quesnay,1694—1774)是重农学派的代表人物,他在 1767 年出版的《中国专制制度》中主张"以农为本"的思想正是来源于儒家的重农思想。据说美国的本杰明·富兰克林到了法国,他后来的许多经济思想都是受到魁奈的影响形成的。

思考题

为什么伏尔泰、莱布尼茨和沃尔夫对儒家感兴趣,为什么对中国文化感兴趣?西方许多启蒙运动思想家为什么对中国传统文化感兴趣?

第二节　与一个德国人的长谈

任何一个人出国后都会感到失去了熟悉的文化环境,失去了感觉,心里不踏实,缺乏安定感。首先急需了解外国人、外国文化。1989 年 12 月在德国同事的介绍下,笔者到慕尼黑拜访他的一位朋友。他的这位朋友曾经是教师,50 岁,后来在社区从事教育和社会工作。同他长谈了两个晚上,从 19 点到凌晨 2 点。第一天晚上笔者问他问题,想了解德国、西方人的意识形态。第二晚他问笔者问题,他想了解中国文化。下面是他对笔者发问的回答。这反映了他个人的观点。是否可看做是"德国人"的普遍观点？是不是西方人的普遍观点？笔者没有调查过。但是，通过这次交谈，笔者了解了一个德国人对一些问题的看法，知道他在考虑什么，怎么考虑。他考虑的问题也是当时那里人们关心的问题。

问：你，你们德国人，作为一个普通的人，到底需要什么？

答：人需要两点，一是稳定，二是有动力。1500 多年来，我们同你们一样，有行政管理机构，但是仅仅靠这些是不够的，人还需要有精神动力，在我们这里就是资本，叫资本主义。从工业革命以后又产生了个人主义，因此需要纪律和权力去制约个人主义。总统或总理不是权威，他同普通人一样，但是他背后的银行和经济势力是他的实力。这个社会仅仅靠资本也不行，它会把一切都扼杀了，所以两方面东西都必须有：行政管理机构和资本。你是否看过科隆大教堂？那么高，修建了三百多年。中国传统的房子并不高，带有特殊的形式和结构，与自然环境很协调，那么美，那远比这里的情况好得多，这儿人与自然环境不协调，这就是因为资本和金钱的作用。欧洲、美国应当慢慢走，不能太快。如果越走越快，世界就会被破坏得更厉害，破坏了许多国家的经济发展，水源、土地也被破坏了。

问：你怎么看待民主？

答：民主是在议会里，而不是在经济中。民主虽好，但是在银行、交易、资本、金钱、经济中没有民主。民主只是告诉人们：你们可以去安心睡觉，我们去开会讨论解决问题，你们不必为这些事情操心。

问：资本对你们意味着什么？

答：资本？它有很多很多意义，几乎意味着一切。西方现在没有任何哲学可以解释资本，它是禁区！它的作用强到这种程度，以至于人对于资本从不讲实话，不讲他有多少钱。如果他说了有多少钱，那一定是骗人。甚至脱光了衣服丢人，也不会说实话。现在以为资本主义得胜了。但是，我思考了很久很久，如果在印度、非洲的人们都要生存下去的话，靠资本主义是没有希望的，没有未来的。

一本书中说，在德意志帝国（虽然帝国没有了，但是这些人仍然存在）中，500个家庭占有了 75% 的资本。大银行都是私人的，不受控制，它与其他国家做交易，我们老百姓不了解。这些应当受到控制。我们发现这个社会制度不好，但是它却使我们生活得好。如果我们希望改变这个社会制度，是不是同时也意味着生活会不好？这是人们思考的问题，对这个问题目前还没有答案。

问：生活得好，为什么还不满意？

答："好"与"公正""公平"不同。生活好意味着钱多、有私人房子和汽车、衣服很多，但是这并不公正。公正在这里意味着每个人都应当生活得好。只有在公正的情况下，每个人的正当想法、能力、体力才能得到充分发挥。这时，他可以实现他对生活的想法,他可以不需要很多钱财,也不一定需要小轿车,更不需要性商店。这不是生活。这都是冷酷的东西,不是人性需要的东西。如果你在工作事业中有什么新发现,你会很高兴。我有时快乐,有时会哭,你也一样。这是正常的人的本质。商人却不同,他会卖很多东西,赚很多钱,可是他高兴不起来。正常人需要感情,而不是交易。我在医院里接触很多人,部长、企业主、平民、小人物,他们都需要感情,需要与别人交流,而不是买卖交易。这才是人的正常需要,而不是无限的物质富裕。

问:正常生存需要什么?

答:要想生存下去,人民需要两方面东西。一方面他们需要稳定,像管理机构、健康和退休保险制度、救济慈善组织。另一方面,这里还需要市场经济,它是这个社会的动力,但是里面充满了竞争,实质上是斗争,人与人的斗争,这是我们社会的动力。现在的宪法讲得很好,但实际不是这样。我想,人可以以另外的东西作为精神动力,而不是竞争。最初东欧国家是有动力的,但是后来没有了,不是因为没有饭吃,而是因为没有丰富的商品。

问:你梦想的社会或经济应当是什么样的?

答:我梦想的话,小公司,例如一百人,可以是私人的。对,中小企业可以是私人的,它可以生产动力。但是生产手段,像重工业、计算机、大公司,必须被人民所控制,这必须是社会主义性质,银行必须被人民控制。大公司,例如一千人的公司,应当是公共所有的。大工业、生物化学、卫星、核电站必须被人民控制。

问:在你们这里,自由是什么含义?

答:自由意味着我的想法是从我内心生产的,不必按照别人的想法去想。例如我不想要汽车,那么我就不买汽车。在我们这个社会里,有些人认为的自由意味着他可以从别人手里拿走东西,例如自由竞争。我所理解的自由是不需要从别人那里拿什么东西。其实你也有自由,比如说,你有自由可以从中国来这里,自由来往。个人主义认为,我可以自由决定自己去做什么,不需要问别人去做什么、怎么做。只有自由是不行的。社会是个大群体,给你自由,同时也意味着自己必须承担社会责任。还有些人认为,自由就意味着孤独。

谁得到真正的自由的话,是很厉害的,实际上得不到,因为经济是这个社会很坚硬的核心。你说你有旅行的自由,但是你没有钱就做不到。你说你有选择职业的自由,但是决定录用的不是你。工厂解雇人员时,并不认为你有自由在那里继续工作。

如果一个人比别人看得远、看得更清楚,而别人不理解,为了获得自由他就必须战胜其他人,他会感到自己的力量。但是如果别人跟不上他,就无法实现他的想法,他的自由也就受到限制。若一个人想要自由,他的想法也应当使邻居得到自由。我的工作实质上就是使别人理解并进入自由,自己会选择做什么、怎么做。如果别人不会,我就没有得到自由,因为我总是联想到别人是否自由。100 个人中,如果 99 个人认为自己是自由的,只有 1 个人不自由,这 99 个人实际上也不自由。但是,我们这个社会里人人都被说成是自由的,这是一种欺骗。

一个人要上学到 25 岁至 30 岁,必须进行训练、练习,并掌握这些,还要通过考试。人人都知道自己不可能孤立存在,必须依赖很多东西,并认为学得越多越好,他就比其他人更高兴。在德国 40% 的人的知识水准比其他 60% 的人的高,他们是社会的中高层,是事实上的领导阶层。这 40% 的人领导那 60% 的人,告诉他们干什么、怎么干,这 60% 的人就失去了自由。

在我们工业社会里,强调的不是理解,而是理性。在这里唯一权威的东西是理性,而不是理解。这样联系起来看,我给个人主义的定义是:理性,能够自由决定。但是我看到的周围世界不是这样。从书本上、电视机中看到有理性的语言。但实际上不是这样,因此我不相信它。它的前提是:每个人都有理性,有自己的头脑,能够自己思考,自由决定,不必向任何人谈,不必向任何人商量请教。这是个人主义的出发点和前提,但是实际上不是这样。人们有家庭,还被社会联系在一起,不是孤立的,因此这个前提、先决条件是不存在的,是错误的。

如果别人问我干什么、怎么想、多少钱等,我就不愿意讲,因为人在这个社会里受控制。西方同样设法控制人的思想。瞧,就是通过这个该死的电视。人们想通过电视来休息,但是电视节目的编制目的是使人们的思想趋于一致。每周电视节目里有若干专题讨论,其中许多是与推行政治有关。控制是这个社会的核心。西方国家应当对个人主义有保留态度,控制个人主义。

第三节　文化互动

一、美国文化的形成

1. 什么是美国文化? 许多美国人说,没有一致的美国文化。习惯上所称的美国文化,是指美国中产阶层白人,也就是欧洲移民在美国形成的价值观、社会道德和行为方式。

1706 年英格兰移民在北美洲的弗吉尼亚建立第一个永久定居点,开始了大规模的移民和扩张。在 17、18 世纪和 19 世纪早期,美国的移民主要来自英国。英国白种央格鲁清教徒移民建立了占统治地位的文化形式,他们的价值变成了美国的价值,他们的道德标准变成了美国的道德标准,他们的行为方式也变成了美国人的行为标准。美国新教福音派作家蒂姆·拉海(Tim LaHaye,1926—2016)曾经说:"美国建立在圣经的原则之上,这些原则都在旧约里面。""十诫的后面六诫提到人该如何对待他人,这六诫和旧约的戒律是我国宪法的基础。"还有人说:"建国先贤是信奉牛顿学说的人。他们相信神赐的科学定律绝对不变——道德法则也不变。杰斐逊在独立宣言中说到'自然法与上帝的本质',他用的语言是基督徒与自然神教者都同意的……对于建国先贤来说,法律是神赐的、绝对的、不变的,通过圣经、自然与是非之心显示出来的。"(亨特,2000)[125-126] 后来欧洲其他民族人群来美洲的移民增多,他们信仰天主教或犹太教。央格鲁美国人变得警觉:他们的生活方式(文化)有可能被其他外来文化群体取代。央格鲁人采取了各种办法来维护他们地位的至高无上,并以他们的生活方式作为美国方式。19 世纪 40 年代爱尔兰人的美好天性和实干品德,德国人的智慧,英国人尊重法律和秩序,斯堪的纳维亚人的勤劳、节俭、自制,都添加到美国国家生活中了。非央格鲁的欧洲移民越来越多,无法被排除,于是央格鲁人把排外立场转向美国黑人和华人。这些英国来的白种央格鲁清教移民对异教的偏见十分根深蒂固。在他们看来,异教徒要么成为归化者,要么是被征服者。他们把美洲土著印第安人看成冥顽不化,只配被驱逐或灭绝。这就是美国从文化价值观、道德和行为方式上最早的种族主义来源。

　　2. "排华"是美国对外关系史上最黑暗的一页。1848 年美国加州发现金矿,急缺乏大量劳力,从此开始从中国引进劳工。在这以后的 34 年中被招募拐骗到美国的华工有 30 万人。这些黄种人虽然个子不高,但是很能干活,老板希望多雇佣华人,由此导致白人敌视。1852 年,在加州参与淘金热的中国移民就遭到白人的掠夺洗劫和暴力谋杀,一次就杀死 80 多人,他们还声称"枪杀异教徒是他们的宗教职责"。把华人称为"奴隶"和"乞丐"。华人甚至在街上被人用石头打死。1863 年美国开始建中太平洋铁路,铁路公司发现华工勤劳吃苦又廉价,雇用了四五万名华工。每修建一公里,就有一个中国人丧生,死亡华人不下万人。后来建设南太平洋铁路时华工占 75%～80%。修建北太平洋铁路时也有 1.2 万华工。1869 年在美国南方已用华工苦力代替已被解放的黑人。当时歧视华人的观念甚至体现在政府首脑中。美国第 26 届总统西奥多·罗斯福说华人是一个"不道德的、堕落的和无价值的种族"。1882 年美国国会众议院通过了排华法案,绝对禁止华工入境。这个排华法案是美国第一个按国籍排外的法案,也是美国历史上唯一的排外法案。(邝治中,1982)[12] 1905 年美国共和党和民主党的竞选纲领中都提出"排斥华人"的内容条文。在官方指使下,大批华人遭到迫害和被驱逐出境(李长久 等,1984)[63]。1941 年日本袭击珍珠港,美国对日宣战。由于中国成为同盟国中的一员,美国于1943 年才纠正了这一法案。(沙勒,1985)[21] 然而歧视华人的事件至今时有发生。2009 年 2 月华裔加州议员方文忠(Paul Fong,1952—)发起的"向华人道歉的提案"在加州议会获得通过后,方文忠计划把这项提案再提交到美国国会,寻求美国联邦政府就"排华法案"正式道歉。"排华法案"是美国历史上唯一一个针对某一族裔的排斥法案,禁止当时在美国的华人享有公民权。事实上,排华法案得以通过,也是透过加州(加利福尼亚州)政府在国会运作促成的,因为当时漂洋过海来到美国的华人移民主要集中在加州。当年的加州法律甚至更严格规定华人不得拥有房屋,限制华人结婚权利,华人无权上法庭作证等歧视条款。

3. 美国文化的核心价值观。在美国建国时期,主要思想家都属于理性主义者和人本主义者,他们拒绝基督教关于人性恶的观念,认为人是善与恶的混合体或没有天生的道德观,人的行为是遗传与实际社会环境中经验的综合结果,通过智慧和环境因素的控制,可以使自然人得到很大改善。例如著名文学家、诗人爱默生认为,所有的人从天性上都是好的,人的善恶是由环境因素造成的。爱默生倡导艰苦奋斗自力更生精神对美国人曾经有很大影响。20世纪初美国著名的教育家杜威认为人的天性基础完全是道德真空的,通过控制环境,儿童可以被造就成任何一种人。

4. 最初欧洲移民到美国时,除了德国人带家庭外,其他国家移民大多数是孤身一人去美洲立足创业。这种单身行为方式传统对美国人的家庭观念和社会价值观有一定影响。美国的价值体系是,每个人都是一个独立的个体单位,每个人都必须作为某种更高目标的工具和手段,个人必须依靠自己,对自己的行为负责,并不总需要为自己家族或朋友的需要和感情负责。有人把这种个人主义归结为:"对大多数美国人来说,生命的意义就是要成为一个完全属于自己的人,恨不得自己生出自己来。这一过程的大部分……都具有否定的性质,个体总要摆脱家庭、社群以及传统思想的联系。""这就像个人主义神话所说的那样,只要你能完全抗拒加入群体,你就能成为一个真正值得别人敬慕与爱戴的人。"(斯图尔特 等,2000)[189]而在日本,不少人认为社会化和群体比个人更重要。而美国人在思考时,不把群体作为自我的中心。美国人的个人主义行为方式往往失去外国人的信任,甚至在西欧国家也往往失去信任。他们在国外合资办企业的目的不是为了企业发展,而是为了他们个人的利益。这种个人主义也体现在美国的外交政策上,认为全世界都是美国利益。

5. 获得个人成功是美国人典型的个人动机,他们对群体或事业不认同,也不喜欢被他人的动机左右。有人曾说:"上帝赞成自由、财产、所有制、竞争、勤勉、工作与获得。上帝所说的话、旧约、新约都是这么教导我们的。""人们有权拥有财产、勤奋工作、取得成就、赚钱、赢取"。(亨特,2000)[126]如今这种观念被转变为追求独立自主和自我实现。这一心理冲动被看成是美国20世纪70年代经济发展的决定性因素。美国土地辽阔、资源丰富、机会很多,为他们提供了财富、地位、名望的回报。社交方面的成功往往是个人成功的一个必要组成部分,以受人喜欢程度来衡量个人成就。对美国人来说,个人成就往往比家庭更重要。每个人都必须是理性的、有技能的,通过富有成效的奋斗表明自己基本上是值得认同的(尤其是在他的职业上),要富有成效,因此"实干"与"忙忙碌碌"是占主导的价值观。这仍然保持了清教主义勤奋劳动的道德标准。个人是决策的主体,对决策及后果负责任,而且决策的权利与承担后果的责任成正比。美国人习惯把失败看成个人缺乏意志、缺乏能力、不够努力的结果。美国人的人际关系的主导思想是从社会的互动中获得情感利益,同时保持个人独立性,避免担负责任。他们会接受邀请、参加宴会、获得礼品,并对此表示"非常感谢",但是并没有酬谢的责任。"共同去餐馆,各付各的账"便是解决承担社会责任的一种办法。而德国人接受晚餐邀请后,一般会回请以表示酬谢。美国人喜欢把自己看成与他人平起平坐的中产阶级成员,不把企业公司当成自己事业和生活的依靠。为了追求更多的薪水或更高的位置,他们不断跳槽,这也是企业老板最头痛的问题之一。这不一定是大多数美国人的唯一价值观,然而这是由中产白人确定的主要衡量标准。美国的主导价值是有效率、有成就的活动,竞争与成就。

6. 美国人对自然的主导思想认为,自然应当受人控制并为人服务。他们以物质标准来衡量各国社会,舒适的生活对他们是头等大事,并认为私有财产神圣不可侵犯。美国人把一面之交的人也称为朋友。但是,相互依存的深刻长久的关系却很少。美国人的人际交往的基本方式是随意性,他们往往不愿意与人交往过深。从精神上说,美国人大多很孤独,他们处在感情饥渴状态,急于寻求密切的交流关系。美国社会学家斯图尔特认为:"美国人的思想里有一种偏见,尤其在描述非西方社会的时候表现得很明显:理解与自己相同的东西,贬低与自己不同或有差异的东西。美国人一般没有意识到,每个社会都包含着各种各样的文化差异;两个社会之间的差异只有通过比较其相同的文化成分的模式才能鉴别。"(斯图尔特 等,2000)[15]"美国人不喜欢借用外在的标准衡量艺术的价值,只要个人喜欢,就是价值所在。但这同时也导致了强烈的自我中心。自我中心的观念在美国影响广泛,深入人心,甚至连美国著名的心理学家卡尔·罗杰斯都误把它当作是一个全球性的观念。"(斯图尔特 等,2000)[84]他们否定他们所不理解的东西,否定那些离开了他们、但认为不很特别的东西。许多美国人无意识的一个主导的偏见是"I am the best"(我是最好的),认为他们的制度、教育、企业、飞机都是最好的,他们的一切都是最好的。其他国家的文化、经济制度、教育……都不如美国好。就连说话声音也有偏见,斯图尔特说:"在美国人听来,汉语平缓的语调显得无礼、傲慢或愤怒。同样,美国人认为英国人讲话充满了优越感,德国人粗鲁,拉丁人过于激动。"(斯图尔特 等,2000)[65]美国人的这种评价本身就反映了以自我为中心的肤浅。

7. 怎样使美国安定?美国有许多少数民族,如果各少数民族的价值体系都力图成为美国的主导文化,那美国就可能变成100多个国家。为了维持美国央格鲁人的文化,把英语作为唯一的官方语言,把央格鲁人的价值观、道德和行为方式作为美国的文化核心。公共学校的主要任务之一就是社会化,按照他们的概念把移民塑造成好的美国公民,使其美国化。一些宗教派别和少数民族建立了自己的学校,传播自己的价值观和道德。美国种族主义体现在提倡和反映了美国历史和社会研究的白人观点。要使美国安定,就不能使各少数民族的文化稳定,就必须提倡一种价值观和行为方式,使各少数民族的文化不能保持稳定,这就是个人竞争和成就感,而不是他母体文化的成就感和他们的群体意识。大量形式是以"竞赛""获奖""授奖仪式""典礼"表现,用以促进赞同白人价值,对这些人授予证书并提供人生下一步的通行证,而给其他人灌输自卑感,而且社会把这些人看成是"麻烦人"和"不值得信任的人"。有组织的体育比赛也是根据这种价值,因此在这些学校活动被看成是人生的预演,在体育活动中的失败被看成是在大社会中的失败,这种概念根深蒂固。通过这些方法把学校变成了控制美国人头脑的机构,并强调效率和个人主义,提倡个人成功,不断跳槽,不断获取高收入,为此你必须不断变化和运动,于是人人都为个人奔忙,汽车就变成了美国文化的象征。当每个人都为美国的核心价值奔忙时,各种少数民族文化就不能稳定形成群体意识,这样美国就可能稳定了。在美国也存在大量不认同成就感的人,不论是由于缺乏能力,还是心理反感,或文化差异,已经变成不被美国文化认同或疏远(异化)的青年人。在成年人中也存在大量的心理压抑。据报道,美国成年人中50％曾经患过一次精神方面的疾病。心理疾病也是其他工业化国家的常见时代疾病之一。这也是西方为追求竞争和经济富裕而付出的巨大代价之一。

8. 关于竞争。斯图尔特认为:"美国人的竞争是在合作的基础上进行的,这是因为竞争离不开个人之间以及群体之间的相互配合与协调。合作中求竞争的能力是美国人的特长,海外的顾问和经理们把它当作看家本领,他们在外面往往要扮演鼓动者的角色,引导他人配合,协调工作。美国人能够既竞争又合作(以此而著称)的原因之一,就是他们不会将自己全心全意地交付给哪一个群体或组织。他们在与他人合作的同时追求着个人的目标,而那些与他们合作的人同样也在努力实现着属于自己的目标。美国人一般能够接受群体的目标,但如果他们个人的期望得不到实现,那么他们就会毫不犹豫地离开这个部门而加入另外的群体。将成员身份与个人目标相分离的做法可以使个人在需要进行合作性工作时,能够根据群体其他成员的目标来调整自己的目标。对于美国人,这种让步具有实用的价值,他们可借此获取单靠他们自己无法企及的利益。合作是为了行动便利,它不意味着美国人放弃自己的原则,事实上,他们只不过是在遵循美国文化的一个主导价值观——实干。为完成某事而与人合作的重要性远大于同事之间的人际关系。""人们往往因某项工作迫在眉睫而呼吁将有关问题留待日后解决,并以此克服群体内部的个人意见分歧……美国人的这种合作与组织能力在其他文化,甚至在其他的西方文化中也不多见。""公平竞争宗旨不在于遵循游戏规则,而更多地是指人们在使用这些游戏规则时应当兼顾竞争双方的相对力量,从而确保强势一方不能运用规则击败弱者。""对自己应得的利益,美国人会努力争取,但他们同时也关心其他人是否得到公平的待遇。"(斯图尔特 等,2000)[144]

现实却是另一幅景象。扬克洛维奇(Daniel Yankelovich,1924—)认为,"由于任何一种文化在给成功下定义时,都要遵循一方得益引起另一方的相应损失(你输我赢)的竞争原则,所以失败者很难维护尊严,尤其是在我们这样一个以社会流动为基础的社会里,如果人们相信成功可以通过艰苦的劳动、智慧和努力来获得,那么失败者就应该明白,他们自己应该对失败负责,因而从某种根本的意义上来说,自己是毫无价值的人。"(扬克洛维奇,1989)[232]

"竞争支配了美国人的生活,而且给美国人带来了不健康的压力。""多年来,我们的大众文化一直承认竞争存在着令人讨厌的一面。'激烈的竞争'是一种陈旧的说法,因为它所表达的这种现象早就存在。今天的美国人与他自己的过去所不同的是,他感到现在除了激烈的竞争以外,还可能有别的、'真正的人'可以寻求的选择。"

美国人在朋友中也竞争,每个人都把自己看成是他人的竞争对手,竞争是人际关系中的基本形式。在社会竞争中,成员体验的是一种集体情感。美国人常常搞不清楚这两种精神是怎么融合到一起的,他们以美国方式看待,认为要竞争就必然以个人为中心,群体必然遏止个人。他们在日本的公司企业为日本工人制定的美国式的"激发个人积极性"的计划都宣告失败。同样,日本在德国的公司采用日本式的管理方法,也把德国人搞得无所适从。

二、西方历史上的文化冲突

1. 欧洲在公元前的宗教信仰。古希腊人在欧洲编造了最复杂的多神论的神话,从一开始,就是以女神占统治地位,有一个女蛇神、一个女海神、一个女山神、一个女猎神、一个女树神。后来这些神都被希腊人赋予名字。公元前两千年青铜时代中期,尚武的印欧语系人侵入希腊本土,他们发展了希腊语、印欧传统神化元素。他们在公元前 1600 年变成迈锡克族,控制了希腊本土。

那时古希腊和古罗马信仰多神论。

2. 公元后,欧洲逐渐被基督教化。公元 392 年罗马皇帝狄奥多西一世以罗马帝国的名义正式宣布基督教为国教,这样实现了基督教的统一。公元 395 年罗马帝国分为东西两部分,基督教随之也分为希腊语地区的东派教会与拉丁语地区的西派教会。公元 5 世纪起两派教会开始推行经典化,相互争执不下,并且在公元 1054 年发生相互开除教籍的事情,从此正式分裂为天主教和东正教。西面是以罗马教皇为中心的天主教,东面是以君士坦丁堡(伊斯坦布尔)为中心的东正教。东正教后来成为拜占庭帝国的国教,传到一些东部国家并成为国教。天主教在西罗马帝国成为国教。1520 年马丁·路德发表《罗马教皇权》,号召用暴力反抗教皇干涉德国事务,结果受到 90% 德国人的支持。1529 年掀起了对天主教的改革运动,后来形成了新的基督教派,叫新教。新教徒与天主教徒的分裂是西方历史上持续时间最久、影响最大的政治分裂之一。西欧各国之间的宗教战争从 1559 年到 1689 年持续了一个多世纪,彼此的紧张和对立关系至今依然影响西方人的社会生活各方面。

狂欢节是德国的一个传统节日,大约在二月,一般温度在 10 ℃左右。游行队伍五彩缤纷,管乐队行进整齐高奏各种乐曲。彩车上不断撒下糖果。1997 年德国狂欢节那一天,北德地区气温为－13 ℃,游行仍然从下午 2 点准时开始。严寒中队伍并没有减少,也没有混乱,依然井井有条,仍然高奏乐曲,欢乐跳舞。管乐队的许多女孩子是中学生,穿着超短裙,冻得脸色发青,她们按乐曲节奏踏着整齐的步伐,没有任何人发牢骚,也没有任何人从队伍中离开。

我们中国留学生对德国人说:"你们德国人严谨、纪律性强。"德国人听过笑一笑说:"奇怪,没有的事。"如果没有严格的纪律,他们怎么会那么一致? 那不是纪律是什么? 德国人有时会说:"你们中国人纪律性强。"我们的留学生都大笑了。德国人发愣,他也不理解。

"我是谁?"外籍华人经常对自己提出这个问题。

是否能够按照血统来确定中国人或美国人? 不能,或不完全能。

其实只有到中国后,美国华裔才更清楚地认识到自己是美国人,因为他们的思维和做事的方式完全是美国化的,他们只是长着中国人的脸罢了。一个人在什么地方长大,接受什么教育非常重要。由于美国华裔接受的是美国式的教育,他们的想法自然会受到美国文化的影响,他们的生活方式也是美国化的。一般说,美籍华人或多或少都对中国文化有些兴趣,就像美籍德国人对德国文化感兴趣一样,都希望到祖籍的故土上去了解一下文化。

判断一个人只能以文化为依据,也就是从价值观念、道德、思维和行为方式去判断。如果只认同美国的核心价值观念和思维行为方式,他就是美国人。

---

3. "9·11"不是个孤立的恐怖事件。伊斯兰教徒与基督教徒在历史上长期对立并发生过许多宗教战争。宗教战争对我们中国人来说可能是陌生的。从 7 世纪初到 8 世纪中,伊斯兰教传播到北非、伊比利亚半岛、中东、波斯和北印度并建立了穆斯林的统治。此后伊斯兰教和基督教的分界线稳定了两个世纪左右。1054 年基督教分裂为两派,西面是以罗马教皇为中心的天主教,东面是以君士坦丁堡(伊斯坦布尔)为中心的东正教。历任罗马教皇都企图创新统一两派。1071 年由东方而来的信仰伊斯兰教的(塞尔柱)突厥人攻占了东正教的拜占庭帝国的首都——君士坦丁堡,其皇帝阿历克塞一世(Alexios I komnenos,1056—1118)向信仰基督教的罗马教皇和西欧求救。至 11 世纪末,基督教恢复了对地中海西部地区的控制,征服了西西里,占领了托莱多。1095 年 11 月罗马教皇乌尔班二世(Pope Urban Ⅱ,1042—1099)在法国向基督教的欧洲发布动员,他说突厥人侵占了他们的圣地——耶路撒冷,那是上帝赐予以色列后代的土地。他们要投入一场圣战,为神而重新获得圣地进行十字军远征。1096 年 2 月,法国的隐士彼得(Peter of Hermit,约 1050—1180)召集了 2 万农奴和贫民组成十字军,到莱茵河时聚集了 8 万人向东进发。他们沿途烧杀抢劫,1096 年秋抵达君士坦丁堡,绝大多数战死,残存者仅3000 人溃败而归。1097 年以法国贵族为主的骑士十字军 3 万人分四路进攻君士

坦丁堡,1099 年攻占耶路撒冷,并发生了大规模的屠杀抢劫。在著名的阿克萨清真寺,1 万多名无辜的男女老幼被杀,掠夺了大量金银财宝。1147 年德皇康拉德三世(Konrad Ⅲ,1093—1152)和法王路易七世(Louis Ⅶ,1120—1180)再次率兵东征,被突厥人击败。此后又进行了六次东征。其中于 1212 年动员了 6 万不超过 12 岁的儿童组织成"儿童十字军"东征。这些儿童在海上遇到风暴葬入海底,或被船主卖为奴隶到埃及。十字军共进行了 8 次东征,历时一个半世纪。基督教徒试图在圣地和近东的毗邻地区建立起基督教的统治,但后来却节节败退,并于 1291 年失去了他们在那里的最后落脚点阿卡城。与此同时,奥斯曼土耳其人出现在历史舞台上。他们首先削弱了拜占庭,然后征服了巴尔干和北非的大部分地区,并于 1453 年占领了君士坦丁堡,1529 年包围了维也纳。历史上这场战争对这两个宗教的人民影响一直延续至今。公元 15 世纪历史潮流开始转向。葡萄牙人和其他欧洲人依靠航海技术先后绕过了穆斯林的中心地带,深入到印度洋和更远的地区。与此同时,俄罗斯人结束了鞑靼人持续了两个世纪的统治。接着,奥斯曼人于 1683 年再次包围了维也纳,但这次在那里他们失败了。巴尔干东正教徒对奥斯曼统治进行战争,哈布斯堡帝国的扩张,俄罗斯人向黑海和高加索急剧推进。第一次世界大战结束之时,英国、法国和意大利在奥斯曼帝国残存的土地上建立起了直接和间接的殖民统治。到 20 世纪 20 年代只有四个伊斯兰国家保持着某种形式的独立,它们是土耳其、沙特阿拉伯、伊朗和阿富汗。从 1757 年到 1919 年,大约有 92 个穆斯林地区由外族殖民统治。到 1995 年这些地区中已经有 69 个恢复了穆斯林统治。这种历史说明了彼此关系之间冲突的历史根源。

"9·11"事件

　　美国东部时间 2001 年 9 月 11 日上午 8 点 48 分,一架载有 48 名乘客和 6 名机组人员的波音 757 民用客机撞向纽约世界贸易中心大厦。18 分钟后,另一架载有 81 名乘客和 11 名机组人员的波音 767 民用客机撞击了世贸中心的另一个姊妹楼,从北侧冲进去,穿过大楼,撞进另一幢大楼。这两座 110 层的大楼彻底坍塌。死亡人数大约 3000 人。

　　半小时后,华盛顿的美国国防部五角大楼也被飞机撞击发生大火。上午 10 点 10 分华盛顿国会山遭一架小型飞机袭击发生爆炸,国务院附近遭汽车炸弹袭击。10 点 46 分,匹兹堡附近一架波音 747 客机坠毁。此后,白宫的全部工作人员撤离,美国联邦航空局关闭所有机场,命令所有飞机停止飞行。

　　"9·11"事件后美联储宣布,美国历史上持续时间最长的经济发展繁荣时期结束,这指 1991 年 3 月到 2001 年 3 月。

　　2002 年 1 月 5 日,美国一名 15 岁的中学生查尔斯·毕晓普(Charles Bishop,约 1987—2002)驾驶一架小型飞机撞入佛罗里达州坦帕市的银行大楼。他口袋里留下一张纸条,表示他支持本·拉丹(Osama bin Laden,1957—2011)。

　　2001 年"9·11"事件后,美国发动了全球的反恐怖主义军事行动,认定在阿富

汗的本·拉丹和塔利班组织是这次恐怖行动的策划者。于是美国出兵阿富汗，然后准备对伊拉克等国采取军事行动。总统布什（George Walker Bush，1946—）在讲话中急匆匆宣布"十字军东征"，并把这次军事行动称为"无限正义"行动。这两句话触及了宗教文化的敏感语言。美国-伊斯兰关系委员会批评说，能够实施无限正义的只有上帝。布什总统很快又宣布此次战争不是针对伊斯兰世界，而是针对恐怖主义，改名为"持久自由"行动。下面摘录了一篇文章，它比较集中反映了阿拉伯人的态度。突尼斯历史学家、伊斯兰问题专家穆罕默德·塔勒比在法国 2001 年12 月 24 日《青年非洲》刊登文章。根据《参考消息》2002 年 1 月 21 日第 16 版的报道摘要如下：

> 宗教冲突是文化冲突的一个重要表现形式。宗教冲突不但是国际文化冲突的一种形式，也是国内文化冲突的重要形式之一。在许多国家存在着这种冲突。例如，印度教徒与穆斯林之间的冲突。印度教徒认为巴布里清真寺的地基是印度教大神罗摩的诞生地，是 400 年前穆斯林强行占领该地后建立起来的，因此必须拆掉它，重新建立一座罗摩寺。穆斯林认为，罗摩只是传说中的人物，诞生地无从考察。因此，1992 年 10 月印度教徒与穆斯林发生了激烈冲突，造成大规模流血事件。1994 年，阿拉哈巴德法院判定这 76 英亩地基暂时由政府接管，各方都不能动用。2002 年初，印度教主要组织"世界印度教大会"又要求在这块有争议的地基上建造罗摩寺，并号召全体印度教徒到阿逾陀去。2 月 24 日，大批印度教支援者开始前往阿逾陀。2 月 27 日，从阿逾陀乘火车返回的印度教徒受到袭击，57 人丧生，数十人受伤。愤怒的教徒马上把此事归咎于穆斯林，展开了大规模的报复行动。4 天内教派骚乱席卷了整个古吉拉特邦，造成数百人死亡，许多人受伤或无家可归。

三、与中国有关的几个外国人

1. 利玛窦，意大利传教士、科学家和人文学家。他 16 岁时被父亲送去学法律。19 岁时他违背父亲意志，去当耶稣会士，进入罗马学院攻读哲学和神学。第一年学欧几里得几何和天文学原理，第二年学音乐理论、透视学、测量法，第三年学天文学，此外还学数学推理课程。他所学的地理课程已经吸收了西班牙、葡萄牙探险家的地理新发现，当时的地图与现代已经相差无几。他跟随克拉维于斯（Christopher Clavius，1538—1612）学习《几何纲要》，并掌握了制造天文仪器和钟表的技术。克拉维于斯曾经是开普勒（Johannes Kepler，1571—1630）和伽利略的好朋友，也是修撰格里历书的主要负责人。后来利马窦应召作为传教士，1582 年到中国，在澳门学了一年中文。在肇庆居住 6 年，诵记中国古代经典。1585 年他已经能够直接用汉语流利交谈了。1583 年到 1588 年他与罗明坚（Michele Ruggieri，

1543—1607)编了一本《葡中词典》。他自己绘制了一幅世界地图《万国舆图》,使我国第一次认识了世界的全面貌。他曾说:中国人在各方面,"例如医药、一般物理学、数学与天文学等,真是聪明博学。他们计算出的日食、月食非常清楚和准确,所用的方法却与我们不同;还有在算学上,以及在一切艺术和机械学上,真是令人惊奇。这些人从没有与欧洲人交往过,却全由自己的经验而获得如此的成就,一如我们与全世界交往所有的成就不相上下。"(利玛窦,1986)[52]利玛窦在南京期间,制造了天地仪、地球仪、象限仪和纪限仪。1601 年他进入北京,给皇帝送了圣像、自鸣钟、《万国图志》、西洋琴等 20 多件贡品。1606 年他与徐光启(1562—1633)合作翻译了《几何原本》前 6 卷,如今使用的几何学,点、线、角、平面等术语都是他们二人确立的,中国、日本、朝鲜和韩国都沿用这些术语。利玛窦用中文写了《乾坤体义》等四本书,与徐光启和李之藻(1565—1630)合作翻译了《测量法义》等三部著作。二百年后在曾国藩(1811—1872)支持下,李善兰(1811—1882)与外国传教士合作才将《几何原本》全书 15 卷翻译成中文。当时利玛窦译用的大西洋、地中海、古巴、加拿大等地名一直沿用至今。他向西方指明:契丹就是中国。他认为天主教与儒学不矛盾,有些方面大同小异,有些方面可以相互弥补,但是他反对佛教。

2. 邓玉函是日耳曼籍耶稣会会士,他和汤若望、罗雅谷都是灵采研究院的院士。该院由意大利的切西(Federico Cesi,1585—1630)亲王等人建立,伽利略是该院第 6 名院士。邓玉函是著名科学家,精通医学、哲学、数学,熟悉英语、法语、德语、拉丁语、希腊语、葡萄牙语、希伯来语,兼学动物学、植物学、矿物学。1613 年比利时籍耶稣会会士金尼阁从中国返回欧洲,请求允许用中文做弥撒。他物色了杰出数学家,募集大量书籍运往中国。1618 年 4 月 16 日金尼阁携带 7000 册书籍乘船返回中国,同行人员有邓玉函、汤若望等 22 人,途中死了 7 人。他们于 1620 年 7 月到达澳门,1623 年到北京。邓玉函与中国学者王徵(1571—1644)合作翻译了《远西奇器图说录最》一书,第一卷介绍了地心引力、重力、重心、比重、浮力等 61 种力学基本知识,第二卷介绍了杠杆、滑轮、齿轮、螺旋、斜面等 92 种简单机械的原理和计算方法,第 3 卷绘制了起重、取水、转磨等 54 幅图例。此书被收入《四库全书》。1629 年徐光启奉旨编写《崇祯历书》,他采用"西法",起用李之藻、外国传教士邓玉函和龙华民(Nicholas Longobardi,1559—1654)。邓玉函制造了天球地球仪、自鸣钟、平面日晷、星晷、望远镜等许多天文仪器。他多次写信希望得到伽利略的帮助。伽利略反感教会,因此对他反应冷淡。他又写信求教德国科学家开普勒,开普勒十分愿意帮助,但是不久去世。邓玉函在华 10 年,因劳累过度,去世时仅 54 岁。

3. 汤若望出身于德国波恩一个贵族家庭。他 16 岁到意大利的德意志学院求学,学了 3 年哲学,又攻读 4 年神学、天文学和数学。1614 年他从回欧洲的金尼阁的关于中国的报告中获得极大兴趣,便于 1618 年跟随金尼阁来华。他于 1623 年到了明朝首都北京,1627 年被派往西安传教。在西安时期,他写了《远镜说》一书。

1609 年伽利略制出 60 倍望远镜,他第一个把望远镜带入中国。1644 年他被委任为北京天文台负责人。1630 年邓玉函去世,徐光启举荐汤若望接替到历书局工作。汤若望给崇祯皇帝进献了一架望远镜,为朝廷制造了象牙制的小日晷、望远镜、圆规、小型天体仪等许多天文仪器。137 卷的天文历法百科全书《崇祯历书》经徐光启、李之藻、李天经(李之藻之子,1579—1659)、邓玉函、罗雅谷、龙华民参与,最后由汤若望完成。1640 年汤若望与李天经合作翻译了文艺复兴时期著名科学家阿格里科拉(Georgius Agricola,1494—1555)的采矿冶金著作《坤舆格致》。崇祯皇帝(1611—1644)曾经任命他主持制造火炮 20 尊。李自成(1606—1645)进京时没有触动汤若望。清兵入京后,顺治皇帝(1638—1661)任用他观测天象颁布历法。他重新制造望远镜、日晷等仪器,又绘制了世界地图献给皇帝。他用西方方法推算编写《时宪历》,我们今天使用的农历基本上沿用了这部历法。他被皇帝任命为第一任钦天监掌印官。此后大清国的钦天监几乎全任命了学贯中西的耶稣会会士,例如南怀仁(Ferdinand Verbiest,1623—1688)、闵明我等人,超过了 250 年。汤若望还撰写了巨著《西洋新法历书》。后来他被皇帝赐为一品官衔,连他的父亲、祖父、曾祖父都被封了官,母亲、祖母、曾祖母都被封为二品夫人。顺治皇帝与他的关系很好,早已超过君臣关系。顺治皇帝病故后,鳌拜(1610—1669)反对开明政策,杨光先(1597—1669)参劾汤若望三大罪状,汤若望被判死刑。当时北京发生地震,人们万分恐惧惊慌失措,孝庄皇太后(1613—1688)下令释放了汤若望。这时他已 73 岁,中风瘫痪。一年后去世。

4. 费正清(John King Fairbank,1907—1991)于 1927 年到 1929 年在哈佛大学学习历史、行政管理和经济。他 22 岁开始对中国感兴趣,跟马士(Hosea Ballou Morse,1855—1934 学习到许多关于中国的知识。马士是哈佛大学 1874 届毕业生,曾经在中国海关任职 35 年,著有《中华帝国对外关系史》。1929 年秋天费正清留学英国牛津大学,学习汉语,研究中国近代史。他是美国最后一代到英国的留学生。在马士影响下,弗正清决定研究海关档案作为他的博士论文。1932 年初他获得博士学位后立即来到中国北京,了解体验中国。他游历了开封、上海、杭州、苏州和南京,结识了许多外侨,认识了胡适、《法兰克福报》记者史沫特莱(Agness Smedley,1892—1950)、孙中山(1866—1925)的秘书杨杏佛(1893—1933)、著名记者伊罗生(Harold Isaacs,1910—1986)。当时清华大学历史系主任蒋廷黻(1895—1965)教授是他中国近代史的老师。在蒋廷黻的帮助下,他到清华大学任教讲经济史,后来在北京税务学校讲海关史。他最亲密的朋友是梁思成(1901—1972)和林徽因(1904—1955)夫妇,这二人对他理解中国文化有非常重要影响。他还认识著名逻辑学教授金岳霖(1895—1984)、政治学家张奚若(1889—1973)、经济学家陈岱孙(1900—1997)、社会学家陶孟和(1887—1960)、物理学家周培源(1902—1993)、社会学家费孝通等人。1934 年 12 月到 1935 年 2 月他又到上海、宁波、福州、厦门、汕头、香港和广州。在上海他认识了斯诺(Edgar Snow,1905—1972)夫妇。1936 年他回到美国在哈佛大学历史系任讲师,并开始学日语。珍珠港事件后,他被政府征召进入为战争服务的学术机构 5 年,在情报协调局的研究分析处工作,负责远东(中日)情报。1942 年 9 月到 1943 年 12 月他被任命为美国情报协调局的中国首席代表并派到重庆。他首先到西南联大拜会了校长梅贻琦(1889—1962)和一些教授们。在重庆他认识了周恩来(1898—1976)和乔冠华(1913—1983)与龚澎(1914—1970)夫妇,后者当时是周恩来与外国记者的联络员。费正清在 1945 年 10 月到 1946 年 7 月到华,将美国对华情报机构转变为美国新闻处。1946 年回国后到哈佛大学讲授中国历史。哈佛大学把中国近代史列为课程是从他开始的。与此同时他发表对华政策的评论。他从美国利益出发,批评美国政府一味支持蒋介石(1887—1975)的对华政策。1947 年开始出版《中国研究论丛》刊物。1948 年他出版了著名的《美国与中国》(The United States and China)一书。此书影响很大,几乎成为美国一般知识阶层认识中国的入门书。这本书系统观察和论述了中国的社会、政治、文化和历史,大多数篇幅集中在 19 世纪以来的历史发展上,最后回顾和展望了美中关系。

费正清创建了哈佛大学的远东研究中心。最初 10 年出版著作 37 卷,第二个 10 年出版 103 卷。他的许多学生成为其他大学的关于中国问题的教授、系主任或政府官员等。他是 20 世纪 50 年代到 80 年代美国最著名的中国问题专家。

早在 1943 年费正清就已经认识到中国革命难以避免。1946 年他主张美国应该放弃对国民党的支持,应该与中国共产党和解。他相信中国共产党并不是苏联的附庸。1948 年他警告美国政府决不能继续承认蒋介石的流亡政府。20 世纪 50 年代初期,美国处于麦卡锡主义的恐怖笼罩下。当年 2 月 9 日美国参议院麦卡锡(Joseph Raymond McCarthy,1908—1957)声称掌握了 205 名共产党人名单,指控国务院内有共产党分子操纵,给苏联泄露了原子弹机密,使得美国"丢失中国"。1953 年共和党成为参议院多数党后,开展了对国务院、国防部、重要国防工厂、美国之音、政府印刷局等部门的清查,被审查的人员中包括联邦政府高级官员、外交官、大学教授、工会领导、作家、报纸编辑等。许多自由主义知识分子被怀疑为隐藏的共产主义分子。一个最流行的说法是:国务院潜伏了不少共产党间谍。抗战期间美国驻重庆的外交人员"中国通"谢伟思(John Stewart Service,1909—1999)和戴维斯(John Paton Davies Jr.,1908—1999)都蒙受重大嫌疑被赶出国务院,费正清被指控"是一名有党证的共产党员"。后来费正清回顾这一段历史时认为,麦卡锡时代是美国人自身的一种政治病态心理,它产生于当时美国的国防危机、价值观念危机、自由主义制度危机。

5. 李约瑟博士是英国著名科学家、英国皇家学会会员(FRS)、英国学术院院士(FBA)。他因对道教文化感兴趣,故取汉名李约瑟。1937 年李约瑟在剑桥大学执教生物化学时,三位中国年轻学生鲁桂珍(1904—1991)、王应睐(1907—2001)、沈诗章来剑桥大学生物化学实验室攻读博士学位。在这三名中国青年的影响下，他改变了自己的研究方向，转向中国古代科学、技术与医学。从 37 岁起他决定学习中文，他读的第一部中国原著是《管子》。

1942 年秋受英国皇家学会派遣，李约瑟来华援助战时科学与教育机构，在当时的陪都重庆建立了中英科学合作馆（Sino-British Science Cooperation Office）。他实地考察了许多地方，结识了中国许多科学家，了解中国古代历史文化。李约瑟还考察和研究中国文化遗迹与典籍。1946 年春李约瑟赴巴黎任联合国教科文组织自然科学部主任。两年之后返回英国剑桥，在中国助手王铃（1917—1994）博士和鲁桂珍博士的协助下，他动手编写系列巨著《中国科学技术史》。他认为，中国古代科学是世界科学的一部分，古代中国人一点也不亚于古希腊人和古罗马人，在许多领域甚至远在欧洲人之上，有些科学成就是从中国传到西方的。美国学者罗伯特·坦普尔（Robert K. G. Temple,1945—）在著名的《中国，发明的国度》一书中曾写道："如果诺贝尔奖在中国的古代已经设立，各项奖金的得主，就会毫无争议地全都属于中国人。"

李约瑟主编了 7 卷本英文版《中国科学技术史》，1954 年开始由英国剑桥大学出版社陆续出版，被认为是 20 世纪科学技术史的重大学术成果之一，是欧洲人对中国科学技术史进行的学术研究的最高成就。该巨著计划最终出版 34 册。李约瑟研究中国科学技术史的巨大成就获得国际学术界的承认，1968 年在巴黎第 12 届国际科学史和科学哲学联合会上被授予乔治·萨顿奖章，1974—1977 年当选为国际科学史与科学哲学联合会的科学史分会主席。

中华人民共和国成立后，李约瑟亲自发起并分别就任英中友好协会会长、英中了解协会会长，先后八次来华考察旅行，大规模地搜集中国科技史资料，实地了解新中国的政治、经济、科学和文化的发展情况。李约瑟以浩瀚的史料向世界表明："中国文明在科学技术史上曾起过从来没有被认识到的巨大作用"，"在现代科学技术登场前十多个世纪，中国在科技和知识方面的积累远胜于西方"。有关资料显示，从公元 6 世纪到 17 世纪初在各国重大科技成果中，中国所占的比例大约在 54％左右。而到了 19 世纪，剧降为只占 0.4％。这就是李约瑟觉得不得其解的难题，被称为"李约瑟难题"。李约瑟的一生研究批驳了科学界一个偏见："科学无祖国。"他用历史说明：科学有祖国。1995 年 3 月 24 日，李约瑟在剑桥寓所逝世，享年 95 岁。

第四节　关于自我实现

一、自我实现理论

马斯洛被称为人本心理学创始人，他生于纽约，父母是从俄国移民的犹太人。

1914年到20世纪50年代,行为主义心理学在美国心理学界占统治地位,认为人没有意识(动机),一切行为都是刺激反应的结果。马斯洛和其他一些从德国移民到美国的心理学者反对这种观念。为此,马斯洛创立人本心理学,这个理论认为人的行为是有动机的,需要是一种典型的动机,人的需要有复杂层次。20世纪60年代以后,美国行为主义心理学派退出历史舞台。美国心理学界的这种颠覆性的变革,又促进德国心理学界的迅速发展。20世纪60年代后期,德国出现了研究"行动理论"(Handlungstheorie)。20世纪80年代,德国建立了比较成熟的动机心理学,其代表作是由黑克豪森父女,海因茨・黑克豪森(Heinz Heckhausen,1926—1988)和尤塔・黑克豪森(Jutta Heckhausen,1957—)编写的《动机与行动》(*Motivation and Action*)。此书建立了心理学新时代。

马斯洛研究了哲学、弗洛伊德精神分析、德国格式塔(视觉造型)心理学。他批评弗洛伊德的研究只是"为了骚扰那些神经过敏和精神病患者,而不是人类的正面品质和特性"。他接触了从纳粹德国逃到美国的许多心理学家,很尊敬德国格式塔心理学者韦特海默(Max Wertheimer,1880—1943)和美国人类学家本内迪克特(Ruth Benedict,1887—1948),这导致他研究心理健康的人和自我实现的人,他认为这种样本才是"人性最好的样本"。20世纪50年代到20世纪70年代马斯洛系统提出了"需要层次结构"的人模型。1967年他当选为美国心理学学会主席。

在1954年马斯洛出版了《动机与人格》(*Motivation and Personality*)提出层次需要理论。这一理论在20世纪50年代和60年代使美国全面否定了行为主义理论,也纠正了弗洛伊德"骚扰心理不正常人"的心理学方向。这种需要层次理论的要点如下:

第一,人的基本需要是生理需要,例如吃、喝、睡眠等。除了马斯洛提出的生理需要外,活动(包括体力活动和脑力活动)也是人的生理需要。在各种活动中,其中最有意义的是有目的的活动——劳动,劳动是人的基本需要,无劳动就无法生存。

第二,安全需要,包括安全,稳定,依赖,免受恐吓、焦躁和混乱的折磨,对体制、秩序、法律、界限的需要,偏爱熟悉的事物,喜欢一个安全、可以预料、有组织、有秩序、有法律的社会。在危机状态(例如战争、疾病、自然灾害、犯罪浪潮、社会解组、脑损伤、权威的崩溃、长期恶劣的形势等),才能将安全需要看作是调动有机潜能的活跃和支配因素。

第三,归属和爱的需要:渴望同人们有一种充满深情的关系,渴望在团体、家庭中有一个位置,胜过任何其他东西。爱的需要包括给予别人的爱和接受别人的爱。马斯洛认为"现在,个人空前强烈感到缺乏朋友、心爱的人、妻子或孩子"。美国人之间多保持松散的人际关系,他们比西方任何文化都具有更强烈的个人主义,不愿意与他人交往过深,遇到问题往往不是寻找朋友帮助,而是求助职业人士。由于个性极强,现实中美国人感到精神上孤独,急于寻求亲密的人际关系,很关注自己是否能够被别人喜欢。据 2000 年 10 月 19 日《青年参考》报道,自杀是美国青年致死的第二号杀手,在各种年龄段,白人都比黑人自杀率高。美国男性白人的自杀率为 21.4 人/10 万人,高于黑人的 12.2 人/10 万人;白人女性为 5.2 人/10 万人,高于黑人女性的 2.4 人/10 万人。群体性与自杀率有关系,富裕阶层的人比较贫困阶层的人的自杀率高。据 2016 年 4 月 23 日新华网的一篇报道,2014 年美国人的自杀率比 15 年前增加了 24%。

第四,自尊需要。这是一种自尊、自重和来自他人尊重的需要。自尊过头就是唯我独尊。

第五,自我实现的需要。自我实现的人具有"顶峰体验"。顶峰体验有几个特征:知觉相对地超越自我,不存动机,超越时空感,等等。

第六,他认为达到自我实现后,还有认知(认识和理解)的欲望,对人类特大危险的追根求源的探索,不惜牺牲生命。实际上,认知是人的基本需要。儿童也有这种需要,他们想了解人与环境,对各种事物都好奇地问"为什么"。认知需要伴随人的一生。

第七,他认为审美需要是高级需求。实际上,儿童都会有这种寻求。

马斯洛认为,上述需要是从低级向高级发展的,高级需要能引起更深刻的幸福感、宁静感以及内心生活的丰富感,而安全感的满足最多产生如释重负的感觉。高级需要的追求与满足具有有益于公众和社会的效果,在一定程度上,需要越高级,自私就越少,然而个性变得越强。

二、自我实现者的特点

1.优秀的判断力。能够识别人格中的虚伪、欺骗、不诚实,能够判断他人的不寻常能力。

2.相对地不受罪恶感、羞耻心和焦虑的影响。他们没有防御性和伪装,厌恶诡计、假话、虚伪、装腔作势、面子、玩花招、庸俗手段哗众取宠等。

3.具有自发性。他们的行为是相对自发的,他们坦率、自然,很少做作。他们的行为相对自主、独特,不遵守惯例。他们较少屈从外界压力和阻力。当沉迷于感兴趣的事物时,他们会抛弃各种行为准则。

4.以问题为中心。他们会为一些非个人的、不自私的人生使命和任务(例如为了家庭、民族、国家、人类的利益)付出大量精力。这些任务未必是他们喜欢的,而是由于职责、义务或责任感。他们也不大关心自己,宽宏,脱离渺小、浅薄和偏狭。他们超越琐事,视野开阔,见识广博,摆脱了对紧急事物的焦虑。他们为可改的缺点而内疚,例如漫不经心、发脾气、偏见、猜忌,本文化或群体的缺点等。

5.超然独处。他们可以离群独处,喜欢与外界隔绝地独处,能自我管理,积极负责,是有主见的行动者和强者,不被人左右。他们往往被人误解为冷漠、势利、缺乏感情、不友好、有敌意。

6. 自主性。在一定程度上,他们相对独立于自然环境和社会文化环境,不依赖他人、文化、方法手段和环境。他们有自制力,比较稳定,不受赞扬、荣誉、地位、奖赏、威信的影响。

7. 清新的鉴赏力。他们带着敬畏、高兴、好奇,天真无邪地体验人生快乐,每一次日落都那么美妙。他们有些人向往大自然,有些人爱孩子,还有些人爱音乐,从金钱、夜总会、宴会上得不到同样感受。

8. 顶峰体验。注意力高度集中,献身行为,强烈的感官体验,如对音乐艺术的忘我热切欣赏,是他们"自我丧失或自我超越的体验"。

9. 人类亲情。他们对人类怀有深深的认同、同情和爱,具有帮助人的真诚愿望,常为普通人的缺点苦恼,甚至被激怒,但是很少有人理解他们。

10. 谦逊与尊重。他们是民主的人,有显著的民主性格结构,对人友好时并不看该人背景、教育程度、种族或肤色,向任何有特长的人学习,不考虑地位、尊贵、年龄等因素。

11. 具有更深刻的人际关系,更融洽、更崇高、更完美。他们吸引一些钦佩者或崇拜者,但是都很礼貌地回避。他们的朋友圈子很小,对儿童有特别温柔的爱,儿童也喜欢接近他们。他们有强烈的是非观和善恶观。

12. 道德。他们有明确的道德标准,道德力量很强。

13. 手段与目的。他们目的明确,区分手段和目的,欣赏做事情的过程。

14. 他们富有哲理和善意的幽默感,反感那些恶意的、伤害人的、自我优越的、犯禁忌的幽默。

15. 他们具有创造力(属于普通的创造力这一类),有像未失童贞的孩子般的天真。

16. 他们一般不受文化圈的限制,超脱了文化的包围,表现在衣服、食物、语言、做事方式方面。他们不守旧,也不追求时髦,以求简洁、坦率干脆、节省精力。例如,爱因斯坦曾经说:"我在美国虽然生活了十七年,但是我没有从这个国家的思想方式中汲取过一点一滴。我应该防止自己的思想感情受到这里弥漫着的表面气息的污染。"(马斯洛)[1987]

他们也有常人的许多缺点、弱点,他们有时愚蠢、挥霍、粗心,会显得顽固、令人恼怒厌烦。他们发脾气并不罕见。他们非常坚强,不大被大众舆论左右,偶尔表现出异常,如出乎意料的无情。

三、局限与缺陷

1. 应该记住,马斯洛选取的研究对象大约在 30 人左右,例如林肯、托马斯·杰斐逊、爱因斯坦、埃莉诺·罗斯福(Eleanor Roosevelt,1884—1962)、简·亚当斯

（Jane Addams,1860—1935）、威廉·詹姆斯、史怀哲（Albert Schweitzer,1875—1965）、奥尔德斯·赫胥黎、斯宾诺莎等,全是社会上极少的精英人物。他们超越了社会上绝大多数人的价值观、世界观和能力。如果把这些精英人物的人生经历作为社会上普遍追求的目标,就可能造成绝大多数人的人格分裂,而不是获得成功。美国20世纪70年代的历史表明了这一点。马斯洛在3000名大学生中只找到一人,"有一二十人也许将来可作为研究的对象"。

2."自我观念"占主导作用,它以个人主义形式表现在人的思想和行动中,自己对自己负责,而不对别人负责,别人也不必对我负责。美国人认为,每个人都是一个独立的生命体,是社会的独立成员;人能够改变现状,行动与勤劳能使人如愿以偿;对那些努力奋斗的人,没有遥不可及的目标,没有无法跨越的障碍,当个人全面个性（能力、独创性、努力、意志等）充分发挥出来后,就会成功,这就是我们所理解的"个人奋斗",就能够感受到"顶峰体验"。这是他们的最高追求。相反,失败意味着个人努力不够、无能或懒惰。

3.马斯洛还分析了"自我实现者"的性特征,过分抬高了性欲的作用。这个观点对美国人影响很大,远超过"自我实现"的影响。1968年前后,美国出现了空前的性解放,最终使得自我实现理论被抛弃。

4.德国和欧洲许多国家反对自我实现理论,认为自我实现是自我中心的极端化,其最终结果导致孤独。

5.有些人把马斯洛的需要层次理论作为企业管理的理论之一,迄今有多少成功案例? 没有见过。

6.笔者进行过一系列调查,有以下发现。第一,每个人的需要都具有不同结构,人类并不是只有马斯洛这唯一的需要结构。第二,不同人生阶段,人的需要不同,而不是只有唯一需要结构。第三,成人的需要主要受价值观念、匮乏、危机状态等因素影响。第四,人从一出生,感知和认知就是最基本需要之一,否则人不可能知道世界的一切,甚至不知道什么东西能吃、能喝,谁最亲近,哪里最安全。例如,笔者女儿最早会说的几句话之一是:"这个好看。"表达了她的审美需要,当时才一岁多,而不是马斯洛所说的在自我实现后才有审美需要。第五,马斯洛只提出7种目的需要的结构,人人都有生理需要。例如,吃饭,这是目的需要,但是"吃什么""何时吃""怎么吃"是方式需要,各人在这方面有很大差别。人都需要穿衣服,但是在"穿什么""何时穿""怎么穿"方面有很大差别,同一个人今天和昨天穿的,上班和旅游穿的也不一样。人的方式需要有多少种? 数不清。如果把人只有7种需要运用到社会心理调查中,或者用于工业设计,会导致严重后果。

7.自我实现理论对"文革"后头三届大学生影响比较大,如选择离婚。

四、追求自我实现的后果

人本心理学的"自我实现"观念对美国产生什么影响？性解放。1982 年美国人丹尼尔·扬克洛维奇出版了《新规则：在一个天翻地覆的世界寻找自我实现》（译名《新价值：人能自我实现吗？》，英文原名 *New Rules：Searching for Self-Ful-fillment in a World Turned Upside Down*）。此书被一些美国评论家推为"革命性"的书。它就自我实现理论对美国人的影响进行了大量调查。该书作者是美国专门从事社会思潮及态度研究的扬克洛维奇·斯凯利·怀特公司的总裁。

1. 扬克洛维奇调查了 20 世纪 50 年代美国人的生活观念。那时典型的家庭是丈夫工作，养活一家。如果钱不够，要么丈夫干两份工，要么削减家庭开支。他们盛行的观点如下。"尽管我们不再有什么共同之处，我们仍然住在一起，甚至孩子已经长大了，我们的婚姻也未彻底破裂。""我永远不会觉得我对父母尽够了孝心。""我过去从未想过不生孩子。""当然这是一份令人不愉快的工作，可这又有什么关系？我日子过得不错，我养活着老婆孩子，我还想得到什么？"这些观念的本色是：我付出艰辛的劳动，我对人忠诚，我信仰坚定，我含辛茹苦，压抑不去做自己想做的事情，但是我为家庭做出贡献，我先人后己。我付出了许多，我也能够得到很多，我得到了不断提高的社会标准和妻子的忠诚，得到了孩子的正派健康成长。当我老了，孩子会照顾我，可谢天谢地，我不需要这些。我们有一个好家庭，好职业，我受到朋友和邻居的尊重，在生活上颇有成就感。当年自我克制的确使人受益匪浅。

2. 从 1950 年到 1970 年，美国人的家庭平均年收入从 5600 美元增加到 12 000 美元。大多数美国人期望有更多的选择、更多的自由、生活方式要多样化。追求自我实现的人在物质需要得到满足后，又提出了肉体和精神的需要，例如创造力、安闲、独立自主、享乐、参与、冒险、活力、刺激、柔情等，这是美国人感情的发泄和尝试，80％的美国成年人曾以不同方式投入到这种追求中。扬克洛维奇认为"他们所做的尝试是危险的"，并称其为"用生命去孤注一掷"，"以自我实现的名义铤而走险"，"当他们一旦醒悟过来，便会大吃一惊，发现自己要么婚姻破裂，要么错误地改变了职业，要么就是对选择什么样的生活道路茫然不知所措"。（扬克洛维奇，1989）[16]"社会变得分裂沉沦，家庭一片混乱，职业道德败坏，经济丧失竞争能力，伦理观念颓废，人人以自我为中心，甚至个人自由远比以往减少。"（扬克洛维奇，1989）[32] 这种价值观在 20 世纪 70 年代导致寻求自我毁灭的策略。自我实现追求者给个人和国家带来了困境。"这些困境对于陷入其中而不能自拔的人来说，是令人心灰意冷的；对其他人来说，则是令人恼怒的。他们涉及家庭的破裂，频繁地调换工作和更换居住地，无休止地反复考虑着个人的内心需求和未经挖掘的潜力。这种追求自我实现的道德标准，抛弃了许多传统的行为准则。例如，它们允许更大

的性自由,不看重无实际意义的牺牲。"(扬克洛维奇,1989)[10]

3. 扬克洛维奇的调查表明,20世纪70年代末美国人越来越一心只想自己了,导致个人主义大膨胀,72%的人把大量时间用来考虑自己以及内心精神生活。20世纪50年代那些严格遵守道德规范的地方,70年代却讲求选择自由,一心只想自己,自我放纵,不考虑后果,猛烈地冲击传统观念。他们在社会上去寻找"舞台",在女权运动中,在性解放中,在自助追求中,在济贫运动中,在追求自身形体美中,在追求享受中,在追求新体验中……以自我实现作为价值观,不负责任地随心所欲,用自己人生进行了各种危险的尝试。轻率的离婚、同居、早育、吸毒、公开的色情画与小说增加,裸体、婚外性生活以及公开的性行为,对自身形体美的新追求。令人心灰意冷而不能自拔的是,家庭破裂,频繁地更换配偶、调换工作、更换居住地,无休止地反复考虑自己的需要和未被挖掘的潜力。

他们抛弃了许多传统道德标准,追求更多的性自由,蔑视奉献精神,对自我什么也不克制,借口"对我自己负责",一心只想着自己。西方媒体和文学艺术充满了追求自我实现的故事,轰轰烈烈的事业、金钱、爱情、造反、英雄人物的私通,或者寻求内心平静,不断翻新,或者仅仅是四处闲逛。

美国保守智库传统基金会的调查认为,20世纪60年代以来,美国离婚率越来越高,结婚人数越来越少。这些家庭往往沦为贫困家庭,孩子教育受负面影响。父母不结婚是许多家庭贫困和儿童犯罪的根源。有关专家发现,法院离婚的人在一年内有3/4的人有回心转意的想法。有一半人承认,当初应该再努力一下去维持原来的婚姻。2002年初美国总统布什(天主教徒)在社会福利改革计划中拨出3亿美元的款项,用来鼓励美国人结婚。

4. 妇女加入劳动大军,为自我实现,也为经济独立。在20世纪80年代经济不景气的时代,她们并没回到厨房,而是更加强了外出工作的信念。年轻人、有色人种为了就业的竞争更加激烈,使社会陷入一连串新问题的旋涡中。20世纪60年代相信"努力工作总会有收获"的公众人数占85%,而到20世纪70年代下降到43%。汽车的含义发生了变化,过去注重的是安全、高效率的交通工具,地位、成功的象征,那时喜欢大型小轿车、可爱的豪华的老式汽车。但是10年后汽车的含义意味着自由、独立和方便,你想去哪里就能去那里,它代表了个人情趣、个性和自主权。自我实现的追求比自私自利所包含的内容更多。

通用汽车公司向老工人提供50份就业机会,使工会和厂方吃惊的是收到2000份申请表,大多数是有高工资、高地位、精力充沛的年轻人。

5.1978年进入美国高等学校读书的女性多于男性,这在美国历史上还是第一次。1970年几乎有五分之二的美国人相信只要通过受教育、赚钱、获得财富、受他人赏识、获得社会地位,就可以出人头地,可是这种梦想完全破灭了。他们中许多人感到生活困苦,产生消极孤独的情绪,他们的平均年龄是28岁。10年后,这种人从 38％降到 18％。这是因为一般美国人不再把竞争成功作为判断自己生活道路是否顺利的标准,在经济上不如别人不再令人感到耻辱。妇女吵嚷着要进入劳动大军,而男人却慢慢退了出来。20 世纪 70 年代末,51％的妇女外出工作,五分之一的学龄前儿童的母亲在为工资而工作。年轻人变得越来越烦恼、忧郁,情绪不稳定,没有奋斗目标,无所事事,有不安情绪的年轻人每年都在增加。

6. 在各种令人震惊的变化中,首推家庭的变化。20 世纪 50 年代美国典型家庭(核心家庭)占家庭总数的 70％,父亲工作,母亲料理家务,一两个孩子。20 世纪 70 年代每年有 100 万人做绝育手术,数以千万计的美国妇女不再把生儿育女看作自我实现的途径,而在进行大规模的有意识的绝育,核心家庭只占到家庭总数的 15％。20 世纪 70 年代末美国"单身者家庭"发展最快,占到家庭总数的 23％。最热衷追求自我实现的人,可以预料,都会有婚姻问题。他们坚持自我放纵,以我为中心的个人主义大膨胀。他们渴望十几年前家庭生活的温暖,但是又不愿意放弃个人选择自由。

7. 1966 年我国出现"文化大革命",1968 年意大利、美国、德国、法国、英国、日本等国家都出现了类似的运动。美国人罗布·柯克帕特里克(Rob Kirkpatrick)著《1969:革命、动乱与现代美国的诞生》,书中说,1968 年 1 月初,从芝加哥街头的暴力事件,到学生占领哥伦比亚大学,全美各地大学成为美国文化战争的战场。旧金山州立大学出现 25 起纵火、3 次爆炸事件,150 人被捕。加州大学伯克利分校的学生与警察博斗。城市动乱蔓延到美国各地大学。纽约城市大学城市学院 200 名黑人和拉丁美洲学生占领了办公大楼。威斯康星大学麦迪逊分校 500 名黑人的请求被校长拒绝后,600 名学生开始示威,100 名警察到场,又有 900 名士兵到来,激起抗议者达四五千人。当局又调来 1000 名国民警卫队员。学生堵塞交通,辱骂士兵,近万名学生抗议示威。仅在 1969 年上半年,美国大学就发生了至少 84 起爆炸案,各地中学有 27 起爆炸案。康奈尔大学学生甚至偷运一批步枪、霰弹枪、子弹、刀子,武装起来。

8. 罗布·柯克帕特里克在《1969:革命、动乱与现代美国的诞生》一书中说,1969 年美国出现疯狂的"换妻狂热",参加此活动的美国人估计有 50 万到 1400 万,这个活动蔓延到全美各地。婚姻越来越脆弱,进入"无过错离婚"时代,疯狂实现他们的"人类潜力"。1985 年笔者曾在玉门油田与几名美国人一起工作。一天去书店,他看到许多书名写着"Hi-Fi"字样,问我中国是不是性病很多。我感到奇怪,反问他们。他们说:"Hi-Fi 在美国是治疗性病的药,这里这么多书讲这个。"我说:"Hi-Fi 是高保真音响。我们的家庭生活中正在兴起高保真音响设备。"接着他告诉我 20 世纪 70 年代美国出现性解放,大约 80％美国人感染性病。真令人恐怖!

欧洲现代国家受弗洛伊德思想和女权主义影响,在 1968 年出现性解放。这种性解放传遍了西方各个现代国家。

1981年6月5日,美国亚特兰大疾病控制中心在《发病率与死亡率周刊》上介绍了5例艾滋病病人的病史,这是世界上首次关于艾滋病的报道。不久艾滋病迅速蔓延到各大洲。1985年,一位到中国旅游的外籍青年患病入住北京协和医院,很快死于艾滋病。这是我国第一次发现艾滋病。2014年世界上有3690万人携带艾滋病病毒,120万人死于艾滋病。

9.扬克洛维奇认为,马斯洛的人本主义心理学在很大程度上受了萨特的存在主义哲学和后弗洛伊德修正主义(即相信人有无限的灵活性)的影响,并受到美国人传统的自我完善和个人主义价值观念的鼓励。萨特说:"首先,我们存在,然后,我们创造我们自己。"实际上自我并非像萨特臆断的那样,可以按人的意志奇迹般地创造出来。你也不可能仅仅通过内心探索"找到自我",因为当你真心实意寻找自我时,这种寻求就会立即把你引向外部世界。

扬克洛维奇注意到,96％的美国人仍然愿意接受夫妻共同生活这种理想的生活方式。他们表达出一种渴望,愿意彼此联系、承担义务、创造新的生活。崭新的、承担义务的社会伦理观念正在生活尝试中逐渐形成,但是这种新的伦理观念还要经过若干年才能从目前这场混乱中完全形成。整个美国都在重新考虑传统的成功与那种挣钱不多却令人满足的个人成就之间的得失。

20世纪80年代在美国是个动荡的年代,学校不能教学,效率和精确下降,工厂老化,律师充斥社会,人人热衷打官司,企业领导人缺乏远见,政府办不好任何事情,社会机构无法无天。

10."9·11"改变了许多美国人。2001年9月11日,纽约的世界贸易大厦被炸。这个事件对美国人的心理产生了暴风雨般的振荡。据《参考消息》2002年1月21日第6版报道,美国人试图理解这场悲剧给他们带来的变化。他们最深刻的领悟也许就是:家人和朋友还是应该放在第一位。死难者的家属使一些美国人认识到亲情的重要。《今日美国报》和CNN以及盖洛普公司联合进行的一项民意调查发现,大约33％的美国人说"9·11"改变了他们生活中最优先考虑的事情,大约31％的美国人现在花更多时间陪伴家人和朋友,57％的妇女愿意花更多时间陪伴家人和朋友,62％的成年人感到需要把更多时间花在家人身上,77％的成年人对亲人表现出更多的关爱。

从下面一篇文章中可以看出2002年代表美国政府考虑的一种观点。2002年2月4日美国微软—全国广播公司网站发表记者艾伦·凯斯发自华盛顿的一篇文章《婚姻模范》,其内容如下:

> 华盛顿(政府)提出一项建议,拨款1亿美元,向靠福利救济生活的、想要结婚的单身母亲提供帮助。这项新奇的建议表明,我们的政治家开始意识到,国家的团结在很大程度上依赖家庭的团结——依赖于美国婚姻制度的健康。

按历史水平衡量,离婚率至今仍居高不下。第一代开始轻易离婚的人们的子女如今已经长大成人。除了围绕离婚主题的统计数字和轶事传闻之外,导致婚姻制度健康与否的关键因素是什么? 我们哪里走错了? 我们怎样才能回到原来的轨道? 中心问题是,我们是否纵容一种文化得以发展,使人们难以适应婚姻的挑战? 社会强调自私和自我为中心,人们在事业中只看重成就,这些都促使人们把家庭放在次要位置。婚姻往往代表着从自私世界向给予世界的转变。家庭生活是一种普通的环境,在这个环境里,我们可以学会为他人着想而非总是考虑自己,这样的生活才能真正体会到最快慰的欢乐和满足。但是我们并没有帮助年轻人学到这些,相反,我们实际上似乎常常使他们更多地为离婚而不是为结婚做好准备。太多的普遍忽视给予的重要性,他们怀着极高的期待进入婚姻,希望获得直接的个人满足,之后却无可避免地发现自己失望至极,然后就结束婚姻。我们有没有使年轻人认识到,不论是一开始的牺牲,还是在随后日子里的困顿和辛劳,他们不仅是在为对方铺垫永久幸福的基础,而且也是在为自己构筑幸福。除非我们让他们懂得这些,否则就不能帮助他们对婚姻生活或养育子女做好准备,离婚率也会居高不下,从而使年轻夫妇和为人父母者丧失信心,背弃誓言。我们的文化强调满足自我,使年轻人错误地只想体会婚姻生活的某些方面——品味性的快乐和浪漫的满足,却未学会在婚姻关系中体会真正的精神上和心灵上的欢乐,以及后来为人父母的喜悦,而这才是婚姻生活的真正目的和乐趣。我们的家庭团结确实出现了问题。让我们开始回忆祖辈的睿智,重塑信心,教导我们的年轻人学着去爱,而不计较得失。我们仍能教他们学会怎样做人,怎样构建家庭生活。这样,我们就能帮助那些失落的朋友找回他们所极力追寻的全部幸福。(《参考消息》2002 年 3 月 1 日第 6 版)

本章小结

自古以来,西方的文化和历史过程与我们的就有很大区别。主要区别之一在于我们的农耕社会具有最完善的家庭生活理论:儒家思想。它是导致社会稳定、家庭稳定、社会经济发达的重要人文因素。在明代,我国成为世界上最安定、繁荣、强盛的国家。17、18 世纪欧洲许多国家以我国为榜样,学习我们的儒家文化,以弥补他们所缺乏的日常社会道德和行为准则。19 世纪中期以后,西方的军事和工业经济走到前头。然而,这并不是由于西方的公正道德造成的,也不是人类追求的理想。他们的发展过程并不是唯一实现富强的道路,他们也延续了古希腊和古罗马的一些历史性的弊病,还造成了许多严重的社会和心理弊病。我们必须汲取我们的和他们的历史教训,例如在现代化发展中维系社会价值观念的一致性,强调群体和睦,避免对家庭的破坏,减少机械论的负面作用,全面发展文化和经济等。

讨论

1. 你认为西方现代价值观主要是什么?
2. 你怎样看待家庭?
3. 如何看待自我实现?

第五章 西方企业文化的几个特点

本章目的

第一次工业革命时期美国、英国等西方的著名企业如今还存留了几个？我国20世纪80年代改革开放初期建立的企业如今还有几个？为什么许多都不能持续生存下来？这几个问题关系到工业化、现代化的核心价值问题。

第一节 机械论与泰勒制

一、机器控制人

在传统农耕社会里，农民通过劳动自给自足，维持生活，建立家庭，净化灵魂，度过人生。英国工业革命改变了劳动的意义，工人劳动成为企业主的利润工具，而工人自己却无法生存，因此人们厌恶劳动，这就是劳动异化。为了达到这一目的，企业主控制工人就成为管理的主要目的。企业主采取了下述几种办法：

第一，机器设计的目的是：无限提高效率，控制工人的劳动。因此机器设计以功能为核心，并由此形成了机械原理。为了实现机械化大生产，发明了许多机器。这些机器的设计是为了提高生产效率，而不是为了减轻劳动负担。相反，它的操作很繁重，甚至很危险，工伤率很高。

第二，把工人作为机器工具，人为机器效率服务。大量农民进入城市工厂，企业主认为他们只想赚钱，而劳动时偷懒，所以要强迫实行劳动纪律，以改变他们的劳动节奏，提高劳动强度和时间。英国工厂里盛行的是高压驱赶，甚至用军事管制的手段强迫工人长时间劳动。工人过度劳累，生活贫困，平均寿命很短，至今英国的阶级意识和对立仍然比德国和其他工业化国家强烈，使经济发展缓慢脆弱，社会心理病态严重。

第三，为了提高劳动效率，设计了劳动岗位和量化管理，但是各工种的生产情况并不像企业主想象的那样有效。19世纪40年代在英国、法国出现了对生产管理的各种设计，把工资分配变成一种刺激因素来提高生产效率。以"泰勒制"为代表的系统发展了美国式的企业组织管理，它的核心内容包括停表计时、劳动动作设计和计件工资。

二、泰勒制的基本内容（李乐山，2001）

了解美国企业管理必然会涉及泰勒管理法。1903 年泰勒发表了《车间管理》，1907 年发表了他的经典《切削金属的艺术》。1911 年在纽约成立了效率学会，1915年成立了泰勒学会。1935 年泰勒学会与工业工程学会合并建立了促进管理学会。后来劳动管理设计在美国被合并到工业工程中，1948 年成立了美国工业工程研究所。该研究所把工业工程定义为："工业工程是关于设计、改善和安装，由人、材料和设备构成的一体化系统；拟定数学、物理和社会学的专业知识和技能，并且与工程分析和设计原理方法一起，来规定、预测和评估这些系统的效果。"在这个定义中，人被看作是机器"一体化系统"的一个螺丝钉。

泰勒在青年时进入他父亲朋友的钢厂当车工学徒，不久被提拔为车工车间主任。1880 年美国成立了机械工程师协会（American Society of Mechanical Engineers，ASME），该协会立即把企业管理作为一个主要任务。例如，1886 年的会议上讨论的主要问题是企业消耗与资本核算方法，以及企业内部的协调与控制问题。会议上的主要趋势是试图用数学计算方法来控制企业，不久就发现这些方法很难操作，企业工头们没兴趣填写各种复杂表格。1889 年的会议上，泰勒完全否定了降低消耗的方法，提出通过所谓的用"科学"方法分析劳动过程，以确定生产目的和工时，他还提出实行奖惩制度。

泰勒认为，工厂主从来就搞不清楚工人每班到底能干多少活，因此无法控制工人。泰勒随身带着跑表和计算尺，用定时和动作研究搞清了这一问题。他认为上班时工人出力只有三分之一到一半。他的理论认为人的本质是爱好懒惰，总想多赚钱少干活，因此工人劳动时总找借口开溜或磨洋工，并认为勤快劳动会降低计件工资并造成工人解雇。"只要管理能够把劳动分成若干简单环节，那么工人就会像牛马般地被驱使去富有成效地工作。""卓别林（Charlie Chaplin，1889—1977）在他30 年代的电影《摩登时代》里所讽刺的正是泰勒主义。""装配线的管理者们从来没有想到过需要把装配工人的积极性调动起来才能做好工作。他们想的只要付给工人适当工资，就可以使他们接受装配线上的纪律约束，而经济的不安全感会使他们规规矩矩。几乎没有哪个装配工人对这种艰苦、肮脏、单调的工作说过一句好话。"（扬克洛维奇，1989）[81]泰勒认为只用强硬办法不能解决这一问题，只能用金钱刺激来发挥他们的能力。这就是他最初提出的"经济人"模型。

泰勒把他的理论称为"科学管理理论",主要包括以下内容:

1. 定时研究;

2. 功能管理(专业化管理);

3. 工具和贯彻实施的标准化;

4. 工作方法标准化;

5. 计划功能独立;

6. 使用滑轨方法和其他省时间方法传运工件;

7. 给工头规定操作卡;

8. 把任务定位,并给完成任务者高奖金;

9. 采用计件工资制;

10. 对等级产品和实施方式使用代号系统;

11. 规定行走路线等。

定时研究是泰勒制的核心,早在 18 世纪就在普鲁士军队里实行了。其他许多内容在西方各国都不同程度被实施了,其中包含许多西方各国早就成熟的经验。泰勒制建立的核心思想是:规定每个动作的时间,实施计件制,用奖金刺激生产,不允许存在工人组织。这些方法造成美国几十年的劳资对抗。规定每个动作的时间来自 18 世纪普鲁士军队训练方法。按照泰勒的观点,即使最简单的劳动动作,也不允许有经验的工人按他自己的最佳方法实施,而必须按照规定的动作步骤去干。这样就必须建立一个庞大的白领计划管理机构,去研究规定各种劳动岗位的动作过程,并花费大量时间计算工作量。这些人被称为功能工程师或功能工头(Barnes, 1963)[20]。20 世纪 50 年代后劳动学(人机学)的研究发现,奖惩只起暂时作用,不会持续起预期的作用。欧洲许多大企业至今仍然实施计时制,而不是计件制。动作定时制早已不存在。

三、泰勒管理法的实施

泰勒最初在他的车工车间实验推行两班制和计件工资制,大大加重了工人的体力负担以及工伤事故,而当时美国工厂没有任何劳动保险制度。工人十分憎恨地质问他:"你肯定不要这该死的计件工资?"他回答:"我现在是工厂管理人员。"工人骂道:"你是一只该死的猪。"并警告要在六星期内干掉他。他的最初尝试失败后讨好工人说:"我现在又成个车工了。"不久他再一次强制推行他所谓的"科学管理法",马上翻脸说:"我是个暴君,是个奴隶主。"工人十分恨他,有意破坏机器零件,几乎每天都会出现机器故障,使生产不能正常运行。于是他又规定了赔偿制度,机器损坏后必须由工人自己赔偿。

后来他总结这一过程时说,要贯彻他的管理方法必须同工人斗,要经过三年斗争才能走上正轨。英国一本著名的人机学书也是从车床谈起,通过一幅插图指出传统车床的设计根本不适合人体尺寸,而适合个子矮小两臂很长的动物,像猩猩那样。该作者以英国人的幽默批评了泰勒的劳动设计理论。这幅插图也可以在陈毅然主编的《人机工程学》(航空工业出版社,1990年)的第22页看到。

泰勒制的目的是什么呢?主要是对付黑人和新移民。泰勒在书中描述了一个例子,这个例子曾在许多书里被用来证明泰勒理论的"经济效益"。

当时在贝特勒合姆钢铁厂有五个高炉,75个工人靠体力每次扛运40公斤重的铁锭装上车,每人每天扛运12.5吨。泰勒对此不满意,认为工人每天扛的铁锭太少了。读者可以尝试一下,把12.5吨东西搬5米是什么感觉。

他观察三四天后,得出一个结论:每人每天应当"愉快而满意地"扛运47吨到48吨。他认为工人一天的"合理劳动量"应当达到人的生理极限。发现了四个工人能每天扛运47吨,然后他仔细研究了他们的性格习惯和功名心,最后确定了其中一人为典型,此人是德国移民施密特。他具有典型德国人的特点:高大体壮,吃苦节俭,谨慎耐劳,服从纪律。泰勒说"每一分钱对他都像车轮那么大"。泰勒同他谈话,许愿把他每天的工资从1.15美元提高到1.85美元,但是命令他必须严格按照吩咐去干活,不许反驳,也不许听其他工人的劝告。泰勒仔细规定了他的每一个劳动动作,减少了所有多余的动作,并对这个过程进行时间测试,作为标准工序过程。这样,把他的工资增加了百分之六十,而他的体力付出却增加了三倍。

实际上只要设计一个很简单的推车就能解决这个问题,既提高了效率,也减轻了劳动强度。

泰勒自己也很清楚这明显要引起工人的愤怒和罢工。他害怕工人组织起来反对,便采取了两个办法。第一,他从不与一群工人谈判,他每次只同一个工人谈判。第二,寻找"模特",以体力最强的工人作为全体工人的标准劳动定额。这种管理方法最初使用在熟练工种的管理中,它不需要专业工艺技术,主要要求动作快、效率高。泰勒认为绝对有必要强迫命令工人,对工人的控制要具体到每一个动作,这样以杜绝工人偷懒、聊天、抽烟。后来在他回顾这一段经历时说:"如果我当时年岁大一些,经验多一些,也不会参与在这种斗争中。"(Braverman,1977)[80]。

泰勒曾明明白白地说他的"科学管理法"是"企业主的武器",美国称其为"解决阶级冲突的手段"。泰勒只不过是一个刚刚扫盲的工人,假如我国有这样一个人搞的这种恶人整人的方法,今天有谁会搭理他?可是,如今却有人把泰勒作"父亲"——"管理之父",甚至有不少从事管理教学的博士、教授崇拜他,盲目把他那一套愚昧的方法作为经典进行传授。管理的核心是人,是文化的价值、道德和行为规范,不能用美国人的泰勒制来管理中国人。

假如谁推崇这种方法,请他每天搬动47吨铁块,看看他是否"愉快而满意"。

1960年我国曾提出"两参一改三结合":工人参加管理,干部参加劳动;改革不合理的规章制度;工人、干部、技术人员三结合。我们必须研究我们的文化,通过大量调查建立自己的企业人模型，从而发现他们的核心价值、道德和行为方式，建立企业的管理方法。

四、动作研究的起源

泰勒的方法往往只适用在一些简单熟练工种，要对工人要进行大量机械式的训练。这种方法没有考虑技术工种，因为缺少动作标准，不容易作为通用方法进行推广。作为泰勒理论的继承人，弗兰克·吉尔布雷思（Frank Bunker Gilbreth Sr.，1868—1924）与其夫人莉莲·吉尔布雷思（Lillian Moller Gilbreth，1878—1972）于1917年进一步研究了人体动作分类、动作定时以及动作要素。弗兰克·吉尔布雷恩于1885年17岁时开始学建筑砌砖工。20世纪初他开始自己从事建筑承包。他发现没有两个工匠按照完全相同的动作砌砖，但每人都有特别之处，快慢不一、节奏不一。他发明了一种脚手架，可以迅速安装起来，上面备有座位和盛砖箱，这样工人就被固定到确定的工位上了，不能乱跑偷懒，也不必弯腰从脚手架上取砖。他也改了灰浆箱，使得上泥浆更快。他还规定工人只能用一只手上砖，不准用两只手，另一只手必须去操作泥刀上浆。他的夫人是学心理学出身，她把心理学用来控制工人的动作。他俩发明了"微动作研究"技术，首先挑选出最好的工人作为研究对象，把他们的操作过程拍摄成照片（当时还没有电影摄影机），并用计时器精确记录每个小动作的时间，然后研究怎样能够减少多余动作，加速砌砖动作，并研究了每个小动作的最快时间，最终他们设计了"取蘸"动作法，把砌一块砖的18个动作减少到4.5个动作，当然还规定了每个动作的时间。这样平均每人每小时砌砖量从120块增加到350块。我国有些书上也把这个例子作为动作定时法的正面成果。

如果谁把这个案例作为成功典范，就请他自己实地去试一试，爬到建筑高墙上去，一小时砌350块砖，不，让他这样干8小时，然后讲一讲是什么滋味。请注意，这种砌砖方法是在1911年发明的，当时美国还没有实施医疗保险，也没有退休保险和工伤事故保险。

他们把人的活动，例如写信、包装、搬运等，分解定义成17个微动作，也就是不可再分解的基本手动作，用这些微动作来分析工人的操作过程，并按照最熟练工人的动作速度来规定每个动作的时间，精确到万分之一秒。例如，把一个轻物体移动50厘米的时间规定为0.6696秒，眼寻找东西的时间规定为0.2628秒，其误差为万分之一秒。这是又一个历史性的滑稽故事。实际上，这在生产线上的钟表是测不出来的，那时的钟表精度无法达到每天误差1秒。（Barnes，1963）[63-168]

他们使用了最新的技术来研究如何控制工人，用摄影设备和精确测量动作时间的微计时器去记录工人的操作过程和时间。为了保证企业主的最大经济利益，他们归纳了确定动作时间的四个基本因素：①该工作要用的每天（年）平均人小时；

②预计的职业寿命；③劳动力考虑，例如小时工资、操作时间与机器时间之比、所要求雇佣的特殊能力、反常工作条件、工会要求等；④在建筑、机器、工具、和设备中的资本投入。(Barnes，1963)[33]

他们的动作分析包括工作方法设计、分析工人劳动动作、分析操作过程。工作方法设计要点包括：消除不必要的工作以减少花费；合并操作动作；改变操作顺序以提高产出；简化必要操作。动作设计考虑的问题是：为什么目的？不干它行不行？为什么他来干？谁能干得更好？能否雇用技术较少和培训较少的人？在哪干？能否更经济些？怎么干？(Barnes，1963)[50-60]

其次要分析生产过程方法。用流程符号来代表各种工种和操作，画出流程图，统计操作次数、延迟次数和时间、运输次数等，把它们进行设计简化。例如，通过这种方法使仓库空间得到充分利用，设计的车间布局减少了34％的运输传递路程，洗衣厂传递过程不用推车，而采用空中行车。

然后对一个任务的动作操作过程进行分析。例如，记录工人操作时左手、右手的动作过程以及配合，然后考虑操作的材料工件处理，工具、固定方法、装配架、机器是否适合这个工种，操作是否可以简化，工作条件（热、光等）、更衣房是否合适，内务管理好不好。

这种理论把人机工程看成是动作定时方法中的一个部分，基本出发点不是去设法改进机器使其适应人的习惯，而是通过动作设计使人去适应机器，核心是"动作经济原则"。例如，把单手操作改为双手操作，两手应当同时开始并同时完成动作，两手不应当同时空闲，两臂的运动应当同时进行，动作方向对称，为了腾开两手干活往往而采用空中行车。实际上，由于空中行车有时固定不紧，运输过程中工件会掉下来造成人员伤亡。

五、泰勒制与福特流水线

美国大约10％的企业曾经采用过泰勒管理法，一些大公司建立了动作研究实验室。例如1929年美国通用电气公司(General Electric Company)建立了动作研究实验室，美国通用汽车公司(General Motors Corporation)建立了工作标准和方法工程部。

1903年美国福特公司建立，制造载重汽车。福特公司的流水线对西方企业提高生产效率曾产生了重要影响。当时被总装的汽车车位是固定的，工人要不断跑来跑去取材料和工具。1908年福特公司创造了T型车，改变了部分工艺，使得技工不必离开工岗，而雇用了一些女工传送材料工具。1913年福特在他的汽车制造公司设计了传送带流水线技术，通过流水线的速度来控制生产效率，并把这种机械流水生产方式与泰勒管理方法（规定动作，计件工资，奖励制）结合起来，把技工劳动改变成熟练工劳动，使一天的汽车产量相当于过去一年的产量。福特流水线形成了美国式大生产的基础,从而结束了手工技术工艺的生产结构。这种流水线的劳动强度极大,工人受不了,辞职率很高,造成工人不稳定。例如1913年工人流动率高达380％。当年底该公司某部门为了增加100个稳定工人,不得不招收了963人。福特公司在底特律附近的著名工厂为了保持14 000个工人正常生产,不得不雇佣52 000人。福特后来也承认他那令人恐慌的发明引起了空前的劳动危机。为了解决这个几乎无法解决的问题,福特第二年把工人工资提高了一倍。

六、泰勒制的影响和效果

福特流水线、泰勒管理法、动作定时分析,这三者被称为美国式管理。它对法国20世纪10—20年代影响较大。1931年德国钢铁联合会负责人曾批判道:"我们把科学吃得太多了,吃盛了。科学技术、科学管理、科学材料、科学市场研究、科学账目平衡等,这一切科学要把我们带到什么地方?"西方工业国发展历史表明,只靠把工作量量化难以解决企业管理问题。

1929年美国的经济危机最终引起了第二次世界大战,它有以下几个教训。第一,德国许多工会领导、科学家和政治家把失业原因归咎于固定产品的高效率的专用流水线。为了建立固定产品流水线,企业投入了大量资金买专用机械,造成大量工人失业。它提高了生产效率,很快造成生产过剩,企业无法用这些专用设备生产其他产品。应该通过加速资本周转,通过更节省的组织措施,提高劳动速度,减少资本需求和制造成本。第二,德国普遍认为,应当立足通用机器。第三,依据市场需要,通用机器可以灵活改变产品。1945年后这种企业规划设计态度在西德成为主流。美国也承认,大批量生产必须依赖市场需求,不应当大量投入专用机器,而应当立足通用机器。

为了减少这些问题,欧洲许多国家企业后来普遍实行小组工岗轮换,例如两三小时交换一次。

泰勒管理法中概括了前人许多经验,然而有三条不可取:只代表企业主利益,用奖金来让工人拼体力,规定很紧张的动作时间。

欧洲各国都强烈反对泰勒制。同样,美国各界对泰勒制的批判也延续至今。美国享有盛名的专门从事社会思潮及公众态度研究的扬克洛维奇·斯凯利·怀特公司的创始人丹尼尔·扬克洛维奇(1989)[81-85]在《新价值:人能自我实现吗?》中严厉批判了泰勒制。他说:

> 本世纪初,泰勒主义及其一系列关于根除低效率、把技术应用于工业过程的"科学"理论脱颖而出。但是,伴随着一些合理的工程原理,泰勒主义也引入了一套武断、幼稚而且令人作呕的社会学的假设。按照泰勒主义的理论,工人(通常是移民)被假定为一群无知的、没有文化的、没有目的但体魄强壮的人。只要管理(具有

超级智能)能够把劳作分成若干简单环节,那么工人就会像牛马般地被驱使去做富有成效的工作。这样一来,工人就被训练成只会做简单重复的动作了。

装配线的管理者们从来没有想到过需要把装配线工人的积极性调动起来才能做好工作。他们想的是只要付给工人适当的工资,就可以使他们接受装配线上的纪律约束,而经济上的不安全感会使他们规规矩矩。几乎没有哪个装配工人对这种艰苦、肮脏、单调的工作说过一句好话,也别指望他们会说好话。

然而若干年来,多数拿计时工资的工人仍然在装配线上(尽管星期一和星期五要比其他时候少一些),而且也确实在制造汽车。为了提高生产力,工人管理依靠的是投资、管理制度和技术,而不是装配工人的积极性。这些所谓的科学管理制度确实提高了生产力。随着生产力的提高,汽车工人的生活水平在工会的斗争下也得到了改善。这些成功似乎证实了"科学管理方法"的正确性。它经受了实用主义的考验,并卓有成效。然而回顾过去,我们可以看出,科学管理的方法之所以行得通,并不是由于有一整套科学管理的理论。五六十年代的装配工人,同大多数劳动力一样,几乎全是已婚男子,而且是家中唯一挣钱的人。为了保持传统的劳动观念,社会要求他们为家庭做出牺牲。装配工作能使他们完完全全地做到这一点。

这种牺牲并不总是受人欢迎的,因为它有时使人蒙受难以容忍的耻辱。但大多数工人还是欣然做出了这种牺牲。装配工作不仅艰苦单调,而且工人的一举一动都受到计时器的束缚,连上厕所和吸烟的时间也受到了严格的控制。与拿月薪的雇员不同,他们在上班时间是不能打电话和闲聊的。汽车制造业中拿计时工资的工人与拿月薪的雇员之间这种由严格社会等级造成的鸿沟令人震惊。但在几乎整个战后时期,这种牺牲对多数已婚男子来说仍然是可以接受的,因为它强调了男人作为家庭中唯一挣钱者这一重要作用。

但是在装配线上,工人的不满情绪到处可见:旷工,干活拖拉,疏忽大意,漠不关心,补缺人数增加,工会的不满,集体讨价还价之前怠工,甚至进行破坏活动。多数情况下,工人们用低劣的产品质量来发泄他们的不满情绪。管理方面对此不惜付出高昂的代价对工人进行层层监督和控制。当然这与视劳资关系为一种敌对关系的看法是分不开的。直到70年代末,密歇根大学提出的报告还说,27%的美国工人(每4个工人中就有1个)对他们生产的质量低劣的产品感到惭愧,不愿购买这种产品。

显然,阶层意识、等级观念、权力主义、竞争态度已成为美国工业管理制度的特征,这与自我实现追求者的价值观念有天壤之别。为了回避这些特征,热衷于追求自我实现的工人们通过不承担义务,而不是不干活来进行报复。他们憎恨雇员与雇主之间存在的明显的等级界线。他们拒绝机械地接受老板的权威。他们想参与影响他们干活的决策活动。他们喜欢的是多样化,而不是例行公事;他们不喜欢拘泥于形式。他们期望他们的工作有趣,而且有一份高报酬,并且期望得到发挥创造性的机会。他们寻找自己应该负的责任,他们愿意制定自己的奋斗目标。他们喜欢以小组为单位进行工作。组员之间的关系是同事关系,而不是严格的等级关系。他们希望不断地得到信息反馈,随时对他们工作的质量给予评价。

总而言之,他们在为修改车间里的付出与获得契约而进行斗争。他们毫不吝惜地把自己奉献给了工作。作为报酬,他们要求得到心理上和经济上的刺激。这些要求对他们很重要,但又使他们难于对付——他们不断向自己提出要求,以此作为他们承担义务的条件。有种种迹象表明,他们所喜欢的工作方式在将来的服务—信息—高技术经济中也许远比过去的工作关系中更有成效。

为了加强自己在世界上的竞争能力,汽车制造工业同其他工业一起,已经开始进行提高工人生产力的新的尝试。在这些尝试中,厂方对工人的态度有了变化。例如,通用汽车制造公司所属各个分厂以前的生产力很低,工人生产情绪不高。现在,公司已经制定出对待工人的新办法。实验工厂已摈弃了泰勒主义的假设,而代之以这样的格言:

- 在装配线上工作的工人可能有经理们未曾想到过的提高生产力的好办法。
- 工人在做出影响工作的决策活动中应该有发言权;如果倾听了他们的意见,生产力以及产品质量是应该得到提高的。
- 至少一部分工人的工作应该尽可能有趣和富有挑战性,而且他们也应该分享成功的奖赏。
- 工人应该受到应有的礼遇,管理与劳力之间的界线应该消除。

在自我实现追求者的价值观念的基础上进行的这些实验,现在已见成效。通用汽车公司已经迅速扩大了试验范围,并提升了那些在试验中立下汗马功劳的执行者们。

七、美国工厂自动化的起源(李乐山,2001)

第二次世界大战期间,虽然美国国内并没有受到战争破坏,但是泰勒制却引起了另一场"国内战争"。从 1941 年到 1945 年,美国 700 万工人参加了 14 471 次罢工,超过了美国以往历史上任何时期。最常见的原因是工人抱怨工厂纪律苛刻和工作条件恶劣,另一个原因是厂方通过机器设计,用非技术的熟练工代替技术工,从而减少工人工资。按照泰勒制,工人的一举一动都被严格规定好了,工人必须紧张高速地工作,而不是通过人道主义的管理设计来改善劳动条件。1940 年到 1945 年期间,美国共有 88 000 工人死于工厂事故,1100 万工人受伤。1943 年福特公司两个工人抱怨工厂条件像监狱一样,而厂方以工作时抽烟为理由解雇此二人,由此引起了 5000 工人"总暴乱",他们占领了人事部门,抢走工人档案。这类事件不仅仅出现在福特公司,也出现在美国许多大型企业。第二次世界大战结束后,工人罢工次数和规模日趋增加,1945 年和 1946 年美国出现了"历史上最大的罢工潮",2700 万工人参加了 4300 次罢工。1950 年一年的罢工达 4843 次。朝鲜战争期间美国 9260 万工人进行过罢工。1954 年"标志着北美的不合作和总崩溃"。

1946 年,美国总统顾问、原通用电器公司总裁威尔逊(Charles Edward Wilson,1886—1972)说:"美国面临的问题可以归纳成两个词,对外是苏联,对内是劳工。"同年,美国《生活》杂志曾总结了美国许多上层人物所头疼的事:"劳动,美国的一个主要问题。"美国一个大公司的管理人员指责一个工人"怠工"。此工人一点也不怕,反而警告说:"我只完成 72% 的效率。"第二天管理人员发现,"他准确地完成了预定工作量,把他的产出效率减少了 28.7%。"工人控制了企业管理,泰勒管理法失败了。(Noble,1984)[3-35]

怎么办? 这个办法就是自动化。对自动控制的研究主要来源于美国麻省理工学院(Massachusetts Institute of Technology,MIT)。

这是由政府和军方推行的,从数控机床到计算机一体化的计算机集成制造系统(Computer Integrated Manufacturing System,CIMS)。目的是发展新时代的泰勒管理法,控制工人。在美国空军支持下,MIT 于 1952 年开始研究数字控制技术。20 世纪 50 年代后期,美国首先在飞机工业的各工厂装备了数控机床,将技术改造和军事目标结合在一起,主要推广了 MIT 设计的"连续路径轮廓加工系统",到 1971 年已经有 5000 台这种数控机床。另一种叫"点到点定位系统",到 20 世纪 60 年代得到商业推广。但是到 1971 年,95% 的小企业没有数控机床。

空军和军用工业界认为,有了数控技术后,可以减少培训费用,减少工人工资,使生产控制权从工人手中转到管理人员手中。他们可以实施垄断控制管理,就不再依赖技术工人的机械加工技能,可以用新机器来管理纪律,生产就不再受"人为错误"和"人的情绪"影响了。企业可以解雇不听话的技术工人和捣乱的工人(工会骨干分子),用驯服的、没有很多技术的"按电钮"工人来代替。一个工人可以操作若干台数控机器。可以通过数控加工纸带来机械式控制加工时间。美国通用电气公司的数控管理顾问说:"今天的自动化从概念说,就是泰勒科学管理的逻辑延伸。"

1959 年 3 月 14 日的美国《商业周刊》(Business Week)说:"严格说,数控不是一种金属加工技术,而是一种控制哲学。"

1949 年控制论创始人维纳写信警告说:"计算机和自动控制系统将会导致无人工厂,这种技术在当前企业家手里,将会导致灾难性的失业问题。"他估计这种危险情况将会在十到二十年后出现。历史表明,他的担忧果真在美国出现了。

控制论创始人维纳一直坚决反对把自动控制应用到工厂。推广这种自动控制引起了新一轮美国的社会问题。1961 年美国总统肯尼迪说："自动控制引起的失业是 20 世纪 60 年代对美国的主要挑战。"

1979 年美国空军又投入 1 亿美元，制定了集中式计算机一体制造的五年计划，它把 CAD、CAM、和 CAE 结合在一起，形成设计、制造和管理一体化。这一大型项目包括七十多个工业和学术机构。空军的目的是建立"未来的工厂"典范，因为"今天许多工厂无法管理，似乎无法控制劳工，开支花费始终是个未知数"，空军出钱资助的整个项目将"治疗这些病症"，并说，该项目的主要收益将是裁减"54%的人员"（蓝领工人）。这一项目不仅在美国引起很大社会反响，也引起欧洲国家的政府担心。（Noble，1984）[231-332]

20 世纪 80 年代后期及 90 年代，CIMS 在欧洲引起了大量失业。

> 1991 年德国北莱茵-威斯特法伦州的劳动、健康和社会部出版了官方第 100 号企业报告《人与技术》（Mensch und Technik，ISBN 3 - 89368 - 100 - 0），它是对欧洲 CIMS 技术的研究报告。该报告提出"以人为中心的 CIMS"，批评以技术为中心的 CIMS 无人工厂。其中对泰勒管理法和福特管理法的批判如下："从健康方面来说，泰勒理性策略把一切系统因素都对准最大企业效率，其劳动强度过大，迫使工人常常超体力劳动，过早损坏健康，导致心理精神病；从质量方面来说，它排斥工人的经验，以专家主导的技术作为基础，把体力劳动与脑力劳动割裂开，排除了人与人的交流合作，全面地压抑了工人的能力（创造性、愉快劳动、积极创造）；从经济方面来说，由于高计划要求和高度控制，企业的经济效果常常是没有把握的，它是一种错误的理性化，增加职业病和失业，降低工人技术水平，企业不考虑这些开销，但是增加了社会负担；从控制方面来说，劳动组织依赖技术，它对生产手段、劳动过程和劳动产出采用集中控制，或者用完全强迫手段，它依赖专家的权力，而对工人不利，把工人排除在技术之外。"

第二节　企业文化建设

一、什么是企业文化

企业文化指企业内的群体行动方式，主要体现在企业的核心价值观念、职业道德、职业行为方式方面，包括人事、生产、财务、人际关系、运行方式、决策方式、市场策略、生活方式、评价方式等。

企业文化决定企业凝聚力的大小。第一方面，核心领导人物的核心价值观念、职业道德、和职业行为方式对企业文化影响很大。如果企业领导人的观念包括个人威严、压力、家族关系、朋友关系、帮派关系，这些方式是以自我中心或个体小农思维方式,那么企业不可能维持长久安定。

第二方面,企业员工的普遍价值观念、道德和行为方式对企业文化影响很大。个体小农最大的问题是金钱驱动,缺乏纪律性、责任感、质量和效率概念,普遍存在贪欲和浪费现象,占企业小便宜。这种个体小农思维方式没有意识到他们的生存是依赖企业。许多企业领导都以为自己能够改变员工的价值观念,因此把大量精力用在开会磨合上。其实 20 岁以后价值观难以改变,只能在招聘时寻找符合要求的价值观的员工,而将技能放在招聘后培养。

二、企业的首要目的是和睦生存

2000 年笔者到企业时经常听企业家振振有词地说:"企业不是慈善机构,企业首要目的是盈利。"这就是把金钱当作企业核心价值观了。这些企业家是否想到过这样招聘来的都是淘金者? 2016 年笔者曾在一个企业调查:"假如企业半年发不出工资,你还愿意干下去吗?"全体工程师和管理人员都回答不会再干下去了。这意味着,当企业遇到这种艰难时,这些员工都不会分担责任,意味着金钱至上把企业家变成了弱势群体。

哪个企业没有经历过艰难? 这个问题可能在深圳最典型。笔者曾见过一个企业半年没有发工资,绝大多数员工仍然坚持在岗工作,大约只离开了 10% 的员工。这个情况在内地某些企业或许会有相反的结果。

企业的首要目的应该是什么? 应该是和睦生存。企业是工业社会最主要的生存方式,只有当员工把企业当作自己的生存依靠时,企业才可能持续稳定。为此,企业家的核心价值观必须是善良和大爱。企业的核心价值观也应该是善良与大爱。

企业应该招收什么样价值观的员工? 企业招收的员工应该具备的核心价值观:善良、大爱、勤劳、节俭、合作、守时、质量、效率等。

企业的核心价值观不应该是什么? 不应该是竞争,不应该是金钱、权势至上。

2012 年,十八大报告提出了社会主义核心价值观,其中没有竞争。竞争是人类社会自古就存在的一种价值观,几千年来,竞争一直被传播,各处都存在。竞争是人性中的负面品质,它导致斗心眼、算计人、拉帮结派,使得人心涣散。最高的竞争就是战争。竞争在人类历史上起破坏作用。竞争和金钱、权势至上观念造成企业生存危机。人类历史上所有的成就都是靠善良、团结、劳动获得的。企业要想持续生存和发展,要在招聘时把竞争者排除在企业外部。

三、我国企业文化的大致现状

1. 我国正从农业社会转向工业化社会,剧烈的社会经济变化导致缺乏社会核心价值体系,这也体现在企业文化中。农耕意识搞现代化是当前的主要问题之一,以个人利益为动力,采取绩效考核的"承包制",缺乏长远眼光和计划性,把大企业划分成小企业,把车间划分成小组,最后把一切工作都承包给个人,让每个人都能看到眼前利益。沿海有些企业采取了比泰勒制更严格的准军事化管理。

2. 大多数企业的文化是一种不明确的矛盾的混合体,包含了个体小农文化、不系统的工业文化,以及西方失败的或早已经抛弃的东西(例如泰勒制)。这些充满矛盾的管理方式造成内部关系紧张,人员不稳定,给企业造成很大损失。必须从我们的文化中复苏,建立企业文化,用企业核心价值观念、职业道德、群体思维行为方式培训员工,这是首要任务。

3. 企业目的不够明确,缺乏长远企业策略、设计策略、生产策略、人才策略、市场策略,总生存在"夹缝"里,误认为"同行竞争"是自己的生存方式,不会"同行联手,共享市场,共渡难关"。不了解现代化是国家民族求生存的一种方式。社会需要和质量是企业产品生存的基础。许多企业不知道应该生产什么。靠投机生存,误认为"人无横财不富",采取"捞一把就走"的投机态度。德国一企业于1877年发明了定位锯,迄今仍然生产这个产品。质量不好,故意生产低质量产品,加速购买速度,各种投机心理是造成许多企业倒闭的根本原因之一。

4. 各种职业角色能力较低,不胜任工作。我们企业的管理者、工程师、设计师、营销者、工人普遍能力较低,把大量时间用于开会,在人事纠纷上花费的精力和时间远大于在设计和生产上花费的精力和时间。

5. 缺乏眼界和经验,仍然以模仿西方产品为基本思维方式,误以为抄袭一个西方产品就可以解救企业。近几年,有些企业误以为可以请外国人来搞好我们的企业文化设计,甚至自夸投资巨额请外国人进行企业文化设计,而不明白企业文化建设必须发掘我们传统文化中适应现代国际环境的东西,同时必须把我们传统的农业文化的价值观念转变为工业社会的价值观念,从个体小农转变为工业人或现代人。

讨论

为了从自由竞争中获益可以采取若干办法,招标或拍卖就是两种办法。然而对付拍卖或招标都是有办法的。你能想出来吗?

例1:1990年在美国某地拍卖我国清朝邮票,其中有一个著名的"满清大龙六方连实寄封",几位集邮家闻讯后乘飞机从美国各地和日本、欧洲等世界各地而来。在拍卖前他们"很偶然"地碰在一起。一个人打了个手势,其他人都点点头。拍卖开始了,起始价报出后,全场一片寂静,没有任何人抬价。某集邮家以底价买回了这枚实寄封,他把其他邮票分给"偶然"遇见的那几个人,然后他们又匆匆忙忙乘飞机回去了。

例2:1998年柏林拍卖二百多张中国邮票,其中大部分都是很普通的邮票,不值多少钱,但是有一张梅兰芳小型张。也许拍卖商不很了解,把这包邮票的起始价定为

200 马克。拍卖开始后,两个华人互不相让,如上战场,价格抬到两万马克时,两人都红了眼,最后一人终于放弃了。拍卖结束后,胜利者找到另一个人火冒三丈地问:"你发疯了,干吗把价抬这么高?"另一个说:"你不也抬价吗? 你胜了还生什么气呀?""我回去没法交代,这个价比国内高得多,我亏透了!"

> 　　在对外贸易中,我国各厂商之间的自由竞争是否给各厂商带来好处了?
>
> 　　以猪皮手套的出口为例,我国是生猪最大生产国,也是猪皮手套的最大生产国和出口国。有人认为这样我国就自然控制了它的国际市场,实际却是另一幅景象。我们的出口商相互杀价,而德国商人统一受"非官方"的工商议会的控制,不允许个人大量进口,因而德国工商议会控制了其进口的质量、数量和价格。1995 年到达德国商人手中的批发价大约是一杯饮料的价格49 分尼(1 分尼当时约兑换 6 分人民币),也就是说2.94 元。这就是自由竞争与群体合作造成的后果,一百年前德国人用这种办法对付英国人的自由竞争,如今用同样方法对付我们的自由竞争。
>
> 　　2002 年 1 月我国外经贸部部长说,在出口贸易中由于我国自己企业之间的价格竞争,使我国的自行车和电视机失去了国外的市场。

　　6. 对自由竞争的误解。自由竞争的含义是:当资源有限时,为争抢分配而出现的一种无序状态,是你死我活的人斗人状态。自由竞争是动物兽性的表现。只要把人群放在生死线上,他们就会争得你死我活。例如,把一群人关两天,然后给他们一杯水,他们就会相互争斗。人类社会自古就存在自由竞争,那时是生存竞争,是战争。自由竞争历来对人类社会起破坏作用。人类历史的发展进步时期都是依靠和睦勤劳,只有英国工业革命中采用了自由竞争。竞争不能带来活力,只能造成内部关系紧张。20 世纪 80 年代和 20 世纪 90 年代初期,不少人以为竞争是企业发展的动力,采取限定人数比例提工资和提职称。自由竞争使人虎狼不如,破坏了人文环境,失去共同生存的基础。应该尽量把可能的人际竞争推到企业外部。

　　7. 误把泰勒制当作科学管理方法。这种量化方法是用自私自利作为动力,使人失去责任感、主动性和创新劲头,使得形式主义泛滥,质量低下。这种管理方法在 20 世纪 50—70 年代把中国农业都搞垮了,如今用它管理工厂的结果可想而知。

　　8. 1997 年经济学家魏杰(1952—)说:"这是一个大浪淘沙的阶段,非常痛苦,我估计再过十年,现在民营企业 200 个中间有一个保留下来就不简单,垮台的垮台,成长的成长。"(《南方周末》,1997 - 02 - 21)一类草创型的民营企业家面临一个被集体淘汰的命运。为什么? 吴晓波(1968—)在《大败局》中提出了导致他们失败的共同因果关系,这可以被看作是失败草创型企业家的大致人模型。

　　吴晓波在《大败局》中对我国新兴企业中一些失败的案例进行了研究,认为他们大多在成长时期跌倒,并且列举了失败的一些共同原因。这些原因从如下若干方面表现出缺乏理性:

　　(1)盲动性。它是非理性的一种表现。决策不借助科学,而纯粹靠感情冲动,不假思索。

　　(2)空想性。它不慎重考虑可行性。在企业管理、决策上表现出浪漫主义色彩。对市场的残酷性缺乏现实的应对策略和自我承担后果的责任感。

　　(3)欲望性。富裕是结果,强盛是结果,是很多因素造成的。把金钱作为唯一的价值动力,是非理性的。用"进入500强"目标代替可行性,只靠欲望是非理性的。把"人无横财不富"作为行动策略,寻求短期爆发机会,盲目追求速度、规模,也是非理性的。

　　(4)浮躁性。急躁、惊恐、狂热的心理状态是非理性的。市场如战场,必须有充分的意志、能力、经验参与那种无休止的市场竞争。

　　(5)投机性。不顾后果,闯规则,用侥幸想象代替因果考虑,不准备承担后果。

　　(6)崇拜性。自我偶像崇拜、崇拜总裁的个人智慧是非理性的。崇拜别人的成功经验或迷信过去的成功经验也是非理性的。

四、如何选择员工的人文素质

　　招聘时,他们都有充分准备应答各种问题,他们会对答如流,然而这些回答并不反映他们真实情况。可以改变招聘方法,让5～10个人为一组,自己选择组长,自己设定讨论问题,自己进行讨论。总之,一切活动由他们自己安排,你只需要在旁边观察就可以了。这样比较容易了解一个人各方面的人文素质。

　　在招聘员工时要注重价值观问题,基本方法是让应聘者回答类似下面的几个问题:

　　1.什么是善良? 你的善良表现在哪里? 你在什么时候会表现不善良?

　　2.什么是大爱? 你的大爱表现在哪里? 你在什么时候会表现出缺乏大爱?

　　3.假如企业半年发不出工资,你会怎么做?

　　4.你最常出现的问题是什么? 贪欲,放纵,说谎,偷懒,占便宜,打闹,偷盗,缺乏责任感,等等。你怎么减少这些问题?

　　20世纪50年代,苏联帮助我国建设了171个项目,其中一些企业的技术在当时并不落后于世界先进水平。然而到了20世纪80年代以后,这些企业大多数不景气。为什么? 如果这些问题没有搞清楚,是否会重复新一轮历史教训? 改革开放以后,我们又从西方引进了一些企业建设项目。是否在若干年后又会出现类似情况?

五、德国西门子

　　西门子1834年从正规高中毕业后,进入军事学院学习工程技术。那个时代是蒸汽机时髦的时代,大量人才都为此奋斗赚钱,可是他却没有读蒸汽机博士,也没有建立蒸汽机企业,而是从事前人从未有的电器业,这是个在当时默默无闻的陌生行业,是个不知前途的行业。1847 年他同精密机械师哈尔斯克(Johann Georg Halske,1814 —1890)合伙建立了"西门子-哈尔斯克精密机械公司",制造信号灯、水表、绝缘导线。19 世纪 50 年代西门子建立俄国电报网。1865 年他在伦敦建立了"西门子兄弟"公司,并承建了伦敦到印度加尔各答之间的电报缆线工程。1866 年他发明迪纳摩发电机。1892 年西门子公司成为世界上最大的电器制造公司。1913 年德国的电器产品占全世界的三分之一。西门子对待事业和金钱的理性可以从他的几封信中表现出来。1865 年西门子给弟弟写道:"纯资本主义的投机项目从事实上和经历上不适合我们。我们不是商人,我们比不上任何一个习惯的吝啬富翁。""假如我赚的金钱不能使那些忠诚地帮助我的人们也得到他想得到的一部分,那么这些钱在我手里就像一块烧红的铁块。"除正常工资外,西门子给工人又增加了利润分红。他的企业管理理性从下面一封信中表现出:"我很早就清楚,只有当全体同事从他们的利益要求中获得愉快的、自然的综合效果作用时,持续扩大的公司才能够满意地得到再发展。要想实现这些,我必须使公司的全体成员按照他们的成就得到报酬和利益。"德国从 1870 年开始工业革命。1849 年西门子为机械工人建立了医疗保险和生命保险。他在 1868 年开始与兄弟和合股人商量建立工人退休金制度。1872 年他在全世界首先建立了矿山和冶金工人的退休金制度,还建立了亡工的遗属和子女的保险金制度。西门子不仅在德国公司中实施这些工人保险制度,还在他的伦敦公司、俄国公司中也同样实施。1888 年他在公司内又建立了医疗服务,1908 年建立了公司的医疗保险。此外,他还在公司建立体育运动设施、儿童之家,1910 年又建立了该企业的休假疗养避暑地。1873 年,西门子把劳动时间减少成九小时,这在当时德国是唯一的。1891 年他又把劳动时间减少半小时,而当时德国大多数公司劳动时间是十小时。同时,他提供学徒培训和提高培训,使他们适应新技术。同一历史时期,德国其他大型企业,例如大型钢铁企业克虏伯(Krupp)也实施了医疗保险、退休金制度、实施职工培训等。

　　第一次世界大战前,德国工人平均每天劳动时间为 9.5 小时。1853 年德国颁发了限制劳动时间和儿童最小劳动年龄法。1862 年普鲁士采矿法规定每天八小时工作制。1905 年规定在工作温度超过 28 ℃的工厂中每班最多工作 6 小时。1878 年的职业法规定 14 岁到 16 岁的青少年每天最多工作 10 小时,1892 年规定妇女每天最多工作 11 小时,禁止青少年和妇女从事夜班工作,在采矿和工厂中禁止星期日劳动。德国在世界上首先实施了三大保险:1883 年实施了医疗保险,1884 年实施了事故保险,1889 年实施了养老保险。到 1914 年,西方各国除德国外实施三大保险的国家如下表所列,其中没有美国。1920 年德国制定了企业职工委员会法,规定企业里必须有代表职工利益的机构。1929 年德国又推行了失业保险制度。

到第一次世界大战前实施医疗保险的国家和时间为：

1889 年：奥地利

1891 年：瑞典

1892 年：丹麦

1910 年：匈牙利

1911 年：英国

1912 年：瑞士

实施事故保险的国家和时间为：

1887 年：英国

1889 年：奥地利

1894 年：挪威

1898 年：法国

1898 年：意大利

1898 年：丹麦

1900 年：西班牙

1901 年：瑞典

1903 年：比利时

1912 年：俄国

1912 年：瑞士

实施养老保险的国家和时间为：

1891 年：丹麦

1898 年：澳大利亚

1908 年：新西兰

1908 年：英国

1910 年：法国

1913 年：瑞典

　　第二次工业革命首先出现在美国和德国，是以电力和化学（尤其是化工和制药工业）为代表性技术，被称为人类技术史上的"人本主义的技术"。西门子在其中占有最重要的地位，他最先把电气技术用于采矿业，大大减轻了工人的体力负担，也提高了劳动效率。迪纳摩发电机出现后，普鲁士矿业部长和西门子都考虑把它应用到矿业中。过去，英国在矿业中只把蒸汽机使用在井下通风和人无法干的活（从竖井中提运矿石），但是掘矿工作面上是靠手工工具。1877 年到 1882 年之间，西门子公司重点研究了电气技术在矿山的应用。西门子首先把这种发电机用作机械动力，解决机械化采矿和运输问题，而不是电灯照明。从人道观点看，这正是当时急需解决的问题,如果只从金钱角度考虑利润,就无法理解这种做法。

西门子对企业规划具有长远眼光,认为必须以技术科学为基础。1883 年他说:"自然科学研究形成了技术进步的可靠基础,如果一个国家不能登上自然科学的顶峰,它的工业决不会达到国际领先地位。"这种远见当时在世界企业界是罕见的。美国人和英国人是从德国人那里才懂得系统研究技术可以转变成工业经济成果。1885 年西门子拿出 15 000 平方米地产,支持普鲁士政府在 1887 年建立了世界上第一个国立研究所:光学和精密机械研究所(现在的德国联邦物理技术研究院,即国家计量院),该所对德国的标准化和计量起了决定性作用,那里曾出现了三个诺贝尔奖获得者。

第三节　王安电脑公司

王安于 1920 年生于江苏昆山。王安六岁上学,一入学就上三年级。在回忆这段历史时,他说:"与同学相比,我那时的处境相当不利,但我觉得尝尝深陷困厄的滋味还是有好处的。这有点像一个不会游泳人被推进水中,你要么学会游泳,而且学得很快,要么就此沉下去。你可能非常厌恶这么学游泳的难受滋味,但是,当你发现自己有能力应付困难时,信心就会增强许多。后来,我通过自己的一番努力,不但能跟上学习,而且也能顶住来自各方面的压力。"(国祥,1996)[8]王安在著名的省立上海中学读高中,校长曾是美国哥伦比亚大学的硕士,该校全部使用英文编写的教科书。

16 岁时,王安考上交通大学电机工程系通讯专业,1940 年毕业于交通大学。1941 年王安和 8 个同学与后方的中央无线电公司签订一项合同,为政府军队设计制造发报机和收音机。他们从日本占领的上海去桂林开始了工作。在日本飞机常常来轰炸下,他们成功设计了手摇发电机。他说:"我们只能从空邮的报刊上知道盟国在技术上的突破,却难以知道哪里才能弄到所需要的无线电元件,也不知道哪一天我们会因缺少重要部件而无法工作。我们当时能坚持工作下去并做出成绩,简直是奇迹。"(国祥,1996)[14]

1945 年王安到美国,进入哈佛大学,1948 年获得哈佛大学应用物理学博士学位。毕业后进入哈佛大学计算机实验室。负责人交给他一个任务,解决信息存储问题,找到一种可以不通过机械运动记录和读出磁存储信息的办法。他答应一个月完成任务使对方大吃一惊。结果他发明了存储磁芯计算机,对当时计算机来说是一项革命性的成果,他为此申请了 34 项专利。1947 年美国贝尔实验室的三位物理学家约翰·巴丁(John Bardeen,1908—1991)、沃尔特·布喇顿(Walter Houser Brattain,1902—1987)和威廉·肖克莱(William Shockley,1910—1989)发明了晶体管(又叫半导体),并于 1956 年获得诺贝尔物理奖。不久肖克莱在硅谷成立半导体实验室,招聘了 8 名优秀的青年(号称八人帮),其中诺伊斯(Robert Noyce,

1927—1990)发明了集成电路技术,成为计算机史上的又一重大成就。20 世纪 60 年代以后集成电路存储技术取代了磁芯存储器。

20 世纪 50 年代初美国 IBM 公司、兰德公司等开始把发展计算机作为重大战略计划,而哈佛却关闭计算机研究的大门,王安决定离开哈佛。1951 年王安以 600 美元的积蓄创办了王安实验室,他买了一张桌子、一把椅子,安装了一部电话,开始营业。三个星期过去了,没有人光顾他的公司。第四个星期,有人订货"两个磁芯",从此订单陆续增多,最多可达 4 个磁芯,价值 16 美元。到 1952 年开业 6 个月时,他净赚了 3253.60 美元。于是 IBM 开始向王安公司挑战。

1949 年 IBM 的执行副总裁小沃森(Thomas Watson Jr. ,1914—1993)在专利局的《官方周报》上看到王安的专利消息后非常惊奇,从此拉开了围攻王安公司的战役。当他们发现王安仅仅是一个人的公司时,立即制定了对付策略。他们说打算购买专利许可证,王安寄去了专利申请原件,IBM 动用它的技术精英,全力研究这个发明的市场前景。他们采用拖延战术,进行旷日持久的拉锯战,既不点头,也不摇头,只说"还需要考虑考虑"。王安想快一点进行,IBM 却故意拖延时间。王安想退出,IBM 又用各种手段迫使他就范。陷在这种谈判中,使王安无法专心干别的事情,他感到筋疲力尽,而 IBM 却谈兴正浓,讨价还价。这样谈判的主动权被 IBM 控制了。1953 年双方达成协议,王安同意提供咨询,并给 IBM 三年购买使用权。王安以为不怕 IBM 再耍什么花招了。但是,王安没有料到,IBM 从其他方面连连拒绝他的要求。在新一轮谈判中,王安给专利出价 250 万美元,被 IBM 拒绝,谈判又陷入僵局。一直到 1955 年秋天,IBM 提出以 50 万美元收购他的专利。王安再也不想把精力花在谈判上了,准备接受此条件。不料 IBM 又提出附加条款,如果第三方对专利质疑有效,IBM 将要收回 40% 的付款,把王安要气炸了。陷入僵局后,IBM 假惺惺做出让步,取消了附加条款。可是,又提出一份列有 58 个问题的调查问卷,甚至对 1948 年 6 月 12 日专利公布的日期也质疑。气得王安大骂 IBM 是十足的无赖,他深深感受到了"弱肉强食"和"尔虞我诈"。直到 1956 年 3 月 2 日双方终于签订了合同,规定了分期支付的时间表和扣除最后 10 万美元的 8 个条件。近 6 年的谈判这样结束了。

1954 年王安公司迁到美国剑桥,波士顿第一花旗银行看中了他的实验室,考察后主动提出给他贷款,条件很优惠,不要王安做个人担保。这笔风险投资的贷款使他渡过了难关。到 1958 年他的公司发展到 10 人。为了与 IBM 分庭抗礼,他需要筹集新的资金。他脑袋发热,与沃纳-斯沃西公司建立股权和债务关系,不料一下失去 25% 的股份,犯下代价昂贵的错误。

20 世纪 50 年代末,美国各类报刊风起云涌,出版业迅速发展,但是用铸造铅字排版的方法效率太低,用计算机照相排版机可以解决这个问题,但是许多计算机公司碰得头破血流。IBM 投入 10 个技术精英,只用了 5 个月就推出了计算机照相排字系统。但是它的存储器价格非常昂贵,出版商无人问津,IBM 垂头丧气地撤出了这个市场。一家年轻的电脑印刷公司与王安连手,王安公司成功推出了"林纳赛克"半自动版面校正排字机,连续三年销路直线上升。到 1966 年,王安公司的销售额第一次超过 100 万美元。但是,电脑印刷公司却决定散伙,独立生产这种照排机,从背后狠狠踢了王安一脚。新闻界称这次分裂是惨不忍睹的人间悲剧。王安说:"并不表明我无能,而是我的对手太奸诈了。"(国祥,1996)[90]

20 世纪 60 年代,诺伊斯发明了集成电路技术,数字设备公司首先使用此技术,推出了崭新的 PDP-1 晶体管的计算机,4K 内存,每秒运算 10 万次。该公司开辟了小型计算机时代,其总裁肯·奥尔森(Ken Olsen,1926—2011)成为小型电子计算机之父。IBM 的小沃森发誓要与奥尔森一决高低,于是集中精锐人员,研制出 SYSTEM360 型计算机。它没能斗倒 PDP-8 计算机,但是在 360 系统构成方面独树一帜。惠普公司本想在计算机市场上一显身手,其总裁戴维·帕卡德(David Packard,1912—1996)拜访了王安公司和 DEC 公司后,认为计算机市场变化莫测,于是悬崖勒马,继续在自己熟悉的领域中发展,从而躲过了一场灾难。

在激烈的竞争中,模仿别人,跟着别人走,是无法生存的。王安以善于在技术上创新而著称。他很清楚,决策是否正确是根本,而决策是否正确主要看是否面向用户,是否为用户着想。他冷静思考,找到了充斥市场的计算机的致命弱点:运算复杂,所以昂贵。他想用一种简单方法计算对数。经过探索,他发现了对数因式组合法,把集成电路简化到 300 个电路,而当时最简单的集成电路也要几千个电路。1964 年他申请了专利。他们开发出了对数计算机 LOCI,按现在眼光看,那是第一个台式计算器。在 1964 年纽约展览会上王安大放光彩,轰动了全美国。《纽约时报》预言:未来的计算机市场,一定是 LOCI 的天下。王安的兼职会计说:"如果这种计算机使用起来更方便些,那么它将会是一台极其出色的商业工具。"(国祥,1996)[101]王安灵机一动,没有学过计算机的人太多了,如果让他们都喜欢 LOCI,那岂不是一个更广阔的市场吗? 他回答了企业经常受困扰的一个问题:跟着龙头适应市场,还是主动发现和开拓市场,以及怎么开拓市场。这也是在美国计算机领域最早出现的"对用户友好"的设计思想。诺曼(Don Norman,1935—)在 1984 年才提出此概念。王安改进了操作和显示方式,于 1966 年推出了 300 型计算器,又在美国引起一次旋风。电脑印刷公司的产品萧条了,又想和王安"携手共创",王安笑了笑,给他讲了"黄鼠狼给鸡拜年"的故事,该公司总裁专心致志地听着这个中国故事,搞不懂意思。最后王安问他:"你在这个故事里扮演什么角色?"他才明白过来,哼了一声,重重地摔下电话。两个产品的成功,大大促进了王安公司的发展,后来又推出了 400 型、600 型、700 型计算器。1967 年王安公司扩大到 400 多人,组成了 80 人的推销员队伍,在美国 40 多个城市推销产品。接着,他又在英国、比利时,以及中国的台湾地区建立了办事处。1969 年王安公司在美国 50 个州和 26 个国家、地区建立了办事处。

1965 年美国达特茅斯学院的约翰·凯梅尼(John George Kemeny,1926—1992)和一个研究小组发明了 BASIC 语言。

英特尔公司成立不久,弗罗曼(Dov Frohman,1939—)便发明了 EPROM 存储器,他被称为"电脑核心教父"。与此同时,日本人到英特尔公司,请求设计一种特殊的芯片,由此霍夫(Marcian Hoff,1937—)发明开发出了世界上第一个 4004 微处理器,这是 1970 年。这两项发明意味着小型计算机将被微型计算机取代。

1971 年王安的计算器价格暴跌,1695 美元的 300 型系列计算器降为 600 美元。1972 年、1973 年、1975 年,美国经济疲软,也给王安公司带来了不景气。

这迫使王安与自己的"宠儿"分手,重新选择新方向开发新产品,但却受到董事会的反对。他不得不强行下命令,退出计算器市场,发展通用计算机,这意味着又要与 IBM 竞争,全公司都捏了一把汗。不久,计算器价格又暴跌,降到 20 美元,有的公司宣布破产,这时王安公司内部的反对派才理解了他的远见。

正当人们的眼睛注视着计算机时,王安接到下属一份报告,建议开发文字处理机。这是一个很不起眼的报告,与市场潮流也不符,但是王安激动不已,他发现办公室是被人们遗忘的角落。他当机立断,组织人马,全力研究该机器。1971 年 11 月顺利发明了 1200 型文字处理系统,它实际上是一台具有编辑功能的自动打字机,也是第一个以显示屏为基础的文字处理系统,被称为"革命性事件"。IBM 公司总裁小沃森在医院里看到此消息马上昏厥过去。1969 年美国司法部裁决 IBM 公司违背了反托拉斯法,垄断了美国计算机工业,要求法院肢解 IBM 公司。此时 IBM 正处在守势,但是,它给王安公司提供的配套电动打字机却少了个零件,使许多用户对王安公司的文字处理系统反映不好。王安又改进推出了新的 WPS 型文字处理机,在纽约的展览会上再一次取得成功。这时王安公司在美国计算机行业中排行第 32。到 1978 年,王安公司已经成为世界上最大的文字处理系统供应公司,也是北美最大的小型计算机供应厂家。到 20 世纪 80 年代,他的公司发展成为跨国大公司,雇员 3 万多人,销售额 30 亿美元。《幸福》杂志列出的全美 1000 家大公司中,王安公司位于第 161 位。

1981 年王安又在香港推出可以扫描并可以处理文字、图像、图片的办公室系统,营业额达到了 8.56 亿美元,1983 年的营业额达 15 亿美元,1984 年达 21 亿美元,员工 3 万多人,在 103 个国家地区设立了 540 个办事处。1984 年美国《福布斯》杂志发表"美国 400 名最富有的人物"名单中,王安排第 8 位。1985 年,美国电子协会向他颁发最高成功奖。他把自己成功的因素总结为:决策简要、互通信息、适可而止、处事耐心、随机应变、果断自信、思想开通、不袭旧套、社会责任感强烈。他提出,企业发展速度要适可而止,技术研究要以社会需要为动力,生产要发现需要,满足需要,企业的生命力在于顺应变化的潮流,不断变革创新,坚持职业道德,公开招股,确保控股权,致力社会公益等。

王安的公司里人才济济。在长期工作中,最使他感动的是推销奇才约翰·坎宁安(John F. Cunningham,1943—2013),他制定的员工规则有 6 条要求:

1. 举止适度,谦虚有礼,态度从容,谨慎机敏,善于应酬;

2. 要有强烈的事业心,要勇于进取不甘落后,富有活力,不为一时的挫折而气馁;

3. 热爱王安公司,对公司要忠心耿耿,要有自我牺牲精神,不惜以个人代价换取工作上的成功;

4. 要充分熟悉公司产品的特点、性能、长处,要有表演示范和详细阐述的耐心和流利的口才;

5. 要注意学习心理学和推销知识,善于了解客户的爱好和特性,采取灵活多变的推销方式;

6. 要具有高度的责任心和敬业精神,要随时注意调查和掌握市场动向、客户要求,主动为公司的产品开发出谋划策。(国祥,1996)[193]

1983 年王安让约翰·坎宁安出任公司总裁。王安在位时,他的敬业和开拓精神起主导作用。一旦王安离开,许多问题就暴露出来了,公司上下充斥骄傲情绪和官僚主义,部门之间不很协调,生产环节不时陷入僵局,账目混乱,售后和维修服务跟不上,总之,缺乏危机感、进取心和开拓精神。另外,王安公司曾给老职员股票优先购买权,后来他把股票抱得很紧,不给新员工。眼看老员工发大财,新员工们怨声四起。坎宁安上台后办事果断,大刀阔斧进行改革,得罪了安于现状的管理人员。几个老臣到王安那里告状,他感到似乎坎宁安不把自己放在眼里,而有篡权之嫌,他似乎失去了过去的判断能力,叫人汇报坎宁安的海外举动,自然得到一份大吃大喝、游山玩水、排斥异己、寻花问柳的汇报。1986 年市场萧条,王安让坎宁安裁员 1600 人,这一举使公司内一切矛头都对准了坎宁安。王安叫他离开公司。坎宁安是美国计算机界名声赫赫的管理人才,许多公司早就想聘请他。IBM 找上门,被他拒绝了。苹果公司创始人史蒂夫·乔布斯(Steve Jobs,1955—2011)亲自光临,坎宁安说:“如果我到苹果公司,你必须满足我的一个条件”,“我首先将你赶出苹果公司”。(国祥,1996)[206]坎宁安进入了一个不出名的小公司,出任总裁兼企业主管。他制定了一个策略,对王安公司釜底抽薪。他拉走了王安公司的重要战将马休斯,又陆续挖走 6 人,王安公司人心惶惶。

王安有两个儿子,长子王列生于 1950 年,次子考特尼,两人大学后都进入了王安公司。王安希望他二人亲如手足。王列会察言观色,深得王安信任。20 世纪 80年代末王列已经是一个部门经理,而考特尼恰好在他手下。坎宁安离开公司后,王安独揽大权,提拔王列任执行副总裁。考特尼无意中发现哥哥与女秘书打得火热,大骂王列是衣冠禽兽。王列又勾引弟弟的女友,这个家庭丑闻被新闻界炒得沸沸扬扬。而王列更甚,向父亲告状,考特尼被迫离家而去。

1985 年王安公司元气大伤,股票贬值。王安决定裁员 1000 人,并把在职人员工资降低 6％。这首先引起质量管理副总裁的反对,他说:"我记得你重新给自己戴上总裁的桂冠时说过,约翰·坎宁安的裁员是法西斯的所作所为,并向全体职员保证,王安公司再也不会采取约翰·坎宁安的那种血腥的做法。"(国祥,1996)[226] 王安大怒,把他也解雇了,并把可能是他的心腹人员统统解雇了。一个开朝元老说:"想当年,为了能使公司支撑下去,竟然连续三个月没有给我发工资。可是,我知道你的难处,照样为你卖命。可现在,你的公司大了,你阔起来了,就开始嫌我们这些曾给你打下江山的老人了。"(国祥,1996)[228] 王列的情人也在被解雇之列,为此她对报界公布了王列的丑闻,得到 25 万美元后离开了王安公司。

在王安赶走坎宁安的同一天,IBM 公司召开绝密的最高层会议,拟订了一个方案,分兵三路,挤垮王安公司。他们在股票市场上刺探王安公司的行情,时刻准备把他公司从股票市场上搞垮。他们抓住王安公司的每一件事情在新闻界大做文章,制造了耸人听闻的消息。王安越辟谣,事情就越热闹,使公司声誉直线下降。用重金收买王安的人作为间谍,夺走了许多客户。并对王安公司的香港分公司实施"美女蛇行动",客户都转向了 IBM 公司,使王安公司蒙受重大损失。而香港办事处主任又在车祸中丧命。王安从中发现海外办事处的普遍性问题,花了一个月出国巡视。王安把眼光投向 IBM 的香港办事处,使它的副主任及 4 名得力推销员转到王安公司,并带来了 250 万美元的订单。重新恢复了香港的阵地。接着王安撤换了巴黎办事处的主任。

在一系列教训之后,王列不再亲近女色,与弟弟和好,把主要精力投入工作。

1955 年 10 月比尔·盖茨出生于一个律师家庭。1968 年他所在中学通过电话线与通用电气公司的 PDP-0 计算机联网,这样,他便成为最早进入计算机房的美国中学生之一。当时上机费用很高,他就从计算机中心调出个人计时账单,修改了上机时间,结果被发现,被停机 6 个月。他又用 BASIC 编了个程序,使这个计算机系统死机。1975 年,他与保罗·艾伦(Paul Allen,1953—)建立微软公司。IBM 决定与他们联手。经过一系列谈判后,IBM 露出了核心机密,准备推出一种个人计算机,为此想与微软合作。1980 年两家签订了协议,不到一年就推出了 IBM-PC 机。盖茨施展手段以 5 万美元低价从西雅图计算机公司购进 SCP-DOS 操作系统,发展为MS-DOS 系统,成为市场上的最大赢家。20 世纪 90 年代市场成为微软的天下。

王安恍然大悟,计划开发个人计算机,然而他的智囊团却拿不出办法。他想与微软合作,但是盖茨不想得罪 IBM,谈判没有成功。王安决定开发自己的微型计算机。在 10 名工程师的努力下,5 个月拿出了样机。但是在广告战中大败,他为一分钟广告出价 420 万美元,另一家却出 840 万。他咬牙提到 1000 万,而对手马上提到 2000 万。1987 年 8 月王安写下遗书。在这时刻,两封电报救了他。王列手拿上海和香港紧急供货电报兴高采烈找父亲。他在楼顶紧紧抱住了王安的双腿。王安简直不相信自己的耳朵,他看到远处就是中国内地。这样银行收回了查封令,他的股票也开始回升。

　　1986 年王安被评为最杰出的 12 位移民之一。1988 年他被选入美国国家发明家名人录,10 月被《商业周刊》评为美国 1000 家最大企业的负责人名单。对于自己的成功,王安说自己一直对中国文化悠久的历史抱有强烈的自豪感。他认为,中国文化有其注重实用的特点,而他是在依照西方条件获得成功的。

　　然而,1992 年王安公司申请破产,从此王安牌电脑从市场上消失。王安公司的衰落,不是因为腐败或行贿受贿。那是什么原因呢?

　　有些文章认为“用家长观念管理大型企业公司”是该公司失败的第一个因素。约翰·坎宁安在公司出类拔萃。公司内有人认为,坎宁安使公司成功发展,他是公司下任领导的最佳人选。但是王安始终抱着一人或一家控制公司的幻想,他曾说:“因为我是公司的创始人,我要保证我对公司的完全控制权,使我的子女有机会证明他们是否有经营公司的能力。”王安自任总裁(董事长),任命他弟弟为总经理,把公司牢牢控制在亲族手里。1986 年他又任命儿子王列为公司总裁,董事会曾多次建议给王列授予一个“使人印象深刻的头衔”,但应避免让这个缺乏经验的年轻人来管理地球上竞争最激烈的行业中求生存的公司,王安却说:“他是我儿子,他能胜任。”在决策发展新产品时,总要冒一定风险,但是王列缺乏这种眼光,从而坐失良机,没想到一年中他的公司亏损了 4 亿。群体内应当竞争,还是合作? 王安认为应当竞争,他要求三个核心工程师在企业内部进行自由竞争,这是美国人的方式。王安实验室里有三个台柱子,他们分别叫考尔科、斯加尔和考布劳(Harold Koplow,1940—2004),他们为公司创造了几十亿利润。考布劳曾经开发了文字处理机,使公司一举成名,由于王列在关键问题的决策思维方式上不是美国人的方式,总说:“大家讨论一下,取得一致观点时再向我报告。”不采纳他的观点,美国人一旦发现自己成就及平等观念不受重视,立刻就失去自己的判断力和信心,这样导致考布劳气愤离走。后来其他二人也离开了公司。斯加尔说:“如果一个人在从事富有创造性实验时,你不可以说,等一等,看看别人的意见,他们是不是也认为这样可行、这样值得。”开发 IBM 兼容机,还是另走新路? 开发自己独立的硬件和软件? 王安在这个关键问题上决策错误,他立志开发硬件。三年后 IBM 个人机已经有 100 多种软件了,而王安个人电脑却连一个软件也不能使用,耽误了三年后,王安实验室才决定发展与 IBM 兼容的个人电脑。由于种族歧视,王安在租房子时曾被拒绝。为了减少歧视,朋友也建议他不要以中国人名字作为他的公司名。但是王安总把这种事情当作动力,更加倍努力。

　　思考题

　　促使王安公司初期发展的主要因素是什么? 后来影响王安公司失败的因素有哪些?

第四节　IBM 公司

　　"家族式企业"并不是中国传统文化中私营企业的特有模式。美国的福特公司、IBM 公司，德国的西门子、奔驰公司都是家族式企业，欧美工业革命中的大部分企业都是家族式企业。IBM 公司成立于 1911 年，最初是一个计算制表公司，制造穿孔制表机、天平、咖啡机、绞肉机等。创始人托马斯·J. 沃森（Thomas J. Watson,1874—1956）17 岁开始从事推销工作，不久进入现金公司。现金公司的总裁帕特森（John Henry Patterson,1844—1922）是美国商业上的"现代销售之父"。托马斯·J. 沃森在现金公司学到了终身受益的东西。1914 年，托马斯·J. 沃森 40 岁时离开了该公司，进入计算制表公司，开始领导经营该公司。他是个职业营销员，而不是工程师，他熟悉经营，并且对美国式经营管理深得其道，他认为，没有销售就没有美国的商业。他的这一思想成为 IBM 在美国成功的诀窍。1924 年他把该公司改名为国际商用机器公司，也就是 IBM。虽然当时 IBM 并不是国际性的公司，但是从这一名字可以看出它的发展定位。他反映了 20 世纪二三十年代美国人创业的特点：白手起家，坚韧不拔，靠个人奋斗创造财富。

　　托马斯·J. 沃森领导的 IBM 是一个典型的家长式管理的公司，他的名声比 IBM 还大。托马斯·J. 沃森很固执，在决策上也犯过重大错误，1941 年拒绝购买复印机技术，该发明人后来自己建立了施乐公司。然而，IBM 靠政府购买穿孔机就已经足够了。

　　他鼓励个人崇拜，把个人相片挂在每个员工的办公室里。为庆祝他从商 33 周年，IBM 公司在世界各地都组织了 IBM 庆祝会。IBM 公司的推销员歌曲《永远向前》甚至这么唱：

> 等待我们的是空前盛况，
> 我们将在每一块土地上，
> 为公司歌唱。
> 我们为每一个开拓者举杯，
> 自豪地祝福一位人中俊杰，
> 他是我们的朋友、我们的导师，
> 他的名字使我们振奋，
> 他便是 T. J. 沃森。
> 为 IBM 祝酒我们无限荣光。
> 永远向前，永远向前。

　　IBM 中有三四十个部门直接由他负责，他的管理方式独断专行。然而，在美国那个时代,也就是 20 世纪 10 年代到 40 年代,属下正需要这种领导,他准确把握了时代需要。那时,美国经历大萧条时期,而他拒绝压缩生产,也拒绝解雇工人,他把产品堆积在仓库里,等待时机。当美国社会保障部要购买时,他一下就拿出机器满足了要求。IBM 人一律穿蓝色套装和硬领白衬衫。IBM 有许多公司口号,例如:充分考虑到每一个员工,不吝惜时间使顾客满意,竭尽全力尽善尽美。最著名的口号是要求每一个员工都"思考"。1932 年他在公司成立了培训部。1937 年一半员工接受了培训,课程多达 24 门。IBM 的工资和福利待遇在美国可能是最好的。例如,任何雇员付 1 美元会费,就可以加入公司的乡村俱乐部,每周提供 3 次晚餐,目的是减轻公司家属的家务。这样,IBM"公司为雇员提供了终身职业的安全感和归宿感。作为公司大家庭的领导人,沃森要求他人忠心不二、俯首帖耳。根据现在的价值观念,我们可以说沃森是一位专横的家长式的领导。确实如此。然而他正是其追随者所需要的。"(麦格劳,1999)[415]

第二次世界大战中其他国家的经济发展都受到破坏,而美国却因战争发展了经济,IBM 也得利于第二次世界大战。IBM 把三分之二的工厂改为武器和军需产品,发展成为美国的大企业,它给军队设计生产了新型打孔机和打孔卡,用于信息记录,为军队生产了 30 多种军用品,包括机关枪、瞄准器、卡宾枪和防毒面罩。军用品的生产一直是促进美国工业、科技、经济发展的最重要因素之一。

IBM 成功的决定因素也正是托马斯·沃森的特长:市场推销方法。他的眼总瞄准国防部的项目。他的雇员知道怎么吸引顾客,知道如何安置机器,知道怎么把顾客与 IBM 拴在一起,而其他公司都未能充分注意到这一点。到第二次世界大战结束时,IBM 成为国际性公司,在 78 个国家设立了办事处。

他的儿子与父亲同名同姓,也叫托马斯·J.沃森。与王安儿子所不同的是,小沃森是个精明能干的人,1940 年的第一天他就完成了全年的销售配额,被评为 IBM 公司最佳推销员。他与父亲老沃森一直不和睦,在每一个重大业务问题上都有分歧,他甚至失去信心,逃离公司去从军,1940 年成为空军军官。他看到军方处处用 IBM 公司的穿孔机处理军饷、人事、军事信息。后来他又恢复信心回到 IBM,1949 年任 IBM 执行副总裁,

IBM 公司于 1946 年步入新兴的电子行业,制造出了 IBM603 型电子乘法器,1947 年制造出了程序选择电子计算机,它长 36.576 米,内有 12 500 个真空管和 21 400 个机械式中继装置。

20 世纪 50 年代 IBM 公司为军方开发了两个项目:B-52 轰炸机的导航计算机、SAGE 空中防御系统。这两项收入占 IBM 公司国内电子数据处理收入的一半,同时还带来好处,可以利用 MIT 等大学开发的计算机技术,还学会了批量生产磁芯存储器等关键技术。为军方开发计算机,是 IBM 成功的一个重要诀窍,一直到现在仍然是 IBM 的一个重要发展战略。但是,王安公司的研发投资主要靠自己

的专利和产品赢利收入,而不是来自政府投资,也没有能够紧密与美国国防部建立业务关系。这是为什么呢？难道王安不明白这一点？不可能。

小沃森发现 IBM 在研发上的投入只有其收入的 2.25%,而父亲仍然抱着穿孔机不放,不相信磁带机。他认为 IBM 在电子时代中仍然处在黑暗时期,技术落后,观念陈旧。他加速了电子计算机的研制,1951 年任命麦克道尔(William Wallace McDowell,1906—1985)为 IBM 实验室主任,并在全球招揽电子技术工程师。IBM 考察了原子能、导弹、密码破译、天气预报、军事演习等领域,得出结论:科学家和工程师需要高效计算机。他把 IBM 发展战略定位在计算机,因为计算机是军方重要发展项目,他们开始实施"国防计算机"计划,获得成功。领导美国第一枚原子弹研究的著名物理学家罗伯特·奥本海默(Robert Oppenheimer,1904—1967)说这台计算机"是对人类极端智慧的杰出贡献",从此 IBM 进入一个新阶段。1955年,IBM 的电子计算机产品的销售额已经突破 5 亿美元,被美国《幸福》杂志评为全美 500 家大企业的榜首。1958 年 IBM 在美国最先给其雇员提供固定工资。小沃森很清楚要使员工树立起主人翁意识。而王安的儿子在这方面却远不如小沃森。1956 年小沃森接班,成为 IBM 总裁。他推出了 IBM 特色的三条经营策略:注重顾客利益,注重员工利益,注重股东利益。他还具有全面的现代企业经营思想,当他接班后,对 IBM 内部管理结构进行重组,废除了 IBM 的企业歌,确定了部门经理和岗位负责制,给各部门较大发展经营的自由,对工资实施标准化管理,并以研发为重点,20 世纪 60 年代初,研发投入从公司纯收入的 15%上升到 50%。

1956 年,在当时美国唯一的风险投资公司(美国研究与发展中心)的投资下,两个年轻的工程师 31 岁的奥尔森和 28 岁的安德森(Harlan Anderson,1929—)建立了"数字设备公司",即 DEC。他们用巨大风险换来了成功。

1961 年 IBM 的销售额达到 20 亿美元。当时美国有 6000 部电子计算机,其中有 4000 部是 IBM 生产的。到 1966 年,IBM 每月可以生产 1000 台当时著名的SYSTEM360 型计算机了。此后 IBM 在 102 个国家建立子公司,每年净赚 13 亿美元。1972 年小沃森退休,1973 年弗兰克·卡里(Frank T. Cary,1920—2006)继任,年产值达 100 亿美元。20 世纪 90 年代初 IBM 的资产已达 500 亿美元。

IBM 的成功因素往往并不是技术创新,很多次 IBM 在技术方面都落在其他竞争对手后面。1960 年,该公司的八种计算机的内部结构都不一样,互不兼容,从工程师角度来说,这种严重缺乏标准化意识是令人难以相信的。

美国的计算机公司为什么能够迅速发展？是不是这些公司科技创新先进？第一重要的因素并不是这些。德国、英国都比美国早发明并应用了计算机。德国人楚泽(Konrad Zuse,1910—1995)最先发明了通用计算机。楚泽生于柏林,在柏林技术大学学土木工程。他感到计算尺太麻烦,萌发思想设计新的计算机器。他认为需要三种装置就可以完成算术运算:存储器、控制器和运算器。1934 年他发明了第一台全机械式的计算机 Z1 型。1936 年他开始制造第二台计算机 Z2 型,他把可靠性看成很重要的设计要求。由于当时电子器件不稳定,而电话交换机中使用的继电器已经是成熟可靠的器件,而且很便宜,所以他采用了继电器。1939 年他开始制造第三台全继电器的计算机 Z3。由于服兵役,他中断了一年工作。1941年他完成了 Z3 型计算机,它的设计先进,是一台由程序控制的通用计算机,由 600个继电器构成运算器,由 2000 个继电器构成存储器。从这时起他又设计了 Z4 型计算机。他的研究工作受到德国航空研究所支持,并且把他的计算机用于设计德国著名的 V2 型飞弹以及飞机。第二次世界大战结束后,Z4 型计算机在德国一直使用了八年。他一共制造了 21 台计算机。1945 年他发明了编程语言"规划计算"(Plankalkuel)。楚泽的设计思想很有远见,这表现在两方面:第一,他从一开始就采用了二进制运算;第二,人机界面在当时(甚至到今天仍然)是一个很困难的问题,为了避免大量的人工操作以及人工操作的出错,他设计了专用区把程序存储起来,很聪明地回避了人机界面的输入难题。

24 岁的英国数学家图灵于 1936 年发表了一篇著名文章《论可计算的数字以及在决策问题中的应用》,提出了图灵机的概念,这是一种抽象的通用计算机。他的想法是用这种计算机来证明数学中存在着不可解的问题,他还证明了有些数字不可计算。他还探讨了各种可能的计算机器类型的逻辑特性。这台计算机的关键问题是脉冲技术和二进制运算。第二次世界大战爆发后,他加入了英国情报机构,从事敌方情报解密工作。战时德国军方使用 ENIGMA 密码通讯机。图灵的任务是设法解密 ENIGMA 代码。他同纽曼(Max Newman,1897—1984)发明了 Robinson 计算机。1943 年他又制造了 Colossus 计算机,它由 1500 个电子管和电磁阀构成,并配备了高速纸带穿孔机。1944 年他制造了 Mark II Colossus 计算机,它包括 2500 个电磁阀,并且在战争结束前制造了 8 台。欧洲国家在第二次世界大战中都受到很大损失,战后面临重建国家基础设施,恢复经济,财政十分困难,根本没有力量大力发展计算机。

20 世纪 50 年代 IBM 等许多计算机公司都不愿意在计算机研究开发中进行投资。当时美国计算机的研发所需要的资金大多出自国防部。当时美国电子、通讯、高级材料、数控机床、飞机等工业的发展都是国防部投资发展起来的。例如在美国参加第二次世界大战前的 1940 年,美国联邦政府给研发投资占 20%,产业界占 63%,其他投资占 17%。1941 年到 1945 年大战期间,美国联邦政府给研发投入占 83%,产业界占 13%。1955 年,美国联邦政府给研发投资占 56%,产业界占40%,其他占 4%。1961 年,美国联邦政府给研发投资占 64%,产业界占 33%,其他占 4%。因此,是否能够得到政府投资,尤其是军方投资,对美国的企业研发是个非常重要因素。为了解决大量信息收集处理问题,美国政府从 20 世纪 40 年代起加大了对计算机投入,IBM 公司受益匪浅。到 20 世纪 40 年代末,IBM 的穿孔机就占领了美国市场的 90%。

1971 年小沃森退休。20 世纪 80 年代计算机行业进入个人电脑时代,1993 年 IBM 宣布损失 80 亿美元,废除了该公司著名的不解雇政策,1994 年 IBM 解雇了 17 万人。小沃森后来写道:"在 IBM 的历史上,技术革新往往并不是使我们成功的决定性因素。很多次我们都落在了别人的后面,但推销方法却显得比技术更重要。从通用自动计算机(竞争对手的产品)出现时起,我们经常能够比拥有更高技术的人卖出更多的产品,因为我们知道如何吸引客户,知道如何安装机器,也知道如何把已有客户拴住。系统知识是我们销售方法中的秘密,这也正是使爸爸经营穿孔卡机获得成功的秘诀,这才是 IBM 能够垄断的东西。我们的竞争对手都未能充分地注意到这一点。"(麦格劳,1999)[404]

本章小结

我们的企业文化建设不能模仿外国,因为各种文化的价值、道德和行为规范不同。我们处于社会转型时期,其关键是从农耕人转变成现代人,这是建设企业文化的目的。"家和万事兴",企业文化的目的是维持企业具有比较和谐的人际合作关系,减少内部紧张,减少各种人为的危险因素。企业文化建设的关键是:核心人物的转变。企业核心人物必须通过学习思考形成现代社会的价值观念、职业道德、企业行为方式,并按照这些内容对企业进行整体构思。立足员工现实情况,并按照预期目标能够进行有效的教育,使员工能够逐渐理解并学会这种现代企业的行为方式。例如,对管理层,应该训练他们具备现代社会的价值观念和职业道德;对一般员工,应该从行为方式进行全面训练。这也是考核各类人员的基本标准。

作业

到一个企业进行企业文化调查,并尝试为企业建立比较可行的企业文化。

第六章　对西方现代化的质疑

本章目的

　　我们对现代化比较陌生,也是我们许多学生的困惑之一。什么是现代化? 现代化是否等同西化? 现代化是否等同无限享受? 缺乏对现代化的思考和了解,是我们教育的一个缺陷,这会影响我国今后几十年的发展。西方的现代化存在许多社会弊病和心理弊病。现代化并不是人类的终极目标。我们要从自己的文化中复苏,建立我们的长远目标,建设我们中国人理想的未来社会。本章尝试在这方面进行一些探索。"大学的今天,是社会的明天。"如果使我们学生对现代化有比较充分的精神准备,那么今后我国的现代化就可能搞得更好一些。

第一节　西方现代化研究

一、西方现代性的含义

　　1.西方现代性的核心价值是叛逆西方传统文化,尤其是叛逆基督教文化。如何叛逆基督教文化? 第一,推崇古希腊多神论文化,实质上是为了复活泛神论文化。以古希腊艺术为名,把古希腊人作为人类楷模,这是由德国人温克尔曼提出的。温克尔曼被称为科学考古学和艺术史的创始人,他年轻时受古希腊的《荷马》影响很大。1765 年他在《对希腊的绘画和雕塑的反思》(*Reflections on the Painting and Sculpture of the Greeks*)中说:"只有一种方法能使我们变得伟大,那就是模仿希腊人。"他的这个观点成为德国现代派的一个宣言。后来洪堡提出模仿古希腊是古典主义,这成为德国古典主义的起源,成为德国思想启蒙运动的主要潮流之一。基督教是一神宗教;古希腊是多神教,实质上没有严格意义的宗教。基督教道德不许奸淫;古希腊宣扬裸体与性,许多神本身就是性解放,宙斯有私生子,所谓爱神阿佛洛狄忒(罗马神话中叫维纳斯)也是淫乱者,雅典妓女们为她建立神殿。古希腊宗教已经失传了,德国现代派实际目的是为了复活日耳曼泛神论。

　　第二,建立"现代"观念,摆脱"传统"(宗教)观念。17 世纪 90 年代初期法国出现"古代人与现代人的争论"。法兰西学院院士佩罗是现代派的领导者。古代派认为古代作者的功绩无法被超越,最好去模仿他们。现代派用 1687 年佩罗写的《路易大帝的世纪》(*The Century of Louis the Great*)向这种观点开火。佩罗试图证明在路易十四时代(现代)的开明统治下,"这个时代比古代任何方面都优越"。他还证明 17 世纪文学的优越性,法国现代文学甚至比《荷马》更优越,断言博学的古代人无法启蒙这个时代的人,现代学术能够使现代人的知识超越古代人。这个概念后来被洪堡的解释取代了,然而这个观点成为早期的历史进步论。

第三,古希腊许多思想家推崇"怀疑主义",这是一种以人为本的观念,也是一种叛逆方法,其实他们都不怀疑自己。这一观念后来被笛卡儿发展成为"怀疑一切",打破宗教信仰,并提倡用哲学与科学代替宗教。

第四,推崇女神。基督教的神是男性的,古希腊有许多女神。西方一些作者宣扬这些女神,他们真正信仰这些女神嘛? 不,这是一种叛逆方法,没有一个哲学家信仰这些女神。

第五,抛弃宗教评价标准,建立以人为本的评价标准。古希腊哲学智者学派的代表人物普罗塔哥拉曾说:"人是万物的尺度,是存在者存在的尺度,也是不存在者不存在的尺度。"

第六,宣扬享乐主义,宣扬物欲横流和性欲横流。西方宗教宣传艰苦劳动,古希腊盛行享乐主义。古希腊追求什么样的生活呢?"亚里士多德很坦率地答道:'是快乐的生活。'他在《伦理学》一书中建议我们不要(像柏拉图一样)考虑如何使人向善,而去想如何使人快乐。他认为除了快乐以外,一切事物的追求都另有目的,只有快乐本身就是一个目的。持久的快乐有几个条件,如家世好、身体健康、容貌俊俏、运气好、名誉好、朋友好、金钱基础好,还有心地好。"(杜兰特,1999a)[691]

第七,提倡创造,以摆脱宗教文化和宗教生活方式,尤其提倡创造文化。艺术再次成为反宗教的工具,成为追求叛逆的工具。傅克斯写道:"创造性的时代都渗透着、饱含着色欲和肉欲。因为创造性的和肉欲的这两个概念是同义的。色欲和肉欲无非是创造力的生理表现。"(傅克斯,2000)[2]

第八,达尔文进化论是对宗教沉重的打击。达尔文进化论又支持并发展了社会进步论。社会进步论认为社会是朝着完美理想的方向去变化的;人逐渐摆脱感性,而用自己的理性来塑造自己。这个观点最初是由 19 世纪初社会达尔文主义者孔德和斯宾塞提出的。斯宾塞最著名的口号是"适者生存"(survival of the fittest),他把进化论引入到社会学和伦理学中,导致社会达尔文主义。20 世纪以后,这些进步论观点被西方抛弃了。

2.军事强大是西方现代性最重要的标准。17 世纪 90 年代初期法国的佩罗提出"现代",指"当前时代优越于过去"。1808 年普鲁士成为法国殖民地时,洪堡又提出"现代"。洪堡用"古典"指古希腊,以古罗马作为现代标志。他的"现代"指要学习"古罗马军事强大"。后来,"军事强大"成为西方判断是否符合"现代性"的最重要标准,而不是经济建设、GDP、城市率、教育程度等。他们认为战争是获得财富的捷径,把古罗马作为军国主义的最高楷模,战争是强大力量的体现,是征服世界的手段。西方现代各国都推崇军事强大,都曾推崇殖民地。第一,古希腊扩张占领了许多殖民地。第二,罗马帝国扩张占领了大量殖民地,覆盖了几乎全部欧洲、中东和北非,包括如今的意大利、西班牙、法国、德国部分、英国部分、塞尔维亚、埃及部分、叙利亚、利比亚部分、突尼斯、土耳其部分等。第三,蒙古帝国从1206年到1259年,横扫欧亚大陆,最西到达德国莱比锡。第四,丹麦从13世纪开始对外扩张,它与挪威结盟,得到挪威领土、格陵兰、法罗群岛、苏格兰的奥克尼群岛、设得兰群岛和冰岛等地。第五,葡萄牙最早成为世界性殖民帝国,1415年开始占领殖民地,后来占领了巴西、非洲海岸和印度局部、安哥拉、莫桑比克、马德拉群岛、亚速尔群岛、印度尼西亚、马来半岛南部的马六甲、中国澳门地区。第六,西班牙16世纪开始了殖民时代,占领了美洲大量土地,包括智利、哥伦比亚、阿根廷、巴拉圭、秘鲁、墨西哥、加勒比海地区、菲律宾群岛,以及西北非加那利群岛、休达、梅利利亚。第五,荷兰1602年开始占领殖民地,例如占领了荷属东印度、中国台湾、锡兰(今斯里兰卡)、荷属印度、荷属孟加拉、马六甲等。第七,亚当·斯密的《国富论》就以古希腊和古罗马占领殖民地为理论依据,并列举哥伦布去美洲寻找金矿的目的,提倡英国到海外扩张殖民地。由此英国曾经成为世界上最大的殖民国家,其殖民的国家共50多个,面积达3000多万平方公里。第八,俄罗斯帝国,自称"第三罗马",占领土地最多,时间最长,直至1866年俄罗斯帝国的领土一直延伸到了东欧、亚洲、北美。全盛时的疆域,北起北冰洋,南达黑海南部,西起波罗的海,东达阿拉斯加(1867年前)。西方现代化国家几乎都对外扩张过殖民地。1945年后的民族解放运动逐渐清除了殖民地。当前军国主义表现为把高科技作为军事水平的主要评价标准。西方现代性认为如果一个国家的武器依赖进口,实际上军事独立性已经不存在了,国家主权和尊严也不存在了。西方判断现代性的最重要的标准不是经济,而是独立的先进的军事工业。

3. 西方现代性推崇商业主义和金融帝国。商业主义的目的是获取大量物质财富,通过物质追求快乐生活,试图用物质取代精神的作用。金钱是它的核心价值。美国试图通过全球化商业来控制发展中国家进行生产,以供美国人享受,而美元本位是一种控制手段。全球化的商业主义是新的经济殖民主义的新表现形式,是摆脱宗教的一种方法。

4. 西方现代性推崇工业主义。如何才能摆脱宗教? 法国哲学家孔多塞最早提出经济与社会发展密切联系。他认为技术进步和经济发展能够改变人们的道德和文化价值,技术进步能够帮助人进一步控制环境,技术进步还能够刺激社会进步,从而摆脱宗教。法国社会学家涂尔干提出社会功能主义,强调社会上各种机构都具有特定的功能,它们相互依赖,彼此相互作用,从而保持文化和社会的统一。他在其最著名的著作《分工论》(*The Division of Labour in Society*)中描述了社会秩序是如何被维持稳定的,"原始社会"如何过渡到经济更发达的更先进的工业社会。涂尔干断言,资本主义社会,当具有复杂的社会分工时,需要通过经济调控去维持社会稳定。他强调,从原始社会进入到先进的工业社会的过渡时期,会出现危机和失控。这也就是他的社会进化论,把古代社会称为"原始社会",把工业社会称为"更先进"。涂尔干依据达尔文的进化论,认为社会和文化的发展过程很像生命体,社会进化类似生物进化过程,社会进步要通过若干阶段,开始处于很简单的低级阶段,然后发展进入复杂阶段,社会要适应它的周围环境,然而环境与社会的相互作用又进一步促进社会进步和发展。问题是,进步是什么含义?发展是什么含义?工业革命短短二百年,就几乎耗尽了地球上的地矿资源。20世纪70年代西方停止发展工业,把工业生产转移到第三世界国家。西方已经改变了"进步""发展"的观念。

5. 西方现代性推崇复杂的社会规则。农业社会比较简单,生活规则、生产规则、交换规则都比较简单。西方现代社会建立了一套非常复杂的社会规则来严格控制金钱,例如复杂的股票市场规则、银行规则、合同规则、法律规则、国际贸易规则和金融规则等。西方声称这些规则可以保障公平,实际上是把更多的财富收敛到美国,也制造了更多的贫穷国家。

二、西方现代化历史阶段

西方经历了两次工业化和两次现代化。

第一次工业化是由18世纪初期(或中期)到1870年在英国首先出现的,接着在法国、比利时等国发生的工业化过程,它以机械制造(武器)、蒸汽机和纺织业为典型工业。这一代工业化在经济上依靠的仅仅是民间的中小型日用消费品的企业,它的政治条件是市民阶层革命先行。第一次工业化后,这些国家发展到了帝国主义阶段。

第二次工业化是由19世纪70年代到1914年第一次世界大战,以美国和德国流水线、电气化和化学工业为代表的发展过程。第二次工业化的政治条件也是市民阶级革命,经济上主要依靠银行和民间大企业,工业化过程与帝国主义并存。

第一次现代化是从1918年第一次世界大战结束到1939年第二次世界大战爆发前,西方国家实施现代化的过程,它以汽车工业为象征。20世纪20年代德国柏林成为西方科学和艺术中心,该时期被德国称为"短暂的黄金时代"。这一时期欧洲落后地区(例如意大利和俄国)以及日本开始工业化,所以又被称为第三代工业化。这些国家在资产阶级革命上并不彻底,工业化与帝国主义并存,在经济上主要依靠国家和民间大型企业。这个时期形成了汽车工业。

第二次现代化是第二次世界大战后从20世纪50年代到20世纪60年代末,以汽车的大量发展、飞机工业的大发展和日用电器的普及为象征,西方国家成为经济发达地区的过程,它经历了"原子能时代"和"自动化时代"。从 20 世纪 70 年代起,欧洲国家改变了工业化以来"发展经济数量"的概念,转变为"发展质量",在西方国家的文化艺术界出现了"后现代"思潮。

与此同时,在第三世界国家出现工业化过程,典型代表是亚洲的新加坡和韩国,以及中国的香港和台湾地区出现工业化高潮,形成亚洲"四小龙",其中三个与儒家文化有关。与西方国家工业化的基本方式不同,四小龙主要依靠政府与外资的结合,依靠民间大企业来实现工业化。此后,在 1976 年"文化大革命"结束后,中国出现迅速工业化的过程。2008 年出现"金砖 4 国":中国、俄国、印度、巴西。

对待历史有如下几种观点:

1. 历史进步论观点。它认为历史过程是"进步"过程,"发展"过程,是朝着理想目标逐渐靠近的过程。认为,工业社会比农耕社会进步,其主要根据是生产力。对此观点持否定态度者认为,所谓的人类社会的"进步"和"发展",这是用达尔文进化论解释人类社会,没有推理论证过达尔文进化论是否适合人类社会。用生产力评价人类社会,这仅仅是因为把生产力当作核心价值和评价标准,而忽视了其他多方面。社会达尔文主义最终导致了希特勒纳粹观点。

2. 社会变迁论或历史曲折论观点。它不用进化、进步观点评价社会现象,而是认为社会存在各种变化,把社会的各种变化都称为变迁。它认为人类社会总出现问题,历史总在寻找问题和解决问题的过程中行进,解决了一个问题后,又出现新问题。人类历史上兴旺一个时期,衰落一个时期,总这样交替。例如,当穷苦时,力图发展经济。当经济富裕了,出现享乐主义等腐败问题,它又使社会败落。它认为人类社会是非常复杂的,而人往往只能看到和解决一部分问题,却又引起了其他问题。发展经济,却污染了环境。这一观点也被称为历史复杂论。

3. 历史退步论观点。它认为工业社会只是在生产力方面高于农耕社会,生产力的过度发展总导致经济危机,在其他方面,例如心理健康、家庭稳定、环境破坏、地矿消耗、战争规模、经济危机等,都比农耕社会恶劣。根据热力学第二定律,封闭系统朝着熵(也就是无用功放出的热)增加的方向发展,这意味着朝更紊乱的方向发展,社会混乱程度逐步增加,人的疾病遗传,因此一代不如一代。

4. 历史拟人论观点。它认为人类历史不是进化的,而是像一个人生过程,经历婴儿期、少年期、青年期、壮年期、老年期,最终死亡。问题是:人类还能生存多长时间?

三、对西方现代化理论的反思

西方的"现代化"概念本身存在几个问题。

1. 对进化论或"进步论"的反思。从工业革命到 20 世纪 30 年代,剧烈的经济危机、革命运动、社会动荡,使得西方社会学界对西方社会普遍持悲观态度。20 世纪 50 年代后,西方把"现代性"与"好""优越"等同起来了,西方一切好事都被认为是现代的,这是历史进步论。西方把进化论的观点用于人类社会,认为人类历史是个发展或进步的过程。这种思维传统产生于苏格拉底以前的学派,在西方中产阶级启蒙运动得到发展,在18、19世纪发展成为"社会进化论""进步论"或社会达尔文主义。经历两次世界大战、经济大萧条时代、原子弹、种族灭绝等历史事件后,进化论的思想不再被西方接受。人类社会有几个过程:起源、成长、成熟、鼎盛、衰退。他们认为当代西方文明已经越过了鼎盛时期,正进入衰退时期。后来不再使用"发展""进步"这些概念了。实际上,西方工业革命的历史过程经常处在"繁荣—危机—复苏"的循环之中,一直被经济危机的可怕阴影笼罩,看不出"发展""进步"。有人提出"社会复杂论",认为"社会进程"的理论多半属于推测性质的,社会学不再是幸福未来的指引者。现代化是一种独特的历史事件,这种事件的原因常常只能推测,而不能证明。现代历史学家不再预言什么必然会发生,寻找根本规律的任务已经被抛弃。解释历史中不容变更的"必然性"的概念不再是合理的。社会变化并不遵循合理性原则和因果关系原则。历史学家强调历史的独特性、偶然性和非确定性。

2. 西方把现代化与西方社会等同起来。日本学者十时严周(1993)[402]说,西方某些人认为,现代化是西方文化,这是以西方文化为中心的天真的民族主义的延续。他提出要彻底批判这种社会达尔文主义进化论的虚伪性。日本学者岸本秀夫质问:现代性在多大程度上是西方的? 西方社会又在多大程度上是现代的? "现代化"并不等于"西方化",搞现代化并不等于把西方国家的历史过程照搬过来。各国现代化必须从自己的文化和国情出发,决不能教条模仿西方。

3. 西方现代化过程掩盖了负面历史事实,例如殖民统治、经济危机、世界大战、家庭问题、道德问题、心理问题、环境污染和生态平衡问题等。(布莱克,1996)[54-55]

4. 西方国家把军事的发展作为评价现代化的一个重要标准。军队是国家主权的象征,武器依赖进口,实际上军事独立性已经不存在了。依赖外国技术,可能使国家主权和自治权遭到破坏。依赖工业国的武器供应,国家的独立性已经不存在了。

5. 西方有一种观点认为,西方社会较早成为一个整体,导致把自己的潜能充分发挥,西方社会在过去已经出现了根本变化,现在开始走下坡路,例如宗教准则的衰退、经济大崩溃、西方社会政治混乱、世界大战、大众社会的突然出现。这一切都是世俗化、工业化、城市化和民主化的产物给西方社会带来的灾难。这些现象在20世纪30年代被看成是社会解体的过程,由于西方历史偏离了轨道,一种反常的历史过程开始了,导致历史大滑坡,并认为这是从文艺复兴、工业革命、法国大革命就开始的问题。

四、对西方现代化标准的批判

1960 年,在日本的箱根召开了"国际现代化会议",讨论了现代化的有关问题。会议上提出了衡量现代化水平的 8 项标准,主要包括如下内容。第一,人口高度集中在城市;第二,使用非生物能源程度高,商品流通广泛,服务设施增加;第三,社会成员广泛参与经济、政治事务;第四,传统社会群体解体,更大的社会流动性;第五,科学化倾向;第六,大众交流网络广泛;第七,复杂的社会组织机构;第八,国家统一,公共关系增加。这个标准实际上是按照西方国家的情况写出来的,受到许多批判,没有被认同。

1966 年普林斯顿大学国际研究中心西里尔·布莱克(Cyril Edwin Black,1915—1989)提出了现代化的标准(以 1973 年美元计算):人均 GNP 为 4000～6000 美元,能源消耗 5000～10 000 千克煤,劳动力就业比例为农业 5％～10％、工业 30％～40％、服务业 40％～60％,各部门占 GNP 比例为农业 5％～10％、工业 40％～60％、服务业 40％～60％,终极用途占 GNP 比例 55％～60％(资本形成 20％～30％,政府开支 25％～30％),城市化比例 50％～70％,中小学入学比例 90％～100％,大学生比例(每百万人口中大学生数量)10 000～30 000 人,新生儿死亡率 1.3‰～2.5‰,食物供应人均每日 3000～3500 卡,医生每百万居民中 1000～2400 人,每人每年投国内信件 100～350 封,电话每千人 100～500 台,报纸每千人发行 300～500 份,收音机每千人 300～1200 台,电视机每千人 100～350 台,最低五分之一居民的收入分配占 4％,最高五分之一居民的收入分配占 45％,最高百分之五居民收入分配占 20％。这个标准只出现在文献中,并没有被采用。

1965 年,坎特里尔在他的《人类事务模式》中采用定量研究,测量了 14 个国家的社会经济发展水平,并采用归一度量值,美国现代化程度为 1,德国为 0.71,以色列为 0.67,日本为 0.60,波兰为 0.45,古巴为 0.35,南斯拉夫为 0.19,菲律宾为 0.17,多米尼加为 0.16,巴西为 0.16,尼日利亚为 0.02,印度为 0.01。这个标准明显是以西方为标准。

1970 年联合国社会发展研究所提出了 16 项指标,评价赤贫、贫困、小康、富裕生活及福利情况的标准。它依据恩格尔系数来衡量生活水平的标准,恩格尔系数在 0.3 以下为高度富裕,0.3～0.4 为富裕,0.4～0.5 为小康水平,0.5～0.6 为勉强度日,0.6 以上为绝对贫困。

美国社会学家英克尔斯(Alex Inkeles,1920—)对现代化标准提出了十大指标:人均 GNP 达到 3000 美元以上,农业在 GNP 中占 12％～15％,第三产业在 GNP 中占 45％以上,非农业劳动力占 70％以上,识字人口占 80％以上,适龄青年受高等教育占 10％～15％,城市人口占 50％以上,每个医生服务人口在 1000 人以下,平均预期寿命在 70 岁以上,人口自然增长率在 1％以下。英克尔斯标准把现代化标准定得过低,只提出了传统工业化时代对现代化的最低要求。这个指标强调现代化的外部表征,如人均 GNP、成人识字率、人口自然增长率等,缺乏现代化价值观念,如现代化的动力、现代化的质量、现代化目标的公正,未提及信息化、全球化、生态化及相关的竞争力、集约化、可持续发展等。多数专家的直接经验及同各类发达国家的对比分析中,均发现英克尔斯标准有"失真"和"高估"之嫌。我国有些地区目前却根据这种指标,去规划自己"率先实现现代化"的战略步骤。

1980 年在世界银行建立生活标准测算研究方法,在《1990 年世界发展报告》中将人均国民生产总值(人均 GNP)300 美元作为"贫困型",300～480 美元为"温饱型",570～2160 美元的为"小康型",2290～5420 美元为"宽裕型",6200～27500 美元为"富裕型"。

1998 年世界财富论坛上,世界著名的财团和企业提出现代化 14 项标准。在这个标准中,已经注意到了网络经济、信息产业和经济全球化对现代化进程的作用和影响,而且也力图使用某些提升了的英克尔斯指标的新标准,去描述自从 20 世纪 90 年代以来全球发展所呈现的新特点。比较而言,世界财富论坛所提出的标准,似乎要比传统工业化时代衡量现代化的标准更加符合实际情况,但是这个系列的标准对进入 21 世纪的世界现代化仍然缺乏深层次的分析和综合,而且最大的症结在于对信息化时代的现代化内涵缺乏逻辑归纳和理性判断,从而引发了应用该标准时产生不少误解和不清晰的结论。

社会进步指数(Index of Social Progress,ISP)是由美国宾夕法尼亚大学的理查德·J. 埃斯蒂斯(Richard J. Estes)教授在国际社会福利理事会的要求和支持下于 1984 年提出的。1988 年埃斯蒂斯在《世界社会发展的趋势》一书又提出了加权社会进步指数(Weighted Index of Social Progress,WISP)。社会进步指数包括 10 个社会经济领域的 36 项指标。10 个领域分别为教育、健康状况、妇女地位、国防、经济、人口、地理、政治参与、文化、福利成就。根据埃斯蒂斯的计算,1983 年中国的未加权 ISP 为 74,属 124 个国家中的第 77 位,加权 ISP 为 37,属 124 个国家中的第 71 位。

我们应该重新发展自己工业社会的文化,没有必要按照西方现代性规划我们的未来,而应该按照善良和大爱的价值观念和需要去规划我国的未来。我国必须分析和研究我国未来的发展方向,探索我们未来的可持续的生态生存方式。我们没有必要按照外国人的标准去评价我们。

五、我国当前一些概况

联合国开发计划署提出人类发展指数如下三个指标。第一,教育指数,用成人识字率(2/3 权重)及小学、中学、大学综合入学率(1/3 权重)共同衡量。第二,健康长寿状况,用出生时预期寿命来衡量。第三,经济发展,用实际人均 GDP 来代表。

1.识字率。据联合国教科文组织 2015 年统计数据,中国识字率(不包括台、港、澳统计数据)排第 49 位(96.4％),朝鲜第 1(100％),拉脱维亚第 2(99.9％),俄罗斯第 13(99.7％),意大利第 25(99.2％),蒙古第 35(98.4％),泰国第 47(96.7％)。澳大利亚、法国、德国、日本等国家没有 2015 年的数据,但据 2007 年统计数据显示的识字率为 99.0％。

2.教育指数。据 2013 年统计数据,中国教育指数(不包括台、港、澳统计数据)排第 105 位(0.610),澳大利亚第 1(0.927),新西兰第 2(0.917),美国第 5(0.890),德国第 7(0.884),英国第 13(0.860),韩国第 11(0.865),日本第 26(0.808),中国香港第 42(0.767),蒙古第 70(0.694)。

3.预期寿命。据世界卫生组织 2015 年公布的数据,中国人口预期寿命(不包括台、港、澳统计数据)排第 53 位(76.1 岁,其中女性 77.6 岁,男性 74.6 岁),日本第 1(83.7 岁),瑞士第 2(83.4 岁),新加坡第 3(83.1 岁),法国第 9(82.4 岁),韩国第 11(82.3 岁),德国第 24(81.0 岁),英国第 20(81.2 岁),美国第 31(79.3 岁)。据联合国经济和社会事务部 2015 年公布的数据,中国香港的人口预期寿命是 83.74 岁,中国台湾是 79.26 岁。

4.人均国内生产总值。据国际货币基金组织 2016 年的统计数据,中国人均国内生产总值(不包括台、港、澳统计数据)排第 74 位,卢森堡第 1,瑞士第 2,挪威第 3,中国澳门第 4,美国第 8,中国香港第 16,德国第 19,英国第 21,韩国第 29,中国台湾第 37,泰国第 89,越南第 136。

5.生活质量指数。生活质量包含下列九个因素。第一,健康:出生时的预期寿命。第二,家庭生活:离婚率(每千人)。第三,社区生活:如国家拥有较高比例的工会会员或上教堂人数。第四,物质福利:人均 GDP(购买力平价)。第五,政治稳定度和安全排名。第六,气候和地理:纬度,夏冬的温差。第七,失业率(％)。第八,政治平均指数和公民自由。第九,两性平等:使用男性和女性平均所得来衡量。据 2013 年统计数据,中国生活质量指数(不包括台、港、澳统计数据)排第 49 位(5.99),瑞士第 1(8.22),澳大利亚第 2(8.12),挪威第 3(8.09),瑞典第 4(8.02),中国香港第 10(7.80),中国台湾第 14(7.67),德国和美国第 16(7.38),韩国第 19(7.25),日本第 25(7.08),法国第 26(7.04),英国第 27(7.01),古巴第 40(6.39)。

6.生活满意度指数。据联合国《人类发展报告》、美国中央情报局和联合国教科文组织的统计数据,2006 年中国的生活满意度指数(不包括台、港、澳统计数据)排第 82 位(210 分),丹麦第 1(273.33 分),瑞士第 2(273.33 分),不丹第 8(253.33 分),文莱第 9(253.33 分),美国第 23(246.67 分),澳大利亚第 26(243.33 分),德国第 35(240 分),英国第 41(236.67 分),斐济第 57(223.33 分),蒙古第 59(223.33 分),法国第 62(220 分),泰国第 76(216.67 分),日本第 90(206.67 分),韩国第 102(193.33 分)。

　　7. 黄金储备。据世界黄金协议 2016 年公布的统计数据,中国黄金储备(不包括台湾统计数据)排第 6 位(1823.3 吨),美国第 1(8133.5 吨),德国第 2(3378.2 吨),国际货币基金组织第 3(281.40 吨),意大利第 4(2451.8 吨),法国第 5(2435.8 吨),日本第 9(765.2 吨),中国台湾第 14(422.7 吨)。

　　8. 清廉指数。2016 年中国清廉指数(不包括台、港、澳统计数据)排第 79 位,丹麦第 1,新西兰第 2,芬兰第 3,新加坡第 7,德国、卢森堡和英国第 10,中国香港第 15,美国第 18,日本第 20,法国第 23,中国台湾第 31,意大利第 60。

　　9. 我国是一个水资源短缺、水旱灾害频繁的国家,如果按水资源总量考虑,水资源总量居世界第 4 位,但是我国人口众多,若按人均水资源量计算,人均占有量只有 2100 立方米,约为世界人均水量的 28%,已经被联合国列为全球 13 个人均水资源最贫乏的国家之一。

　　10. 国际卫生组织 2000 年报告中分析了 191 个成员的医疗资源分配的公正性,主要依据五个指标:所有人口的健康水平,人口中的医疗卫生保健平等与否,群众满意度,不同经济状况人口对卫生体制的反映,人口不同群体的医疗卫生费用由谁负担。我国排名第 188 位。2003 年,我国城镇医疗保障覆盖率为 43%,农村仅 3.1%。法国是提供全面卫生保健服务最好的国家,其次是意大利、西班牙、阿曼、奥地利和日本,美国排名第 37 位。英国排名第 18,医疗卫生保健费用占其本国的 6%。国务院发布的《2014 年中国人权事业的进展》白皮书称,截至 2014 年底,我国城乡基本医疗保险覆盖率超过 95%。

　　11. 公路里程。据 2016 年美国中央情报局出版的《世界概况》(The World Factbook)的数据和我国的统计数据,中国公路里程(不包括台、港、澳统计数据)排第 3 位(457 万千米),美国第 1(656 万千米),印度第 2(487 万千米),日本第 6(122 万千米,日本面积约为我国的 1/25,相当于云南省的面积)。

　　12. 铁路里程。据 2016 年美国中央情报局出版的《世界概况》(The World Factbook)的数据和我国的统计数据,中国铁路里程(不包括台、港、澳统计数据)排第 2 位(19.1 万千米),美国第 1(29 万千米),俄罗斯第 3(8.7 万千米),加拿大第 4(7.8 万千米),印度第 5 位(6.9 万千米),德国第 6 位(4.3 万千米,德国面积 36 万平方千米,陕西和山西面积共 34 万平方千米),法国第 9(3.0 万千米),日本第 11(2.7 万千米),乌克兰第 12(2.2 万千米,乌克兰面积 60 万平方千米,黑龙江和辽宁面积共 61 万平方千米),意大利第 14(2.0 万千米,意大利面积 30 万平方千米),英国第 16 位(1.7 万千米,英国面积 24 万平方千米)。陕西省面积 20.58 万平方千米,2013 年底的铁路里程为 4421 千米。

　　13. 论文发表情况。据"SCImago 期刊排名"的 2016 年发表论文数量排行榜统计数据,1996—2016 年,中国论文发表数量(不包括台、港、澳统计数据)为 4 595 249 篇,位居第 2 位;被引用 32 913 858 次,位居第 6 位(之前有美国、英国、德国、日本、法国);平均每篇论文被引用 7.16 次,位于第 200 位。(http://www.scimagojr.com/countryrank.php)

14.我国教育的一些数据。从 1993 年到 2016 年,由于新生人口减少,我国小学数量从 69.67 万所减少到 22.08 万所,减少了 68.3%。小学生人数从 1995 年的 13 195.15 万人减少到 2016 年的 9 169.26 万人。

20 世纪 50 年代我国高等教育曾得到迅速发展,大学入学率从 0.37% 提高到 1.9%。60 年代以后国外高等教育大发展,我国"文革"中没有按照常规招收大学生。20 世纪 80 年代我国大学毛入学率为 1%,1980 年在校学生人数为 114.4 万。90 年代初毛入学率为 2%。从 1994 年以后,全国大学生人数连续 13 年增加,1997 年毛入学率为 9.1%,1998 年为 9.8%,1999 年为 10.5%,2000 年为 11.3%,招生人数 220.61 万,2003 年为 17%。按照联合国教科文组织的口径,大学毛入学率超过 15% 为大众化阶段。我国 2004 年毛入学率为 19%。2007 年普通高校招生 566 万人,在校人数 1738.8 万。入学率达到 50% 时称为普及型高等教育。2014 年招生 698 万人,2015 年招生 700 万人。

1980 年招收硕士研究生 2.1 万人,1999 年招生 7.2 万人,2007 年招生 36.1 万人,在校人数 110.5 万人。2015 年招生 63 万人。

教育投入。下表列出我国政府 1999 年到 2007 年教育经费投入,根据中国教育新闻网公布的全国教育经费执行情况统计公告。20 世纪 90 年代末,我国公车约 350 万辆,包括私勤人员费用,一年花费 3000 多亿,高于当年教育经费。我国大学毛入学率在 53 个国家中位于第 49 位,国民正规教育年限 11 年,为 49 位。我国人均公共教育支出为 42 美元,美国为 2684 美元。美国从 1990 年以来教育投入占 GDP 的 7%,大约为 7000 多亿美元。我国最高一年为 3.32%,是 53 个国家中最低的。德国为 4%,日本为 4.28%。据网上公布信息说,这不抵当年政府为公车的花费。教育投入严重不足,使得学校不得不花费主要资源去赚钱养活自己,这是教育质量下滑的主要原因之一。

表 6 - 1 - 1　1999—2007 年我国教育经费

年	1999	2000	2001	2002	2003	2004	2005	2006	2007
经费/亿元	2287.18	2562.61	3057.01	3491.40	3453.86	4027.82	5161.08	6348.36	8280.21
教育经费占 GDP 比例	2.79%	2.87%	3.19%	3.41%	3.32%	2.79%	2.81%	3.00%	3.32%

2015 年,全国教育经费总投入为 36 129.19 亿元,比 2014 年增长了 10.13%,占当年 GDP 的 4.26%。2015 年,美国政府教育支出为 10 240 亿美元,占 GDP 的 6.32%。

我国大学毕业生就业率。2005 年高校就业率为 72.6％,其中研究生就业率为 91.9％,本科为 81.7％,高职高专 62.1％。2006 年北京大学公共政策研究所对清华大学等 16 所大学 4000 份抽样调查结果显示,到 2006 年 5 月底全国签约和有签约意向的大学生占 49.81％,不想马上就业的占 15.02％,没有找到工作的占 27.25％。其中农学 78.38％,管理学 58.02％,工学 55.44％,法学 37.85％,教育学 33.33％,医学 31.01％。66.10％的毕业生把工资定位在 1000～2000 元,比过去降低了 1000 元。而 77.3％的用人单位认为大学生对薪酬、地域、个人各种机会、职位要求、行为要求和专业对口的期望过高。

表 6-1-2　我国大学生就业率

年	2001	2002	2003	2004	2005	2006	2007	2008	2009
毕业人数/万	115	145	212	280	338	413	495[③]	559	610
就业率	大约 70％[①]	64.7％[①]	70％	73％	72.5％	49.81％		[④]	
待业人数/万[②]	34	37	52	69	79	200	144[③]	159.6	

①东北教育网引自《中国时报》:http://edu. northeast. cn/system/2006/09/18/050552204. shtml.

②据新华网 2006 年:http://news. xinhuanet. com/school/2006-07/28/content_4886250. htm.

③据新华网报道,2007 年大学生就业率为 70.9％,http://news. xinhuanet. com/edu/2007-10/31/content_6976358. htm

④据大学生就业在线,2008 年大学生就业率为 70％,http://www. gradjob. com. cn/cms/html/xinwenzixun/xinwensudi/rdbd/20080924/3293. html

据《就业蓝皮书》显示,2015 年,全国本科生毕业半年后的就业率为 92.20％,高职高专为 91.20％,有 3％的人选择自主创业。

15. 城市人口比例是城市化的衡量指标。2005 年我国城市人口占 43％,在全世界排第 128 位。菲律宾为 65％,排第 75 位。朝鲜为 63％,排第 78 位。蒙古为 57％,排第 96 位。我国 2009 年城镇居住人口为 45％,美国 1910 年城市人口比例就达到 45％。2013 年我国城镇人口 7.3 亿,占 52％人口,实际上农民工约 2.2 亿,城市户口仅占 35％。2016 年我国政府开始进行户口改革,逐步取消农村户口,促进城市化率。

16. 城市化直接要占用耕地面积,我国山地和沙漠约占国土面积 70％,可耕地面积很少。

2005 年 10 月 31 日,全国耕地面积为 18.31 亿亩,人均 1.4 亩,为世界平均水平的 40％。从 1995 年到 2008 年,平均每年减少耕地 964 万亩左右。国土资源部长徐绍史说:"坚守 18 亿亩耕地红线。"目前,全国已划定 17.2 亿亩基本农田保护区,其中基本农田 16.3 亿亩,占全国耕地面积的 83.6%,实行了永久保护。

表 6-1-3　我国城市人口比例与耕地面积的关系

年	城市人口比例	耕地面积/亿亩	人均耕地/亩
1949	7.3%	14.44	2.7
1952		16.2	2.8(世界平均 5.5)
1957	10.9%	16.77	
1961	15.4%		
1965	12.2%		
1978	17.92%		
1979	20%	20.214	
1991	26.94%	19.61	1.8
1996	30.48%	19.51	1.59
2000	36.2%	19.24	1.50
2005	43%	18.27	1.40
2008	45.68%	18.25	
2015	55.6	20.25	

注:见 http://finance.sina.com.cn/g/20090918/16256768869.shtml。

六、我国清朝后期与西方

1.清朝后期,是不是因为我国经济落后而被西方列强侵略?看一看下面世界制造业产量相对份额就清楚了。1830 年,也就是第一次鸦片战争前 10 年,中国制造业占全世界的 29.8%,而英、法、德、美、意、俄、日总共才占 29.1%。第二次鸦片战争(1856—1860)结束那年,英国制造业占全世界份额的 19.9%,中国占 19.7%,其他帝国主义国家都远比不上中国。(姜秉正,1993)[57]

因此,认为中国经济落后而被侵略是不成立的。与西方国家相比,我们的主要差异在于军事力量太弱。

表 6-1-4　世界制造业产量相对份额(肯尼迪,1988)[181]　　　　　　%

国家	1750 年	1800 年	1830 年	1860 年	1880 年	1900 年
英国	1.9	4.3	9.5	19.9	22.9	18.5
法国	1.9	3.2	3.2	4.2	4.4	4.7
德国	2.9	3.5	3.5	4.9	8.5	13.2
意大利	2.4	2.5	2.3	2.5	2.5	2.5
俄国	5.0	5.6	5.6	7.0	7.6	8.8

国家	1750 年	1800 年	1830 年	1860 年	1880 年	1900 年
美国	0.1	0.8	2.4	7.2	14.7	23.6
日本	3.8	3.5	2.8	2.6	2.4	2.4
中国	32.8	33.3	29.8	19.7	12.5	6.2
印度/巴基斯坦	24.5	19.7	17.6	8.6	2.8	1.7

2.我国清朝时期是不是经济落后造成很大外贸逆差？也不是。第一次鸦片战争后，《南京条约》给了英国五口通商，自由贸易，协定关税（最惠国待遇），割让香港，勒索赔款等。这些帝国主义条款都对我国极为不利，即使在这种情况下，从1840 年到 1860 年，英国对华纱布贸易从 524 198 英镑增加到 5 318 036 英镑，增加了 9 倍。而中国大宗出口，如生丝和茶叶出口分别增加了 30 多倍和 6 倍。从有记载数据看，中国从 1844 年到 1867 年之间，每年都处于贸易顺差，25 年中累计正当贸易顺差达白银 5 亿多元，而鸦片进口占中国进口总值的 50%～60%，消耗白银 6 亿多元。为什么中国被西方帝国主义侵略呢？

3.我国与西方国家当时的主要差距是清朝政府腐败，军事工业不发达，军队战斗力差，其中腐败是第一位的问题。第一次鸦片战争时英国出动 16 艘军舰、4000 名陆军就能迫使清朝政府签订丧权辱国的《南京条约》。第二次鸦片战争中，英军1.8 万人、法军 7200 人就长驱直入中国首都，将圆明园付之一炬。1900 年八国联军进入北京的一共 1.6 万人（日军 8000 人，俄军 4800 人，英军 3000 人，美军 2100人，法军 800 人，奥军 50 人，意军 53 人）。

七、改革开放以来

廖子光在 2008 年的《金融战争：中国如何突破美元霸权》一书中说："比较1961—1987 年的日本和 1980—2006 年的中国，一个是 26 年，另一个也是 26 年，结果日本在 26 年间人均收入超过美国，而中国在 26 年间几乎将本土的自然资源耗尽，整整一代青壮年被作为廉价劳动力遭受压榨，最后人均收入只有美国的 4%不到。""中国走到今日，已是世界经济巨人。可是，中国一不具备市场话语权，二不具备石油等关键商品定价权，甚至连稀土等这些中国占有绝对优势的资源，中国也无定价权。尤为重要的是，'外贸量现已超过中国经济的 70%……当出口部门支配中国经济时，中国本质上是将财富输往美国，换来它在国内不能使用的货币'。（2006 年）中国已累计 1 万亿美元的外汇储备（2009 年 6 月底，中国外汇储备余额为 21316 亿美元——笔者注），相当其每年的国内生产总值，然而，她还没有足够的人民币减轻大面积的贫穷，或资助其社会保障义务，或支付环境保护的费用。美元的不断下跌将使中国越来越贫穷,因为中国的贸易收入是美元,而它在国内消费的是人民币,除非中国要求其出口以人民币结算,而不是以美元结算,否则上述情况将始终存在。"(廖子光,2008)[22]

2008 年美国人均收入是 45 793 美元,中国人均收入是 2458 美元,美国大约是中国人均收入的 18.6 倍。2015 年美国人均收入是 55 980 美元(第 10 位)中国人均收入是 7900 美园(第 76 位),美国大约是中国人均收入的 7.1 倍。

第二节　西方现代性引起的问题

一、西方现代化扩大了世界性的各种危机

1. 出现资本主义以来,各种国际危机从未间断,尤其是美国的金融体制必然导致经济危机。20 世纪 70 年代出现石油危机。1987 年 10 月 19 日美国股市一天暴跌 22.6％,而 1929 年才下降 12.8％。1990 年日本房地产泡沫破裂引发经济危机。1997 年亚洲金融危机。2001 年"9·11"事件,美国股票下跌 14.3％。2007 年美国引发全球金融危机。

2. 西方现代化引起空前规模的国际战争。20 世纪出现了人类历史上最残酷的两次世界大战。第一次世界大战死亡 1000 万人。第二次世界大战死亡 5000 万～6000 万人。现在世界上每天都有战争。仅 20 世纪 90 年代就爆发了 3 次大规模局部战争。1990 年 8 月 2 日至 1991 年 2 月 28 日的海湾战争就是一场大规模的局部战争。1990 年 8 月 2 日伊拉克入侵科威特,1991 年 1 月 16 日美国等多国军队对伊拉克发动军事进攻。

1992 年 4 月 6 日到 1995 年 12 月 14 日的波黑战争,波黑的三个民族波斯尼亚人、塞尔维亚人、克罗地亚人围绕领土和前途进行战争,北约空军袭击,使塞族军事瘫痪,430 万人口中死亡 27.8 万,难民 200 万人。

南联盟科索沃省占人口 90％ 的阿尔巴尼亚民族要求独立,南联盟反对,1998 年 3 月 5 日爆发科索沃战争,北约空军干预,轰炸 78 天,南联盟损失超过它在第二次世界大战中的。

3. 从出现第一辆汽车以来,死于交通事故的人数为 3200 多万,且不说有多少人心理不健康。

4. 扩大了世界贫富之间的差距。1974 年 5 月 1 日《联合国宣言》提出通过国家合作,消除发展差距。但实际上贫富差距却在增大。1971 年确定的穷国有 25 个,2015 年有 48 个。1990 年穷国与富国的人均收入差别为 1∶60,而 1997 年扩大到 1∶74。联合国于 1981 年和 1990 年两次开会,希望发达国家发善心帮助穷国。可是,从 1990 年以来,发达国家对穷国的援助不仅没有增加,反而减少了

45％。贫富差距不仅表现在国与国之间,也表现在发达国家内部。据统计,美国企业主的收入在 1980 年时为职员平均收入的 42 倍,1998 年为 419 倍。联合国认为,20 世纪 90 年代的 10 年是世界经济全球化和科技经济发展最快的 10 年,但也是"最残忍的 10 年"。欠发达国家严重的社会动荡、不停的武装冲突、经济和科技进一步落后、人才流失、自然灾害和人为破坏的日趋严重,使穷国与富国之间的差距越来越大。一些国家政策失误,人口素质低下,无节制生育,使这些国家的经济雪上加霜。20 世纪 90 年代的几次金融危机,最终基本上都由发展中国家承担了后果。迄今为止,发展中国家欠外债总额累计已逾 2.5 万亿美元。发展中国家在经济全球化的过程中大多数处于被动和不利状态。

> 世界穷人有多少?
>
> 　　1971 年有 25 个穷国,2015 年为 48 个。据 2015 年 3 月联合国发展政策委员会制定的标准,全世界最不发达的国家有 48 个,其中非洲 34 个,亚洲 9 个,大洋洲 4 个,美洲 1 个。当前世界上占 5％的人口每天消费的钱占全世界的 96％,而其他 95％的人口,即 57 亿人口只能花 4％的钱。20 世纪全世界饿死的人口有 2500 万,其中最后 20 年饿死了 200 万,而同时农产品和食品却"极大地丰富了"。按每天人均 2500 卡路里的需要来算,地球目前可以养活 100 亿到 150 亿人口,但是索马里、埃塞俄比亚、苏丹等国,每天都有人饿死。发达国家人口平均寿命为 78 岁,而穷国只有 51 岁。世界上有 10 亿人营养不良,其中有 1000 万人的食品被发达国家的猫和狗吃掉了。
>
> 　　世界贫穷人口为 28 亿,其中 7.8 亿处于饥饿状态。比尔·盖茨等全球三个最富有的人的财产,比 48 个最不发达国家国民生产总值的总和还多。60 多个贫困国家的人均消费以每年 1％的速度递减。2005 年非洲人均寿命仅为 48 岁。

二、西方现代矛盾的价值体系引起社会病态

　　西方现代矛盾的价值体系引起社会病态主要体现在亚当·斯密的自由竞争理论导致恶劣生存环境,扩大了社会不公正。一方面物欲横流、性欲横流,另一方面贫困差距扩大,大量失业,家庭破裂,青少年犯罪,毒品,社会动荡不安,频繁出现的金融危机、能源危机、经济危机等。1918 年因禽流感死亡 5000 万人。1981 年美国发现艾滋病,2006 年全球有 3860 万名艾滋病病毒感染者,2003 年因艾滋病死亡 250 万～350 万人。

　　离婚问题对我国社会心理冲击很大。根据我国民政部每年公布的《民政事业发展统计报告》,2003 年以后我国每年的离婚人数都比上年增加 10 万以上(表 6-2-1)。2005 年 6 月 16 日中国社会科学院人口学专家唐灿调研报告指出,据 2003 年北京市统计年鉴公布的数据,2002 年北京市的离婚总数为 38 756 对,当年户籍人口为 1136.3 万,粗离婚率达到 0.682％;当年的结婚数为 76136 对,由此计算出

离结率高达 50.90％,已经成为全国最高。北京市的结婚率在持续下降,婚龄在推迟,丁克家族和不婚者的数量在不断攀升。据北京某区的调查,1982 年由第三者插足引起的离婚案件为 14％,1988 年已达 40％左右。2009 年我国离婚水平已超过韩国和日本,与新加坡同属离婚率较高的国家。我国城市离婚率高于农村,大城市最高。1979 年至 1989 年的 10 年里,上海和北京离婚率分别提高了 5.2 倍和 3.9 倍,同期全国离婚率只上升了 2.1 倍。有人认为,加速城市化也将加速提高离婚率。20 世纪 80 年代以来的全国离婚案件中,由女方提出离婚的约占全部离婚案的 70％左右。20 世纪 90 年代,离婚夫妇的平均婚龄延长为 7.6 年。大学程度的和半文盲人口的离婚率都比较高,中等文化水平人口的离婚率则比较低。女性文化程度越高的离婚概率越高,而男性文化程度越低的离婚者越多。女性农林牧副渔从业者的离婚率为最低,大约只有女性办事人员以及商业和服务性工作人员的 1/5 稍多,而男性农林牧副渔从业者属于高离婚风险的人口群体。有人认为,离婚主要原因包括:缺乏家庭价值观念,个性太强,家务矛盾,激情结婚,第三者插足,夫妻生活不协调,一方残疾或一方犯罪等。离婚对父母伤害太大,对子女的伤害太大。国内缺乏这方面的调查研究和教育弥补工作。美国有人调查认为,在家庭破裂五年后,三分之一以上的孩子患有中度或严重的抑郁症,外界的不正确态度,往往使他们感到孤独苦闷。家庭破裂是美国城市犯罪率高的一个重要原因,有 70％的在押少年犯来自非双亲家庭。此外,家庭破裂还容易引起孩子性早熟、早婚、早孕、非婚生育、离婚。(http://59.75.8.2/jpkc/doc/ppt/chinesetoenglish/Unit％204sl.ppt)另一方面,家庭不幸的人要尽力避免这些问题,周围的人要特别关爱和善待他们。

表 6-2-1　我国近年离婚率

年份	2001	2002	2003	2004	2005	2006	2007	2008
离婚/万对	125	117.7	133.1	166.5	178	191.3	209.8	226.9
增减/万对	+3.8	−7.3	+15.4	+33.4	+12	+12.8	+18.5	+17.1
年份	2009	2010	2011	2012	2013	2014	2015	
离婚/万对	246.8	267.8	287.4	310.4	350.0	363.7	384.1	
增减/万对	+19.9	+21	+19.6	+23	+39.6	+13.7	+20.4	

注:来源 http://www.bjmarriage.cn/newsxx.asp? news_id＝662 和 http://www.chyxx.com/industry/201702/496689.html。

青少年犯罪已经成为社会问题。1990 年青少年犯罪总人数为 82 万。2000 年到 2004 年我国未成年人犯罪的人数平均每年上升 14.18％。2005 年 7 月又比上年同期上升了 23.96％。2009 年北京共青团网报道,全国 2.2 亿青少年学生中,平均每分钟发生一起刑事案件,每年发案总量在 50 万起以上,每年新产生的少年犯人数竟高达 15 万。排在前 5 位的犯罪是抢劫、盗窃、故意伤害、强奸、寻衅滋事。吸贩毒、环境污染、青少年犯罪已成为当今社会的三大公害。主要原因是家庭和学校缺乏善良环境和道德教育,把贪婪欲望作为发展动力,"人活着就是尽情地吃喝玩乐","人生最大的幸福是满足自己的私欲","吃饱喝足,死了不屈",讲求吃喝玩乐,家庭放纵,溺爱子女,唯智力,简单粗暴,使孩子骄横、说谎、冷漠、暴躁、任性、自私、唯我独尊、双重人格、遭遇外界不良诱因,就会专横、胡作非为、违法犯罪,极易到社会上去寻找同情和温暖,从而走向违法犯罪的道路。

近年来,我国青少年犯罪人数呈下降趋势,其中 2015 年青少年犯罪总人数为 4.4 万,但据 2015 年 7 月 1 日《检察日报》报道,青少年犯罪总数占全国刑事犯罪总数的 70%以上。

三、西方现代矛盾的价值体系引起心理病态

西方现代性价值造成许多心理冲突,出现大量的心理不健康问题,而自杀只是其中一种极端体现。19 世纪涂尔干写《自杀论》,就发现自杀是西方的严重社会心理问题。西方工业革命以来的精神病与自杀率迅速上升。2008 年国际卫生组织宣布,全球每年大约有 100 万人自杀,近五十年来增加了 60%。据世界卫生组织 2015 年的统计数据,每年每 10 万人中的自杀人数:斯里兰卡 34.6,韩国 24.1,俄罗斯 17.9,日本 15.4,美国 12.6,法国 12.3,德国 9.1,中国 8.5(不包括台、港、澳统计数据),英国 7.4。

2009 年,我国自杀率为 22.23 人/10 万人,每年大约有 25 万人死于自杀,另外约 200 万人自杀未遂。自杀已经成为我国 15 岁到 34 岁的青壮年人群的首位死因,高于世界平均水平。我国农村自杀率高于城市 3 倍,农村老人自杀率高于城市老人 5 倍,农村自杀人数比例占我国自杀人数的 90%。西方发达国家男性自杀率是女性的 3 倍,而我国女性自杀率高于男性,我国农村 15~25 岁的年轻女性死亡中 1/3 死于自杀,其中半数以上为服农药致死。西方自杀死亡者 95%患有精神障碍,而我国自杀致死者中 1/3 不存在精神障碍,不少人属于冲动自杀,37%自杀未遂者自杀前考虑时间不超过 5 分钟,60%考虑时间不超过 2 小时。我国每年因自杀而失去父亲或母亲的儿童达到 16 万余人。84%的自杀者生活在农村,其中 1/3 是文盲,2/3 的人服农药自杀。自杀主要原因如下:缺乏善良和爱心,家庭价值破灭,人生的绝望,个性过分强,婆媳矛盾,严重的抑郁,人情淡漠,缺乏宽容。2010 年以后我国自杀率明显下降。

中医精神病网 2009 年 4 月 29 日报道,全国精神分裂症、躁狂等重度精神病发病率高达 1%~2%,而各类精神病的总发病率约为 13.6%。目前全国至少有 1600 万精神病患者。这个统计数字还不包括像抑郁症、失眠、心理障碍、人格障碍

等轻度精神心理类疾病(http://www.9958.cc/news/html/? 1009.html)。

新华网 2006 年报道,2006 年上海精神病发病率从 20 世纪 70 年代的 0.32% 增加到 2006 年的 1.55%,翻了 5 倍。广州精神病发病率为 1%,心理完全健康者只占 10%,有轻重度抑郁、焦虑等心理疾病者占 10%,而处于亚健康状态的则占到 70%～80%。2008 年湖南发病率为 1.476%,患者有 80 多万人,为中国最高。(http://news.xinhuanet.com/health/2006 - 10/10/content_5183567.htm, http://www.aliyiyao.com/topic/sjkjb/jbfl/jsfl/.../50833.html, http://wenwen.soso.com/z/q108011602.htm)

据 2014 年第七届全国精神卫生改革现场交流会公布的数据,全国精神病发病率呈上升趋势,已达到 17.5%。

四、西方现代矛盾的价值体系引起生产病态

西方现代矛盾的价值体系引起生产病态。一方面富人的财富迅速积累,另一方面穷人迅速增加,表现为造成无限高效率的生产和高失业率并存。2010 年美国失业率达到 10%,创 1993 年以来最高,2016 年降到 5%。工业革命以来建立的依赖地矿的工业生产模式不可持续,人类必须规划发展下一个历史时代。

五、西方现代矛盾的价值体系引起空前的环境病态

西方现代矛盾的价值体系引起空前的环境病态,主要表现在工业生产废料、垃圾、环境污染、地矿耗尽、环境温度升高、臭氧空洞等问题。本章第四节将对这个问题进行专门分析。

六、西方某些现代人物

美国女作家德博拉·海登(Deborah Hayden)通过大量调查,写了《天才、狂人的梅毒之谜》,该书披露 18 世纪启蒙运动以后西方许多重要人物曾患梅毒。这起源于文艺复兴(14—16 世纪)时期,哥伦布于 1493 年发现新大陆,他们把欧洲的麻疹、破伤风、伤寒、白喉、流行性感冒、肺炎、痢疾和天花带到美洲,使那里死亡 1 亿人,造成人类历史上最大规模的种族灭绝。他们把黄金、土豆、奴隶、巧克力、烟草等财富带回欧洲,也把有梅毒的女奴带回欧洲。他的船员中有 20%～30% 的人感染梅毒,这种病被称为"苍白的罪犯"(pale criminal),是对道德败坏的罪恶的惩罚,全身腐烂,长满脓包。哥伦布本人于 1506 年死于神经性梅毒,临终时一贫如洗。这种疾病开始在西班牙传播,然后又传到意大利、法国以至整个欧洲,甚至许多国王也被感染,之后欧洲死亡 1000 万人,持续 500 多年。一直到 1943 年人们才发现用青霉素可以治疗梅毒,到 20 世纪 50 年代这种疾病才逐渐减少。但是人类太缺乏自律,20 世纪 60 年代末西方又出现性解放,1981 年爆发艾滋病。

梅毒患者包括西方许多著名人物,例如德国古典主义和浪漫主义音乐家贝多芬(Ludwig van Beethoven,1770—1827)死亡时 56 岁,他经常去妓院嫖娼,晚年他情绪低落,在维也纳大街上疯狂踩脚,头发飞扬,边走边哭,有时大声怒吼,像流浪汉窥测别人家而被警察逮捕。奥地利古典主义和浪漫主义音乐家舒伯特(Franz Schubert,1797—1828)死亡时才 31 岁,"渴望快乐的力量把他带入道德堕落的深渊"(海登,2005)[86],他晚年精神错乱。德国浪漫主义音乐家舒曼(Robert Schumann,1810—1856)曾投莱茵河自杀,后被船夫救起,他患严重的精神病,幻觉看到狼和老虎包围了他,进入烈火地狱,46 岁死于精神病医院。

西方宣扬的法国象征主义现代派先驱、最伟大的诗人之一波德莱尔(Charles Baudelaire,1821—1867)以诗集《恶之花》留名后世,该文的主题美与堕落,被指为淫秽,其中 6 首诗与女同性恋和吸血鬼有关,被法国内政部公共安全局查禁。而他说《恶之花》见证对每一件事情的憎恶与仇恨。他 18 岁感染梅毒,数十年忍受疾病各种折磨,与一妓女同居,她很快就带领波德莱尔堕落,最终他享年 46 岁。

法国批判现实主义作家福楼拜(Gustave Flaubert,1821—1880)终身未婚,穿着高雅,却与妓女风流成性,染上梅毒,据说最终在浴室上吊。法国批判现实主义作家莫泊桑(Guy de Maupassant,1850—1893)20 岁染上梅毒,与妓女疯狂来往,后来割破喉咙,举枪自杀未遂,临终前被送入精神病院,最终死于麻痹性痴呆,还有精神病,去世时仅 43 岁。

荷兰后印象派画家凡·高(Vincent van Gogh,1853—1890)和法国的高更(Paul Gauguin,1848—1903)曾经是好朋友,凡·高与妓女有染而得梅毒。疾病造成他们脾气激情暴躁,在一起又激烈争吵中,高更割下凡·高耳朵。凡·高 37 岁时用手枪自杀,两天后去世。他弟弟也有梅毒。高更在 1891 年 41 岁时感染梅毒,开始咯血,一天咯出一公升血,晚年精神不正常,在一个海岛渡过余生,两只小腿都流着脓疮,用肮脏的绷带包住,全身剧痛,为此服用吗啡而上瘾,曾服用砷自杀未遂。

美国第 16 任总统林肯在二十六七岁时,有一段邪恶的激情而染上梅毒,他的三个孩子都夭折了。他死后,他的夫人很悲惨,因梅毒而精神错乱被送入精神病院。

患梅毒的还有俄国沙皇伊凡四世(Ivan Ⅳ,1530—1588)、德国 19 世纪最重要的诗人之一海涅、法国印象派画家马奈(Édouard Manet,1832—1883)。后者 1863 年画的《草地的午餐》被有人当作西方第一幅现代绘画。

英国唯美主义倡导人王尔德(Oscar Wilde,1854—1900)在牛津读大学时,从校园妓女那里感染梅毒。

该书说,德国尼采 23 岁时感染梅毒,被送往瑞士巴塞尔的维勒大夫的诊所。1908 年弗洛伊德曾在会议上说:"尼采患有梅毒。"尼采于 1889 年因感染梅毒而发疯了。他妹妹伊丽莎白(Elisabeth Förster Nietzsche,1846—1935)让莱比锡的著名精神病学家默比乌斯(Paul Julius Möbius,1853—1907)取得了尼采在巴塞尔的病例。1902 年这位大夫出版《病理学的尼采》泄露了诊断结果,并且说尼采心理不稳定是从 1881 年就出现了,而《查拉图斯特拉如是说》第一部写于 1882 年,在这本书中尼采写了大量疯人之言。默比乌斯说,尼采的心理状态本来就已经有病了,只有心智被蒙蔽的人才看不出来《查拉图斯特拉如是说》含有潜在的进行性麻痹,"要有怀疑的心,因为这个人脑子生病了"。另一位心理学家称赞自己发现尼采早在 19 世纪 80 年代就有明显变化,然而却没有人认同他的洞察。著名心理学家荣格(Carl Jung,1875—1961)调查过尼采的个人生活经历,确认尼采 23 岁感染梅毒。据透露,尼采精神错乱时写过最惊人的色情文学,被妹妹伊丽莎白销毁了。尼采在某段时期曾是同性恋,在同性恋妓院患上梅毒。1880 年尼采在信中说:"我这一生可怕的折磨几乎没有间断,这使我渴望一死了之。"

该书还披露,1908—1909 年 20 岁的希特勒在维也纳时,从一名犹太妓女那里感染了梅毒。希特勒在《我的奋斗》中以大篇幅宣扬要对抗梅毒,说"对抗梅毒和妓女是人性最艰巨的任务","犹太人的血液有毒,种族有毒"。梅毒,这是不是希特勒与尼采之间的联系? 希特勒与墨索里尼(Benito Mussolini,1883—1945)公开声称是尼采的信徒,他们二人都曾接见尼采的妹妹伊丽莎白·尼采,并两次朝拜尼采档案馆亲自从私囊里拿钱向尼采档案馆捐款;墨索里尼致信给尼采的妹妹,称"尼采是他最喜爱和最崇拜的哲学家",并为尼采档案馆捐款。1945 年苏联红军占领魏玛,查封了尼采档案馆,宣布尼采的思想是"法西斯学说"。胡适曾严厉批判尼采,他在《国家主义与世界主义》的札记中说:"自尼采之说出,而世界乃有无道德之伦理学说。尼氏为近代文豪,其笔力雄健无敌。以无敌之笔锋,发骇世之危言,宜其倾倒一世,然其遗毒乃不胜言矣。文人之笔可畏也!"

希特勒的纳粹理论部分来自尼采。尼采和希特勒的《我的奋斗》都提出"完整的人""半人",并且把这些概念与"金发野兽"(指德国人)和犹太人联系起来,并且声称这是建立新秩序的决定因素。尼采又提出这两种人分别具有不同的"奴隶道德"和"主人道德"。高贵的道德坚信多数人类是由贪求无厌的、毁灭性的、人类的欲望引导,他们的责任是灌输恐惧以保护文明免于无政府的混乱状态。"完整的人"是"金发野兽""掠夺野兽"。尼采把"高尚的金发畜生"联系到罗马人、雅利安人、日耳曼人和日本人,他们会"为战利品和胜利而疯狂"。"金发日耳曼野兽"是人类的希望以实现其全部潜能。尼采和希特勒都把犹太人称为"聪明的奴隶",认为奴隶的价值是驱使人邪恶有罪。希特勒说金发野兽指古老的雅利安奴隶主,他称其为雅利安征服者,坚信纯种的雅利安征服者对人类的文化具有责任。尼采和希特勒都预言,在野蛮时代之后,将出现新的秩序,金发征服者或超人将把高等文化返回地球。20 世纪 30 年代德国纳粹和意大利法西斯都接受了尼采的观念。尼采曾写《敌基督者:对基督教的诅咒》。

　　奥地利人弗洛伊德写的第一本书是《梦的解析》，1899 年出版。尼采寻找绝对动物性的普遍接受的价值思想对弗洛伊德发展心理分析起了决定性作用。这本书的文笔很差，语无伦次，章节不清，根本无法阅读下去。为什么这样一本书在西方被吹捧得那么高？其实，只有一个原因：否定了西方宗教对梦的解释。梦在西方宗教里有特殊位置，认为在梦里神与人之间进行对话。而弗洛伊德说，"动机常常是一个寻求满足的愿望"，试图用潜意识去解决某些冲突。这与"日有所思，夜有所梦"及《周公解梦》有多少区别？

　　弗洛伊德信仰泛神论，提出泛神论的三个发展阶段：万物幽灵论，泛神论，科学解释。弗洛伊德(1999)[81-92]说："万物有灵论是种思想体系，它不仅给特定的现象做出解释，而且使我们从某个视角将整个宇宙作为一个整体加以把握。如果我们同意权威的观点，人类在漫长的历史过程中曾经发展出如此三种整体学说，万物有灵论(或神话的)、宗教和科学，如同三幅宇宙的伟大画卷。其中，最先产生的万物有灵论可能最严密、最彻底，并对宇宙的本质做出了的确十分完整的解释。""当我们了解到与万物有灵论体系一起出现的还有一整套关于如何取得对人、兽、物或更应说是他们的灵魂的指示之时，并不会感到吃惊。这些指示以'巫术'和'魔法'的名称出现。""巫术本质上可认为是以人们在相似处境下对待人一样的方式对待那些灵魂而对其施加影响的艺术，抚慰它们，向它们赔罪，向它们示好，威胁它们，夺去它们的力量，使它们遵从某人之意愿……""万物有灵论阶段，人们将万能归于他们自己，宗教阶段他们将之转给神明，不过并没有真放弃他们自己的权力，因为他们还保有自己的愿望，以各种方式影响神明的权力。科学的宇宙观不再给人类万能以任何空间，人们认识到他们的渺小，不得不服从死亡与其他的自然必然。"

　　法国萨特的存在主义曾对我国"文革"后两三年的大学生有影响。什么叫存在主义？萨特提出的典型口号是"存在先于本质"。1946 年，萨特在《存在主义是一种人本主义》(*Existentialism is a Humanism*)中说："陀思妥耶夫斯基(Fyodor Dostoyevsky, 1821—1881)曾写道：'假如上帝不存在，任何事情都是允许的。'这是存在主义的起点。任何事情的确是允许的，假如上帝不存在，而且其后果是人被遗弃，而变得孤立无援。"萨特接着说："在 18 世纪哲学的无神论中，上帝的观念被消除了。但是并非都如此，如本质先于存在的观点，有时候我们仍然发现，在狄德罗，在伏尔泰，甚至在康德那里都具有这种观点。他们认为人具有人性，这种'人性'就是人类的概念，这种概念可以在每一个人中发现，它意味着每一个人都只不过是这个普遍概念的一个特例，这是人的概念。"萨特说："我是无神论存在主义的一个代表者。我以更大的一致性宣称，假如上帝不存在，至少有一个存在，它的存在先于本质，这就是人。首先存在人，然后才能确定他的任何概念。"这就是萨特"存在先于本质"的含义。"当我们说到'抛弃'时，这是海德格尔特别喜欢的一个词，我们仅仅是想说上帝不存在，我们仅仅想说，必须最终要得出上帝不存在的结论。19 世纪 80 年代，法国的教授们尽力去构想世俗道德,大概意思是说:上帝没有用,而且是一个代价很高的假设,因此我们做事不需要它。""假如的确存在先于本质,一个人不必考虑解释他的行为依据什么人性本质,根本没有决定论了(这是萨特与其他泛神论哲学家不同的地方——笔者),人是自由的,人可以设定任何价值使人的行为是合法的,人被宣判自由了。"他还说:"这里很清楚,人要么可以选择残忍,要么选择善,事实上,他们的本质都不是这二者。"这种观念被称为是存在主义,"人除自我设计之外,什么也不是"。

　　萨特也承认,存在主义受到各种观念的谴责,它使人生活在绝望的寂静中,当任何解决方法和行动都无效时,最终就会走到存在主义哲学,这种人的状态被谴责为耻辱、肮脏,抛弃了人本质中有魅力和美丽的光明的一面,抛弃了一切永恒的价值和道德,只保留了随心所欲。萨特把这些称为人本主义。存在主义给予人生各种放纵可能性。人们普遍谴责存在主义过分强调人生的邪恶方面。存在主义在一定程度上是由萨特和他女友波娃的关系而引人注意。1929 年萨特和波娃成为情侣,1930 年萨特曾向波娃求婚,她提出如果他们共度余生,她希望自己能继续保持与其他人的性关系(无论是同性还是异性恋人)。这是存在主义的重要观点。波娃是性解放者,也是女权主义的代表性人物。后来萨特提出"签订两年契约"。1943年波娃的教师职业被撤销,因为她被指控诱奸 17 岁女学生。详细情况参见维基百科中波娃的词条。1999 年美国作家阿尔格伦(Nelson Algren,1909—1981)出版《越洋情书》(Lettres à Nelson Algren),公布了波娃写给他的 304 封情书。波娃39 岁访美时认识了他,两人曾经论及婚嫁,称他是"我深爱的丈夫"。

　　后来萨特服用毒品苯丙胺,1973 年他几乎完全瞎眼了,成为名声狼藉的烟鬼,1980 年死于肺水肿。

思考题

1. 西方现代性的含义是什么?
2. 西方现代性引起的主要问题是什么?
3. 你认为我国未来应该朝什么方向发展?

第三节　为什么提出可持续发展

一、西方现代化的负面后果

我们为什么要实现现代化？为了我国人民的生存。西方的现代化是否可持续？不。由于战争、社会不稳定、家庭破裂、青少年犯罪、毒品、社会心理问题、经济危机、环境污染等无法克服的问题。西方从 20 世纪 70 年代就放弃了西方现代性价值追求，由此出现"后现代"概念，重新反思社会核心价值观、生产概念、生产观念等，提出一系列新生存概念进行尝试。

自然界的万物构成一个循环共生的环境，一种生命体的排泄物是另一种生命体的汲取物，由此形成了自然循环链，在这个循环链中没有废物。这种结构被称为生态，达尔文进化论中缺乏这种观念。我国农业社会大致延续了这种自然循环的生存概念。我国农业社会里没有使用水泥、玻璃，基本没有造成不可自然循环降解的"废物"。家庭燃烧的剩余物可以作为农作物的肥料，人畜的粪便也作为农作物的肥料，建筑用的青砖和天然石料也能够被自然界降解，铁器锈蚀后成为氧化铁，唯有陶瓷很难被自然界降解。

西方工业社会以来，为了人的享受而发明制造了大量人工材料（例如水泥、玻璃、化工材料）和人工制品，最终都会成为废物。几乎各种工业生产过程都会产生大量废物，几乎各种人造技术都带来了负面效果。如何处理这些废物？如何发展没有负面作用的技术？这两个问题在工业革命初期并没有认真考虑。人过高估计了自己的力量，以为人能够战胜自然，人能够控制自然。由古希腊传播下来的这种价值观念，正在给人类造成危害。人是自然的一个环节，必须适应自然循环的规律。这应当是我们世界观的一个基本方面。我们必须维护地球的良性循环，才能使自己得到持续生存。我们必须在这种世界观下考虑我们的发展，设计和制造我们所需要的各种东西。

二、西方的"现代"价值观念不可持续

1. 地球上地矿资源的储藏有一定限度，而西方工业化与现代化的富裕是以掠夺式开发地矿资源为基础的，大自然 30 亿年形成的地矿资源在工业革命以来短短的几百年就会被消耗完，这种发展理论造就了人类有史以来最自私的几代人。这种消费观念不可持续。

2. 全世界人口和市场需求有一定极限，不可能无限发展生产和市场的数量。一些企业追求"做大做强"，迅速扩大生产和市场就意味着其他企业生产和市场减小，一些企业的成功必须导致另外一些企业倒闭。这种发展观念不可持续。

3．我们生产的一切产品总有一天都会成为废物而抛弃。自然生态循环有一定的速度和容量，不可能容纳成指数增加的塑料、工业废料、废水、废气和生活垃圾。这意味着，如果不把废物同步处理，总有一天我们会被自己制造的废物和污水（而不是财富）淹没。这种享受观念不可持续。

4．由于社会历史、自然条件等因素的影响，少数国家中的少数人占有的物质财富和消耗的物质财富远多于多数国家和多数人，一些国家的富裕是以另一些国家的贫困为代价的。西方这种现代化理论必然造就国家和地域之间贫富差距越来越大。欧美现代化国家没有想到，这样造成了东欧、非洲、中东地区大量的难民进入西方国家。这种规划观念不可持续。

5．目前这些争夺财富的斗争规则（被称为市场竞争规则）是西方国家制定的，是按照他们的强势建立的，目的是维护他们自己的利益，如果一个国家想不跟随西方这种现代化的模式就意味着受欺负，就意味着贫困。如果参与西方这种现代化游戏，大多数第三世界国家的结局也是贫困和受欺负。这种游戏规则不可持续。

6．西方现代化的核心价值观念之一是求新求变。这种价值观念走向了极端，它意味着不断创造新颖东西。由此在20世纪初出现了"先锋派"的概念，在各个艺术领域，把形式创新的东西称为先锋派。它造就一种心理，要追求各种新刺激感受。最初追求视觉新颖，靠新颖的视觉想象刺激精神和心理。一旦失去这种刺激，就会感到空虚，心烦意乱，魂不守舍。也许这是一些人在青少年某个时期的精神状况，但是并不是人生漫长的基本需要。人的知觉具有一个基本特性，例如寻求刺激，一两次就麻痹了，就需要更强烈的刺激，只有视觉刺激很快已不能满足，再增加听觉刺激、味觉刺激、触觉刺激，最终导致性刺激、毒品刺激。人对创新的含义缺乏长远的判断力，人为创新付出了巨大代价，人的创新能力也十分有限。到20世纪70年代艺术家们叹息，各种艺术形式都有了，还能创新什么呢？从此，先锋派的概念消失了。两百年来西方技术界、艺术界、人文社会界曾经有许多创新，而能够持续保留下来的东西却很少。如今，人们不得不重新思考创新的价值意义。人具有多少创新能力？靠创新能够持续生活吗？

7．西方国家沿着古希腊、文艺复兴、思想启蒙运动、工业化、现代化的道路走到今天，基本实现了他们的理想，然而他们并不满足，感到这些似乎并不是所想象的。于是，人们又回到最基本的一些问题上，如人生的意义是什么，为什么活着，人生什么最重要，成功、财富、强势使人失去了什么，什么是幸福，金钱不能给人带来什么，等等。20世纪末瑞士人均收入全球第一，居住环境如同花园，但是，瑞士人却在生活中感到焦虑、失望和悲伤。2001年日内瓦大学进行了"瑞士人情绪调查"，这一调查结果比1997年的调查结果更悲观。该调查要求描述个人近4年中感情迸发的频率、对生活的满意程度，以及总体健康状况。虽然人们对生活的满意程度提高了，但是在排列前10位的情绪中，愤怒占第一位，其次是喜悦，然后依次是焦虑、悲伤、应急和失望,幸福被排在最后一位。在提及的情绪中,大部分涉及家庭,其次与工作和公共环境有关。愤怒体现在工作中,焦虑、失望和悲伤体现在私人生活中。生活在法语区的瑞士人比德语区的更感到悲伤、憎恶、恐惧、恼怒、负罪感、焦虑和失望,他们经常抱怨患了胃病、腰酸背痛、便秘、乏力以及睡眠不好。他们的物质生活十分富裕,但是人们的生理和心理状态不佳。

　　西方这种现代化的模式和生活方式不可持续。从未来回顾历史就会发现,这种追求物质享受的现代化的过程只是人类历史一个很短暂的时期,它发生在 19 世纪到 21 世纪这个时期。20 世纪 70 年代,西方已经废弃现代化观念,开始探索尝试新的生存方式。

三、西方的现代化不可持续

　　东北地区由于重工业和油田开发,地下水污染严重。从平原来说,松嫩平原的主要污染物为亚硝酸盐氮、氨氮、石油类等,下辽河平原以硝酸盐氮、氨氮、挥发性酚、石油类等为主。从地区来讲,哈尔滨、长春、佳木斯、大连等城市的地下水污染较重。

　　华北地区城乡地下水污染普遍呈加重趋势,主要污染物有硝酸盐氮、氰化物、铁、锰、石油类等,地下水总硬度和矿化度超标严重。北京、太原、呼和浩特等城市污染较重。

　　西北地区地下水受人类活动影响相对较小、污染较轻。内陆盆地主要污染物为硝酸盐氮。黄河中游、黄土高原地区的主要污染物有硝酸盐氮、亚硝酸盐氮、铬、铅等,以点状、线状分布于城市和工矿企业周边地区。兰州、西安等城市污染较重。

　　南方地区地下水局部污染严重。

　　西南地区主要污染物有亚硝酸盐氮、氨氮、铁、锰、挥发性酚等,呈点状分布于城镇、乡村居民点,污染程度较低,范围较小。昆明污染较重。

　　中南地区主要污染物有亚硝酸盐氮、氨氮、汞、砷等,污染程度低。武汉、襄樊、桂林污染较重。

　　东南地区主要污染物有硝酸盐氮、氨氮、汞、铬、锰等。地下水总体污染轻微,但城市及工矿区局部地域污染较重,特别是长江三角洲地区、珠江三角洲地区经济发达,浅层地下水污染普遍。(http://tianqi.eastday.com/news/7534.html)

　　据有关部门对 118 个城市 2 年到 7 年的连续监测资料,约有 64% 的城市地下水遭受了严重污染,33% 的城市地下水受到轻度污染,基本清洁的只有 3%。我国东部地区地下水迅速恶化的城市有齐齐哈尔、佳木斯、哈尔滨、牡丹江、沈阳、鞍山、烟台、潍坊、济南、济宁、上海、嘉兴、杭州、宁波、金华、温州、福州等。我国西部地区地下水水质迅速恶化的城市有西安、宝鸡、兰州、陇西、天水等。(http://www.huiguo.net.cn/news/show/id/280/)

> 2016 年世卫组织数据显示,全球九成人呼吸着脏空气。2012 年中国由空气污染引起的死亡达到 100 万例。2015 年中国空气污染最严重的城市为邢台、保定、石家庄、邯郸、衡水、唐山、廊坊、沧州、天津、郑州、北京、武汉,其中有八个城市在河北。
>
> 2016 年 9 月 30 日中国社会科学院城市发展与环境研究所及社会科学文献出版社的《城市蓝皮书:中国城市发展报告》发布会在京举行。该蓝皮书指出,2015 年全国 288 个地级市中,共有 28 个城市处于相对健康的发展,包括深圳、上海、佛山、苏州、杭州、宁波、广州、长沙、绍兴、东营、无锡、厦门、镇江、中山、温州、扬州、龙岩、岳阳、福州、滨州、湘潭、大庆、西安、昆明、株洲、潍坊、泰安、银川。网上报道没有解释"健康城市"的含义。上述城市也包含了地下水被污染的城市。
>
> 2002 年 3 月 22 日在纪念世界饮水日时,联合国发表报告警告,到 2025 年世界将有 27 亿人口面临严重的饮用水短缺问题,呼吁进行一场蓝色革命,利用海水开发新饮水资源。报告说,当前有 11 亿人口得不到卫生饮用水,25 亿人口得不到适当的卫生用水,每年有 500 多万人死于由水滋生的疾病(相当于战争死亡人数的 10 倍)。未来 50 亿人将生活在饮用水短缺或没有饮用水的地区。

1. 西方的工业生产方式不可持续。西方工业革命的生产方式最终将耗尽自然资源并造成环境污染,那时人类就无法在地球上生存,于是"科学家"提出移居到其他星球上。这是科学还是幻想? 20 世纪 60 年代后期,西方就明白这种生产方式不可持续。为了解决工业生产形成废物这个问题,1986 年丹麦首先提出了"工业生态园"思想,一个工厂的废料是另一个企业的原料,这样把石油精炼厂、发电厂、制药厂、墙壁制造厂组合在一起。美国按照这种思想又建立了四个工业生态园。当人们千方百计去解决这些问题时,突然发现这并不能解决问题,因为这没有解决大量放热问题,仍然是一个危及人类生存的严重问题。煤炭曾是重要能源,但燃烧煤炭引起严重的空气污染。这些现代化的"科学技术知识"都将成为无用的垃圾。

我们现在不应该极力追求物质享受,而应当趁现在地矿资源还没有消耗尽,反思现在的人生观念、社会模式、生活方式、幸福观念、享乐主义、能源消耗、城乡模式,利用这些资源探索未来可持续生存的价值观念、生存环境、能源概念、交通概念等。当这些地矿资源耗尽时,可以用这些新的生存环境维持人类的生存。

2.西方的城乡模式不可持续发展。为什么要区分城市与农村? 西方的城市是什么概念? 我们为什么需要这样的生存方式?

城市有什么好处? 交通和通讯便利,就业收入高,教育资源多,医疗条件好,购物方便。为什么不能按照人们的这些需要去建设农村? 现在的城市概念来自西方,它产生了若干严重的生存问题。

各国现代城市有些问题无法根本解决。

第一,交通堵塞。迄今为止,世界各国没有一个大城市能够解决交通堵塞问题。与此紧密相关的一个问题是城市交通事故。汽车毕竟是一个几吨重的钢铁块，从根本上说，高速行驶的汽车本身就是危险根源。未来的交通是什么观念？未来的交通靠什么？

第二，地下水的污染和枯竭。20 世纪 50 年代一般我国北方城市自来水厂的地下水源不到 100 米深。经过 60 多年，如今许多城市在几百米深度几乎很难找到可饮用的水源，水质较好的地下水源往往在 1000 米左右。表面上，这反映了这种"发掘城市地下水"的概念不可持续。进一步分析就会发现，这是城市设计概念所造成的严重问题。我们用大量的建筑和水泥柏油道路覆盖了城市的大量面积，使雨水无法渗入城市地下。这些"现代化建设"的努力结果造成大多数城市严重缺水，地面下陷，建筑倾斜。另一方面，城市设计中把雨水看作"废物"通过地下排污管道排走了，造成地下水位集聚下降，甚至引起有些城市（西安）地面裂缝。另外，由于工业企业集中，大多数城市地下水严重污染。

第三个，粪便对水的污染。过去人粪便被作为农业肥料运往农村，这样形成了生态循环。如今我们抛弃了这种正确的生活方式，投入巨资修建家庭住房和城市的排水系统，把粪便作为废物通过下水管道排泄出去，通过地下管道排到江河湖海里，造成大面积的粪便污染。例如，上游的排水系统把城市污水排到河里，而下游又把河水抽上来，经过处理成为城市居民的饮用水。20 世纪 80 年代后期，长江每年被灌入污水 58 亿吨。20 世纪 90 年代以来，长江的年工业废水量超过 200 亿吨，几乎占我国污水的一半。2000 年我国 75% 的饮用水中细菌污染超过卫生标准。

第四，城市产生大量垃圾。城市四周将环绕耸立着高大的垃圾山，这些垃圾山一天天迅速增加，最终可能把城市淹没掉。

第五，城市热集中，生活紧张引起大量城市病（例如，精神类疾病和心血管疾病），城市航空交通可能把严重传染性疾病在一天内传变世界各地。

第六，如果我们不从历史角度把能源、城市、交通、污染等问题作为一个整体考虑，也许我们花上百年时间建设的城市会成为一个巨大的历史性的废墟。

> 德国之声网站 2002 年 1 月 4 日文章：德国东北部恢复沼泽地初见成效。过去进行所谓的沼泽变良田的行动带来了大规模的破坏。通过修建长达几千公里的引水渠，把大片大片的沼泽地人为地抽干了。在沿海地区，人们修建了约 600 个海坝，把自然的潮汐挡住了。人为改变河道使沼泽地迅速干涸，使沼泽地的绿肺功能逐步丧失。2000 年初，德国东北部的梅克伦堡—前波美拉尼亚州通过了宏伟计划"保护与恢复沼泽地"，到 2001 年 12 月已经有 600 公顷沼泽地成功回归自然。该州有沼泽地 30 万公顷，占全州面积的 12%。（《参考消息》2002 年 2 月 4 日第 7 版）

3. 室内装修的结果是什么？20 世纪 60 年代世界最有影响的建筑设计和工业

设计学院(德国的乌尔姆造型学院)就坚决反对室内装修,他们主张提高建筑质量,符合下层人民的经济基础。20世纪90年代以来,家居装修成为我们许多家庭追求现代化的一个重要标志。可是现在的家具装修给我们带来了什么?北京市儿童医院一位医生统计,该医院十分之九的白血病小患者的家庭在半年内曾装修过。各种装修材料中所含的甲醛、苯、氨和放射性物质都是致癌物质。燃烧产物造成室内空气污染。做饭与吸烟是室内燃烧的主要污染,从油烟和香烟产生的烟雾中已经分析出3000多种物质,其中许多是致癌的。难道要追求这样的现代化生活?

4. 家电报废。我们几乎都把家用电器作为家庭现代化的另一个重要标志。一切家电经过一定使用年限后,都将变成废品被抛弃。西方各国都正在为这个严重问题伤脑筋。2001年底,我国的电冰箱保有量达1.2亿台,洗衣机达1.7亿台,电视机达4亿台,电脑达1600万台。其中的大部分已经进入或即将进入报废期。我国从2003年起进入家电废弃高峰期,每年电冰箱报废量达400万台,洗衣机和电视机的年均报废量都达到500万台以上,再加上空调和电脑的报废,每年总计有1500万台大家电报废。这些废弃家电里的氟利昂是破坏臭氧层物质,铅、镉、汞等重金属都对人类造成严重危害。废弃家电的回收与处理成为一个紧迫问题。

5. 农业生产方式不可持续。城市化是西方现代化的一个重要标志,由此引起我国农业耕地面积减少。2000年地球上有32亿公顷土地可耕种,人均0.28公顷,澳大利亚人均2.88公顷,美国人均0.72公顷,印度人均0.19公顷,我国人均才0.08公顷。根据《世界资源报告》估计,2025年世界人均耕地将下降到0.17公顷,而亚洲将从目前的人均0.15公顷下降为0.09公顷。我国的耕地面积问题更突出。以1993年为例,全国农田受污染面积占耕地总面积10%,全年实际减少62万公顷耕地,相当于青海省的耕地面积。2005年我国人均耕地面积下降到0.053公顷,达到联合国粮食组织确定的警戒线。

与此同时,我们耕地质量也在恶化。过去我们的传统农业生产主要靠人畜粪便作为肥料来源。结果盲目模仿西方,在农业中大量使用化肥,把人粪便作为城市废物排泄大量污染了河流,化肥的大量使用导致土壤板结,土壤盐碱化,肥力下降。我国农药污染严重,污染面积达1.36亿亩。大量的氮、磷流入水中,成为不少水域富营养化的重要因素。地膜回收率底,土壤地膜残留现象突出,阻碍农作物生长。养殖业产生的大量畜禽粪便大多未加处理,成为新的污染大问题。这表明依靠化肥的西方现代化农业生产方式是不可持续的。

除了上述问题外,大自然发出了严重的警告:环境温度升高,土壤沙化,淡水资源匮乏。这三大问题将严重威胁人类生存。我国荒漠化土地占国土总面积的27%,相当于14个广东省的面积。我国每一年沙化的面积以2460平方千米的速度在推进,就意味着每一年有一个中等偏上的一个县的面积被沙化。由于人为因素造成的水土流失的面积,每一年以10 000平方千米的速度在推进。1990—1994

年的第 4 次森林资源普查，我们每一年人工造林的保持面积大概是 5000 万亩左右。但是由于森林火灾、乱砍滥伐、毁林开荒等多方面的原因，每年大概有 3000 万亩的有林地又转化为无林地或者少林地。

近年来，长江、黄河等大江大河源头的生态环境日趋恶化，沿江、沿河的重要湖泊、湿地日益萎缩。一些地区江河断流，地下水位下降严重，沙尘暴、泥石流、水污染、乱砍滥伐、水土流失、干旱、洪涝等灾害事故频发，土地蜕化严重，致使人们的生存环境受到极大威胁。我国现有退化草地 135 万平方千米，约占可利用草地面积的 1/3。遥感探测显示，中国水土流失面积为 356 万平方千米。由人为因素引起的水土流失面积每年增加 1 万平方千米。

由于多种灾害和不合理的经济活动，我国已成为世界上海洋生态环境破坏最严重的国家之一。红树林面积从历史上的 25 万公顷减少到目前的 1.5 万公顷；珊瑚礁生态系统破坏严重，仅海南省周围海域就有 80％的珊瑚礁生态系统遭到破坏，导致严重的海岸侵蚀。在海南，20 世纪 80 年代以来海岸线向陆地推进了近 300 米。海洋生态恶化成为制约我国海洋经济发展的重要因素。

四、今后可能的出路之一

"可持续发展"（sustainable development）又被称为"永续发展"。1987 年联合国世界环境与发展委员会（World Commission on Environment and Development，WCED）主席挪威首相布伦特兰（Gro Harlem Brundtland，1939—）夫人在报告《我们共同的未来》（*Our Common Future*）中首先提出这一概念，"满足当代人的需要，又不对后代人满足其需求的能力构成危害的发展称为可持续发展。它是一个密不可分的系统，既要达到发展经济的目的，又要保护好人类赖以生存的大气、淡水、海洋、土地和森林等自然资源和环境，使子孙后代能够永续发展和安居乐业。可持续发展与环境保护既有联系，又不等同。环境保护是可持续发展的重要方面。可持续发展的核心是发展，但要求在严格控制人口、提高人口素质和保护环境、资源永续利用的前提下进行经济和社会的发展。发展是可持续发展的前提；人是可持续发展的中心；可持续长久的发展才是真正的发展。"这一发展概念得到各国的广泛认同，并在 1992 年联合国环境与发展大会上取得共识。当前依赖地矿资源不可持续，要逐渐使用永远存在的能源（例如风能、潮汐能、太阳能、沼气能等）；当前的垃圾不可持续增加，必须能够同步降解；当前的工业废料和建筑废料必须能够降解或循环使用，最终达到无废料，不给自然增加污染；人居环境不危及动物和自然植被等。

全球可持续发展的含义是：一个国家的稳定发展依赖其他国家，人类要学会和睦共处，减少国际性的贫富差距，避免战争。其主要内容包括：工业国家应该遵守《京都议定书》关于限制温室气体排放的规定，保护地球环境，防止全球继续变暖；

发达国家向发展中国家提供经济援助的投入要达到其国内生产总值的 0.7%；促进世界生产及贸易过程中的环境和社会责任感；实现为一半以上缺乏清洁饮水人口提供清洁用水；提高可再生能源在能源消费结构中的比例等。可持续发展观念是工业革命以来的一个重大变化。

30 年来的结果表明，欧美国家很注意保护自己的环境，然而他们不改变生活方式，仍然要保持他们的强势和高消费。为了保护他们的环境，西方国家提出"全球化"，把地矿型企业和污染型企业迁移到发展中国家去了，然后用"白条"拿走发展中国家制造的各种产品，使得他们的环境可持续了，而破坏了我们的环境。假如这种观念不改变，"可持续发展"战略将会成为泡沫。

第四节　环境污染

一、沙尘暴

每年冬春影响我国的沙尘暴源区有两大类。境外源区主要有蒙古国东南部戈壁荒漠区和哈萨克斯坦东部沙漠区。在我国 2001 年监测到的 32 次沙尘暴事件中，有 18 次是在蒙古国南部形成沙尘暴之后移动到我国境内的。1998 年 9 月起源于哈萨克斯坦东部沙漠区的一次沙尘暴，则经过我国北部广大地区，并将大量沙尘通过高空一直传送到北美地区。境内源区主要有内蒙古中东部的苏尼特盆地和浑善达克沙地中西部、阿拉善盟中蒙边境地区（巴丹吉林沙漠）、新疆南疆的塔克拉玛干沙漠和北疆的库尔班通古特沙漠。2001 年有 14 次沙尘暴起源于内蒙古。当沙尘暴自境外发生并进入中国时，上述境内源区则成为加强源区，使空气中沙尘浓度急剧上升，造成严重的大气颗粒物污染。人为破坏是诱发沙尘暴的重要原因。人为破坏对沙尘暴的产生和扩大更应引起人们的关注。比如，我国 2000 年对内蒙古和河北北部的遥感监测结果显示，5 年内上述地区耕地增加了 62 万公顷，草地和林地则减少了近 80 万公顷，其中北部和西北部植被减少。

二、全球变暖

全球变暖问题引起了各国的密切关注。1998 年 11 月世界气象组织和联合国环境规划署建立了政府间气候变化专门委员会。2001 年世界各领域几千名科学家共同完成了第三次世界气候评估报告。该报告认为，从 1860 年以来全球温度平均上升了 0.6 ± 0.2 ℃，20 世纪北半球温度的增加可能是以往 1000 年中最高的。近 50 年来，人类活动是造成气候变化的主要因素。全球气候变暖给某些疾病的泛滥造成温床，疟疾和登革热的活跃期变长，传播范围扩大。科学家用数学模型进行模拟后发现，如果不采取措施，不久这两种疾病通过昆虫传播，将殃及全世界 40%

～50％的人口。过去十多年中,由于北半球变暖和变潮湿,蚊子等有害昆虫在大范围滋生。2001 年疟疾发病率上升,造成 100 多万人死亡。登革热也是由蚊子传播的急性传染病,正在世界各地迅速蔓延,影响到 100 多个国家国民的健康。2001年全球 500 万人感染上登革热病毒,2 万人被夺去生命。在美国、加拿大、新西兰、希腊、德国、中东等地的城市,热浪袭击造成死亡率上升,其中 60 岁以上老年人的死亡率增加更明显。

物理学中用"熵"指无用功放出的热,例如摩擦、炼钢放热、机械加工放热、人体放热、烧饭放热、取暖放热等,用熵来表示一个系统的混乱程度。如果一个系统的温度越高,无序程度就越大,熵就越高。热力学第二定律告诉我们,自然界的运动过程是不可逆转的,一个孤立系统总朝着熵增加的方向发展。地球可以被看作是这样的一个系统。人的一切活动都是放热过程。工业革命以来,人类活动大大加速了工业生产。任何工厂生产过程都需要输入能源和原料,输出产品和废料,并产生放热过程。即使如果通过新技术发展把工厂的废物全部消除,仅放热这一个问题也会造成无法预测的后果,这就是问题的严重性。我们必须重新思考工业技术的后果。如今,人们唯一知道的降温过程是植物的光合作用,并认为只有大量种植树木才能降低温度。为什么我们不去研究植物光合作用的机理?也许从中能够得到一些启发,以创造新的生产技术和生活方式。

三、全球性的水荒

在追求享乐主义的同时,许多人不知道缺水是全球性的严重危机。

20 世纪末地球上半数河流遭到污染,地下水源面临枯竭,河流湖泊水域在缩小,农业用水被化学用品严重污染,全世界有 11 亿人缺乏洁净饮水,21 亿人口没有安全的排污设施,每年有数百万人死于与水有关的疾病,水资源问题越来越严重。1995 年有 29 个国家的 4.36 亿人口遇到缺水问题。根据世界银行估计,约 48个国家的 25 亿人将在 2025 年之前经历严重的水资源匮乏危机。地球上淡水资源极为有限,可利用的淡水资源仅占地球总储水量的 0.26％。目前亚洲约有 45％的面积属于干旱地区,非洲为 52％,大洋洲高达 82％,欧洲为 35％,北美和南美最少,约为 21％。其中第一类绝对缺水的国家和地区有阿根廷、埃及、伊朗、伊拉克、以色列、巴基斯坦、新加坡、南非、印度,以及中国北方等。这些国家和地区的农业发展和居民用水已经成为严重问题。第二类经济缺水的国家和地区有安哥拉、布隆迪、刚果、加纳等非洲许多国家。这些国家缺水严重,影响经济发展。第三类为水资源比较丰富国家和地区,主要在欧洲、北美洲等地区。亚太地区的荒漠化已经成为极为突出的问题,共有 35％生产用地受到荒漠化影响。

整个中国北部差不多都缺水,这里每年缺水大约 700 亿吨。20 世纪 70 年代末我国城市开始缺水,1995 年全国 620 多座城市中有近 320 个城市缺水,严重缺水的有 10 多个城市。工业和城市污水大量任意排放,又使水质污染日趋严重,全国主要江河湖库的水质已受到不同程度污染,符合标准的可供水源急剧减少。

我国是缺水严重的国家,人均水资源排世界第 121 位,被列为最缺水的 13 个国家之一。建设部预计 2030 年我国缺水达到高峰,那时人口将达到 16 亿。

2010 年以后黄、淮、海三流域的当地水源已无潜力可挖,缺水问题只能远距离从长江调水才能得以解决。而长距离调水成本高、投资大、资金筹措困难,并还受到社会和环境等因素制约,工程的实施难度极大。

缺水是中国的一个基本国情,人人都应该想方设法节约用水,然而浪费水的现象却相当严重。我国生产单位粮食用水是发达国家的 2 到 2.5 倍。

工业用水又如何呢?据统计,我国目前工业用水重复利用率只有 30% 左右,远低于发达国家 75% 的水平,单位 GDP 用水量是发达国家的 15~100 倍,一些重要产品单位耗水量比国外先进水平高几倍,甚至几十倍。

水的严重污染更加剧了问题的严重性。2000 年前后中国废水、污水排放量以每年 18 亿吨的速度增加,全国工业废水和生活污水每天的排放量近 1.64 亿吨,其中约 80% 未经处理直接排入水域。我国钢铁工业耗水量巨大,每生产 1 吨钢耗水23~56 立方米,发达国家仅为 6 立方米。2000 年工业废水达到 194 亿立方米,这些废水大多直接排放到江河湖海,或只经过简单处理排放到城市水网中。水利部门对全国约 700 条大中河流近 10 万千米的河段进行水质检测,其结果是近二分之一的河段受到污染,十分之一的河段被严重污染,河水已失去使用价值。目前全国90% 以上城市水域受到污染,有 7 亿人在饮用大肠杆菌含量超标的水,1.7 亿人饮用被有机物污染的水,3 亿城市居民正面临水污染这一世界性问题。

从 1978 年到 2000 年,我国城市人口占总人口的比例从 17.9% 上升到 36.2%。城市人均水消费量几乎增加了一倍,由每年 55 立方米增加到 95.5 立方米。2002 年初统计我国 4000 万人用水困难。与此同时,水资源的浪费十分惊人,有些大城市的水资源损失高达 35%~70%。

四.地矿资源

我国油气资源最终可采储量勉强可维持 30 年消费。到 2020 年,中国石油的进口量将超过 5 亿吨,天然气将超过 1000 亿立方米,两者的对外依存度分别将达70% 和 50%。

2013 年 9 月,中国石油进口量已经超过美国,成为全球第一大石油进口国。2014 年我国石油消费量超过 5.18 亿吨,进口量达到了 59.5%,石油对外依存度接近 60%。

我国原储量、产量和出口量上均居世界首位的钨、稀土、锑和锡等优势矿种,因为滥采乱挖和过度出口,绝对储量已下降了 1/3~1/2,按现有产量水平保障程度

也已不超过 10 年。(http://www.cnncm.com/news/new2.htm)

"非常时期"意味着什么？不安全。首要不安全因素就是战争,它在西方的现代化概念中占有十分重要的地位。为了保证国家在非常时期的安全,1939 年开始至今,包括美国、法国、德国、日本在内的 10 个国家就已经开展资源储备工作,其中美国耗资几十亿美元储备了多达 93 种的矿产资源。日本从我国买了大量煤炭储备起来。

当前 20 岁左右这一代人对汽车呈什么态度？笔者 2003 年 3 月对 24 名研究生进行了调查,其中 22 名希望今后买小轿车,占总人数的 91%。笔者 2003 年 5 月对 120 名工科本科三年级学生进行调查,108 人有同样打算,占总人数的 90%。有些人把美国作为今后的目标。这是否可行？中国人口(14 亿)是美国(3.2 亿)的 4.38 倍,如果按照美国的石油消耗看齐,必须把我们现有石油量乘以 4.38 再乘以 18,那么必须把美国现有石油产量增加到 79 倍。美国 1998 年石油估计产量是 31 873.5 万吨。此数字的 79 倍等于 2 518 006 万吨。而 1998 年全世界石油产量是 331 511.5 万吨,此数字的 7.6 倍才等于 2 518 006 万吨。因此有人用夸张的口气说:"如果中国人达到美国人的石油消费水平,需要 8 个地球。"

五、疾病

不讲卫生是一个严重问题。20 世纪 50 年代我国把卫生工作看作是"爱国卫生运动"。一直到"文革"前,当时的小学生、中学生和大学生都把打扫公共卫生看作自己的义务,学生班干部自己负责检查卫生情况。大学的教室、宿舍、厕所和环境都由学生自觉打扫和保持卫生,老师根本不必监督管理。20 世纪 90 年代社会环境卫生状况下降,大学生在打扫和保持卫生方面的自觉责任感明显下降。传染性疾病又卷土重来。当前对我国人民来说,特别要关注传染性疾病。

1918 年曾经爆发"西班牙流感"。一些科学家认为,该流感是从中国广东爆发的,由华侨带入美国,当时正处于第一次世界大战后期,美国军人又把病毒带入欧洲。另外一种观点认为,在美国最先发现病人,然后传入欧洲。1918 年 4—5 月,病毒开始在美国军营里普遍传播开。当时对该病的严重性估计不足,没有引起足够重视,一直到传入西班牙后出现大量死亡,因此被称为"西班牙流感"。它的主要症状是咳嗽、气喘、呼吸困难,引起多种类型肺炎并发症,最后窒息而死。到 1918 年秋季,病毒变异,来势更加凶猛猖獗,被传染后 3 天就死亡。这次流行性感冒传遍世界各国,在法国,许多村庄村民全部死亡,一年内因流感而死亡 40 万人。在瑞士,1800 名前线军人死于西班牙流感,12 个月中全国有 24 000 人死于该病。加拿大魁北克曾有 50 万人患该病,4 万人死亡。甚至太平洋一个小岛东萨摩亚就死亡 7500 多人,该岛人口一共才有 3.8 万人。这次流感传遍全世界,几年中出现 3 次流行高潮,全世界有一半人口感染了该病毒,2000 万人死于该病,大大超过第一世界大战所造成的死亡人数，是有史以来对人类威胁最大的一次疾病。

此后又爆发过多次大范围的流感，每次病毒都发生变异，形成新变种。1957年出现由甲型流感病毒所致的"亚洲流感"，1968年出现由甲型流感病毒所致的"香港流感"，这两次流感都波及世界许多地方，各年龄段都已被感染。据报道，1957年美国"亚洲流感"期间死亡7万人。1977年11月到1978年1月在苏联爆发由甲型流感病毒所致的"俄罗斯流感"，不久传入美国学校和征募的新兵中。到目前为止，1968年和1977年流感中出现的病毒仍然继续引起流感。

2000年法国巴斯德医学院专家曾警告："科学家认为，不能排除一场大的流感病毒在全球肆虐的可能。在20世纪曾发生过3次由病毒偶然变异引起的大规模暴发性流感。这一病毒很可能是人体的病毒和动物的病毒交叉产生的，比如来自猪的病毒进入人体病适应人体。这种现象是不可预测的，只需一次结合的成功就可产生危险。因此很难说下次什么时候开始，但从现在起一切预防措施都得准备好。正是由于这一原因，很多国家已经制定了应急方案。世界卫生组织在全世界范围内也制定了治疗流感病毒的方案，计划方案的主要内容就是密切监督并准备疫苗。世界卫生组织还邀请每个国家都建立自己的预防大规模传染病暴发的机制。如法国有一个预防大规模流感的小组，已在本国卫生监督局的主持下开始运作，并已经展示其应付突发疾病的能力，如对付1997年的禽流感。"（《青年参考》，2003年5月14日第21版）

人与动物的交叉感染是流感的主要来源。要减少这种传染病，需要大量改善农村人居环境，使人的家居与所养的动物严格分离，建立严格的卫生条件，并且要对家养动物建立定期的严格的卫生监督检查制度。

2002年底或2003年初，我国出现了非典型肺炎。本次非典型肺炎流行近4个月后，在2003年4月16日世界卫生组织宣布，终于确认冠状病毒的一个变种是引起此次非典型肺炎的病原体，主要通过呼吸道飞沫传播，秋季和初春季节为感染高峰期。它可引起新生儿和婴幼儿腹泻，其潜伏为2～5天。典型冠状病毒感染主要呈流涕、周身不适等感冒症状，也可引起高热、寒战、呕吐等，一般一周左右可痊愈。到2003年5月15日为止，我国卫生部通报，我国内地患病人数为5163人，疑似病例2278人，治愈1858人，死亡271人。5月14日国际卫生组织通报，全球32个国家发现"非典"，患者7628人，治愈3397人，死亡587人。目前，全球科研人员正在进一步研究其临床诊断、预防和治疗方法。

2008年世界许多国家持续一年流传甲型流感。

六、人生基本考虑

1. 勤劳原则。勤劳原则是最基本人生观念，由此形成五个生存观念。第一，必须付出精力。每个人要维持每日的最低生存，必须花费最基本的精力进行劳动，不可能节省最低精力花费。你要想喝水，就必须去找水、找容器等。你要想节省体力，就必然要多操心（脑力）。维持人的生存必须花费一个最小恒定的精力，不可能再小。这意味着，"辛苦"是生存的基本条件，每人生存都要付出精力，懒惰者无法生存。第二，精力不可省。你要想节省脑力（省心），就必然要多花费体力。你要想省体力，就要花费更多的脑力（操心）。第三，精力转换原则。你要想在某事情上节省自己的精力，就要使用别人的精力，你要事先投入精力，或事后回报别人，为此必须再花费精力。第四，欲望花费精力。欲望越高，花费精力越大。你要生活得更好，必然花费更大的精力。超过自己的精力限度，就必然破坏身体健康，或造成精神或心理失常。第五，你所花费的精力不能危及其他人的生存。这是人际和睦共处的基本出发点，也是判断公正生存的基本出发点。由于这一基本想法，每个人都不能接受别人的危及自己生存的行为，也就是反对依靠实力的不公正策略。如果违背这一规则，事情的最终因果发展就必然超出你的预测和期待。

物理学中有一个"不能省功"原理，同样，生活中存在一个"无法节省精力"原理。要省钱，就要付出更大的精力去劳动；要省精力，就必须花费更多钱；而要挣钱，又必须花费精力劳动。每天要正常生活，就必须花费精力考虑处理各种具体琐碎细致的事情，因此勤劳是人的本能需要。创造任何一点财富都需要花费十分辛苦的劳动。人与人之间要和睦共处，就必须花费很多精力彼此理解，学习彼此正常交往的途径。你不动手，衣服不会自动穿到你身上。现代社会的一个基本想法是用机器代替人的劳动，节省人的精力，为此设计了许多机器工具。然而，由此反而白花费了巨大的精力。吸尘器可以减轻家务劳动，但要花费更多的精力去买吸尘器，花更多的精力去伺候吸尘器。同样，享受意味着要更辛苦。要享受，必须花费更多的艰辛劳动。过度辛苦之后，休息就成为最大的享受。从来就不存在"工作时间少，工资高"的美梦。

2. 危机感。有史以来，人类都不断经历各种灾难的冲击。工业革命以后许多人为活动又引入了许多新的潜伏生存危机。人类在探索各种生存方式时，必须思考这些最基本的问题。许多文化中都存在一些著作，提醒人类注意这些问题，理性规划人类的生活方式。1926年钟毓龙（1880—1970）著《上古神话演义》，在第一回"历史上一治一乱的原因，地球之毁灭及开辟"中列举了人类可能出现"十种死法"，例如饥死、溺死、轰死（外星碰撞地球）、毒死（毒气）、热死、闷死（氧气稀薄）、焚死（太阳毁灭）、冻死、挤死（人口过多）、震死。他提醒人类要理性思考未来。美国当代很有影响的科幻作家阿西莫夫（Isaac Asimov, 1920—1992）在《终极抉择》中推测分析了可能导致人类毁灭的5种灾变：宇宙的灾变、太阳系的灾变、地球的灾变、人类的毁灭、文明的毁灭。这些灾变分为两类：第一类是自然世界可能发生的巨变，例如熵（温度）的增高、太阳毁灭、地球遭到轰击、地球自转减慢、地壳漂移、天气变化等；第二类是人类自己搞出来的，人类进行生存竞争、人类进行智慧斗争、资源枯竭以及胜利中的危险。他提醒人类要重新审视自己的生存观念,不要失去理性,而要珍惜人类的和睦以及与自然的和谐共处。

麻痹了对生存的危机感,这比环境灾变更危险。什么因素导致这种对人类生存的麻痹? 贪欲、自我中心和享乐主义。贪欲滋生懒惰,造就自私。自我中心造就封闭思维,伴随贪欲,也造就自私。由于自私的驱使而忘记了危机。什么因素导致如此广泛的自私? 第一,"追求美好富裕""追求幸福",这是一个美妙动人的词,它很有诱惑力,人类为此目的在三百多年中就把地球 30 亿年所形成的地矿资源耗尽,不顾及子孙后代如何生存,这几代人成为人类有史以来最自私的人。这个美妙动人的口号遮盖了极度自私的心理。第二,自由竞争。社会达尔文主义以"物竞天择,适者生存"的观念解释人类社会的发展过程。这意味着,"为了自己的物质利益去争夺有限资源"是公正的;这意味着,"为了自己的目的去打垮别人"是正当的;这意味着,实力就是公正。不论社会达尔文主义如何诡辩,其心里真实的想法是"以别人死,使自己活"。这种观念在人类历史上不断导致弱肉强食,导致社会不稳定,导致为财富而出现的战争。历史事实表明,凡以这种观念求生的,都制造了难以缓解的仇恨,因此都给自己带来致死的危机。人类生存的基础是彼此友好,相互弥补,共同生存。因此,团结友好是人类自古以来的一个理想。

3. 因果关系。任何行动都会引起眼前结果和长远后果。认识社会行为的因果关系,往往需要较长时间。人生观念的偏颇,往往到老年才能看到严重后果而后悔以晚。眼光短浅往往造成事与愿违。欲望越多,影响因素越多,越不可预测,危机越多,其结果造成事与愿违。追求宽敞的房子是为了舒适,不料却变成了房子的仆人和奴隶。家庭装修豪华是为了享受,不料大量有毒物质引起严重疾病。追求吃喝是为了享乐,不料却把"三高"(高血脂、高血糖、高血压)吃入体内。昼夜拼命劳累是为了挣钱,不料却把钱都送到医院。追求自我实现是为了巅峰感受,不料却获得孤独。追求自由是为了心情愉快,不料却失去家庭,造成一生悲哀。打破道德枷锁是为了精神解放,不料却得到精神痛苦并失去自由。为了提高效率而改善交通,不料发达的空中交通却使疾病迅速传遍世界各地。核弹头最多的国家,不料最担忧受到核攻击。军事第一是为了"自身安全",不料在国际上受到恐怖威胁最多。在"新"生活方式的探索上,人的思维眼界和能力是有限的,超过自身局限去追求,就是贪婪,必然造成恶果。

七、设计生态生存环境

生态环境指一种封闭系统,其中的各种生物能够完全相互转化,一种生物的代谢,成为另一种生物的养分,由此形成完整的循环系统,不会遗漏任何废物,不会产生多余废物,也不会多余放热。过去的游牧社会和农耕社会基本属于这种生态环境。这才是人类理想的生活环境。这种观念起码能够延缓人类的灭亡。饱受工业化和现代化的焦虑后,才发现自然和农耕环境的可贵,于是提出生态环境、生态城市,生态生产等一系列生存概念,其中很多结构是依据工业化、现代化的基础和产品,这说明对未来自然资源匮空后的社会状况还没有想清楚,还不想回归农耕,这可能是受到的挫折还不够多。只有到走投无路时才会真正回头,那时,可能要规划如何拆掉高楼大厦,重新退还自然农耕畜牧环境。我们必须在这方面立即行动,探索、尝试、规划、设计未来的生态环境。这也许能够与西方处于同一个起跑线上,那么在下一个时代中,我们将不会落后。如果忽视这个对于未来最重要的问题,在下一个时代已经落后了。

讨论

1. 我们是否必须以西方国家为样板发展现代化? 为什么?
2. 你能否想象一下未来的生存方式?
3. 当前的城市存在什么主要问题? 如何解决这些问题?
4. 当前的交通方式存在什么主要问题? 未来的交通应当怎样才好?
5. 什么样的生活方式才是对人类可持续的?
6. 怎样解决用水问题?
7. 你能否设计一些生态概念、生态产品?
8. 人类是否能够可持续发展?

第五节　食品安全问题

一、农产品污染

科学技术的发展给人带来一时的享受,也给人们带领了长久的灾害。引起蔬菜瓜果污染的主要因素是农药、激素、硝酸盐。

过去不用大棚种菜时,一季只需打三次药,如今大棚种菜每三天就得打一次药。有关部门规定,施药后 3～7 天,蔬菜才可以采摘上市。按规定,常用农药的安全间隔期为:乐果 10 天,敌百虫 7 天,敌敌畏 5 天,二氯苯醚菊酯 2 天,酰甲胺磷 7 天。若间隔天数不足,不要购买。实际上今天施药,可能明天就采收上市,只要市场价格好,立即就摘。由于长期喷洒农药,害虫的抗药性越来越大了,尤其是附着于芥蓝、菜花、卷心菜上的青菜虫,不得不用浓度高的农药打杀。

春末、夏天和初秋吃叶菜类要谨慎,因为叶菜在高温季节生产必须使用大量农药等,最好多吃些抗病虫害的茄果类的蔬菜,如辣椒、茄子、番茄、豆角等。初春、晚秋和冬季吃茄果类要谨慎,因为茄果类生长需要温度高,大多数都是大棚种植,并使用了大量激素和化肥等,这个季节最好多吃些叶菜类。

蔬菜施用氮肥或其他硝酸盐肥料后会在蔬菜体内富集,并可能转变为亚硝酸盐。亚硝基化合物具有强烈的致癌性,可能诱发消化道系统癌变,如胃癌、肠癌。若氮肥(如尿素、硫酸铵等)的施用量过大,会造成蔬菜的硝酸盐污染比较严重。各种蔬菜的硝酸盐含量由强到弱依次是:根菜类、薯芋类、绿叶菜类、白菜类、葱蒜类、豆类、瓜类、茄果类、食用菌类。这些蔬菜的硝酸盐含量高低相差可达数十倍。其规律是蔬菜的根、茎、叶(即营养体)的污染程度远远高于花、果、种子(即生殖体),这可能是生物界普遍存在的保护性反应。这个规律很有用,它可以指导我们正确地消费蔬菜,尽可能多吃瓜果和食用菌,如黄瓜、番茄、毛豆、香菇等。

为了使农作物高产、高质和提前成熟,有的生产者不按规定使用大量的增甜激素、催红激素、膨大激素、调直激素、催熟剂激素等,他们把浓度调高,喷洒在农作物上。这类催熟剂(学名叫植物激素)主要有乙烯剂、脱落酸等。更有甚者,把过浓的催熟剂直擦在蔬果表皮,或对根部直接注射,使它们提前早熟进入市场。我国大棚蔬菜种植时可能使用催熟剂。催熟剂等过量对人体健康有害。果实类蔬菜,表面光滑、形状规则、颜色正常、果实饱满的应是正常生长的。而凹凸不平、顶部突出、颜色鲜艳的则多为使用了激素的。

重金属是其中较为突出的一个问题,铅、砷、汞、镉、锡等有毒重金属通过各种途径污染蔬菜。

有人夸张地说,粉皮、粉丝、米线爱好者每年吃掉两双胶鞋,每天吃的激素量相当于每人一天吃 1～2 粒避孕药。化学激素过量,会造成人体肥胖、肢端肥大、性早熟,对于成人会影响甚至破坏肝脏、肾脏、肠道内的有益细菌,甚者可能导致癌症。

二、若干案例

1. 据美国 FDA(食品、药品监督管理局,Food and Drug Administration)向中国卫生部透露,2000 年 8 月至 2001 年 1 月,美国 FDA 共扣留了 634 批中国进口食品,其原因有:杂质,食品卫生差,农药残留,食品添加剂,色素问题,标签不清,沙门氏菌,李斯特菌,黄曲霉毒素污染等。我国出口到美国、日本和欧盟等国家的茶叶、蘑菇、肉类等农产品丧失了良好的信誉。

2. 阜阳假奶粉。从 2003 年开始,在安徽阜阳农村发现,那里的 100 多名婴儿陆续患上了一种怪病,健康出生的孩子,在喂养期间,开始变得四肢短小、身体瘦弱,尤其是婴儿的脑袋显得偏大,后来有 8 名婴儿因这种怪病而夭折。经对阜阳当地 2003 年 3 月 1 日以后出生、以奶粉喂养为主的婴儿进行的营养状况普查和免费体检显示,因食用劣质奶粉造成营养不良的婴儿 229 人,因食用劣质奶粉造成营养不良而死亡的婴儿共计 12 人。阜阳假奶粉＝淀粉＋糊精＋甜味剂＋香精＋色素。

3. 2006 年 11 月浙江舟山发现"苏丹红Ⅳ号"红心鸭蛋。

4. 2006 年 11 月香港食物安全中心化验 15 个桂花鱼样本,发现 11 个样本中含有孔雀石绿,含量为 $2.2 \times 10^{-9} \sim 2.3 \times 10^{-6}$。12 月成都市食品安全委员会在抽取的 10 个桂花鱼(鳜鱼)样本中,有 3 个被检出含有禁用渔药霉氯素和孔雀石绿残留,均来自广东、浙江。2006 年 11 月中旬,上海市食品药品监管局抽检市场贩售的多宝鱼,发现每件样品的药物残留都严重超标,且全部验出致癌物硝基呋喃代谢物残留,部分还有环丙沙星、氯霉素、孔雀石绿、红霉素等禁用鱼药残留。上海对多宝鱼发出禁售令后,北京、西安、广州、合肥、杭州和香港等地都检测出了违禁药物,发出停售令。仅多宝鱼的"残药事件"就让山东主产地价值 20 亿元的多宝鱼滞销。

5. 2008 年 10 月发现伊利、蒙牛等牛奶中有三聚氰胺。国家标准要求 100 毫升鲜牛奶的蛋白含量不低于 2.95 克,生鲜牛奶的蛋白质含量一般在 3% 以上。但是在检测中并不是直接测试蛋白含量,而是测氮的含量,因为蛋白中含氮。假如在奶里添加水后,就常用尿素去冒充蛋白质的含氮物质,尿素在水中会发出刺鼻的氨味,而且用一种简单的检测方法(格里斯试剂法)就可以查出牛奶中是否加了尿素,因此造假者就改用三聚氰胺了,它的含氮量高达 66.6%,没有简单的检测方法。三聚氰胺是一种重要的化工原料,广泛用于生产合成树脂、塑料、涂料等,动物实验表明,长期喂食三聚氰胺能出现肾结石、膀胱结石。2008 年查出以下 22 家奶粉中有三聚氰胺(按照含量从大到小排列):三鹿、熊猫、圣元、古城、英雄、惠民、蒙牛、可奇天津、南山、奇宁、雅士利、金币士、施恩、金鼎、伊利、奥美多、爱可丁、育宝、磊磊、宝安利、聪儿壮。

6. 2016 年 7 月 6 日,中国食品代理网公布了"2016 年中国十大食品事件",读者可以上网去了解这方面情况。

三、可能引起的问题

1. 苏丹红是一种化工染色剂,主要用于石油、机油等工业溶剂中,也用于鞋、地板中,目的是使其增色,并非食品添加剂。其化学成分中含有萘,该物质可能致癌,对人体的肝肾器官具有明显的毒性作用。苏丹红有 Ⅰ、Ⅱ、Ⅲ、Ⅳ 号四种。苏丹红 Ⅰ 号是一种红色染料,在老鼠实验中发现它有致癌可能性。2005 年,欧盟在食品中发现了苏丹红成分。2005 年 2 月,英国发现从印度进口的 5 吨辣椒粉中含有苏丹 Ⅰ 号染料。之后中国在肯德基的新奥尔良烤鸡翅、香辣鸡腿堡、劲爆鸡米花等五种食品中,以及亨氏食品的桂林辣椒酱、坛坛香辣椒等制品中也发现苏丹红。

2. 瘦肉精学名为盐酸克伦特罗,原是一种平喘药,味苦,溶于水和乙醇,化学性质稳定,一般烧煮加热方法不能将其破坏。它既不是兽药,也不是饲料添加剂,而是肾上腺类神经兴奋剂,一般摄入 20 微克就可以出观症状,会造成恶性食物中毒事故。人食用后 15~20 分钟即起作用,会出现心慌、头痛、恶心、呕吐、震颤等症状,对于高血压、心脏病、甲亢、青光眼、前列腺增大等病患者更能诱发病状,危险性更大,中毒严重的可致人死亡。其慢性特点还会导致儿童性早熟。瘦肉精是违法添加剂,它可能使猪肉肉色较深、肉质鲜艳,脂肪非常薄。发现食用后立即洗胃、输液,促使毒物排出。

3. 吊白块又称雕白粉,化学名称为次硫酸氢钠甲醛或甲醛合次硫酸氢钠,为半透明白色结晶或小块,易溶于水,有漂白作用,遇酸即分解,120 ℃下分解产生甲醛、二氧化硫和硫化氢等有毒气体。吊白块水溶液在 60 ℃以上就开始分解出有害物质。吊白块用于印染工业中的印花漂白剂,感光照相材料相助剂,生产靛蓝染料,日用工业漂白剂,还用于合成橡胶以及乙烯化合物的聚合反应,但不得作食品漂白添加剂用,严禁入口。食用了用吊白块漂白过的白糖、单晶冰糖、粉丝、米线(粉)、面粉、腐竹等,可能对机体的某些酶系统有损害,从而造成中毒者肺、肝、肾系统的损害。中毒以呼吸系统及消化道损伤为主要特征。人经口摄入纯吊白块 10克就会中毒死亡,吊白块也是致癌物质之一。

4. 甲醛是化工原料,口服甲醛溶液 10～20 毫升即可致人死亡。口服甲醛溶液后很快吸收。人长期接触低浓度甲醛蒸汽可出现头晕、头痛、乏力、嗜睡、食欲减退、视力下降等。甲醛进入人体后可引起肺水肿,肝、肾充血及血管周围水肿,并有弱的麻醉作用。甲醛急性中毒时可表现为喷嚏、咳嗽、视物模糊、头晕、头痛、乏力、口腔黏膜糜烂、上腹部痛、呕吐等。随着病情加重,出现声音嘶哑、胸痛、呼吸困难等表现,严重者出现喉水肿及窒息、肺水肿、昏迷、休克。长期皮肤接触可引起接触性皮炎。口服中毒者表现为胃肠道黏膜损伤、出血、穿孔,还可出现脑水肿,代谢性酸中毒等。国际癌症研究组织 1995 年将甲醛列为对人体鼻咽部可能致癌的物质。

5. 酒石黄常用于为豌豆糊和糖丝着色,3 岁以下一切儿童食品禁用;喹啉黄常用于为南瓜和流感胶囊包衣着色;落日黄常用于为泡泡糖和果冻着色;苯甲酸钠是一种人工防腐剂,常用于碳酸饮料和止咳糖浆。过量的酒石黄和落日黄等 7 种人工色素可能会使儿童智商下降。食用落日黄、柠檬黄等色素含量超标的食品,可能会引起过敏、腹泻等症状,当摄入量过大,超过肝脏负荷时,会在体内蓄积,对肾脏、肝脏产生一定伤害。

6. 某些食用色素有毒。苋菜红是食用色素,国外曾对它进行了长期动物试验,发现致癌率高达 22%。不仅是苋菜红,许多其他的合成色素也对人体有伤害作用,可能导致生育力下降、胎儿畸形等。有些色素在人体内可能转换成致癌物质。合成色素是以煤焦油为原料制成的,通称煤焦色素或苯胺色素,可以致泻、致基因突变、致癌。特别是偶氮化合物类合成色素的致癌作用更明显。偶氮化合物在体内分解,可形成丙种芳香胺化合物,芳香胺在体内经过代谢活动后与靶细胞作用而可能引起癌症。许多食用合成色素还可能混入砷和铅。过去用于人造奶油着色的奶油黄,早已被证实可以导致人和动物患上肝癌。合成色素如橙黄能导致皮下肉瘤、肝癌、肠癌和恶性淋巴癌等。

7. 山梨酸钾是一种防腐剂,广泛应用于食品、饮料、烟草、农药、化妆品等行业,作为不饱和酸,也可用于树脂、香料和橡胶工业。据说,山梨酸钾安全性较高,它可以被人体的代谢系统吸收而迅速分解为二氧化碳和水,在体内无残留。一般食品中添加量只要不超过限量要求是安全的,如果超标严重,并且长期服用,在一定程度上会抑制骨骼生长,危害肾、肝脏的健康。

8. 苯甲酸是我国目前最常用的食品防腐剂,没有慢毒性,10 到 14 小时能完全排出体外。一般情况下,苯甲酸被认为是安全的,但乳制品中不允许添加,婴幼儿长期摄入苯甲酸也可能带来哮喘、荨麻疹、代谢性酸中毒等不良反应。

9. 甲酰是食品业防腐剂,我国《食品添加剂卫生使用标准:GB 2760—1996》中规定,苯甲酸在酱油和醋中最大使用量为 1.0×10^{-3},在葡萄酒中为 8.0×10^{-4},碳酸饮料中为 2.0×10^{-4}。

10. 孔雀石绿又名碱性绿、严基块绿、孔雀绿,是杀真菌剂,又是染料,易溶于水,溶液呈蓝绿色。渔民都用它来预防鱼的水霉病、鳃霉病、小瓜虫病等,而且为了使鳞受损的鱼延长生命,在运输过程中和存放池内,也常使用孔雀石绿。孔雀石绿中的化学功能团三苯甲烷可致癌,孔雀石绿在鱼内残留时间很长,有致畸、致突变等副作用。

11. 恩诺沙星又名恩氟奎林羧酸,可作为动物用药品,在动物体内的半衰期长,有良好的组织分布性,属于广效性抑菌剂,对于革兰氏阳性菌、阴性菌及霉浆体具有抑菌作用,曾被使用于养殖鱼类之弧菌症及大肠杆菌症疾病的控制。恩诺沙星的副作用包括肠道障碍、高致敏感性反应及结晶尿。

12. 许多畜、禽肉里含有激素、抗生素残留。激素喂养的鳝鱼又粗又壮。活蹦乱跳的鲜鱼原来是鱼浮灵——铅、砷超标作怪。中国食品科技网 2008 年 9 月 27 日报道,英国《泰晤士报》报道说,英国食品标准局抽查了 100 个样本,其中 22 个含有 3 - MCPD 物质的水平超过欧洲联盟的安全标准。那是一种可以致癌的化学物质,其所有不合标准的酱油都是从中国进口的。

13. 2015 年世界卫生组织宣布,热狗、烤肉、香肠和其他加工处理的肉会引起癌症,红肉可能会引起癌症。世界癌症基金会(World Cancer Research Fund)宣布,有很强的证据表明,吃很多红肉和处理过的肉会增加患肠癌的风险。

四、如何识别污染

买菜时要注意辨别被污染蔬菜,主要方法如下。

1. 警惕形状、颜色异常的蔬菜。那些异常蔬菜可能用激素处理过,如韭菜,当它的叶子比一般宽叶韭菜宽 1 倍时,就可能用过激素。有的蔬菜颜色不正常,也要注意。

2. 识别"多虫""多药"蔬菜。害虫喜欢吃的蔬菜被称为"多虫蔬菜",对这些蔬菜不得不经常喷药防治,容易成为污染重的"多药蔬菜",例如青菜、大白菜、卷心菜、花菜等。害虫休眠越冬时,农药的喷洒也停止,食用多虫蔬菜也无妨。虫不大喜欢吃的菜被称为"少虫蔬菜",如茼蒿、生菜、芹菜、胡萝卜、洋葱、大蒜、韭菜、大葱、香菜等。

3. 不吃施肥量大的蔬菜。当施肥量过大,特别是氮肥,如尿素、硫酸铵等的施用量过大,会造成蔬菜的硝酸盐污染比较严重,随蔬菜进入胃肠道后会被还原成为亚硝酸,亚硝酸再与胃肠道内的次级胺结合形成亚硝铵,这是一种致癌物质。上市蔬菜检测后发现,硝酸盐含量由强到弱的规律是:根菜类、薯芋类、绿叶菜类、白菜类、葱蒜类、豆类、瓜类、茄果类、食用菌类。它们的硝酸盐含量相差可达数十倍。蔬菜的根、茎、叶(即营养体)的污染程度远远高于花、果、种子(即生殖体),这可能是生物界普遍存在的保护性反应。这个结论很有用,我们可以尽可能多吃瓜果和食用菌,如黄瓜、番茄、毛豆、香菇等。如果你很喜欢吃叶菜,那么要注意补充维生素,因为维生素 C 能阻断亚硝酸胺的形成。

五、如何减少食用污染

1. 绝大多数的农药是溶于水的,把瓜果蔬菜浸泡在水中,这些农药残留会溶解在水中,这样就相当于把瓜果蔬菜放到了稀释的农药当中去浸泡,这些农药会向蔬菜组织内部渗透,造成蔬菜组织内部农药残留的增高,使蔬菜污染加重。因此洗蔬菜时要更换水,主要用于叶类蔬菜,如菠菜、金针菜、韭菜花、生菜、小白菜等。一般先用水冲洗掉表面污物,然后用清水浸泡,浸泡不少于 10 分钟。果蔬清洗剂可增加农药的溶出,所以浸泡时可加入少量果蔬清洗剂,也可以将洗洁精稀释至 300 倍清洗 1 次,再用清水冲洗 1～2 遍,这样可去除蔬菜上的病菌、虫卵和残留的农药。

2. 淡盐水浸泡。先用清水把蔬菜冲洗 3～6 遍,然后泡入淡盐水中,再用清水冲洗 1 遍。对包心菜,可先切开,放入清水中浸泡 1～2 小时,再用清水冲洗,以清除残留的农药。

3. 碱洗。有机磷杀虫剂难溶于水,但在碱性环境下分解迅速,此方法可用于清洗各类蔬菜瓜果。先将表面污物冲洗干净,在水中放一小撮碱粉,一般 500 毫升水中加入碱 5～10 克,放入蔬菜,浸泡 5～15 分钟,再用清水漂洗干净。也可用 2～3 片小苏打代替,但适当延长浸泡时间,一般需 15 分钟,然后用清水冲洗。

4. 用开水烫泡。氨基甲酸酯类杀虫剂随着温度升高,可加快分解,常用于芹菜、菠菜、小白菜、圆白菜、青椒、菜花、豆角等。先用清水将表面污物洗净,放入沸水中 2～5 分钟捞出,然后用清水洗一两遍。据试验,此法可清除 90% 的残留农药。

5. 用日光照消毒。根据测定,蔬菜和水果在阳光下照射 5 分钟,有机氯、有机汞农药的残留量减少达 60%。对于方便贮藏的蔬菜,最好先放置一段时间,空气中的氧与蔬菜中的色酶对残留农药有一定的分解作用。所以购买蔬菜后,应在室温下放 24 小时左右,这样残留化学农药平均消失率为 5%。

6. 用淘米水洗。用淘米水洗菜能除去残留在蔬菜中的部分农药。因我国目前大多用有机磷农药杀虫,这些农药一遇酸性物质就会失去毒性。在淘米水中浸泡 10 分钟左右,用清水洗干净,就能使蔬菜残留的农药成分减少。

7. 去皮。蔬菜瓜果表面农药量相对较多,所以削去皮是一种较好的去除残留农药的方法,可用于苹果、梨、猕猴桃、黄瓜、胡萝卜、冬瓜、南瓜、西葫芦、茄子、萝卜等。

8. 储存。农药在存放过程中随时间能够缓慢地分解为对人体无害的物质,适用于苹果、猕猴桃、冬瓜、根茎类、包心菜等不易腐烂的种类。一般存放 15 天以上。尽力不要立即食用新采摘的未削皮的水果。

六、使用餐具须知

1. 塑料餐具含有氯乙烯致癌物,长期使用会诱发癌症。

2. 铝在人体内积累过多,会引起动脉硬化、老年骨质疏松、痴呆等症。注意:铝盆不宜用来久存饭菜和含盐食物,不宜用铝铲刮锅壁。

3. 铁制餐具虽毒性不大,但铁锈可引起呕吐、腹泻、食欲不振等,注意防锈。

4. 铜制餐具生锈之后会产生“铜绿”,即碳铜和蓝矾,是有毒物质,可使人发生恶心、呕吐、食物中毒。

5. 提倡使用竹木餐具,竹木餐具本身不具有毒性,但易被微生物污染,使用时应刷洗干净,涂上油漆的竹木餐具对人体有害。

6. 含铅物品包括:皮蛋,爆米花,铅质焊锡罐头食品,水果皮,某些彩釉陶瓷,彩印食品包装,油漆类物品,含铅化妆品,染发剂,汽车尾气,含铅药物,含铅的蜡烛,特别是有香味的和慢燃的蜡烛等。新买陶瓷餐具,先用含 4% 食醋的水浸泡煮沸,不要用陶瓷长期存放酸性食品和果汁、酒等饮料。天然食物都具有一定的防铅和驱铅功能。如何排铅?牛奶中所含的蛋白质可与铅结合形成不溶物,所含的钙可阻止铅的吸收。茶叶中的鞣酸可与铅形成可溶性复合物随尿排出。海带中的碘质和海藻酸能促进铅的排出。大蒜和洋葱头中的硫化物能化解铅的毒性作用。沙棘和猕猴桃中富含维生素 C,可阻止铅吸收,降低铅毒性。

七、酸性食物

食物根据本身所含元素成分的多少,可分为碱性食物、酸性食物、中性食物。食物的酸碱性不是用味觉来判定的。食物的酸碱性是指食物中的无机盐属于酸性还是属于碱性。食物的酸碱性取决于食物中所含矿物质的种类和含量多少的比率。

酸性是由磷、氯、硫进入人体之后形成的。要避免或减少以下酸性食物的摄取：动物的内脏、肉类、脂肪、蛋白质、五谷淀粉类、甜食、精制加工食品（如白面包等）、油炸食物或奶油类、花生等。因这些食物含硫（S）、磷（P）、氯（Cl）元素较多，在人体内代谢后产生硫酸、盐酸、磷酸和乳酸等。如果过多食用酸性食品，在体内不能中和而导致酸性，消耗钙、钾、镁、钠等碱性元素，会导致血液色泽加深、黏度增加，从而发生酸毒症（acidosis）、皮肤病、神经衰弱、胃酸过多、便秘、蛀牙等，中老年者易患胃溃疡、高血压、动脉硬化、脑出血等。应多吃蔬菜和水果，保持体内酸碱的平衡。

体液酸碱度（pH 值）小于 7.35 时，称为酸性体质。产生酸性体质的因素主要是营养过剩、运动较少、压力过大和环境污染。尤其是体内摄入过多的酸性食物，无法排出体外，其酸性分解产物导致体液酸化，如蛋白质分解出尿酸，脂肪分解出乙酸，糖类分解出丙酮酸、乳酸。

酸性体质是百病之源。酸性物质与钙、镁等碱性矿物质结合为盐类，可以导致骨质疏松。酸性盐类堆积，导致动脉硬化、肾结石、关节炎和痛风等。酸性废弃物堆积后，可以堵塞毛细血管，使血液循环不畅，导致糖血尿、肾炎及各种癌症等。胃酸过多导致胃灼热、反酸、胃溃疡等。肠道酸性过高，可以引起便秘、慢性腹泻、四肢酸痛、腰背痛。另外，酸性体质会影响儿童智力，容易肥胖。酸性体液导致肌肉皮肤松弛、毛孔粗大、粗糙生痘、湿疹、青春痘、易生皱纹、易出现皮肤感染、痔疮、过敏等，导致治愈速度慢，易留疤痕，脾气暴躁。

当人体体液 pH 值为 $6.85\sim6.95$ 时，人体免疫细胞的活性降低，而癌细胞的活性却大大加强，癌细胞大量增加，另外癌细胞产生的毒素 L50 也是酸性的，它会破坏人体的免疫系统，并使人产生剧烈的疼痛。癌细胞转移有一个重要的前提条件，那就是癌细胞必须与血管壁接着分子结合，而这种结合只有在酸性条件下才能进行。调查 100 位癌症病人的血液，发现全部呈酸性。

八、碱性食物

碱性味就是一种黏滑感且带涩味。碱性反应是由钾、钠、钙、镁、铁进入人体之后呈现的。碱性食物主要分为：蔬菜、水果类、海藻类、坚果类、发过芽的谷类、豆类。大多数菜蔬、水果、海带、豆类、乳制品等含钙（Ca）、钾（K）、钠（Na）、镁（Mg）元素较多，在体内代谢后可变成碱性物质。醋及酸味的水果，含有机酸，如醋酸、苹果酸、柠檬酸等，被体内吸收后，胰液、胆汁肠液就以碳酸钠中和，再被吸收入肝中，很快成二氧化碳，对人体酸碱性几乎没有影响。因此味道虽酸，却不被列入酸性食物。有些水果，如柠檬、橘子等，其有机酸成分被分解后，留下许多矿物质，如钾、钠、钙、镁等，现出碱性反应。蔬菜和水果中的有机酸，除了令人感到酸性外，亦有碱性味。

日常饮食中，应该有 80% 的水果、蔬菜等碱性食物和 20% 的肉类、牛奶、精制面粉食品、咖啡、甜食等酸性食物。

大麦嫩苗是世界上单一资源营养含量最丰富的植物。几年的国际性研究,更确证大麦嫩苗是"碱性食物之王"。它含有 23 种维生素、70 多种矿物质、近 100 种活性酶及其他 200 多种营养物质。曾有人研究发现,3 盎司大麦苗汁倒进 1 升纯净水中,15 分钟就能平衡血糖到正常。他说,大麦苗是酸代谢的天然缓冲剂。

健康人的血液是成弱碱性的,pH 值为 7.35～7.45,婴儿也是属于弱碱性的体质,成长期的成人有体质酸化的现象。酸性体质的生理表征包括,皮肤无光泽,稍做运动即感疲劳,一上公车便想睡觉,上楼梯容易气喘,肥胖,下腹突出,步伐缓慢,动作迟缓。

常见的酸性和碱性食物见表 6-5-1。

表 6-5-1　酸性和碱性食物

强酸性食品	金枪鱼、牡蛎、蛋黄、乳酪、甜点、金枪鱼、比目鱼、米、花生、核桃、薄肠、糖、饼干、柿子、乌鱼子、柴鱼等
中酸性食品	鸡肉、猪肉、火腿、培根、鳗鱼、牛肉、面包、小麦
弱酸性食品	白米、花生、海苔、章鱼、巧克力、空心粉、葱、龙虾、鱿鱼、荞麦、奶油、豌豆、鳗鱼、泥鳅、河鱼、空心粉、酒、炸豆腐等
中性食物	油、盐、咖啡等
弱碱性食品	红豆、苹果、甘蓝菜、豆腐、卷心菜、油菜、梨、豌豆、绿豆、竹笋、马铃薯、香菇、蘑菇、油菜、南瓜、芹菜、番薯、莲藕、洋葱、茄子、南瓜、萝卜、牛奶、香蕉、樱桃等
中碱性食品	大豆、萝卜干、番茄、香蕉、橘子、蛋白、梅干、柠檬、菠菜等
强碱性食品	天然绿藻、葡萄、茶叶、葡萄酒、柿子、黄瓜、胡萝卜、白菜、卷心菜、生菜、芋头、海带、柑橘类、无花果、西瓜、葡萄、葡萄干、板栗、山楂、西红柿、醋等

九、补钙

含钙比较高的食物是虾皮、芝麻酱、芝麻、蕨菜、紫菜、海带、淡水虾、黄花菜、黑木耳、南瓜子、黄豆等。当然骨头含钙很高,可以把骨头与醋一起煮,钙可以溶解在醋里面,然后再食用。

十、血糖指数

血糖指数(Glycemic Index,GI),全称是食物血糖生成指数,指的是进食后碳水化合物对血糖水平的影响。假如你想追随健康的日常饮食,应该吸收低血糖指数的食品。当你长时间内感觉不到饱的时候,你的身体将缓慢消化这些食物,此时你吃低卡路里的食物以消除饥饿感。在一顿饭里加入一个低血糖指数食物,将会降低整顿饭的血糖指数。表6-5-2中,每一个食物后面列出的数字是它的血糖指数。血糖指数分类如下:低GI≤55,中等GI=56~69,高GI≥70。

表6-5-2 各种食物的血糖指数

食物	GI	食物	GI	食物	GI	食物	GI
枣	103	烤土豆	60	杂粮面包	45	小麦饼	30
法式长面包	95	麦片粥	58	椰子	45	绿扁豆	30
年糕	87	米粉(米线)	58	豆奶	44	桃子(罐头)	30
糯米	86	蜂蜜	58	葡萄	43	梅肉	29
短粒米	83	印度香米	58	玉米面煎饼	42	桃子	28
大米脆皮	82	香蕉	58	牛奶巧克力	42	西柚	25
西瓜	80	小葡萄	56	巧克力奶	42	腰果	25
疏松小麦	80	燕麦饼干	55	椰汁	41	李子	24
速食土豆泥	80	新马铃薯	54	梨	41	人工甜乳酪	23
玉米片	80	玉米(澳)	54	煮熟胡萝卜	41	樱桃	22
炸面圈	76	小麦通心粉	54	橘子	40	红扁豆	21
炸薯条	75	小麦面包	54	草莓	40	生胡萝卜	16
南瓜	75	芸豆	52	牛奶	40	茄子	15
维他麦片	74	果酱	51	冷冻青豆	39	花椰菜	15
白面面包	71	燕麦片	51	肉馅馄饨	39	西红柿	15
新鲜土豆泥	73	荞麦粉	51	山药	35	青豆	15
南瓜饼	68	眉豆	50	奶油蛋糕	35	核桃	15
面粉或土豆团	68	燕麦麸	50	苹果	34	花生	13
牛角面包	67	粗米	50	甜乳酪	33	红辣椒	10
菠萝	66	江米	50	巧克力酱	33	洋葱	10
葡萄干	64	饺子	50	脱脂奶	32	西兰花	10
甜菜根	64	全麦面包	49	宽面条	32	卷心菜	10
冰激凌	62	黑麦面包	48	去皮黄豌豆	32	蘑菇	10
无花果	61	红薯	48	意大利面	32	辣椒	10
粗面裸麦面包	62	方便面	47	杏干	32	莴苣	10
汉堡面包	61	冷冻甜玉米	47	全脂奶	31		
杧果	60	猕猴桃	47	扁豆	31		
木瓜	60	松糕	46	小麦(澳)	30		

注:源自 http://www.the-gi-diet.org/lowgifoods/。

第六节　文明的冲突与共存

一、冷战结束后历史如何发展

第二次世界大战后,出现了以苏联为首的东欧社会主义阵营。1989—1990年,东欧局势发生了激烈的动荡,在短短一年多里,波兰、匈牙利、民主德国、捷克和斯洛伐克、保加利亚、罗马尼亚六国政权纷纷易手,共产党或工人党下台成为在野党,国家改变了性质。1992 年 3 月阿尔巴尼亚劳动党在大选失败后下台。1991—1992 年斯洛文尼亚、克罗地亚、波黑(波斯尼亚和黑塞哥维那)、马其顿相继宣布独立,南斯拉夫联邦共和国 1992 年宣告解体,其中原来的塞尔维亚和黑山两个共和国于 1992 年 4 月 27 日宣布成立南斯拉夫联盟共和国。2003 年 2 月 4 日塞尔维亚和黑山这个国家正式宣告成立,南斯拉夫联盟从此不复存在。2006 年塞尔维亚和黑山分别独立。

1991 年 12 月 25 日苏联最高苏维埃主席团主席戈尔巴乔夫(Mikhail Gorbachev,1931—)宣布辞职,这标志着苏联的解体。从此东欧阵营解体。这标志着冷战时代结束。美国的敌人消失了,未来历史如何发展呢?

美国人仍然保留着冷战思维方式,认为竞争和冲突仍然主导未来人类历史,他们提出了三种理论:历史终结论、民主和平论和文明冲突论。1989 年约翰·霍普金斯大学国际政治经济学教授弗朗西斯·福山(Francis Fukuyama,1952—)提出"历史终结论",该观点反映在《历史的终结》一书中。他认为,西方取得了冷战的胜利,西方的"自由民主"会统一天下,"市场经济"会传变全球,成为世界的最终归宿,资本主义万岁的时代已经到来,很难想象今后还会出现另一种文明形态,因此宣布"历史终结"。这种愚昧狂妄的观点受到激烈抨击。

1994 年美国《大西洋月刊》记者卡普兰(Robert D. Kaplan,1952—)发表长文《乱世将临》,1998 年出版《荒野帝国:走进美国的未来》,2000 年又出版《乱世将临:打碎后冷战时代的美梦》。他记录了当今世界许多地方的动荡,他的观点被看作是对"历史终结论"的批驳。卡普兰断言,21 世纪并不像人们梦想的那样成为盛世太平,而是走向乱世。他以西非洲的现实状况为实例而提出自己的论点,当今世界大多数地区的根本问题并不是民主和不发达,而是无法建立有效的公共权威。他把这些地区的基本现实概括为中央政府逐渐消亡,部落和地区领地制兴起,其结果是疾病蔓延、内战四起。非洲那种无政府状态同样会在西方发生。非洲变为军阀割据,西方将走向高科技割据。他研究了美国许多地方的城市状况,发现了美国十分严重的三大问题:贫富悬殊、种族纠纷、环境污染。他认为,真正代表人类前景的不是美国化,而是非洲化,包括美国在内都难逃出非洲化的结局。

2001年9月11日纽约世界贸易中心双塔被飞机摧毁后,福山宣布自己的"历史终结论"是错误的。

二、文明冲突论

1993年哈佛大学政治学教授塞缪尔·亨廷顿(Samuel P. Huntington,1927—2008)在美国的《外交》季刊上发表了《文明的冲突》一文反驳了福山的观点。他认为,冷战结束后世界不会演进成为一个单一的全球化体系,而会陷入"文明的冲突"。世界上的冲突将不再以意识形态为界线,不再划为政治信念的不同的、你死我活的几大阵营。今后冲突主要来源于文化的差异和文明的差异。西方文明、中华文明、伊斯兰文明、日本文明、印度文明等七八种主要文明之间无法融合,将成为世界敌对冲突的主要表现方式。亨廷顿的文章发表后,在全球范围内激起了广泛的反响。西方有人对亨廷顿高声赞赏。有人则厉声驳斥,认为他制造了一个"文化敌对理论",挑动"民族"斗"民族",唆使"一种文明"反"另一种文明"。亨廷顿断言,美国面临着一个更为直接和危险的挑战。他引证1400年的历史,说明伊斯兰教和基督教(不论是东正教,还是天主教和新教)的关系经常充满风暴,彼此将对方视为外人。他"想象"了未来由于石油而引发的中国南海战争,把中国描述成为一个有军事威胁的国家。他对中华文明和伊斯兰文明的这些可怕描述,引起中国、伊斯兰国家、德国等对该理论的激烈批判。

亨廷顿将自己的观点深化和扩展,又推出一书,名为《文明的冲突与世界秩序的重建》。该书共12章。该书第三章分析了所谓的"普世文明"。有人把"现代化"与"西方化"叫作普世文明。亨廷顿分析并批判了这一理论。"普世文明"的主要含义如下。第一,"普世文明"一词被夸张为"文明化社会所共有的东西",如城市和识字,这些使它们区别于"原始社会"和"野蛮人"。难道农村文盲就是野蛮人?第二,美国式的消费模式和大众文化在全世界的传播正在创造一个普世文明。19世纪以来西方的文化在有些国家变得流行,如西方的通俗文化和消费品在世界上一些国家流行。美国有人认为,这些"代表了西方文明的胜利"。这种观点并不符合当前世界状况。许多国家,包括欧洲联盟内许多国家,并不认同美国式的消费概念。2001年德国总理施罗德(Gerhard Schröder,1944—)直言:"我不赞成欧洲社会美国化。"因为美国式的消费将会更快耗尽地矿资源,给人类生存造成更早的危机。

有人把美国价值或西方现代化看作是"普世文明",并说普世文明是18世纪以来持续进行的广泛的现代化进程的结果。于是出现一个新的问题,什么是现代化?亨廷顿提出,"现代化包括工业化、城市化,以及识字率、教育水平、富裕程度、社会动员程度的提高和更复杂的、更多样化的职业结构。"所谓"普世文明论",当前就是"美国中心论"或"全球美国化"。

亨廷顿说,普世文明的概念是西方文明的独特产物。在19世纪,西方用"白人的责任"的思想为西方扩大对非西方社会的政治经济统治作辩护。20 世纪末,普世文明的概念有助于为西方对其他社会的文化统治和那些社会模仿西方的实践和体制的需要作辩护。普世主义是西方对付非西方社会的意识形态。普世文明的思想在其他文明中几乎得不到支持。非西方把"西方视为普遍的东西"视为"西方的"。西方人宣布为"有益的全球一体化"先兆的东西,被非西方人宣布为"邪恶的西方帝国主义"。这种观念反映了美国的一种观念。

布什总统 2002 年 6 月 1 日在西点军校毕业典礼上提出三大原则:第一,美国要保持"先发制人"的权力;第二,美国价值观是普适全球的;第三,保持不可挑战的军事力量。

亨廷顿强调文明间的敌对和冲突,尤其关心西方文明与非西方文明的不同和敌对。亨廷顿承认非西方世界正在变得越来越现代化,但非西方世界的现代化并不是"西方化",并不是"美国化",也不是"欧洲化"。亨廷顿认为,现代化的进程从两个方面促进了本土文化的复兴。"在社会层面上,现代化提高了社会的总体经济、军事和政治实力,鼓励这个社会的人民具有对自己文化的信心,从而成为文明的伸张者。在个人层面上,当传统纽带和社会关系断裂时,现代化便造成了异化感和反常感,并导致了需要从宗教中寻求答案的认同危机。"亨廷顿进而宣称:"现代化并不一定意味着西方化。非西方社会在没有放弃自己的文化和全盘采用西方价值、体制和实践的前提下,能够实现并已经实现了现代化。西方化确实几乎是不可能的,因为无论非西方文化对现代化造成了什么障碍,与它们对西方化造成的障碍相比都相形见绌。正如布罗代尔(Fernand Braudel,1902—1985)所说,持下述看法几乎'是幼稚的':现代化或'单一'文明的胜利,将导致许多世纪以来体现在世界各伟大文明中的历史文化的多元性的终结。相反,现代化加强了那些文化,并减弱了西方的相对权力。世界正从根本上变得更加现代化和更少西方化。"

最重要的观点放到最后说。亨廷顿在最后一章编造了一个战争故事,他说:

中国这个"人类历史上最大竞争者"日益自我扩张,在 21 世纪初将给世界的稳定造成巨大的压力。中国与美国利益相悖。美国与中国之间的战争将如何发展?假设在 2010 年,美国军队撤出了已经统一的朝鲜,在日本的驻军也极大地减少。台湾和大陆已和解,虽然台湾独立,但明确承认北京的宗主权。中国在南海石油资源的开发进展迅速,而越南请美国公司开发,中越之间发生海战。中国侵入越南,越南求助于美国。中国人警告美国不要插手。美国将航空母舰特混舰队派往南海。中国谴责美国侵犯了中国的领海,于是对特混舰队发动空袭。联合国和日本劝解停火失败,战火蔓延到东亚的其他地区,日本宣布保持中立并封锁美军基地。中国的潜艇和陆基飞机重创美军舰队和在东亚的军事设施。与此同时,中国的地面部队占领越南大片领土。

战争初始双方都没有使用核武器。两国都存在对核袭击的恐惧，很多美国人质问：为什么我们要面对这种危险，即使中国控制了南中国海、越南甚至整个东南亚，对于我们又会有什么不同？反战情绪在美国西南部拉美裔控制的州内最为强烈，那里的人民和州政府宣布"这不是我们的战争"，并效仿1812年战争期间新英格兰的模式，选择退出战争。在中国人巩固了它在东亚的最初战果之后，美国的公众舆论开始向日本人在1942年时曾希望的那个方向转变，他们认为击败这个新近宣称霸权的国家代价太大，还是让我们满足于通过谈判来结束目前在西太平洋进行的零星战斗或"假战争"吧。

当中国精力被牵制在东亚的时候，印度对巴基斯坦发动了致命的攻击，旨在彻底摧毁该国的核武器和常规军事力量。最初印度取胜，由此巴基斯坦、伊朗和中国建立军事联盟，伊朗派遣军队支援巴基斯坦，印度陷入了困境，巴基斯坦和印度都呼吁阿拉伯国家的支持，印度警告说伊朗可能控制西南亚。中国对抗美国的最初胜利在穆斯林社会中激起了声势浩大的反西方运动，剩下的几个阿拉伯国家和土耳其的亲西方政府一个接一个地被伊斯兰主义运动推翻。阿拉伯人对以色列大举进攻，被大大缩编的美国第六舰队无力制止阿拉伯人。

由于中国在军事上得手，日本开始紧张不安地追随中国，按中国的旨意行事而成为参战方。日本军队占领日本的美军基地，美国宣布对日本实行封锁，美日舰队在西太平洋展开了零星战斗。战争伊始，中国提议与俄罗斯签署共同安全条约（令人联想起希特勒–斯大林条约）。然而，中国的胜利和全面控制东亚的前景吓坏了莫斯科，俄罗斯向西伯利亚增派军队，西伯利亚的中国人干预了这些行动，中国出兵占领了海参崴、黑龙江流域和东西伯利亚的其他重要地区。随着俄罗斯和中国的战斗在中西伯利亚蔓延，在原先被中国置于"保护"之下的蒙古出现了暴动。

石油对于各参战方都至关重要，日本严重地依赖于石油进口，因此日本更顺应中国，以确保波斯湾、印度尼西亚和南中国海石油渠道畅通的倾向。而阿拉伯国家被伊斯兰好战分子所控制，于是西方日益依赖于俄罗斯、高加索和中亚的石油，因此西方加紧了把俄罗斯纳入自己。

与此同时，美国急切得到欧洲盟国的支持。但是欧洲国家不情愿在军事上卷入。中国和伊朗为了防止西方国家集结起来支持美国，秘密地在波斯尼亚和阿尔及利亚部署中程核导弹，警告欧洲国家不要介入战争。美国情报机构发现这一部署行动，北约理事会声明必须立即撤出这些导弹。然而，在北约未及采取行动之前，塞尔维亚入侵了波斯尼亚，克罗地亚也参加了进去，于是两个国家占领并分割了波斯尼亚，缴获了导弹并继续进行它们在20世纪90年代被迫终止的种族清洗。阿尔巴尼亚和土耳其试图帮助波斯尼亚人；希腊和保加利亚发动了对土耳其欧洲地区的入侵,土耳其人纷纷逃过博斯普鲁斯海峡,伊斯坦布尔市内一片恐慌。同时,阿尔及利亚发射的装有核弹头的导弹在马赛附近爆炸,北约对北非目标进行毁灭性轰炸来进行报复。

这样爆发了全球战争,美国、欧洲、俄罗斯和印度展开了一场反对中国、日本和大多数伊斯兰国家的全球战争。双方都拥有大量的核武器,很明显,只要对它们的使用超过最低限度,双方的主要国家都将被严重摧毁。如果相互威慑能够起作用,筋疲力尽的双方就有可能达成停战协议,但这并不能阻止中国在东亚的霸权。另一种可能是,西方企图使用常规军事力量来击败中国。然而,由于日本已与中国结盟,美国无法动用在日本的基地的海军来攻击中国。替代办法便是从西面对付中国。中俄之间的战斗促使北约接纳俄罗斯为成员国,与它合作抵御中国对西伯利亚的入侵,并维持俄罗斯对中亚富有石油和天然气的伊斯兰国家的控制,同时还促进藏族、维吾尔族和蒙古族人反对中国统治的起义,逐步调动并部署西方和俄罗斯军队东进西伯利亚,旨在越过长城向北京、满洲和汉族中心地带发起最后的攻击。

这场全球文明之战的直接后果如何?是在相互核摧毁、双方都精力耗尽之后通过谈判而停战,还是俄罗斯和西方军队最终进入天安门广场?几乎不可避免地是,所有主要参战方的经济、人口和军事权力都急剧下降。

战争中保持中立的印度尼西亚成为占主导地位的国家,并在澳大利亚顾问的指导下,开始对东起新西兰、西至缅甸和斯里兰卡、北到越南的事务指手画脚。所有这一切都预示着,在未来,印度尼西亚将与印度和复兴了的中国发生冲突。无论如何,世界政治的中心都在向南转移。

冷战结束后,西方许多人构建未来世界模式。前英国首相布莱尔(Tony Blair,1953—)的顾问罗伯特·库珀(Robert Cooper,1947—)在《和平箴言:21世纪的秩序与混乱》,把世界各国分为三种类型。第一类是后现代国家,即北美、欧洲的国家和日本。第二类是现代国家,这些国家还是民族国家,如中国、印度、巴西、巴基斯坦等。第三类是前现代国家,如阿富汗及非洲和中东的国家。库珀反复讲的一个概念就是"新帝国主义",其意思是,后现代国家首先要动用它们的国家力量(包括军事力量)来控制现代国家,同时也制止前现代国家那些诸如屠杀之类的行为。

三、文明共存

1998年德国哈拉尔德·米勒写了一本书《文明的共存:对塞缪尔·亨廷顿"文明冲突论"的批判》,并提出了"文明共存论"。米勒指出,亨廷顿的"文明的冲突论"在国际关系界引起巨大反响,这种情况惊人担忧,亨廷顿认为各种不同文化都有"霸权意识",虽然它们有所差别,然而都无一例外产生影响,因此各种文明之间必然发生碰撞和冲突。亨廷顿认为儒教和伊斯兰教将会形成反西方联盟,这样会出现一个可怕的噩梦:文化战争。由于强烈的敌意,冲突的突发性,很可能引起使用大规模毁灭性武器,从而导致全球性的核战争,人类会丧失一起理想和希。

米勒举例指出,亨廷顿列举的伊斯兰文化的好战性"远胜于他人",其实都是用偏见和错误的资料得出的错误结论。他还举例指出,亨廷顿指责中国和朝鲜向伊斯兰国家巴基斯坦、伊朗、伊拉克等出售武器,并说中国与伊朗在核技术方面进行合作,然而却避而不谈美国向这些国家出售的武器是中国和朝鲜的10倍,实际上俄罗斯是伊朗在民用核技术上最重要的合作伙伴,难道意味着存在东正教与伊斯兰教的联盟?

《文明的冲突》采用的是美国式的科学研究方法的结果。美国科学方法,不论自然科学还是社会科学,都是把理论建立在若干少数基本设想之上,这种简约性成为美国的科学的典范,被称为"奥卡姆剃须刀",以纪念14世纪的逻辑学家、圣方济各会修士奥卡姆的威廉。这个原理又被称为"简单有效"原理。这种观点过分简单看待现实了,许多因素的影响都被这把"奥卡姆剃须刀"刮掉了,多种变化发展的可能性也都忽略了。因此米勒说,"我们"反对"他们"这种过于简化政治理论的基本模式。

米勒指出,亨廷顿的文明的概念存在着明显的问题,德语中"文化"的概念也包含了英语、法语里的"文明"的含义。其他国家认为文明是在一定历史阶段,用于克服生存问题的社会工具总和,包括经济方式、有影响力的社会关系、政治上的社交举止。文明是涵盖社会实践的、含义广泛的概念,那些具有共同重要特征的社会实践体系应该被看作相同的文明体系。

米勒说,回顾历史,20世纪20年代"西方"的概念还不包括德国。德国保守的知识界人士认为所谓的西方文化是堕落和非德国化的象征,当时的"西方世界"也怀疑德国究竟是否属于它们的文化圈。第三帝国的建立更加深西方国家的怀疑,英国把德国人称为"野蛮的匈奴人"。

哪些因素可能导致战争呢? 亨廷顿认为不同文明的冲突是主要的,米勒认为不是单一的地缘政治因素导致战争,以下因素都可能导致战争:领土争端,争夺资源,掠夺财物,宗教狂热,意识形态分歧,种族或民族对抗,军备竞赛,统治者的权利争夺等。1996年全球战争的统计分析表明,在27起战争中,只有9起是亨廷顿所认定的"文明断层线"上的战争,其他18起是相同文化圈内的战争。另外,民族之间的冲突占21起,只有6起与种族无关。米勒又列举亨廷顿《文明的冲突》中提到了52起潜在的冲突中,只有18起是在"文明的断层线"上,其他34起是不同人种之间的。

米勒又问什么是"西方文明"? 它的典型特征是人权、市场经济、现代化技术、典型的民主体制、公民权。"西方文明"代表的是文化的多元化、政教分离、自由和宽容。他说,实际上,西方社会也同样面临全球化大动荡的考验。另一方面,最初的基督教文化和其他宗教文化一样,提倡集体主义和独裁统治。西方自己的历史也曾经经历过对自由、民主和人权的否定。

什么是西方文明?什么价值观念左右西方?米勒在该书第三部分进行了分析。第一个问题是主权的概念。西方政治文化的最重要观念之一是民族国家的主权概念,这个概念对伊斯兰国家很陌生,那里的文化传统除了宗教君权外,没有主权概念,而西方民族国家是从"主权在民"的原则出发的。主权这个概念是16世纪让·博丁(Jean Bodin,1530—1596)提出的,这个概念建立在西方宗教公认的"君权神授"基础上,上帝赋予某人统治的权力,这种概念贯穿在整个西方历史上。因此米勒说,现代所谓标准的西方民族国家,原先也只是个人化的武力垄断,后来才变成现行的民主政体。西方的民主是什么含义?亨廷顿把西方民主和人权历史追溯到1215年英国签署的第一部基本法《大宪章》。米勒说,其实那只是贵族、国王和高层天主教士之间的法律约定,以便他们减少摩擦地掠夺、瓜分劳动阶级的财富。他说,西方文明具有一个重要的理性主义特征,也就是用自然科学、历史主义和法学代替宗教神学,而理性主义的历史很短,宗教意识仍然潜伏在西方社会的理性表层下。理性化的过程不是一帆风顺的,始终都伴随着战争、流血和苦难。欧洲人移民美洲大陆是在宗教一手推动下完成的,哪些勇敢的"朝圣者"取得了最初的迁移胜利,他们不是为了民主和人权,他们逃离欧洲大陆的首要原因并非政治迫害而是宗教压迫,他们追求宗教信仰自由,尤其在美国的新英格兰地区表现更为突出。美国政治从来都没有完全摆脱宗教影响,20世纪70年代以来,这种政治与宗教的联系千丝万缕。新教原教旨主义已经在很大程度上俘虏了保守的共和党,其选民中有40%属于宗教团体,在18个州处于主导地位,在其他13个州影响很大,对各种政治问题,高度意识形态化的政治宗教参与美国国会辩论。如今,在整个西方社会,基督教科学会教堂的普遍增加表明,这种非理性需要有所增长。表面上不可摧毁的西方民主和人权大厦,很可能受到正统基督教的冲击。

西方的自我个性和集体主义是什么关系?西方现代文化认为,集体主义具有宗教背景,因此个性解放具有很深远的意义,这也是思想启蒙运动的目的之一。歌德早期作品《少年维特的烦恼》就是强烈展现个人主义,曾经对欧洲各国思想启蒙有很大影响。单个的人是社会的基础,拥有不可侵犯的权利,这就是所谓的"人权"。个体的利益排在集体之前,这是西方文化与其他文化的本质区别,这种观念给专制统治设下了界限。这种个人主义是在反宗教过程中长期艰苦斗争而得来的。实际上,人们更习惯生活在集体农庄、城市社区、行会中,个性需求并没有得到重视,甚至在美国也未能幸免。德国的社会学教育中更强调接受社会群体的行动方式。笔者曾经问德国学生:个人主义更重要,还是社会化更重要?无人说个人主义更重要。人权和公民权在西方许多国家还是一个很年轻的事物,黑人公民权在现实还无法得到完全保障。德国国籍是依据血缘关系颁发的,而不是根据所属地域,这样成千上万在德国出生的人被剥夺了公民权。

米勒说,西方文化并不是一成不变的人类遗产,更不是普世真理和价值,西方可以保留这些文化遗产,也可以故意把它挥霍,就如同德国、意大利、日本等国家在20世纪前半叶所做的那样。其实,20世纪美国等其他国家都不同程度出现过对民主和人权的否定。当这些国家出现各种政治问题、金融危机、能源危机、战争危机等困境时,无法预料会对西方社会价值观念进行什么修改。米勒认为,西方文化,并不像有些研究者认为的那样,是坚不可摧的磐石,文化必须在每天的现实中不断重新贯彻并加以确认,才能够被继承下去,必要时,也需要被改变或保护。

美国与欧洲大陆,对西方价值的看法一直有很大差异,例如,福利国家这个概念在美国并没有像在欧洲大陆那样得到公认。例如,在美国和法国,假如没有公共援助政策,将会有四分之一的儿童生活在贫困之中。美国的福利政策使贫困比例从25%降低到21%,而法国只有6.5%的儿童生活在贫困线以下。欧洲国家谴责侵略国家。美国呢? 米勒认为,社会、国家和经济全球化带来的紧张压力,正在加深欧美之间的鸿沟,这种鸿沟也出现在欧洲社会,贫富差距悬殊,社会阶层分化明显,犯罪日益增加。令人不安的是,欧洲政治阶级中一些人正试图用"社会妒忌"这个概念代替"社会公正",一方面社会福利水准整体下降,另一方面继续推行有利于富裕阶层的政策。

米勒说,西方文明同样面临着潜在的危机,也没有找到应对现实挑战切实可行的办法。

如何对待中国? 米勒说,我们应该明白:和中国抗衡的力量虽然应该是目标明确的,但是同时也应该是谨慎的和不具挑衅性的,与这个"中央帝国"有关安全政治方面的合作之门,决不应该因为某些相互对峙的限制政策而砰然关闭。

亚洲会如何发展? 亚洲国家正试图联合。大约在1995年,新加坡总理李光耀(1923—2015)、马来西亚总理马哈蒂尔等提出"亚洲价值观"。2005年马哈蒂尔曾对中国记者说:"我认为,亚洲价值观仍然是正确的价值观,甚至现在比原来更正确。因为我们看到了所谓的西方价值观的解体。他们太自由化,缺少道德判断。比如说,他们不再尊重婚姻与家庭,于是男人与男人之间的婚姻就是合法的了,同性伙伴之间甚至可以互相起诉闹离婚。因此,他们的道德观已经不复存在,他们中的大多数没有宗教信仰,他们会把个人放在重要位置。而亚洲价值观仍然强调我们的道德判断,强调对家庭、对权威的尊重,强调对大多数人,而非个人权利的保护。我们仍然认为,我们无须让个人为民主作牺牲,我们应该让民主为我们服务。因此,亚洲价值观比西方价值观更优越。"(http://www.gmw.cn/02sz/2005-07/01/content_279202.htm)

米勒认为,亚洲社会的确与欧洲不同,其表现为对权威和等级制度的敬仰、强烈的家庭宗族观念、对父母和祖先的尊重、勤俭节约、好学上进、刻苦勤奋等,但是最主要的还是"集体优先于个人",这种价值不仅与西方不同,而且对亚洲的经济腾飞起了极为关键的作用。另一方面米勒又认为,亚洲各国文化背景完全不同,马来西亚是世俗色彩浓厚的伊斯兰国家,印度尼西亚的伊斯兰教却是印度教和泛灵论的产物,日本是神道教与佛教的国家。他认为亚洲没有统一的文化背景,因此认为亚洲价值观是一个大杂烩。

米勒认为,亚洲发展可能有三种结局。第一种,逐渐发展民主。第二种,民主遭到抑制。第三种,因为民族主义在亚洲最具有现实意义,可能在好战和专制民族主义旗号下实现社会统一。他说,印度、韩国、日本、越南和中国可能如此,直接将亚洲带回到1914年欧洲的状态。他希望亚洲应该避免这种"追赶式发展"模式的出现。

米勒称中国令人生畏。他说,在亚洲大国中,中国是最令人难以捉摸的。中国市场经济改革的成功,也使它变得更有威胁性。19世纪后半叶和20世纪前半叶,中国遭受屈辱苦难,甚至有被瓜分的危险,在人们心目中深深烙印。如今,中国将走向何方还不甚明了。自卑和权力要求、合作意向和粗鲁的民族自我主义、飞速的经济发展和军事示威混合在一起,使人联想到威廉大帝(William Ⅰ,1797—1888)的德国。在许多国际规则中,中国不断试图贯彻自己的模式,这使得其他国家不安。当中国足够强大了,是否会强迫周边地区接受自己的条件?中国是否会像威廉大帝的德国那样,走向大规模扩张道路?中国军事发展似乎表明了如下意图:在紧急情况下,北京会借助武力来实现它的领土要求。最近几年,东亚地区的常规武器进口急剧上升。1997年美日签署安全新军事协定,美军可以在更广阔区域的武装冲突中发挥作用,日本有责任进行军事合作,很明显它也包括台湾地区的冲突。这一条款是针对中国发展军事力量的。中国的出口占国内生产总值的40%(比例高于德国),而出口的40%是向美国,其竞争对手主要是其亚洲邻国,因此不大可能形成反西方的亚洲经济联盟。

米勒批驳了亨廷顿在《文明的传统》中所宣扬的最耸人听闻的恐惧内容:穆罕默德(Muhammad,约570—632)与成吉思汗(1162—1227)的联盟,伊斯兰与儒教结为战友关系。他认为这只是一种无聊的妄想。伊斯兰国家会继续保持它的多元性,亚洲也如此。

米勒对西方社会失去信心,他说:"我们的社会团体正在进一步走向分化,由启蒙运动和现代基督教运动发轫、建立起来的现代化大厦正面临崩溃的危险。"他又说:"西方最大的进步是对'国际关系'进行了重新的诠释。以日本、德国、澳大利亚、加拿大、斯堪的纳维亚半岛各国及荷兰为代表的现代商业国家,在国际交往中,它们首先追求的不是权力,而是经济上的社会福利。它们关心国际法的实施,履行国际组织规定的义务,越来越多的西方国家把谴责军事暴力手段视为'公民的责任'。"(米勒,2002)[136]

米勒认为21世纪国际政治存在六种发展趋势。第一,各种不同文化的国家对现代危机采取截然不同的处理方式,在有些国家,宗教原教旨主义会取胜,产生专制。第二,特权统治阶级及其利益集团、家族、王朝和派系将竭力维持统治,其内部在政治上会出现分裂。第三,自称为文化核心的国家强烈推向其原教旨主义政策,会引起其他国家的抵御。第四,阻止帝国主义、原教旨主义将成为超越文化界限的战略取向。第五,经济的发展促进地区性合作,各种文化的距离缩小。第六,不同文明之间的联系迅速增加,形成跨国运动,共同价值不断增加。

最后,米勒说,稳定和开放是破译未来之门密码的钥匙。西方必须学会从其他文化中汲取有益的养分,西方对伊斯兰教、印度教和佛教的事情一向知道甚少,至于儒教和日本的神道教,可能大多数西方人还根本没有听说过,这本身就是一个致命的弱点。他认为假如对未知的事物有一定了解,那么就不会感到陌生了,对话也就变得容易了。闭关自守绝不是良策,开放搞活才是对待陌生事物的灵丹妙药。21世纪人类走向何方,文化的差异是一个重要因素,更重要的是一切都取决于西方国家对待文化的态度,在很大程度上,发展并不取决于"中国的挑战"、日本的威胁或宗教激进主义,而取决于西方。

四、欧美差别

欧洲与美国存在一系列差别。2001年9月4日德国总理施罗德在柏林的讲演比较集中反映了对美国提出的全球化模式的态度。他说,美国不是欧洲的全球化模式。他说,欧洲不是一个地理概念,它代表着一种特殊的文化和生活方式,它是一个与所有公民一起分享财富和政治权力的社会。他说,与美国和南亚相比,欧洲的社会福利制度给了欧洲一套完全不同的伦理标准。他以直言不讳的方式拒绝了美国式的资本主义。他说:"是的,我的确认为美国式的资本主义是欧洲社会不能接受的一个伟大成就,欧洲不能接受美国在个人收入和社会排斥方面存在的巨大差异。我们对团结和人的尊严有自己的理解。"为了保证每个人都能理解他的观点,施罗德直言:"我不赞成欧洲社会美国化。"他认为欧洲的道路正是21世纪应该走的路,"这是一种在全球时代依然能够提供最好的发展机会的模式。"他虽然批评了反全球化的极端分子,这些人干扰了2001年夏天举行的热那亚八国首脑会议和哥德堡首脑会议,但是他对反全球化运动表示同情。他说,自由市场需要有个限度,政治家必须进行干涉以指导世界金融体制。他指出,对全球化持怀疑态度的人"一直批评说,不平等的贸易关系和金融投机是使许多国家的经济濒临崩溃的原因"(这是指美国金融投机商造成的东南亚金融危机),忽视对全球化问题日益广泛的关注是危险的。他说,许多严肃组织反对让国际金融市场和多国组织占有不可控制的支配地位,"这些人不是超人"。他也提出了德国对全球化条例的标准,其中包括提高环境的社会标准,改进国际金融机构,采取措施反对洗钱和逃税。

五、重建新秩序

日本著名企业家、哲学家稻盛和夫(1932—)与日本哲学评论家梅原猛 (1925—)对话录《回归哲学:探求资本主义的新精神》讨论了 1995 年日本经济危机后出现的观念问题。

1979—1982 年西方出现经济危机。1979 年 7 月,英国出现了经济危机,接着波及欧美日。日本工业生产下降 4.1%,法国下降7.4%,其他都在 11%~22%,失业 3200 万人,美国失业率为 11%。1990—1992 年西方再次爆发世界性经济危机,1992 年西方失业 3000 万人,1993 年西欧失业率为 11.5%,德国受东西德统一拖累,美国受债务经济之苦。

20 世纪 60—80 年代,日本经济迅速发展,80 年代更是创造出了惊人的"日本速度",日本汽车和电器唱响全世界,东京 225 指数达到惊人的 38 915 点,东京地价达到顶峰,银行追着企业放贷,日本成为美国国债最大持有国,三菱公司以 14 亿美元购买了美国国家象征——洛克菲勒中心。1986 年到 1989 年,日本的房价提高了两倍,国际资本开始获利撤离日本,外来资本推动的日本房产泡沫爆裂,政府没有采取调控措施,房地产全面崩溃,日本 21 家主要银行宣告破产,产生 1100 亿美元的坏账。1989 年东京最好地段的商业用房最高价达 12 万美元每平方米,约为当时 100 万人民币。美国逼日元升值,导致日本出口成本加大,出口大幅度下降,又引起日元货币动荡。1990 年日本股市暴跌引起泡沫经济崩溃。

第二次世界大战后,日本成为世界第二经济大国。以 1995 年为例,1 美元＝ 85 日元,日本公司的工资大约是美国的 1 倍,然而日本却出现了许多社会心理问题。

第一,日本置身于富裕社会,却流行着"不能实际感到富裕"。为什么? 稻盛和夫认为,这是由于日本人把已经获得的富裕束之高阁,却在追求以外的东西,佛教说要知足,可是不知足的人却很多,不知足的人永远不会满足,只有知足的人才能感受到富裕。这是因为日本社会只是根据利益得失的价值在运转,政治混乱、泡沫经济的崩溃、贸易摩擦、日元升值、国际问题等日本的一切混乱,都出自缺乏伦理。

第二,强势态度。由于日本成为第二经济大国,因此对外采取强势态度,没有关怀弱者的心。作者提出,没有亲切就没有生存的资格。

第三,资本主义价值和伦理。在日本近代历史上,发展经济的同时也注意建立社会核心价值观念,这是由三个积极因素促成的。

(1)儒家价值。例如,在德川时代(1600—1868)儒学家伊藤仁斋(1621—1705) 是一个有独创性的思想家,他用儒学的"仁""诚""爱"去感化工商界。

(2)在明治维新时期,启蒙思想家福泽谕吉(1836—1901)也提倡过资本主义初级阶段的伦理——独立自尊。如今独立自尊的人很少,伦理逐渐消失得无影无踪了。

（3）该书作者认为,日本如今缺乏高尚的价值观和伦理观,日本领袖应该把信心建立在高贵者具有的价值观基础上,这就是日本的武士道精神,在第二次世界大战后期已经丧失了,出现了非常卑劣的日本军人。如果有武士道精神,严厉追究彻底查明错误,但是日本军人都把自身安泰放在首位,相互包庇。对于一般社会,应该唤起"为他人,为社会"的利他伦理观和价值观。稻盛和夫认为资本主义也荒废到了崩溃边缘,只剩下赚钱了,"能赚钱就好",以"追求利润"为目的价值,对社会核心价值观和道德冲击很大。日本在泡沫经济崩溃之后,长期在不景气中挣扎,日本人都失去了信心。日本混乱加深,美国离婚率增加,家庭崩溃,学校教育滑坡。以往支撑的价值观是宗教。现在基督教在欧美日也在衰退,社会颓废,教育人们时要像教育小学生那样具体,例如告诉大家:"你的邻居会因为你的一点小事而感到不高兴。这样的事不要做。"如今,大人们连小孩子这样的道理都不懂了。

第四,稻盛和夫说,实业人士必备如下四个条件:思想之深远如哲学家,第一位重要因素是思想;心术之高尚正直如元禄武士,第二位重要是心地善良利他精神;小俗吏之才能,第三位重要因素是商业机灵;最后,还要土农民的身体,才可以成为实业社会的大人。稻盛和夫说,"纯真"是成就事业不可缺少的动机,坏人能取巧一时,但是难为一世,要用 50 年的幅度思考因果,要反思"动机是否善、有没有私心",要有忍受孤独的力量,否则难有独立自尊精神。现在需要建立新秩序,良心、良知一定会觉醒。这需要心灵教育,否则培养的是知性的野蛮人。

第七节　家庭与学校教育问题

一、什么是知识

知识是可以改变思维行为的那些东西。知识可以被分为如下 3 类。

1. 陈述性知识:主要指各种事实,包括定义、概念、法则、原理、公式等。书本知识基本都属于陈述性知识,这些知识多是人为制造的,其中有些是没有用的,是虚的,是假的。经过几千年的积累,这些虚假无用的东西也形成系统,使人误以为这是真理或科学,学校用这些东西培养了一代又一代不会干事情的人,掌握这些知识可以成功考试、拿证、读研,可以当博士,可以吹牛写文章,可以排名次,还可以用"创新"的名义制造虚假空洞理论,制造垃圾文章,但不会干事情。这种人只能在学校里混饭吃,离开学校后这种人到社会上各行各业没有任何用处,这正是我们当前教育中的主要问题之一。

2. 过程性知识:包含观察过程、理解过程、思维过程、转变过程、表达过程、发现并解决问题的过程、选择过程、决断过程、操作过程、实验过程、工艺过程。这种知识是真本事,掌握这些知识后可以干事情。所谓各种能力,正是指这种知识。这些知识很难写到书本上,课堂几乎无法讲述这类知识,只有通过过程实践才能掌握,主要在实践中学习。这种知识几乎很难通过书面考试来验证。我们的教育缺乏这种知识,把过程性知识定位过低,认为这仅仅是"动手能力而已",因为许多老师缺乏企业社会职业工作经验,缺乏这些知识。这些知识主要通过各种实践才能学会,教师加强实践正是为了弥补学校教育这方面的缺陷。

3. 全局性知识:战略性知识,这些知识面向未来,面向未知,面向全局,超越自我,超越环境,超越时代,超越潮流。第一,对于个人来说,全局性知识包括为什么活着、如何生存、价值观念、人生观、世界观。第二,企业全局问题是生存方式,包括企业策略、设计策略、生产策略、人才策略、市场策略等。看看第一次工业革命的美国和德国的企业如今还有多少存在? 我国企业都只顾眼前,不知如何规划未来。第三,国家的全局问题是生存模式和未来规划。西方现代性存在什么全局性问题? 今后石油资源和十几种地矿资源可能枯逐渐竭,会对社会生活和企业产生什么重大影响? 这些问题在大学课程里从没讲过。企业领导人水准不高,是主要影响因素之一。

二、什么是能力

简单说,能力是做事情的心理因素。你会干什么事情,就具有什么能力。干得越多,干得越广,能力越强。如何培养能力? 每个人都有自己的潜能,需要被激发。什么叫激发,激发就是"逼",能力是逼出来的,不是灌进去的。但是能力可以被扼杀,强势控制、"满堂灌"就能够扼杀孩子的能力。能力为什么不能让教师传授? 因为各人的潜能不同,传授就是模仿。把学生都用一个模子变成教师的模样? 这正是当前课堂教学存在的主要问题。"满堂灌"造就了懒惰,失去了人格和自我责任感,传播了教条模仿式的思维和行为方式,扼杀了独立思考和独立行动能力,使学生变得被动,使许多学生失去了对学习的兴趣,这样造就了许多次品和废品。如何划分能力? 有些名人提出各种分类方法,要知道大多数学生并不想成为他们那样的名人。如今的大学是大众教育,提出的能力目标应该是大学生都能够达到的。激发能力应该按照学生自己的特长进行,应该按照心理学把能力大致分为以下几类。

1. 行动能力:完成任何一个有目的的行动应该具备的能力,这是人人生存都必须具备的最基本的能力。任何行动包括四方面:有明确的目的动机,能够制定可行的计划,能够具体实施,能够评价行动结果并提出新的目标。这四方面表明是否能够独立干事情。这四个阶段适合各个行业、各个学科、各种工作、各种任务、各种家务,从领导到保洁员。针对问题:缺乏实验,纸上谈兵,闭门造车,真题假作,无能。

2. 认知能力:脑力劳动所应该具备的能力。依据认知心理学,认知能力主要包括观察、注意、记忆、思维、理解、表达、交流、发现问题、解决问题、选择与决断。针对问题：缺乏独立思考能力，性格内向。

3. 探索忍耐能力：面对未来未知情况，能够依据价值观念判断方向，从长远因果考虑如何决断和灵活处理问题而不失人格信誉。例如，如何选择职业，如何建立家庭，如何安排生活，如何协调家庭、工作各种和谐关系。例如抗灾害、抗危机、抗疾病、忍受艰难困苦、抵御战争、求生存、面向长远、面对未来、建立家庭、承担任务等都需要这种能力。

4. 全局能力：规划者、决策者、领导者所需要的基本能力。考虑未来整体规划，超越自我，制订全局策略，这种能力与科学探索能力一致，要求尝试法、发现问题与选题、定义、分类、命名、设计实验、调查分析、建立模型、认知预演、尝试等能力。提高能力的主要方法是实践，实践类型越多，实践时间越长，能力越强。课堂听课只能提高理解和记忆能力，对其他能力作用不大，这正是课堂教学的严重局限性。因此要走出课堂，走出学校，从难、从严、从实战出发。

如果把每个人的能力激发出来，那么每个人都将成为人才。为此目的，必须从"传授书本知识"转变为"全面激发能力"，培养面对中国未来有责任感、遇到现实问题能够被随时激发的思考者、探索者、规划者、开拓者和行动者。

三、家庭与学校教育存在的主要问题

1. 辛亥革命以后中国引进西学，第一代留学生崇尚西方文化，叛逆和颠覆中国传统文化，废除中国传统文化课程，至今没有建立新的核心价值道德体系，学校没有文化传承了，中国文化核心价值和道德日渐式微。甚至许多教师已经不知道什么叫文化，中国传统文化的核心是什么，为什么要学习文化了。我国学校大约从1920年取消文言文以后，就不传授我国传统文化价值观念了，迄今已经90多年。1920年上小学的人大约7岁，也就是1913年出生，那么这些人今年应该100多了，换句话，如今的中国人几乎没有什么人懂中国传统文化了。我们面临中国历史上最艰巨的文化建设任务，我们要花大力气去建设家庭文化、学校文化、企业文化、中国文化。

2. 教书不育人。教育的目的是什么？育人。首先要培养出好人，因此人文品质在教育中最重要。如果没有人品，则能力越强破坏力越大。如今学校教育已经没有育人标准，大多数教师已经不知道什么是人的教育，家长也不知道，只重视子女知识学习，忽视人文素质培养，导致学生素质更差。这是全民素质不高的主要原因之一。

什么是育人？育人是培育善良和爱心或大爱。它主要体现在以下五方面。

第一，育人意味着培养身心健康、完整和谐的个人，使孩子具有善良的内心，对人有大爱，能够经常反省自我，改正过失。2008年笔者调查大学生时发现，80%～

100％的大学生认为自己心理不健康,主要表现在不善良,缺乏爱心,自我中心,凶狠,叛逆,好斗,懒惰,嫉妒,混,说谎,控制欲,猜疑,麻木不仁,报复,冷酷,自私,贪婪,痞子、泼妇、无赖习气。孩子从小到13岁上中学,主要培育身心健康,这是家庭教育的主要目的,即通过父母自己的态度、行为和在日常各种生活情景中的一举一动,给孩子做出榜样,使孩子经历各种人生问题,培养孩子的核心价值观念、信仰、信念、人生观、人生定位、生存方法、生活方式。85％的大学生认为自己心理不健康的最主要的因素之一是从小没有充分玩耍,而是被父母(尤其是被母亲)强行管制,被灌输那些没有任何用处的垃圾。孩子的主要教育方式是玩,在玩中学,即孩子是在与小朋友玩的过程中学习的。玩,孩子有明确目的,积极主动,学校难以培养。玩"过家家",预演未来生活和职业,思考人生定位,勤劳,摆脱懒惰,通过自己的劳动创造生活,学校难以培养。玩"过家家",适应社会角色,宽容,善良,爱心,摆脱自我中心,心理健康,学校难以培养。玩"过家家",有领导,有群众,有计划,有民主,彼此解决矛盾和问题,提高了合作能力。孩子们在一起玩得越和睦热烈,孩子的道德品质越好,彼此沟通能力越好,群体合作能力越强。孩子玩得越安静,时间越长,独立行动能力就强,脾气越好,没有浮躁,思维链长。智力是这样培养出来的。孩子玩得越广泛,兴趣越多,眼界越广,能力越强。因此,孩子通过玩,提高了道德品质、核心价值观、人生观、人文素质、智力、能力。这些都是学校课堂教育无法实现的。

我们的教育严重低估了人的教育的复杂程度。人生一辈子道路漫长而曲折,会遇到各种各样的问题、挫折和困难,任何一个问题挡住道路,都会对一生有重大影响,要从小教育孩子能够应对人生的各种问题。这就是玩,学习生活比学任何专业课程都复杂。一百年来,我国传统文化被破坏,父母重新学习做人、学习和睦生活,才能给孩子起榜样。为此,笔者在培养下一代父母,开设"工业社会学",带领他们写家史、家训,调查家庭问题及处理方法。

当前最让家长头痛的问题是孩子玩手机,上网玩游戏。一个家长根本无法抵御游戏。那么多公司企业,那么多设计师和程序员,那么高工资,日日夜夜花费全部精力,千方百计要诱惑儿童。谁能经得起这种诱惑?这些人设计人员和程序员都很年轻,不久将来,他们的孩子也会被游戏缠身不醒。对付游戏的办法有没有?有。玩游戏可能有几个重要原因:第一,孩子孤独;第二,孩子不会玩。家长、老师把孩子管得太死了。让孩子找孩子去玩,大人教孩子们如何玩得起劲,带孩子去玩,如做义工,去郊游,去农村。

第二,育人指培养能和睦生活的家庭人。"人不学,不知义"。家庭教育是第一个学校,主要包括如下4个方面:①通过父母的态度行为,传播家庭价值观念,例如家和万事兴,传播家庭和睦生活方式,例如用温和态度、正确词语与长辈、同辈、晚辈相处等;②发展道德和责任感,例如善良、爱心、自我责任感、家庭责任感、社会责任感、接人待物的态度、对家庭对工作的态度、人生态度等；③角色学习，按照在家庭里的角色正确行为，学会家庭感情及满足；④能够干各种家务事，能够妥善解决各种家务问题，积累家庭和睦生活经验。中国传统文化的核心是家庭，家庭文化的核心是干好三件事情：孝敬老人，夫妻和睦，养儿育女。我们的学校有多长时间不传授孝敬？不清楚。有位母亲说："我的女儿今年6岁，她要求我将来给她买房子，还要求我将来给她带孩子。"另外一位母亲说他女儿10岁，她告诉女儿应该感恩父母，她女儿一本正经地说："妈妈，应该是你和爸爸向我感恩。如果没有我，你和爸爸会孤单无聊，会经常吵架，还可能会离婚。"女儿的回答竟然使她无语。她问女儿从哪里学会这些东西，她女儿说在学校里同学们相互经常谈论这些事情。我国历史上有培养家庭人的教材，例如《弟子规》《朱子家训》《颜氏家训》等。然而，这些文本只谈了个人和家庭，缺乏职业、社会、国家方面的内容，笔者带领学生在写家训时补充了这些内容。

第三，育人指培养有责任的社会人，即培养具有社会核心价值，具有社会责任感和职业责任感，能够按照社会角色做事，既能适应工业社会，又能保持农耕社会的正面品质的人。笔者曾经调查过几所全国排前几名学校的大学生，有一次调查时问："你能够保证自己以后不腐败吗？"70名拔尖学生中居然没有一人举手！我们的学校在如何培养国家栋梁，如何培养道德？反而在一所职业技术学院里调查时，70%的学生举手说自己将来不会腐败。如何培养社会责任感？这个问题笔者想了15年才明白，要培养道德和责任感，必须在社会上"吃亏"，帮助弱者，长期做义工，为社会做奉献。不犯错误的人是不存在的，有道德的人是能够经常反省自我并改正过失的。2008年，笔者的学生去养老院慰问调查老人。2013年起，笔者组织西安交通大学工业设计系全体学生，每学期都做义工，每周末去家属区帮助孤寡老人解脱孤独做家务。我国传统农耕社会注重家庭教育，然而比较缺乏社会责任感的教育。社会责任感主要是学校教育的内容。笔者开设"工业社会学"课程，分析工业社会的核心价值观，要求每个学生都要做义工，每个寒暑假都要参与各种社会实践。

第四，育人指培养能胜任的职业人。工业社会靠社会职业才能生存，首先要对社会友好，善良有大爱。如今大学毕业生能够被社会企业认为合格的占多少？2009年笔者调查的结果是，700万毕业生中，企业和社会认为合格的仅占2万～3万人。问题出在哪里？大学教育。大学应该以培养学生的质量为最重要的指标。当前大学却以进款和论文为主要指标，这是纸上谈兵，杀鸡取蛋，不会走就想跑，是鼓励弄虚作假，为金钱谋私，鼓励抄袭写假论文。大学教师中能够深入社会企业自主选题的有几人？大学科研成果中弄虚作假的占多少？如今大学的主要问题是绝大多数教师缺乏职业经验、社会经验，应该鼓励大学教师去社会企业学习。

第五，培养有文化的中国人，也就是培养具有中国文化的核心价值观、道德、行为方式的人。当前一个重要的社会任务，是建设我国工业时代的文化（核心价值观、道德、行为方式）。

　　教育的主要方法有以下 4 种。第一,终身学习,因为人生各个阶段都会遇到诱惑、困难和陌生问题。第二,积累经验,参与的社会实践越多,经验就越丰富,但是仍然无法对付未来的新问题。第三,挫折训练,当人缺乏经验时,更要依靠态度和能力应对问题,因此要培养应对问题的积极态度和能力。第四,修炼基本品质,例如培养善良(针对凶狠、恶毒)、谦虚(针对放纵张扬)、勤劳(针对懒惰)、知足(针对贪婪)、吃苦精神(针对享乐主义、物欲横流、性欲横流)、责任感(针对自私自利)。

表 6-7-1　如何育人

	教育内容	通过教育应该培养的品质	缺少正当教育的后果
家庭	个人品质	人生观念,善良,爱心,谦虚,勤劳,知足,吃苦,耐心,诚实,沟通,意志等	缺乏爱心,不善良,自我中心,叛逆,自私自利,懒惰,贪婪,嫉妒,攀比,贪玩,脆弱,孤独,有钱就变坏
	家庭生活品质	家庭文化,家庭和睦生活方式,家庭责任感,家庭角色,孝敬老人,夫妻和睦,抚爱子女	缺少家庭观念,缺乏家庭责任感,征服,好斗,叛逆,不孝敬,不爱子女,轻言离婚
	家庭生活能力	家庭生活规划,人生规划,各种家务,和睦处理各种家庭事务和纠纷,节俭	很简单的生活问题都无法解决,轻言离婚
	教育方式	父母身教,《弟子规》《名贤集》《颜氏家训》《朱子家训》等。玩,传授各种家庭规矩,干各种家务,处理各种家庭事务	没有规矩,缺乏教养
学校	中国人	国民品质,文化传统(核心价值,道德,人格),理解,群体行为,合作,交流,意志,纪律	崇拜西方,叛逆,缺乏人格
	社会人	群体品质,群体行为方式,职业行为方式,自我约束,自我反省	懒惰,贪婪,攀比,嫉妒,自私自利,封闭思维,自由竞争,帮派,好斗,单打独斗,顽童化,双重人格
	职业能力	人生社会规划,职业规划,职业能力	缺乏工作能力,缺乏社会生存能力,缺乏专业能力,不顾家庭
社会	中国人	社会核心价值,社会道德,社会行为方式,社会和睦生存方式,处理各种社会问题的能力	性解放,粗鲁,扩大贫富差距,家庭破裂,城乡差距,不公正,强势,黑社会,毒品,偷盗,青少年犯罪,双重人格
	社会规范	了解社会态度,社会核心价值,社会行为方式	

3. 我国教育重传授陈述性知识,忽视过程性知识、全局性知识和能力。

什么是能力? 能力是做事情的本事,能力是心理因素。能干什么事情,就具有其相应的能力。干得越熟练,能力越强。干得越多样,能力越全面。主要培养方法是实践。能力不是灌进去的,而是激发的。"激发"就是"逼"。

如何划分能力? 很多人按照自己的个体的专业体验提出许多能力,然而没有具体分析这些能力包含什么因素内容,也没有说如何培养,这样可以把能力分为上千种,这样无法在教育中操作。应该按照心理学划分能力。从教育角度,为了能够普遍实施,应该尽量简单划分能力,使得能够概括教育的大部分能力。因此把能力分为四大类:行动能力、认知能力、探索能力和全局能力。

4. 理论脱离实际是我国学校教育的顽固传统。从 20 世纪 60 年代初起,大学就把理论脱离实际作为最严重的问题之一。有改进吗? 没有,几十年来,越批评,问题就越严重。问题主要表现在以下几方面。第一,误以为学校传授的理论是宝葫芦,误以为那些理论是万物规律,误以为掌握那些东西后能够成为百事通,其实什么都不会干。笔者的学生通过调查发现,学生自以为是优势的理论知识,企业认为学校里水准太低。第二,课堂教学主要传授陈述性知识,也就是靠嘴去说的那些东西,像概念、定义、公式、原理等,以为嘴说就是本事,靠嘴解决问题。其实靠嘴巴的那些知识属于入门的科普,属于陈述性知识,记住这些东西什么都干不了。工作主要靠过程性知识和能力,这些东西几乎无法靠嘴巴讲清楚,主要是通过干、实践才能学会,而绝大多数大学教师从来没有在企业里干过,也不会干,这是课堂教学严重忽略的东西。第三,书本上的体系是过去的经验总结,其中许多是过时陈旧的东西。大学教材落后时代多少年? 当然各个课程都不一样。粗略说,大约 30 年或更多。笔者每年去企业,就是为了弥补这种差距。第四,我国工科专业缺乏真实工业环境,而用数学计算代替技术知识,用校内工厂实习代替企业实习,用校内实验室代替真实科研,用虚拟实验代替真实实验。第五,学校里的作业、考试、论文脱离实际,远比实际问题简单,要求太低。英语考试 60 分及格,实际翻译论文 90 分是不及格的。大学本科机械专业的优秀毕业设计中,工程制图没有全正确的。在企业里,任何一张有错误的图纸都是废品。数学考试 90 分是高分数,实际设计项目计算中就是废品。笔者去过宁波一个乡镇企业,求废品率是百万分之一。哪个学校能够达到这种严格的要求? 第六,不少毕业设计、硕士论文课题、博士论文课题是虚假课题或者真题假作、假题假作、闭门造车。我不知道如何把学生培养成天才,但我知道如何把学生变蠢材,满堂灌,喂奶瓶,考笔记,准把学生变蠢、变被动。这个问题长期解决不了,最主要的原因是大多数教师缺乏企业和社会工作经验。要解决这个问题,目前首先要让老师去社会实践,今后培养和选择教师要把实践经验作为必须条件之一。另一方面,企业不接纳大学生实习,促使理论脱离实践。

5. 企业认为大学的理论知识存在严重问题。第一,大学某些理论基础陈旧。

笔者在德国时看过一本 1870 年的《机械原理与零件》教材,里面的内容与我们今天的教材基本相同。第二,大学某些理论基础太窄,以为学一门课就能成为无所不会的工程师,工厂里是没有专业划分的,任何一个任务都包含许多专业的技能,大学的课堂教学方法不符合企业实际需要,必须去企业学习。第三,大学某些理论基础太浅。第四,大学某些基础理论没用。谁用概率论的计算方法解决过真实的科学研究问题?有几个工程师在工程设计或生产制造中应用过微积分数学?笔者自己在设计传感器时用过,但是没有见过其他工程师用过。目前,工科大学的基础理论是几百年前的牛顿力学—机械论—微积分体系,工科的专业技术基础仍然是第一次工业革命的生产模式,远落后时代。西方已经不再追求现代性,1978 年已经进入"可持续发展"时代,它的核心价值、生存模式、生产模式、科学技术、基础理论概念都已不再是原来的意义,我们必须探索以自然为本的生存方式、生产模式和科学技术,探索新的能源概念、城乡概念、生产概念、交通概念等,应该研究如何抗灾害、抗危机、防疾病等,重新调查分析基础理论应该包含什么,而不是死守那些将被淘汰的科学技术和理论知识。各个学科和专业从现在起要花 10 年时间去探索这个问题,否则我们将在下一个历史时代更加落后西方。

6. 把实践定位过低。当大多数教师都缺乏实践经验时,就低估了实践的作用,以为"实践只是练练动手能力"而已。那么实践到底起什么作用呢?第一,各种优良的人文品质是在实践中锻炼培养出来的,不是课堂听出来的。大学生在企业调查中发现,由于严重缺乏实践,如今大学生的 50 多项人文品质基本都达不到企业要求。第二,经典哲学和认知心理学认为,实践本身就是学习,在干中学,过程性知识都必须在实践中才能学会,如今误以为听课才是学习,实践只是陪衬。第三,工科、医学、大部分理科都是实践性很强的学科,学的东西必须要能够解决问题,而不是能吹牛写文章。第四,实践是培养全面能力的唯一可行方法,实践是培养职业思维行为方式的唯一有效途径。第五,实践是激发开拓、探索、创新能力的唯一有效方法。

7. "基础"不厚。几十年来普遍认为大学教育是给学生打一个基础,认为"知识是基础",这个基础被称为"理论基础"。按照这种总体规划思想把教育分为三段:公共基础课程教育、专业基础课程教育、专业课程教育。所谓上大学,就是去读背这几本书,考个好分数。

这种观念把大学教育的基础看得过分简单,复杂的社会使我们教育的基础也必须同样复杂。例如,现代化社会需要什么样的职业素质?需要"快速反应部队",招必来,来必干,干必果。许多教师对此不理解。现代社会是战场,企业是战场,医院是战场,商业是战场,必须具备快速反应能力。典型事例是突如其来的"非典",2003 年 4 月北京花 7 天时间在小汤山建立了一个医院。

其实各个专业的基础体系是不同的,不能简单地用牛顿数学和力学体系作为理工科各个专业的基础,而应该对各个学科进行调查分析。同样,每个学生的基础是不同的,笔者要求每个学生自己思考自己的基础是什么,这是促进主动学习的方法之一。

什么是大学生的人文基础?

爱心是做人的基础,

人格是成才的基础,

人文是专业的基础,

能力是知识的基础,

动机是学习的基础,

实践是能力的基础,

挫折是成功的基础,

死读书是变傻的基础,

不干是无能的基础,

喂奶瓶是长不大的基础。

当然,你还可以写出许多……

---

8. 教育要求的水准太低。第一,大学学制 4 年,实际效果如何呢? 假如现在的大学生周六不学习,每年比过去少学 52 天,4 年少学 200 天,这相当于 1 学年学习时间。大部分学生不上晚自习,每天少三分之一学习时间,这样又少学 1 年。寒暑假我们要求学生实习 2 个月,毕业实习 3 个月,这样一共 10 个月,相当一个学年。凡缺席者实际上少学了 3 年时间。第二,我们大学进入二年级后几乎没有什么作业。第三,笔者的外甥女大四去美国学习一年,每周都有小测验,我们学校没有,因此学生每天课后没作业也不复习,只是在期末考试时突击死背硬记,考完就忘记了,这样不但学不到什么东西,反而给学生养成懒惰贪玩的坏毛病。

9. 普遍教育质量合格率太低,教育无能化。教育无能化是世界性的问题,然而我们的问题很突出。改革开放以来,国家经济和技术发展不依靠国内大学,而依靠引进国外技术,使高等教育第一次感到了危机。如今这个危机进入第二阶段——学生就业问题,企业认为大学生合格率太低,大学生就业率比较低,这使教育第二次感到了危机。1999 年大学扩招。2002 年毛入学率达 15%,在校生 1600万,标志我国高等教育进入大众化阶段。2003 年毛入学率为 17%,高等教育规模为世界第一。然而 2003 年 30 万毕业生找不到职业,以后逐年上升为 60 万、90万、120 万等。每年大约 30% 的毕业生无法就业。社科院的《社会蓝皮书》说,2009年大学毕业 560 万人,约 150 万人难以找到工作。其中一个原因是学生素质差,例如善良、孝敬、谦卑、诚信、主动、勤俭、吃苦、责任感、合作、自律、不受诱惑、脆弱、浮躁、进攻性、自我中心、嫉妒等方面,企业调查结果全部不及格。笔者带领学生调查了 6 个行业,200 多个企业。建筑业(科技水准最低的工业)认为大学生合格率为 20％。制造业、服务业、银行业认为大学生合格率为 10％。IT 业认为大学生合格率为 0.5％~0.7％,也就是说只有二三万人。因此招聘竞争越来越激烈,2009 年同一企业内部不同部门在招聘我系学生时也开始激烈竞争。如果合格率高,企业不必进入校园干扰教学。2008 年我系本科毕业生求职 10 人,来招聘名额 25 人。2009 年情况类似,几乎每个学生手中都有 2~3 个录取通知,都是高端企业,月薪 7000 元以上。

10. 量化管理。老师是良心职业,是奉献型职业,培养一个人是无法用工作时间和工作量衡量的。1995 年以后大学采用量化管理,使得学校教师的结构发生很大变化,素质下滑很大。量化管理无法衡量工作态度、工作质量和责任心,也不衡量工作投入的时间、精力和水准。它把老师变得失去人格,失去教师责任心,只为钱而干活,小心眼,看眼色行事。这种方法把农村公社都搞垮了,如今用它来管理大学教授的后果怎样会好？这种管理方法来自美国泰勒制,管理的基础是文化,任何一个国家的管理方法都不能够照搬外国人的,因为各种文化的价值、道德和行为规范不同。教育管理最根本的是责任心、水准和质量,不是工作量。

11. 笔者的父亲曾是西安交通大学教授,1958 年这所大学教授们曾经提出一个问题:"我们的学校教育只能传授过去的知识,无法传授未来所需要的知识,教育应该怎么办?"笔者当时 13 岁,从父亲那里听到这个问题。30 年后,笔者去德国,把这个问题思考了 10 年,终于想清楚了大学应该如何教。大学无法传授未来所需要的知识,但是可以培养未来所需要的人文(价值观念、未来眼界和全局观念、责任感、行动方式等)和能力,学生将来主要依靠人文和能力规划他们的人生未来,去发现问题,去探索解决方法。这是培养大学生的基本思想。大学不培养人文,不教如何干,而教"知识",这也是一个特色。

12. 我国教育投入太少。美国从 1990 年至今教育投入为 GDP 的 7％,德国为 4％。我国 1999 年教育投入为 GDP 的 2.79％,2007 年为 3.32％,这在世界各国属于比较低的。据网上公布信息说,这不抵当年政府为公车的花费。2015 年以后,我国政府把公车逐步拍卖了。教育投入严重不足,使得学校不得不花费主要资源去赚钱养活自己,这是教育质量下滑的主要原因之一。由此"教育产业化"产生很恶劣的后果,严重影响幼儿园、小学、中学、大学的性质。这就是为什么禁不住"补习班",重点中学把学生搞得过分疲劳,作业经常要搞到半夜两三点,由此大量学生进入大学后就已经很厌烦学习了。2012 年我国年度财政性教育经费支出总额超过 2 万亿元,占 GDP 比重首次达到 4％。然而又出现新的问题,腐败或乱花钱。

四、家庭教育的误区

1. 家庭教育的主要任务不是智力开发,而是培养良好的个人品质和家庭生活观念、家庭生活价值、维系家庭和睦生活的各种能力,例如爱心、善良、孝敬、朴素、节俭、谦卑、家庭责任感、生活经验、能干、吃苦、人生观。要帮助孩子克服脆弱、自我中心、自私自利等。历史上,中国教育体系上最有特色的是家庭教育,应该参考《小儿语》《续小儿语》《弟子规》《论语》《大学》《朱子家训》《颜氏家训》《三字经》等。也要注意,这些家训缺乏社会责任感、职业责任感和国家责任感的内容,所以应选择适当内容作为家庭教育的主要教材,这些文字在网上都能下载到。尤其是在孩子五六岁形成语言能力的时期,要给孩子讲述这几本书,让孩子背诵。

2. 如何培养孩子的品质? 日常生活中父母要谨慎自己的言行,父母言行是孩子的模仿榜样。父母和睦,孩子心理也健康。父母和睦,孩子也文雅。父母勤劳,孩子也爱劳动。父母讲道理,孩子也认理。父母要带领孩子全面经历家庭生活中的各种活动,每一件事情都必须要家长示范孩子如何去干,各种家庭问题都要引导孩子去和睦善意处理。缺少一件家务事情,生活就无法进行下去。对99%的家庭事务负责,责任感是不及格。只处理99%的家庭事务就无法维持家庭生存。如今孩子基本不实践各种家庭生活和事务,导致家庭生活能力极差,这样导致他们未来很难保存一个家。许多家长喜欢给孩子讲道理,到孩子12岁以后却发现一个奇怪现象,家长讲一句话,孩子有10句话等着他,给孩子讲道理的结果是孩子学会叛逆。问题在哪里? 在家长。家长讲道理,其实都是在围绕自我中心,总是家长有理。孩子逐渐明白了这是贫嘴,讲理是父母抢占话语权的一种策略,讲理是控制手段,父母讲的道理最终都是父母有理,自己反正得听从。实际上,家庭教育更应该让孩子学会体谅、宽容、善解人意,取代贫嘴。

3. 玩的教育。儿童之间的玩耍,是学习过程,是模仿人生和社会,是学会各种生活情景处理问题的方法,是探索社会人生未来的各种可能性。孩子从玩中进行了人生试验,积累了人生的各种优良品质,从而获得儿童的全面发展和健康的身心。许多母亲和中小学教师不允许孩子玩,使得孩子心理欠缺太多,进入大学后"回归幼儿园时代",放纵自己无节制地玩,造成许多大学生考试不及格,几乎每个大学每年不能合格毕业的学生数量都相当于一个重点中学的毕业生! 有些农村贫穷家庭传播"读书脱贫"的观念,许多家长认为只要孩子读书,就可以不干任何家务,导致孩子养成懒惰、贪婪、好斗、攀比、自私、自我中心等毛病,失去了家庭责任感和家乡责任感。

母亲式教育的最大优点是充满了爱,最大失误是爱得过分,包办子女一切。下面是一个女学生给笔者的来信,苦诉母亲的教育。

我妈,坚韧,自尊,传统,自强,善良,对家庭有责任感,爱孩子,尊敬老人,有牺牲自己的付出精神,重视教育,对教育投入大,爱美,生活观激进,脾气暴,情绪化,强迫人接受她的观点,对外人外事漠然,防范心重,好炫耀自己的衣服和化妆品,一头炫耀我,一头拿同志孩子的长处压我,对同志买车、买貂皮心存感慨和不平,要求我努力学习,通过事业和婚姻改变现状,压迫、期望值高,要求多。在我小的时候,也就是1~5年级给我报了8个课外班,电子琴、声乐、舞蹈、书法、作文、奥赛、英语、市体校跳高各班赶场,没有一点自己的时间,包括寒暑假,因为她是老师,有时间看着我,让我实现她儿时实现不了的理想。我的人生发展和婚姻必须按照她的计划与要求进行,不能稍微偏离一下她的轨道。

觉得谁都不如她,颐指气使,认为身上都是优点,自负,正常状态下不会小声说话。

觉得男人不可靠。

固执,不能原谅背叛她的人,对伤害过她的人从骨子里表示蔑视和淡漠。

看不起基层人民,看不起不上进、有劣根性的人。

只要是她认为重要的、好的,即使耽误学习和高考,也让我去做,比如我本来能上一本线,她让我参加艺术类高考,使我耽误一个多月文化课学习,致使我差2分上重点。如果没录上建筑学,她就要强迫我复读,不容商量;高一、高二、高三让我参加模特队,练习身材和课外打工,美其名曰——深入社会,了解社会。

常常给我灌输“贫贱夫妻百事哀”的观点,强调钱的重要,强调女孩自立自强,不靠别人,强调能力的重要,把我当男孩养。

就是《我的青春谁做主》中,青楚、霹雳、小样她们仨妈的完美结合体(就连见过我妈的同学都深有感触)。

我妈不管我干什么,她都在旁边指挥我。

我知道她很不容易,很辛苦,也是我最尊敬的人。但他给我的压力太大了,对我要求太高,我总也达不到,就很焦躁。

我姥,节俭,善良,传统,文化知识浅,极度情绪化,经常大喊大叫,偏疼能力弱的孩子,惯养儿女和孙子,舍不得吃穿,不求生活质量,想事情很偏激,不懂得教育方法,没有教育理念。

过去说“每个成功的男人背后有一个女人”,那是贤惠、奉献、顾家的女人。如今说“每个腐败的男人背后有一个女人”,有人补充“不止一个”;还有人说“每个无能男人背后也有一个女人”,一个彪悍的女人。你想要这种女权主义吗?

4. 家庭教育的主要内容不是智力,而是善良、爱心、勤俭等品质,以及正确的人生观念和行为规范。母亲式教育的优点是充满爱心,缺点是爱心过分,母亲眼中的儿子都是爱因斯坦,女儿都是居里夫人(Marie Curie,1867—1934),要孩子实现父母的理想,强迫孩子从幼儿园起就只读书考试,不许玩耍,过早智力压力,进入考试竞争链,造成严重心理问题。为此给学生灌输“考进大学后就可以玩了”,使得许多大学生厌学,整天贪玩、懒床、上网。调查发现大一入校时95%的学生自认为缺乏心理健康。

5. 人生 99.99％的时间要面对各种人生困难、挫折、辛苦、问题。挫折教育是非常重要的教育方法，主要方法是要让大学生自主学习，自立生活，自己探索解决各种问题，自己走上社会进行实践。挫折教育不是由教师制造人为障碍。许多母亲过分夸大快乐的价值，越强调快乐，使得孩子越厌烦吃苦，不干事情，在追求快乐的口号下，放弃责任感，懒惰贪婪，追求享乐主义。

6. 在各种品质中，善良、有爱心、谦卑、自省、耐心（忍耐）、宽容是最重要的。谦卑自省的人能够承认和改正自己的错误，有耐心的人能够经受挫折，孝敬的人能够和睦生活。只有克服自我中心才能谦卑自省，而耐心是通过吃苦、挫折、练字、打毛线、走路等活动培养的。如今只强调效率，很容易使人轻视耐心的重要性。自我中心、缺乏责任感、斗争观念是家庭生活中最大的问题。隔代教育容易娇纵孩子，他们往往通过爷爷奶奶来对付父母，这样失去了孝敬品质。

7. 如今大多数子女教育是由母亲管，"养不教，父之过"。如今母亲和女教师强势导致什么结果？首先，使得男生女性化、柔弱化，当前只会服从母亲，将来他们可能不再保护自己的妻子、母亲，这是调查结果表明的。其次，女孩子看到母亲和女教师的强势，她们也学习这种榜样，而他们不知道那一代大多数男性在谦让女性，而这一代青年男性不再谦让女性，也不再承担家庭责任，导致家庭容易破裂或者性解放，女性则更艰难。孩子叛逆，原因之一是母亲的高度控制结果。

8. 培养家庭人的主要方法如下。首先，父母自己的日常举止本身就是对孩子的教育。其次，要给孩子讲各种家庭生活规矩，要让孩子干各种家务，逐步参与处理各种家庭事务和问题。笔者要求学生对自己家庭进行文化建设，主要方法是：访谈家长，写家史，写家长对自己的批评，思考自己家庭有什么不足，如何改进，最后要写出自己的家训。笔者带领学生写家训时发现，学生在写家训时仍然同我国历史上一样，只注重家庭品质，而忽略社会品质和职业品质，因此要求他们弥补这种缺陷。这种方法受到大多数学生的欢迎。希望每位家长、各个高中和大学教师都这样做，我们中国人的文化素质就能够很快提高。

五、改进人格人文教育

我们的教育应该从哪些方面改进？要解决这个问题，就应该看看我们当前存在的哪些社会性问题与教育有关。例如，什么因素造成当前各行各业相当普遍的假冒伪劣？以金钱为核心价值观念，缺乏职业责任感和社会责任感，模仿式思维方式，职业能力较差这四个主要因素导致了假冒伪劣。这些问题从哪里产生的？看看我们教育的缺陷就明白了。我们有些教师仍然保留着农业社会中那种懒懒散散的习气和单打独斗个体小农的行为方式，对社会和群体的事务缺乏责任感，他们用自己的行为把这些个体小农低素质一代一代传了下去。有些教师公开传授知识剽窃，甚至有些很著名的教师还讲什么"天下写书一大抄，只凭糨糊和剪刀"。有些教师上课只会照本宣科，不会解决具体问题。有些专业基础课教材几十年都没有改变，已经抄用了三代人。上课时老师把书上的东西抄到黑板上，学生按照老师的行为方式，把黑板上的东西再抄到笔记上，考试题就在其中。老师怎么说，学生就怎么干。这就是指令性教学方式，这些都是在传授模仿式思维和行为方式，把学生都变成一个模式。我们各个专业课几乎都没有传授职业道德，没有传授现代社会的价值观念，因此造成这样普遍的社会问题是很自然的事情。我们各行各业中都缺少大量优秀人才，这主要是由于教育脱离社会实践，没有把多数学生的能力发挥出来。各行各业都普遍存在很难群体合作的问题，这主要由于学校里没有这样的严格训练，甚至提倡相反的个人英雄主义的单打独斗的成功案例。许多教师不是强调个体单干吗？大学毕业生普遍眼高手低，会说不会干。这正反映了学校里某些教师行为方式的负面效果。许多人家里的装修很好，卫生能搞好，而家庭门口外的走廊卫生却没人打扫，这是家庭教育退化所致。过去批评"各人自扫门前雪，莫管他人瓦上霜"，而现在的家庭教育中连自己的"门前雪"也不扫。社会公共环境的卫生搞不好，是家庭教育和学校教育的失败所致。从以上几方面得出结论，对大学生的人文教育有三个基本目的。

第一，培养人格。

(1)善良，大爱，具有尊严，尊重自己也尊重别人，能够区分公正原则与实力原则。针对问题：土匪无赖与泼妇行为方式。

(2)意志坚定。针对问题：软弱无能、脆弱。

(3)心理健康：善良、诚信、平和。针对问题：双重人格、控制欲、征服欲、享乐欲、刺激欲、猜疑、麻木不仁、报复、忌妒、冷酷、好斗。

第二，人文方面：开拓传播中国现代社会所需要的价值观念、社会道德、社会群体行为方式。

(1)价值观念：勤劳、俭朴、开拓(创新变化)、理性、效率、质量。针对问题：懒惰、贪婪、享乐主义、占小便宜、僵化、情绪化、鼠目寸光、急功近利。

(2)基本道德：自理、自律、自迫、自省；自我责任感、家庭责任感、群体责任感、社会责任感、职业责任感、法律责任感。针对问题：个体小农缺乏自我责任感、社会责任感、职业与法律责任感。

(3)思维和行为方式：社会群体思维方式和行为方式。针对问题：自我中心、单打独斗、拉关系、搞帮派、封闭思维行为方式。

第三，激发能力。前面已经讲过能力指什么了。

六、怎样激发能力

当前许多学校探索培养"宽口径"的人。一些人以为，培养"宽口径"，就是把专业基础课增多。恰恰相反，"宽口径"意味着全面激发能力，这主要通过各种实践来实现,一定要减少课程和课时,使学生有更多的时间和精力去实践,去思考自己的各种问题。其前提是给学生充分的抉择自由。基本要求是:遇到没有学过、干过、见过的工作,要敢干、会干、能干好,要求学生成为"快速反应部队","招之即来,来就能干,干则能胜"。激发能力的主要方法如下。

1. 自主学习。什么叫自立? 就是主动。什么是主动? 人生道路必须自己选择,人生动机必须自己决定,这是自主学习的基本目的,被动本身就不符合职业要求,就要被淘汰。个人的未来思考也要靠自己自主,他人无法规划你的未来。有些学生找成功人士:"老师,请给我未来提一些建议吧。"这是懒惰的做法,这是投机的做法。其实,各人的未来只能靠自己思考探索。而以往的课堂教学很容易把学生逼到被动接受的状态。自主学习的目的是为了把学生逼到主动的地位。培养人文素质和能力,绝不是靠教师说教而成的,而是学生自己通过干而形成的。学习的主要方式是做事情,干就是学。必须由学生自己思考目的、计划和具体实施,自己评价行动结果。只有这样才能全面激发行动能力和责任感。自主学习的主要方式包括:学生自己选择专业(学校规定各专业的名额),允许学生换专业,学生自己选择辅导老师,学生自己寻找实践单位,学生自己寻找设计课题,学生自己选择专业发展方向,最后学生自己选择职业。给他们自主的同时,就赋予他们相应的责任了。自我责任感和职业责任感就是这样逼出来的。以往教师以为学生的学习完全依赖教师的口传,其实学习过程主要应该是学生自己思考和实践,

2. 激发探索能力,主要有四种方法:思考、讨论、调查、尝试。第一,人生任何问题都需要自己思考清楚。第二,讨论适合在课堂上实施,笔者要求课堂讨论大约要占三分之一的课堂时间,例如讨论目的、选题、计划等,讨论各人思考的问题和遇到的问题。第三,调查包括访谈、问卷调查和现场观察。第四,尝试包括企业实践、社会实践,还包括发现问题、设计试验、探索和解决问题。教师的作用是给学生提出目标和要求。在具体实施中,教师介入越少,学生提高越全面。

3. 参与社会实践。任何经典哲学的认识论都认为,人的认识过程是从实践到理论,先实践后理论,没有实践,就不可能获得真正的知识(经验),实践本身就是学习过程,尤其是过程性知识必须在实践中才能学到。我国高等教育在 20 世纪 60 年代以前比较重视实践,这个传统必须恢复。例如,当时西安交通大学学生在学校期间要下工厂参加三次专业实践。德国工业大学的教授,至少要在企业工作过多年。笔者曾经与德国的一个大学新生交谈过,他高中毕业后,必须去工厂实习 6 周,按照师傅规定的图纸制作了一个仪表台钳和一个小活塞汽缸。这种实践使得他明白了机械专业的学习目的和学习内容,然后再进入大学机械专业一年级。我们哪个大学机械系的毕业生会制造这两个机械产品? 2000 年笔者提出每个暑假全体学生要到企业实习 4周。2003 年又改为每个寒暑假实习 8 周,毕业设计去企业实习 3 个月,这样大学 4 年期间一共到企业实践 7~10 个月,相当于多学了一年。笔者培养的硕士生,起码在企

业里要实践 1 年。企业实践是全面培养人文素质和专业素质的主要方法之一。有人提出,一些学生到企业后没有学好,反而学差了,因此不再去企业实践了。这叫因噎废食。遇到这种情况时,要求学生自己思考讨论并提出改进方法。出现问题是正常的,正是学习的机会。哪里出现问题,搞清楚问题,就设法改进。从 2000 年起笔者带领学生去企业实习,总结的寒暑假实习方法如下。第一,要求学生逐步能够自己寻找实习企业,这是求职训练。笔者要求学生大学 4 年要去企业实习 8 次,也就是说,有过 8 个企业的求职经验,有过 8 个企业的体验。许多人一生也没有去过 8 个企业。不要求学生实习专业对口,而要求学生要明确实习目的。第二,假如企业不接收你实习,你应该如何办? 应该去了解情况,假如是由于你的态度和素质问题,那么要及时克服缺点,提高自身素质。假如是企业自身的原因,那么你转向其他企业。仅这一个问题就能使你有许多收获。笔者的一名学生从上海到北京实习,预先联系好的工厂却不再接收他实习,他在地下室旅店住了一周,从电话号码本上找到 30 多个企业,逐一进行联系,最终进入一个模具厂,这种求职体验本身就使他长进成熟很多。第三,假如企业不让你动手干怎么办? 也要了解原因。如果你积极、主动、认真、负责,一般会让你干的。第四,不去没有"五险一金"(医疗保险、退休保险、工伤保险、失业保险、生育保险、住房公积金)的单位,因为这些企业老板缺乏职业道德。第五,安全第一。进入企业后,不公积允许不能动任何东西。笔者每次都要讲两个例子,一个女生不把头发严格放到帽子里,操作车床时头发被卷入,扯掉了半个头皮;另一个男生随意乱坐,坐到 500 ℃ 的高温铸件上了。第六,进入企业后要找专人作为自己师傅,请教各种问题。第七,开学后要交实习日记、实习报告、实习鉴定。第八,实习答辩,每人讲述 3 分钟,主要讲谁联系的实习企业,你在企业里学会了什么,动手干了什么。另外,还要进行企业调查,主要调查企业策略、设计策略、生产策略、人才策略和市场策略,开学后交调查报告,这是培养领导性能力的重要方法之一。凡讲"了解""参观"的内容不算实习。

4. 组织开拓性活动。技术发展变化很快,专业知识 4~5 年就会发生很大变化。在工作中经常会遇到新问题或新技术,不可能让你循序渐进按照学校里的过程从基础、专业基础再到专业。你遇到新问题后,用什么方法去探索解决问题? 第一,遇到没学过、没干过、没见过的问题,你要敢干、会干、能干好。这是一种价值定位,也是一种全局眼界和人生定位。第二,面对新问题,主要依靠三种能力:讨论、调查、尝试。这就是基础能力,而不是去找书本、资料、权威,因为在新问题面前,后三种办法都无效了。第三,应该把学生培养成遇到问题就能被激发的规划者、思考者、开拓者和行动者。为此,笔者教新生理发,带领学生设计制作桌椅,粉刷教室墙壁,参观有关展览会,参观工厂,进行各种调查,例如城市规划调查、敬老院调查、企业对大学生评价调查、大学生价值观念调查、大学生择偶择友调查等。

5. 讨论式教学。为什么要采取讨论式教学? 讨论是激发人格、主动思维、主动学习的一种重要的教学方式,"激发"就是"逼",它能把学生逼到主动学习的状态,能把各种能力调动出来,能促进学生之间的沟通、交流能力和团结,能改进人文素质。讨论式教学如何进行? 最初一般由教师提出讨论问题。例如,在"设计心理学"课程上,让学生讨论筷子是否能够改进,中国传统文化的价值观念是什么,什么叫生活方式,如何调查用户的生活方式,什么叫用户需要,如何调查用户需要,什么叫自我中心,如何克服。当学生熟悉讨论方式后,可以由学生自己组织讨论,例如讨论问卷设计,讨论设计过程,讨论如何实习等。近两年,新生入学教育,我们也采取这种方式,高年级学生与新生进行讨论,寒暑假实习,也让高年级学生与低年级学生进行讨论,其效果远好于教师训话。讨论过程对各人有以下要求。第一,不要以自我为中心对别人挑刺批判,不要用自己的观点去评价别人。第二,应该转换角色,从别人角度出发理解别人的意思,不要提意见,而要提建议。提意见是挑刺,这很容易。提建议是改进,很多问题人人都能看到,然而却难以解决。凡挑刺好斗的,都要扣分。第三,讨论中,了解别人就是收获,开阔了你的思想,激发了你的思路。

讨论式教学有什么好处? 第一,讨论是学生自主的认知过程,是提高学习能力、吸收知识的过程。第二,通过讨论能够脱离个体封闭式思维方式,脱离自我中心,学会从别人角度看自己。第三,认识到别人的思想对自己会有许多启发,使自己产生新的思想。第四,激发了临场思考及解决问题和决策的应急能力。第五,激发人格自尊、主动、开拓、独立思维、群体合作、表达理解和交流能力。讨论可以发挥各人特点,培养出来多种多样的模式。讨论是全面培养人文素质和专业素质的一种有效方法,其他方式的教育无法取代讨论。我国教育普遍缺乏这种方法,指令性教育方式培养出来的人只有一种模式。

从事讨论式教学的主要困难来自老师而不是学生。老师害怕无法控制局面,害怕无法回答学生提出的问题。实际上,进行讨论式教学,不需要老师控制学生,讨论本身已经不再是为了传授知识,也不是解答问题,老师的作用是组织和激发,与学生形成一个思想流进行探索。对于讨论的问题,并不需要老师解答,无结果就是一种结果,这本身对学生就具有重要意义,也许会导致未来的探索。

6. 学生自己选题。课堂教学从教师课本驱动,转变为问题驱动、项目驱动、实践驱动教学,改变作业形式和考试方式,让学生自己选题,让学生自己寻找任务、项目或课题。为什么要学生自己选题? 因为我国的学校教育几乎没有选题训练。更广义地说,我们的教育与西方从小就不一样。家长和教师喜欢包办代替,孩子从小就必须按照家长和教师的指令去行动,很少让学生自己思考未来全局性的事情,家长和教师也不太尊重学生自己的思想、对人生的打算、对学习目的的思考。一百多年来这样造成我们的本科毕业生不会选题,硕士生、博士生基本不会自己选题,他们成为教授、博导也不会从实际中寻找课题,只会从外国论文或产品中模仿,或者按照上级指令去工作。其后果是造成我国企业也不会自己选题研发和生产产品,许多科学技术领域的领头人物缺乏长远眼光,难以制定长远自主的科学技术发展规划,只会"参照"国外现状,而搞不清楚人家如何规划未来,当我们完成自己规划后,发现又落后 15～30 年。要改变这种状态,必须从本科生教育着手,主要采取了以下三个措施。第一,每个寒暑假要求学生去企业实习,要调查企业策略、设计策略、市场策略等;第二,开设社会学课程,讲述现代性思想;第三,学生自己选题,采取问题驱动、项目驱动和实践驱动这三种方法,逼学生主动考虑选题的各种问题。"纸上谈兵"或"真题假做"是怎么形成的? 除了各种具体因素外,只让学生按照教师的意愿去学习,书本内容和作业简化了许多实际困难,它给学生形成一个错觉,以为只要完成了作业就达到专业要求了。实际上,学校里的作业和实验要求远低于企业的实际要求。针对这个问题,笔者的教育思想是要求学生从大学一年级的第一门课程开始,就自己考虑学习目的,这主要通过让学生自己选题去实现,为此改变作业方式和考试方式。笔者要求工程制图缩短为 32 学时,从 2000 年开始,续丹老师全面改革了工程制图课程体系,要求学生自己选择产品,用 ProE 绘制产品零件图和装配图。2009 年工业设计 81 班全班 21 人合作绘制了一辆小轿车一千多个零部件的图,在全国多个比赛中获得一、二、三等奖。我国哪个大学汽车系能做到? 笔者要求工业设计的各个专业课程,学生都必须自己寻找和选择适当的设计项目,教师对学生选题的难度和适当性要打分。例如,一个学生说:"我设计一个碗能得多少分?"回答:"这个选题只能得 20 分。""为什么?""因为你将来靠这种设计项目是无法生存的。""那我设计 5 个碗。""那给你 5 个 20 分。"笔者对电工电子课程也提出新的思想:以实验为主,授课变为跟随学生的设计与实验。电工电子课程的唐胜安等老师花费大量精力建立了这门新课程,要求每个学生自己寻找项目,自己寻找电路图,自己购买元器件,自己制作,自己调试,最后口头答辩。例如,2007 年学生制作的项目包括:智能范围活动车、电子生日灯、单片机音乐盒、可随动眼球仪、自感应行走机器人、电子琴、接触式屏障萤火虫、电话铃声发生器、简易电子对讲机、马桶水位控制器、滴水催眠器、交通信号灯控制器等。2004 年 4 名学生龚佳毅、韩三荣、黄喆、庄孝诚竟然制作了一个完整的机器人循迹车,这是笔者 1999 年才回国时就想开设的课程,然而没有教师能够搞。这个项目促使笔者下决心开始了一门新课——机器人循迹车,从 2007 年开始实施了,钱毅老师带领每个学生都制作了这种机器人。

7. 到毕业实习和毕业设计时,我们的学生全部能够自己寻找企业并完成真实设计项目。我们工业设计系从 2003 年有第一届毕业生以来,每年毕业生全部都能够自己寻找企业里的设计课题,完成真实设计任务,并且 80％～90％ 的项目被企业直接采用。例如,03 级毕业生 21 人,其中 19 人的设计项目被企业直接采用,这些项目有 3 个是出口项目,一个是出口法国、德国的高档电冰箱设计和测试,一个是出口印度的设备,另一个是出口欧洲的音响。有两年毕业设计的项目全部被企业采用。国外哪个大学能做到? 这是很不容易的事情,他们要同时考虑如下许多因素:学生自己能够找到一个企业,有一个设计项目,从2月到5月底能够完成这个项目,这个项目适合毕业生水准,企业愿意让我们学生去干,材料、工艺问题都能够解决,学生能够负责,能够胜任,最后能够如期完成,等等。其中任何一个问题无法解决,就不能完成设计项目。如今我们学生都做到了,这对他们未来工作起重大作用。

上述方法贯穿了一个思想:能力是逼出来的,不是灌进去的,要通过自我负责和参加实践,把全面能力才能逼出来。

激发能力的"10条正常的":

1. 遇到没学过的、没见过的、没干过的工作,这是正常的。要学会干,敢干,能干好。

2. 主动学习是正常的。

3. 吃苦是正常的,年轻人吃苦是福。

4. 遇到困难挫折是正常的,决不能气馁放弃。

5. 缺乏条件是正常的,要设法创造条件。

6. 和谐地与各种人打交道,这是正常的。

7. 连续学习工作,这是正常的。

8. 埋头苦干,无名英雄,这是正常的。

9. 谦卑、善良、孝敬、诚信、勤俭、团结、吃亏、宽容、委屈,这是正常的。

10. 处于绝路而能后生,这是正常的,从事设计经常会遇到这种情况。

激发能力的"10条不正常的":

1. 把学习当成被动,"要奶瓶""要答案"是不正常的。

2. 不能想出办法克服困难是不正常的,是无能。

3. 坚持错误是不正常的。

4. 理论脱离实际,跑龙套、道听途说、形式主义,是不正常的。

5. 心理不健康、自我中心、懒惰、贪婪、挑刺、好斗、嫉妒、脆弱、进攻性,是不正常的。

6. 小农式干活、单打独斗、不会合作,是不正常的。

7. 缺乏责任感、推卸责任、被动学习,是不正常的。

8. 纸上谈兵、只会说嘴、闭门造车、真题假作,是不正常的。

9. 工作拖拉、经常出错,是不正常的。

10. "三个和尚没水喝"是不正常的。

七、研究型大学的基本教育思想

1. 为什么要研究型大学?因为缺乏未来社会核心价值体系,因为地矿资源要耗尽,工业革命以来的工业生产模式不可持续,因为西方现代化引起了普遍的社会病态、心理病态和环境病态,这些问题都有待进行研究。

2. 研究型大学教育思想如下:

第一,面向未来人类的生存问题,以育人为中心。教育的首要目的是培养出好人或有道德的人。有道德的人的主要标志是谦虚,能够自省,能够识别不善。如果不能培养出好人,就意味着有意培养出不好的人。

第二,主要教学思想是教师带领学生一起探索未知问题,把探索与教学融合为一,把人文、能力和知识融为一体,而不是传统大学那样以传授书本知识为中心,学习的目的不是读书考试。

第三,课堂教学的主要方法是问题驱动、项目驱动、任务驱动,主要采用讨论式教学。在专业基础课和专业课上,学生自己寻找课题项目,可以是设计项目、调查项目、研究项目等各种形式的专业实践活动。围绕这个项目,教师帮助学生解决选题的全局性问题。学生自主学习,自己讨论项目目的、计划、如何实施、达到什么标准等问题。教学和学习不是以课堂为中心,而是以培养探索性人格、人文和能力为中心,最终结果是完成项目。

第四,主要思维方式是探索发现式思维,例如尝试法、逆向法、类比法等,不是模仿性的逻辑思维方法,例如演绎法。

第五,主要实践环节包括讨论、调查(观察、访谈、问卷调查等)、实践(各种社会和企业实践)、尝试(发现问题、设计实验、探索性试验、总结性实验),而不是学校里的虚拟实践、验证性实验。

第六,在实践探索过程中,总结解决问题的方法和结果,也就是总结套路。而传统教学强调理论指导实践,往往造成理论脱离实践。

第七,以专著为教材,遇到具体问题时主要通过探索、讨论、调查等实践方法去解决问题,而不是传统用一本书作为知识权威。

表 6-7-2 传统大学与研究型大学教学思想比较

传统大学	探索型(研究型)大学
教书为中心	育人为中心,探索与教学融合,人文、能力与知识融合
教师传授知识	教师带领学生一起探索未知
	项目驱动教学
	讨论式教学
课堂为中心,听课作业为中心	讨论,解决问题为中心
逻辑思维	探索发现式思维
验证性实验	发现问题,设计实验,验证试验。四种实践环节:企业和社会实践,讨论,调查,尝试
理论指导实践	实践中探索未知,总结"套路"
一本教材	专著为教材,通过探索、讨论、调查等方法去解决问题
图书馆	巨型文学数据库

八、笔者的教学改革结果

大学的主要目的是培育人才。当教师水平很高又有更多精力时,当然应该搞科学研究和社会服务,但是大学教师的首要职责是培育人文素质高、专业水平高的人才。如今大学都放弃培育人才的主要职责了。

笔者出国前和在国外的 10 年一直是在搞科研。1999 年回国后发现国内严重缺乏合格的大学毕业生,研究型大学的毕业生不会搞科学研究,学生人文素质差,缺乏工作经验和能力,研究生的人文素质和专业能力普遍达不到 20 世纪 80 年代本科生的素质和能力。于是笔者决心要培养出一些高水平的本科生,把全部精力用来提高学生的人文素质和教学质量,把人文素质、教学、科学研究融合在一起。在学校领导支持下,笔者进行了一系列教学改革。在 1999 年的培养方案中,笔者提出了课外 10 学分,其中人文素质(人格、人文、能力)占 50%。2003 年要求每年寒暑假全体学生要去实习 8 周,自己寻找实习单位,自己制订计划。大一实习当工人,大四实习要从事设计。本科毕业实习和毕业设计全部到企业去,自己寻找设计项目,自己完成设计,并得到企业认可。大学 4 年一共完成了 7~10 个月实习,这相当多了一学年。十几年来,全体毕业生都达到了这些要求,80%~100% 的本科毕业设计项目被企业直接采用。加强实践后,学生的经验和能力都明显提高了,因此他们的就业很好。

然而实践并没有使学生的道德明显改善。如何使道德改善呢? 笔者又思考了十年,最后想明白了,我们的知识和能力教育都是为了成为强者、能者、胜者,这都是为了个人自我利益,知识和能力不能使人变得善良有大爱,只有付出、吃亏、吃苦、帮助弱者,才能使人变得善良有爱心。从 2009 年开始笔者要求学生们去养老院,去调查家庭和青少年问题。经过许多尝试,解决了一系列具体后,2013 年笔者要求全系学生都做义工,每月两次,每次一个周末两天。例如给孤寡老人做家务,陪他们聊天,教他们上网。学生们感到自己的精神收获更大,甚至不爱学习或多门功课不及格的学生也爱做义工。这才是育人,这样的学生将来对社会和家庭是建设者。那些能力很强,但缺乏人格的人对社会和家庭的危害更大。看看那些腐败者都如此。

本科研究型教学效果如何呢? 笔者给学生讲述科学史、机械论、还原论、文艺复兴和启蒙运动、工业革命和现代性的历史教训,给学生讲科学论(科学哲学)、如何选题、如何定义、认识论、方法论。我们的专业基础课和专业课,例如制图、机械设计、电工电子课程设计、单片机设计、产品设计等,都取消了卷面考试,而改为大作业,由学生自己选择课题,企业实际项目优先,然后学生完成设计项目。笔者带领本科生的作业都是本学科研究的前沿性课题。我们科学研究的水准如何呢? 例如,2001 年以后笔者每年都带领学生调查中国人喜好的颜色和形式,这在国内是最早的、规模最大的。2008 年以来每年都带领学生研究核心价值观因素结构,自己设计问卷调查大学生价值观,这在全国是最早的、规模最大的。2010 年以后带领学生大规模测试安卓操作系统的可用性、iOS 操作系统的可用性、Windows8 操作系统的可用性,这是本学科国际上最前沿的课题。笔者在国内外创立了以人为本的测试,这些测试是国际上测试人数最多、测试时间最长的可用性测试,测试人数、测试时间、测试要求远超过美国,迄今国内外还在进行以专家为本的可用性测试。例如,2015 年笔者在 32 学时的课程上带领 17 名大二学生调查大学生价值观,让学生自己建立调查因素结构,设计问卷,三次试调查,效度分析,信度分析,正式调查回收问卷 5273 份,然后各人独立进行数据分析,写出调查报告。70％的学生作业超过 1000 页,最多的达 2233 页。同一学期在大二"符号学与设计"课程上,笔者带领学生调查我国人民喜好的颜色,经过 2 次试调查,最后有效问卷 3286 份。调查分析了我国人民喜好的各种颜色,还用大数据对抽样误差进行了分析。调查报告最多的达 2882 页。

从 2003 年第一届本科毕业设计至今,全体学生的本科毕业设计都是在企业完成的,学生自己寻找实习企业,自己寻找设计课题,自己制订计划,最后在 6 月初要完成设计,并被企业认可。十几年来,本科毕业设计项目中的 80％～100％被企业直接采用,研究生课题全部是在企业寻找的,全部是解决企业真实难题。凡来交流的国外大学都认为欧洲和美国大学没有能够达到我们水准的。

我们的水准得到国际认可。2003 年国际工业设计学会(国际最高学术组织)组织教育专家来匿名调查,之后接纳我们为会员。当时这在我国是唯一的,全球只有 37 所大学被接纳,美国 2 所,德国 1 所。但是,我们以上所做的这些工作都不属于国内量化的评价标准以内的。这是当代世界上最独特的一个评价标准,不作假是无法通过的,它的评价指标很多,最主要的标准是论文多少,赚钱多少,然而它不评价培养学生质量,更不评价学生的就业率和就业质量。

本书总结

第一，古希腊提出的"哲学是追求智慧"，而不追求真理。智慧在神话里，那是迷信，不是真理。西方启蒙运动以古希腊和古罗马为招牌，复活传统泛神论信仰，追求叛逆和享乐主义，这就是西方现代核心价值观。为此追求军国主义、商业主义、工业主义和全球霸权，这就是西方的现代性。西方工业社会与现代人文问题是：自我中心、享乐主义、强势横行、懒惰贪婪、眼光短浅、利益驱动。西方现代价值和知识造就了西方现代社会，也导致西方现代各种危机，严重冲击道德，破坏家庭，青少年犯罪率高，引起了社会核心价值冲突、双重人格、社会病态、心理病态、经济危机、环境病态。西方现代是一个无法成功的事业。西方现代智慧存在谬误，真理处于西方现代智慧之外。

第二，只有英国把自由竞争当作国策。美国在1898年取消自由竞争国策。自由竞争虎狼不如，其他国家汲取了这个教训，德国采取了有组织的资本主义，企业主当"慈善家长"，美国采取了有管理的资本主义。如今的国际贸易组织、国际卫生组织等机构，都是为了加强组织控制，减少自由竞争。2012年我国提出24个字的社会主义核心价值观，剔除了竞争，这是文化改革的重大举措。

第三，笔者于2000年最早在国内提出"核心价值观"概念，善良与爱心（大爱）是最重要的核心价值或目的价值。

第四，我国教育的最主要不足是"教书不育人"和"理论脱离实际"。本书提出育人意味着培育善良有爱心的人，并提出育人的含义如下：培养身心健康的个人，培养和睦生活的家庭人，培养有责任感的社会人，培养能胜任的职业人，培养有文化的中国人。

第五，道德教育的核心是培养善良与爱心，主要途径是做义工，吃苦，吃亏，帮助弱者。

第六，笔者于2000年建立了育人的PHA（人格、人文、能力）模式。

第七，笔者于2001年起，开始带领学生写家史、家训，讨论家庭观念，讨论如何建立和睦的家庭生活。

第八，笔者从2008年起每年带领学生设计问卷，调查大学生价值观、心理健康问题。

第九，笔者最早在国内批判了泰勒制量化管理，它忽略了人的生存、大爱、善良、责任感、奉献、能力、长远眼光。改革开放初期，我国农村就抛弃了农民公社工分制的量化管理,提出了家庭联产责任承包制。

第十,本书最早在国内分析了西方现代性的核心价值观与历史根源。并指出西方现代性不是人类社会楷模,我们必须要探索自己的未来社会。

第十一,本书最早在国内建立"科学论"系统,包括目的论、定义论、认识论、方法论。

第十二,本书最早在国内指出价值观决定科学观念,"科学有祖国",提出建立有善心的科学,建立有大爱的科学。

第十三,本书最早在国内系统批判了机械论和还原论。

第十四,笔者最早在国内提出生态设计。

第十五,笔者最早提出我国道家建立了科学。例如,管子提出"宙合有橐天地",也就是"宇宙如同口袋装天地"模型,这个理论符合当代天文学,更早于古希腊的"地心说"。地心说早已被证明是错的,怎么能被看作是科学呢?刘安在《淮南子》里描述了"十月怀胎"、雷电,还描述了阳燧取火的物理光学。这些都早于古希腊,而且符合现代科学。

第十六,笔者最早在国内提出企业的首要目的或核心价值是生存,不是无限利润。

第十七,本书提出了文化是社会群体的行动方式(文化包括价值观、道德和行为方式),回顾了中西文化互动、西方现代化的经验与教训、破坏家庭的因素、金融危机、食物安全、环境污染、家庭教育与学校教育等。

第十八,从1987年提出"可持续发展"观念至今的历史表明,西方不放弃追求物质享受的生活方式,虽然改善了自己的环境,却以"全球化"破坏了制造国的人文和环境。西方现代不是未来的理想社会,也不是我们的学习目标。西方迄今并没有找到理想的生存模式,他们仍然在探索。西方的现代性、可持续发展、全球化等,都是一种探索尝试,不是人类楷模。

第十九,我们应该思考人类几千年来的教训,重建人性善良和爱心,重新设立核心价值,重新思考人的意义,从以人为本转为以自然为本,重新定位科学技术的目的和作用,使科学技术和生产面向维护人性、道德和心理健康,追求人类的和睦与和谐生存。

第二十,我们要趁现有社会组织和生产组织能够正常运行,探索未来的生存策略,研究未来的生存方式,研究如何抗灾害、抗危机、抗战争,研究和规划未来的能源概念、交通概念、生产概念、人居环境概念等。当西方各种危机使得如今的经济体制和生产方式无法持续时,我们能够按照未来一套新的运行方式维持我们的生存。为此,我们首先要改革家庭和学校的教育。教育的首要目的是育人,培养学生遇到没有学过、干过、见过的问题时敢干、会干、能干好。

希望本书成为现代社会大学生和家庭的必备书之一。

参考文献

阿尔蒙德,1993.发展中的政治经济[G]//罗荣渠.现代化:理论与历史经验的再探讨.上海:上海译文出版社.

阿明,1993.依附性发展[G]//罗荣渠.现代化:理论与历史经验的再探讨.上海:上海译文出版社.

阿姆斯特朗,2005.神话简史[M].胡亚豳,译.重庆:重庆出版社.

安部芳裕,2009.世界金融都是罗斯柴尔德设计的[M].杨佳静,译.重庆:重庆出版社.

安田朴,2000.中国文化西传欧洲史[M].耿昇,译.北京:商务印书馆.

伯格,1993.一个东亚发展的模式:战后台湾经验中的文化因素[G]//罗荣渠.现代化:理论与历史经验的再探讨.上海:上海译文出版社.

布莱克,1996.比较现代化[M].杨豫,陈祖洲,译.上海:上海译文出版社.

布尔斯廷,1993.美国人建国历程[M].中国对外翻译出版公司,译.北京:生活·读书·新知三联书店.

蔡永良,2002.美国土著语言法案[J].读书(10):115-122.

德赛,1993.重新评价"现代化"概念[G]//罗荣渠.现代化:理论与历史经验的再探讨.上海:上海译文出版社.

杜兰特,1999a.世界文明史:希腊的生活[M].幼狮文化公司,译.北京:东方出版社.

杜兰特,1999b.世界文明史:文艺复兴[M].幼狮文化公司,译.北京:东方出版社.

杜威,2006.杜威文选[M].涂纪亮,译.北京:社会科学文献出版社.

恩道尔,2008.石油战争[M].赵刚,旷野,等译.北京:知识产权出版社.

弗洛伊德,1999.论宗教[M].王献华,张敦福,译.北京:国际文化出版公司.

傅克斯,2000.欧洲风化史:资产阶级时代[M].赵永穆,许宏治,译.沈阳:辽宁教育出版社.

富永健一,1993.关于非西方后发展社会发展理论的探讨[G]//罗荣渠.现代化:理论与历史经验的再探讨.上海:上海译文出版社.

盖伊,2015.启蒙运动:上:现代异教精神的兴起[M].刘北成,译.上海:上海人民出版社.

戈登,2007.财富的帝国[M].董宜坤,译.北京:中信出版社.

格尔申,1993.克隆:对现代工业化"前提条件"概念的反思[G]//罗荣渠.现代化:理论与历史经验的再探讨.上海:上海译文出版社.

国祥,1996.华人电脑帝国[M].成都:四川大学出版社.

海登,2005.天才、狂人的梅毒之谜[M].李振昌,译.上海:上海人民出版社.

赫德森,2008.金融帝国:美国金融霸权的来源和基础[M].嵇飞,林小芳,等译.北京:中央编译出版社.

姜秉正,1993.中国早期现代化的蓝图[M].西安:西北大学出版社.

蒋孟引,1995.蒋孟引文集[M].南京:南京大学出版社.

金柏利,1997.克隆:人的设计与销售[M].新新闻翻译中心,译.呼伦贝尔:内蒙古文化出版社.

金泳镐,1993.论第四代工业化:对格尔申克与希施曼模式的反思//罗荣渠.现代化:理论与历史经验的再探讨.上海:上海译文出版社.

赫尔内克,1979.爱因斯坦传[M].杨大伟,译.北京:科学普及出版社.

亨特,2000.文化战争:定义美国的一场奋斗[M].安狄,等译.北京:中国社会科学出版社.

亨廷顿,1993.理论与历史经验的再探讨[G]//罗荣渠.现代化:理论与历史经验的再探讨.上海:上海译文出版社.

亨廷顿,2002.文明的冲突与世界秩序的重建[M].北京:新华出版社.

亨廷顿,2008.政治现代化:美国与欧洲之比较[M]//亨廷顿.变化社会中的政治秩序.王冠华,刘为等译.上海:上海人民出版社.

胡格韦尔特,2002.现代化理论的社会学基础[G]//谢立中,孙立平.二十世纪西方现代化理论文选.上海:上海生活·读书·新知三联书店.

赖肖尔,1980.日本人[M].孟胜德,刘文涛,译.上海:上海译文出版社.

肯尼迪,1988.大国的兴衰[M].王保存,等译.北京:求实出版社.

李长久,施鲁佳,1984.中美关系二百年[M].北京:新华出版社.

里夫金,霍德华,1987.熵:一种新的世界观[M].吕明,袁舟,译.上海:上海译文出版社.

李乐山,2001.工业设计思想基础[M].北京:中国建筑工业出版社.

利玛窦,1986.利玛窦书信集[M].罗渔,译.台北:光启出版社.

利普斯,2009.货币战争:黄金篇[M].马晓棠,译.北京:中信出版社.

利奇德,2000.古希腊风化史[M].杜之,常鸣,译.沈阳:辽宁教育出版社.

廖子光,2008.金融战争:中国如何突破美元霸权[M].林小芳,查君红,等译.北京:中央编译出版社.

林宏德,1999.人与机器[M].南京:江苏教育出版社.

刘笑盈,1999.推动历史进程的工业革命[M].北京:中国青年出版社.

基弗,2000.古罗马风化史[M].姜瑞璋,译.沈阳:辽宁教育出版社.

鲁道夫,1993.欧洲工业革命是发展中国家效法的模式吗[G]//罗荣渠.现代化:理论与历史经验的再探讨.上海:上海译文出版社

罗素,2007.西方的智慧[M].崔人元,译.北京:世界知识出版社.

卡普洛,1997.美国社会发展趋势[M].刘绪贻,等译.北京:商务印书馆.

科尔曼,2000.19世纪的生物学和人学[M].严晴燕,译.上海:复旦大学出版社.

邝治中,1982.纽约唐人街:劳工和政治,1930－1950年[M].杨万,译.上海:上海译文出版社.

马斯洛,1987.动机与人格[M].许金声,程朝翔,译.北京:华夏出版社.

麦格劳,1999.现代资本主义:三次工业革命中的成功者[M].赵文书,肖锁章,译.南京:江苏人民出版社.

梅南德,2006.美国观念的故事:哲学俱乐部[M].肖凡,鲁帆,译.南京:江苏人民出版社.

米勒,2002.文明的共存:对塞缪尔·亨廷顿"文明冲突论"的批判[M].郦红,那滨,译.北京:新华出版社.

皮尔斯,2006.皮尔斯文选[M].涂纪亮,周兆平,译.北京:社会科学文献出版社.

齐世荣,1999.从萨拉热窝到东京:两次世界大战[M].北京:中国青年出版社.

钱满素,1996.爱默生和中国:对个人主义的反思[M].北京:生活·读书·新知三联书店.

沙勒,1985.二十世纪的美国和中国[M].王杨子,刘湖,译.北京:光明出版社.

十时严周,1993.社会变迁与现代化:现代化理论的标准设定[G]//罗荣渠.现代化:理论与历史经验的再探讨.上海:上海译文出版社.

施米茨,1993,欠发达国家和地区的工业化战略:历史经验的若干教训[G]//罗荣渠.现代化:理论与历史经验的再探讨.上海:上海译文出版社.

舒尔茨,1981.现代心理学史[M].北京:人民教育出版社.

斯图尔特,贝内特,2000.美国文化模式:跨文化视野中的分析[M].卫景宜,译.天津:百花文艺出版社

宋鸿兵,2007.货币战争[M].北京:中信出版社.

托尼,2013.宗教与资本主义的兴起[M].赵月瑟,夏镇平,译.上海:上海译文出版社.

王安,林登,1987.美国电脑大王王安博士自传:教训[M].吴嘉水,等译.北京:北京航空学院出版社.

韦伯,1987.新教伦理与资本主义精神[M].于晓,陈维纲,译.北京:生活·读书·新知三联书店.

西塞罗,2012. 论神性[M]. 石敏敏,译. 北京:商务印书馆.

许明龙,1999. 欧洲 18 世纪"中国热"[M]. 太原:山西教育出版社.

亚伯拉,2008. 货币战争中的犹太人[M]. 北京:中国书籍出版社.

扬克洛维奇,1989. 新价值观:人能自我实现吗[M]. 罗雅,姜涛,译. 北京:东方出版社.

伊萨克斯,1999. 美国的中国形象[M]. 于殿利,陆日宇,译. 北京:时事出版社.

于明山,任国明. 中国你警惕了吗[M]. 广州:广东人民出版社.

休谟,1997. 人性论[M]. 关文运,译. 北京:商务印书馆.

詹姆斯,2007. 詹姆斯文选[M]. 万俊人,陈亚军,译. 北京:社会科学文献出版社.

BARNES R M,1963. Motion and Time Study:Design and Measurement of Work [M]. NewYork:John Wiley & Sons.

BLANKERTZ H,1982. Die Geschichte der P? dagogik: von der Aufkl? rungbiszurGegenwart[M]. Wetzlar:Büchse der Pandora.

BOYD W, 1947. The History of Western Education [M]. London: Adam & Charles Black.

BRAVERMANH, 1977. DieArbeitimmodernenProduktionsprozess [M]. Frankfurt:Campus.

CAVE W M,Chesler M A,1974. Sociology of Education:An Anthology of Issues and Problems[M]. London:Macmillan Publishers.

DAVIS C,1994. Where did Twentieth−century MachematicsGo Wrong[M]// CHIKARAS, MITSUO S, DAUBEN J W. The Intersection of History and Mathematics. Basel:BirklaeuserVerlag.

FEATHERNT,1982. Actions in Relation to Expected Consequence:An Overview of a Research Program[M]//FEATHER N T. Expectation and Action:Expectancy−value Models in Psychology. Hillsdale:Erlbaum.

FEATHER N T,1987. Gender Differences in Values[M]//HALISCH F,HUHL J. Motivation,Intention,and Volition. Berlin:Springer.

FEATHER N T,1990. Bridging the Gap Between Values and Actions[M]//HIGGINS E T,SORRENTINO R M. Handbook of Motivation and Cognition:Vol. 2. New York:Guiford Press.

HOLBORN H,1970. Deutsche Geschichte in der Neuzeit:vol. II:1790 − 1871 [M]. München:R. Oldenbourg Verlag.

KROEBER A L,KLUCKHOHN C,1970. KnaursBuch der modernenSoziologie [M]. München:DroemerKnaur

MARTIN H,1994. Grundlagen der menschengerechtenArbeitsgestaltung [M].

Koeln:Bund—Verlag.

MASLOW A H,1968. Toward a Psychology of Being[M]. Princeton:D. BanNostrand.

MATURANA H R, 1978. Biology of Language: The epistemology of reality [M]//MILLER G A,LENNEBERG E. Psychology and Biology of Language and Thought:Essays in Honor of Eric Lenneberg. New York:Academic Press.

McNEIL W H,1982. The Pursuit of Power[M]. Chicago:University of Chicago Press.

MeCLELLAND C E,1980. State,Society and University in Germany 1700—1914 [M]. New York:Cambridge University Press.

MERKEL R F,1952. Leibniz und China[M]. Berlin:Walter de Gruyter&. Co.

NOBLE D F,1984. Force of Production:A Social History of Industrial Automation[M]. New York:Oxford University Press.

PETER G,1966. The Enlightenment:The Rise of Modern Paganism[M]. New York:W. W. Norton &. Company.

PLETICHA H,1983. Deutsche Geschichte: Bd. 9. : Von der Restaurationbiszur-Reichsgruendung 1815—1871[M]. Gütersloh:Bertelsmann Lexikon Verlag.

RATTNER J,1987. Grosse Paedagogen[M]. München:Ernst Reinhardt Verlag.

REBLE A,1967. Geschichte der Paedadogik[M]. Stuttgart:Ernst KlettVerlag.

ROKEACH M,1973. The Nature of Human Values[M]. New York:The Free Press.

ROKEACH M,1979. Some Unresolved Issues in Theories of Beliefs,Attitudes, and Values[M]//PAGE M M. Nebraska Symposium in Motivation:Vol. 27. Lincoln:University of Nebraska Press.

ROLT L T C,1986. Tools for the Job:A History of Machine Tools to 1950[M]. London:Her Majestys Stationary Office.

ROYLE E,1985. Modern Britain:A Social History 1750—1985[M]. London:Arnold.

SCHLAFFER H,1986. Gespraechvom 31. Januar 1827[M]//ECKERMANN J P. Gespraechemit Goethe in den letztenJahren seines Lebens. München:hrg. von Heinz Schlaffer.

SEGER I,1973. KnaursBuch der modernenSoziologie[M]. München:DroemerKnaur.

SIMEN H A, 1976. Administrative Behavior[M]. 3rd Edition. New York:The Free Press.

TOMASZEVSKIT, 1987. Taetigkeit und Bewusstsein: BeitraegezurEinfuehrung in diepolnischeTaetigkeitspsychologie[M]. Weinheim:BeltzVerlag.

TONNIES F,1887. Community and Society[M]. East Lansing:Michigan State University Press.

LORE, 1973. MogenSeger: naursBuch der modernenSoziologie [M]. München: DroemerKnaur.

SHER A P,1959. A History of Mechanical Inventions(1929)[M]. Boston: Harvard University Press.

Van KARMAN T,1968. Die Wirbelstrasse[M]. Hamburg:Hoffmann and Campe-Verlag.

WEBER M,1976. Wirtschaft und Gesellschaft[M]. Tuebingen:J. C. B. Mohr.

WHITE L A, 1973. KnaursBuch der modernenSoziologie [M]. München: DroemerKnaur.

WOLFF C,1972. Redeueber die praktischePhilosophie der Chinesen[M]. Hamburg:Felix MeinerVerlag.

WOLFGANG,1989. PaedogogischesDenken von den AnfaengenbiszurGegenwart [M]. Darmstadt: Wiss. Buchges.

附录 《弟子规》

《弟子规》原名《训蒙文》，作者是清朝康熙年间秀才李毓秀，字子潜，号采三，山西绛州人。其著作有《弟子规》《四书正伪》《四书字类释义》《学庸发明》《读大学偶记》《宋孺夫文约》《水仙百咏》等，分别藏于山西省图书馆和北京大学图书馆。因撰写《弟子规》，去世后他的牌位被供奉在绛州先贤祠。《弟子规》成为清代至民国年间通用的儿童启蒙读物。

从现代社会角度看，这个规范缺乏社会道德规范和职业道德规范，请读者补充。

总 叙

弟子规 圣人训 首孝悌 次谨信 泛爱众 而亲仁 有余力 则学文

《弟子规》是历代圣贤先师的教诲。首先要孝敬父母，爱兄弟姐妹(悌：敬重兄长)。孝悌是中国家庭文化的基础，"百善孝为先"。其次要谨慎讲信用，对众人有爱心，亲近仁义。有余暇时，要学习经典。

入则孝

父母呼 应勿缓 父母命 行勿懒 父母教 须敬听 父母责 须顺承

父母叫唤我们时，不要慢吞吞地答应。父母要我们去做事，不要懒惰。父母教导，必须恭敬。父母责备时，应当顺从并且承担责任。

冬则温 夏则清 晨则省 昏则定 出必告 反必面 居有常 业无变

冬天要关心父母亲温暖。夏天要关心父母清凉。每早起床要请安问好。黄昏回来要让父母放心安定。外出前告诉父母要去哪里。返回家后要面见父母。日常生活起居要有一定常规。从业事情，不随便改变。

事虽小 勿擅为 苟擅为 子道亏 物虽小 勿私藏 苟私藏 亲心伤

事情虽小，不要独断专行(擅：独断专行)。随意妄为，为人子女就缺理了。东西虽然很小，不要私藏。轻率私藏，会让父母伤心。

亲所好 力为具 亲所恶 谨为去 身有伤 贻亲忧 德有伤 贻亲羞

父母的心愿,子女应尽力所为。父母厌恶的,要谨慎排除。身体受到伤害,一定会给父母遗留忧愁(贻:遗留)。我们的品德有缺失,会给父母带来羞辱。

亲爱我　孝何难　亲憎我　孝方贤

父母爱我,我孝敬有何难。父母讨厌我,我仍然孝敬,这才叫美德(贤:美德)。

亲有过　谏使更　怡吾色　柔吾声　谏不入　悦复谏　号泣随　挞无怨

父母有错,子女要谏言,和悦(怡:和悦)我的脸色,柔和我的声音。如果父母不听谏言,要和颜悦色再谏言,甚至哭泣声泪恳求父母改过,即使鞭打(挞:鞭打)我也无怨。

亲有疾　药先尝　昼夜侍　不离床　丧三年　常悲咽　居处变　酒肉绝

父母有病,熬好药子女要先尝。白天黑夜服侍,不离床边。父母去世,守丧三年。孔子曾说,孩子三岁以后才能离开父母怀抱,父母去世为什么不能守丧三年呢?要经常哀心思念,居所变为俭朴,戒除酒肉。

丧尽礼　祭尽诚　事死者　如事生

丧事要尽礼仪,祭祀时要尽诚意。对待去世的父母,要像生前一样的恭敬。

出则弟

兄道友　弟道恭　兄弟睦　孝在中　财物轻　怨何生　言语忍　忿自泯

兄姐应该像好朋友,弟妹应该恭敬。彼此和睦,是因为注重孝敬。不被钱财迷惑,还会出现怨恨吗?言语忍让,愤怒(忿:愤怒)自然就消失了(泯:消失)。

或饮食　或坐走　长者先　幼者后　长呼人　即代叫　人不在　已即到

饮食行走,长者为先,幼者随后。长者呼叫人,自己也要代呼叫,没有人时,自己要去照应。

称尊长　勿呼名　对尊长　勿见能　路遇长　疾趋揖　长无言　退恭立

对长者要尊称,不要直呼其名。面对长者,不要自己显能。路上遇到长者,要快步上前并恭敬有礼。长者无话时,你要退后恭敬而立。

骑下马　乘下车　过犹待　百步余

遇到长者,你要从马座下来,要从乘车上下来,你要耐心等待(犹:仍然),等长者过去百步左右。

长者立　幼勿坐　长者坐　命乃坐　尊长前　声要低　低不闻　却非宜

长者站立,幼者不要坐。长者坐下后发话时,你再坐。在长者面前,说话声音要低,低声听不清也不行。

近必趋　退必迟　问起对　视勿移　事诸父　如事父　事诸兄　如事兄

长者走近你时,你必须也走近,退下时要慢。长者问话时,眼睛要注视长者,不要左盼右顾。对待叔父,要像对待父亲一样恭敬。对待同族兄长,要像对待自己的亲兄一样友爱。

谨

朝起早　夜眠迟　老易至　惜此时　晨必盥　兼漱口　便溺回　辄净手

清晨要早起，晚上要睡迟点儿。人很容易就老了，要珍惜此时此刻。早上要洗脸(盥:洗手)，还要漱口。从厕所出来，每次都要洗手(辄:每次)。

冠必正　纽必结　袜与履　俱紧切　置冠服　有定位　勿乱顿　致污秽

帽子要戴正，纽扣必结，袜子与鞋要合适。衣帽应当放在固定位置，不要随手乱丢放以免弄皱弄脏。

衣贵洁　不贵华　上循分　下称家　对饮食　勿拣择　食适可　勿过则

穿衣服注重整洁，不是昂贵华丽，穿衣要依照自己的身份，也要符合家庭状况。不要挑剔食物，吃得要适度，不要过量。

年方少　勿饮酒　饮酒醉　最为丑

年纪尚小，勿饮酒，喝醉的样子最丑。

步从容　立端正　揖深圆　拜恭敬　勿践阈　勿跛倚　勿箕踞　勿摇髀

脚步要从容，站立要端正。行礼要深鞠躬，跪拜要恭敬。进门不要踩门槛，站立时不要歪曲斜倚。坐时双腿不要撇开，也不要抖脚或摇臂。

缓揭帘　勿有声　宽转弯　勿触棱　执虚器　如执盈　入虚室　如有人

进门时慢慢揭开帘子，不要发出声响。转弯时与棱角要远一点，保持较宽的距离。行走要谨慎，拿空的器具要像拿盛满的一样小心。进到没人的屋子里，要像进到有人的屋子里一样。

事勿忙　忙多错　勿畏难　勿轻略　斗闹场　绝勿近　邪僻事　绝勿问

做事勿忙，就容易出错。不要怕困难，也不要轻率。打斗喧闹场所，不要靠近逗留。邪恶怪僻的事情，不必好奇追问。

将入门　问孰存　将上堂　声必扬　人问谁　对以名　吾与我　不分明

入门前，要问："有人吗?"进入厅堂时，要大声通报。如果对方问你是谁，要回答姓名，只说"我"，对方搞不清楚你是谁。

用人物　须明求　倘不问　即为偷　借人物　及时还　后有急　借不难

使用别人物品，要明言请求。否则就是偷盗。借东西，要及时归还。以后再借就不困难。

信

凡出言　信为先　诈与妄　奚可焉　话说多　不如少　惟其是　勿佞巧

凡说话，都要有信用。欺诈和妄语，怎么可以在其中（奚：怎么。）。多话不如少话。一定要讲求正确，切勿花言巧语（佞：花言巧语）。

奸巧语　秽污词　市井气　切戒之

奸邪巧辩的言语、污秽词语句及无赖口气，都要切实戒除掉。

见未真　勿轻言　知未的　勿轻传　事非宜　勿轻诺　苟轻诺　进退错

没看到真相，不要轻易断言。了解不清楚，不轻易传播。事情不合适，不要轻易承诺。如果轻易答应，就会使自己进退两难。

凡道字　重且舒　勿急疾　勿模糊　彼说长　此说短　不关己　莫闲管

谈吐要稳重舒畅，说话不要急忙，也不要模糊不清。别人谈论是非时，如果与己无关，不要参与是非。

见人善　即思齐　纵去远　以渐跻　见人恶　即内省　有则改　无加警

见他人的善行，要想着向他看齐。纵然差得很远，努力渐渐赶上。见别人行恶，要马上反省自己，有则改之，无则警惕。

唯德学　唯才艺　不如人　当自砺　若衣服　若饮食　不如人　勿生戚

当道德和才艺不如他人时，应该自励。当衣服和饮食不如他人时，不用郁闷。

闻过怒　闻誉乐　损友来　益友却　闻誉恐　闻过欣　直谅士　渐相亲

听见别人说我的过错就生气，称赞我就高兴，这样坏朋友就会越来越多，有益的朋友就退却了。如果听到别人称赞我先自我反省，当听到别人批评时心里却欢喜接受，那么信实的人就越喜欢和我们亲近。

无心非　名为错　有心非　名为恶　过能改　归于无　倘掩饰　增一辜

无心做错的，称为过错。明知故犯的，便是罪恶。改正过失，渐变为无过失。故意掩盖过错，就增加了一条罪过了。

泛爱众

凡是人　皆须爱　天同覆　地同载　行高者　名自高　人所重　非貌高　才大者　望自大

对人都要有爱心，如同苍天与大地，覆盖和承载每一个人。行为高尚者，名望自然高尚。众人看重的，不是外貌。才能大的人，声望自然大。

人所服　非言大　己有能　勿自私　人所能　勿轻訾　勿谄富　勿骄贫　勿厌故　勿喜新

人信服的，不是说大话。自己有能力，不要自私。看到别人才华，不要贬低别人（訾：说别人坏话）。

人不闲　勿事搅　人不安　勿话扰

他人没有空闲，就不要打扰。别人心里不安，就不要再用闲言碎语干扰。

人有短　切莫揭　人有私　切莫说　道人善　即是善　人知之　愈思勉
扬人恶　既是恶　疾之甚　祸且作　善相劝　德皆建　过不规　道两亏

别人的短处，切不要揭碰。别人的私密，切不要说。赞美别人善，他就会善，因为对方知道了，就会更加勉励行善。宣扬别人的恶，他就会恶。过分的痛恨，就会招来灾祸。善意相劝，彼此都能建立德行。有了过错而不相互规劝，相方都会在品行上留下缺陷。

凡取与　贵分晓　与宜多　取宜少　将加人　先问己　己不欲　即速已

与人有财物上的往来，贵在分清楚。应该给予他人多一些，取用别人的财物少一些。要麻烦别人时，先问自己是不是喜欢。自己不愿意的，就应立刻停止（已：停止）。

恩欲报　怨欲忘　报怨短　报恩长

别人的恩惠，应回报。别人的怨仇，应忘掉。报怨越短越好，报恩心意却要长存不忘。

待婢仆　身贵端　虽贵端　慈而宽　势服人　心不然　理服人　方无言

对待家中的婢仆，你自身行为要端正庄重。如果能进一步做到仁慈宽厚，那就更好了。权势可以获使人服从，心中却不以为然。以道理服人，才没有怨言。

亲仁

同是人　类不齐　流俗众　仁者希　果仁者　人多畏　言不讳　色不媚

同样是人，类别却不同。追潮流从俗的人多。仁善之稀少，这种人，大家都畏惧敬畏，他说话不会隐讳，也不会谄媚。

能亲仁　无限好　德日进　过日少　不亲仁　无限害　小人进　百事坏

能够亲近仁善者，无限好，品德每日都会进步，过错每日减少。不肯亲近仁善者，有无限害处，小人会乘虚而入，败坏百事。

余力学文

不力行　但学文　长浮华　成何人　但力行　不学文　任己见　昧理真

不去身体力行，只空读书，就会增长浮华恶习，怎么能成为真正的人呢？只去力行，而不学习经典，就容易固执己见，掩盖了真正的道理（昧：隐藏）。

读书法　有三到　心眼口　信皆要　方读此　勿慕彼　此未终　彼勿起

读书的方法要注重三到，心眼口都要到。正在读这一段，就不要想到别段，这段还未读通完，不要跳到另一段。

宽为限　紧用功　工夫到　滞塞通　心有疑　随札记　就人问　求确义

期限宽,也要抓紧用功。工夫到了,疑惑就被解通了。有疑问时,要及时记下来问人,求得解答。

房室清　墙壁净　几案洁　笔砚正　墨磨偏　心不端　字不敬　心先病

房屋里,墙壁要清洁,书桌要干净,笔砚要放端正。墨条磨偏了,说明你心里不端正。字不公正,是心里先有病了。

列典籍　有定处　读看毕　还原处　虽有急　卷束齐　有缺坏　就补之

摆放经典书籍,要有固定位置。读后归还原处。急忙时,也要把书摆放整齐。书损坏了,要及时修补好。

非圣书　屏勿视　蔽聪明　坏心志　勿自暴　勿自弃　圣与贤　可驯致

如果不是圣贤的书籍,一概抛弃(屏:抛弃)不看,它会败坏(蔽:败坏)聪明,蜕变我们心志。不要张扬放纵,也不要自我放弃。高尚智慧与美德是可以通过学习训练而得到的。

人名索引

　　李乐山,男,1945 年出生,博士,教授,博导。1968 年毕业于西北工业大学。1989 年初赴德国,曾在西门子公司、联邦物理技术研究院、布伦瑞克艺术造型大学从事科研和教学工作,是德国设计学第一位博士。1999 年回国,就职于西安交通大学机械工程学院工业设计系,曾任该系主任,使得西安交通大学成为国际工业设计学会(该领域国际最高专业学术组织,当时该组织只有 37 所大学)的成员,也是当时我国内地在该学会的唯一成员。曾任教育部工业设计教学指导委员会委员。

　　现任陕西省工业设计协会和西安市工业设计协会名誉会长,全国工业设计协会常务理事,全国工业造型设计学会常务理事,20 多所大学特聘教授或兼职教授。

　　获陕西普通高等学校教学成果特等奖,国家级高等教育教学成果二等奖。

　　著作有《工业设计思想基础》《工业设计心理学》《工业社会学》《人机界面设计》《设计调查》《人机界面设计(实践篇)》《美学与设计》《现代社会学》《工业设计思想基础(修订版)》《美学与设计(新 1 版)》《符号学与设计》《工业社会学(修订本)》。

　　译著有《设计元素》《设计几何学》《国际设计年鉴(2003 年)》《工业设计材料与加工手册》《感觉与感知》。

图书在版编目(CIP)数据

工业社会学 / 李乐山著.—修订本.—西安：西安交通
大学出版社,2017.8(2017.11 重印)
ISBN 978-7-5605-9955-7

Ⅰ.①工… Ⅱ.①李… Ⅲ.①工业社会学-高等学校-
教材 Ⅳ.①F40

中国版本图书馆 CIP 数据核字(2017)第 196224 号

书　　名	工业社会学	
著　　者	李乐山	
策划编辑	张　梁	
责任编辑	张　梁	

出版发行　西安交通大学出版社
　　　　　（西安市兴庆南路 10 号　邮政编码 710049）
网　　址　http://www.xjtupress.com
电　　话　(029)82668357　82667874(发行中心)
　　　　　(029)82668315(总编办)
传　　真　(029)82668280
印　　刷　虎彩印艺股份有限公司

开　　本　787mm×1092mm　1/16　印张　27.5　字数　516 千字
版次印次　2017 年 8 月第 1 版　　2017 年 11 月第 3 次印刷
书　　号　ISBN 978-7-5605-9955-7
定　　价　160.00 元

读者购书、书店添货,如发现印装质量问题,请与本社发行中心联系、调换。
订购热线:(029)82665248　(029)82665249
投稿热线:(029)82665370　QQ:9709489